KB120306

전환기의 방송정책

미국 FCC 정책과의 비교 분석

김정기 지음

국립중앙도서관 출판시도서목록(CIP)

전환기의 방송정책 / 김정기 지음. -- 서울 : 한울, 2003
p. ; cm. -- (한울 아카데미 ; 538)

ISBN 89-460-3098-4 93070

326.71-KDC4
384.5-DDC21 CIP2003000337

책머리에

『전환기의 방송정책』은 저자가 구 방송위원회 위원장과 새 방송위원회 위원장으로 재임한 약 2년 4개월 동안의 체험을 바탕으로 쓴 기록이다. 나는 통합방송법 제정논의가 방송계를 뜨겁게 달구고 있었던 1999년 9월 6일부터 다음해 2월 11일 구 방송위원회가 실질적으로 해체될 때까지 구 방송위원회 위원장으로 재임했었다. 뒤이어 2000년 2월 14일 새 방송위원회 위원장으로 선임된 뒤 나는 2년 남짓 새로운 방송정책의 '실험' 현장에서 보낸 셈이었다. 그 모든 기간은 한국 방송시스템의 일대 전환과정이라고 말할 수 있다.

생각컨대 1987년 6월항쟁 이후 우리 사회에 불어닥친 민주화 바람과 함께 우리나라 방송체제도 서서히 민주적으로 전환되어가고 있었다. 1980년 당시 제5공화국의 신군부 정권의 언론통폐합조치의 하나로 방송통폐합이 강행된 뒤, 권위주의적 방송정책의 큰 틀을 제공했던 언론기본법의 폐지와 함께 새로운 방송법이 1987년 11월에 제정되고 이어 다음해 4월 방송법 시행령 공포로 방송체제는 민주적 전환의 태동을 시작했다.

그러나 권위주의적 방송체제의 민주적 전환은 보수정치체제의 구조와 맞물려 달팽이 걸음을 걷고 있었다. 오히려 노조, 학생, 지식인, 교육자, 종교인들의 함성에 놀란 정권은 방송의 민주화를 역류시키고 말았다. 노태우 정권은 1990년 7월 14일에 1987년 방송법을 개악한 개정방송법을 '날치기' 통과시켰던 것이다.

그 이후 10여 년간 졸속으로 마련된 방송법체제가 끈질기게 지속되었다. 이른바 '문민정부'라는 김영삼 정권이 1993년 2월 들어선 뒤 통합방송법에 관한 화두만 무성하게 피어올랐을 뿐 정권이 끝날 때까지, 아니 1998년 김대중 정권이 들어서고서도 거의 2년 뒤까지 계속되었다.

내가 1999년 9월 6일 구 방송위원회 위원장으로 선임된 시점은 방송체제의 전환에 대한 사회적 화두가 만발한 때였다. 통합방송법의 국회통과를 전후한 시점에서 나는 구 방송체제를 새로운 방송체제에 어떻게 접합시킬 것인가에 관심을 쏟지 않을 수 없었다. 이는 구 방송위원장 취임 뒤 내가 제일성(第一聲)으로 '현 방송위원회의 주 임무는 과도체제를 능률적으로 새로운 방송체제에 연착륙시키는 것'이라고 한 발언과도 부합하는 것이었다.

나는 2000년 2월 12일 방송위원회 위원으로 임명되고, 이어 방송위원들의 호선에 의해 2월 14일 위원장으로 선임된 이래 2년 남짓 또 다른 방송체제의 전환기를 체험했다. 그것은 아날로그 방송에서 디지털 방송으로의 전환과 같은 기술적 전환, 인터넷 방송 및 위성방송의 출현, 중계유선방송사업자의 종합유선방송으로의 전환, 케이블 방송의 체질개선 등과 같은 방송산업의 구조변화이다. 이는 본격적인 다매체·다채널 시대로의 진입이며 새로운 방송산업의 시장경쟁체제로의 전환이다.

방송위원회는 이러한 방송체제의 전환을 구성하는 모든 변화를 '전환기의 방송정책'으로 대처하려 했다. 구 방송위원회는 방송심의·제재를 가장 중요한 기능으로 수행하던 기관이었지만, 새 방송위원회는 문화관광부로부터 방송사업자 인허가와 같은 방송행정권을 이양받았을 뿐만 아니라 더 나아가 '방송정책 총괄기구'라는 이름을 얻었다. 나는 합의제 행정기구인 방송위원회의 전체회의 또는 상임위원회 회의를 주재하면서 전환기의 방송행정, 방송정책 형성에 직접 참여했다.

이 책은 우리나라 방송정책의 산실에서 내가 방송위원장으로서 겪은 체험을 바탕으로 방송정책의 총괄기구인 방송위원회가 방송체제의 전반적 전환에 어떻게 대응했는가를 조명하기 위해 기술된 것이다. 나는 이 책을 쓰면서 개인적인 가치판단에 따라 윤색을 가한 부분도 있지만 대부분 사실 기록을 바탕으로 이론적 틀에 따라 의미를 재구성코자 했다.

이런 점에서 나는 일본의 연구자 간바라 마사루(神原 勝)가 개인적 체험을 바탕으로 『전환기의 정치과정』(1986) 같은 주목할 연구서를 써낸 사정보다는 훨씬 유리한 입장에 있었다. 그는 약 2년 반 동안 '임시행정개혁조사위원회'[1]의 한 위원 밑에서 자료를 정리했던 '귀중한 기회'를 놓치지 않고 틈틈이 적어둔 개인 노트를 바탕으로 책을 써낼 수 있었다. 그러나 나는 방송위의 모든 기록에 자유로운 접근을 누렸을 뿐만 아니라 그 기록의 배경 또는 분위기까지 소상히 알 수 있는 위치에 있었다.

그럼에도 필자의 책이 과연 간바라의 연구서에 못지 않은 훌륭한 안목을 담아낼 수 있을까 자신할 수가 없다. 그것은 진실을 훔치려고 세심하게 준비한, 냉정한 참여관찰자의 주의집중과, 정보의 풍요 속에서 진실의 구슬을 꿰는 데 게을리 한 필자의 방만함에서 오는 차이가 아닐까? 그러나 '등잔 밑이 어두운 곳'에서 나와 이제부터라도 주의집중의 페달을 힘껏 밟아보자.

내가 새 방송위원회의 위원장으로 재임한 2년 남짓한 기간 중 방송위원회 전체회의가 의결한 안건은 370여 건에 이른다. 여기에는 방송사에 대한 법적 제재와 같이 비교적 간단한 안건으로부터 KBS 이사회 구성, 방송문화진흥회(MBC 대주주) 이사회 구성, EBS 사장 임명과 같이 주요 안건이긴 하나 한 번으로 끝나는 결정이 있는가 하면, 위성방송사업자 허가추천과 같이 기본방침, 여론수렴, 공정심사라는 장기간의 복잡한 절차를 거쳐야 하는 안건과, 위성방송의 지상파방송 재송신정책과 같이 방송사업자간 또는 방송사업자와 방송위 간의 첨예한 대립과 갈등을 표출한 안건 등 다양한 안건이 모두 포함된다. 한편 이들 안건과는 달리 여기에는 시행령의 하위규칙인 방송위원회기본규칙과 같은 준입법권에 속하는 규칙·규정·고시 등이 있다.

---

1) 제2임조(臨調)는 나카소네 수상이 70년대 이래 일본이 처하게 된 국가적 차원의 행정적, 재정적 위기를 탈출하고 80년대 새로운 정책적 대안을 찾고자 구성한 특별위원회이다. 제2임조의 행정개혁안은 전후 일본의 '하나의 혁명'을 이룰 만큼 유례없는 성공작으로 평가받는다. 이에 관해서는 김정기, 「일본의 행정개혁과 언론의 역할: 제2臨調를 중심으로」, 서울대학교 행정대학원 기념논문간행위원회 편, 『國際社會의 變化와 葛藤』(崔鍾起 교수 정년퇴임 기념논문집), 1994: 356~391 참조.

그러나 저자가 구상한 '전환기 방송정책'을 의미있게 구성하는 일은 쉽지 않았다. 이는 오히려 필자의 능력에 부치는 과제이다. 위원장의 주재 아래 이루어진 수많은 전체회의, 상임위원회 회의, 기타 회의의 회의록과 첨부자료만도 수십만 쪽에 이를 정도로 그 분량이 방대했다. 게다가 국회 소관상임위원회에 20여 차례 출석해 보고하고 답변한 자료도 분량이 엄청났다. 그밖에 방송위원회가 전문가들에게 위탁한 정책연구와 기타 연구도 수십 건에 이른다. 이 정보의 바다에서 무엇을 어떻게 거르고 의미있게 구성할 것인가?

그런데 지금까지 통합방송법의 틀 아래 새 방송위원회가 마련한 방송정책을 다룰 수 있는 종합적인 이론적 틀이 없었다. 2002년 7월에 발간된 박선영의 『언론정보법 연구 II: 방송의 자유와 법적 제한』은 통합방송법을 연구한 귀중한 성과로 생각되지만, 이 책은 기본적으로 언론법학적 관점에 따라 저술된 연구서이다. 또한 방송위원회가 위탁한 여러 연구가 대부분 방송위원회의 정책을 단편적으로 다루고 있기 때문에 이 책의 내용 구성에 부분적인 도움을 주었을 뿐, 여전히 종합적인 이론적 틀은 빈자리로 남아 있었다. 왜냐하면 방송위원회가 마련하고 시행하는 정책은 법, 정치, 경제, 사회, 문화를 총체적으로 아우르고 있기 때문이다.

이런 상황에서 필자는 미국의 연방커뮤니케이션위원회(Federal Communications Commission: FCC)가 마련하고 시행한 정책에 주목하게 되었다. 1981년 레이건 행정부의 출범을 기점으로 방송통신정책의 기조를 바꾸는 큰 틀은 공익중심의 규제에서 시장중심의 탈규제로의 변화였다. 영국도 대처 수상이 1985년 피콕 위원회(Peacock Committee)를 위촉하면서 영국의 방송정책도 시장으로의 전환을 선택했다. 필자가 이 책의 전체적인 체제를 공익과 시장으로 정한 것은 언론선진국의 방송정책의 흐름에서, 또는 그 역류에서 새 방송위원회의 방송정책을 관찰하고자 했기 때문이다. 이런 점에서 오프더헤이드(Aufderheide, 1999)의 『커뮤니케이션 정책과 공익: 1996년 텔레커뮤니케이션법(*Communications Policy and the Public Interest: The Telecommunication Act of 1996*)』은 훌륭한 가이드가 되었다. 이 노작은 1996년 미국 텔레커뮤니케이션법을 공익적 관점에서 비판한 연구로서 필자가 이

책을 구성하는 데 적지 않은 도움을 주었다.

방송공익을 실현하는 정책이 어디에 무게중심을 두어야 하는가? 규제인가 아니면 탈규제인가? 국가의 몫인가 혹은 시장의 몫인가? 이 문제는 국가주의 이론가와 신고전주의 이론가들 간의 논쟁이 끝나지 않은 문제이다. 최근 이 논쟁에 국가와 시장으로부터 독립한, 제3의 공론장의 몫을 주창하는 이론가들이 가세하고 있다. 내가 이 책을 기본적으로 공익과 시장이라는 관점에서 구성한 배경에는 다양한 이해가 엇갈리는 방송정책을 바르게 다루기 위해서는 국가 또는 시장이라는 이분법적 구도보다는 국가와 시장과 함께 공론장의 몫을 모두 아우르는 관점이 필요하다고 생각했기 때문이다. 또한 저자는 공익과 시장을 동일시하는 탈규제론자들의 관점을 선택하기보다는 공익과 시장이 공조하는 접점과 아울러 서로 대립되는 예각을 동시에 고려하고자 한다.

『전환기의 방송정책』은 공익과 시장의 틀을 기초로 해서 모두 4부 16장으로 짜여졌다. 제1부 '통합방송법과 새 방송위원회'는 필자가 구상한 『전환기의 방송정책』이 태어나고 숙성된 터전이다. 제1부는 5장으로 짜여졌는데 제1장 '통합방송법의 내용과 특성', 제2장 '통합방송법의 모태로서 방송개혁위원회', 제3장은 '미국의 1996년 텔레커뮤니케이션법과의 비교', 제4장은 '방송정책 총괄기구로서 새 방송위원회', 마지막으로 제5장 '새 방송위원회 구성과 사무처 짜기' 등이 포함되어 있다.

제1부를 집필하면서 저자가 특히 고민한 것은 저자 자신이 집행의 책임을 나눈 통합방송법, 저자 자신이 직접 운용에 참가한 방송위원회 등을 저자가 과연 얼마나 객관적인 관점에서 관찰할 수 있겠는가 하는 자문과 함께 사회의 눈초리를 의식하지 않을 수 없었다. 이 문제에 대한 저자의 결론은 소박한 논리다. 곧 저자는 방송위원장을 떠나 학문을 하는 방송학도의 입장에서 최선의 노력을 기울일 때 이는 결국 독자가 판정할 몫이 아닌가?

제2부는 '방송과 공익'이라는 큰 제목 아래 모두 4장으로 구성했다. 제6장 '시청자권익 보호정책', 제7장 '방송의 종합평가제', 제8장 '방송편성 쿼터제', 제9장 '방송내용에 대한 규제'가 그것이다. 제2부에서도 저자는 제1부의 경우와 같은 고민에 빠져들지 않을 수 없었다. 특히 제8장 '방송

내용에 대한 규제'를 집필하면서 나 자신이 얼굴 두꺼운 모습으로 비쳐지지나 않을까? 저자가 강원용 방송위원장 시절 광고심의위원회위원장(1991)과 김창렬 위원장 시절 보도교양심의위원장(1997~1998)을 지낸 주제에 방송내용 규제의 잘잘못을 논의한다는 것은 시쳇말로 주제파악도 제대로 못하는 경우가 아닌가? 그러나 이 문제에 대해 저자는 '발가벗은 임금님의 우화'가 주는 교훈에서 변명거리를 찾고자 한다.

제3부는 '방송과 시장'이라는 이름 아래 제10장 '위성방송정책', 제11장 '케이블 방송정책', 제12장 '방송시장의 대외개방정책'으로 구성했다. 통합방송법이 방송공익을 담보하는 여러 가지 규제를 부과하고 있지만 위성방송과 케이블 방송에 대해서는 시장성에 무게를 두어 규제를 완화하는 태도를 보이고 있다. 방송법은 방송시장의 대외개방 문제에 관해서 아직 문화적 정체성을 지키고 유치 방송영상산업을 보호해야 한다는 공익규제 입장을 견지하고 있지만, 정책당국은 법의 테두리 안에서 완급을 조절하면서 방송시장을 개방하지 않으면 안된다. 요컨대 제3부는 새 방송위원회가 방송법의 테두리 안에서 시장성에 무게를 둔 정책을 논의하고자 했다.

제4부는 '방송공익과 시장의 조정'이라는 우산 아래 제13장 '방송채널 운영에 대한 정책대응과 법적 규제', 제14장 '위성방송의 채널 운용정책: 지상파방송 재송신정책을 중심으로', 제15장 '케이블 방송의 채널 운용정책: 역외방송신호 전송정책을 중심으로', 제16장 '공공채널 운용방안' 등 모두 4장을 두었다. 제2부 '방송과 공익'이 공익에 중심을 둔 정책을 다루고, 제3부 '방송과 시장'이 시장에 무게를 둔 정책을 논의했다면, 제4부는 공익과 시장과의 절충에 초점을 맞춰 정책을 논의하고자 했다.

저자가 이 책의 원고를 탈고할 즈음 방송위원회가 『제1기 방송위원회 백서』(2003)를 펴냈다. 저자가 제1기 방송위원회 기간 3분의 2를 위원장으로 재임하고 있었기 때문에 '백서'의 내용에는 당연히 저자가 쓴 글의 내용과 중복되는 부분이 있다. 그러나 두 책은 관점과 내용이 많이 다르기 때문에 방송정책에 관심 있는 연구자와 독자가 서로 보완해서 활용할 수 있다고 생각한다.

원래 저자는 위에서 논의한 주제에 덧붙여 '방송과 정치', '방송과 기술'과 '방송과 문화'를 다루려고 했었지만 시간과 역량의 한계에 부딪혀 다음으로 미루기로 했다. 여기에 포함시키려 했던 구체적 주제로는 정치방송, 선거방송, 남북 방송교류, 방송의 디지털화 추진 정책과 방송언어 정책으로 저자가 좀더 심도 있는 연구를 해야 할 과제이다. 또한 이 책에서 다루지 못한 주요 정책 주제와 기타 안건들이 많다. 예컨대 방송발전관리기금의 기본운영계획과 같은 안건은 매우 중요하지만 여기서는 개괄적으로 다루는 데 그쳤으며 따라서 후속 연구를 기대한다. 또 이 책은 상임위원회가 상시적으로 다룬 수많은 안건을 거의 다루지 않았다.

나는 2002년 1월 23일 임기를 일 년여 남기고 방송위원회 위원장직을 물러났다. 지금 생각하면 그때 잘 물러났다고 가슴을 쓸어본다. 그것은 무엇보다도 방송위원장으로서 봉사하는 것 못지 않게, 저자가 위원장직을 떠나 새 방송위원회의 정책을 조명하는 일도 우리 사회를 위해 적지 않은 봉사가 되리라고 생각하기 때문이다. 저자는 방송위원장직을 물러남으로써 '일반화한 타인'(the generalized other)[2)]에 자신을 대입시켜 자신이 참여한 많은 행적을 그 타인의 시각으로 볼 수 있게 된 것을 다행으로 생각한다.

저자가 이 책을 어렵게나마 탈고할 수 있었던 것은 많은 분들의 도움이 있었기에 가능한 일이었다. 먼저 저자가 방송위원장 재임시절에 많은 학자와 전문가들이 어려운 여건을 마다않고 위탁연구에 참여해 귀중한 연구성과를 내주신 데 감사한다. 이 책은 사실 상당부분 이분들의 연구성과에 힘을 얻고 있다.

또한 저자는 초고를 직접 읽어주시고 쟁점 부분에 관해 저자와 진지한 토론을 나눈 몇 분들의 노고가 있었기에 지면에 이름을 밝혀 감사드리고자 한다. 곧 서강대학교의 김학수 교수, 순천향대학교의 장호순 교수, 광

2) '상징적 상호주의 이론'(symbolic interactionism)의 창시자인 조지 허버트 미드(George Herbert Mead)에 의하면 인간의 자아는 3단계로 발전하는데 마지막 성숙단계가 '일반화한 타인'의 종합적인 몫이다. 인간은 이 단계에서 마치 야구경기의 선수가 9인의 몫을 동시에 해야 하듯 일반화한 타인의 몫을 하게 된다는 것이다(Littlejohn, 1983: 49). 방송정책 당국은 특정 쟁점을 둘러싸고 여러 이해당사자가 갈등을 빚는 경우 일반화한 타인의 눈으로 정책이 갖는 함의를 관찰할 필요가 있을 것이다.

운대학교의 박소라 교수가 이분들이다. 또한 이화여대의 이재경 교수, 연세대학교의 최양수 교수, 성균관대학교의 백선기 교수, 고려대학교의 김병국 교수, 청운대학교의 정인숙 교수들이 방송과 언론문제에 관해 평소 저자와 나눈 토론과 의견이 이 책의 뼈대를 이루었음도 밝히고자 한다.

이 책을 쓰는 데 한국외대 신문방송학과 대학원생들의 도움도 컸다. 저자는 2002년 1학기 '방송정책세미나'를 주재했는데 여기에 참여한 대학원생들과의 토론은 방송정책에 관한 저자의 생각에 자양분을 주었다고 생각한다. 원고를 쓰는 과정에서 박사과정의 임수경 양은 자료찾기와 색인 구성 등에 큰 힘을 보탰으며, 석사과정의 이주연 양과 선우지운 양은 원고정리에 구슬땀을 흘렸음에 감사를 표한다. 또한 내가 원고 쓰기에 지쳐 자주 신경질을 부릴 때마다 넉넉한 마음으로 받아준 아내 안혜초에게도 마음의 빚을 졌다. 또한 한울의 김종수 사장을 비롯한 편집진이 이 책이 나오기까지 산고를 같이 나눈 우정어린 협조에 감사를 드린다.

마지막으로 이 책에서 다룬 방송정책은 저자를 포함한 9인의 방송위원들이 심도 있는 토론과 진지한 의견 교환을 거쳐 의결한 수많은 안건이 배경을 이루었음을 밝힌다. 또한 이들 안건을 실질적으로 준비한 방송위원회 사무처 직원들의 노고와 전문적 식견을 놓칠 수 없다. 그러나 내가 이 책에서 다룬 주제의 선택, 접근 방법, 내용 구성, 가치 판단과 의견은 그 오류를 포함해 전적으로 저자가 책임질 일임을 또한 밝혀 둔다.

2003년 3월 1일
3·1절 아침 먼저 가신 선인을 생각하며
한국외대 연구실에서 김정기

차례

제2부 방송과 공익

제3부 방송과 시장

표 목록

그림 목록

영문 약어 목록

ABC	American Broadcasting Company
AM	Amplitude Modulation
BBC	British Broadcasting Corporation
BS	Broadcasting Satellite: 방송위성
CAS	Conditional Access System: 수신 제한 장치
CATV	Community Antenna Television
CBS	Columbia Broadcasting System
CBS	한국기독교방송
CS	Communication Satellite: 통신위성
DMA	Nielson Direct Market Areas
DSM	Digital Satellite Multimedia
DTV	Digital Television: 디지털TV
EBS	한국교육방송공사
EPG	Educational, Public and Governmental Channels: 교육·공공·정부채널
FCC	Federal Communications Commission: 연방커뮤니케이션위원회
Fin-Syn Rule	Financial Interest and Syndication Rule
FM	Frequency Modulation
FTC	Federal Trade Commission: 연방거래위원회
HBO	Home Box Office
KDB	한국디지털위성방송
KBS	한국방송공사
KOBACO	한국방송광고공사
KSB	한국위성방송
K-TV	국립영상간행물제작소
LPTV	Low-Power Television: 저출력TV
MMDS	Multichannel Multipoint Distribution Service: 다채널 다지점 배급시스템
MBC	문화방송

MBN 매일경제뉴스
MOU Memorandum of Understanding: 양해각서
MPAA Motion Picture Association of America: 미국영화협회
MPP Multiple Program Provider: 복수채널사용사업자
MSO Multiple System Operater: 복수종합유선방송사업자
MSP Multiple SO·PP: 복수종합유선방송 및 채널 사용 사업자
NBC National Broadcasting System
NHK 일본방송협회
NO Network Operator: 전송망사업자
NVOD Near Video on Demand: 근거리 주문형 비디오
OUN 한국방송통신대학교
OVS Open Video System: 개방형비디오시스템
PBC Public Broadcasting Corporation
PICON Public Interest, Convenience or Necessity
PP Program Provider: 채널 사용 사업자
PPC Pay Per Channel: 채널당 유료 채널(프리미엄 채널)
PPV Pay Per View: 프로그램당 유료 채널
PTAR Prime-Time Access Rule: 주시청시간대접근규칙
RFP Request for Proposal: 비교심사
RO Relay Operator: 중계유선방송사업자
RTV 재단법인 시민방송
SBS 서울방송
SO System Operator: 종합유선방송사업자
STV Subscription TV
Syndex Rule Syndicated Exclusivity Rule: 신디케이션프로그램 배타성 규칙
TVRO Television-Receive Only Antennas: 텔레비전 수신전용 안테나
UHF Ultra-High Frequency: 극초고주파
VHF Very-High Frequency: 초고주파
V-chip Violence chip: 폭력 영상물을 자동으로 통제하는 TV 내장부품
WTO World Trade Organization: 세계무역기구
YTN 연합TV 뉴스

제1부

통합방송법과 새 방송위원회

1999년 12월 28일 우여곡절 끝에 국회를 통과한 통합방송법은 여러 가지 문제점에도 불구하고 우리나라 방송법제사의 한 이정표를 세웠다고 평가해도 지나친 말이 아니다. 그것은 무엇보다도 방송의 이념으로 설정한 민주적 가치의 실현을 위해 독립된 합의제 행정기관 곧 독립규제위원회를 모형으로 하는 방송위원회를 창설해 정부로부터 방송행정을 독립시키는 전례없는 제도적 장치를 마련했기 때문이다.

'방송위원회'라는 기구가 처음 탄생한 것은 1980년대 말 제5공화국의 신군부 정권이 주도해 제정한 언론기본법에 의해서였다. 그러나 언론기본법 아래 설치된 방송위원회는 말할 필요도 없고, 방송법상 다소 위상이 높아진 1987년의 방송위원회, 1990년 개정 방송법에 의해 구성된 방송위원회 등은 형식상의 법적 지위가 독립규제위원회의 모습을 띠고 있었으나 실질적으로는 방송프로그램의 심의기관에 불과했다.

다시 말하면 이들 방송위원회는 정부조직의 외곽에서 방송정책이나 방송행정에 참여가 배제된 채 방송프로그램의 심의·제재를 가장 중요한 직무로 삼았다. 그러나 통합방송법이 '방송의 공적 책임·공정성·공익성을 실현하고 방송내용의 질적 향상 및 방송사업에서의 공정한 경쟁을 도모하기 위해' 설치한 새 방송위원회는 전혀 다른 차원의 국가기관이다.

새 방송위원회는 방송인허가권과 같은 방송행정권뿐만 아니라 준입법권과 준사법권을 보유한, 외견상 독립규제위원회의 모습을 갖추었다. 그런데 외견상 독립규제위원회의 모습을 갖추었다 하더라도 후술하는 바와 같이 새 방송위원회는 기본적인 설계 잘못으로 독립적 위상이 뿌리로부터 흔들리고 있을 뿐만 아니라 정치적 독립을 담보하는 제도적 장치 자체도 미흡하기 짝이 없다.

통합방송법은 2000년 1월 12일 김대중 대통령이 서명함으로써 공포되었고, 두 달 뒤 3월 13일 이 법이 발효됨과 함께 새 방송위원회도 정식 출범했다. 그런데 통합방송법의 모태는 1998년 말 김대중 대통령이 한시적인 자문기구로 설치한 방송개혁위원회(이하 방개위)다. 방개위는 활동을 개시한 지 3개월 뒤인 1999년 2월 27일 '방송개혁의 방향과 과제'라는 최종보고서를 제출함과 아울러 본문 125개 조 및 부칙 13개 조로 된 방송법 시안도 발표했다. 통합방송법은 이 최종보고서와 방송법 시안이 모태가 되어 제정된 것이다.

제1부는 모두 5장으로 구성했는 바, 그것은 제1장 '통합방송법의 내용과 특성', 제2장 '통합방송법의 모태로서 방송개혁위원회', 제3장 '1996년 미국 텔레커뮤니케이션법과의 비교', 제4장 '방송정책총괄기구로서 새 방송위원회', 제5장 '새 방송위원회 구성과 사무처 짜기'이다. 제1부는 저자가 구상하는 전환기의 방송정책의 출발점으로서 방송정책의 큰 틀인 통합방송법과 신 방송위원회가 내재적으로 갖고 있는 문제에 조명을 맞추었다.

제1장 '통합방송법의 내용과 특성'에서 저자는 통합방송법 자체에 눈을 돌려 방송법을 전체적으로 일별한 뒤 민주적 가치를 실현하는 진보성의 관점에서 그 역사성과 함께 시대착오성 및 위헌성을 규명해보고자 했다. 제2장에서는 통합방송법의 모태인 방개위의 활동을 여러 각도에서 조명하면서 그 성과와 실패를 되돌아보고자 했다. 이어 제3장 '1996년 미국 텔레커뮤니케이션법과의 비교'는 공익과 시장의 축에서 한국의 통합방송법을 평가하는 참조틀로서 소개하고자 했다.

마지막으로 제4장과 제5장은 방송정책 총괄기구로서 새 방송위가 설계된 구도와 법적 지위의 문제, 법정직무와 그 수행의 문제, 그리고 방송위원회 구성과 함께 사무처 구성 문제를 다루고자 했다.

1

통합방송법의 내용과 특성

1999년 12월 28일 우여곡절 끝에 국회를 통과한 통합방송법은 여러 가지 의미에서 한국방송법제사의 흐름에 한 이정표를 세웠다고 해도 지나친 말이 아니다. 구 방송법이 이념 부재의 장식적 문서였다면 통합방송법은 방송의 정치적 독립과 함께 방송의 공익성과 산업성을 이념으로 내세워 역사적 문서로서 모습을 갖추었다.

역사의 특성을 진보(history as progress)라고 규정한 E. H. 카(Carr, 1961)의 논지에 비춰볼 때 통합방송법은 우리 방송법제사의 흐름에서 확실히 진보적인 법이다. 그러나 다른 한편 통합방송법은 진보의 흐름에 역류하는 시대착오적인 법 조항을 담고 있는데 이는 현대 법치국가형 언론법제와는 맞지 않는다. 또한 통합방송법은 우리 헌법의 하위법으로서 위헌이라는 비판을 면하기 어려운 여러 조항을 담고 있다. 이렇게 볼 때 통합방송법은 서로 다른 이방인들이 무질서하게 모여 있는 대합실의 모습을 연상시킨다.

통합방송법이 '이질적 동숙자'(strange bedfellows)의 하숙방처럼 된 이면에는 대통령자문기구로 설치된 방송개혁위원회가 3개월이라는 한시 기구로서 시간에 쫓긴 나머지 졸속으로 '방송개혁의 기본방향과 과제'라는 최종 보고서를 내놓아야 했던 사정에 기인한 것으로 보인다. 이점은 뒤에 다시 논의하기로 하겠다.

이 장에서는 먼저 ① 통합방송법의 체계와 내용을 개괄적으로 살펴본 뒤 ② 통합방송법의 특성을 역사성, 시대착오성 및 위헌성의 관점에서 규명해보고자 한다.

1. 통합방송법의 체계와 내용개관

먼저 통합방송법은 과거와의 단절을 선언한다. 곧 구 방송법의 개정이 아니라 새 방송법으로 제정되어 법률 제6139호로 공포(2000년 1월 12일)된 것이다. 이 점은 미국의 1996년 텔레커뮤니케이션법 입법과정에서 1934년 커뮤니케이션법이 '역사적 시대착오'(historical anachronism)라고 매도당하기도 했으나 결국 커뮤니케이션법의 '개정'(amendment) 형식으로 된 예와는 다른 것이다.

새 방송법은 종전에 흩어져 있던 방송법, 종합유선방송법, 유선방송관리법, 한국방송공사법을 합쳐서 하나의 법으로 담아냈기에 흔히 '통합방송법'으로 부른다. 이 점에서 통합방송법은 중요한 법제적 의의를 갖는데 그것은 규제체계의 일원화이다. 부연해 설명하면 구 법체계 아래에서는 지상파방송은 방송법이, 케이블 방송은 종합유선방송법이, 중계유선방송은 유선방송관리법이, 전광판방송은 옥외광고물 등 관리법이 각각 관할을 달리해 규제하고 있었지만 이제는 통합방송법 아래 방송위원회가 통일적으로 규제하게 된 것이다.

또한 방송법은 법적 근거가 없어 표류하고 있던 위성방송의 도입을 위한 근거규정을 마련했을 뿐만 아니라, 인터넷 방송처럼 방송과 통신의 경계에 걸쳐 있는 서비스까지 규제할 수 있는 근거도 마련했다. 그러나 통합방송법은 방송과 통신의 경계선상에 있는 '유사방송'에 대해 규정하고 있을 뿐, 인터넷 방송을 비롯한 방송·통신 융합현상에 적절하게 대처하지 못하고 있다.

그런데 통합방송법은 핵심적 내용을 체계화하는 데 엉성함을 드러내고 있다. 방송법의 핵심적 내용이란 제1장 총칙, 제2장 방송사업자 등, 제3장 방송위원회, 제4장 한국방송공사, 제5장 방송사업의 운영 등, 제6장 시청자의 권익 보호인바, 제1장 총칙은 방송의 목적과 개념을 내세우고 아울러 방송법 전체를 통관하는 원칙을 제시한다는 점에서 법의 첫머리에 둔 것은 적절한 자리 매김으로 보이나 제2장에서 제6장까지의 자리 매김은 법이 강조하는 취지에도 맞지 않고 일관성도 없어 내용구성체계의 난맥상을 보이고 있다.

통합방송법은 무엇보다도 민주적 가치 실현과 시청자권익 보호를 방송의 이념으로 설정하고 있다. 그럴진대 당연히 제2장에 '방송위원회'를 두고 제3장에 시청자권익 보호를 두어야 하는데도 제2장 '방송사업자 등'을 두어 상업방송에 관한 사항을 규제기관보다 앞세우고 있을 뿐만 아니라 공영방송에 관한 사항보다 우선시한다는 인상을 불러일으킨다. 또한 제2장 '방송사업자 등'과 제4장 '방송사업의 운영'을 함께 두지 않은 것도 자연스럽지 못한 체계로 보인다.

이는 미국의 1934년 커뮤니케이션법 '제1장'(Title Ⅰ)이 FCC의 설치를 명하고 있는 것과 대조를 보이는 대목이다. 구 방송법이 제2장 방송국의 경영과 방송법인을 두고 제3장 방송위원회를 두었던 것은 구 방송위원회가 방송프로그램의 심의기관일 뿐이라는 점에서 납득할 수 있겠으나, 통합방송법이 전혀 새로운 방송정책기관을 설치한 마당에 구 방송법의 내용체계를 그대로 승계한 것은 전혀 납득할 수 없다.

• 통합방송법의 내용개관

통합방송법은 총 9장에 걸쳐 본문 108조 및 부칙 13조로 구성된 방대한 조항을 담고 있다. 방송법의 핵심적 내용을 구성하는 장, 곧 제1장에서부터 제6장까지의 내용을 차례에 따라 개괄적으로 살펴보기로 하자.

1) 제1장 총칙

제1장 총칙(제1조~제7조)은 방송의 목적과 개념을 규정한 것 외에 방송편성의 자유와 독립을 보장하고 방송의 공적 책임, 공정성 및 공익성의 원칙을 선언하고 아울러 시청자의 권익 보호를 내세우고 있다.

먼저 '방송의 목적'은 방송의 이념을 구체적으로 투영한다는 점에서 중요하다. 그런데 통합방송법 제1조는 방송의 목적에 관해 '방송의 자유와 독립을 보장하고 방송의 공적 책임을 높임으로써 시청자의 권익보호와 민주적 여론형성 및 국민문화의 향상을 도모하고 방송의 발전과 공공복리의 증진에 이바지함을 목적으로 한다'고 규정하고 있다. 이는 구 방송법이 말하는 방송의 목적과는 차별화되는 진보적인 태도이다. 방송의 이념이 방송이 도달하고자 하는 최고의 가치를 의미한다고 볼 때 통합방송법이 지향하는 방송의 목적은 두 가지 점에서 진보적인 면모를 담고 있다.

첫째, 통합방송법은 무엇보다도 '방송의 자유와 독립'과 '민주적 여론 형성'과 같은 민주적 가치 실현을 방송의 목적으로 삼고 있을 뿐만 아니라 민주적 가치 실현을 위한 제도적 장치로서, 독립규제위원회를 모델로 하는 방송위원회를 설치하고 있다. 구 방송법도 '방송의 자유'와 '민주적 여론 형성'을 방송의 목적으로 삼고 있다는 점에서 민주적 가치 실현을 지향한다고 선언하고 있으나 민주적 가치를 실현하는 제도적 장치의 마련에는 미치지 못함으로써 방송의 이념은 공허한 슬로건이 되어버렸다.

둘째, 통합방송법은 방송의 목적으로 '시청자권익 보호'를 지향하는 전향적인 태도를 보이고 있다. 더 나아가 총칙 제3조에서는 '방송사업자는 시청자가 기획·편성 또는 제작에 관한 의사결정에 참여할 수 있도록 하여야 하고, 방송의 결과가 시청자의 이익에 합치하도록 하여야 한다'고 선언하고 있을 뿐만 아니라, 제6장을 따로 두어 시청자권익 보호를 실현하기 위한 여러 제도적 장치를 마련하고 있다(시청자권익 보호에 관해서는 제2부 제5장 시청자권익 보호정책을 참조).

통합방송법 제1조가 규정하는 방송의 목적이 위와 같은 진보적 태도를 취하고 있는 것과 대조적으로 제2조 '용어의 정의'에서 특히 '방송의 개념'은 전통적인 매스커뮤니케이션 모델을 따르고 있어 방송·통신 융합시대에 대처하지 못하고 있다. 곧 제2조 1항은 '방송'을 '방송프로그램을 기획·편성 또는 제작하고 이를 공중(시청자)에게 전기통신설비에 의해 송신하는 것으로서 지상파방송, 종합유선방송, 위성방송'이라고 못박고 있다.

이는 전통적인 '일지점 대 다지점 커뮤니케이션'(point to multipoint communication)모델, 곧 매스커뮤니케이션모델에 근거한 방송개념으로 방송·통신 융합시대의 '1 대 다(多)'뿐만 아니라 '1 대 1' 또는 '다(多) 대 다(多)' 서비스를 포용하지 못하는 방송개념이다. 뿐만 아니라 방송의 개념범주를 지상파방송, 종합유선방송, 위성방송 세 가지로 한정한 나머지 인터넷 방송과 같은 중요한 뉴미디어가 누락되어버렸다. 이는 방송위원회가 현재 부상하고 있는 인터넷 방송과 같은 뉴미디어 서비스를 관리하는 데 치명적인 허점이 아닐 수 없다.

제4조 '방송편성의 자유와 독립'은 방송편성에 관해 독특한 법제를 도입하고 있는 바, 그것이 제4조 4항을 규정하는 '방송편성규약'이다. 곧 '종합편성 또는 보도에 관한 전문편성을 행하는 방송사업자는 방송프로그램 제작의 자율성을 보장하기 위해 취재 및 제작 종사자의 의견을 들어 방송편성규약을 제정하고 이를 공표하여야 한다'고 규정하고 있다.

이는 방송기자와 피디(PD) 등 제작 종사자에게 이른바 '언론의 내적 자유'(Innere Pressefreiheit)를 지향하는 법 조항이다.[1] 1960년대 서독의 언론계, 특히 신문계에서 일어났던 '편집협약운동'(Redaktionstatutenbewegung)으로 발행인과 기자단체 간의 자발적 협약으로 내적 자유를 보호하는 방향으로 발전했지만(김정기, 1989) 통합방송법은 방송편성규약을 방송사업자에게 강제하고 있다는 점에서 특징적 면모를 지닌다. 통일 전 서독방송의 경우 내적 자유는 '제한된 공동결정권'(eine eingeschrankte Mitbestimmung)[2]으로 인정받을 뿐이었다(위의 글, 316 및 322-323).

그러나 법이 방송사업자에게 편성책임자의 선임권을 명시적으로 부여

---

1) 언론의 내적 자유란 국가권력에 대한 '언론의 외적 자유'(Aüssere Pressefreiheit)와 대칭개념으로 신문발행인의 권한에 대한 기자의 취재 및 보도의 자유를 의미한다. 이는 발터 말만(Walter Mallmann) 교수가 『퍼블리찌스틱(*Publizistik* 4, 1959: 324ff)』에 문제를 제기한 것이 계기가 되어 1960년대 서독 언론계에서 편집협약운동으로 전개되었다(濱田, 1994:60-68; 김정기, 1989).

2) 전후 서독에서 산업민주주의운동이 일찍부터 결실을 본 결과 노동직이 기업경영에 폭넓은 참여를 보장하는 공동결정권이 시행되고 있었으나 1972년 개정된 서독의 '경영기본법'(Betriebsverfassungsgesetz)은 언론기업의 경우 이른바 '성향보호조항'(Tendenzschutzparagraph)으로 언론노동직의 참여를 제한하고 있었다. 이 법적 제한을 뚫은 수단이 제기된 것이 편집협약운동이었다. 서독의 공영방송의 경우 공동결정권은 공무원에 적용되는 인사대표법에 의해 제한받는다(김정기, 1989: 314-316 및 322-323).

하고 있기 때문에 방송편성권이 누구에게 귀속되느냐의 문제가 논란의 소지로 남아 있다. 부연하면 법 제4조 3항은 '방송편성에 대해 결정하고 책임을 지는 자'를 방송편성책임자로 규정하고, 방송사업자에게 방송편성책임자의 선임권을 부여하며 아울러 이 방송편성책임자의 '자율적인 방송편성' 보장을 요구하고 있다. 그러나 이어 제4조 4항이 기자와 피디 등 제작종사자의 '의견을 들어' 방송편성규약을 제정·공표할 것을 명하고 있기 때문에 편성책임자의 편성자율권과 제작 종사자의 의견제시권을 어떻게 조화시키느냐의 문제를 던지고 있다.

제6조는 방송의 공정성과 공익성을 규정하고 있다. 특히 방송의 공정성에 관해 제6조 1항은 '방송에 의한 보도는 공정하고 객관적이어야 한다'고 선언하면서 2항은 '방송은 성별·연령·직업·종교·신념·계층·지역·인종 등을 이유로 방송편성에 차별을 두어서는 안된다'고 규정하고 있다.

이어 제9항은 '방송은 정부 또는 특정 집단의 정책 등을 공표함에 있어 의견이 다른 집단에게 균등한 기회가 제공되도록 노력하여야 하고, 또한 각 정치적 이해당사자에 관한 방송프로그램을 편성함에 있어서도 균형성이 유지되도록 해야 한다'고 규정하고 있다.

제6조 1항이 규정하는 공정성원칙은 1980년 중반까지 미국 방송에 적용되어왔던 의무였다. 그러나 1987년 연방커뮤니케이션위원회(Federal Communications Commission: FCC)는 공정성원칙을 폐기했으며 1990년 미국 대법원도 이를 지지했다. 보도의 공정성은 중요한 사안이지만 무엇이 공정한가를 규제기관이 타율적으로 판정하는 것은 방송자유를 위축시키는 면이 있기 때문에 바람직하지 않다. 따라서 자율기구에 의한 규제 시스템이 필요하다.

제6조 9항은 방송이 정부, 정치단체, 기타 단체의 정책을 보도함에 있어 동등기회를 보장한다는 취지인 바 그 대상이 광범위해 과연 방송보도의 현실에서 입법취지를 살릴 수 있을지 의문이다. 미국의 경우 '동등기회의원칙'은 공직후보의 방송 이용에 한해 적용되며 그것도 '순수'(bona fide) 뉴스, 순수 인터뷰, 순수 다큐멘터리, 순수 뉴스 행사의 현장보도에는 적용되지 않는다.

결론적으로 통합방송법 제1장 총칙은 통합방송법을 통관하는 방송이념과 기본원칙을 정하여야 하지만 제1조가 지향하는 목적 가운데 민주적 가치를 실현하는 이념에는 수긍할 수 있으나, 방송의 개념이 전통적 매스커뮤니케이션 모델에 머물고 있어 미래지향적 비전을 담지 못하고 있을 뿐만 아니라 방송편성의 자유, 방송의 공적 책임, 방송의 공정성과 공익성 원칙이 하위 법규정으로 구체화되지 못하고 있다.

2) 제2장 방송사업자 등

통합방송법 제2장은 '방송사업자 등'(제8조~제19조)에 관한 조항을 두어 방송사업자의 '소유와 겸영 및 외국자본의 출자 및 출연 제한', '추천·허가·승인·등록' 등에 관한 규정을 두고 있다. 이를 차례로 살펴보자.

(1) 소유와 겸영제한

먼저 소유와 겸영제한에 관해 통합방송법은 지상파방송과 뉴미디어 방송(케이블 방송 및 위성방송)을 대별해 대기업집단, 언론사, 그리고 외국자본을 지정해 차별규제를 가하고 있다. 곧 대기업집단, 언론사, 외국자본의 지상파방송 자본참여를 금한 반면 뉴미디어 방송에는 자본참여의 문호를 열고 있다.

케이블 방송의 경우 사업자를 나누어 채널 사용 사업자(Program Provider: PP)의 경우 보도전문채널 및 종합편성채널에는 참여를 금지하되 그밖의 채널에는 33%까지 참여를 허용하고 있다. 또한 종합유선사업자(System Operator: SO)와 전송망사업자(Network Operator: NO)에게도 같은 참여 비율을 허용한다. 위성방송의 경우 통합방송법은 대기업, 언론사 그리고 외국자본의 참여를 33%까지 허용한다. 그러나 법은 위성방송의 보도전문채널과 종합편성채널에는 참여를 금지하며 그밖의 채널에는 대기업 집단과 언론사에는 제한없이 문호를 개방하되 외국자본의 경우 33%까지 허용한다.

아울러 매체간 겸영제한의 범위에 관해 종전에는 지상파방송과 케이블 방송 간의 상호겸영을 금지하고 있었으나 위성방송의 진입을 상정한 통합방송법은 범위를 정해 지상파방송과 위성방송 간, 그리고 SO와 위성방송 간의 겸영을 허용하고 있다. 이러한 소유제한과 시장진입규제 또는 매체간의 겸영제한은 매체간의 균형발전, 매체소유집중 방지 또는 특정 매체나 자본의 여론독점폐해 예방을 위해 설정된 법적 규제이다. 그러나 이러한 규제가 시장기능의 위축과 외국자본의 기피를 가져와, 한국방송시장과 산업의 활성화에 찬물을 끼얹는 역효과가 난다는 비판도 만만치 않다.[3)]

전반적으로 통합방송법은 특히 뉴미디어 분야 방송매체의 산업성을 고려해 규제를 완화하고 있는 특징을 보인다. 곧 법은 1999년 1월 개정된 종합유선방송법의 규제완화를 수용해 ① 중계유선방송의 SO 전환 승인 ② 케이블 방송사업자간 수평적·수직적 결합을 허용했다.

부연하면 제9조 3항 및 시행령 제7조는 중계유선방송이 방송위원회의 승인을 받아 SO의 지위를 얻을 수 있도록 길을 터 놓았다. 이는 중계유선방송이 방송을 수신해 중계 송신하는 단순한 중계소의 지위에서 PP, 지상파방송 그리고 위성방송을 송신할 수 있는 종합유선방송으로의 승격을 의미한다.

통합방송법은 케이블 방송사업자간의 수직적·수평적 결합을 일정한 범위 안에 허용한다는 점에서 규제완화를 지향한다. 곧 법 제8조 6항은 SO, PP, NO간의 수직적 결합을, 7항은 SO간의 수평적 결합을, 8항은 PP간의 수평적 결합을 일정한 범위 안에서 허용한다. 이어 시행령 제4조 3항은 수직적 결합을 사업자별로 나누어 SO가 PP를 흡수하는 경우는 전체 PP 수의 5분의 1까지, PP가 SO를 흡수하는 경우는 SO 방송구역 전체의 5분의 1까지, 그리고 NO가 SO를 흡수하는 경우 SO 방송구역 전체의 10분의 1까지 허용하고 있다.

(2) 추천·허가·승인·등록

통합방송법 아래 방송사업자도 허가(또는 재허가나 승인 또는 재승인) 없이는 방송사업을 할 수 없으므로 일정한 절차를 받아 심사를 통과해 방송

---

3) 대표적인 예로 한진만 외(1999)가 연구한 『21世紀에 對備한 放送通信政策』을 들 수 있다. 여기서 저자들은 방송이 공익성보다는 시장성에 중심을 둔 구조로 변화하는 추세에 있다면서 시장기능에 중심을 둔 탈규제정책을 주장한다.

위원회의 허가추천 또는 승인을 받아야 한다. 이는 신문과는 달리 방송매체의 경우 방송전파의 주파수가 한정되어 있기 때문에 모든 나라가 시행하는 허가제인데 문제는 통합방송법의 선정 방법이 허가심사 절차에만 묶여 있어 다른 선정방법을 차단하고 있다는 점이다.

곧 방송위원회가 방송사업자를 승인하거나 정보통신부 장관에게 허가추천하기 위해서는 '방송의 공적 책임·공정성·공익성의 실현 가능성, 지역적·사회적·문화적 필요성과 타당성, 재정 및 기술적 능력, 방송발전을 위한 지원 계획, 기타 사업수행에 필요한 사항' 등을 심사해 그 결과를 공표하도록(제10조 1항) 하고 있다. 그러나 이런 심사항목은 기준이 추상적이어서 자칫 공정하고 전문적인 심사를 어렵게 한다.

방송사업자 선정에 대한 통합방송법의 이러한 태도는 주파수 희소성에 근거한 전통적인 방송개념에 의거한 것으로 방송·통신 융합에 따르는 새로운 서비스를 염두에 두지 않은 고식적인 자세이다. 미국의 경우 벌써 1980년대 초 저출력텔레비전(LPTV)이나 다채널 다지점 배급서비스(MMDS)에 대해서는 '추첨제'(lottery)를 도입했으며, 1995년 쌍방향비디오서비스(IDVS)나 직접위성방송(DBS)에 대해서는 '주파수경매제'(spectrum auction)를 도입하고 있다. 영국의 경우도 1990년 방송법은 ITV의 사업권을 경매에 붙이고 있다. 새 방송위원회는 통합방송법이 규정한 이러한 사업자 선정방법의 경직성 때문에 결과적으로 위성방송사업자의 선정이나 홈쇼핑 사업과 같은 이권사업을 추가 승인(3개 업자)하면서 '공적 책임'과 같은 추상적 심사기준을 적용해 사업자를 선정해야 하는 난관을 겪었을 뿐만 아니라 방송발전기금의 재원을 확충할 수 있는 귀중한 기회를 잃고 말았다.[4)]

앞으로 방송·통신 융합현상이 더욱 가속화되는 기술환경과 매체환경에 대응해 통합방송법은 방송사업자 선정방법에 대해 유연하게 대처할 필요

4) 위성방송사업자로 선정된 KDB는 300억 원, 추가로 선정된 연합홈쇼핑, 우리홈쇼핑, 한국농수산으로부터 각각 50억 원씩, 150억 원을 방송발전기금에 출연하고 있으나 정보통신부가 IMT-2000 사업권을 준 대가로 SK 텔레콤과 KT 아이콤으로부터 1조 3,000억 원을, LG 텔레콤으로터 1조 2,000억 원을 받은 것에 비해 터무니없이 적은 액수다.

가 있을 것이다.

그러나 통합방송법은 재허가 또는 재승인 심사시 방송의 종합평가 결과를 반영할 것을 의무화하고 있어(제17조) 재허가 또는 재승인이 유명무실해지는 현상을 최소한의 수준에서 막고 있다.

3) 제3장 방송위원회

통합방송법은 제3장(제20조~제42조)을 두어 새 방송위원회의 설치와 직무 및 권한을 규율하고 있다. 통합방송법이 설치한 새 방송위원회는, 구 방송법이 설치한 '방송위원회'와는 전혀 다른 차원의 성격과 권한을 갖고 있다. 부연하면 구 방송위원회는 외견상 독립규제위원회의 모습을 갖추고 있었으나 가장 중요한 직무가 방송내용의 심의·제재에 머물고 있었다. 그러나 새 방송위원회는 정부로부터 독립한 합의제 행정기관으로서 설치되었을 뿐만 아니라, 그 직무가 방송행정권, 준입법권, 준사법권에 이른다.

이는 김대중 정권이 방송개혁위원회의 권고를 받아들인 것으로 과거 정부가 방송정책권을 장악해 방송에 대해 직접·간접으로 영향을 미쳐온 나쁜 유산을 청산하겠다는, '방송의 민주화' 의지를 반영한 것으로 볼 수 있다. 그러나 방개위는 방송위원회의 설계 잘못으로 인해 방송위원회의 독립적 위상이 뿌리에서부터 흔들리고 있을 뿐만 아니라 위원회 구성 방법 또한 정치적 독립을 담보하지 못하고 있다. 이 점에 관해서는 제4장 '방송정책 총괄기구로서 새 방송위원회'와 제5장 '새 방송위원회 구성과 사무처 짜기'에서 자세히 논의하고 있으므로 여기에서는 개괄적으로만 살펴보고자 한다.

통합방송법 제20조는 '방송의 공적 책임·공정성·공익성을 실현하고, 방송내용의 질적 향상 및 방송사업에서 공정한 경쟁을 도모하기 위해 방송위원회를 둔다'고 규정하고 있을 뿐 어디에 설치하는지 그 소속을 밝히지 않고 있다. 따라서 방송위원회는 감사원과 같이 헌법기관이면서도 대통령에 속한다든지, 공정거래위원회와 금융감독위원회의 경우와 같이 헌법기관은 아니지만 개별법에 따라 국무총리에 속하는 독립행정기구가 아님이 분명하다.

한편 방송위원회는 방송행정을 담당하는 합의제 행정기구(법 제28조)이지만 정부조직법 제5조에 의해 설치된 합의제 행정기구도 아니다. 이 점에서 독립된 행정업무를 수행하는 합의제 행정기구인 공정거래위원회와 금융감독위원회의 경우와 다르다.

그렇다면 방송위원회는 대통령이나 국무총리에 속하지도 않고 정부조직과도 상관없이 오로지 방송법에 의해서만 설치된 합의제 행정기관이라고 볼 수 있다. 그러나 문제는 헌법이 이러한 합의제 행정기관에 국가행정의 일부인 방송행정권을 어떻게 수권하고 있는가에 대해 의문이 일고 있다는 점뿐만 아니라, 법규명령을 발할 수 있는 권한을 수권하고 있지 않다는 점이다.

여기에 방송위원회의 독립적 위상이 근본적으로 흔들리고 있는 이유가 있는 것이다. 방송위원회는 법 제27조에 의거해 방송허가추천권과 같은 방송행정권을 비롯한 방송정책권을 갖고 광범위한 법정직무를 수행할 임무를 부여받고 있다. 그러나 방송위원회가 방송사업자를 포함한 일반 국민을 구속할 수 있는 규칙을 직접 발할 수 없거나 규칙제정을 주도할 수 없을 때 시시각각으로 변하는 방송환경에서 방송위원회가 순발력 있고 유효하게 정책적 대응을 취하는 것은 원초적으로 불가능하다.

또한 방송위원회가 갖는 방송정책권은 행정부의 몇몇 부서와 분점되어 있어 긴밀한 공조체제 없이는 독자적으로 수행하기 어렵게 되어 있다. 부연하면 법 제27조는 방송위원회가 방송영상정책과 관련된 사항을 의결할 경우 문화관광부 장관과 '합의하여야' 하고, 방송기술 및 시설에 관한 사항은 정보통신부 장관의 '의견을 들어야 하며', 방송프로그램 유통상 공정거래 질서확립에 관한 사항은 공정거래위원회 위원장의 '의견을 들어야 한다'고 규정하고 있다. 그런데 예컨대 '방송영상정책과 관련된 사항'이 너무 포괄적인 개념인데다 부처이기주의가 작용하는 한 방송위원회가 방송정책을 독자적으로 수행하기란 거의 불가능에 가깝다고 볼 수 있다.

다음은 방송위원회의 구성 문제다. 통합방송법 아래 방송위원회 구성은 구 방송법과는 달리 대통령 3인 임명, 국회의장 3인 추천, 국회 문광위원회 3인 추천으로 이루어진다(법 제21조). 그러나 이러한 위원회 구성은 집권여당의 영향력으로부터 자유롭지 못할 뿐만 아니라 국회 몫으로 9인 중 6인을 배당함으로써 구성 자체를 정치화시키고 있다고 보인다.

통합방송법은 방송위원회에 여러 가지 법정직무의 수행을 명하고 있는바, 그중에 방송내용의 심의·제재는 현대 법치국가형 언론법제에 맞지 않는 가부장적 권위주의 국가규제일 뿐만 아니라 위헌이라는 비판을 면하기 어렵다. 법 제32조(방송의 공정성 및 공공성 심의), 제32조(심의규정), 제33조(심의위원회)는 대폭적으로 개정하지 않으면 현행 방송내용의 규제 제도는 정체성의 위기에 처할 우려가 있다. 요컨대 현행 방송내용의 심의·제재는 직접적인 규제에서 간접적인 방식으로 바꿀 필요가 있으며 심의·제재의 대상도 모든 방송부문을 포함시킬 것이 아니라 특정부문(연예오락의 폭력성 및 선정성)에 한정할 필요가 있다(현행 방송내용의 심의·제재의 위헌성과 그 대안에 관해서는 제9장 '방송내용에 대한 규제'를 참조).

4) 제4장 한국방송공사(KBS)

통합방송법은 제4장(제43조~제68조)을 두어 구 '한국방송공사법'을 방송법체계 안으로 흡수했다. 통합방송법이 구 한국방송공사법을 방송법체계에 편입시켰다고 해서 구 법이 규정하는 공영방송의 성격과 책임, 이사회의 구성과 권한, 집행부의 임명, 수신료 재정이 달라진 것은 없다. 그러나 몇 가지 달라진 점과 문제를 논의해보자.

통합방송법은 사장이 KBS의 예산을 편성하고 이사회의 의결로 확정되며, 국회의 승인을 얻어 결산을 확정한다고 규정하고 있다. 이는 구 한국방송공사법 아래 KBS의 예산·결산이 실질적으로 정부의 통제를 받고 있었던 것을 상기하면 공영방송을 수행하는 언론기관으로서 KBS의 독립적 위상이 크게 높아진 것으로 볼 수 있다.

이 점을 부연해서 설명해보자. 구 한국방송공사법 제24조는 통합방송법이 규정하는 바와 같이 KBS의 예산은 공사의 사장이 편성하고 이사회의 의결로 확정된다고 하면서도 확정된 예산 혹은 예산 변경 사항을 지체

없이 공보처 장관에게 보고하여야 한다고 규정하고 있다. 또한 법 제26조는 예산에 따라 세운 운영계획도 공보처 장관에 보고해야 한다고 규정하고 있다. 결산의 경우 제27조는 '매 회계년도 종료 후 2월 이내에 전 회계연도의 결산서를 재무부 장관과 공보처 장관에게 제출하여야 하며 재무부 장관의 승인을 받아 결산을 확정하고 이를 공표하여야 한다고 규정하고 있다.

KBS의 자본금(3,000억 원)이 전부 정부에 의해 출자된다고는 하나, KBS가 특별법인으로서 정부로부터 독립해 공영방송을 수행해야 하는 언론기관이라는 점을 상기할 때 이러한 KBS의 예산·결산에 대한 정부의 통제는 KBS의 독립성을 훼손하는 요인이라는 우려를 낳게 한다. 이런 맥락에서 방개위는 KBS의 예산·결산을 국회의 승인을 얻도록 제안했으나 예산은 종전대로 KBS가 편성하도록 하되 결산의 경우 국회의 승인을 얻도록 한 것이다.

둘째, 수신료의 결정에 대해서 통합방송법 제65조는 '수신료의 금액은 KBS 이사회가 심의·의결한 후 방송위원회를 거쳐 국회의 승인을 얻어 확정된다'고 규정하고 있다. 이 규정 역시 구 한국방송공사법의 관계조항을 민주적으로 바꾼 것으로 평가할 수 있다. 구법 제36조 1항은 '수신료의 금액은 이사회가 심의·결정하고 공보처 장관의 승인을 얻어 이를 부과·징수한다'고 규정하고 있었다. KBS의 주 재원인 수신료의 금액을 공보처 장관이 승인한다는 것은 공영방송인 KBS의 독립성에 상처를 줄 뿐만 아니라 국민이 납부하는 준조세 성격의 부담금〔수신료를 연체한 자에 대해 KBS가 추징금 또는 가산금을 징수하고 연체한 자에 대해서는 국세체납처분의 예에 따라 징수하도록 되어 있다(방송법 제66조)〕을 행정부의 한 부서가 결정한다는 것은 과세법률주의를 무시하는 위헌이라고 보인다.

통합방송법은 KBS의 지위에 관련해 '공정하고 건전한 방송문화를 정착시키고 국내외 방송을 효율적으로 실시하기 위해 국가기간방송'(법 제43)으로 표현하고 있다. 공영방송으로서의 KBS의 중요성을 암시하는 뜻으로 많은 사람들이 '국가기간방송'이란 표현을 사용하는 것은 무관하지만 통합방송법이 법문으로 '국가기간방송'이라고 표현하는 것이 과연 적절한 명명법인지 의문이 아닐 수 없다.

오히려 국가기간방송이란 표현은 KBS가 과거 국영방송체제 아래 정부조직에 편입된 국가기관이었으며 제5공 시절 이래 정권이 공영방송이라는 이름으로 KBS를 정권의 홍보기관으로 남용했던 역사를 연상하게 할 뿐만 아니라 가부장적 국가주의의 산물이라는 오해를 받기 십상이다. KBS에 '국가기간방송'이라는 딱지를 붙이는 법문은 적절하지 않으며 '공영기간방송' 또는 '공영방송'으로 족하다 할 것이다.

그밖에 통합방송법은 공적 책임이나 방송의 공공성과 공정성을 실현하여야 하고(제44조 제1항), 국민이 주변 여건에 관계없이 양질의 방송 서비스를 제공받을 수 있도록 노력하며(동조 제2항), 시청자의 공익에 기여할 수 있는 새로운 방송프로그램·방송 서비스 및 방송기술을 연구하고 개발하여야 하고(동조 제3항), 국내외를 대상으로 민족문화를 창달하고, 민족의 동질성을 확보할 수 있는 방송프로그램을 개발하여 방송하여야 한다(동조 제4항)고 규정하고 있다.

이는 사회적 공기로서 무릇 방송매체의 사명을 강조한 것이나 KBS가 공적인 소유구조를 갖고 있는 것, 수신료를 주 재원으로 하는 공영방송이라는 점에서 다른 방송사보다 훨씬 강한 수준의 공정성 및 공익성을 요구하는 원칙 규정이라고 볼 수 있다. 문제는 통합방송법이 전반적인 규제, 재허가 심사, 또는 종합평가에서 공영방송과 민영방송을 구별하지 않고 같은 기준을 적용하고 있다는 점이다.

그런데 법 제4장 '한국방송공사'에 두어야 할 중요한 조항이 제5장 '방송사업의 운영 등'에 들어가 있어 법체계의 엉성함을 엿보게 한다. 그것이 법 제69조 6항이 규정하는 시청자참여프로그램의 의무편성이다. 그것은 구 한국방송공사법을 내용의 치밀한 검토 없이 통합방송법에 졸속으로 덧붙인 데서 온 실수로 여겨지지만 법 제45조 1항 '정관의 기재 사항'중 제7호 '시청자불만처리 및 시청자보호에 관한 사항'을 명시하고 있으면서도 KBS에만 해당하는 시청자참여프로그램의 의무편성에 관한 조항을 다른 곳에 두었는지 전혀 납득할 수 없다.

5) 제5장 방송사업의 운영 등

통합방송법은 제5장 '방송사업의 운영 등'(제69조~제85조)을 두어 프로그램 편성 및 채널 구성에 여러 가지 규제를 부과하고 있다. 방송사업의 운영에 대한 규제는 프로그램 편성에 대한 규제와 채널 운용 및 구성에 대한 규제로 대별된다. 프로그램 편성에 대한 규제는 종합편성 및 보도전문채널의 경우 재난방송을 의무적으로 편성해야 하는 경우(법 제75조)와 같이 반드시 필요한 규제도 있지만 편성에 대한 양적 쿼터제를 직접적으로 부과한 경우 공익실현을 위해 필요한 최소한의 규제와 시청자권익 보호를 위한 특정 프로그램 편성 의무를 제외하면 모두 위헌이라는 비판을 면하기 어렵다.

방송법 제69조는 '방송사업자가 방송프로그램을 편성함에 있어서 공정성과 공공성, 다양성, 균형성, 사실성 등의 기준에 적합하도록 하여야 하며, 종합편성을 행하는 방송사업자는 정치·경제·사회·문화등 각 분야의 사항을 균형있게 적정한 비율로 표현될 수 있도록 하여야 한다'고 규정하고 있다. 이에 따라 시행령은 종합편성방송의 경우 월간 전체 방송시간 중 보도방송 10% 이상, 교양방송 30% 이상, 오락방송 50% 이하가 되도록 프로그램을 편성하여야 한다고 규정하고 있었다.

보도·교양·오락이라는 방송프로그램의 3분법은 애초 1964년 우리나라 최초의 방송법(법률 제1535) 제11조가 방송순서의 편성은 대통령이 정하는 기준에 따라 '보도·교양·음악·오락' 등을 포함해 상호균형을 유지하도록 해야 한다고 하는 규정에서 유래한다. 1987년 구 방송법 제31조와 시행령 제29조는 보도방송 10% 이상, 교양방송 40% 이상, 오락방송 20% 이상으로 규정하고 있었다. 통합방송법은 제69조가 규정하는 보도·교양·오락 3분법 편성쿼터제는 기본적으로 구 방송법 아래 시행되었던 구태의연한 편성 규제 제도를 승계한 것이다.

물론 시행령 제50조는 보도방송이란 '정치·경제·사회·문화 등 모든 분야의 시사에 관한 속보 또는 해설을 목적으로 하는 방송', 교양방송은 '국민의 교양 향상 및 교육을 목적으로 하는 방송과 어린이·청소년의 교육을 목적으로 하는 방송', 오락방송은 '국민정서 함양과 여가생활의 다양화를 목적으로 하는 방송'이라고 정의하고 있다. 이러한 방송장르의 정의에 관해 보도방송을 법률로 정의한다는 것 자체가 현대 법치국가형 언론법제에 맞지 않는 태도이며, 특히 교양방송과 오락방송은 개념상 구분이 가능하더라도 실제 편성상 구분이 어렵기 때문에 무의미하다 할 것이다.

새 방송위원회는 이 프로그램 3분법에 의한 편성쿼터제를 지양하기 위해 시행령 개정으로 '오락방송 50% 이하'만을 남겨두고 보도와 교양 편성비율을 삭제하고자 했으나, 문화관광부와의 '합의' 과정에서 보도비율은 삭제됐지만 교양비율은 그대로 남게 되었다(2001년 3월 20일 방송법 시행령 제50조 개정).

그밖에 통합방송법이 도입하고 있는 방송프로그램편성쿼터제는 광범위하고 복잡하다. 국내제작물 편성비율(법 제71조, 시행령 제57조), 외주제작물 편성비율(법 제72조, 시행령 제58조), 지역민방의 중앙사제공프로그램 편성비율(법 제69조 5항, 시행령 제58조 5항), 시청자권익 보호를 위한 편성의무(법 제69조, 시행령 제51조 및 법 제80조)등 다양한 장르의 프로그램에 대해 편성비율을 명하고 있다(방송편성쿼터제에 관한 자세한 논의는 제8장을 참조).

이 가운데 KBS에 대한 시청자참여프로그램의 의무편성과 종합편성 및 보도전문편성의 경우 옴부즈맨프로그램 의무편성은 시청자주권 시대에 부응하는 법의 태도라고 보이지만 그밖의 편성비율은 필요한 최소규제의 요건을 일탈한다든가, 실효성에 의문을 제기하는 등의 비판과 아울러 보다 근본적으로 방송언론의 자유를 침해한다는 위헌론을 피하기 어렵다.

세계 유수한 나라들의 방송법제를 둘러보아도 우리나라 통합방송법과 같이 국가 공권력이 직접적으로 또한 광범위하게 편성규제를 부과하는 경우는 찾기 어렵다. 캐나다의 경우 자국의 문화적 정체성을 지키고 방송영상산업을 보호하기 위해 '캐나다 내용'(Canadian content)을 필요한 정도에서 강제하는 경우는 있어도 우리 통합방송법과 같이 광범하게 편성비율을 강제하지 않는다.

미국의 경우 연방커뮤니케이션법 제326조가 방송프로그램에 대한 검열(censorship)을 금지하고 있으므로 프로그램의 편성과 내용에 대한 직접적인 규제는 불가능하다. 따라서 FCC의 방송프로그램에 대한 규제는 아주 정교한 방법으로 이루어진다. 1960년 FCC는 프로그램 편성에 관한 보고서를 발표해 편성정책의 의중을 밝혔지만 이 보고서는 어떤 프로그램 유형을 방송해야 한다든지, 또는 프로그램유형의 방송시간을 강제한다든지 하는 명령을 피하고 있다.

이 보고서는 단지 '방송 서비스의 어떤 인정된 요소'가 필요하고 바람직한 것으로 밝혀졌다면서 '지역프로그램', '어린이프로그램' 등 12개 장르의 프로그램 유형을 제시하고 있다. 나아가 허가신청자가 FCC 허가신청 서식에 이들 프로그램을 편성스케줄에 포함하도록 유도하고 편성스케줄대로 편성했는지 여부를 재허가 심사 때 점검한다(FCC의 방송프로그램 편성규제는 제9장 '방송내용에 대한 규제' 중 2) 'FCC의 방송내용 및 편성규제' 참조).

이와 같은 FCC의 프로그램 규제 방식(80년대 이래 폐지)은 통합방송법이 프로그램장르를 보도·교양·오락 3분법으로 분류한다든지, 또는 편성비율을 직접적으로 강제하는 거친 규제 방식과는 여러 면에서 대비된다는 점에서 앞으로 우리나라 방송편성 규제정책에 시사하는 바가 적지 않다.

통합방송법은 위성방송과 케이블 방송에 대해 채널 구성과 운용에 대해 광범한 의무를 부과하고 있다. 먼저 법 제78조 1항 KBS와 EBS의 동시의무재송신을 명하고 있으며 제70조 3항과 4항은 공공채널, 종교채널, 지역채널의 의무구성을 명하고 있다. 따라서 방송법 아래 위성방송과 케이블 방송이 의무재송신 또는 의무구성을 해야 하는 채널은 모두 KBS-1TV 및 EBS 지상파 채널 2개, 공공채널 3개(K-TV, OUN, 아리랑TV), 종교채널 3개, 지역채널(SO에만 해당), 종합편성채널, 보도채널 2개(YTN 및 MBN) 등 10여 개 이상에 이른다.

그런데 통합방송법이 규정한 의무재송신제는 지역방송을 대상에서 제외하고 있어 입법취지가 무엇인지 어리둥절하게 만들고 있다. 일찍이 의무재송신제를 도입한 FCC는 정책목표를 지역방송의 보호에 두고 있었다(이에 대한 자세한 논의는 제14장 '위성방송의 채널 운용정책' 중 1) '미국의 재송신법제와 저작권 문제' 참조).

또한 통합방송법이 부과한 의무구성채널에는 정작 필요한 시민접근채널이 누락되어 있다. 앞으로 이 부분에 대한 법개정을 포함한 전반적인 정책 재조정이 필요할 것이다.

6) 제6장 시청자권익 보호

통합방송법이 구 방송법과 가장 두드러진 차이를 보이는 대목이 시청자권익 보호를 중시하는 태도를 보인다는 점이다. 법 제6장의 각 조항(제86조~제91조)은 시청자위원회의 구성과 권한, 시청자참여프로그램의 의무편성(KBS), 시청자평가프로그램의 의무편성(종합편성 및 보도전문채널), 시청자평가원 제도(종합편성 및 보도전문채널), 방송사업자의 의무(시청자위원회의 의견수용 및 정보공개), 반론보도청구에 관해 규정하고 있는바, 이는 시청자주권 시대에 부응하는 법적 대응이라고 보인다.

이는 1980년대 중반이후 전개된 시청자운동의 역사적 성과가 시민사회의 윤리규범 차원을 넘어 법규범으로 승화된 것으로 볼 수 있다(시청자운동의 전개에 관해서는 이 장의 2) 통합방송법의 특성 중 (2) '시청자운동의 역사성과 시청자권익 보호'를 참조).

통합방송법이 시청자권익 보호를 중시하는 태도는 제5공화국의 신군부정권이 공영방송을 농단한 데 대해 시민사회가 저항운동으로 맞서 시청료거부운동을 펼치는 등 시청자운동이 쌓은 역사적 성과에 뿌리를 두고 있다. 시청자운동이 활성화된 나머지 1990년 졸속으로 개정한 방송법이 방송에 대한 정부통제를 노린 것이긴 하나 '시청자위원회'와 '시청자불만처리위원회'를 법제로 수용한 바 있고, 1993년 방송3사는 가을편성에서 이른바 '옴부즈맨 프로그램'을 도입하게 되었다. 이러한 맥락에서 1999년 방송개혁위원회는 시청자운동의 역사적 흐름을 이어받아 '시청자권익 신장'을 위한 일련의 제도적 장치를 통합방송법에 연계시키는 몫을 한 것으로 볼 수 있다.

통합방송법 제6장의 여러 조항이 규정하는 시청자권익 보호를 위한 제도적 장치에 관해서는 이 책의 제6장 '시청자권익 보호정책'에서 자세히 논의할 것이므로 여기서는 대체적인 윤곽만을 언급하고자 한다.

먼저 법 제87조는 종합편성 및 보도전문 방송의 경우 시청자위원회의 설치를 명하고 이어 제88조는 시청자위원회의 권한과 직무를 규정하고 있다. 그런데 구 방송법도 '시청자위원회'를 두도록 했으나 그것은 기본적으로 방송국의 장을 위한 자문의 몫을 넘지 못했다. 그러나 통합방송법은 시청자위원회가 의견제시 또는 시정요구를 하는 경우 방송사업자가 이를 수용해야 한다는 의무를 부과하고 있다는 점(제90조)에서 시청자위원회의 달라진 위상을 보이고 있다.

다음으로 법 제89조는 종합편성 및 보도전문방송의 경우 시청자평가프로그램을 주당 60분 이상 편성하도록 명하고 있으며 시청자위원회가 선임한 시청자평가원 1인이 이 시청자평가프로그램에 직접 출연하여 의견을 진술할 수 있도록 규정하고 있다. 이는 방송사가 자체 도입하여 운영하고 있는 '옴부즈맨 프로그램'을 의무편성하도록 법제화한 것이며 시청자평가원은 그 지위가 모호하기는 하지만 운영하기에 따라서는 법정방송 옴부즈맨으로서 기대를 모을 만하다.

마지막으로 법 제90조는 종합편성 및 보도전문방송의 경우 시청자위원회의 직무수행에 관련하여 의무를 규정하고 있다. 곧 특별한 사유가 없는 한 시청자위원회가 제시하는 의견과 시정 요구를 수용해야 하며(제1항), 필요한 자료의 제출 또는 관계자의 출석·답변을 요청하는 경우에는 특별한 사유가 없는 한 이에 응해야 한다고 규정하고 있다.

그런데 법 제90조 5항은 종합편성 및 보도전문 방송의 경우 '시청자'가 요구하는 방송사업에 관한 정보를 공개하여야 한다고 규정하고 있다. 여기에서 말하는 '시청자'가 너무 막연하기 때문에 시청자의 알권리를 위해 활동하는 언론단체 및 시청자단체로 바꾸어야 할 것이다.

결론적으로 통합방송법이 시청자권익 보호에 무게를 두는 태도는 시청자주권 시대에 부응하는 자세로서 시청자 접근권, 시청자의 알권리, 시청자접근채널로 연계된 공론장의 몫을 기대할 만하다. 다만 법이 다채널 사업자인 케이블 방송과 위성방송에 다양한 채널의 의무구성을 명하면서도 시민접근채널의 의무구성을 빠뜨린 것은 시청자권익 보호를 중시하는 태도와 맞지 않는다.

2. 통합방송법의 특성 : 그 역사성, 시대착오성, 위헌성

무릇 모든 제도가 역사의 경과와 함께 진보하듯 방송법제도 진보한다. 역사를 '끝없는 진보 과정'이라고 특징지은 E. H. 카의 말을 빌릴 필요도 없이 우리 방송법제사를 진보라는 관점에서 평가할 수 있을 것이다. 그런 점에서 나는 1990년 구 방송법이 민주적 가치 면에서 볼 때에 비역사적인 법제라고 생각한다. 권위주의적인 언론기본법이 폐지되고 그 자리에 들어선 1987년 방송법은 방송민주화의 지평을 넓혔으나 공보처의 '방송구조개편계획'을 반영한 1990년 구 방송법은 방송의 권위주의적 통제를 민주적 모양으로 분식한 장식적 문서로 전락했기 때문이다.

같은 맥락에서 2000년 통합방송법은 진보라는 점에서 역사적 문서이다. 저자는 이 법이 지향하고 있은 민주적 가치 실현과 함께 방송의 공익성과 산업성을 지향한다는 면에서 통합방송법의 역사성을 찾을 수 있다고 생각한다. 그것은 사변적인 이념으로 끝나지 않고 합의제 행정기관으로 방송위원회의 설치, 공익적 규제와 시청자권익을 보호하는 여러 가지 제도적 장치로 구체화되고 있다.

1) 합의제 방송행정기구의 민주성

먼저 합의제 방송행정기관으로 방송위원회를 설치한 것은 방송의 민주화 과정에서 나타난 커다란 진보이다. 이는 방송행정이 종전의 독임제(獨任制) 정부기구인 공보처 또는 문화공보부에서 합의제 행정기구인 방송위원회로 이관되었다는 점에서 방송의 민주화가 큰 걸음을 내디딘 것이다. 또한 '방송정책 총괄기구'로 설정된 방송위원회가 투명한 절차에 따라 방송정책을 결정하는 데서 이제 통합방송법은 독선적 또는 자의적인 정책결정, 곧 비민주적 정책결정이 들어설 여지를 적어도 법적으로는 배척하고 있기 때문이다.

방송행정이 독임제 정부부처에서 합의제 행정기구로 이관된 것이 왜 중요한가? 합의제 행정기구는 본질적으로 비능률적이며 낭비적이라는 비판을 받지만 다른 면에서 '민주적'이라는 장점을 지닌다. 이 장점은 독임제 기구의 독선과 자의적 성격을 제어하는 방파제 구실을 한다는 면에서 돋보인다.

예컨대 공보처가 1995년 4월 28일 대구지하철 가스폭발사고 당시 방송사의 생방송 요청을 묵살하고 뒤늦게 10분간 낮 방송을 허용했던 사례를 들 수 있다. 구체적으로 KBS는 이날 오전 11시 30분경 현장중계를 요청했고 MBC는 오후 1시 50분 경 30분간 뉴스특집 방송을 신청했지만 공보처는 오후 2시 30분 경에야 해당 방송사에 10분간만 방송할 것을 통보했다(≪한겨레≫, 1995년 5월 3일자 및 1997년 12월 29일자, 김정기, 1999: 258).

240여 명의 사상자를 낸 이 같은 대형사고가 발생했을 경우 방송사는 '재난방송'을 즉시 편성·실시해야 한다. 그럼에도 방송행정기구인 공보처가 이런 조처를 내린 데 대해 시민들은 곧 있을 지방자치단체장 선거를 의식해 정부·여당에 불리한 대형사고의 보도를 막으려는 불순한 동기 때문이라고 비난을 쏟아냈다는 것이다(김정기, 위의 책, 259). 이런 비난을 접어두고라도 공보처가 당시 "방송시간 연장시 공보처 장관의 승인을 받아야 한다"는 전파관리법 제11조의 규정을 독선적으로 또는 자의적으로 악용했다는 비판은 면하기 어려울 것이다.

통합방송법은 대형사고와 같은 재난 발생시 종합편성방송과 보도전문방송으로 하여금 재난방송을 의무화하고 있지만 이런 규정이 없더라도 새 방송위원회가 옛 공보처와 같은 태도를 취한다는 것은 상상할 수 없다. 그것은 무엇보다도 합의제 행정기구인 방송위원회가 투명한 절차에 따라 민주적으로 의사결정을 해야 하기 때문이다.

다음으로 통합방송법이 방송의 공익을 담보하기 위한 제도적 장치로서 방송의 종합평가제와 방송내용의 등급제를 도입한 것은 시청자권익 보호를 위한 법적 장치와 함께 방송공익성 이념을 구체화한 것으로 보인다. 방송의 종합평가제는 현행 방송내용의 심의·제재가 효율적이 아니라는 비판과 함께 방송사업자의 재허가가 유명무실해진 현실을 함께 돌파하겠다는 취지로 도입되었다. 또한 방송의 내용등급제는 나날이 악화되는 방송의 유해환경으로부터 청소년을 보호하겠다는 취지에서 의무화되었다. 이

두 제도는 현행 방송내용의 규제 제도에 대한 대안으로서 기대를 모은다. 다만 통합방송법이 기존의 방송내용의 심의·제도를 그대로 유지하면서 새로운 규제 제도를 도입한 것은 문제이다.

또한 통합방송법이 위성방송의 도입에 대한 법적 근거를 마련했을 뿐만 아니라 위성방송과 케이블 방송에 대해 소유·겸영에 관한 과도한 법적 규제를 완화해 이 뉴미디어 산업의 시장진입의 벽을 낮추고 경쟁력을 높인 것은 역사적 조류에 부응하는 법적 대응이라고 평가할 수 있다.

2) 시청자운동의 역사성과 시청자권익 보호

통합방송법이 시청자권익 보호에 무게중심을 둔 것은 제5공화국 시절 방송이 언론기본법의 틀 아래서 전두환 정권의 홍보도구로 전락한 데 대해 시청자들이 저항운동으로 맞선 역사적 맥락에서 그 의미를 읽을 수 있다.

시민사회는 제5공화국 전두환 정권이 저지른 언론통폐합조치 뒤 방송이 이른바 '제도언론'의 핵심적 축으로서 편입된 데 대해 저항운동을 불태워 왔다. 그것이 가장 극적으로 표현된 것이 1986년 한국기독교협의회가 펼친 시청료거부운동이다. 이 운동은 제도언론으로 편입된 KBS-TV가 전두환 정권의 홍보도구로 전락해 왜곡·편파보도를 일삼는 것에 대한 저항으로 시청료 징수의 부당성을 지적하고 이를 거부하자는 일종의 시청자운동으로 확산·발전되었다.

정권은 제도언론의 통제로 이 시청료거부운동을 막고자 했으나 천주교단체의 동조로 일반시민의 호응을 얻어 전국적으로 확산된 것이다.[5] 이 운동은 공영방송인 KBS와 MBC가 공정성을 상실해 정권의 홍보도구화한

---

5) 1986년 4월 3일 및 4일자 ≪동아일보≫ 사설은 'KBS 시청료거부운동'과 'KBS 시청료거부운동 확산'에서 이 시청료거부운동을 지지하고 나섰다. 이는 문화공보부 홍보정책실이 같은 해 4월 1일부터 'KBS 시청료거부'를 보도하지 말 것을 지시한 뒤 나온 사설이다. 그 뒤 4월 11일 보도지침은 'KBS-TV 시청료거부운동은 가급적 보도하지 말 것', 4월 15일 'KBS-TV 시청료거부운동 관계 기사는 자제해주기 바람'이라고 하다가 4월 29일부터는 아예 '금일부터 KBS-TV 시청료 관계 기사' 및 'KBS라는 표현도 일체 쓰지 말 것'으로 지시한다(민주언론운동협의 편, 1988: 315-322).

것에 대한 시청자의 적극적인 저항운동의 성격을 띤다. 다시 말하면 시청자가 방송을 소비하는 수동적인 청중이 아니라 능동적 공중으로서 방송의 비판자 또는 방송편성·운영의 참여자로서의 지위를 주장한 것이다.

이러한 맥락에서 통합방송법 제3조가 방송프로그램의 기획·편성·제작에 관한 의사결정 과정에 시청자의 참여를 규정한 역사적 의미를 읽을 수 있다. 이어 1993년 7월 시청자운동은 '텔레비전을 끕시다'라는 운동으로 방송매체에 대한 비판의식이 대중화되는 계기를 마련했으며 그 해 10월 21일 11개 시청자 단체가 참여한 '방송바로세우기시청자연대회의'의 결성으로 발전했다.

이러한 시청자운동의 활성화는 제도권 방송기구에 두 가지 반향을 일으켰는데 그 하나는 1993년 방송3사의 가을편성개편에서 이른바 '옴부즈맨 프로그램'을 도입한 것이고, 다른 하나는 1990년 개정된 방송법이 '시청자위원회'와 '시청자불만처리위원회'를 법제화했다는 점이다.

이 방송 옴부즈맨 프로그램은 효율성 측면에서 많은 비판을 받았지만 방송3사가 시청자의 방송비판을 수용하는 통로를 마련했다는 점에서 의미를 찾을 수 있으며 1990년 개정 방송법은 시청자위원회의 구성과 운영을 방송사에 강제하고 시청자불만처리위원회를 법제화함으로써 시청자의 법적 지위를 설정했다는 점에서 중요하다.

위에서 일별한 바와 같이 우리나라 시청자운동은 1980년대 5공 정권이 '공영방송'이라는 이름으로 KBS와 MBC를 농단하게 되면서 시민사회의 저항운동으로 자리잡은 것이다. 이러한 시청자운동의 성과는 우리사회의 민주화라는 역사적 흐름으로 자리잡음으로써 거역할 수 없는 방송민주화의 밑거름이 된 것이다.

이러한 역사적 흐름에서 방개위는 시청자운동의 역사적 성과물을 통합방송법에 연계하는 통로구실을 한 것이다. 곧 방개위는 '시청자권익 신장'을 위해 시청자위원회의 실질적 권한 강화, 시청자참여 구현방안, 시청자평가 프로그램 도입의 법제화를 권고하게 되었다(방개위, 1999: 82-85).

결과적으로 통합방송법은 방개위가 건의한 대로 제6장 '시청자권익 보호'로 수용됐다. 다만, 종합유선방송과 위성방송이 '시청자접근채널'을 의무 구성토록 건의한 대목(위의 책, 84)이 누락되었다.

이러한 맥락에서 통합방송법은 진보된 법제로서 역사성을 갖지만 여기에는 뚜렷한 한계가 있다. 그것은 무엇보다도 언론기본법 이후의 권위주의적 방송내용 규제체제를 그대로 승계하고 있는 구태를 벗어나지 못했을 뿐만 아니라 미래에 대한 비전을 담아내지 못하고 있기 때문이다.

3) 가부장적 국가주의 규제의 시대착오성

통합방송법은 곳곳에 구 방송법 또는 종합유선방송법 조항을 계승하고 있는데 이들 조항은 가부장적 권위주의 국가규제의 잔재로서 현대법치국가형 언론법제[6]와 어울리지 않는다. 가부장적 규제란 국가나 공적규제기구가 일반대중에 유익하다고 판단하는 내용을 방송하도록 함으로써 방송이 시청자들에게 봉사해야 한다는 생각을 기초로 하고 있다.

BBC가 수행하는 '공공 서비스 방송'(Public Service Broadcasting)이 이러한 규제모델을 대표하고 있는데, BBC의 경우 정부로부터 독립성을 유지하고 있기 때문에 그것은 가부장적 공공규제로 특징지을 수 있다. 영국의 경우 정부는 BBC의 경영위원회에 광범위하게 개입할 수 있는 권한을 가지고 있지만 그 권한의 행사를 자제함으로 방송이 공정성을 유지할 수 있는 여건을 조성해주고 있다(현경보, 2000: 382).

문제는 가부장적 규제를 담당하는 국가가 권위주의적인 경우에 심각해진다. 제5공화국의 신군부 정권은 1980년 언론통폐합을 자행하면서 신문협회와 방송협회의 자율정화 형식을 빌린 '건전언론 육성과 창달을 위한 결의'라는 이름으로 상업방송의 선정성과 폭력성을 규탄한다. 상업방송이 선정성과 폭력성에서 자유로울 수는 없지만 '선한' 국가가 '악한' 방송을 규제한다는 가부장적 권위주의 국가규제가 명분을 얻었다는 점이 문제다.

그 해 말 '국보위'가 통과시킨 언론기본법은 방송위원회를 신설해 방송

---

6) 언론법제를 그 내용과 기능에 따라 전제군주국가형 언론법제, 시민민주국가형 언론법제, 현대법치국가형 언론법제, 전체주의국가형 언론법제로 나눌 때 우리나라의 언론법제는 독일과 프랑스의 언론법제와 함께 현대법치국가형으로, 미국의 언론법제는 시민민주주의형으로 구별된다(권영성, 1997: 5-6).

의 운용과 편성에 관한 기본적인 사항을 심의·의결하도록 하고 방송심의위원회를 두어 방송내용을 심의·제재하도록 한 것이다. 이는 언론통폐합의 연장선에서 '정치권력의 필요와 판단에 따라 방송을 포함한 언론구조가 인위적으로 조정되는 역사적 과오'(강대인, 1997: 28)로서 방송에 대한 가부장적 국가규제가 방송법제 안에 또아리를 틀게 된 것이다.

통합방송법이 규정하는 방송의 내용규제는 우리 방송의 고질적인 선정성과 폭력성을 치유해온 성과를 일정 부분 인정하더라도 기본적으로 '선한' 국가가 '악한' 방송을 다스린다는 가부장적 권위주의 국가규제의 틀을 유지하고 있다. 이는 현대 법치주의적 원리에 반하는 방송법제로서 청산해야할 권위주의의 잔재인 것이다. 말을 바꾸면 방송법제는 방송의 자유를 최대한 보장하되, 일정한 한계를 설정해 자유를 남용하는 경우에는 규제를 가하며, 그 경우 규제의 기본틀은 현대정보화사회에서 전파를 독점하게 되는 방송의 특성상 공익성과 사회적 책임을 기준으로 하여야 한다(박선영, 앞의 책, 172).

통합방송법은 폐기된 종합유선방송법에서도 가부장적 국가주의를 계승하고 있다. 현행방송법 제70조는 케이블 방송과 위성방송으로 하여금 '국가가 공공의 목적으로 이용할 수 있는 채널' 곧 공공채널을 두어야 한다고 규정하고 있는 바, 이는 공공채널을 국가전용채널로 규정하고 있다는 점에서 가부장적 국가주의를 받드는 대표적 조항이다. 그런데 이 법 조항은 종합유선방송법 제22조를 그대로 승계한 것이다(이 문제에 관해서는 제16장의 '공공채널 운용방안'을 참조).

마지막으로 통합방송법은 방송·통신의 융합이 급속히 진전되는 미래에 적절하게 대처하지 못했다는 점에서 그 진보성의 한계가 발견된다. 예컨대 법 제2조 1항은 방송의 개념을 '방송프로그램을 기획·편성 또는 제작하고 이를 공중(개별계약에 의한 수신자를 포함하며, 이하 '시청자'라 한다)에게 전기통신설비에 의해 송신하는 것으로서 지상파방송, 종합유선방송, 위성방송'이라고 규정하고 있다. 이러한 방송의 개념은 '일지점 대 다지점 커뮤니케이션'(point to multipoint communication)을 의미하는 전통적인 매스컴 모델에 의존하고 있는 것이다. 지금 텔레비전 방송은 전통적인 매스컴 개념을 뛰어넘어 '1 대 다(多)'뿐만 아니라 '1 대 1' 또는 '다(多) 대 다(多)' 형식의 다양한 쌍방향 내지 주문형 방송 서비스가 생겨나고 있는 상황에서, 통합방송법의 기본개념은 기술발전에 적절하게 대처하지 못하고 있는 것이다.

요컨대 통합방송법은 방송의 민주적 가치를 실현시키고, 새로운 방송의 공익규제제도를 도입하고 있을 뿐만 아니라 시청자권익을 신장시키는 데 진보적 면모를 담고 있어 역사성을 띤다고 볼 수 있는 반면 과거 방송법의 가부장적 권위주의 국가규제를 답습하고 미래를 내다보는 비전을 담아내지 못하고 있다는 점에서 시대착오성을 함께 담고 있다.

4) 통합방송법의 위헌성

통합방송법이 담고 있는 치명적인 결함은 곳곳에 위헌성을 면하기 어려운 법 조항이 산재되어 있다는 점이다. 통합방송법의 위헌성은 대체로 ① 현행 방송내용 심의·제재의 위헌성 ② 방송위원회의 방송행정권과 입법권, 특히 규칙제정권의 위헌성 ③ 위임입법 법리위반의 위헌성으로 나눌 수 있다. 이 중에서 ①은 제9장 '방송내용에 대한 규제'에서 논의할 것이며 ②는 제4장 '정책총괄기구로서 새 방송위원회'에서 다룰 것이므로, 여기서는 ①과 ②에 관해서는 개괄적으로 살피는 것으로 대신하고 ③을 중심으로 논의하고자 한다.

현행 방송법의 심의·제재 제도는 구 방송법의 가부장적인 권위주의 국가규제를 그대로 승계하고 있다는 점에서 현대 법치국가형 언론법제와는 동떨어진 가부장적 권위주의 국가규제일 뿐만 아니라 헌법 제21조가 보장하는 언론자유에 위배된다는 비판을 면하기 어렵다.

먼저 통합방송법은 방송용 영화의 사전심의를 없애고 방송광고의 사전심의를 민간기구에 위탁하고 있어 사전심의의 위헌론을 상당히 해소하고 있다. 그러나 새 방송위원회가 방송광고의 사전심의권을 유지하고 있을 뿐만 아니라 민간기구의 사전심의를 감독할 책임을 지고 있어 위헌론을 해소했다고 보기는 어렵다.

다음으로 통합방송법이 규정하는 방송내용의 심의·제재가 사후심의에 의한 방송내용 규제라는 점에서 일반적인 합헌성은 인정되더라도 현행 방송내용 규제가 합헌성의 기준인 과잉금지의 원칙과 명확성의 원칙에 위배된다는 비판을 면하기 어렵다. 언론선진국의 경우 정부에 의한 방송내용 규제는 '내용근거적 규제'(content-based regulation)가 아닌 '내용중립적 규제'(content-neutral regulation)의 경우에만 인정되며 이 경우에도 일정한 기준, 예컨대 미국의 경우 '오브라이언 기준'을 통과할 때에 한해 허용된다(오브라이언 기준에 관해서는 제14장 '위성방송의 채널 운용정책' 중 4) 의무재송신과 '터너 I 및 터너 II 판결'을 참조).

통합방송법은 방송위원회에 규칙의 제정권을 부여하고 있다. 그러나 방송위원회가 갖는 규칙제정권은 우리 헌법과 합치하지 않는 데서 위헌성을 담고 있다고 보인다. 물론 방송위원회가 내부질서를 규율하는 규칙을 제정하는 데 머문다면 문제될 리 없으나 위원회 규칙은 방송정책을 뒷받침하고 있어 방송사업자를 포함한 일반 국민을 구속하는 법규명령의 성격을 가진다. 그러나 우리 헌법은 법규명령을 발할 수 있는 권한을 방송위원회에 주지 않고 있어 방송위원회 규칙은 위헌성을 면하기 어려운 실정이다.

• 위임입법의 법리 위반

통합방송법이 담고 있는 위임입법의 법리위반은 새 방송위원회의 권한과 관련해 나타난다. 방송법이 규정한 방송위원회의 권한은 방송법 제27조에 의해 방송의 기본계획에 관한 사항 등 12개 사항을 심의·의결하는 것으로 되어 있으나 방송법은 '방송정책과 관련된 가장 기본적이고 핵심적인 부분'을 모두 대통령령에 위임하고 있는 반면 '사소하거나 지엽적이고 기술적인 내용'(박선영, 앞의 책, 214)은 방송위원회 규칙에 위임하고 있다.[7] 그런 점에서 방송법은 '윤곽법'(Rahmensgesetz)에 그치고 말았다(위의

7) 방송법이 대통령으로 위임한 사항으로는 방송사업자의 소유 제한(제8조), 지역사업권료 결정(12조 제3항), 허가·승인·등록취소·업무정지의 기준 및 절차 사항(제18조), 과징금처분의 종별과 금액(제19조), 방송발전자금 징수·광고판매대행지정(제37조), KBS의 정관기재 사항(제49조), 수신료 등의 징수(제66조), 수

책, 215)는 것이다.

문제는 방송법이 중요한 사항에 관해 헌법이 요구하는 위임의 범위를 구체적으로 정하지 않은 채 대통령령에 위임하고 있다는 점이다. 부연하면 헌법 제75조는 "대통령은 법률에서 구체적으로 범위를 정해 위임받은 사항과 법률을 집행하기 위해 필요한 사항에 관해 대통령령을 발할 수 있다"고 규정하고 있는데도 방송법은 거의 예외없이 '대통령령이 정하는 바에 따라' 또는 '대통령령에 따른다'라고 규정되어 있다. 방송법의 이러한 태도는 위임입법의 한계와 관련해 법의 일반원칙을 위반했을 뿐만 아니라 보다 근본적으로 '막연무효의 원칙(void-for-vagueness doctrine)'에 의해 위헌 시비를 면하기 어렵다(위의 책, 215; Zelezny, 1997: 55).

모법이 명시적으로 위임의 범위를 정하지 않았을 뿐만 아니라 아예 위임하지 않은 사항에 대해서 대통령령이 위임의 범위를 정한 것도 있다. 부연하면 방송법 제27조는 방송위원회가 방송의 기본계획 등에 관한 사항을 심의·의결할 경우 방송영상정책에 관련된 사항에 관해서는 문화관광부 장관과 합의하도록 규정하고 있다.

문제는 방송영상정책에 관한 기본계획이라는 개념은 추상성이 극도로 높아 코에 걸면 코걸이요 귀에 걸면 귀걸이라는 점이다. 문화관광부가 방송위원회가 아직 정식으로 출범하기 전 합의의 범위를 시행령에 써넣은 것이다. 물론 모법이 위임하지 않았더라도 법률을 집행하기 위한 집행명

신료징수위탁의 수수료 결정(제67조), 방송프로그램의 편성(제69조, 제71~72조), 채널 구성과 운용(제70조), 방송시간의 시간·회수·방법 등에 관한 사항 및 광고 판매대행사(제73조), 협찬고지(제74조), 재송신방송의 대상(제78조), 방송위원회의 구성 및 운용(제87조), 방송위원회의 권한 위임·위탁(제103조) 등이다. 이들 대통령령으로 위임된 사항들은 대부분 방송정책과 관련된 가장 본질적이고도 핵심적인 부분, 즉 방송사업자에 관한 부분이나 재정과 관련된 부분, 방송프로그램 편성 부분은 물론이고, 방송위원회의 권한을 시·도지사 또는 정보통신부 장관에게 위임하거나 무선국관리사업단에 위탁할 수 있는 내용까지 모두 대통령령으로 정하도록 하고 있다. 이에 비해 방송위원회 규칙 사항은 방송위원의 대우 및 겸직금지 사항(제24조), 상임방송위원회회의와 관련된 사항(제28조), 심의규정(제33조), 시청자위원회의 구성과 운영(제35조), 재난방송의 기준 및 방법(제75조), 방송위원회의 구성 및 운영(제87조) 등에 불과하다. 이는 방송위원회의 권한과 업무 가운데 지극히 사소하거나 지엽적이고 기술적인 내용에 불과하다(위의 책, 214).

령으로 규정할 수는 있을 것이다.

그러나 방송영상정책에 관한 방송기본계획과 같은 추상적인 개념을 몇 가지 부문으로 범주화하는 것이 집행명령의 한계를 일탈한 위헌이 아니냐는 의문을 지울 길 없다. 더 나아가 문화관광부가 방송위원회의 반대에도 불구하고 방송위원회의 고유업무로 생각되는 '방송프로그램의 제작·수급 및 유통 등에 영향을 미치는 방송사업자 구도변경에 관한 사항'을 합의의 범위에 포함시킨 것은 방송법이 방송행정을 방송위원회에 이관한 취지에서 볼 때 자의적인 부처이기주의의 구태라는 비난을 면하기 어렵다고 본다(이 문제에 대해서는 제4장 '방송정책 총괄기구로서 방송위원회' 중 '문화관광부와의 합의 문제'를 참조).

결론적으로 통합방송법은 독립규제위원회를 모델로 하는 방송위원회를 설치하는 등 민주적 가치를 실현하고 시청자권익 보호를 중시하는 태도를 보임으로써 진보적 법제의 성향을 띠고 있으나 구 방송법이 담고 있었던 가부장적 권위주의 국가규제 체제를 답습하고 있을 뿐만 아니라 기술환경의 변화에 대한 미래지향적 대처에도 미흡하다. 더욱이 통합방송법은 곳곳에 위헌성을 담은 조항이 산재하고 있어 전반적인 개정이 없는 한 헌법의 하위법규로서 정체성의 위기를 극복하기 힘들 것으로 여겨진다.

2

통합방송법의 모태로서 방송개혁위원회

1998년 2월 25일 김대중 정권이 청와대에 입성하기에 앞서 대통령직 인수위원회는 2월 12일 100대 국정과제의 하나로 '세계화 시대에 부응한 선진방송체계 구축'이라는 항목에서 총괄적인 방송정책의 비전을 제시했다. 새 정부는 먼저 그때까지 방송정책과 행정을 담당해오던 공보처를 폐지하고 방송행정업무를 문화관광부에 이관했으나 통합방송위원회가 설치될 때까지만 한시적으로 담당한다고 하는 데에서 그 성격의 단초를 읽을 수 있다.

부연하면 김대중 정권은 정부가 방송정책을 직접 담당해오던 고식적인 관행에서 탈피해 행정부로부터 독립된 방송위원회가 이를 맡도록 한 것이다. 다시 말하면 새 정부는 과거 방송법제 아래 문화공보부 또는 공보처가 방송정책을 전반을 담당함으로써 정부가 방송에 영향력을 행사해오던 비민주적 관행을 청산함으로써 방송의 민주화에 청신호를 보냈다.

그러나 1990년 졸속으로 제정된 구 방송법을 청산하고 통합방송법을 제정하는 일은 쉽지 않았다. 1995년부터 현안으로 떠오른 통합방송법을 둘러싸고 새로운 매체환경에 대응하고, 분리된 규제기구를 일원화한다는 총론에는 사회적 합의가 도출되었지만 각론에 들어가면 이해당사자들의 갈등과 정당간의 첨예한 대립, 시민단체와 방송노조 등의 주장이 뒤엉켜 좀처럼 실타래를 풀기가 쉽지 않았다.

1998년 2월 새 정부가 출범하면서 집권여당인 새정치국민회의는 그동안 논의된 통합방송법을 1998년 중에 의원입법으로 제정하기로 방침을 정하고 준비에 착수했다. 몇 차례에 걸친 여론수렴과 관계부처회의를 거쳐 8월 31일 새정치국민회의 정책위원회는 문화관광부, 정보통신부 등 관계부처와 당정협의를 통해 통합방송법안을 마련하고 1998년 정기국회에 상정한다는 방침을 확정했다.

통합방송법은 구 방송법과 유선방송관련법(종합유선방송법과 유선방송관리법)으로 이원화된 법체제를 통합하기로 했다. 이는 그동안 몇 차례에 걸친 전문가 집단의 연구결과에서 공통적으로 도출된 결론을 현실화한다는 의미를 지닌 것이었다. 그러나 이해집단간의 의견을 조율해나가는 과정에서 반발이 거세졌다. 또한 IMF체제 아래 악화된 방송사의 경영여건을 해결하고 국내 방송산업의 발전을 위해 방송현안에 대한 전반적인 재검토와 국민적 합의가 필요하다는 인식이 확산되었다.

이에 따라 1998년 11월 17일 새정치국민회의는 통합방송법안의 국회 상정을 보류하기로 하고 통합방송법을 비롯한 방송현안을 다룰 국민적 합의기구를 대통령 직속하에 두기로 했다. 정부는 1998년 12월 1일 대통령 주재의 국무회의를 열고 대통령 자문기구로 '방송개혁위원회'를 설치하기로 결정했다.

정부는 그 해 12월 4일 대통령령으로 방송개혁위원회 규정을 공포하고 김대중 대통령은 12월 14일 강원용 목사를 비롯한 방송학계, 방송업계, 정계인사 14인을 방송개혁위원회 위원으로 위촉함으로써 방송개혁위원회(이하 방개위)가 공식 출범했다. 또한 방개위의 업무를 지원하기 위해 30명 이내의 실행위원회를 두기로 했다.

방개위는 12월 17일 1차 회의를 출발로 해 여러 차례 회의와 토론, 공청회 등을 거쳐 3개월 뒤 다음해 2월 26일 '방송개혁의 방향과 과제'(방개위, 1999)라는 최종보고서를 대통령에게 제출했다.

이 장에서는 방개위 보고서를 개괄적으로 일별하고 ①'과거 방송정책의 실패'를 저자의 관점에서 자세히 살핀 뒤 ②방개위의 성과와 실패를 논의하고자 한다.

1. 방송개혁위원회 보고서

방송개혁위원회의 최종보고서 '방송개혁의 방향과 과제'는 모두 4장으로 구성되고 '참고자료'를 덧붙이고 있다. 부연하면 이 보고서는 제1장 '방송개혁의 방향', 제2장 '방송의 독립성·공공성 확보', 제3장 '방송구조 개혁', 제4장 '방송기술 고도화'를 다루면서 각 장마다 현행제도의 운영현황과 문제점을 적출하고 개선방향을 권고하는 방식으로 짜여져 있다. 여기서는 제1장 및 제2장 중 '방송위원회의 구성과 운영'을 중심으로 논의하고 다른 부문에 관련해서는 이 책의 곳곳에서 필요한 경우 언급하고자 한다.

이 보고서는 제1장 '방송개혁의 기본방향'에서 방송의 이념과, 방송정책의 기본방향과 함께 기존 방송정책에 대한 평가와 반성을 다루었다. 저자는 무엇보다도 이 보고서의 서장이야말로 방개위의 큰 성과라고 보고싶다. 그것은 김대중 정권이 내건 '국민의 정부'라는 이념적 간판과 잘 어울릴 뿐만 아니라 국정목표의 두 축으로 내건 '민주주의와 시장경제'와도 부응하기 때문이다. 또한 방송개혁의 기본 방향은 그동안 이념 부재의 방송정책이 표류해온 데 대해 방향타를 잡아주는 몫을 기대하게 한다.

제2장은 방개위가 권고한 제안 중 핵심을 이루는 것으로 독립규제위원회를 모델로 하는 방송위원회의 구성과 운영이 그것이다. 그밖에 제2장은 '방송·통신 융합에 따른 방송정책체계 재정립', '방송평가제 도입과 심의제도 개선', '시청자권익 신장', '편성의 자율성 확보'를 논의하고 있다.

그런데 방개위 보고서의 서술방식은 요점 정리식으로 문제점과 제안을 나열하고 있어 총론만 있고 정교히 서술된 각론이 빠져 있는 셈이다. 이와 같은 서술방식은 방송정책과 같이 이해관계가 첨예하게 엇갈리는 분야의 정책자문보고서의 양식으로 적절한지 의문이 간다. 따라서 여기서 저자는 보고서 서장이 총론으로 제시한 ① 기존 방송정책에 대한 평가와 반성 ② 방송의 이념과 방송정책의 기본방향을 저자의 관점에서 설명하고자 한다.

1) 과거 방송정책의 실패

먼저 방개위가 건의한 방송의 이념과 방송정책의 기본방향을 논의하기 앞서 기존 방송정책에 대한 평가와 반성부터 살펴보자.

방개위가 기존 방송정책의 실상을 보는 눈은 냉정하고 가혹하다. 기존 방송정책은 방송에 대한 철학과 이념 부재, 방송정책 결정과정의 종합성·일관성·투명성이 부재하고, 그 결과 방송의 독립성과 자율성 부재, 프로그램의 공공성과 품질 확보 실패, 방송산업정책의 실패가 뒤따랐다고 본다.

그런데 한 가지 아쉬운 점은 이 방송정책에 대한 가혹한 평가가 과거 집권세력이 농단한 민영방송 허가의 결과로 나타난 우리나라의 일그러진 방송전파의 지형[1]에는 주목하지도 않은 것이고, 또한 이를 바로잡는 청사진을 마련하지 못하고 있다는 점이다(김정기, ≪한겨레≫, 1999년 2월 28일자). 과거 잘못된 방송정책의 결과로 빚어진 '전반적인 방송 실패'는 이 책의 곳곳에서 논의하게 될 것이므로 여기서는 방송의 독립성과 자율성이 실종된 과정을 되돌아보고자 한다.

우리나라 방송은 흔히 '정권의 시녀'라는 말을 듣는데 그 원인은 박정희 군사정권의 방송통제로 거슬러 올라가지만 가깝게는 1980년 신군부정권이 자행한 언론통폐합의 결과, 특히 방송이 정권의 홍보구도에 편입된 데 있다.

그러나 1987년 6·29선언이란 극적인 정치 슬로건('정치권력은 언론을 장악할 수도 없고 장악하려고 시도해서도 안된다')이 국민적 공감대를 형성한 결과, 언론기본법이 폐지되고 방송법이 제정됨으로써 방송이 제자리를 찾는 듯했다. 그러나 1990년 4월 방송제도연구위원회가 제출한 '방송제도연구보고서'는 쓸모없는 장식적 문서가 되고, 정권에 의한 더욱 은밀한 방송

---

1) 한국방송의 70년을 평가하는 한 연구(강대인, 1997)는 공보부가 1966년 2월부터 시행해온 '방송국 신설허가 합의기준'은 인구수를 중심으로 해 '행정편의위주'로 만들어졌지만 허가된 지역민방은 이 기준보다는 집권정치세력들의 연고지역과 직접 관련이 있으며, 이들이 중심이 되어 허가를 얻었다는 것이다. 구체적으로는 이후락, 박종규 등 5·16 주체세력과 김성곤, 김진만 등 공화당의 실세와 이들이 운영하거나 이들과 연관되어 있는 기업들이 방송을 소유하고 운영권을 행사하게 된 것(위의 글, 37)이라고 밝히고 있다.

통제가 자리를 차지함으로써 방송법제의 진보는 제자리에 머물렀다.

1990년 여름은 한국 방송계에게는 잔인한 계절이었다. 그 해 6월 14일 공보처는 임시국회 개회를 며칠 앞두고 이른바 '방송구조개편계획'을 전격 발표했다. 최병렬 당시 공보처 장관은 '90년대 선진형 방송구조가 필요한 시점에 이르렀다고 판단, 전문가들을 중심으로 구성된 방송제도연구위원회의 연구 결과를 토대로 각계 의견을 참작해 방송구조개편계획을 확정했다'는 말을 잊지 않았다. 정권은 이 방송구조개편계획을 거의 그대로 옮긴 방송법을 7월 14일 '날치기' 통과시킴으로써 사안을 마무리지었다. 그 뒤 노태우 정권, 이어 김영삼 정권의 '문민정부' 시절을 포함한 10여년 간, 적어도 1999년 12월 말 통합방송법이 통과될 때까지 이념 부재의 방송법 아래 방송은 '정권의 시녀'의 길을 걷게 된 것이다.

그러면 노태우 정권이 내건 6·29선언에도 불구하고 방송의 정치적 독립이 왜 배척당했는가? 그것은 당시 급격한 정치환경의 변화에서 찾을 수 있겠다. 제6공화국에 들어와 권위주의 정치체제가 붕괴된 뒤 정치환경의 변화는 민주화의 바람을 몰고왔다. 그것은 어느 분야보다도 방송계를 강타했는데 이는 텔레비전 방송의 가시적 영향력을 타고 두드러지게 나타났던 것이다. 정부는 방송에 대한 통제력을 상실한 반면 그 권력의 진공은 방송노조를 중심으로 한 진보세력에 의해 재빨리 채워지고 있었다.

보수정권에 민감한 광주사태가 텔레비전 스크린을 통해 여과없이 파헤쳐지는가 하면 정부가 민 KBS 정구호 사장과 MBC 황선필 사장은 방송노조에 의해 밀려났고, MBC 김영수 사장은 집무실 접근조차 차단당한 채 물러났다. 이어 1990년 4월 KBS 서기원 사장의 임명을 계기로 KBS가 방송사상 유례없는 37일간의 '제작거부' 사태를 겪는 등 방송계는 전반적으로 이전에 없었던 혼돈의 수렁으로 빠져들고 있었다.

이는 정치환경의 큰 변화이다. 권위주의 정권 시절 방송은 정권의 통치홍보 수단이었지만 이제 정부는 방송에 대한 통제권을 상실한 상황에서 방송에 대한 새로운 전략을 짜지 않을 수 없었다. 부연하면 정부는 1989년 5월 '방송제도연구위원회'를 만들어 새로운 방송정책을 모색하던 길을 포기하고 다음 해 6월 방송구조개편계획의 형식으로 정권의 방송통제를 겨냥한 새로운 방송정책의 길을 텄던 것이다. 그것은 정권에 의한 새로운 방송통제로의 회귀를 의미했다.

방송구조개편계획은 제5공화국 시절 파행적으로 운영된 공영독점체제를 청산하고 공·민영 방송구조로 개편함을 목표로 민영방송의 도입, KBS로부터 제3TV 분리, 방송노조를 겨냥한 경영진의 방송편성 및 인사의 독립권, 교육방송의 문교부 직영, 방송위원회의 권한축소를 기본 방침으로 정하고 있다. 이 방송구조개편에 관해 저자는 당시 한국언론학회가 발간하는 ≪저널리즘 비평≫ 주간 자격으로 최병렬 공보처 장관과 대담을 가진 일이 있다. 최 장관은 방송제도연구위원회가 방송위원회에 방송면허권을 부여해야 한다는 제안을 거부하면서 "현재 민간위원회인 방송위원회에 행정권을 부여할 수는 없으며, 아직은 정부조직법을 고쳐가면서 방송위원회를 행정기구로 만들 계획은 없습니다"라고 잘라 말했다(≪저널리즘 비평≫, 1990. 2/4호: 51).

<표 1-2-1>에서 공보처가 제시한 방송구조개편계획에서 우리는 정부가 방송에 대한 통제권을 상실한 상황에서 이를 회복코자 하는 의도를 엿볼 수 있다. 공보처는 먼저 방송위원회와의 관계에서 '방송운영 및 편성의 기본계획에 관한 사항을 심의의결'할 권한과 KBS 이사회 및 방송문화진흥회(MBC 대주주) 이사회 이사 추천권을 삭제했으며 더 나아가 광고방송의 수익으로 수행할 공익사업의 기본계획 승인권도 박탈했다. 이는 방송위원회를 '단순한 프로그램 심의기관으로 격하'(박용상, 1990: 26)시키면서 공보처가 방송행정권을 비롯한 방송정책을 주도하겠다는 의도로 해석할 수 있겠다.

더 나아가 공보처는 '방송국의 장은 방송의 편성이나 인사에 있어서 누구로부터라도 규제나 간섭을 받지 않아야 한다'는 명분으로 편성·제작·편집에 관한 노사단체협약을 불법화하는가 하면(이효성, 1990: 167) KBS에서 제3TV·제2라디오·교육FM을 떼어 교육방송으로 귀속시키면서 교육방송 자체는 교육방송공사안을 백지화하고 문교부 직영 체제로 바꾸어놓았다.

공보처의 이러한 방송구조개편 방안은 거의 방송법으로 법제화되었지만, 방송위원회를 단순한 심의기관으로 격하시키면서 방송통제권을 복원

<표 1-2-1> 1990년 공보처 방송구조개편안과 국회통과 방송법 비교

	방송구조 개편안	국회통과 방송법 (이하 공란은 공보처안과 같음)
방송체제 및 원칙	• 공민영제 • 상업방송 허용 • 수도권 대상 민방 신설 • 방송의 자율성 및 공정성 보장	
민방폐단 보완장치	• 재벌의 실질적 소유 금지 • 주식 소유 상한 49%	• 주식 소유 상한 30%
공보처	• 방송면허 추천권(현행) • 방송면허갱신 취소권 • KBS 경영평가보고 수령 및 의견제시권 • KBS 부동산 취득 승인 • KBS 연간광고계획 보고 수령권 • 방송위 편성정책 심의 요청(현행) • 방송위 심의회 출석 및 의견 진술권(현행) • KOBACO 공익자금관리위원회 위원 3인 추천권 • KOBACO 공익사업계획 승인권(현행)	• 방송면허갱신 취소권 삭제 • KBS 경영평가보고 수령 및 의견제시권 삭제 • KBS 부동산 취득 사후보고 • KBS 연간광고계획 보고 삭제
KBS	• 제3TV, 제3라디오, 교육FM 분리, 교육방송 귀속 • 라디오 서울 분리 • KBS 제1TV 공익적 운영 강화 • KBS 제2TV 문화 전용 • 이사회편성정책 심의권 삭제	
MBC	• 추후 별도 연구 검토	
방송위	• 방송운영 및 편성의 기본정책 심의의결권 삭제 • KBS 이사회 및 방문진 이사회 이사추천권 삭제 • 프로그램 및 광고심의 규제권 강화 • 공익자금 심의권 삭제 • 위원 수 감축 및 명예직화	• 방송운영 및 편성의 기본정책 심의의결권 부활 • KBS 이사회 및 방문진 이사회 이사추천권 부활 • 프로그램 및 광고심의 규제권 강화 삭제
방송광고공사	• 현행 방송광고대행 독점체제 유지 • 공익자금관리위원회 설치 • 공익자금심의권	
교육방송	• 교육방송공사안 폐지 • KBS 제3TV, 제2라디오, 교육FM 귀속 • 문교부 직영 체제	
특수방송	• 선교방송 50% 이상 유지	• 허가받은 주된 방송 사항을 충분히 반영

출처: ≪저널리즘 비평≫(1990년 2/4호) 53쪽에 게재된 표를 다소 수정해 만듦.

시키려는 노골적인 시도는 방송계를 비롯한 언론계 및 학계로부터 거센 반발에 부딪혀 한발 물러서게 되었다. 결국 국회를 통과한 방송법은 방송위원회가 명목상 정책기관으로서 갖고 있는 구 방송법의 권한을 존치하게 된 것이다(박용상, 앞의 책, 26). 이렇게 제정된 방송법은 노태우 정권(1988~1992) 이래 방송기술의 발전과 시장의 변화를 촉진시키기보다는 억제하는 족쇄의 틀로서 한 몫을 해왔다고 해도 지나친 말이 아니다. 특히 방송법은 1995년 케이블 방송과 같은 뉴미디어의 탄생을 뒷받침하지 못해 별도의 입법을 함으로써 방송행정의 파행적 운영을 초래했다. 덧붙여 방송기술은 위성을 하늘로 진입시킬 수 있었지만 방송법은 위성을 활용한 기술을 방송전파로 역진입시키는 데 걸림돌이 되었다.

문제는 이른바 '문민정부'라는 김영삼 정권(1993~1997)이 들어선 뒤에도 이 이념 부재의 방송법이 그대로 지속되었다는 점이다. 물론 이념 부재의 방송법을 극복하고자 하는 노력이 없었던 것은 아니다. 1994년 당시 방송위원회는 공영방송발전연구위원회(이하 공발연)를 위촉해 방송의 공익을 중심으로 한 방송이념을 정부에 제안한 바 있다(공발연, 1994: 39-41). 부연하면 공발연은 '한국방송의 이념적 지향점'을 제시하면서 구체적으로 자유민주주의적 기본 질서의 구현, 평화통일과 민족화해의 선도, 사회정의와 평등의 실현에 선도적 역할, 시민사회의 활성화를 통한 사회의 다원화 기여, 선진사회로의 진입과 한국인의 세계시민화 기여, 문화유산의 보존과 새로운 문화의 활성화를 통한 문화적 다원주의 실현을 열거했다.

더 나아가 이 방송이념을 구현하기 위한 방송정책의 기본방향으로 방송의 정치적 독립, 사적 이윤 추구 금지, 내외 압력단체로부터 방송의 자율성 확보, 지역간·계층간 격차 해소 노력, 매체간·채널간 특성화 달성, 시민의 방송 접근권과 참여권 보장을 제시했다(공발연, 1994: 41-43).

그러나 그 이전 노태우 정권의 방송정책 결정자들이 그랬던 것처럼 김영삼 정권의 방송정책 결정자들도 위의 제안을 받아들이지 않았다. 특히 이 위원회 연구보고서가 '공중파 방송과 방송계 뉴미디어를 포괄하는 전체 방송체계에 대한 일관성 있는 정책입안과 집행을 담당할 독립된 방송행정기구인 방송총괄기구[2]를 신설'할 것을 제안했으나 이는 김영삼 정권

2) 이 방송총괄기구는 '정부의 어느 부처에도 소속되지 않고 스스로 준사법권, 준

방송정책 결정자들의 입장과 정면 충돌하는 것이었다. 이에 대처하는 조치로 공보처는 이른바 '선진방송정책자문위원회'(1994), '선진방송정책기획위원회'(1994)를 위촉하는가 하면 공보처가 주도하는 방송개발원은 '2000년 방송정책연구위원회'(1994)를 구성했다.

이들 위원회는 같은 해에 비슷한 보고서를 쏟아내어 방송행정권을 정부에 귀속시키면서 방송의 산업성에 무게중심을 둔 새로운 방송체제로의 전환을 제안하고 있다. 이들 보고서 가운데 공발연안과 2000년 방송정책연구위원회안을 비교한 정진석은 "두 보고서는 방송행정을 전담할 통합기구의 필요성은 공감하고 있으나 전자의 총괄기구는 정부의 어느 부처에도 소속되지 않고 스스로 준사법권, 준행정권, 준입법권을 행사하는 자족적, 독립적 행정위원회의 성격을 띠는 데 비해 후자 곧 '2000년 방송정책위원회안'은 통합기구를 정부의 한 부서로 규정하고 있다는 점에서 차이가 있다"고 지적했다(방송위원회, 2001하: 295).

또한 한 연구자가 꿰뚫어보듯이 "문민정부에서도 공익성이 강조되었지만 기본정책으로 채택되지 않거나(공발연, 1994) 산업정책의 정당화 역할(2000년 방송정책연구위원회, 1994; 선진방송정책자문위원회, 1994)을 한 것이 사실이다(정용준, 2000: 27)." 이 연구자는 이어 "1990년대에 지역민방, 케이블TV 등이 시작되면서 명분상으로는 공익성을 강조했지만 실질적으로 산업정책에 비중을 두었다"고 해석한다. 그러나 산업정책에 비중을 두었다는 말은 김영삼 정권 시절 실적에 의해서 뒷받침되지 않는다. 이 말이 빈말이라는 사실은 무엇보다도 케이블 방송의 시장 실패, 위성방송 도입

행정권, 준입법권을 행사하는 자족적 독립된 행정위원회의 성격을 지닌다'라고 밝히면서 다음의 직무를 열거하고 있다. ① 방송 운용의 기본정책과 광고방송에 관한 사항 심의·의결 ② 특별법에 의해 설립된 KBS, EBS 경영위원회 위원의 추천 및 방송문화진흥회 이사의 위촉 ③ 방송정책 및 방송의 질 향상을 위한 조사, 연구 ④ 방송국 및 방송 종류 상호간의 관계, 공동사업 및 협조에 관한 사항 심의·결정 ⑤ 방송정책에 관한 청원 및 시청자불만 처리 ⑥ 방송총괄기구의 규칙 제정 및 개폐 ⑦ 방송심의규정에 의한 시정 및 제재 조치 ⑧ 방송발전기금의 관리 및 기본운용계획 승인 ⑨ 수신료 관리에 관한 사항 ⑩ 방송국의 허가 및 재허가에 관한 사항(공발연, 1994: 58-59). 이는 5년 뒤 1998년 12월 김대중 정권이 위촉한 방송개혁위원회가 제안한 현행 방송위원회안과 실질적으로 같다.

의 끝없는 천연, 민방설립의 정치적 농단으로 반증된다.

더구나 문민정부 아래 언론 통제를 연구한 결과(박승관, 1994; 정인숙, 1997)는 다른 결론을 뒷받침한다. 이 연구의 결론은 '그(김영삼 정권) 이전의 공화국에서 나타나는 물리적이고 강압적인 통제 또는 법적 통제가 없는 대신 비공식적 간접 통제가 많이 늘어난 것'으로 특징지었다(정인숙, 1997: 131).

특히 박승관(1994)은 1992년 김영삼 정권을 탄생시킨 대통령선거의 이면을 다루면서 한국의 커뮤니케이션의 이원화된 구조 곧 공식적 커뮤니케이션 부문과 비공식 커뮤니케이션 부문으로 나뉜 구조에서 '드러난 얼굴'이 '보이지 않는 손'에 의해 농락당하는 언론구조 현실을 비판했다(김정기, ≪교수신문≫, 1995년 1월 23일자). 이는 김영삼 정권 시절 산업성을 중시한다는 명분(드러난 얼굴) 아래 실은 '보이지 않는 손'이 방송을 통제하는 모습을 상징화하고 있다.

결론적으로 방송의 정치적 독립은 그 뒤 10여 년간 방송의 이념이 부재한 가운데 방송법이라는 장식적 문서에만 남아 있는 신세가 되었다.

2) 방개위가 설정한 방송이념과 방송정책의 기본방향

방송의 이념 부재는 방송정책의 표류를 가져온다. 방송의 이념이라는 최고 가치의 버팀목 없이는 방송정책이 정치권력이나 자본권력에 의해 휘둘릴 수밖에 없기 때문이다. 방송의 이념은 그 뒤 10여 년간 방황을 거듭한 끝에 김대중 정권의 출현과 함께 새로운 전기를 맞았다. 방개위는 김대중 대통령에게 보고한 '방송개혁의 방향과 과제'(방개위, 1999)에서 방송의 기본이념을 민주적 가치 실현, 민족문화의 창달, 변화와 혁신의 추구, 시청자권익 신장으로 설정했다. 특히 '민주적 가치실현'에서 방개위가 '방송은 국가권력이나 사회·경제적 이익집단의 영향력으로 자유로워야 하며 민주적인 여론 형성 과정에 이바지해야 한다'라고 구체화시킨 것은 우리 방송이 '정권의 시녀'라는 나쁜 유산을 청산하겠다는 김대중 정권의 의지를 담았다는 점에서 중요한 의미를 갖는다.

<표 1-2-2> 방송개혁위원회 설정 방송의 기본 이념

민주적 가치실현	방송은 인간의 존엄성을 고양시키고 민주주의 가치의 실현에 이바지해야 한다. • 방송은 인간의 존엄성과 가치를 보장하고 개인과 집단의 사상과 의견의 다양성을 존중하며 이를 품위 있게 표현하는 사회의 공기로서의 책임을 다해야 한다. • 방송은 국가권력이나 사회·경제적 이익집단의 부당한 영향력으로부터 자유로워야 하며, 민주적인 여론형성 과정에 이바지해야 한다.
민족문화의 창달	방송은 공동체 삶의 향상과 민족문화 창달에 이바지해야 한다. • 방송은 타인의 명예나 권리를 침해해서는 아니 되며 국민의 윤리적·정서적 가치를 존중해 공동체 삶의 향상에 이바지해야 한다. • 방송은 민족문화와 전통을 계승·육성하고 새로운 창조적 능력과 예술적 형식을 계발해 건전한 문화창달에 이바지해야 한다.
변화와 혁신 추구	방송은 새로운 시대의 전망을 제공하고 변화와 혁신을 이끄는 역할을 담당해야 한다. • 방송은 변화하는 시대에 부응하는 전망과 방향을 제시해 개인과 사회의 합리적 선택에 이바지함과 아울러 사회의 활력을 증진시켜야 한다. • 방송은 세계화와 정보화의 새로운 국제질서 속에서 정보가 공정하고도 원활하게 유통되도록 함으로써 정의로운 지식 정보사회 구축에 중추적 역할을 다해야 한다.
시청자권익 신장	방송은 시청자의 권익 신장에 힘써야 한다. • 방송은 계층이나 집단·지역·성별 등에 차별없이 모든 국민에게 고르게 봉사해야 한다. • 방송은 시청자가 여론형성 과정에 적극적으로 참여하도록 해 실질적인 방송의 주인이 되도록 해야 한다.

출처: 방개위, 1999: 52-53

방개위가 설정한 방송의 기본이념은 요컨대 방송의 정치적 독립, 방송의 공익화로 귀결될 수 있지만 '변화와 혁신 추구'에서 '지식정보사회의 구축'을 제시하고 있는 데서, 방송의 산업성도 중시하고 있다고 말할 수 있겠다. 이 방송의 기본이념은 '방송개혁의 기본방향'에서 구체화되고 있으므로 이 둘을 연계해서 살펴볼 필요가 있다.

방개위가 제안한 이 방송이념에 대해 연구자 정용준은 "방송의 공익성 실현을 최우선 과제로 설정하고 부분적으로 뉴미디어 산업의 활성화를 꾀하고 있다"고 특징지었다(정용준, 1999: 28). 이는 이 방송이념을 구현하는 '방송개혁의 기본방향'에서 잘 드러나고 있다. 부연하면 이 기본방향은 10가지 방송정책의 목표를 제시하고 있는데 곧 ① 방송의 독립성 확보 ② 방송의 공익성 강화 ③ 방송·통신 융합에 능동적 대처 ④ 방송의 품격과 정체성 확보 ⑤ 시청자권익과 복지의 향상 ⑥ 방송매체간·채널간 다양성 확

<그림 1-2-1> 방송개혁의 기본방향 체계

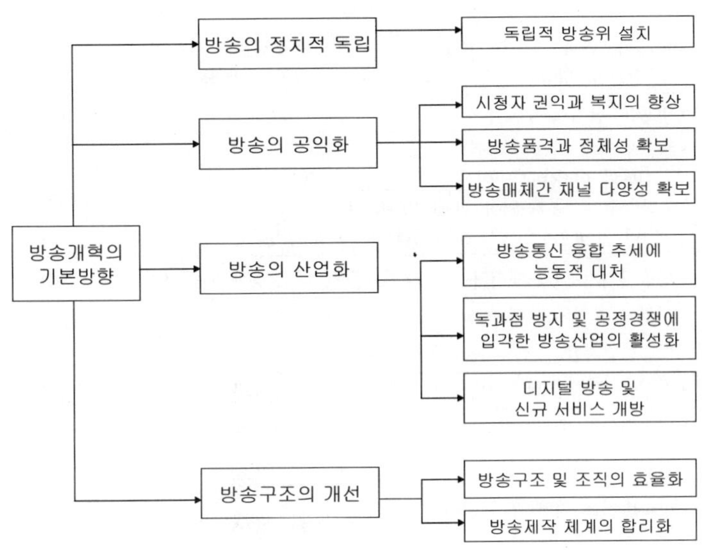

출처: 방개위, 1999: 54-56에서 다시 그림.

보 ⑦ 방송구조 및 조직의 효율화 ⑧ 독과점 방지 및 공정거래에 입각한 방송산업의 활성화 ⑨ 방송제작 체계의 합리화와 전문성 제고 ⑩ 디지털 방송의 신규 서비스 개발이 그것이다. 이는 방송의 공익성을 기축으로, 방송의 산업성을 부축으로 한 방송정책의 기본방향이다. 이 방송정책의 기본방향을 목표의 위계구조에 따라 체계화시키면, 방송의 독립성 확보와 방송의 공익성 강화를 최정상의 목표로 설정하고, 그 다음은 가장 중요한 목표로서 방송의 산업화에, 그리고 방송구조 및 조직의 효율에 순차적으로 무게 중심을 두었다고 정리할 수 있겠다. <그림 1-2-1>은 방송정책의 목표를 위계구조에 따라 배치한 방송개혁의 기본방향 체계를 보여준다.

방개위는 최종보고서에서 방송개혁의 핵심과제로서 ① 방송의 독립성·공공성 확보 ② 방송구조의 개혁 ③ 방송기술의 고도화로 설정했다. 먼저 방송의 독립성을 구현키 위해 방개위는 미국의 FCC를 모델로 하는, '독립규제위원회'의 성격을 갖되 행정부처로부터 직무상 독립된 '합의제 행정기구'를 제안했다. 이어 방송·통신 융합에 적극 대처하기 위해 '방송통신위

<표 1-2-3> 방송개혁위원회 제안 방송위원회의 직무와 기능

구분	방송위원회 직무	비고
행정권 등	• 방송기본계획 수립 및 진행(방송영상 진흥에 관해서는 문화관광부 장관과, 방송기술 및 시설에 관해서는 정통부 장관과 협의)	신설
	• 방송의 편성·운용정책 수립	유지
	• 방송법인에 대한 인사권 - KBS의 이사(비상임이사 6인) 선임 및 사장 임명 제청 - 방송문화진흥회 이사 전원(9인) 선임 - EBS 이사(비상임이사 5인) 선임 및 사장 임명	신설
	• 방송사업자 허가·재허가추천, 승인, 등록, 취소 등에 관한 사항	신설
	• 시청자 불만처리 및 청원	'청원' 추가
	• 방송발전자금의 조성·관리·운영에 관한 기본계획 수립	신설
	• 수신료 및 유료방송 요금 승인	신설
	• 방송위원회 예산안의 편성 및 집행	신설
	• 방송프로그램에 관한 심의	유지
	• 방송발전을 위한 조사·연구	'연수' 기능 삭제
준입법권	• 방송위원회 규칙 제·개정 및 폐지	실질적 강화
준사법권	• 각종 방송사업자 상호간 공동사업이나 분쟁의 조정 • 제재조치에 관한 사항 - 제재조치 중 과태료 부과 제도 도입	강화 신설

출처: 방개위, 1999: 6

원회'로 전환되어야 한다는 정책방향을 제시하고 구체적인 전환 일정[3]까지 마련했다. 이는 역대 어느 정권도 이루지 못한 방송의 정치적 독립을 시도한 방송개혁의 큰 성과이지만 뒤에서 살펴보는 바와 같이 방송위원회를 설계하는 데 치명적 잘못을 범했을 뿐만 아니라 방송위원회의 독립적 위상과 정치적 독립을 마련하는 데도 실패했다.

또한 방개위가 최종보고서에서 제시한 몇 가지 개혁방안들마저 방송사의 심각한 반발에 부닥쳤다. KBS의 예·결산권 승인과 MBC 공적기여금

3) 이 전환일정에 의하면 ① 2000년 1월 방송위와 정보통신부가 협의기구 설치 ② 2000년 6~12월 한시적인 대통령 직속기구를 설치해 방송위와 정통부의 통합방안 마련 ③ 2001년 1~6월 관련법의 국회통과 ④ 2001년 7월 방송통신위원회 출범으로 되어 있다(방개위, 1999: 78).

환수 등의 문제에 관해서 양방송사는 반대입장이었으며, 방송위원회의 정책권 부여, 독립적 기구 성격, 위원 구성 등에 관한 여야 간의 입장차이로 조속히 합법화되지 못하고 수정이 불가피하게 되었다.

이에 따라 여당은 KBS의 예산과 결산승인을 국회에서 하도록 한 방개위의 방안을 변형하여 KBS가 예산권을 갖고, 국회가 결산권을 갖는 형태로 수정하고, MBC의 공적기여금 환수를 통합방송법에서 삭제하는 대신 방송문화진흥회법에 MBC 세전 이익의 15%를 '방송문화진흥기금'으로 방송문화진흥회에 출연하도록 의무화하는 형태로 결정되었다. 또한 방개위가 모처럼 새롭게 제안한 MBC의 단계적 민영화 방안도 통합방송법으로 수용되지 못함으로써 무산되고 말았다.

통합방송법은 방개위가 제시한 방안에 대한 사회적 비판여론을 수렴하고 일부 내용을 수정해서 마침내 1999년 7월 초 임시국회에 상정되었다. 법안 관련 주요 내용은 방송정책권과 행정권을 방송위원회에 부여하는 것과, 위원 구성 방식에 관해서는 방개위안을 유지하고, KBS의 예·결산권과 MBC의 공적기여금 부분은 수정안을 수용한다는 것이었다.

그러나 7월 중순에 접어들면서 방송노조단체에서는 방송위원회의 독립적 위상확보, 방송위원회 위원과 공영방송 사장의 인사청문회 실시, 노·사 동수의 편성위원회 확보, 재벌·신문·외국자본의 위성방송 진입금지, 민영상업방송의 소유지분제한 등 5대 요구사항을 내걸고 민주적 개혁적인 방송법 제정을 촉구하는 총파업에 돌입하는 등 방송법에 관한 뜨거운 논쟁이 재연되었다.

그 사이 두 차례의 임시국회가 열렸지만 방송법은 통과되지 못했다. 1999년 12월 28일 국회는 마침내 통합방송법안을 통과시켰다. 통과된 방송법은 방개위가 대통령에게 보고했던 내용에서 다소 변질된 부분도 있었지만 2000년 1월 12일에 김대중 대통령이 서명함으로써 공포(법률 제6139호)되었고 이날부터 2개월 후인 3월 13일부터 발효되었다. 이에 따라 종전의 방송법을 비롯해 종합유선방송법, 한국방송공사법, 유선방송관리법은 자동 폐기되었다.

2. 방송개혁위원회의 성과와 실패

먼저 방개위는 대통령 자문기구라는 정체성을 갖고 출범했다는 점에서 다른 방송정책 자문기구와 대비된다. 곧 방개위는 대통령령 제15935호로 공포된 방송개혁위원회 규정에 의거해 설치되고 대통령직속 자문기구로 주요 임무를 떠맡은 것이다.[4)]

방송정책 자문기구의 정체성은 과거의 방송정책 자문기구가 정권의 정치적 의도대로 들러리나 겉치레로 운영된 것이 아니냐는 비판의 표적이 된 것을 감안할 때 자문의 정당성과 신뢰성을 높여준다는 점에서 중요하다.

그런 맥락에서 방개위는 영국의 여러 방송정책자문위원회와 비견할 만하다.[5)] 따라서 방개위가 제안한 권고를 평가하는 참조틀로서 영국의 대처(Magaret Thacher) 수상이 1985년 위촉한 '피콕 위원회'(Peacock Committee)와 비교해보는 것도 무의미하지 않을 것이다. 물론 방개위가 무게를 둔 방송의 정치적 독립은 애초부터 피콕 위원회의 관심사는 아니었으며, 주요 관심사는 공영방송인 BBC의 재정을 어떻게 접근할 것인가의 문제였다. 곧 BBC의 재정을 기존대로 면허료로 충당할 것인가 아니면 시장원리로 접근할 것인가라는 문제가 핵심적 관심사였다. 그러나 김대중 대통령이 저명한 종교인 강원용 목사를 방개위 위원장으로 내정한 것은 대처 수상이

---

4) 방송개혁위원회규정 제2조에 따르면 방개위는 다음 사항을 심의·의결해 대통령에게 자문하도록 되어 있다. ① 방송의 기본이념 정립에 관한 사항 ② 방송의 장기적 종합적인 방송발전계획에 관한 사항 ③ 방송관련 법·제도 개선에 관한 사항 ④ 방송산업의 경쟁력 제고에 관한 사항 ⑤ 방송영상산업의 육성에 관한 사항 ⑥ 종합유선방송·위성방송 등 새로운 방송매체 발전에 관한 사항 ⑦ 방송관련 기술 발전에 관한 사항 ⑧ 기타 방송개혁 및 방송발전에 관해 대통령이 문의하는 사항.

5) 영국의 방송정책자문위원회는 1925년 크로포드 위원회(Crawford Committee), 1934년 얼즈워터 위원회(Ullswater Committee), 1951년 베버리즈 위원회(Beveridge Committee), 1962년 필킹턴 위원회(Pilkington Committee), 1976년 애넌 위원회(Annan Committee), 1981년 헌트 위원회(Hunt Committee), 1985년 피콕 위원회(Peacock Committee) 등이 정권이 바뀔 때 또는 매체환경이 중대한 변화를 겪을 때 방송정책자문을 해왔으며 정부는 대체로 위원회 건의를 수용해왔다.

공영-민영방송 철저한 분리를

金 政 起

<한국외대 부총장>

최근 방송개혁위원회가 출범한 이후 金大中(김대중)대통령은 언론사 인터뷰나 특별연설을 통해 언론 개혁을 여러 차례 강조하여 언론계의 비상한 주목을 받고 있다. 지난 18일 김대통령은 '기독교방송(CBS) 창사 44주년 비전21 대회' 치사에서 국제통화기금(IMF) 체제 아래 언론 매체들이 광고주들에 아첨하고 있다고 비판하면서 "상업주의적 방송에 현혹되는 사람도 많지만 건전한 방송을 목마르게 기다리는 사람도 많다"고 지적했다.

같은 날 朴智元(박지원) 공보수석도 '외대 언론인의 밤' 초청 강연에서 '새정부의 언론 개혁 정책'의 기조로서 ▲언론의 자유 철저 보장 ▲언론 자유에 상응하는 책임 강조 ▲언론사 경영에 시장경제 원리 적용을 제시하면서도 상업방송을 겨냥, "공중파 방송은 지나치게 시청률을 의식해 상업주의에 치우치고 있다"고 비판했다.

특별히 이 시점에서 김대통령과 그의 '입'으로 통하는 박지원 공보수석이 언론에 대해 가하는 비판을 어떻게 읽어야 할까. 그것은 새정부의 수뇌가 언론에 대해 갖는 불만의 수위가 상당히 높아 더 이상 뒷짐지고 앉아 있지 않겠다는 의지를 밝힌 것으로 볼 수 있으며, 구체적으로 ▲방송에 대한 강도 높은 타율 개혁의 요구 ▲신문에 대한 '자율 개혁'의 강제 유도로 요약할 수 있다고 본다.

우리 나라 방송 체제는 1990년 이른바 공민영제로 다시 출범해 오늘에 이르고 있으나 방송 체제 자체의 결함, 개별 방송사의 집단 이기주의, 변화한 방송 환경 적응 실패, 방송의 정치적 이용 등으로 정부의 방송 정책은 총체적 난국을 맞았다. 그것은 무엇보다도, 김영삼 정권 5년간 지역TV, 라디오, 케이블TV 등 1백50여 방송사 허가를 남발했으나 이들 방송사가 부실화해 버린 것에서 여지없이 드러나고 있다.

우리 나라 방송 정책의 실패는 무엇보다 공민영제의 실패로 나타나고 있다. 국가 기간방송인 KBS는 공영으로 운영하게 되었지만 KBS가 MBC의 상업경쟁을 좇아가는 형국으로 된 나머지 선정주의, 퇴폐적 향락, 소비주의적 경향을 부추기고 있다. 이는 공민영방송제의 원천적 결함에서 나오는 현상이다.

시청률 경쟁은 청산시켜야

나는 우리 나라 공민영방송제의 결함은 방송의 공민영 혼합체를 공영제와 민영제를 엄격히 분리시키는 제도적 개혁을 함으로써 치유할 수 있다고 본다. 이 기회에 공영과 민영을 철저히 분리, KBS와 MBC가 말은 공영 또는 '공영적 민영'을 한다면서 실은 시청률 경쟁으로 치닫는 공민영제를 청산해야 한다.

그 방안으로 민영 방송제를 새로이 정립하고 현행 방송 광고 프로그램 판매제를 지양하여 광고주는 시간만 사고 방송사가 제비를 뽑아 프로그램을 배당하는 영국식, 또는 광고를 시간대로 묶는 독일식 '블록 광고제'를 가미할 필요가 절실하다. 또한 민영 방송사의 공익성을 강화하여 적정한 수익 규모를 인정하되 그 이상의 초과금은 공익 자금으로 전환시키는 제도적 장치를 마련, 민영 방송이 더 이상 '황금알을 낳는 거위'라는 생각이 발을 붙이지 못하게 해야 할 것이다.

다음으로 방송사간의 구조조정을 단행할 필요가 있다. 우선 기술적 측면에서 보면 방송사들의 송신소 경쟁과 잘못된 전파 정책은 가장 시급히 해결해야 할 문제다. 1961년 12월31일 KBS TV의 개국 이후 '고지대 고출력' 방식으로 할당되어 온 VHF TV 주파수 배정은 방송사들이 편협한 명분론과 비타협적인 방송망 확장으로 경쟁하면서 비효율적이고 비합리적인 채널 배정을 가져왔으며, 송신소를 상호 경쟁적으로 운용하면서 시청자의 시청 편익의 권리는 외면되어 왔다. 방송망 지도를 전반적으로 다시 그리는 것이 어렵다면 송출공사의 설립 등 불필요한 경쟁을 지양시킬 수 있는 방안이 마련되어야 할 것이다.

언론개혁 유도 게을리 말길

신문 개혁에 관해서 박지원 공보수석은 신문사 스스로의 몫이라는 원칙론을 폈다. 그는 신문 경영에 관해 "어떤 당근도, 채찍도 사용하지 않을 것"이라면서도 개혁의 발목을 잡는 행태를 지목하여 "국민이 개혁을 요구한다"는 말을 놓치지 않았다.

나는 신문 개혁이 신문사의 자율에 속한다는 말에 공감한다. 그러나 공정거래위와 같은 정부 기관은 신문사라고 해서 불공정한 광고·판매·사업 행위에 대해 눈감아주어서는 안 되며, 공론 부문에 대해서도 정부와 시민 단체가 자율 개혁을 끊임없이 유도하는 데 게을리해서도 안 된다. 우리는 새시대 언론이 '新龍飛御天歌(신용비어천가)'를 불러대는 행태에 역겨움을 느끼지만 公器(공기)를 방패삼아 개혁에 저항하는 구태에 더 이상 인내하기도 힘들다.

피콕 위원장을 위촉한 것을 연상하게 한다.

대처 수상은 자유시장경제라는 처방이 영국산업을 부활시킬 수 있다고 믿었다. 같은 맥락에서 그는 방송도 '자유시장 약제'(free-market medicine)로 처방하면 병을 고칠 수 있다고 믿었다. 그가 보기로는 텔레비전, 특히 BBC가 면허료로 재정을 충당하는 것은 '가부장적'(paternalistic)이며 시청자의 프로그램 선택에 부응하지 못할 뿐만 아니라 경제적으로도 2자 복점 구조(BBC와 ITV) 때문에 효율적이 아니었다(Franklin, 2001: 47). 따라서 대처 수상은 BBC 면허료의 폐지와 제4채널의 민영화를 바랐으나 방송사업자와 정적들의 반대로 여의치 못한 형편이었다. 이런 상황에서 대처 수상이 1985년 피콕 위원회를 임명한 것이다.

따라서 위원회의 보고서가 대처 수상의 '정책욕망'(policy ambitions)에 부응할 것으로 여겨졌다. 더욱이나 피콕은 자유시장경제론을 펴는 저명한 경제학자라는 점에서 피콕 위원회의 보고서는 '뻔한 결론'(a foregone conclusion)을 내릴 것이라고 보는 이가 많았다(Barnett et al., 1994: 60).

비슷한 맥락에서 김대중 통령이 강원용 목사를 방개위 위원장으로 내정한 배경을 엿볼 수 있다. 김대중 대통령은 과거 박정희 유신체제 아래

<표 1-2-4> MBC의 단계적 민영화 추진 및 기타 개선안

1단계	정수장학회 소유지분의 방송문화진흥회 인수 본사 보유 지방계열사 주식의 방송문화진흥회 이관
2단계	지방계열사 민영화
3단계	본사 민영화. 단, 대기업·언론사·외국자본의 참여 금지, 공개입찰 방식 채택, 매각 수입은 디지털 전환 재원으로 활용
공적기여금	총매출액 대비 7% 이내 사회환원

출처: 방개위, 1999: 100

박해를 받은 대표적인 정치인이며 강원용 목사는 유신체제에 저항한[6] 유명한 종교인이라는 점에서 두 사람은 모두 반독재 신념의 소유자이다. 또한 두 사람은 유신체제 아래 제도언론이 부풀린 반공언론의 피해자이기도 하다. 이렇게 볼 때 한 세기가 지난 뒤 '강원용 위원회'라고 부를 수 있는 방개위가 방송의 정치적 독립을 방송개혁의 핵심과제로 삼은 것은 우리 방송의 현실을 감안할 때 결코 우연한 일이라고 볼 수 없다.

방개위는 3개월이라는 한시적 기구로서 제한된 시간에도 불구하고 통합방송법안의 내용을 확정지으면서 특히 새 방송위원회를 정부로부터 독립시켜 방송의 인·허가권을 비롯한 방송행정권, 준입법권 및 준사법권을 갖도록 한 것은 큰 성과라고 평가할 만하다.

돌이켜보면 노태우 정권 이래 김영삼 정권을 거치는 길고 긴 어두운 터널을 통과하는 동안 통합방송법이 방송통제를 노린 집권 정부의 흑심, 이해단체간의 갈등, 그리고 여야간의 대립 속에서 표류를 거듭하고 있었으나, 방개위는 3개월 만에 이 문제를 해결하는 중요한 틀과 내용을 확정지었다.

또한 방송의 새로운 이념을 설정하고 이를 구현하는 방송정책의 기본 방향을 방송의 정치적 독립과 방송의 공익화를 중심으로 정했다. 특히 방

6) 강원용 목사가 운영하는 크리스찬 아카데미는 1974년부터 노동자, 농민, 여성, 학생을 대상으로 '중간집단교육'을 실시해왔는데 이들이 유신체제에 대한 비판 세력을 형성하고 있었다. 1979년 3월 '크리스찬 아카데미 사건'에서 중앙정보부는 여성사회 담당간사 한명숙 등을 구속하고 이들이 불법 용공서클을 구성했다고 발표했다(김정기, 1995: 69).

개위가 시청자권익 보호를 위해 시청자위원회의 권한강화, 시청자참여프로그램 및 시청자평가프로그램의 의무편성, 시청자불만처리위원회의 설치·운영 등을 건의한 것은 시청자주권 시대에 맞는 진보적 제안이라고 보고 싶다.

이는 일단 역사적 평가를 받을 만한 큰 일이라고 생각한다. 저자가 '일단'이라는 단서를 붙인 것은 뒤에서 보는 바와 같이 방개위가 독립규제위원회의 모델로 지향했던 방송위원회의 설계에 치명적인 잘못을 범했을 뿐만 아니라 방송·통신 융합 시대에 대한 대처도 미흡하고, 구 방송법의 가부장적인 방송내용 규제체제를 그대로 계승하고 있기 때문이다.

그러나 방개위는 의외의 곳에서 의미있는 정책을 제안하고 있다. 그것은 우리나라 2대 네트워크 공영방송의 하나인 MBC를 민영화하자는 권고이다. 이는 비록 시간 일정을 정하지 않은 단계적 민영화이긴 하지만 MBC의 공적소유구조를 청산하고 시장에 맡기겠다는 정책 대안이어서 우리나라 방송 구조의 큰 변혁의 기대를 모을 만한 것이었다.

우리나라 방송구조는 1990년 방송법이 민영방송을 도입하면서 2공영 1민영이라는 형태를 띠었으나 실상은 두 네트워크 공영방송사가 시청률 경쟁으로 뛰어들어 공영성이 실종되는 구조임을 특징으로 한다. 예컨대 MBC가 1996년 초 미니시리즈 '애인'을 띄워 SBS의 '모래시계' 이후 최고의 시청률을 올리자 KBS는 '첫사랑'을 내보내 세계에서도 유례없는 공영방송간의 '불륜 미화 경쟁'을 벌인 사례가 이를 반증한다. 또한 이른바 '박찬호 프로 야구 중계권'을 둘러싸고 MBC가 3,200만 달러라는 '상식 밖의 거액'을 미국 프로 야구 사무국에 건넸다는 2000년 11월 7일의 KBS '뉴스 9'의 보도는 세상을 경악케 했다.

방개위가 권고한 MBC 민영화는 공영제에서 민영제를 엄격히 분리시켜 현 방송구조의 결함을 시장에서 치유하겠다는 의미를 갖는다(김정기, ≪한겨레≫, 1999년 2월 27일자). 이는 영국의 피콕 위원회가 공영방송 BBC를 3단계로 시장에 진입시키겠다는 권고를 연상케 한다. 여기서 피콕 위원회의 권고를 잠시 살펴보자.

1) 영국의 피콕 위원회(Peacock Committee)와의 비교

앞서 언급한 바와 같이 영국의 대처 수상 정부는 탈규제의 정책기조에서 1985년 3월 27일 'BBC의 재정위원회'(Committee on Financing the BBC)를 설치한다고 발표했다. 대처 수상이 자유시장경제의 신봉자인 피콕 교수를 위원장으로 위촉한 것은 그가 BBC 재정을 면허료 대신 광고로 충당하고 제4채널의 민영화를 바랐기 때문이었다. 그러나 피콕 위원회는 1986년 7월 18개항에 걸친 권고를 제안하는 최종보고서(Peacock, 1986)를 제출하면서 대처 수상의 정책욕망과는 거리가 있는 권고를 했다. 부연하면 위원회는 BBC의 재원으로 면허료를 광고로 대체하는 것에 반대하면서 면허료는 인플레이션과 연동해 적어도 중간단계까지는 주재원이 되어야 한다고 제안한 것이다. 피콕 보고서는 구체적으로 BBC와 ITV와 '공공 서비스 방송'(이하 공영방송)[7]이 광고로 운영되는 상업방송제보다 더욱 성공적으로 시청자에게 광범위한 장르의 비용 효율적이며 고품질의 방송프로그램을 제공해왔다고 결론지었다. 다시 말하면 이들 방송사가 프로그램 묶음을 아주 싼 비용으로 시청자에 제공했다고 평가하면서 '정보, 교육 및 오락을 상호 연결시켜 시청자의 지평을 넓혔다'고 평가했다.

그러나 피콕 위원회 보고서가 공영방송의 유지를 제안했다고 해서 방

7) 영국의 공영방송(public service broadcasting)이란 무엇인가? 피콕 보고서는 공영방송의 필수적 요소로 다음의 8가지를 들고 있다. 이는 피콕 위원회를 돕기 위해 '방송연구기구'(Broadcasting Research Unit)가 방송사업자를 상대로 한 의견조사 결과를 바탕으로 한 것이다(Franklin, 2001: 22-23).
- 지역적 보편성: 방송프로그램은 전 인구에 도달토록 해야 한다.
- 소구의 보편성: 방송프로그램은 모든 시청자의 이해와 취향에 맞아야 한다.
- 소수층, 특히 빈곤한 소수층이 특별한 서비스를 받아야 한다.
- 방송사업자는 국가적 정체성과 공동체에 특별한 비중을 두어야 한다.
- 방송은 모든 기득권 이해, 특히 집권정부의 이해로부터 거리를 두어야 한다.
- 지불의 보편성: 방송의 주요한 한 기관은 사용자 전체에 의해 재원이 충당되어야 한다.
- 방송은 시청자 수를 지향한 경쟁보다는 좋은 프로그램을 위한 경쟁을 독려하도록 구조를 마련해야 한다.
- 방송의 공적 가이드라인은 프로그램 제작자를 제약하기보다는 풀어놓도록 해야 한다.

송의 시장성을 무시한 것이 아니라는 점을 놓쳐서는 안된다. 오히려 영국 방송은 소비자주권에 근거한 '정교한 시장체제'(sophisticated market system)로 가야 한다고 권고했다는 점이다.

"영국 방송은 소비자주권을 기초로 한 정교한 시장으로 가야 한다. 그것은 시청자가 가능한 한 수많은 공급원으로부터 그들이 필요한 것을 선택할 수 있다면, 시청자야말로 가장 좋은 최종적인 판단을 할 수 있다고 인정하는 체제이다. 이 소비자주권모델은 물론 하나의 이상이고 하나의 기준이며 목표이지, 중앙에서 단추를 누르기를 좋아하는 계획자가 당장 내일 선반에서 끌어다 쓸 수 있는, 완전하게 구체적으로 정해진 메커니즘은 아니다. 만족스러운 방송시장이란 프로그램 제작자의 완전한 시장진입 자유, 헤아릴 수 없는 수많은 프로그램을 송신할 수 있는 전송체제, 그리고 PPV(Pay Per View) 또는 PPC(Pay Per Channel) 및 시간별로 차별화된 비용체제를 필요로 한다. … 물론 어려운 점은 현재의 규제체제로부터 완전한 방송시장으로 어떻게 가느냐 하는 점이다."(Peacock, 1986: 133-134)

이 문제에 대한 해법으로 피콕은 정교한 시장체제로 가기 위한 3단계 이행전략을 제안했다. 곧 제1단계는 BBC가 계속 광고 수입보다는 물가지수와 연동된 면허료로 재원을 충당해야 하며, 제2단계는 면허료를 점진적으로 가입료로 대체하는 것이다. 제3단계는 방송이 '기능적 방송시장'(functioning broadcasting market)으로 이행하는 것인데, 이 기능적 방송시장이란 다채널의 자유로운 시장 진입, 무한한 전송체제, 그리고 다양한 과금 및 납금 체제로 특징지을 수 있다는 것이다. 1990년 영국방송법은 피콕 위원회가 제안한 ITV의 사업권을 경매에 붙인다든지 제4채널에 광고를 허용하라는 제언을 수용했다.

이 1986년의 피콕 보고서는 영국 방송정책에 관한 훌륭한 의제를 설정했을 뿐만 아니라 방송정책의 '분수령'이라는 평판을 받았다(Blumler and Nossiter, 1991: 3). 특히 제5채널의 데이빗 엘스타인(David Elstein) 사장은 피콕 위원회 권고 자체의 논리적 힘은 전후 5개 조사위원회[8] 가운데 '가

8) 여기서 말한 5개 조사위원회란 베버릿지(Beveridge) 위원회(1951~52), 필킹턴(Pilkington) 위원회(1961~62), 애넌(Annan) 위원회(1976~77), 헌트(Hunt)

장 뛰어난'(the most brilliant) 것이었다(Franklin, 2001: 5-6)고 극찬했다. 그러나 노동당을 비롯한 방송노조, 텔레비전 규제자들은 이 보고서의 결론을 '이데올로기적 광기'(ideological dementia)라고 하면서 '쓰레기통'에 던져야 한다는 혹평을 가하기도 했다(Ibid. 6).

결론적으로 피콕 위원회가 공영방송의 유지를 제안했지만 공영방송도 정교한 시장체제로 가야한다고 권고함으로써 대처 수상의 시장주의 철학을 반영했다. 또한 1990년 방송법은 피콕 위원회의 주요 권고를 수용하고 있다.

2) 방개위의 실패

방개위는 1999년 12월 4일 공식으로 출범한 뒤 3개월도 못 미친 2000년 2월 25일 '방송개혁의 방향과 과제'라는 최종보고서를 마무리지음으로써 임무를 마쳤다. 이 최종보고서는 방송개혁의 방향과 과제를 총론수준에서 방송현안의 문제를 적시하고 개선안을 권고하고는 있으나 각론에 의한 정교한 설명의 뒷받침을 마련하지 못하고 있다.

특히 총론 수준에서 독립규제위원회를 모델로 하는 방송위원회의 설치를 권고하는 성과를 거두었으나 이는 1994년 공영방송발전연구위원회가 제안한 '방송총괄기구'의 수준을 넘지 못했다. 게다가 우리나라 헌법 질서 안에 방송위원회를 설치하는 데 치명적인 잘못을 범하여 방송위원회의 독립적 위상이 뿌리에서부터 흔들리고 있을 뿐만 아니라 그 구성방법에서도 정치적 독립을 담보하는 데 실패하고 말았다.

이렇게 방개위가 부실한 보고서를 낼 수밖에 없었던 것은 무엇보다도 3개월짜리 한시기구의 한계성 때문으로 보인다. 영국의 피콕 위원회를 비롯한 방송정책 자문기구가 보통 1년 이상 활동한 뒤 보고서를 제출해온 점을 상기할 때 방개위가 3개월도 못 미친 활동기간에 충실한 보고서를 낼 수 있다고 기대하는 것 자체가 무리일 것이다.

위원회(1981~82), 그리고 피콕 위원회로서 모두 중요한 전환기에서 방송정책을 제안했다.

다음으로 방개위 자체의 구성의 문제이다. 방개위는 그 구성을 전문성보다는 대표성에 무게를 두었다. 따라서 전문정책 자문기구의 성격은 처음부터 한계성을 띨 수밖에 없었다. 특히 집권여당의 실세로 지목 받는 최재승 의원을 방개위 간사위원으로 위촉한 것은 방개위 보고서가 정파성으로 윤색되었다는 비판을 면하기 어렵게 만들었다고 보인다.

결과적으로 야당에 배당된 방개위 위원의 불참과 함께 막판에 방송현업 대표의 탈퇴로 얼룩지고 말았을 뿐만 아니라 방송위원회 위원 구성방법이 집권여당에 편중되었다는 비판을 받게 되었다. 요컨대 방개위는 강원용 위원장이 방송의 정치적 독립을 정열적으로 표명했음에도 불구하고 방송위원회의 독립적 위상과 정치적 독립을 마련하는 데 실패한 것은 아이러니가 아닐 수 없다.

첫째, 방개위 보고서는 방송위원회를 방송정책 총괄기구로 설계하면서 정부조직 밖에 위치시킴으로써 방송위원회의 법적 위상이 근본에서부터 흔들리고 있다는 점이다(이 점에 관해서는 제4장 '방송정책 총괄기구로서 새 방송위원회'중 1) '새 방송위원회의 법적 위상'을 참조).

또한 법은 방송위원회에 규칙제정권 등 준입법권을 부여하고 있으나 이는 우리 헌법체제와 합치하지 않고 있어 위헌성을 무릅쓰지 않고는 방송정책을 유효하게 펴나가기 어렵게 되어 있다. 곧 헌법이론가에 의하면 우리나라 헌법체제 아래 방송위원회가 제정하는 규칙은 일반 국민을 구속할 수 있는 법규법령이 아니라 위원회의 내적 질서를 규율하는 내규에 불과하다는 것이다. 이는 방송위원회가 FCC와 같이 규칙제정권을 가질 수 없다면 방송사업자를 대상으로 방송규제정책을 유효하게 펼 수 없음을 의미하므로 중대한 허점이 아닐 수 없다.

이 점에 관하여 방개위가 1999년 1월 26일 개최한 제1차 공청회 때부터 헌법 및 언론법 전문가들이 '행정부처로부터 독립된 규제기구'를 성취하겠다는 방개위의 입장에 의문을 표시하고 있다. 부연하면 성낙인 교수는 방송위원회의 규칙제정권이 헌법상 수권을 받지 못하고 있음을 지적하면서 방송위원회가 국무총리에 속하게 해야 한다는 의견을 제시했으며 방석호 교수는 대통령 직속의 행정위원회를 설치해야 한다고 주장했다(방개위, 1999: 297, 301). 이어 2월 22일 개최된 제2차 공청회에서 지정토론자로 나온 서울대학교 법과대학 권영성 교수는 다음과 같은 의견과 구체적 대안을 표명하고 있다.

"미국의 FCC가 행정기능뿐만 아니라 준입법권, 준사법권까지 행사하더라도 이는 헌법상 아무런 문제가 없는 것입니다. 그런데 우리나라의 경우는 사정이 그와 같지 않습니다. 물론 우리나라의 경우에도 규칙 즉 행정기관의 사무처라든가 내부규율에 필요한 행정입법은 행정기관이면 어느 기관이든지 제정하고 시행할 수 있습니다. 그러나 국민에 대해서 구속력이 미치는 명령은 법규명령입니다. 명령은 헌법에 그에 관한 근거기준이 없으면 제정할 수 없게 되어 있습니다. 현재 우리 헌법의 경우 이러한 법규명령을 제정 시행할 수 있는 기관으로서는 8개밖에 없습니다. 국회, 대법원, 헌법재판소, 선거관리위원회, 대통령, 국무총리, 각부 장관, 지방자치단체 이 8가지밖에 없습니다. … 그래서 독립규제위원회로서 방송위원회가 방송정책의 입안과 시행이라든가, 방송사업에 대한 인허가라든가, 방송질서의 유지와 같은 이러한 기능을 실효적으로 확보하기 위해서는 두말할 필요도 없이 법규명령으로서의 명령을 발할 수 있는 이러한 기능을 갖지 못한다고 할 경우에는 방송위원회는 제대로 기능을 발휘할 수 없습니다.

그런데 아까 말씀드린 것처럼 방송위원회의 명령제정권은 헌법적 근거가 없기 때문에 이 상태로서는 명령을 발할 수 없게 되어 있습니다. 그러면 이 문제를 헌법적으로 어떻게 해결할 것인가. 그래서 저는 다음과 같은 해결방안을 제시하고자 합니다. 첫 단계로서 국가정보원처럼 정부조직법에 방송위원회를 대통령소속기관으로 하는 것입니다. 방송위원회가 대통령의 소속기구로 되면 정치적 중립성이라든가 독립성을 확보할 수 없지 않겠느냐 이런 염려를 할 수 있습니다. 그래서 제2단계로서 대통령의 지시감독을 받지 않게 하고 정치적 중립성을 유지하기 위해서 방송위원회법에 방송위원회는 대통령에 소속하되 그 직무는 독립적으로 행사한다고 하는 것입니다. 이러한 예는 바로 감사원법이 감사원에 관해서 그대로 규정을 하고 있습니다. 감사원법 제2조에 감사원은 대통령에 소속하되 그 직무는 독립해 수행한다 이렇게 되어 있습니다. 그렇기 때문에 대통령이 감사원에 대해서는 지시나 명령을 못하게 되어 있습니다.

그 다음 세번째 단계로서 앞으로 제정될 방송위원회법에서 방송위원회가 방송에 관한 명령이 필요할 경우에는 대통령령의 형식으로 하되 방송위원회의 명령안을 대통령이 존중해야 한다는 기준을 두는 것입니다. 이러한 기준을 두게 되면 우리는 앞으로 예정되는 우리나라 방송위원회도 준입법권을 합법적으로 행사할 수 있게 되는 것입니다."(방개위, 1999: 409-410)

문제는 헌법이론가와 언론법전문가들이 이러한 의견과 구체적 대안을 제시했는데도 방개위가 이를 마지막 단계에서 뚜렷한 이유없이 최종보고서에 반영하지 않았다는 점이다. 저자는 시간이 촉박하다는 것말고는 다른 이유를 도저히 납득할 수 없다.

다음으로 방개위는 방송위원회 위원 구성 방법으로 방송위원회는 전문성 및 사회 각 분야의 대표성을 고려해 대통령이 임명하는 9인으로 하되, 3인은 국회의장이 추천한 자를 임명하고, 3인은 시청자대표성을 고려해 국회 문화관광위원회에서 2배수로 추천한 자 중에서 대통령이 3인을 임명하도록 권고하고 있다. 그러나 이러한 방송위원회 위원 구성 방법으로는 방송위원회가 집권당 정부의 영향으로부터 자유로울 수 없다는 비판을 면하기 어렵다. 이 점에 대해 언론법학자 박선영(1999)은 다음과 같이 비판한다.

"인사청문회가 보장되지 아니하는 현실에서, 대통령이 완전한 자유의사로 3인을 임명할 수 있는 것 외에, 다시 국회 소관상임위원회에서 추천한 자 가운데 3인을 제한된 자유의사로 임명할 수 있는 막강한 권한을 가진다는 것은, 방송위원회 구성에 대통령이 지나치게 개입하여, 결국 방송위원회의 위상에 중대한 해를 입힐 수도 있다는 것이 된다. 더욱이 여당이 국회의 다수당을 차지하는 것이 정치적 현실로 굳어진 상황에서는, 여당의 폭이 적어도 9명 중 6~7명이 된다는 결과가 되며, 이는 원초적으로 방송위원회의 독립성을 담보할 수 없게 만드는 중요한 요인으로 작용할 것이다."(위의 글, 327).

마지막으로 방개위는 방송의 독립성과 밀접한 관계에 있는 방송의 공정성을 담보하는 제도적 장치를 마련하는 데도 손을 대지 못했다.

방송의 독립성과 방송의 공정성은 밀접한 상관관계에 있다. 역사적으로 우리나라 방송은 집권여당의 홍보방송이나 집권여당에 치우친 편파방송을 해온 나쁜 유산을 남기고 있다. 따라서 방송의 독립은 이 나쁜 유산을 청산하는 일, 곧 홍보방송이나 편파방송을 없애는 일이 출발점이 된다. 다시 말하면 방송의 공정성을 회복하는 일이 방송의 독립을 확보하는 길이 된다는 것이다. 이 점에 대해서 특히 방개위는 '기존 방송정책에 대한 평가와 반성'에서 '정치권력이 직·간접으로 방송편성과 내용에 개입'(방개위, 1999: 58)하는 것을 반성해야 한다면서도 정작 방송의 공정성을 확보하는 방안에 대해서는 침묵하고 있다.

방개위가 일찍이 정치방송의 공정성[9]을 담보하는 지혜로운 방안을 모색해온 영국 방송의 사례 등에 주의를 기울이지 못한 것은 시간적 제약말고는 다른 이유를 찾을 수 없다. 영국의 얼스워터(Ullswater) 위원회가 정치방송의 공정성에 관해 본격적인 제안을 한 것은 1935년으로 거슬러 올라간다. 이 위원회 보고서는 '정치방송의 규제는 무선통신의 발명이 가져온 가장 중요하고도 곤란한 문제의 하나'라고 인정하면서 '정치적 의견의 표명을 700만~800만 가정에 전달할 수 있는 매체가 남용되는 일이 없도록 신중한 안전판을 마련하는 것은 분명히 필요하다'고 보았다(김정기, 1998: 191). 이어 이 보고서는 각료방송, 의회방송, 정당방송 및 선거방송에 관해 방송의 공정성 실현을 위한 방안을 제언하고 있다. 이 보고서의 제언이 기초가 되어 전후 1947년 정부여당(보수당), 야당(노동당) 및 BBC 사이에 정치방송에 관한 각서(Aide-Mémoire)가 제정되었고, 정치방송의 운영규칙이 마련되어 시행되고 있다. 1949년 베버리지(Beveridge) 위원회가BBC의 권한에 관해 몇 가지 제언을 했지만 방송의 공정성 문제는 위 각서의 기본틀에서 해결되고 있는 것이다.

방개위가 방송·통신 융합시대에 '적극 대처하기 위하여' 방송통신위원회의 설립을 제안하고 그 출범 시기와 일정을 마련한 것은 미래에 대한 비전을 제시했다고 볼 수 있다. 그러나 함께 제안한 통합방송법 시안은 전통적인 매스컴 모델에 의존에 방송개념을 규정하고 있을 뿐만 아니라 인터넷 방송과 같은 방송·통신 융합의 매체를 누락시키고 있어 결과적으로 방송통신위원회 제안은 훌륭한 아이디어로만 머물고 말았다.

결론적으로 방개위는 강원용 위원장이 김대중 대통령과 정치이념을 공

---

9) 영국 정치방송의 공정성 문제에 관해서는 김정기의 「정치방송의 공정성 연구」(1998)를 참조.

유하는 배경에도 불구하고 김 대통령이 취임 때 표명한 '민주주의와 시장경제'라는 두 축의 국정목표를 뒷받침하는 데 실패했다고 보인다. 방개위는 민주주의를 진전시키는 총론적 수준에서 독립규제위원회를 모델로 하는 방송위원회를 설치하는 성과를 거두었으나 기본적인 설계 잘못으로 위원회의 독립적 위상과 정치적 독립을 담보하는 제도적 장치를 마련하지 못했다.

시장경제의 측면에서도 뉴미디어의 시장성에 무게를 둔 규제완화를 위한 몇 가지 제안을 한 것을 제외하면 뚜렷한 성과를 거두지 못했다. 방개위가 제안한 MBC의 단계적 민영화는 우리나라 방송구조의 결함을 시장에서 해결하려 했다는 점에서 의미 있는 권고이지만 민영화의 시간 일정도 마련하지 못했을 뿐만 아니라 통합방송법과도 연계되지 못한 공허한 방안으로 끝나고 말았다.

3

1996년 미국 텔레커뮤니케이션법과의 비교

우리는 앞에서 1999년 12월 통과된 통합방송법이 갖는 특성을 역사성과 함께 그 시대착오성과 위헌성을 조명해보았다. 통합방송법은 1996년 여름 노태우 정권이 졸속으로 통과시킨 구 방송법을 폐지하고 새로운 방송규제의 틀을 제공한 입법이라는 점에서 우리나라 방송법제의 이정표가 될 만한 역사적인 법이다. 한편 미국은 1981년 레이건 행정부가 들어선 뒤 방송통신정책의 기조를 탈규제로 바꾸는데 여기에 앞장선 탈규제의 전도사가 마크 파울러(Mark Fowler) FCC 위원장이었다. 그것은 그때까지 공익규제로 묶어놓고 있었던 방송통신 분야를 거의 전면적으로 시장에 풀어놓는 것이었다. 이러한 탈규제의 흐름은 클린턴 행정부가 들어와 결정판으로 굳어지는데 그것이 1996년 텔레커뮤니케이션법이다.

이렇게 볼 때 한국의 2000년 통합방송법은 1996년 전면 개정된 미국의 텔레커뮤니케이션법과는 같은 지평에서 비교·평가하기에는 무리가 있다. 사실 이 두 법은 전혀 다른 차원의 법이다. 통합방송법의 경우 한국정치 발전의 단계에서 독립한 방송위원회의 설치와 같은 민주화에 가장 큰 비중을 두면서 방송공익을 담보하기 위한 내용규제에 무게를 실은 반면 1996년 텔레커뮤니케이션법은 방송·통신 융합시대에 대처해 탈규제에 초점을 두고 있기 때문이다. 그러나 한국의 통합방송법을 평가하는 참조틀로서 미국의 1996년 텔레커뮤니케이션법은 여전히 중요하다. 공익과 시장의 축에서 두 법의 거리를 관찰할 수 있기 때문이다. 먼저 1996년 법이 제정된 배경을 되돌아보고 그 내용적 특징을 살펴보자.

1. 레이건 행정부의 탈규제정책

1980년 레이건 후보가 대통령으로 당선된 뒤 그때까지 여러 가지 공익의무에 묶여 있던 방송과 통신을 풀어놓는 탈규제의 정책 전환을 본격화했다. 따라서 80년대 이후 미국의 방송·통신은 탈규제 물결을 타고 시장경쟁의 무대로 들어서고 있었다. 이 탈규제 물결은 1996년 텔레커뮤니케이션법으로 절정을 이루었다. 물론 이 탈규제의 흐름은 1992년 케이블 방송에 대한 강력한 규제로 부분적인 역류도 있었지만 탈규제의 큰 흐름을 바꾸지는 못했다.

1934년의 커뮤니케이션법(Communications Act)은 FCC의 재량범위를 제한하기 위해 '공익, 편의 또는 필요'(public interest, convenience or necessity, PICON)라는 유명한 기준을 설정(제303조)했는데 이 PICON 기준은 그 뒤 FCC가 방송국의 허가, 재허가 및 허가양도 때에 적용해왔다. 그런데 이 공익성 기준은 방송환경의 여건 변화에 따라 어떤 때는 엄격하게, 다른 때는 유연하게 적용된다. 예컨대 1984년 미국 의회는 커뮤니케이션법을 수정하면서 케이블 방송을 다루는 '제6장'(Title VI)을 추가했는데 '공익'이란 말을 사용하지 않았다. 이는 케이블 방송에 관한 결정을 PICON 기준보다는 시장기능에 맡기겠다는 의미로 해석할 수 있다. 반면 1992년 케이블 방송법은 케이블 방송에 대한 규제를 강화해 PICON 기준을 명시했다. 이는 당시 케이블 방송사업자들이 탈규제의 분위기에서 가입료를 대폭(어떤 경우 물가오름세의 3배) 올린 데 대해 의회가 케이블 방송에 대한 규제강화로 선회한 것이었다.

FCC가 PICON 기준을 엄격하게 또는 유연하게 적용하는 배경에는 방송의 공익성에 대비되는 방송의 산업성 또는 시장성의 요인이 작용하고 있기 때문이다. 레이건 대통령이 집권했을 시절 탈규제의 대세 속에서 당시 FCC 위원장 마크 파울러는 방송의 시장성을 강조한 나머지 PICON 기준을 거의 폐기하다시피 했다. 파울러는 '탈규제에 미친 중'(mad monk of deregulation, Tunstall, 1986: 244)으로 불리기도 하는데, 그는 텔레비전을 '영상을 구워 내는 토스터'(a toaster with pictures)라고 부르는가 하면 그가 이끄는 FCC마저 '뉴딜 공룡'(a New Deal dinosaur)이라고 폄훼했다(Head et al., 1998: 272).

그러면 1981년 레이건 행정부가 들어선 뒤 특히 탈규제의 흐름이 가속도가 붙은 배경은 무엇인가? 여기에는 정치이념적인 동기와 함께 기술환경의 변화가 놓여 있다.

미국에서 커뮤니케이션 분야를 비롯한 몇몇 경제 부문에서 탈규제를 해야 할 필요성은 1970년대 말 카터 행정부 아래서 제기되기 시작했다. 이때 국민적 의제로 부상한 탈규제는 낡은 규칙을 폐기해야 한다거나 불필요하게 복잡한 규칙을 단순화해야 한다는 등 관료주의적 레드 테이프를 없애는 데 중점을 둔, 말하자면 행정의 효율성을 높이자는 요구였다.

그러나 레이건 행정부가 1981년 출발하면서 탈규제는 이데올로기적 성향을 띠게 된다. 레이건 정부는 '작은 정부'를 비전으로 제시하면서 경제활동에 대한 규제는 정부보다는 시장에 맡겨야 한다는 이념적 입장을 내세우고 출발한 정권이다. 따라서 1970년대 시작된 탈규제 흐름은 레이건이 1981년 백악관에 입성한 뒤 상승기류를 타게 된 것이다. 헤리티지 재단이 출간한 『리더쉽의 수임』(1981)은 특히 방송·통신 분야에서 탈규제의 정책방향을 체계화된 논리로 주장한 탈규제의 청사진이었다.

탈규제정책의 또 다른 배경으로 텔레커뮤니케이션 기술환경의 변화를 들 수 있다. 이 텔레커뮤니케이션 기술환경의 변화는 무엇보다도 인터넷 매체의 등장으로 대표된다. 인터넷은 보편적인 접속 가능 매체이며 다목적 및 다방향의 네트워크 커뮤니케이션 매체라는 점에서 전통적인 '일지점 대 다지점 커뮤니케이션'(point to multipoint communication) 모델, 곧 매스커뮤니케이션 모델에 대한 도전이었다. 이에 더해 인터넷은 음성, 데이터, 동영상, 그래픽을 다(多)방향으로 전송할 수 있을 뿐만 아니라 저장·편집·재생을 자유롭게 할 수 있다는 점에서 가히 텔레커뮤니케이션 기술의 혁명이 가져온 획기적인 첨단 뉴미디어라고 부를 수 있다.

이 인터넷은 기술적 특성으로 말미암아 '융합'(convergence)의 매체인 것이 특징이다. 이는 망의 융합, 서비스의 융합, 사업자의 융합(곽진희, 2000: 47)으로 대표되는데 그중에서도 방송과 통신의 융합으로 나타나는 서비스의 융합은 미국에서 탈규제정책의 촉진제가 되었다. 아스펜 연구소 파이어스톤(Firestone, 1995)이 인터넷 커뮤니케이션 모델을 '새로운 시대의 커뮤니케이션 정책을 위한 성스러운 패러다임'(the holy paradigm for communication policy for a new era)이라고 불렀듯이 '융합'은 탈규제정책의 수사학적 명분을 제공했다.

레이건이 임명한 FCC 지도부는 이 탈규제의 기본정책 방향을 앞장서서 추진했다. 위원장 마크 파울러와 그의 수석보좌관 다니엘 브레너(Daniel Brenner)는 방송의 탈규제 필요성을 강조하면서 방송사업자를 '지역사회의 수탁자'(community trustees)로 보는 것은 잘못이며 '시장의 참여자'(marketplace participants)로 보아야 한다고 주장한다. 따라서 커뮤니케이션 정책은 이들에 의하면 '공중이 원하는 서비스를 극대화하는 방향으로 추진되어야 한다'면서 '공익이란 다중이 원하는 것이다'라고 거침없이 말한다.

이런 탈규제의 기본정책 방향에서 FCC는 개별적인 구조적 및 내용적 규제를 철폐해나갔다. 곧 소유제한, 방송일지 비치의무, 어린이프로그램에서 프로그램 길이광고 금지, 방송사양도 3년유예 규칙, 공정성원리 등을 완화하거나 폐지한 것이다. 이러한 탈규제정책이 클린턴 행정부에 들어와 절정에 이르렀는데 그것이 1996년 텔레커뮤니케이션법이다. 이 법은 다음 절에서 상세히 다루겠지만 요컨대 전화, 지상파방송, 케이블 방송에 대한 규제를 전면적으로 폐지하거나 또는 완화한 내용을 담고 있다.

1995년 미국 하원이 탈규제 법안을 둘러싼 토론을 전개했을 때 공화당의 옥슬리(Oxley) 하원의원은 이 개혁추진의 핵심에는 '융합'이 놓여 있다고 역설했는가 하면 같은 당의 프레슬러(Pressler) 상원의원은 법안을 소개하면서 이 법안이 '케이블, 전화, 컴퓨터, 방송 그리고 기타 텔레커뮤니케이션 산업 등을 더욱 쉽게 융합해 변신시킬 수 있을 것'이라고 주장했다. 1995년 상원의 법안 보고서가 자신 있게 주장한 바에 의하면 "기술과 소비자 기호의 변화는 1934년 법(커뮤니케이션법)을 '역사적 시대착오'(a historical anachronism)로 만들어버렸다"고 표현했다. 그러나 1934년 커뮤니케이션법은 새로운 질서를 수용할 수 있는 '뛰어난 지구력의 얼개틀'(a remarkably durable scaffolding, Price et al., 1997: 978-979)이라는 점에서 1996년 텔레커뮤니케이션법은 1934년 법의 개정형식으로 추가되었다.

2. 1996년 텔레커뮤니케이션법

1996년 텔레커뮤니케이션법은 매체융합시대를 맞아 방송·통신 분야의 기성산업 부문의 활력을 보전하면서 정부규제를 풀고 시장경쟁을 촉진하자는 취지를 담고 있다. 이에 더해 점증하는 경쟁적 국제환경에서 미국 커뮤니케이션 산업의 경쟁력을 높이자는 취지도 담고 있다. 이런 취지의 목적을 달성하기 위해 1996년 텔레커뮤니케이션법은 어떤 내용을 규정하고 있는가?

이 법은 1934년 커뮤니케이션법의 '추가개정'(amendment)형식으로 통합된 법이므로 커뮤니케이션 법의 내용체계에 맞춰 규정되었다. 따라서 제1장(Title Ⅰ)은 전화통신과 같은 텔레커뮤니케이션 서비스를 규정하고 있으며 제2장은 지상파방송, 제3장은 케이블 방송, 제4장은 규제개혁, 제5장은 외설과 폭력을 다루고 있다. 그밖에 제6장과 제7장은 다른 법과의 조종문제와 텔레커뮤니케이션 발전기금(Telecommunication Development Fund: TDF)을 다루고 있다.

이 가운데 제1장은 전화 서비스의 독점규제와 결별을 선언하는 규정을 담고 있다. 부연하면 전화 서비스, 특히 지역 전화 서비스와 장거리전화 서비스에서 독점규제를 풀고 경쟁체제로 바꾸어놓은 것이다. 제1장은 그밖에 '보편적 서비스'(universal service) 보조금 문제와 새로운 통신 서비스, 곧 인터넷 서비스 및 보안 서비스(burglar alarm) 사업 등에서 경쟁체제의 도입을 다루고 있다.

여기에서는 제1장을 접어두고 제2장, 3장, 4장, 그리고 5장을 중심으로 내용을 살펴보고자 한다. 1996년 텔레커뮤니케이션법은 '수많은 나무가 있는 거대한 숲'(a large forest, with many, many trees, Aufderheide, 1999: 62)이다. 이 나무 하나하나를 파편적으로 다룬다는 것은 나무만 보고 숲 전체를 못 볼 위험이 있다. 따라서 여기서는 ① 허가 ② 소유 ③ 프로그램 편성 ④ 광고 ⑤ 케이블 방송이라는 낯익은 제목 아래 1980년 이래 법규내용 변화추이와 함께 1996년 텔레커뮤니케이션법의 내용을 살펴보고자 한다.

1) 허가

방송사업자의 허가는 1980년 이전에는 3년마다 갱신해 재허가를 받아야 했으며 이를 위해 방송사업자가 공중수탁자의 의무를 지켰는지 여부를 가리기 위해 청문회 절차를 밟아야 했다. 먼저 허가기간은 1981년 법의 경우 텔레비전은 5년으로, 라디오는 7년으로 연장되었고 1996년 법은 다시 모두 8년으로 늘였다.

1996년 법은 방송사업자에 부과된 공중수탁자 의무를 폐지했다. 단 FCC가 법 시행 전 이미 기존 방송사업자가 부적격하다고 판정한 경우는 예외로 두었다. 다시 말하면 FCC는 앞으로 방송사업자가 공중수탁자 의무를 지키지 않았다는 이유로 재허가를 거부할 수 없게 된 것이다.

또한 같은 법은 방송허가나 재허가에 있어 거쳐야 했던 비교심사 청문 절차를 없앴다. 부연하면 이제 아무도 방송사업자가 갖고 있는 허가권에 도전할 수 없게 되었다는 점이다. 방송사업자가 재허가 절차에서 거쳐야 하는 유일한 부담은 공익, 편의, 또는 필요에 봉사한다는 서류상의 조건들 외에 방송프로 프로그램의 폭력성에 관해 시청자들의 평가를 첨부해야 한다는 점이다.

그밖에 새로운 방송 서비스, 곧 저출력 텔레비전(LPTV)이나 다채널 다지점 배급 서비스(MMDS)에 대해서 의회나 FCC는 각각 1982년과 1983년 '추첨제'(lottery)를 도입하고 있으며, 또 다른 서비스, 곧 쌍방향 비디오 서비스(IDVS)나 직접 위성방송(DBS)의 경우 의회나 FCC는 1995년 '주파수 경매제'(spectrum auction)를 도입하고 있다.

2) 소유

방송사 소유의 경우 1980년 이전 커뮤니케이션법 아래 FCC는 엄격한 소유규제를 시행하고 있었다. 이 소유규제는 기본적으로 세 가지로 분류할 수 있는데 그것은 ① 같은 지역(또는 시장) 방송사 소유의 상한에 대한 규제〔복점규칙(duopoly rule)〕 ② 전국에서 방송사 소유의 상한에 대한 규제〔복수소유(multiple ownership) 제한〕 ③ 같은 지역에서 신문이 텔레비전의 소유를 금하는 규제, TV 네트워크가 케이블 방송국의 소유를 금하는 규제, 그리고 전화회사가 그 서비스 지역에서 케이블 방송의 소유를 금하는 규제〔교차소유(cross ownership) 금지〕이다. 그밖에 ④ 방송사업자는 허가권을 적어도 3년 이상 유지해야 한다는 규칙(trafficking rule)이 있다. 다시 말하면 3년이 되기 전에 방송허가권의 양도를 금한 것이다. 그러나 FCC는 1982년 이 3년 양도금지 규칙을 바꿔 FCC의 승인 아래 어느 때고 양도할 수 있도록 했다. 이어 1996년 이 규칙을 완전 폐지했다.

먼저 복점규칙은 FCC가 벌써 1940년 시달한 것으로 한 방송사는 같은 시장에서 같은 유형의 방송사를 하나 이상 가질 수 없다는 명령이다. 그러나 1990년대 들어와 같은 시장에서 방송사 소유 상한규제는 완화되는 추세를 보였다. 부연하면 1992년 FCC는 큰 시장에서 라디오 방송사는 하나 이상의 다른 라디오 방송국을 소유할 수 있도록 허용한 이래 1996년 법은 이 소유규제를 대폭 풀었다.

1996년 대폭 완화된 소유규제는 시장규모에 따라 소유규제를 차별화하고 있는 것이 특징이다. 라디오 방송의 경우 45개 혹은 그 이상의 상업방송국이 운용되는 시장에서 8개 국까지 소유·운용할 수 있다. 30개에서 44개 상업방송국이 운용되는 시장에서 상한은 7개 국이며 15개에서 29개가 운용되는 시장에서는 6개 국이다.

텔레비전 방송의 경우 '닐슨 직접시장'(Neilson Direct Market Areas: DMAs)에 따라 같은 DMA에서 하나 이상의 텔레비전 방송국의 소유는, 8개의 독립방송국(상업방송, 또 비상업방송 구별없이)이 존재하고 그중 하나가 시청점유율 4위 안에 들어가지 않을 때에만 허용된다. 한편 라디오 방송국 소유는 이보다 더 규제를 완화하는 쪽이다. 곧 조건에 따라 한 텔레비전 방송국은 6개까지 라디오 방송국을 소유할 수 있다.

다음으로 복수소유 규제를 보자. 1980년 이전에는 전국시장에서 복수

소유는 '7:7:7'이라는 정형을 유지하고 있었다. 다시 말하면 한 방송사는 전국시장에서 AM 라디오 7개, FM 라디오 7개, TV 7개 소유로 제한하고 있었다. 그 이래 복수소유 제한은 계속 완화되다가 1996년 법은 모든 제한을 철폐했다. 현재 남아 있는 유일한 제한은 전국 시청 점유률이 35%를 넘어서는 안된다는 요건이다.

마지막으로 교차소유 규제의 경우 1975년까지 같은 시장에서 신문이 방송국을 소유하는 것을 금지하지 않았다. 그러나 그 해 신문·방송 교차소유가 독점적 지위를 남용할 수 있다는 이유로 향후의 교차소유를 금했다. 다만 기존의 신문·방송 교차소유는 제3자에게 양도할 수 없다는 조건으로 허용되었다.

지상파방송과 케이블 방송의 교차소유는 어떤가? 1980년 이전에는 네트워크 텔레비전사(社)는 케이블 방송국을 소유할 수 없었으며 전화사도 케이블 방송국을 소유할 수 없었다. 그러나 1996년 법은 네트워크·케이블 및 전화·케이블 간의 교차소유 금지규정을 폐지했다.

위에서 본 대로 1996년 텔레커뮤니케이션법은 복점소유, 교차소유, 그리고 복수소유를 대폭 완화했거나 탈규제로 바꾸었지만 방송사의 소유제한 제도가 모두 폐지된 것은 아니다. 여기서 소유제한 법제를 근거로 하는 '소유' 개념을 정의할 필요가 있다. 방송사의 소유제한 법제는 방송의 다양성을 담보하기 위해 한 방송사가 소유를 통해 다른 방송사 운영에 영향을 끼치는 행태를 막기 위해 정당화된다면 방송사 운영에 영향을 끼치는 최소의 소유수준을 정할 필요가 있기 때문이다.

이는 FCC가 소유제한제를 시행하는 데 핵심적인 문제이다. 다시 말하면 방송사는 대부분 수많은 주주로 구성되는 법인회사인데 어느 정도의 주식지분을 보유할 때 방송사를 소유했다고 볼 수 있는가? FCC는 이 문제에 대한 해법을 찾기 위해 '소유귀착규칙'(ownership attribution rules)을 시달해 소유를 실현하는 최소의 주식 소유 수준을 정하고 있다. 이 규칙은 최소 소유 수준을 '현저한 이해'(cognizable interest)를 갖는 수준이라고 표현하면서 투표주식의 경우 5%로 정하고, 은행이나 보험회사와 같은 '피동적 투자가'(passive investors)의 경우 20%로 정하고 있다.

3) 프로그램 편성

FCC는 전통적으로 프로그램 편성에 관한 최소한의 공식적 규범이나 요건에 관한 규칙을 제정한 일이 없다. 커뮤니케이션법 제326조는 FCC가 '검열자'(censor)가 되는 것을 금지하고 있는데, 프로그램 편성규칙이 검열로 여겨질 위험이 있기 때문이다.

그러나 제7장에서 살펴본 바와 같이, FCC는 1980년 이전에 '프로그램 편성지침'(programming guidelines)을 시행해왔으며 또한 지역의 이해나 필요에 부합하는 프로그램의 편성을 했는지 '확인'(ascertainment)하는 절차를 시행해왔다.

이 편성지침 아래 FCC는 이른바 '5·5·10 지침(5·5·10 guideline)'을 시행하고 있었는데 이는 아침 6시부터 자정까지 네트워크 가맹사와 VHF 독립사의 경우 지역프로그램 5%, 정보(뉴스 및 공공문제)프로그램 5%, 비오락프로그램 10%를 편성해야 한다는 지침이다.

이에 더해 FCC는 일련의 판정을 통해 '공정성 원칙'(Fairness Doctrine)을 확립했으며 이는 1959년 커뮤니케이션법 개정으로 입법화되었다. 이 공정성 원칙은 프로그램 편성에 관해 2중의 의무를 부과했는데 그것은 ① 쟁점문제의 토론에 합당한 시간을 배당할 것 ② 상반된 의견을 제시하도록 합리적 기회를 부여할 것으로 요약할 수 있다. 그런데 위 편성지침과 공정성원칙은 각각 1984년과 1987년에 폐지되었다.

그밖에 상위 50대 시장에 있는 네트워크 가맹사나 소유사의 경우 주시청시간대(오후 7시~11시)에 3시간 이상 네트워크 프로그램을 방영할 수 없도록 하는 규칙(prime-time access rule: PTAR)을 시행했는가 하면 네트워크 방송사가 프로그램 배급업(syndication)에 참여하거나 주시청시간대 프로그램을 제작하는 독립 프로덕션의 주식소유를 금하는 '핀신 규칙'(Fin-Syn rule)을 시행했었다.

그러나 이러한 프로그램 편성규제 규칙은 1980년 이래 탈규제정책 아래 점차 폐지되었다. 특히 1996년 텔레커뮤니케이션법은 허가기간을 8년으로 늘였을 뿐 아니라 공중수탁자의 의무도 폐지했다. 다만 프로그램 등급제를 의무화해 V-chip(Violence chip: 폭력 영상물을 자동으로 통제하는 소프트웨어) 장착을 강제했다. 현재는 어린이프로그램과 정치방송에 대한 내용규제를 제외하고는 모든 편성규제는 풀린 상태다.

4) 방송광고

1980년 이전 FCC는 광고시간의 길이에 대한 규제는 규칙이 아닌 지침으로 시행하고 있었다. 다만 '프로그램 길이광고'(program-length commercial)는 금지했다. 그러나 FCC는 1981년 라디오에 대해, 1984년 텔레비전에 대해 프로그램 길이광고 금지를 풀었다. 그러나 프로그램 길이광고는 어린이프로그램에 대해서는 허용되지 않는다. 한편 1990년 어린이텔레비전법은 어린이프로그램에서 광고시간을 제한했는데 주중은 시간당 12분, 주말은 10.5분이다. 1996년 법은 어린이프로그램을 제외하면 방송광고에 대해 여하한 규제도 가하지 않는다.

5) 케이블 방송 규제

FCC는 케이블 방송이 지역방송의 경쟁자로 부상하자 1965년 이래 지역방송의 의무재송신, 지역방송의 신디케이션프로그램(syndication program)의 독점권을 보호하는 중복편성 금지규칙 등을 케이블 방송에 부과했다. 케이블 방송에 대한 FCC의 규제는 1972년 '보고와 명령'으로 절정에 이르렀다(제15장 케이블 방송의 채널 운용 정책 중 "1. 미국 FCC와 케이블 방송의 역외방송신호 전송" 참조).

그러나 케이블 방송에 대한 FCC의 엄격한 규제는 법원이 잇따라 위헌 판결을 내림으로써 폐지되지 않을 수 없었다. 그 뒤 위성전송기술에 힘입어 케이블 방송의 프리미엄채널 전송이 전국적으로 이루어졌으며 슈퍼스테이션 개념으로 지상파방송의 전국 전송도 허용되었다.

1984년 '케이블커뮤니케이션 정책법'(Cable Communications Policy Act)은 케이블 방송에 대한 탈규제 원칙을 반영한 법이다. 그러나 그 뒤 저울추는 다시 규제쪽으로 반전되어 의회는 1992 '케이블텔레비전 소비자보호 및 경쟁법'(Cable Television Consumer and Competition Act)을 제정했다.

1992년 법은 FCC가 케이블 방송에 강력한 규제를 명하면서 요금규제와 가입자 서비스 기준을 마련할 것을 요구했다. 그러나 4년 뒤 1996년 텔레커뮤니케이션법은 다시 탈규제로 돌아서 요금규제의 폭을 줄이는가 하면 처음으로 케이블·전화사 간의 교차소유를 인정했다.

위에서 살펴본 바와 같이 1996년 법은 레이건 행정부가 들어선 1981년 이래 방송·통신분야의 탈규제를 극적으로 반영한 것으로 방송의 경우 허가, 소유, 프로그램 편성, 광고, 케이블 방송에서 탈규제 조치로 나타나고 있다. 그런데 지금 이 탈규제 입법의 취지는 달성되고 있는가?

3. 탈규제법의 역기능

이러한 방송의 시장성에 초점을 둔 탈규제정책은 1996년 텔레커뮤니케이션법의 통과 이전부터 미국 방송계에 불길한 징조를 낳기 시작했다. 예컨대 방송국전매 3년유예 규칙을 폐기한 결과 전체 방송국의 약 절반이 폭등하는 가격으로 팔리고 되팔리는 행태가 반복되는가 하면 그 결과 방송사 그룹 또 방송사 체인망이 방송계의 강자로 부상하면서 약자인 독립 방송사가 착취당하는 사태로 발전하게 된 것이다. 또한 방송사 그룹과 방송사 체인망이 전매시장에서 득세하면서 그 바람이 신디케이션 배급시장으로 확산되어 선정적 헤드라인 뉴스 서비스를 전국에 확대하게 되었다는 것이다(Aufderheide, 1999: 33). 더욱이 이런 방송국 전매의 빠른 회전은 시청률 경쟁을 부추기면서 프로그램 내용을 변질시켜 '음란하고, 추잡하며 값싼 프로그램'(salacious, scandalous and cheap-to-produce programming)이 범람하는 시장에 불을 붙였다는 것이다(Ibid. 33-34).

앞에서 언급한 대로 1996년 텔레커뮤니케이션법의 통과는 탈규제의 분수령이었다. 법 통과 뒤 며칠 사이에 텔레커뮤니케이션 시장에 대형 기업합병이 벌어지는가 하면 거의 매일 전화사, 케이블 방송사, 지상파 방송사간에 합종연횡식의 기업합병이 벌어진다는 것이다. 그 결과 미국의 방송산업을 포함한 텔레커뮤니케이션 산업은 몇 개의 초대형 회사가 장악하는 쪽으로 산업구조가 개편되고 있다는 것이다. 이에 따라 방송의 수용자는 다양한 방송창구로부터 정보와 오락을 받을 수 있는 권리는 심각한 위기에 직면하고 있다는 사회적 인식이 확산되고 있다(Sterling, 2000).

결론적으로 1996년 텔레커뮤니케이션법은 텔레커뮤니케이션 분야에서 인터넷을 중심으로 한 기술융합의 길을 터놓았을 뿐만 아니라 전송기술의 발달에 힘입은 새로운 서비스를 시장으로 끌어들이는 자석의 몫을 해냈다고 보이나, 매체산업간의 소유집중과 겸영집중이 광범하게 일어나 시청자 복지에 직결된 의견의 다양성, 곧 공론장의 위축이라는 결과를 낳았다는 비판을 받고 있다.

1996년 텔레커뮤니케이션법을 1년 반 이상 집행 책임을 졌던 FCC의 리드 헌트(Read E. Hundt) 위원장은 이임을 앞두고 행한 1997년 9월 23일 예일대학교 법대 강연에서 다음과 같은 말을 남겼다.

> "역사적으로 FCC 위원장의 주된 일은 몇몇 업자들에게 전파사용 허가권을 주고 시장을 조정해 이들이 실패하지 않도록 하는 것이었습니다. 그것은 업자들이 경제적으로 성공할 수 있도록 하자는 좋은 취지에서였습니다만 그것은 의견의 다양성이 거의 없는 폐쇄된 과점시장이라는 나쁜 결과를 낳았습니다. 그런데 지금 위원장의 주된 일은 정반대로 바뀌어야 했는데, 그것은 위험을 끌어들이고 커뮤니케이션 산업의 모든 부문에 보상을 해주어야 합니다.
>
> 문제는 비상업적인 목적, 예컨대 정치적 문제에 관한 시민의 토론이나 어린이 교육과 같은 비상업적 목적을 어떻게 촉진시키는가로 귀결되는데, 그것은 정부와 극소수의 매체재벌 간의 '안락한 유착관계'(a cozy partnership)에 전적으로 의존하지 않고는 성취하기 어렵다는 점입니다."(Hundt, 1997)

레이건 행정부의 탈규제정책보다 20년 앞선 케네디 행정부 시절 60년대 초 당시 FCC위원장이었던 뉴턴 미나우(Newton Minow)는 PICON의 공익성을 중시했다. 그는 1961년 미국방송협회(National Association of Broadcasters, NAB) 초청연설에서 방송인들에게 이렇게 주문했다. "여러분들은 하루 동안 앉아서 자신들의 프로그램을 보십시오. 그러면 내가 확언하는데 여러분은 폭력, 반복 형식(repetitive formulas), 짜증나는 광고, 그리고 순전한 지루함으로 짜인 '광활한 황무지'(vast wasteland)를 보게 될 것입니다." 그 이래 미국 텔레비전을 '광활한 황무지'로 표현한 그의 말은 방송가의 잊혀지지 않는 화두가 되었다.

미나우는 1991년 가넷 재단 미디어센터(Gannet Foundation Media Center)의 초청연설에서 이 '광활한 황무지'를 되새기며 방송의 공익성을 강조했다.

> "1961년의 그 연설은 오늘 그 두 마디의 말(vast wasteland) 때문에 기억됩니다. 그러나 그 두 마디는 기억되지 않기를 바라는 말입니다. 우리가 추구해야 할 말은 '공익'(public interest)이라는 말입니다. 내게는 공익이란 우리가 끊임없이 물어야 하는 다음의 질문을 의미했고 지금도 그런 의미입니다. 곧 텔레비전은 우리나라를 위해서, 공통의 선을 위해서, 미국 국민을 위해서 무엇을 할 수 있느냐 하는 것입니다.
>
> 만일 텔레비전이 변화해야 한다면 텔레비전의 남녀 방송인들이 텔레비전을 미국 사회의 선도적 제도로 만들어야지 시장에서 최하의 공통분모를 단순히 비춰주는 거울이 돼서는 안됩니다. 지난 30년을 근거로 기록을 보면 텔레비전은 기술발달로 A^+ 학점을 받고 있지만 그 기술을 인간적 그리고 인도적 목표를 위해 사용했느냐에 대해 C 학점을 받고 있단 말입니다."(Minow, 1991)

레이건 행정부 당시 FCC 파울러 위원장과 함께 탈규제정책을 적극 펼쳤던 그의 수석 보좌관 브레너가 '광활한 황무지'론에 동조한 것은 어쩌면 역사의 아이러니가 아닐까? 그는 1991년 캘리포니아 대학교(UCLA) 법학 교수로서 의회에 이렇게 증언했다.

> "만일 TV의 질이 떨어졌다면 서글픈 진실이지만 대부분 책임이 지난 10여 년간 쏟아낸 활발한 (시장)경쟁에 있을 것입니다. 몇 가지 면에서 경쟁은 '광활한 황무지'에서 우리들을 탈출케 했지만 다른 면에서 경쟁을 다시 주장하기가 더욱 어렵게 되었습니다."(Auferheide, 1999: 34)

4

방송정책 총괄기구로서 새 방송위원회

새 방송위원회는 미국의 FCC와 같은 독립규제위원회를 모델로 하고 있다. 부연하면 방송위원회는 행정부로부터 독립한 합의제 행정기구로서 통합방송법에 의해 방송행정권, 준입법권, 준사법권을 부여받고 있다.

김대중 정권이 방개위의 건의에 따라 행정부로부터 독립한 방송위원회를 설치하고 방송정책권을 이 합의제 행정기구로 이양한 것은, 역대 정권이 방송정책권을 행정부가 장악하면서 방송에 영향을 끼쳐온 것을 상기할 때, 방송개혁의 의지를 실현할 획기적인 일로 평가할 수 있겠다. 그러나 앞장에서 몇 차례 언급했듯이 새 방송위원회는 기본적인 '건축설계'의 잘못으로 독립적 위상과 정치적 독립은 벼랑 끝에 몰려 있는 형국이다.

이 장에서는 ① FCC와의 비교적 관점에서 새 방송위원회의 법적 위상과 관련된 문제를 자세히 살피고 대안을 모색하고자 한다. 이어 ② 초기 방송법 시행령 제정 문제와 문화관광부와의 '합의' 범위와 공정거래위원회와의 관계 ③ 방송사업자간의 분쟁조정권 문제 ④ 새 방송위원회의 관할권과 법정직무 ⑤ FCC의 관할권과의 비교를 차례로 논의하고, 마지막으로 ⑥ 새 방송위원회의 법정직무 수행현황을 되돌아보고자 한다.

1. 새 방송위원회의 법적 위상

방송법은 "방송의 공적 책임·공정성·공익성을 실현하고, 방송내용의 질적 향상 및 방송사업에서의 공정한 경쟁을 도모하기 위해 방송위원회를 둔다"고 규정하고(제20조), 방송정책 총괄기구로서의 방송위원회에 방송정책권, 각종 방송사업자의 허가 추천 및 승인권, 방송발전기금관리·운용 등 광범위한 행정권(제27조)과 함께 방송위원회규칙 제정·개정권 등 준입법권(제32조, 제42조)과 각종 제재조치 등(제100조) 준사법적인 권한을 부여했다. 그밖에 방송위원회가 합의제 기구로서(제21조) 직무상 독립해 방송의 기본계획을 포함한 방송의 공정성과 공공성 등을 심의·의결(제27조, 제32조)하기 위해 자료제출요구권(제98조)과 시정명령권(제99조)을 갖는 등, 방송사를 지도·감독할 일반적인 행정적 권한을 갖는다.

새 방송위원회는 위에서 살펴본 대로 통합방송법에 의해 설치되고 방송행정권, 준입법권, 준사법권을 부여받고 있는 방송정책 총괄기구이다. 그런데 방송법이 헌법의 하위 규범으로서 우리나라 헌법 질서의 테두리 안에서 방송을 규율하고 있기 때문에 방송규제기관인 새 방송위원회도 헌법과의 관계에서 법적 위상이 정해진다. 여기에 새 방송위원회의 법적 위상이 헌법과의 관계에서 문제되는 이유가 있다. 먼저 헌법과의 관계에서 새 방송위원회의 법적 위상이 관련된 문제로서 ① 합의제 행정기관인 방송위원회의 법적 지위를 살펴보고 ② 방송위원회의 규칙제정권 문제를 FCC의 경우와 비교해 논의한 뒤 ③ 이와 관련해 통합방송법 개정문제를 살피고자 한다.

1) 합의제 행정기관인 방송위원회의 법적 지위

새 방송위원회는 방송법에 의해 설치된 합의제 행정기구이다. 부연하면 방송법은 제20조에서 '방송의 공적 책임·공정성·공익성을 실현하고, 방송내용의 질적 향상 및 방송사업에서의 공정한 경쟁을 도모하기 위해 방송위원회를 둔다'고 규정해 방송위원회의 설치를 명하고 있다. 또한 제28조는 '위원회의 회의가 재적위원 3분의 2 이상의 출석과 출석위원 과반수의 찬성으로 의결한다'고 규정함으로써 합의제 기구의 성격을 갖고 있으며, 제29조 위원회의 직무 항목에 방송허가추천권을 비롯한 방송행정권 및 정책권을 포함하고 있어 방송위원회는 방송법에 의해 설치된 합의제 행정기구로 자리 매김한 것이다.

문제는 법 제20조가 설치한 방송위원회가 소속이 없다는 점이다. 예컨대 감사행정을 담당하는 감사원은 헌법기관으로 설치됐지만(헌법 제97조) 대통령에 속하고 있으며, 공정거래위원회와 금융감독위원회는 정부조직법 제5조에 근거한 개별법에 의해 설치되어 국무총리에 속하고 있다. 감사원은 대통령에 속하면서 감사원법 제2조 1항에 의해 '감사원은 대통령에 속하되, 직무에 관하여는 독립의 지위를 가진다.' 공정거래위원회나 금융감독위원회도 정부조직법 제5조(행정기관은 그 소관사무의 일부를 독립해 수행할 필요가 있는 때 법률이 정하는 바에 따라 행정위원회 등 합의제 행정기관을 둘 수 있다)와 개별 법률에 의해 국무총리에 속하되 독립적으로 직무를 수행한다. 그런데 방송위원회는 대통령이나 국무총리에 속하지도 않고 정부조직과도 상관없이, 오로지 방송법에 의해 설치된 합의제 행정기구이다. 따라서 국가행정의 일부인 방송행정을 담당하면서도 정부조직법 제5조에 근거한 합의제 행정기구라고 볼 수 없다.

방송위원회는 오로지 방송법에 근거한 합의제 행정기구라는 이색적인 법적 지위를 갖는다. 방송위원회는 이러한 법적 지위의 특이성에서 두 가지 문제에 봉착하게 되는데 그 하나는 행정부에 속하지 않는 방송위원회가 행정부 관할의 방송행정을 담당한다는 점이고 다른 하나는 좀 더 심각한 문제로 방송위원회가 갖는 규칙제정권의 위헌성이다.

첫번째 문제부터 논의해보자. 행정부로부터 독립한 방송위원회가 정부행정의 일부인 방송행정을 담당하는 문제는 방송위원회가 갖는 방송행정권의 정체성에 심각한 영향을 준다. 물론 국회가 제정한 방송법은 방송행정권을 방송위원회에 부여하고 있지만 이 경우 3권분립원칙 아래 헌법 제66조 4항이 '행정권은 대통령을 수반으로 하는 정부에 속한다'라는 최상위 규범과 어떻게 양립할 수 있는지 의문이 제기된다.

만일 방송법의 방송행정권 수권이 최상위 법규범인 헌법과 양립할 수 없다면 방송위원회가 수행하는 방송행정기능의 정체성은 뿌리에서부터 흔들릴 수밖에 없다. 이 문제가 방송법의 입법과정에서 입법 참여자들에 의해 검토되었음이 밝혀지고 있다. 박지원 전 문화관광부 장관이 2000년 11월 3일 국회 문광위의 증인으로 출석해 다음과 같이 증언한다.

"지금 이 자리에는 존경하는 최재승 위원장님도 계시고 신기남 위원님도 계셨습니다마는 당시 방송개혁위원회에서는 독립적인 방송위원회를 대통령께 건의했습니다. 그리고 입법과정에서도 그러한 것을 검토했습니다마는 많은 헌법학자들께서는 '초법적인 그러한 기구를 둘 수 없다, 그렇기 때문에 예를 들면 감사원처럼 대통령 직속기구로 방송위원회를 독립시키든지 그렇지 않으면 공정거래위원회나 금융감독위원회처럼 총리 직속으로 권한을 부여하는 것이 바람직하다, 그렇지 않았을 경우 어떻게 행정기구가 아니면서 인·허가 업무를 할 수 있으며 제재업무를 할 수 있는가' 하는 헌법학적 문제를 제기했습니다.

그렇기 때문에 우리가 얘기를 하면서 그러면 문화관광부와 정책권을 제한적으로 공유하면 (방송위원회가) 정부기구로서 될 수 있지 않느냐, 그렇게 해서 잘 아시다시피 지금 현재 방송위원회 위원장, 부위원장, 상임위원만 정무직으로 보하고 나머지 직원들은 민간기구로 되어 있는 것으로 알고 있습니다.

또 잘 아시다시피 아까 위원장께서도 말씀하셨지만 방송은 영상컨텐츠나 기술 등 여러 가지 문제가 정보통신부나 산업자원부나 저희 문화관광부와 연관관계가 있습니다. 그리고 법과 제도를 국가기관이 아닌 기구에서 제정할 수 없기 때문에 그러한 정책협의 또는 합의를 할 수 있도록 몇 가지 점에서 제한적으로 제시를 했을 뿐입니다."(국회 문화관광위원회 국정감사 회의록 0036 및 0037 피감기관: 방송위원회, 2000년 11월 1일)

당시 정부·여당의 통합방송법안 마련에 직접 참여했던 박지원 장관의 증언을 들어볼 때 새 방송위원회를 정부조직 밖에 둠으로써 생기는 '초법적' 기구의 문제를 해결하기 위해 문화관광부와 방송행정 및 정책권을 공유케 하는 제도적 장치로서 '합의' 조항을 넣었다는 것이다. 이 증언대로라면 방송위원회의 독립적 위상을 위해 정부조직 체제 밖에 두면서 다시 합의 조항의 설정이라는 편법을 통해 방송위를 정부조직체제 안으로 끌어들인 셈이 된다.[1]

---

1) 박지원 장관은 방송법이 통과되기 전 1999년 11월 저자와 몇 번 사적으로 만났다. 그때 나눈 이야기 중 '새로 구성되는 방송위는 대통령 소속으로 하되 직무상 독립해야 한다'는 내 입장에 공감을 표시하곤 했으나 '민주당 쪽이 듣지 않는다' 또는 '박권상 사장(방송협회 회장)과 신기남 의원 간의 자존심 싸움이

• 방송위원회 설계 잘못의 배경

통합방송법이 방송위원회를 설치한 입법 취지는 제3장 '방송위원회'의 각 조항으로 보아 분명하다. 곧 정부로부터 독립해 방송행정권, 준입법권, 그리고 준사법권을 행사하는 방송정책 총괄기구를 목표로 하고 있으며 이는 김대중 정권의 개혁의지를 담고 있다. 그렇다면 왜 방송법은 방송위원회의 설립 취지에 맞지 않은 설계를 했는가? 다시 말하면 법 제27조 '위원회의 직무'에 방송행정권, 준입법권, 그리고 준사법권을 포함시키면서도 방송위원회를 정부행정조직 밖에 둠으로써 방송행정과 정책기능을 효율적으로 수행하지 못하게 했단 말인가?

나는 그 배경에 두 가지 이유가 있다고 생각한다. 하나는 우리나라 방송은 역사적으로 정권의 홍보도구로 이용되어왔다는 나쁜 유산을 남기고 있다는 것이다. 길고 긴 박정희 군사정권 시절은 말할 것도 없고, 방송통폐합을 자행한 전두환 정권을 비롯해 노태우 정권을 거쳐 김영삼 정권에 이르기까지 방송의 역사는 곧 방송통제의 역사였다.

김대중 정권이 1998년 2월 들어서자 방송정책을 결정할 위치에 있는 인사들은 이 역사적 멍에에서 벗어나는 것을 방송개혁의 출발로 삼았다고 말할 수 있다. 그런 점은 방송개혁위원회가 방송의 독립성 확보를 '방송개혁의 기본 방향'의 최우선 과제로 삼은 것에서 읽을 수 있다. 따라서 김대중 정권은 '국민의 정부'라는 정치 슬로건을 내세우면서 역설적으로 정부로부터의 방송위원회 독립이 방송의 정치적 독립을 위해 불가피한 제도로 보았다. 이것은 무엇보다도 방송통제의 상징인 공보처의 폐지로 나타났던 것이다.

다른 하나의 이유로 방송정책 입안가들이 미국 FCC를 모델 삼아 방송위원회를 정부로부터 독립시켜야 방송정책 및 행정기능을 효율적으로 수행할 수 있다고 생각했기 때문일 것이다. 미국의 FCC가 의회로부터 위임된 규칙제정권을 폭넓게 행사해 방송정책을 효율적으로 수행하고 있음을 볼 때 방송위원회를 FCC의 모델로 설계한 것은 당연한 듯 보인다.

그러나 이는 한국 헌법의 수권체계와 미국 헌법의 수권체계를 혼동한

됐다'는 등의 내용이 당시 저자의 메모에 쓰여 있다.

치명적인 실수였다. 전자의 이유가 방송의 독립성 확보라는 정치적 동기의 순수성 또는 포퓰리즘적 발상(대중영합주의)에서 나온 실패였다면 후자는 우리 헌법의 수권체계를 잘못 이해한 전문성 부족에서 나온 실패라고 말할 수 있겠다. 이제 한국과 미국 두 나라 헌법의 수권체제의 차이를 살펴봄으로써 방송위원회가 갖는 규칙제정권의 의미를 파악해보자.

2) 새 방송위원회의 규칙제정권

통합방송법은 제27조 4항에서 방송위원회에 '위원회 규칙의 제정·개정 및 폐지'를 심의·의결할 수 있는 권한을 부여하고 있다. 구 방송법도 '위원회 규칙의 제정 및 개폐'를 규정하고 있었지만 구 방송위원회가 방송정책권을 갖지 못한 처지에서 위원회 규칙은 방송프로그램의 심의·제재를 제외하면 내규에 머물렀기 때문에 큰 의미가 없었다.

그러나 새 방송위원회가 방송정책권을 수행하게 된 상황에서는 사정이 달라진다. 부연하면 방송위원회가 방송정책을 유효하게 시행하기 위해서는 규칙의 뒷받침이 필수적이었던 것이다. 만일 규칙의 강제력이 없다면 방송위원회는 방송정책을 '행정지도' 차원에서 시행할 수밖에 없는데 이는 효율적인 방법이 될 수 없다.

이는 방송정책 시행이 모든 경우 강제력을 동반한다는 뜻이 아니라 강제력의 뒷받침을 받지 못할 경우 국가기관의 권위(authority)가 존중되지 못하기 때문이다. 마치 국세청이 국민의 세금을 징수하면서 매번 체납처분과 같은 강제력을 동원하는 것은 아니지만 국민이 국세청의 권위를 존중해 납세하는 것과 마찬가지다. 물론 방송법이 '본질적이고도 핵심적인 부분'을 시행령에 위임하고 '사소하거나 지엽적이고 기술적인 내용'을 위원회 규칙에 위임하고 있는 측면이 있지만 방송위원회는 나날이 달라지는 매체환경과 기술환경에 대처하기 위해서 순발력 있는 정책개발 및 이를 뒷받침하는 규칙을 주도할 수 있는 지위에 서지 않고서는 효율적으로 방송정책을 펴나갈 수 없음이 자명하다.

그러나 방송위원회의 규칙제정권은 기본적으로 우리 헌법체제와 불합치할 뿐만 아니라 방송의 기본계획을 수립하는 데 문화관광부장관과 '합의'를 요건으로 하고 있어 방송위원회가 독자적으로 그리고 유효하게 정책기능을 수행하는 데 막대한 지장을 주고 있다.

방송위원회의 규칙제정권이 우리 헌법체제와 불합치한다는 것은 무슨 의미인가? 통합방송법 제27조는 방송위원회의 직무를 열거하면서 방송행정권과 준사법권과 함께 준입법권을 부여한다. 예컨대 법 제27조 4항은 '위원회 규칙의 제정·개정 및 폐지'를 방송위원회의 직무라고 명시하고 있으며 법 제33조는 방송프로그램 내용의 심의·제재에 적용하는 '심의규정'을 제정·공표하도록 명시하고 있다. 또한 방송법 시행령 제22조는 방송사업자에게 방송발전기금의 징수비율을 '고시'로 명할 수 있음을 규정하고 있으며 시행령 제50조 5항이 정하는 하나의 지역방송사의 제작물의 편성비율, 시행령 제57조의 국내제작 방송프로그램의 편성비율, 그리고 시행령 제58조의 외주제작 방송프로그램의 편성비율 등을 고시로 명할 수 있다고 규정한다.

통합방송법은 방송위원회가 위와 같은 규칙·규정·고시를 제정할 수 있는 권한을 부여하고 있어 방송위원회가 준입법권을 행사하고 있음은 다툼의 여지가 없어 보인다. 또한 한 논자에 의하면 "(구)방송법이 방송위원회에 부여한 직무상의 권한을 집행하기 위한 이른바 집행명령(執行命令)[2]으로서의 규칙을 제정함에는 명시적인 수권을 요하지 않는다"(박용상, 1990: 63-64)고 하면서 "방송위원회의 직무 및 권한으로 명시한 사항[(구)법 제17조 참조]에 관해 규칙을 제정할 수 있고 여기서 말하는 규칙이란 법규명령을 의미하는 것은 당연하다"(위의 책, 64)고 주장한다.

방송위원을 역임한 박용상 전직 판사의 이러한 주장은 신생 방송위원회로서는 반갑기 그지없는 해석이지만 ① 우리나라 헌법체제에서 방송위원회가 제정하는 규칙이 과연 일반국민을 구속하는 법규명령으로서 효력을 가질 수 있는가에 대해 심각한 의문이 제기된다는 점 ② 방송법이나

---

2) 집행명령이란 헌법에 근거해 법률을 집행하는 데 필요한 세칙을 정하는 명령을 말한다. 집행명령은 특정 법률이나 상위 명령을 시행하기 위해 필요한 구체적 절차와 방법 등을 규정하는 것이므로 새로운 입법사항(특히 국민의 권리와 의무)은 규정할 수 없다[다수설, 권영성(權寧星), 1996: 892].

시행령이 위임하지 않는 사항에 대해 위원회가 규칙을 제정해 시행하기가 쉽지 않다는 점을 지적하지 않을 수 없다.

후자 곧 방송법이나 시행령이 위임하지 않는 사항에 대해 방송위원회가 규칙을 현실적으로 제정해 유효하게 시행할 수 있는가? 나는 새 방송위원회 운영에 직접 참여한 2년 동안의 경험을 근거로 '그렇지 않다'고 대답한다.

예컨대 법 제41조 3항은 "위원회 사무처의 조직에 관해 필요한 사항은 대통령령으로 정하고 운영에 관해 필요한 사항은 위원회 규칙으로 정한다"고 위임의 하위법 체계를 명시하고 있다. 그러나 신생 방송위원회는 사무처 구성을 유연하게 대처하기 위해 위원회 사무처 조직을 시행령으로 정하는 것을 피하고 시행령이 재위임하는 형식으로 방송위원회 규칙인 '방송위원회 사무처 직제 규정'으로 정했다. 이 문제에 관해 국가 법 체제의 정비를 책임진 법제처로부터 심각한 이의 제기가 있었고 아직 이 문제는 해결되지 못한 채 남아 있는 형편이다.

따라서 방송위원회는 통합방송법 및 시행령이 위임하지 않은 사항에 대해 규칙으로 정하는 대신 '행정지침'으로 정하는 방침을 세웠다. 예컨대 방송위원회 산하 이용약관심사위원회는 케이블 방송시장의 질서를 바로 잡고 가입자의 이익을 보호하기 위해 오랜 준비 끝에 '종합유선방송이용약관'을 마련했다. 방송위원회는 숙고 끝에 2001년 9월 10일 '행정지침'으로 권고키로 하면서 이 표준약관을 시행하지 않는 사업자에 대해서는 이용약관의 변경을 명하고 있다. 이 종합유선방송 이용약관 규정은 법적 구속력이 없는 일종의 '가이드라인'으로서의 성격은 변함이 없으나 케이블 방송사업자들과 협의 끝에 2002년 5월 1일부터 시행되고 있다.

이는 방송법 제77조가 유료방송사업자 이용약관에 대해 이용요금의 승인을 제외하고는 원칙적으로 신고제를 택하고 있는 데서 나온 편법이다. 이 경우 방송위는 이 표준이용약관을 강제하기 위해 방송법 제77조 2항을 원용해 이용약관을 강제시행하기로 의결했으나 신고제의 입법취지에 맞느냐는 의문이 제기될 수 있다. 방송위원회가 수권법(모법)이 위임하지 않는 광범한 사항에 관해 법적 구속력이 없는 '행정지침'으로만 방송정책과 행정기능을 수행해야 한다면 애초 통합방송법이 부여한 방송행정권, 준입법권, 그리고 준사법권을 행사하는 방송정책 총괄기구로서의 위상은 퇴색하고 만다.

다음으로 방송법과 그 시행령이 수권해 방송위원회가 제정·공표한 규칙이 과연 일반 법규명령의 성격을 띨 수 있는가에 대한 의문이다. 많은 헌법 이론가와 방송법 전문가들은 방송위원회의 규칙이 일반국민에 대해 효력이 미치지 않는 위원회 내부의 내규(內規)에 불과하다고 보고 있다(권영성, 1996: 887-888; 방석호, 1995: 371). 따라서 방송위원회 규칙이 방송사업자를 포함한 일반국민을 구속하는 법규명령을 내용으로 할 때 그것은 위헌이라는 것이다.

예컨대 방송법 제9조 3항은 중계유선방송사업자(RO)의 종합유선사업자(SO) 전환 승인사업을 규정하고 시행령 제7조 1항 2호는 RO의 SO 전환 승인기준으로 그가 소재하는 SO 사업구역 안의 전체 가구수 중 RO의 가입자 수가 차지하는 비율에 관해 '당해 사업구역의 범위와 특성을 고려해 방송위원회가 고시하는 비율 이상일 것'이라고 규정하고 있다. 이 경우 방송위원회가 고시하는 비율은 형식상 집행명령으로서 외양을 갖추고 있지만 실질적 성격은 법규명령이다. 왜냐하면 '당해 사업구역의 범위와 특성을 고려'하는 방송위원회의 재량이 너무 넓어 모법의 집행으로 보기 어렵기 때문이다.

실제 방송위원회는 2000년 12월 26일 능력있는 RO를 가리기 위한 승인기준을 정할 때, RO의 가입자 비율 10%, 15%, 20%, 30% 4개안을 두고 숙고 끝에 15%로 정했다. 이 경우 방송위원회가 몇 %를 고시하느냐에 따라 RO의 SO 전환 승인 신청자격이 결정되기 때문에 이 고시비율은 RO의 생사여탈을 정하는 법규명령인 셈이다.

그렇다면 방송위원회가 '당해 사업구역의 범위와 특성을 고려'해 고시하는 비율이 법규명령일진대 당연히 헌법과의 관계에서 의문을 제기하지 않을 수 없게 된다. 곧 이 경우 방송법은 헌법이 지정하지 않는 국가기관에 법규명령을 발할 수 있는 권한을 수권하는 셈이 된다. 그런데 우리나라 헌법은 국회에 입법권을 부여하지만 헌법이 인정하는 기관에만 한정해 법규명령을 위임하고 있음은 앞에서 살펴본 바와 같다. 다시 말하면 법규명령은 대통령령, 총리령, 행정 각 부의 부령, 국회 규칙, 대법원 규칙, 헌법재판소 규칙, 중앙선거관리위원회의 규칙, 그리고 지방자치단체의 조례에 한정되기 때문에 방송위원회 고시는 위헌성을 면하기 어렵다.

3) 방송위원회와 미국 FCC와의 비교: 규칙제정권을 중심으로

미국 헌법은 연방의회에 전파관할권을 부여하고 있으며 의회는 이 전파관할권으로 1934년 커뮤니케이션법을 제정한 것이다. 부연하면 헌법 제1조 8항은 '주간'(州間, interstate) 및 외국과의 상거래를 연방의회의 관할로 정하고 있는데, 의회는 이 '상업조항'(commerce clause) 아래 모든 방송을 비롯한 무선 커뮤니케이션을 상거래의 일종으로 간주해 1934년 커뮤니케이션법을 제정한 것이다(Head et al., 1998: 330).

한편 미국 의회는 교통, 전력, 노동, 재정, 그리고 커뮤니케이션과 같은 특정 전문분야에 대해 전문적 규제감독을 수행하는 것이 거의 불가능하기 때문에 '독립규제기관'(independent regulatory agencies)에 감독권을 위임했다.

이런 맥락에서 연방의회는 1934년 커뮤니케이션법을 통해 FCC를 설치하고, 이 기관에 규칙제정권을 부여한 것이다. 부연하면 커뮤니케이션법 제1장은 FCC와 그 조직과 운영에 관한 지침을 규정하고 있으며 같은 법 '제4조'(Section 4)는 FCC에 기능수행에 필요한 규칙 및 규정을 제정하고 명령 내리는 광범한 권한을 부여하고 있다.

다시 말하면 헌법 제1조 8항(상업조항)이 연방의회에 커뮤니케이션 관할권을 부여하고 있으며 연방의회는 그 관할권 아래 FCC에 규칙제정권을 위임한 것이다(Zelezny, 1997: 397). 이에 따라 FCC는 우리나라의 법규명령에 해당하는 '규칙과 규정'(rules and regulations)을 비교적 자유롭게 제정, 개정, 폐지해오고 있는 것이다.

FCC 규칙제정 절차[3]는 <그림 1-4-1>에서 보듯 FCC 자체 또는 청원

---

3) FCC 규칙제정 절차에 관해서는 Head, et al., op. cit., 336-337, 그리고 박용상, 1990: 189-190을 참조.

<그림 1-4-1> FCC의 규칙 제정 절차

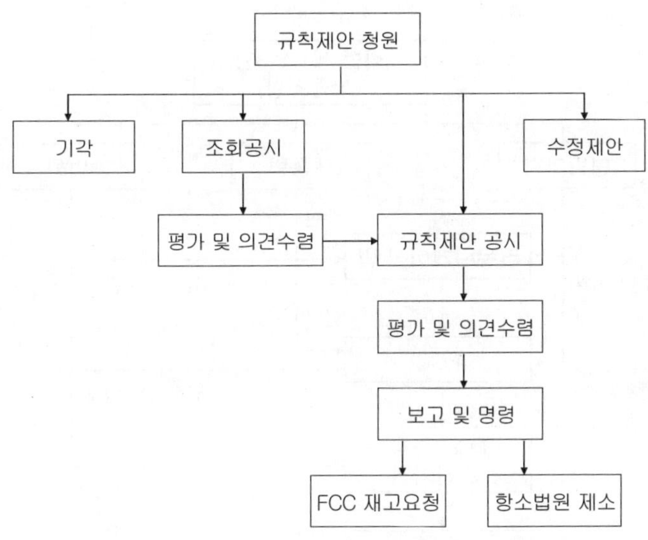

출처: Head et al.(1998), Zelezny(1997) 및 박용상(1988)에 의거해 작성.

자의 규칙제안으로부터 출발한다. 이 규칙제안 청원에 대해 ① 기각 ② 수정제안 보고 ③ 조회 공시(Notice of Inquiry) ④ 규칙제정안 공시(Notice of Proposed Rule-Making) 가운데 하나를 선택하는 절차를 밟는다. 조회 공시 또는 규칙제정안 공시 절차에 들어가면 이해 당사자의 의견 및 일반의 여론 수렴을 거친 뒤, 그 결과에 따라 '보고 명령'(Report and Order)을 결정함으로써 규칙제정 절차가 마무리된다. 그 뒤 이해당사자의 재고 청원 또는 법원 제소를 통해 규칙이 바뀌거나 폐지될 수도 있다.

이 규칙제정 절차의 모든 단계는 '연방관보'(Federal Register)에 게재해야 한다. 이런 절차로 제정된 규칙들은 FCC의 행정법을 이루어 방송이나 통신의 전 분야를 관할하고 있는 것이다. 이 FCC 규칙은 '행위규정'(behavioral regulation)과 '구조규정'(structural regulation)으로 나눌 수 있는데 전자의 예로 어린이프로그램에 붙는 광고의 시간 제한을 부과한 규칙을 들 수 있고, 후자의 예로 방송사업자에 방송사 소유를 특정 수로 제한한 규칙을

<그림 1-4-2> 미국 헌법의 수권체계와 FCC

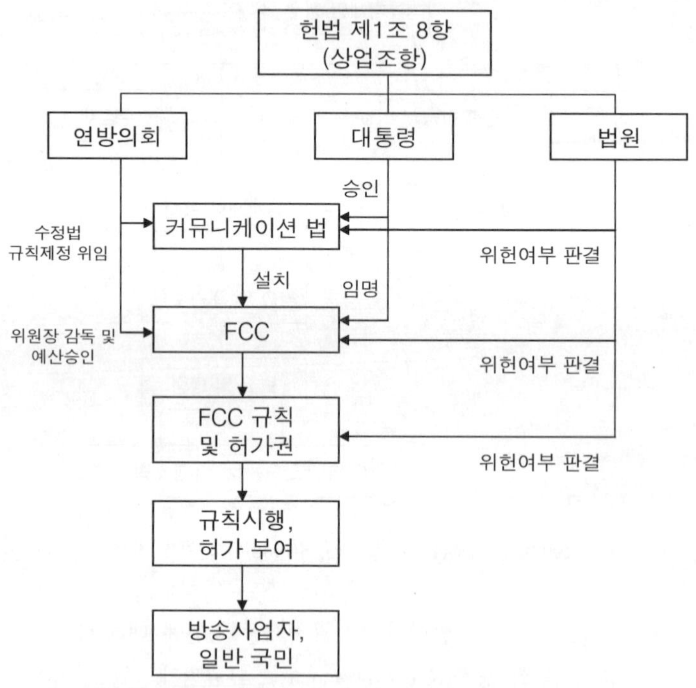

출처: <표 1-4-1>과 같음.

들 수 있다.

FCC는 이 규칙제정권을 수단으로 방송 및 통신정책을 유효하게 펴나갈 수 있음에 반해 한국의 방송위원회는 우리나라 헌법 수권체제의 특수성, 방송법과 시행령의 제한된 수권 그리고 규칙의 내규적 성격으로 방송정책 및 행정을 수행하는 데 걸림돌이 되고 있는 것과 대조적이다.

이미 언급한 대로 미국 헌법의 수권체제와 한국 헌법의 수권체제는 다르다. <그림 1-4-2>와 <그림 1-4-3>을 비교하여 그 차이를 살펴보면 한국의 경우 헌법은 헌법이 지정한 기관에만 국회에 법규명령을 위임하고 있지만, 미국 헌법은 위에서 살펴본 바와 같이 법규명령을 포함한 광범위한 입법권을 의회에 부여하고 있다. <그림 1-4-3>은 방송법이 방송위원

<그림 1-4-3> 한국 헌법의 수권체계와 방송위원회

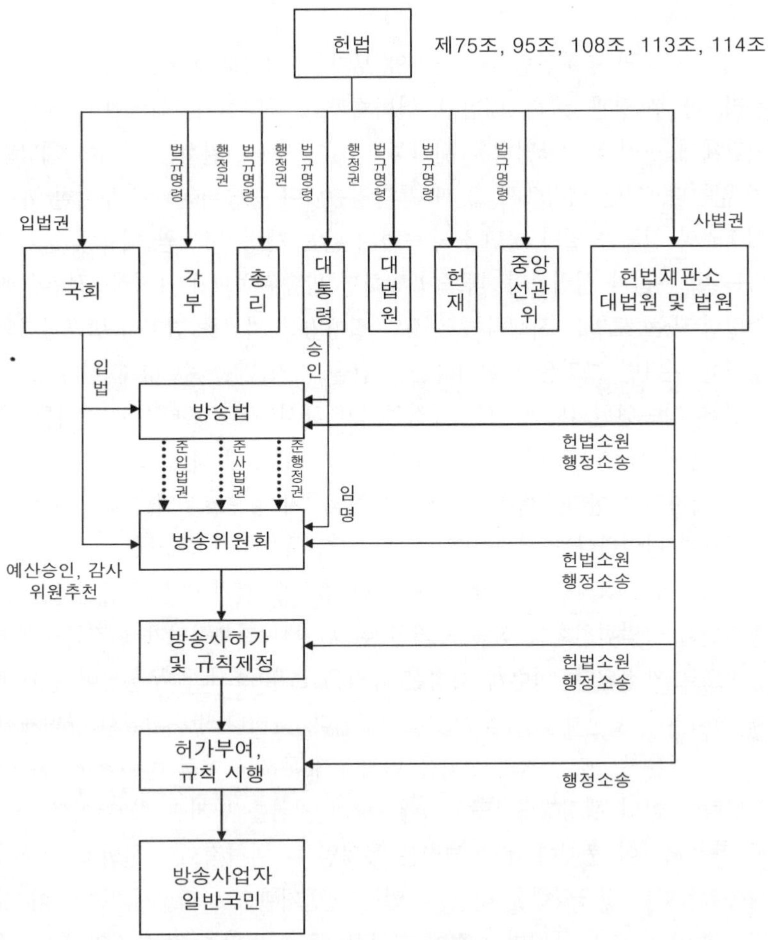

출처: 저자가 헌법 전문가의 이론에 의거하여 구성한 것임.

회를 설치하고 방송행정권, 준입법권, 준사법권을 부여하고 있으나 실선이 아닌 점선으로 표시한 것은 헌법과의 관계에서 위헌론을 암시한 것이다.

4) 방송위원회 규칙의 위헌성과 대안의 모색

다시 한국의 방송위원회로 돌아와 보자. 우리나라 헌법은 대통령, 국무총리, 각 부 장관, 국회, 대법원, 헌법재판소, 중앙선거관리위원회, 지방자치단체에 한정해 법규명령을 위임하고 있어 방송위원회는 여기에 해당되지 않는다. 이런 맥락에서 볼 때 통합방송법이 방송위원회에 부여한 규칙제정권의 실체는 일반 국민을 구속하지 않는 행정명령, 곧 내규에 불과하다는 법 논리가 성립한다. 바꾸어 말하면 방송위원회가 제정한 규칙이 행정명령 또는 모법을 시행하는 성격의 집행명령 지위를 넘어서 법규명령의 성격을 띤다면 그것은 위헌이라는 부담을 지지 않을 수 없게 된다.

물론 방송위원회도 규칙을 제정하기 위해서는 일정한 법정 절차를 밟아야 한다. 행정 절차법 제41조 및 방송법 제42조에 의해 20일 이상 관보에 게재하여야 한다(입법예고). 이는 이해당사자 등으로부터 의견을 수렴해 규칙안에 반영한다는 취지이다. 그 뒤 다시 국무총리 산하에 둔 규제개혁심사위원회의 심의를 받아야 한다. 이런 절차를 걸쳐 마련된 규칙안은 방송위원회 상임위원회의 심의를 거친 뒤 위원회 전체회의가 의결함으로써 규칙으로 제정된다. 이렇게 제정된 규칙은 15일 이내 사무총장이 관보게재 형식의 공포절차를 거침으로써 시행된다. 그러나 방송위원회 규칙제정 절차가 기본적으로 규칙의 성격을 변경하지 못하는 이상 방송위규칙은 법규명령이 아닌 행정명령 또는 집행명령의 지위를 넘지 못할 것이다.

그렇다면 이 문제에 대한 해법은 무엇인가? 원칙적으로 헌법을 개정해 방송위원회를 법규명령을 내릴 수 있는 헌법기관으로 격상시키는 길이 정도(正道)이다. 그러나 헌법 개정이 현실적으로 어렵다는 점을 감안할 때 나는 방송위원회를 대통령직에 속하도록 관계법규(정부조직법·방송법)를 개정해 방송위원회로 하여금 시행령의 제정·개정을 주도하게 하는 것이 바른 길이라고 생각한다.

나는 이 문제에 대해 구 방송위원회 위원장으로서, 이어 새 방송위원회 위원장으로서 일관된 입장을 견지하고 있었다. 그것은 요컨대 방송위원회를 대통령직에 속하게 하되 직무상 대통령으로부터 독립된 위상을 갖도록 해야 한다는 것이었다. 이 문제에 대한 나의 행적을 잠시 적어보자. ≪한겨레≫ 1999년 11월 11일자 기사는 '갈수록 꼬이는 방송법'이라는 표제 아래 나의 입장과 당시 상황을 다음과 같이 전한다.

> "… 지난 8월 임시국회 때나 9월 정기국회 때와 마찬가지로 해결의 열쇠는 정부·여당이 쥐고 있다는 게 국본의 판단이다. 최근 국본이 국민회의 임채정 정책위의장 등을 면담한 결과, 정부·국민의회는 여전히 방송정책·행정권을 방송위로 넘기는 것을 꺼리고 있는 것으로 드러나고 있다. 국민회의 일각에서는 방송위 직무 가운데 문화관광부 장관, 정보통신부 장관과 '협의'하도록 규정한 부분을 '합의'로 고치자는 의견을 내놓고 있다. 이럴 경우 방송위는 정부와 합의가 이뤄지지 않는 한 아무런 결정도 할 수가 없어 '방송위를 정부로부터 직무상 독립시킨다'는 통합방송법 제정의 한 취지가 무색해지는 결과를 낳을 가능성이 높다.
>
> 게다가 한국방송협회에서는 최근 방송위가 법규명령제정권을 갖는 것은 위헌 소지가 있다는 의견을 밝히고 있다. 방송위원회(위원장 김정기)에서도 외부강사를 초청해 임·직원들을 대상으로 이런 취지의 교육을 실시했다. 평소 김정기 위원장은 방송위가 감사원처럼 대통령 직속기구가 돼야 한다는 의견을 밝혀온 것으로 알려져 있다. 정부·국민회의가 엉거주춤한 태도를 보이는 사이에 이미 여러 차례에 걸쳐 걸려진 방송위의 법적 위상 문제가 다시 불거지고 있는 셈이다 …."

위의 기사가 전하듯 방송노조 등 진보세력 입장을 반영하는 ≪한겨레≫는 '여러 차례 걸러진 방송위원회의 법적 위상'에 대해 내가 이의를 제기하는 데 비판적이었다. 이 기사의 문맥과 표제 '갈수록 꼬이는 방송법'이 비판을 시사한다. 다시 말하면 나는 새 방송위원회가 감사원처럼 대통령 직에 소속하되 직무상 독립성이 보장되어야 한다는 입장을 견지했지만 앞에서 설명한 대로 방개위의 건의를 이어받아 통합방송법을 주관하던 집권세력은 방송위를 정부조직 밖에 설치하는 것을 방송의 정치적 독립의 상징인 양 몰아가고 말았다. 나는 당시 헌법학자 권영성 교수를 초청해 구 방송위의 간부직원들을 대상으로 교육을 실시하는 등 구 방송위원회의 입장을 정리하기도 했다.

나는 새 방송위원회 위원장으로 선임된 뒤에도 이 문제의 사회적 공론화를 위해 노력했다. 나는 2000년 6월 30일 한국공법학회 정기학술대회(21세기 정보화 사회진입에 따른 공법적 대응)에 참석해 행한 기조연설에서 방송위원회의 문제를 다시 제기했다. 또한 방송위원회 출범 6개월을 맞은 2000년 9월 13일, 나는 기자간담회를 열어 방송법 개정을 촉구했다(≪매일경제≫, 2000년 9월 15일자 방송위원회 위원장 인터뷰, '뉴미디어 세대 방송법 재개정 필요'). 이 방송위원회의 문제가 처음으로 크게 사회적인 주목을 받은 것은 내가 그 해 8월 17일 방송학회 등 3개 학술단체 공동세미나에서 '방송법 시행 반년: 과제와 전망'이라는 제목의 기조연설을 한 것이 계기가 되었다. 거의 모든 중앙일간지와 방송매체 등은 큰 표제의 뉴스와 해설로 저자가 제기한 방송법의 문제와 개정의 필요성을 다뤘다.[4] 이 중 8월 18일자 ≪중앙일보≫는 '방송위, 제자리 찾기 나섰다'는 표제 아래 다음과 같은 기사를 실었다.

> "방송위원회가 위상 강화를 위해 방송법 및 시행령 개정을 추진하고 나섰다. 방송위원회 김정기 위원장은 17일 서울프레스센터에서 열린 학술 세미나에서 '통합방송법 시행 반년: 과제와 전망' 주제 발표를 통해 '현재 방송위원회는 일반 행정부 소속도 아니고, 대통령 소속도 아닌 모호한 위상'이라면서 '방송위원회의 위상을 법체계 형식상으로는 대통령에 속하면서, 실질적으로는 직무상 독립을 보장받는 기구로 설정해 방송법의 관련 조항을 개정, 정비하는 것이 바람직하다'고 밝혔다. 방송위의 위상문제는 새 방송법 및 시행령 확정 과정에서 줄곧 문제로 지적돼왔지만, 김 위원장이 이처럼 개정 의지를 공식적으로 밝히기는 이번이 처음이다. 특히 이번 발언은 최근 박지원 문화관광부 장관의 '방송 선정성, 폭력성 추방' 발언이 월권이 아니냐는 논란을 빚은 후 나온 것이라는 점에서 한결 귀추가 주목되고 있다.

---

4) 8월 18일자 중앙일간지 및 전문지의 표제를 보면 ≪중앙일보≫: '방송위, 제자리 찾기 나섰다: 방송정책 문광부와 '합의' 대신 '협의' 추진,' ≪대한매일≫: '방송위, 대통령 직속기구로, 金政起 위원장 독립보장 강조,' ≪한겨레≫: '방송정책 결정조항 합의서 협의로 바꿔야, 김정기 방송위원장 주장,' ≪한국일보≫: '방송위 대통령 직속에 둬야,' ≪전자신문≫: '방송위를 대통령 직속 기구로, 김정기 위원장, 법 개정 정비 촉구,' ≪디지털타임스≫: '방송관련 '문광부와 합의' 규정 '협의'로 법 개정해야, 김정기 위원장 세미나서 제기,' 이어 8월 19일자 ≪세계일보≫, 8월 21일자 ≪한겨레≫와 ≪디지털타임스≫는 장문의 해설기사를 실었다.

김 위원장은 구체적으로 현재 방송위원회와 정보통신부 장관으로 이원화되어 있는 방송사업자 허가추천 절차와 허가 절차를 단일화할 것, 정책결정시 일부 사항에 대해 관계부처 장관과 협의 내지 합의하도록 되어 있는 규정을 협의로 조정할 것 등을 언급했다. 현행 방송법은 방송영상정책과 관련한 기본계획을 심의, 의결할 경우 문화관광부 장관과 합의하도록 규정하고 있다.

방송위원회 김국후 대변인은 '이미 구체적인 개정 작업을 시작했다'면서 '절차가 복잡한 방송법 개정은 시간이 더 걸리더라도 방송법시행령은 연내 개정이 목표'라고 말했다.

이에 대해 한국여성민우회 시청자운동본부 조정하 간사는 '방송위의 중립성을 살리려는 통합방송법 제정 취지에 부합하기 위해서는 방송위의 권한 강화가 시급하다'면서 '기존 주무 부서였던 문화관광부와의 관계는 '합의'가 아니라 '협의'로 하는 것이 바람직하다는 게 시민단체들의 꾸준한 주장'이라고 환영의 뜻을 표했다.

문화관광부측은 '방송법 개정 문제는 새 방송법에 의해 주무부서가 된 방송위 소관 사항'이라고 밝혔다.

김 위원장은 또 인터넷 방송이나 통신위성을 이용한 유사 위성방송 등이 규제의 사각지대에 있는 점을 지적, '방송과 통신의 융합현상을 적절히 소화해 법제적으로 반영해야한다'고 주장했다."(이후남 기자, hoonam@joongang.co.kr)

그러나 방송법을 개정하려는 나의 시도는 사회적 명분을 얻는 데 그치고 말았다. 부연하면 방송위원회의 법적 위상을 바꾸자는 나의 제안은 정부부처의 부처이기주의와 관료주의, 여당의 국회 소관상임위원회 소속 의원들의 외면, 그리고 야당의원들의 무관심[5]이 합작한 결과 메아리 없는 외침처럼 끝나고 말았던 것이다. 돌이켜 생각하면 방송위원회의 설계를 바꾸려는 나의 의욕은 과욕인지도 모른다. 구 방송법이 1990년 개정된 이래 통합방송법으로 실현되기까지 10여 년의 성상을 기다려야 했는데 다시 그 큰 틀을 바꾸는 일이 그리 쉬웠겠는가.

5) 국회 문화관광위원회 소속 야당의원들이 방송법 개정에 무관심한 것은 아니었다. 그러나 이들 야당 국회의원들이 관심을 두어 방송법을 개정하려 했던 부분은 방송위원회 위원 구성, 특히 상임위원 구성에 관한 것이었으며 저자가 지적하는 방송위원회의 독립적 위상이라든가, 문광위원회의 시청자대표성을 고려한 위원제청권 문제 등에는 관심을 보이지 않았다.

방송위원회 제몫 찾기 나섰다

김정기위원장 방송법 문제조항 이례적 지적

방송위원회의 김정기(金政起·사진) 위원장이 지난 3월부터 시행되고 있는 새 방송법의 문제점을 지적하고 나섰다.

김 위원장은 17일 오후 서울 프레스센터에서 열린 방송학회-언론정보학회-광고교육학회의 공동 학술세미나에서 기조연설을 통해 현행 방송법의 문제점을 조목조목 지적했다.

김 위원장은 "지난 5개월동안 새 방송법을 운용하는 과정에서 방송위원회의 법적 성격이 불명확해 문제점이 많았다"며 "방송위원회의 위상을 법체계상으로는 대통령에 속하면서, 실질적으로는 직무상 독립을 보장받을 수 있도록 방송법의 관련 조항을 개정-정비하는 것이 바람직하다"고 말했다.

방송위원회가 일반 행정부 소속도 아니고 대통령 소속도 아닌 애매모호한 위상에서 행정권을 행사하다 보니 현실적으로 많은 어려움이 있다는 것. 이와 관련, 김 위원장은 "방송위원장은 국무회의에 출석하여 발언할 수 있지만 그 소관사무에 관한 법령안 발의는 직접 할 수 없고 국무총리에게 건의할 수 있도록 되어 있다"며, "방송법의 구체적 집행에 따른 법규명령은 위원회가 직접 정하도록 하는 것이 타당하다"고 말했다. 즉 방송위원회가 방송에 관한 국가 행정사무 처리를 담당하는 독립된 중앙행정기관임을 법에 명시할 필요가 있다는 주장이다.

김 위원장의 이같은 발언은 최근 박지원 문화관광부장관의 '방송 선정-폭력성 추방' 발언이 월권이 아니냐는 논란과 더불어 방송위는 무엇을 하고 있느냐는 비난의 여론이 쏟아지고 있는 가운데 나온 것이어서 귀추가 주목되고 있다.

방송정책 문화관광부와 '합의'대신 '협의'추진

독립된 중앙행정기관 명시등 개정절차 착수

김 위원장은 위원회의 정책 결정과 관련하여 구체적으로 "일부 사항에 대해 관계부처 장관과 협의 또는 합의하도록 되어 있는 규정을 협의로 바꿔야 한다"며, "이것이 관철되지 않으면 주요한 정책결정이 표류할 수밖에 없다"고 강조했다. 새 방송법 제정시 '합의'규정은 시민단체 등의 반대에도 불구하고 문화관광부가 관철시킨 대표적인 독소조항으로 꼽힌다.

이밖에 김 위원장이 개선-보완해야 한다고 지적한 방송법과 시행령의 주요 내용은 △편성 변경을 하지 않은 녹음 녹화, 보도를 포함한 방송프로 등으로 제한된 중계유선방송 및 전광판 방송의 정의(방송법 제2조) △이원화된 허가추천과 허가 절차(방송법 제9조와 시행령 제5조 및 제6조) △명시되지 않은 방송사업자 등의 변경허가에 관한 규정(방송법 제15조) △외국 인공위성과 무선설비를 이용한 위성방송 사업자의 허가 및 승인의 유효기간 문제(방송법 제16조 및 제17조) 등이다.

김 위원장은 끝으로 "인터넷 방송이나 통신위성을 이용한 유사위성방송 등이 사회적 문제를 유발하고 있으나 이에 대한 규제가 이뤄지지 않고 있다"며 "현행 방송법의 체계는 방송과 통신의 융합에 따른 대처가 미흡하므로 법제정이 필요하다"고 말했다.

방송위원회는 김 위원장의 새 방송법에 대한 문제 제기와 관련해 조만간 관련 조항들을 정리, 관련부처에 개정의뢰 절차를 밟을 계획이다.

/편완식기자 wansik@sgt.co.kr

≪세계일보≫ 2000. 8. 19.

2. 문화관광부와의 '합의' 범위와 공정거래위원회와의 관계

새 방송위원회가 출범하면서부터 불거진 문제는 문화관광부와의 '합의' 조항을 둘러싼 유명한 갈등이었다. 그러나 이는 저자가 구 방송위원장 재임 시절 방송법 시행령 제정 단계에서부터 갈등의 불씨가 내연하고 있었던 사안이다. 또한 방송위원회는 '방송프로그램 유통상 공정거래 질서확립에 관한 사항'을 심의·의결할 경우 공정거래위원회 위원장의 '의견을 들어야 한다'는 점에서 공정거래위원회와의 관계도 정립할 필요가 있으나 위임입법의 법규 미비로 미묘한 갈등관계로 발전하고 있다. 이 문제를 되돌아보자.

1) 시행령 제정 문제

통합방송법이 국회를 통과한 뒤 나는 구 방송위 위원장직을 마무리하는 단계에 접어들었다. 그 무렵 나는 구 방송위 위원장으로서 마지막 목소리를 낸 적이 있다. 2000년 1월 23일 일요일 저녁 문화관광부 박지원 장관이 주재하는 비공식 회의가 힐튼호텔 '타이탄' 중식당에서 열렸다. 그것은 시행령 제정을 앞두고 문광부가 관련 단체의 의견을 수렴하기 위한 것이었다. 관련 단체의 대표로 참석한 이는 박권상 방송협회 회장, 김택환 종합방송위 대표, 구 방송위 김정기 위원장이 나왔고 문화관광부 쪽에서는 박지원 장관, 이홍석 차관보, 임병수 국장, 김기홍 과장 등이 참석했다. 이 회의에서 논의과정에서 결정을 보거나 내가 주장한 사항에 관해 당시 저자의 메모를 그대로 옮겨보면 다음과 같다.

- 방송사 인허가 문제에 관해 문광부안은 방송위가 문광부와 '합의'한다고 되어 있으나 이는 내가 법 취지에 어긋난다고 해 수정키로 함.
- 광고심의의 민간기구 위탁에 관해 문광부안은 방송위가 문화관광부와 합의한다는 것이었으나 저자가 이는 법 취지에 맞지 않는다고 해 수정키로 함.
- KOBACO(한국방송광고공사)가 관리하는 공익자금의 방송발전기금으로의 전환 범위에 관해 문광부안은 '방송위와 KOBACO가 협의해 정한다'고 되어 있었으나 나는 새 방송위가 장차 방송발전기금의 관리주체가 될 것임을 감안해 '방송위가 KOBACO와 협의해 정한다'고 수정키로 함.
- EBS의 시청료 지원비율에 관해 나는 비율을 시행령에 못박지 말고 방송위가 결정해야 한다고 했으나 박권상 KBS 사장은 KBS 이사회가 결정해야 한다고 주장했다. 결국 이홍석 차관보가 낸 타협안으로 EBS 시청료 지원비율은 3%로 정하되 결손되는 시청료 액은 KBS에 방송발전기금 차등징수, 국고 보조 등으로 충당키로 함.
- 중간광고에 관해 나는 매체별로 또는 프로그램별로 제한적으로 할 수 있다고 함. 곧 라디오의 경우나 대형 드라마 또는 영화에 제한적으로 도입할 수 있다고 주장함.

- KOBACO에 방송발전기금의 징수를 위탁할 수 있으나 관리자인 방송위가 사업성을 검증해야 한다고 함.
- 주시청시간대에 관한 문화관광부안은 평일 20:00~23:00이었으나, 나는 독일 방송의 예를 들어 19:00~23:00을 주장해 저자의 안이 수용됨.

사실 통합방송법은 실질적인 많은 문제를 시행령에 위임하고 있어 시행령을 통해 방송법의 입법취지를 부차적으로 살릴 수 있는 여지는 넓었다. 따라서 방송위원회가 3월 13일 정식 출범하기 전에 먼저 착수한 일이 통합방송법 시행령에 대한 방송위안을 확정짓는 일이었다. 나는 구 방송위원회 시절 통합방송법 통과 전후부터 이 문제에 대비했기에 새 방송위원회의 시행령안을 무리 없이 준비할 수 있었다. 부연하면 2월 24일 새 방송위 주관으로 시행령안에 관한 '2차 공청회'[6]를 연 데 이어 2월 26일 방송위원 워크숍에서 시행령안을 쟁점별로 다시 점검하고 28일 방송위안을 확정할 수 있었다.

<표 1-4-1>은 방송법 시행령에 대한 문화관광부안과 방송위안을 비교한 것으로 문화관광부안은 문화관광부 장관과의 '합의' 사항에 대해 합의 범위를 넓히려는 쪽인 데 반해 방송위원회안은 통합방송법이 담고 있은 입법 취지대로 그것을 좁히려는 쪽이었다. 특히 문화관광부안은 법이 대통령령으로 위임한 모든 분야의 편성비율 곧 국내제작, 외주제작, 특정 외국제작, 특정 방송사 제작의 편성비율을 정하는 데 합의를 요구하고 있어 방송위의 고유한 방송행정권을 침해하는 수준이었다.

그러나 문화관광부는 방송위원회가 정식으로 출범하기 전이라는 형식적인 이유를 들어 문광부안을 일방적으로 추진하고 있다. 이를 어쩔 것인가? 나는 그대로 앉아서 볼 수는 없었다. 부연하면 2000년 3월 4일 관계부처 차관회의가 문화관광부안을 거의 그대로 옮긴 방송법시행령안을 통과시키자 저자는 3월 5일(일요일) 긴급 상임위원회를 소집해 의견을 모은 끝에 3월 6일 방송위원회 전원의 이름으로 '방송법시행령 제정과 관련한

6) 당시 문화관광부는 2월 10일 방송법 시행령을 입법예고했으며 이어 2월 14일 시행령안에 관한 공청회를 마친 상태에서 방송위가 다시 공청회를 여는 데 대해 크게 반발했으나 나는 '2차 공청회'라는 이름으로 밀고나갔다.

<표 1-4-1> 방송법 시행령에 관한 문화관광부안과 방송위원회안

<table>
<tr><th colspan="2">법제사항</th><th>문화관광부안</th><th>방송위원회안</th></tr>
<tr><td colspan="2">1개 방송사업자 시장점유 한도</td><td>• 전체방송사업자 매출액의 33% 초과 금지
• KBS 및 MBC의 소유제한 특례 인정</td><td>• 동일</td></tr>
<tr><td colspan="2">교육방송 수신료지원</td><td>• 3%</td><td>• 동일</td></tr>
<tr><td colspan="2">방송발전기금 징수비율 및 관리위탁 범위</td><td>• 방송광고매출액의 6% 이내 위원회 고시
• KBS와 EBS는 다른 지상파방송사업자 징수율의 3분의 2
• 기금 교부 및 회계관리업무를 KOBACO에 위탁</td><td>• KBS와 EBS 차등 징수 불인정
• KBS 국책방송 국가보조금 지급
• 예치기관 선정과 기금 예치 및 인출 등 출납에 관한 사항으로 수정</td></tr>
<tr><td colspan="2">편성비율 합의</td><td>• 다음사항 합의필요
- 국내제작 프로그램
- 특정 외국제작물 편중 제한
- 외주제작
- 특정 방송사 제작물 편중제한</td><td>• 특정 외국제작물 편중 제한 합의
• 모든 개별 편성비율 합의 삭제</td></tr>
<tr><td rowspan="3">편성비율제한</td><td>종합편성의 장르별 월간 편성비율 제한</td><td>• 보도: 10% 이상
• 교양: 30% 이상
• 오락: 50% 이하</td><td>• 오락만 50% 이하
• 어린이·청소년 10% 이상</td></tr>
<tr><td>타방송사업자 제작물 월간 편성비율 제한</td><td>• 50%~85% 범위 안에서 방송위가 고시</td><td>• 매월 50%(단 2002년 말까지 유예)</td></tr>
<tr><td>국내제작물 편성비율 제한</td><td>• 영화: 30%~50%
• 애니메이션: 40%~60%
• 대중음악: 50%~80%
• 지상파 이외 방송사업자: 보다 강화</td><td>• 영화: 20%~30%
• 애니메이션: 20%~50%
• 대중음악: 20%~50%
• 지상파 이외 방송사업자: 보다 완화</td></tr>
<tr><td rowspan="3">방송광고</td><td>지상파방송의 중간광고</td><td>• 금지
• 운동경기, 문화, 예술행사 등 제외</td><td>동일</td></tr>
<tr><td>민영 미디어랩 도입</td><td>• KOBACO 출자회사</td><td>방송위 규칙으로 정함</td></tr>
<tr><td>광고심의위탁</td><td>• 문화관광부 장관과 협의</td><td>방송위 규칙으로 정함</td></tr>
<tr><td colspan="2">시청자참여프로그램</td><td>• 매월 100분 이상 편성
• 시청자참여 프로그램 운영, 제작지원, 방송권 등을 방송위 규칙으로 위임</td><td>동일</td></tr>
<tr><td colspan="2" rowspan="2">방송위 조직 및 재원</td><td>• 상임위원 대우
- 위원장: 장관급
- 부위원장·상임위원: 차관급
- 공무원의 직급별 정원조항 삽입</td><td>위원장·부위원장·상임위원의 보수는 국무위원의 보수와 동액</td></tr>
<tr><td>• 사무처 조직
- 사무총장의 직원지휘·감독권한 명시
- 하부조직 실, 국, 부 및 지역사무소를 둠
- 세부조직 및 직원정원, 보수 기타 필요한 사항은 위원회 규칙으로 재위임
- 재원: 별도규정 없음</td><td>동일</td></tr>
</table>

출처: 방송법시행령에 관한 방송위원회 워크숍(2000. 2. 26)의 쟁점별 주요 논의사항, 방송위원회 내부자료.

방송위원회 입장'을 문화관광부에 다음과 같이 통보했다.

방송위원회는 구성된 지 일천함에도 불구하고 방송법에서 위임한 사항들을 효율적으로 처리하기 위해 각계의 의견을 광범하게 수렴, 작성한 방송법시행령안을 정부에 송부하고 위원회의 의견을 최대한 반영해주도록 간곡히 요청한 바 있다.

그러나 지난 4일의 관계부처 차관회의는 이러한 우리의 노력과 시청자들의 염원에도 불구하고 위원회의 의견을 거의 수용하지 않은 채 시행령안을 통과시켰다. 이에 방송위원회는 위원회가 막 출범하는 시점에서 이 같은 상황이 발생한 데 대해 유감의 뜻을 표하는 바이다. 정부는 앞으로 남은 입법과정에서 방송법 본래의 취지가 되살아나도록 노력하고, 특히 다음 사항에 관하여는 위원회 입장이 적극 반영되도록 운영의 묘를 기해줄 것을 방송위원회 위원 전원의 의견을 모아 강력히 촉구한다.

1. 방송위원회의 재원
 방송법에 위원회 재원에 관한 명시가 없으므로 시행령에는 명시하여야 하며, 법제정 과정에서의 사회적 합의의 취지나 위원회의 특성상 사무처 운영경비는 별도재원 사용이 가능하도록 개방되어야 함.
2. 위원회의 직무에 관한 문화관광부 장관과의 합의 범위
 합의의 범위는 방송법 제27조 단서의 취지에 부합하는 경우나 정부차원의 지원이 필요한 사항으로 국한해야 함. 따라서 "방송프로그램 제작·수급 및 유통 등에 영향을 미치는 방송사업자 구도의 변경에 관한 사항"은 삭제되어야 함.
 국내제작 프로그램 편성비율, 국산영화·애니메이션·대중음악 편성비율 및 외주제작 편성비율을 고시할 경우 문화관광부 장관과 합의해야 한다는 조항도 모법에서 전혀 규정하지 않은 사항으로서 이는 위원회의 독립성을 크게 훼손하게 되므로 마땅히 수정되어야 함.
3. 방송발전기금의 징수비율 및 관리위탁 범위
 KBS와 EBS에만 3분의 2를 징수함은 형평성 면에서 논란의 여지가 크므로 양 방송사의 특례는 폐지함이 바람직함.
 회계관리 일체를 방송광고공사에 위탁하는 것은 모법의 기본취지에 부합하지 않음.
4. 기금징수를 위탁할 민영 방송광고 판매대행사 선정
 방송광고공사가 출자한 자회사에 발전기금징수를 위탁할 경우 공·민영 복수 미디어랩을 통한 경쟁체제 유도라는 방송법의 취지에 정면 위배되므로, 향후

위원회가 심사기준과 절차를 통해 선정하는 것이 바람직함.

5. 타 지역민방프로그램 편성비율 제한

당초 지역민방의 설립취지를 감안하여 50% 이상 편성을 금지하되, 현 실정을 감안하여 약 3년간 실시를 유보하는 방안이 합리적임.

〔제6차 방송위원회 회의(임시) 순서 보고사항 가. 방송법 시행령(안)과 관련한 방송위원회 입장 통보에 관한 사항, 2000년 3월 9일〕

그러나 이 방송위원회의 입장은 시행령에 반영되지 않았다. 나는 허탈해한 것도 사실이지만 그렇다고 체념하지도 않았다. 방송법과 시행령의 문제는 뒤로 미루고 위원회가 독자적으로 할 수 있는 일부터 챙기자.

새 방송위원회가 방송법령에 관해 독자적으로 할 수 있는 일은 방송법 시행령규칙의 제정이었다. 따라서 방송위원회는 3월 13일 정식 출범한 뒤 곧바로 3월 17일 미리 준비한 방송법시행령규칙안을 관보에 게재해 입법 예고에 들어갔으며 4월 6일까지 관련 단체와 개인으로부터 의견을 받아들였다. 이어 5월 22일 방송위원회는 전체회의를 열어 '방송법시행에관한 방송위원회규칙'7)을 최종 의결했다.

새 방송위원회가 시행령규칙이나마 독자적으로 제정한 것에 대해 언론사학자 정진석은 『방송위원회 20년사』(2001)에서 방송위원회가 (시행령 규칙의) '입법 예고를 주도함으로써 방송법 소관기관으로서의 위상을 확보했

---

7) 이 규칙이 이렇게 긴 이름으로 바뀐 것은 방송법시행령에 관한 전파관리에 관한 규칙을 정보통신부가 먼저 '방송법시행령규칙'이란 이름으로 입법 예고했기 때문에 이를 차별화하기 위한 것이다. 방송위가 마련한 이 규칙안의 주요 내용으로는 ① 유선방송의 정상화를 위해 일정한 요건을 갖춘 중계유선방송사업자를 종합유선방송사업자로 전환할 수 있도록 인정함에 따라, 중계유선방송사업자의 전환 승인시 종합유선방송 사업허가 유효기간은 승인일부터 기산하고 기존 중계유선방송 사업허가 유효기간은 승인일에 만료된다(제3조 제3항). ② 텔레비전 수신료 결정에 있어 방송위원회가 수신료 금액의 적정성에 대한 의견을 국회에 제출하도록 했다(제12조). ③ 한국방송공사의 시청자참여프로그램에 대한 시설과 방송장비 지원의무를 명문화하고 방송위원회는 시청자참여프로그램 제작의 활성화를 위한 시책을 수립·시행하도록 한다(제13조). ④ 종합편성 또는 보도전문 편성을 행하는 방송사업자로부터 정보공개를 거부당한 신청인에게 방송위원회가 조정 신청을 할 수 있도록 함으로써 정보공개제의 실효성 확보방안을 마련한다(제25조).

다고 볼 수 있다'고 평가한다(위의 책, 387). 아마도 '방송위원회'라는 이름을 갖는 기구의 긴 역사에서 볼 때, 새 방송위원회가 그만한 일을 한 것이 대견하다는 뜻일 것이다.

2) 방송위와 문광부와의 '합의' 범위

다음으로 새 방송법의 또 다른 문제는 유명한 '합의' 조항이다. 곧 법 제27조는 방송위원회 직무 가운데 위원회가 방송의 기본 계획을 심의, 의결할 때 방송영상정책과 관련된 사항은 문화관광부 장관과 '합의'하여야 한다고 규정하고 있다. 이에 따라 방송법시행령 제20조는 문화관광부와 합의가 필요한 범위를 정해 ① 방송영상산업 진흥에 영향을 미치는 방송제도의 수립에 관한 사항 ② 방송프로그램 제작·수급 및 유통 등에 영향을 미치는 방송사업자 구도의 변경에 관한 사항 ③ 방송시장 개방 또는 국제적 협력 증진 등을 위하여 정부차원의 협조가 필요한 사항 ④ 새로운 방송환경의 형성·변화에 따른 정부차원의 지원이 필요한 사항을 추상적으로 열거하고 있다.

나는 통합방송법이 설정한 이른바 '합의' 조항은 김대중 정권이 애초 가졌던 방송개혁 의지의 퇴색 사례라고 본다. 대통령 자문기구로 설치한 방송개혁위원회는 방송 기본계획을 수립할 때 방송영상산업 진흥에 관하여는 문화관광부 장관과 '협의'하도록 하고 방송기술 및 시설에 관하여는 정보통신부 장관과 '협의'하도록 해 차이를 두지 않았다. 입법과정에서 문화관광부 장관의 경우 '협의'를 '합의'로 바꾼 것이다. 우리는 '협의'가 '합의'로 둔갑한 이면에는 문화관광부의 관료주의가 개입했다고 능히 추측할 수 있지만, 박지원 전 문화관광부 장관이 2000년 11월 1일 국회 문광위의 증인으로 출석해 증언하면서 방송위원회의 초법성 문제에 대한 고육지책으로 내놓은 측면도 있었을 것이다.

그러나 박 장관이 '정책권을 제한적으로 공유'한다는 말은 법과 현실이 맞지 않는 전형적인 사례가 되고 말았다. 이 문제를 잠시 되돌아보자.

<표 1-4-2> 방송위원회와 문화관광부의 합의 범위

	문화관광부안	방송위원회안	방송법 시행령
합의 사항	•방송영상정책과 관련된 방송제도의 수립에 관한 사항 •방송프로그램 제작·수급 및 유통 등에 영향을 미치는 방송사업자 구도의 변경에 관한 사항 •방송시장 개방 또는 국제협력 증진 등 국익의 증진을 위해 정부 부처간 협조가 필요한 사항 •새로운 방송환경의 형성, 변화에 따른 정부 차원의 결정이 필요한 사항 •기타 방송위원회와 문화관광부 장관이 합의하기로 결정한 사항 •편성비율과 관련하여 개별 합의조항 명시	•방송영상정책과 관련된 방송제도의 수립에 관한 사항 •방송시장 개방 또는 국제협력증진 등 국익의 증진을 위해 정부 부처간 협조가 필요한 사항 •새로운 방송환경의 형성, 변화에 따른 정부차원의 결정이 필요한 사항	•방송영상정책과 관련된 방송 제도의 수립에 관한 사항 •방송프로그램 제작·수급 및 유통 등에 영향을 미치는 방송사업자 구도의 변경에 관한 사항 •방송시장 개방 또는 국제 협력 증진 등 국익의 증진을 위해 정부 부처간 협조가 필요한 사항 •새로운 방송환경의 형성, 변화에 따른 정부차원의 결정이 필요한 사항 •편성비율과 관련하여 개별 합의조항 명시(시행령 20조에 명시하지 않았으나 개별 편성비율에 대해 합의 명시)

출처: 방송위원회 내부 자료. 방송법시행령에 관한 방송위원회 워크숍(2000. 2. 26)의 쟁점별 주요 논의사항.

(1) 문광부가 결정한 '합의' 범위

방송위원회는 2000년 2월 14일 구성된 뒤 얼마 지난 2월 26일 워커힐에서 위원 워크숍을 갖고 문화관광부와 합의의 범위에 관한 의견을 모았다. 이 의견을 기초로 방송위원회는 2월 28일 합의 범위에 관한 위원회안을 확정했다. 위원회안은 방송영상정책과 관련된 직무를 수행함에 있어서 ① 국제협력 증진을 위해 정부 차원의 협조가 필요한 사항 ② 새로운 방송환경의 형성, 변화에 따른 정부차원의 지원이 필요한 사항 그리고 ③ 방송영상산업 진흥에 영향을 미치는 방송제도 수립에 관한 사항으로 정했다.

그러나 당시 문화관광부안은 <표 1-4-2>에서 보듯 뒤에 시행령에 반영된 사항 외에도 ① 기타 방송위원회와 문화관광부 장관이 합의하기로 결정한 사항 ② 편성비율과 관련해 개별 합의조항 명시 등이 추가되어 있어 방송위원회안과 상충하고 있었다. 이에 대해 방송위원회로서는 문화관광부안이 위원회 직무 전반에 관련된 사항으로 방송위원회의 독립성을 훼손하는 수준에 이른다고 보고 반대를 분명히 했다. 그러나 당시 방송위원회가 정식 출범하기 전 시행령 제정을 주도했던 문화관광부는 방송위원회 안을 거의 묵살하고 자신의 안을 관철시키고 만 것이다. 부연하면 문화관광부는 제안된 6개의 합의사항 중 '기타 방송위원회와 문화관광부 장관이 합의하기로 결정한 사항'만 빼고는 전부를 합의 범위에 포함시킨 것이다. 방송위원회로서는 3월 13일 정식 출범하기 전까지 속수무책이었다. 저자는 3월 6일 방송위원 전원의 이름으로 문화관광부에 공문을 보내 항의하고 '남은 입법과정에서 방송법 본래의 취지가 되살아나도록 촉구'하는 선에서 마무리할 수밖에 없었다. 이는 당초 '국민의 정부'가 지녔던 방송개혁 의지의 퇴색이며, 방송법이 기대했던 방송위원회의 독자적 직무수행에 커다란 타격을 준 것이다.

(2) '합의' 범위의 확대 해석

더욱 심각한 문제는 이 합의조항이 실제 운영되는 과정에서 방송위원회의 독립성 훼손으로 발전한 것이다. 다시 말하면 방송법 시행령 제20조가 '방송영상산업 진흥에 영향을 미치는 방송제도의 수립에 관한 사항' 등 4개 사항으로 제한했지만 실제 합의 범위는 '귀에 걸면 귀걸이요, 코에 걸면 코걸이' 식이었다. 도대체 시행령 법문의 물리적 해석에 의하더라도 '방송영상산업 진흥에 영향을 미치는 방송제도의 수립' 또는 '방송프로그램 제작·수급 및 유통에 영향을 미치는 방송사업자 구도의 변경'과 무관한 방송행정이나 방송정책을 상상할 수 있겠는가?

그러나 새 방송법의 기본 취지가 방송위원회의 독립성 확보에 무게를 두고 있다면 위와 같은 합의조항의 확대 해석은 지양되어야 했다. 그러나 문화관광부의 관료주의는 완강했다. 예컨대 2001년 5월 29일 문화관광부 장관은 '보도전문채널 추가승인 계획에 대한 합의 요청'이란 제목으로 다음과 같은 공문을 방송위원회에 보냈다.

• 귀 위원회가 지난 5월 21일 심의·의결한 '보도전문채널의 추가승인 계획'은 방송법 제27조 및 동 법 시행령 제20조 제1항 제2호 규정의 '방송프로그램의 제작·수급 및 유통 등에 영향을 미치는 방송사업자 구도변경에 관한 사항'에 해당하는 우리 부와의 합의 대상으로서, 우리 부와 합의되지 않은 추가

승인계획의 발표는 방송법의 입법취지에 어긋나는 것입니다.

- 이와 관련, 귀 위원회는 방송법시행령 개정, 홈쇼핑채널 추가승인 계획, 남북방송교류추진위원회 구성·운영계획, 중계유선의 SO 전환계획 등 방송법에 규정된 합의사항에 대해서 법적 합의절차를 이행하지 않은 사례가 있는 바, 제반 법령 준수는 물론 우리나라 방송·영상산업발전을 위해 귀 위원회가 적극 노력해주실 것을 재차 통보합니다.
- 아울러 이번 보도전문채널 추가승인계획에 대한 합의절차를 비롯해 앞으로 기관간 원활한 협조가 이루어질 수 있도록 조치하여주시기 바랍니다.(문화관광부, 문서번호 방송 84500-235, 2001년 5월 29일)

이에 대해 방송위원회는 2001년 6월 12일 다음과 같이 회신하고 있다.

- 방송법의 입법취지는 방송위원회가 방송정책, 문화관광부가 영상정책의 주무기관이므로 방송위원회가 영상정책의 한 범주인 방송영상 정책을 수립할 때 '기본계획에 관한 사항'을 문화관광부와 합의하라고 한 것입니다.
- 방송법 시행령 제20조에 의하면 방송법 제27조 단서 및 동조 제1호의 '방송의 기본 계획에 관한 사항'을 심의·의결함에 있어서 방송영상 정책과 관련된 사항에 대하여는 귀 부와 합의하여야 한다고 규정하고 있으나,
- 방송법 제27조를 방송법 시행령 제20조와 병행하는 사안으로 이해해 둘 중 하나라도 해당한다면 합의해야 하는 것으로 해석할 수는 없습니다. 따라서 방송법 시행령 제20조를 해석함에 있어 일부의 방송사업자 증가 또는 변동을 방송사업자 구도의 변경에 관한 사항으로 본다든지 SO 전환을 방송제도의 수립에 관한 것으로 볼 수는 없다 하겠습니다.
- 우리 위원회의 '보도전문채널 추가승인 계획'은 방송법 제27조 제1호에 의한 '방송의 기본계획에 관한 사항'이 아닌 방송법 제27조 제3호에 규정한 승인사항을 의결한 것입니다. 또한 홈쇼핑채널 추가승인과 중계유선의 SO 전환도 위와 같은 승인사항입니다.(방송위원회, 문서번호 제1048호, 2001년 6월 12일)

그 뒤에도 문화관광부는 합의 사항이라고 주장하는 공문을 3차례에 걸쳐 보내고 그때마다 방송위원회는 그렇지 않다고 회신하는 '불필요한 행정력 낭비'(2001년 7월 9일 방송위원회 회신의 표현)가 일어났으며 이런 핑퐁식 공문교환의 다툼은 계속되고 있다.[8)]

위와 같은 문화관광부의 입장은 방송법시행령 제20조를 확대 해석한 것으로 통합방송법의 기본적 취지, 곧 방송행정의 고유업무를 방송위원회에 이관해 수행한다는 취지에 어긋나는 것이다. 방송사업자의 허가·재허가·승인과 같은 방송위원회의 고유 행정업무가 합의대상이라면 방송행정을 정부 부서에서 방송위원회에 이관한 방송법의 기본취지가 무슨 의미가 있겠는가? 이는 마치 노태우 정권과 김영삼 정권이 방송행정과 정책을 정부 부서의 관할에 두겠다는 입장으로 회귀하는 것과 다름없는 것이다.

나는 기본적으로 방송법이 규정한 문화관광부 장관의 '합의' 범위에 관해 기관간의 관료주의적 다툼보다는 커뮤니케이션에 의한 기관간의 협조가 필요하다는 입장을 지키고 있었다. 그러기에 위원장 재임 초기에는 청와대 김성재 정책기획수석, 박준영 공보수석, 특히 박지원 문화관광부 장관과 긴밀한 커뮤니케이션 체제를 유지하고 있었다. 예컨대 PP 승인문제, 위성방송사업자 선정지침, 홈쇼핑채널 승인지침 등에 관한 사항에 관해서는 업무상 비밀을 요하는 사항말고는 문화관광부 장관과 긴밀하게 협의해 나갔으며 대체로 업무협조가 잘 이루어졌다. 그러나 박지원 장관이 물러나고 후임 장관이 들어서면서 그 관계가 소원해지다가 남궁진 장관에 이르러서는 커뮤니케이션이 거의 이루어지지 못했다.

3) 공정거래위원회와의 관계

통합방송법 제27조는 방송위원회가 '방송프로그램 유통상 공정거래 질서확립에 관한 사항'을 의결할 경우 공정거래위원회의 '의견을 들어야' 한다고 규정하고 있다. 그러나 이 법조항이 방송위원회의 직무를 '방송프로그램 유통상 공정거래 질서확립'에 관한 사항으로 한정하고 있는 것은

---

8) 그 뒤에도 문화관광부는 방송위원회가 2001년 11월 19일 방송채널 운영방침을 공표하자 한 달이 지난 12월 28일 합의를 요구하는 공문을 보내왔다. 이에 대해 방송위원회는 2002년 1월 30일, '위원회의 고유 업무'라고 회신하고 있다. 문화관광부(2001년 12월 8일), '방송채널 운용방안에 대한 합의요청', 문서번호: 방송84500-620 및 방송위원회 회신(2002년 1월 30일), '방송채널 운용방안 합의요청에 대한 회신', 문서번호 제4호 참조.

입법하자 또는 입법미비로 보인다.

통합방송법은 종합유선방송(SO)와 중계유선방송(RO)이 그동안 벌여왔던 왜곡된 경쟁구조를 개선하기 위해 기본적으로 RO의 SO 전환 승인을 규정하고 있을 뿐만 아니라 케이블 방송사업자간의 복수소유, 교차소유, 겸영에 관해 일정한 범위를 정해 허용하고 있다. 따라서 방송위원회는 방송사업자간의 방송프로그램 유통상 공정거래 질서확립 뿐만 아니라 기업결합(M&A)이 공정하게 이루어졌는지 여부를 감독할 책임이 있다. 그런데도 방송위원회의 직무를 '방송프로그램 유통상' 공정거래 질서확립에 한정하고 있는 것은 명백한 입법의 잘못이다.

통합방송법의 관계조항들간의 모순이 잠재하고 있는 가운데 2002년 초부터 공거래위원회는 방송사에 관련된 거래행위에 대해 직권조사를 빈번하게 벌이고 있어 이 분야에 관한 방송위원회의 직무수행을 무색하게 만들고 있다. 그 대표적인 사례가 MSO의 지위에 있는 씨엔엠(C&M) 커뮤니케이션(대표 유세준)이 해당 사업구역 안의 중계유선사업자 주식을 인수한 경우에 대해, 공정거래위원회는 '씨엔앰'의 M&A가 소비자 선택권을 침해할 수 있어 기업결합사유에 해당한다는 잠정결론을 내렸다는 것이다(박명진, 2002나: 4).

이 문제에 대한 공정위의 입장은 종합유선방송사업과 중계유선방송사업이 서비스 범위가 유사하므로 상호 대체관계에 있고 경쟁관계가 성립될 수 있는 거래분야이므로 동일지역 내 SO와 RO간 기업결합은 지역독점을 유발해 경쟁을 실질적으로 제한하므로 현행 공정거래법에 저촉된다는 것이다.

이에 대해 방송위원회에서는 정책협의 및 수 차례 실무협의를 진행하고 2002년 7월 8일 전체회의에서 방송위원회의 공식입장을 의결해 공정위에 문서로 통보한 바 있다.

주요 요지는 다음과 같다(방송위원회, 2003: 164-165). RO의 역무는 지상파방송, 공공채널 등을 중계송신하는 것으로 SO의 역무와 근본적 차이가 있으므로 동일한 경쟁관계를 형성하지 않는다는 것이다.

또한 통합방송법의 입법취지는 종합유선방송사업과 중계유선방송사업의 이중구도를 종합유선방송사업이라는 단일시장으로 정비하고 유료방송시장에서 위성방송과의 경쟁구도를 정착해 소비자후생을 증진코자 한 것이다. 그리고 공정위의 기업결합 제한조치는 방송산업의 특수분야를 규제하고 있는 방송법의 입법취지와 이를 집행하는 주무관청인 방송위원회의 정책에 정면으로 배치됨으로써 국가기관간 정책 상충 및 정부의 행정행위에 대한 신뢰성 상실, 그리고 유선방송시장의 혼란을 더욱 가중시킬 수 있다는 점을 강조했다.

이에 따라 2002년 7월 10일 공정위 전원회의에서는 새 방송법의 입법취지 및 종합유선방송사업자와 중계유선방송사업의 역무 규정, 중계유선방송사업자의 전환 승인 관련 규정 등을 종합적으로 고려해, SO와 RO는 일정한 거래분야에 해당하지 않으며 실질적으로 경쟁제한성이 이루어지지 않아 위법하지 않는 것으로 최종 결정을 내렸다는 것이다.

그러나 방송사업자간의 공정거래에 관한 통합방송법의 입법미비로 방송위원회는 방송시장에서 공정거래 질서확립이라는 법정직무를 유효하게 수행하는 데 한계가 있을 수밖에 없다. 부연하면 방송사업자간 기업결합에 관한 규정의 미비, 불공정행위 기준에 대한 방송위원회의 고시 근거, 시장지배적 사업자에 대한 약관승인 등에 관한 규정이 미비해서 방송위원회가 주체적으로 공정거래정책을 펴나가기가 어렵게 되어 있다.

결론적으로 이 문제는 통합방송법의 입법미비에 책임이 있지만 근원적 배경에는 방송위원회가 정부조직 밖에 있는 국가기관으로서 방송행정권을 단독으로 유효하게 행사하기 어렵게 짜여진 기본구도에 그 원인이 있다 할 것이다. 이는 국무총리 산하에 있는 공정거래위원회가 직권조사를 할 수 있는 권한이 있을 뿐만 아니라 공정거래에 관한 사항을 독립적으로 결정할 수 있는 위상과 극명한 대조를 보여준다.

다시 말하면 방송위원회는 프로그램 유통상 공정거래 질서확립에 관한 사항을 심의·의결할 경우 공정거래위원회의 의견을 들어야 하지만 공정거래위원회는 소관업무에 관하여 독자적으로 결정하면 그것으로 끝난다. 여기에는 방송위원회가 정부조직 밖에 설치된 합의제 행정기관으로서 방송행정의 정통성을 확보하기 위해서는 소관행정부처와의 합의 또는 협의를 거치지 않으면 안되게 짜여진 기본구도의 잘못에 있다 할 것이다.

3. 방송사업자간의 분쟁조정

방송위원회의 독립 위상과 관련한 또 다른 문제가 위원회의 준사법권에 속하는 분쟁조정권을 유명무실하게 만들고 있다는 점이다. 부연하면 법 제27조 6항은 방송위원회의 직무로 방송사업자 상호간의 분쟁조정을 규정하고 있지만 분쟁조정의 처리에 관한 절차 규정을 하위 법령에 위임하지 않고 있기 때문에 방송위원회는 법정 직무로 되어 있는 분쟁조정 직무를 수행할 수가 없다.[9] 이와 대조적으로 미국 FCC의 경우 커뮤니케이션법 제4장이 쟁송절차를 마련해 FCC가 일종의 재판과 같은 '판정'(adjudication) 결정을 내릴 수 있게 한다(Head et. al., 1998: 337).

다매체 다채널 시대 방송사업자들간의 경쟁이 폭주하면서 분쟁조정은 중요성을 더해가고 있는 상황이다. 예컨대 1999년 12월 뉴스 전문 케이블 방송사인 YTN이 체신공제조합으로부터 서울타워를 인수한 뒤 2000년 5월 방송3사에 대해 임대율 인상을 요구하면서 불붙은 YTN과 방송3사 간의 임대료 분쟁을 들 수 있다. 양측은 좀처럼 서로의 입장을 굽히지 않는 가운데 YTN 노조까지 개입해 감정싸움으로 치닫고 있었다.

이런 상황에서 방송위원회는 법정직무로 되어 있는 방송사업자간의 분쟁조정을 법정절차에 따라 효율적으로 수행할 수는 없었으나 나형수 사무총장이 '발로 뛰고' 내가 방송협회 박권상 회장께 간곡히 부탁하는 등 법외적 노력으로 겨우 수습할 수 있었다. 곧 2001년 3월 10일 위원회가 실무자회의를 통해 마련한 안을 YTN과 방송3사가 받아들임으로써 난항에 부딪혔던 분쟁문제가 타결을 보았던 것이다.

---

9) 방송위원회는 방송법이 분쟁조정 절차에 관한 사항을 시행령에 위임하지 않은 점을 감안해 2001년 4월 30일 '분쟁조정절차등에관한규정'은 채택했지만 이는 하나의 '행정지침'의 성격을 갖는다. 이 규정에 따라 방송위원회는 5월 10일 '분쟁조정위원회'를 구성했다. 제19차 방송위원회 회의순서(2001. 4. 30.), 안건 나.(2001-19-63) 참조.

2000년 11월에 지상파방송3사는 스포츠 중계권을 둘러싼 분쟁에 휘말렸다. 곧 11월 7일 MBC가 '박찬호 경기'를 포함한 미국 메이저리그 야구경기 독점중계계약을 체결하자 KBS와 SBS는 프로 축구·야구·농구중계 독점권을 따내 MBC를 배제키로 하는 등 분쟁이 격화일로에 있었다. 방송위는 11월 30일과 12월 1일 '스포츠 중계권 관련 과당경쟁에 대한 권고' 서한을 보내 자제를 촉구했다.

이어 방송3사 실무책임자 회의를 열고 방송협회와 긴밀한 협조체제를 구축해 월드컵 등 해외 스포츠 경기의 중계권을 둘러싼 과잉경쟁으로 과도한 외화가 유출되지 않도록 계도했다.

문제는 날이 갈수록 방송사업자간의 분쟁조정이 더욱 중요해져감에도 불구하고 방송위의 분쟁조정절차 법령의 미비로 조정직무를 효과적으로 수행할 수 없다는 데 있다.

4. 새 방송위원회의 관할권과 법정직무

통합방송법과 관련 법령이 새 방송위원회에 부여한 관할권과 법정직무는 종전에 비해 광범하고 또한 복잡하다. 그러나 새 방송위가 갖는 관할권은 미국의 FCC가 갖는 관할권과 비교할 때 제한적이며 다른 정부기관과 분점하고 있는 것이 특징이다.

새 방송위원회는 주로 방송프로그램에 대한 심의·규제기능을 담당했던 구 방송위나 문화관광부에 속하면서 심의·규제기능과 일부 정책기능을 수행했던 종합유선방송위원회와는 법적 지위가 전혀 다른 행정기구이다. 새 방송위는 지상파방송, 케이블 방송, 위성방송 그리고 전광판방송에 대한 관할권을 가질 뿐만 아니라 인터넷 방송과 같은 '유사방송'을 관할할 수 있는 법적 근거도 갖고 있다.

그런데 새 방송위가 갖는 방송관할권은 다른 정부기관과 분점하고 있는 것이 특징이다. 예컨대 방송행정권의 수행에서 새 방송위는 허가추천권만을 행사하고 실제 주파수를 배당하고 허가를 부여하는 권한은 정보통신부가 갖는다. 또한 앞에서 자세히 살펴보았지만 새 방송위는 방송의 기본계획을 심의·의결할 때 방송영상정책과 관련된 사항은 문화관광부 장관과 '합의'하여야 하며, 방송기술 및 시설에 관하여는 정보통신부 장관의 '의견을 들어야' 하고, 방송프로그램 유통상 공정거래에 관한 사항은 공정거래위원장의 '의견을 들어야' 한다고 규정하고 있다. 따라서 새 방송위가 통합방송법 아래 갖는 독자적 방송관할권은 그 범위가 의외로 협소하다는 것을 알 수 있다.

새 방송위원회는 통신분야에 대한 관할권이 없다. 이는 새 방송위가 모델로 하고 있는 FCC가 방송·통신을 통일적으로 관할하고 있는 것과 비교할 때 현저하게 다른 점이다. 그렇다면 방송·통신의 융합에서 나타나는 새로운 서비스는 누가 관할하는가?

예컨대 인터넷 방송의 경우 방송법 제32조 1항은 "전기통신회선을 통해 유통되는 정보 중 방송과 유사한 것" 곧 유사방송의 경우 방송사업자가 유통시키는 정보에 대해서 방송위원회가 일정한 관할권을 갖는다고 규정하고 있다. 그러나 방송법령 규정이 모호할 뿐만 아니라, 통신관련 단체나 업계에서는 '인터넷 방송'이란 용어보다는 '웹 캐스팅'을 강조하며 인터넷으로 제공하는 스트리밍 방식을 이용한 실시간 멀티미디어 동영상 서비스는 '방송'의 영역에 속하기보다는 '통신' 영역의 확장선상에서 이해해야 된다는 입장을 취하고 있다(이영음, 2000: 15).

실제 법 시행령 제21조는 유사방송을 "전기통신회선을 통해 '방송', 'TV' 또는 '라디오' 등의 명칭을 사용하면서 일정한 편성 계획에 따라 유통시키는 정보"라고 정의하고 있기 때문에 '방송' 등의 명칭을 사용하지 않는 한 방송위원회가 관할권을 주장할 근거가 없다. 결과적으로 새 방송위는 방송과 통신의 융합에서 오는 새로운 서비스에 대해 관할권을 주장할 입지가 협소한 것이다.

새 방송위는 방송광고에 대해서 제한된 관할권을 갖는다. 부연하면 구 방송위는 구 방송법 아래 방송광고물의 사전심의권을 직접 행사했으나 통합방송법 제103조 2항은 방송광고의 사전심의를 민간기구에 위탁하도록 규정하고 있다. 이 규정에 의거해 새 방송위는 2000년 7월 3일 방송광고

심의업무를 한국광고자율심의기구에 위탁했다. 물론 새 방송위는 방송광고심의권을 유지하고 있기 때문에 방송광고심의에 관한 규정을 제정했으며 위탁기구가 수행하는 방송광고심의를 감독할 책임을 진다.

또한 방송위는 방송법 제73조 법 시행령 제59조가 규정하는 광범위하고 복잡한 방송광고규제(방송광고시간을 프로그램시간의 100분의 10으로 제한, 중간광고 금지, 토막광고 횟수 제한)를 시행할 책임을 진다.

그러나 새 방송위가 방송광고에 대한 규제권을 갖고 있음에 비해 방송광고의 핵심인 광고영업에 대한 감독권이 없다. 부연하면 방송위는 방송광고 영업을 대행하는 한국방송광고공사(KOBACO)에 대한 감독권이 없으며 KOBACO는 한국방송광고공사 법에 따라 문화관광부의 감독을 받는다. 따라서 방송위는 방송광고 요율이나 수수료를 정하는 문제에 대해 정책적으로 개입할 수 없다. 요컨대 새 방송위는 종전에 공보처 또는 문화관광부가 행사하던 방송허가추천권 등을 넘겨받아 방송행정에 대한 관할권을 갖게 되었으나 그 독자적 관할권의 범위는 알려진 것보다 훨씬 협소하다.

1) 방송위원회의 법정직무

새 방송위의 법정직무에는 방송행정권, 준입법권 그리고 준사법권에 속하는 광범한 직무가 포함되며 그밖에 방송위원회의 직무는 특별법인으로 설립된 방송법인(KBS, 방송문화진흥회, EBS)의 인사권과 방송발전기금의 조성·운영에 관한 권한에도 이른다. 또한 새 방송위의 매체 관할범위는 구 방송위원회 또는 구 종합유선방송위원회에 비해 훨씬 더 포괄적이다. 곧 새 방송위는 지상파방송뿐만 아니라 위성방송, 케이블 방송, 음악유선방송, 전광판방송도 관할하며 인터넷 방송과 같이 방송과 통신의 경계 영역에 있는 서비스도 관할할 법적 근거도 갖고 있다.

<표 1-4-3>은 새 방송위가 떠맡은 법정직무를 총괄적으로 보여준다. 먼저 통합방송법과 관련 법령이 부과한 새 방송위의 직무를 분야별 기능과 권한이라는 기준으로 분류해보면 크게 방송정책기능, 방송행정기능,

<표 1-4-3> 새 방송위원회의 법정직무

구분	직무
정책 기능	• 방송분야 등 고시(법 제11조) • 위원회 기본직무의 심의의결(제27조) 1) 방송의 기본계획에 관한 사항 2) 방송프로그램 및 방송광고 운용·편성에 관한 사항 3) 방송에 관한 연구·조사 및 지원에 관한 사항 4) 방송프로그램 유통상 공정거래 질서확립에 관한 사항 5) 방송발전기금의 조성 및 관리·운용의 기본계획에 관한 사항 • 방송평가(제31조 1항, 2항 및 3항) • 방송프로그램의 편성 등(제69조 3항 및 7항) • 방송의 국제협력사업 지원(제97조)
행정 기능	• 방송사업자의 허가추천·승인·등록 등(법 제9조 1항, 2항, 3항, 5항, 6항 및 8항) • 지역사업권 부여(제12조 1항, 2항 및 3항) • 외국자본의 출자 및 출연(제4조 1항) • 변경허가 등(제15조 1항, 2항 및 3항) • 재허가(제17조 1항, 2항 및 3항) • 허가·승인·등록의 취소(제18조 1항) • 과징금 처분(제19조 1항 3항 및 4항) • 방송발전기금의 설치, 조성, 관리운용(제36조, 제37조 1항~6항, 제39조 1항~4항) • 유료방송의 약관 승인(제77조 1항, 2항) • 재송신 승인(제78조 4항, 5항) • 시정명령 등(제99조 1항) • 과태료(제108조 2항)
법령 준수 감독 권	• 방송편성의 자유와 독립(법 제4조 3항, 4항) • 방송프로그램 편성 등(제69조 3항, 4항 및 7항) • 채널 구성과 운용(제70조 1항, 7항) • 국내 방송프로그램 편성(제71조 1항~3항) • 외주제작 방송프로그램 편성(제72조 1항~3항) • 방송광고의 시간 등(제73조 2항, 4항, 5항) • 협찬고지의 기준 및 방법(제74조 1항, 2항) • 재난방송(제75조 2항~4항) • 방송내용의 기록·보존(제83조 1항, 3항)
준입 법권 및 사 법권	• 위원회 규칙 제정, 개정 및 폐지(법 제27조 4항) • 방송사업자간 분쟁조정(제27조 6항) • 청문의 실시(제101조) • 방송프로그램 및 방송광고 심의(제32조 1항, 2항) • 제재조치(제106조 1항) • 시청자 불만 처리(제35조 1항~3항)
특별 방송 법인 인사 권 등	• KBS 이사추천 및 감사임명(법 제46조 3항 및 제50조 4항) • KBS 정관변경 인가(제45조 2항) • 방송문화 진흥회(MBC 대주주)이사 및 감사 선임(방문진법 제6조 3항, 4항) • 방문진 정관 변경인가(위법 제4조 2항) • EBS 사장임명 및 감사선임(한국교육방송공사법 제9조 2항, 3항) • EBS 비상임이사 선임(위법 제13조 2항, 3항) • EBS 예산 결산 승인(위법 제19조 3항, 제22조) • EBS 회계감사(위법 제25조 3항)

특별방송법인의 인사권, 준입법권, 준사법권, 방송발전기금 조성·관리·운용 등으로 나뉘어진다.

물론 정책기능과 행정기능은 밀접하게 연관되어 있어 확연히 구분하기가 어렵고 정책기능과 행정기능은 규칙제정과 같은 준입법권을 수단으로 하는 경우가 흔하기 때문에 방송위원회의 직무는 상호연관성 체제 안에 있음을 놓쳐서는 안된다.

그런데 이미 지적한 대로 방송위원회가 정부조직 밖에서 정책 및 행정기능을 유효하고 적법하게 수행할 수 있느냐 하는 문제에 대해 헌법적 의문이 일고 있을 뿐만 아니라 준입법권에 속하는 규칙제정권에 대해서도 위헌이라는 비판을 면하기 어렵다고 보인다. 준사법권의 경우 방송위원회는 주요한 법정직무인 방송사업자간의 분쟁조정을 절차법의 미비로 유효하게 수행하기 어렵다.

요컨대 통합방송법은 새 방송위원회가 방송행정권, 준입법권, 그리고 준사법권을 가진 독립규제위원회로 상정하고 있으나 준입법권의 경우 규칙제정권에 대한 심각한 위헌론이 제기되고 있으며 준사법권은 절차법의 결여로 유명무실한 존재로 남아 있고 방송행정권마저 문화관광부와의 '합의' 문제에 봉착해 반쪽짜리 권한으로 전락하고 말았다.

2) FCC의 관할권과의 비교

FCC는 방송은 물론 전화·통신과 같은 텔레커뮤니케이션에 대해 독자적 관할권을 갖고 있다. 이것이 한국의 방송위가 방송관할권을 다른 정부부처와 분점하고, 텔레커뮤니케이션(통신)에 대한 관할권을 갖고 있지 못한 것과는 현저하게 다른 점이다. 그러나 FCC가 갖는 방송 관할권은 일정 부분 제한되어 있는데, FCC의 주파수할당 권한의 경우 국제조약 아래 미국 정부의 가용무선통신 주파수대역에는 미치지 않는다. 따라서 사실상 FCC는 가용무선통신 주파수대역의 약 절반에 대해서만 관할권을 갖는다(Carter et al., 2000: 406-407).

또한 FCC가 관할권을 갖지만 정책적으로 관할권을 행사하지 않기로 하거나 관할권 행사가 금지당한 분야도 있다. 예컨대 '클레이턴과 셔만 반독점법'(Clayton and Sherman Antitrust Acts)이 규정한 반독점문제에 관해 FCC가 관여하지 못하도록 법원이 판결한 바 있다(United States v. Radio Corp. of America, 1959).

케이블 방송의 경우 FCC는 '지역사업권'(franchise)에 대한 관할권이 없으며, 시, 읍, 군 등에서는 주정부 당국이 케이블 사업자에 지역사업권을 부여한다. 이는 한국의 방송위가 케이블 방송에 대해 직접 허가추천권을 갖는 것과 다른 점이다.

1992년 '케이블텔레비전 소비자보호 및 경쟁법'(Cable Television Consumer Protection and Competition Act: 이하 케이블 방송법)은 FCC로 하여금 케이블 방송 수신료 책정에 개입하도록 규정하고 있다. 곧 FCC는 각 서비스에 대한 상한 수신료를 정해 케이블 사업자가 적정 수신료를 유지토록 했다. 1993년 5월 FCC는 450쪽에 걸친 긴 결정을 내렸는데 이는 사업자들의 수신료가 공정한지 여부를 가리는 기준에 관한 것이었다. 그밖에 FCC는 서비스의 질적 수준 및 기술 기준에 대한 관할권을 갖고 있다.

방송광고에 관해서 FCC는 제한적인 관할권을 갖는데 그것은 어린이프로그램 광고이다. 1999년 미 의회는 어린이프로그램 광고는 주중 시간당 10.5분, 주말 시간당 12분으로 제한하는 입법을 단행했는데 FCC는 이 규칙을 시행할 책임을 지고 있다. 그밖에 모든 방송광고는 연방거래위원회(Federal Trade Commission: FTC)가 관할한다. 다만 FTC가 '허위적이며 오도적'(false and misleading)이라고 '판정한'(adjudicated) 광고물을 방송사가 계속 방송할 경우 FCC는 제재를 가할 수 있다.

새 방송위는 FCC와는 달리 특별방송법인에 대한 관할권을 갖고 있다. 부연하면 한국교육방송공사의 사장 및 이사임명권, KBS의 이사회 이사 추천권, MBC의 대주주인 방송문화진흥회 이사임명권을 갖고 있다. 또한 종래 KOBACO가 갖고 있던 방송공익자금 관할권을 넘겨받아 '방송발전기금'을 조성 관리·운용한다. 이는 FCC가 텔레커뮤니케이션 발전기금(TDF)을 관리·운용하는 것과 유사하다.

5. 새 방송위원회의 법정직무 수행현황

새 방송위원회는 2000년 2월 12일 구성된 뒤 내가 위원장으로 재임했던 2년 남짓 기간 잘하고 못하고 간에 절대량에서 엄청난 양의 직무를 수행했다. 그것은 통합방송법체제가 10여 년 만에 들어섰다는 점에서 방송의 모든 부문에서 판을 새로 짜지 않으면 안되거나 기존 방송 제도와 양식을 바꾸지 않으면 안되었기 때문이다.

이 장이 특별히 살펴볼 직무 실적으로 ① 특별방송법인의 인사 ② 그밖의 법정위원회 및 특별위원회의 설치와 위원 위촉 ③ 방송위원회 규칙·규정·고시의 채택을 다루고자 한다. 그밖에도 새 방송위가 수행한 직무의 목록은 실로 헤아리기 힘들다. 수많은 정책연구 프로젝트를 외부 전문가에게 위탁연구를 시킨다든지 『방송위원회 20년사』와 같은 무게 있는 발간사업은 이 책의 제한된 지면으로는 다룰 여유가 없다.

예컨대 방송심의는 구 방송법 아래서든 새 방송법 아래서든 방송위원회의 중요한 직무의 하나지만 새 방송법 체제 아래서는 방송심의 제도를 전면적으로 재편하지 않으면 안되었다. 다시 말하면 구 방송위원회가 관할하던 지상파방송은 말할 것도 없고 종합유선방송위원회의 관할 아래 있던 케이블 방송과 정보통신윤리위원회의 관할 아래에 있던 중계유선방송 그리고 새로 도입된 위성방송까지 새 방송위가 총괄해 심의해야 하기 때문에 방송심의 기구를 확충해야 할 뿐만 아니라 그 기본규범이 되는 '방송심의에 관한 규칙'을 새로 제정해야 했다.

더구나 통합 방송법은 방송심의를 넘어 방송의 종합평가와 방송내용의 등급제를 명시적으로 규정하고 있다. 그런데 방송평가는 방송사업자의 이해관계에 민감한 점을 고려해 평가 직무에 과학적으로 그리고 전문적으로 접근하지 않을 수 없다.

따라서 새 방송위가 '방송평가에관한규칙'을 채택하기 전 공청회나 전문가 토론회를 통해 의견을 수렴하는 과정을 거쳐야 했었다. 이와 함께 통합 방송법은 프로그램 등급제 도입을 의무화하고 있어 '방송프로그램등급분류및표시에관한규칙'을 채택하기 앞서 이 제도를 효과적으로 정착시키기 위한 방안을 찾는 연구와 토론을 거쳐야 했다.

이렇게 방송의 내용규제 분야만 보더라도 통합 방송법 체제 아래 일이 얼마나 확대되고 복잡다양해졌는지 알 수 있다. 더구나 새 방송위는 급변하는 매체환경의 변화를 맞아 이에 적응하는 정책기능을 순발력 있게 그리고 유효하게 수행하지 않으면 안되었을 뿐만 아니라 다른 한편 1995년 케이블 방송의 도입 이후 누적되어온 방송시장의 난맥과 문란의 적체현상에 대처해야 했다.

방송위원회의 직무 가운데 방송정책기능과 행정기능은 가장 중요한 직무로서 서로 밀접한 관계로 수행된다. 예로 위성방송 허가정책이 마련되면 그것은 허가추천행정으로 집행되지 않으면 안된다. 마찬가지로 중계유선방송의 SO 전환정책이 마련되면 승인행정으로 집행되지 않으면 안된다.

새 방송위원회는 짧은 기간에 산적한 현안과 새로운 법정직무를 수행해야 했다. 주요 방송행정 기능을 수행한 실적으로는 위성방송사업자 허가추천, 홈쇼핑 사업자 3개 사 추가승인, 강원민방 및 제주민방 사업자 허가추천, 그리고 중계유선방송사업자의 SO 전환 승인 등이 있으며 주요 정책으로는 위성방송을 비롯한 뉴미디어 정책을 시행해 디지털방송시대에 부응해 방송정책의 기틀을 다져나갔다. 여기에 더해 통합방송법의 도입한 방송의 종합평가제, 방송내용의 등급제를 시행했으며 방송발전기금의 조성·운영도 집행했다.

내가 방송위원장으로 재임한 2년 남짓한 기간 합의제 행정기구인 방송위원회 전체회의가 의결한 안건은 371건에 이른다. 이 숫자에는 내가 방송위원회 상임위원회를 주재하면서 의결한 수많은 안건[10]은 포함되지 않았다. 또 수없이 많은 보고사항이나 전체회의에 이르지 않는 산하 위원회의 결정사항도 포함되지 않았다.

---

10) 방송위원회 상임위원회는 특별위원회의 설치와 같은 중요 안건을 의결한다. 예컨대 남북방송교류위원회의 설치라든가 위원 위촉은 위원장이 독자적으로 하되 중요 안건의 경우 전체회의에 보고하는 절차를 밟는다. 그밖의 중요 안건으로는 방송사업자 변경허가추천, 중계유선방송사업자 허가추천, SO의 역외재송신 승인, 유료방송의 이용요금 및 약관변경 명령 등이 있다(방송위원회기본규칙 제15조 참조).

이 방송위원회 전체회의가 의결한 371건에는 각종 규칙, 규정, 고시 등의 채택과 같은 준입법권에 속하는 안건, 방송정책 및 행정기능에 속하는 방송사업자의 허가, 재허가 또 승인업무를 수행하는 안건이나 뉴미디어 정책을 비롯한 각종 정책, 가이드라인, 방침을 마련해 시행하는 안건 또는 방송심의규제, 제재, 과징금 부과와 같은 준사법권에 속하는 안건이 모두 포함된다.

1) 특별방송법인의 인사

새 방송위가 출범과 함께 시급히 처리해야 할 직무로서 특별방송법인의 인사문제와 방송심의위원회의 설치와 심의위원 위촉이었다. 그러나 후자에 관해서는 제9장 '방송내용의 규제'에서 다룰 것이므로 여기서는 간략히 언급하고 특별방송법인의 인사문제를 논의하기로 하자.

새 방송위가 제일 먼저 구성한 법정 위원회가 방송심의위원회였다. 곧 3월 17일 위원장은 위원회의 동의를 얻어 네 개의 심의위원회에 각각 7인씩 총 28인의 심의위원을 임명했다(제9장의 <표 2-9-1> 방송심의위원 명단 참조). 새 방송법 체제 아래 방송심의를 담당할 심의위원은 새 방송위의 위상에 적합한 인사를 선임할 필요가 있었기 때문에 엄격한 기준을 적용한 결과 대체로 심의위원 선임은 무난하다는 평이었다.

심의위원회를 구성한 뒤 이어 방송계의 관심은 특별방송법인의 이사회 구성과 임원의 임명에 쏠리고 있었다. 이들 특별방송법인의 인사, 곧 KBS, EBS, 방송문화진흥회의 인사는 방송법 부칙에 따라 법 시행 뒤 3개월 안에, 곧 6월 12일까지 마무리지어야 했다. 먼저 KBS 이사회의 경우 구 방송법에 따라 12명으로 구성된 KBS 이사회는 정권이 김대중 정부로 이양되는 전환기에서 박권상 사장을 임명 제청하는 등 중요한 일을 했으나 3명의 이사의 임기가 99년 2월 7일자로 만료되어 9명의 이사로 운영되고 있었다. 이들 중 5명의 이사가 다시 1999년 8월 30일자 임기가 만료될 예정이어서 구 방송위원회는 8인의 이사를 추천해야 했으나 그 해 새 방송법 통과가 임박한 시점에서 이사 추천을 보류하고 있었다. 구 한국방송

<표 1-4-4> 방송특별법인 인사의 방송위원회 추천·임명

구분	직책	인원	주체	방식	비고
KBS 12인	이사	11인	방송위원회	추천	대통령 임명
	감사	1인	방송위원회	임명	이사회 제청
EBS 7인	사장	1인	방송위원장	임명	방송위원회 동의
	감사	1인	방송위원회	임명	
	이사	5인	방송위원회	임명	교육부 장관 및 교원단체 추천 각 1명
방문진 10인	이사	9인	방송위원회	임명	
	감사	1인	방송위원회	임명	
총계		29인			

공사법 제9조 2항에 따라 임기가 만료된 이사들이 후임이사가 임명될 때까지 직무를 수행할 수 있다는 근거에서였다.

새 방송위가 이들 방송법인의 이사 및 임원을 추천·임명해야 할 총인원은 KBS 이사 11인 전원을 포함해 방문진 이사 9인과 감사 1인, EBS 사장 1인과 비상임이사 5인, 감사 1인, 총 29인에 이르렀다(<표 1-4-4>).[11]

나는 특별방송법인의 인사가 새 방송위가 만난 첫번째 주요 시험대라고 보았다. 다시 말하면 새 방송위가 이 시험대의 관문을 무사히 통과하느냐의 여부에 따라 앞으로 방송위원회가 수행하는 직무가 어떤 평가를 받느냐 또는 더 크게는 방송위원회의 독립적 위상이 어떤 평가를 받느냐의 여부에 크게 영향을 미치는 중요한 문제로 보았다. 그것은 KBS 이사회나 방문진 이사회가 해당 방송사 사장 등 임원을 선임하는 등 중요한 권한을 행사하고 있어 방송위원회의 추천·임명권이 집권정부의 영향으로부터 자유롭지 않다고 보는 사회적인 통념이 아직 남아 있었기 때문이다.

따라서 나는 상임위원을 비롯한 방송위원들과 협의 끝에 선임의 기준으로 관계 인사의 명성과 사회적 평판, 관계인사 해당분야의 대표성, 방송분야의 전문성으로 정했다. 또한 추천권에 대해서는 문호를 넓게 개방해

11) 이들 29인 중 KBS 감사 1인은 이사회의 제청으로, EBS 비상임이사 2인은 교육인적자원부 장관과 교원단체가 추천으로 임명하게 되어 있으므로 실질적으로 방송위원회가 추천·임명하는 특별방송법인의 인사는 26명이다. 또한 EBS의 경우 상임이사 2인은 사장이 임명하게 되어 있다.

<표 1-4-5> 특별방송법인의 인사(2000년 5월 8일 및 5월 15일)

KBS		방송문화진흥회		EBS	
이사장	지명관	이사장	김용운	이사장(사장)	박홍수***
이사	김금수	이사	김남조	이사	강대인
	김철수		임성기		강순원
	김창국*		최일남		김현숙
	김선우		조병일		채수연
	곽배희		이상신		천승준
	박범신		방정배	감사	이길범
	이상희		지은희		
	이연택		오미영**		
	전웅덕	감사	이건영		
	황정태				
감사	전준모				

* 김창국 KBS 이사는 2001년 10월 10일 사임으로 송재극 이사로 바뀜.
** 오미영 이사는 MBC 노조의 반발로 사퇴함에 따라 최병모 이사로 바뀜.
*** 박홍수 사장은 2001년 10월 자진 사퇴함에 따라 10월 22일 공개채용으로 김학천 사장을 임명.

해당 방송사 지도부, 범 정치권, 방송위원, 기타로부터 후보자를 너그럽게 받아들이되 적임자로 선임할 것인가 여부는 방송위원회가 독자적으로 결정하기로 정했다. 수많은 후보인사들의 갖가지 소문이 무성한 가운데 방송위원회가 정한 방침 아래 방송위원회가 의결하거나 동의한 인사가 <표 1-4-5>이다.

이 특별방송법인의 인사권에 관해 KBS 이사회 구성과 EBS 사장 및 비상임이사 임명에 관해서는 적임자를 선임했다고 호평을 받는 쪽이었으나 방문진의 경우 이사 1인과 감사 1인의 임명에 대해 MBC 노조는 격렬한 반대캠페인을 벌이는 사태로 발전했다. 결국 이 사태로 문제의 이사 1인이 사퇴하고 말았다.

특별방송법인의 인사권에 관해 EBS 사장의 임명은 내게는 특별한 문제였다. 통합 방송법은 방송위원장의 EBS 사장 임명권을 명시하고 있어 나는 무거운 책임을 의식치 않을 수 없을 뿐 아니라 여러 인사들이 정치권을 등에 업고 뛰면서 무성한 잡음을 일으키고 있었기 때문이다. 이런 현상은 박홍수 사장의 임명 전에도 그랬고 박 사장이 1년 뒤 물러난다는 약속대로 2001년 10월 사퇴한 뒤에도 이어졌다. 특히 박홍수 사장의 사임 뒤 권부의 실세를 등에 업고 뛴다는 인사들의 보이지 않는 운동이 치열했다. 나는 숙고 끝에 이런 저런 잡음을 차단키 위해 전례없이 EBS 사장을 공개채용한다는 결심을 굳히고 방송위원들과 협의로 이를 밀고 나갔다.[12) 그 결과 같은 해 10월 22일 공개전형에서 최고 점수를 받은 김학천 사장을 임명하는 것으로 마무리지었다.

2) 방송위원회 설치 법정위원회와 특별위원회

새 방송위원회가 설치할 법정위원회는 앞서 살펴본 방송심의위원회 이외 방송발전기금관리위원회, 시청자불만처리위원회, 방송평가위원회가 있다. 이들 법정위원회는 법이 부과한 직무를 수행하기 위한 것이다. 그밖에 선거방송심의위원회가 있다. 이중 선거방송심의위는 '공직선거및선거부정방지법' 제8조에 의해 선거기간을 기준으로 설치하는 한시적 방송심의위이다. 그밖에 방송위원회는 많은 특별위원회를 설치했는데 이는 방송위원회가 다양한 직무를 수행하는 데 전문직의 몫이나 특정 분야에 관해 자문을 받기 위해서이다.

---

12) ≪중앙일보≫는 2001년 10월 9일 "방송개혁 '첫 삽' EBS 사장 공채"라는 표제 아래 다음과 같은 기사를 실었다. "… 이번 EBS 사장 공채는 일반 기업에 비해 성역으로 남아 있던 방송사의 개혁의지라는 점에서 의미가 깊다. 이제껏 방송사의 고위층 인선과정에서는 늘 잡음이 끊이지 않았다. 지난 국감에서도 고질적인 '낙하산 인사'와 인사편중 문제가 주요 과제로 다뤄진 바 있다. 지금 우리 방송계는 본격적인 위성방송, 디지털 방송 시대의 도래 등 격변기를 맞고 있다. 이런 변화를 수용하고 이끌어갈 능력있는 조타수가 어느 때보다 필요한 시기다. 임명권자의 눈치나 살피게 되는 낙하산 인선은 앞으로 안전한 항해가 어려워질지도 모른다. 방송위원회의 이번 결정이 주목을 받는 것도 이런 배경에서다. 그런데, 공고가 나간 지 하루도 안 돼 3~4명의 인물이 자천타천으로 거론되고 있다고 한다. 방송위원회가 후임자를 내부적으로 정해놓고 절차적 합리성만 보완하는 게 아니냐는 의혹을 제기하는 사람들도 있다. 하지만 이번 공개 모집은 전시용으로 전락해서는 안되는 중요한 시험대다. 방송위원회가 방송개혁의 첫 삽을 뜬다는 소명의식을 갖고 투명하게 절차를 진행시키기를 바란다. 아울러 경륜있고 열정에 넘치는 전문가들이 낸 지원서가 모집기간에 많이 쌓이길 기대한다."(이상복기자)

<표 1-4-6> 방송위원회 설치 법정위원회

방송발전기금관리위원회		방송평가위원회		시청자불만처리위원회	
위원장	강대인	위원장	조강환	위원장	임형두
위원	김광일	위원	김우철	위원	강영구
	김영호		김훈순		안정임
	김영희		박현준		양삼승
	남상조		유일상		이경숙
	문성근		이경숙		임영숙
	서연호		하광언		최호룡
	진행섭		홍기선		
	주동황				

새 방송위 아래 설치된 산하 법정위원회는 방송위원회의 직무를 실질적으로 수행하는 중요한 역할을 떠맡고 있다. 방송위원회가 설치한 세 법정위원회 가운데 시청자불만처리위원회는 뒤에서 다룰 제6장 '시청자권익보호정책'에서, 방송평가위원회는 제7장 '방송의 종합평가제'에서 각각 자세히 논의할 것이므로 여기서는 방송발전기금관리위원회만을 개략적으로 살피고자 한다. 방송발전기금관리위원회는 상당한 재량을 갖고 새 방송위가 조성·관리·운용하는 방송발전기금을 실질적으로 운용하고 정책건의를 하는 임무를 수행한다. 새 방송위의 방송발전기금의 관리·운영은 한국방송광고공사(KOBACO)와의 협의로 구 공익자금을 방송발전기금으로 전환키 위해 '우선전환 대상'으로 전환된 439억 원과 방송사업자 부담금 63억 5,200만 원 합계 1,700억 900만 원을 2000년도 방송발전기금으로 조성함으로써 출발했다. 방송사업자 부담금이란 방송법 제37조 및 시행령 제22조에 따라 방송사업자의 성격에 따라 방송광고 매출액, 영업이익, 매출액 등을 기준으로 징수하는 금액이다. 지상파방송사업자의 경우 방송광고 매출액의 6% 범위 안에서 방송위원회가 징수비율을 고시토록 한 법령에 따라 2000년에는 5.5%(KBS와 EBS는 3.7%)로 고시함으로써 37개 지상파 방송사업자로부터 징수한 금액이다. 2001년에는 징수비율을 5.25%로 인하했는데 그것은 지상파 방송사의 디지털 전환에 따른 대규모 투자가 필요한 사정을 감안한 것이다. 또한 홈쇼핑 사업자에 대한 징수비율을 결산상 영업이익의 10%로 정했다.

<표 1-4-7> 방송발전기금 기본 운용계획(지출 계획)

단위: 백만원

부문	2001년 계획(A)	2002년 계획(B)	증감(B - A)
방송위원회 운영	21,133	21,545	412
EBS 지원	17,200	18,501	1,301
방송진흥	14,830	13,301	-1,529
광고진흥	5,179	4,989	-190
언론공익	10,692	9,760	-932
문예진흥	11,817	10,717	-1,100
시청자 지원	1,933	2,412	479
공공기금 전출	4,000	0	-4,000
여유자금운용	48,660	39,045	-9,614
기금관리	170	195	25
총계	135,611	120,464	-15,147

출처: 방송위원회 내부자료, '2002년도 방송발전기금 운용계획'(2001. 10).

통합방송법에 따라 이렇게 방송발전기금이 설치되었지만 구 공익자금을 방송발전기금으로 전환하는 범위가 문제였다. 법 부칙 제6조 1항은 KOBACO가 관리·운용하는 공익자금은 방송위가 '조성 및 관리·운용하는 방송발전기금으로 본다'고 명시하고 있지만 법 시행령 부칙 제6조는 공익자금 전환의 '구체적인 범위는 방송위원회가 한국방송광고공사와 협의하여 정한다'고 되어 있다. 새 방송위는 이 규정에 의해 구 공익자금 전환의 구체적 범위를 정하기 위해 KOBACO와 협의에 들어갔으나 KOBACO의 일반회계 중 유동자산만 위와 같이 정해졌고 공익자금회계로 관리하는 부동산, 곧 방송회관, 언론회관, 남한강 수련원 등이 추후 전환협의 대상으로 남아 있다. 그러나 뒤에 설명하겠지만 이 추후 전환협의는 지금까지도 이루어지지 않고 있다.

그밖에 방송발전기금의 재원으로는 신규 PP 15개 사로부터 출연 약정금(73억 7,000만 원), 위성방송사업자의 출연금(300억 원) 및 홈쇼핑 사업자 3개 사의 출연금(150억 원) 등이 있다. 방송발전기금관리위원회는 방송진흥사업, 언론공익사업, 문화·예술 진흥사업 및 시청자단체 활동사업에 매년

<표 1-4-8> 방송위원회설치 특별위원회

특별위원회	위원장	주요 임무	비고
방송정책 기획위원회	강대인	• 방송통신위 설립방안 • 중장기 방송 기본계획	2000. 12. 27 ~2001. 7. 31
디지털방송 추진위원회	조강환	1기 위원회 • 지상파 디지털TV방송에 관한 주요 정책방안 • 편성정책, 수용자복지 전문인력 양성	2000. 7. 12 ~2001. 3. 11
		2기 위원회 • 케이블TV 디지털전환 정책 • 디지털 라디오 및 데이터 방송 추진	2001. 3. 12 ~현재
남북방송교류 추진위원회	이긍규	• 남북방송교류 추진 • 남북방송교류 활성화를 법제도 및 정책방안	2000. 5. 25 ~현재
이용약관 심사위원회	조강환	• 케이블 방송사와 가입자간 이용약관 표준화 • 이용요금 승인 등	2000. 5. 23 ~현재
분쟁조정위원회	김정기	• 방송사업자간의 분쟁 조정	2001. 5. 10 ~현재
방송언어 특별위원회	고홍숙	• 방송언어순화프로그램 개발 • 청소년 교육기능 강화	2000. 8. 21 ~현재
방송프로그램 등급제시행준비위	조강환	• 방송프로그램 등급분류 및 표시규칙 제정 • 등급제 시행 모니터링	2000. 5. 10 ~현재
이 달의 좋은 프로그램 심사위	강영구	• 매월 우수 방송프로그램 선정·시상	2000. 4. 24 ~현재
국내애니메이션 판정위원회	임형두	• 애니메이션에 대해 국내제작 여부를 판정	2000. 6. 14 ~현재

1,000억 원을 상회하는 기금운용 계획을 심의하는 직무를 수행한다. 특히 이 기금관리위는 방송위원회가 최종 결정하기 앞서 '기금지원 대상사업 기관·단체의 선정기준과 운영경비 지원기준에 관한 사항을 심의해 결정한 안'을 방송위원회에 제안한다. 방송위원회가 이 기금관리위의 안을 약간 수정해 의결한 '방송발전기금 기본운용 계획'의 연간 지출액은 2000년 1,070억 900만 원(집행 1,250억 6,000만 원), 2001년 1,355억 1,100만 원, 2002년 1,204억 6,400만 원이다. <표 1-4-7>은 방송위원회가 의결한 2001년 및 2002년 방송발전기금 기본운용계획 중 지출계획의 수치를 보여준다.

다음 새 방송위가 설치한 특별위원회를 보자. 이들 특별위원회는 방송위원회가 직무와 관련된 전문적인 임무를 담당케 하거나 직무와 관련된 자문을 위해 한시적으로 설치한다. 이들 특별위원회 가운데 각종 방송사업자의 허가·재허가·승인을 위한 심사나 연말 '방송대상' 심사를 위해 구성된 심사위 같이 중요한 심사의 종료와 함께 해산되는 단기 특별위가 있는가 하면 방송언어특별위원회와 같이 1년 단위로 연장되는 특별위원회도 있다. 또한 방송정책기획위원회와 같이 중요한 최종보고서를 마무리짓고 해산된 특별위원회도 있다.

<표 1-4-8>은 새 방송위가 설치한 주요 특별위원회의 목록이다. 이들 특별위원회 활동은 많은 경우 개별 방송정책에 연관되어 있기 때문에 그 정책의 논의 연장선상에서 다룰 것이다. 따라서 여기서는 방송정책기획위원회의 활동만을 개괄적으로 언급하고자 한다.

새 방송위원회는 2000년 12월 27일 방송정책기획위원회를 구성해 21세기 방송·통신 융합이라는 매체 환경의 변화에 대응해 현 방송위원회를 어떻게 확대 개편할 것인가 그리고 신기술의 발전과 시장변화에 대응해 어떻게 중·장기 방송정책의 기본방향을 정할 것인가에 정책대안을 찾도록 했다. 방송위원회 강대인 부위원장이 이끈 방송정책기획위원회는 각계 각층의 전문가 13명이 참여해 공개토론회를 개최하는 등 독자적인 연구를 수행한 끝에 2001년 10월 최종보고서를 방송위원회에 제출했다.

최종보고서는 현 방송위원회를 장기적으로 방송통신위원회로 확대개편해야 한다는 비전을 제시했다. 부연하면 21세기 매체환경이 방송·통신 융합과 시장개방의 가속화를 인해 급격히 변화한다는 점을 고려하고, 국내 산업의 육성과 국제적 산업환경에 적극 부응하기 위해 방송과 통신의 수직적 분리규제 모델에서 수평적 통합규제 모델로 전환해야 한다고 권고했다(방송위원회, 2001자: 7-9).

이를 위해 단기적으로 현재 관계기구 간에 중첩적이며 비효율적인 정책·허가 기능을 정비하고, 방송·통신 융합 서비스의 규제기능을 일원화할 것과 방송위원회와 정보통신부간 상설 '정책협의체'를 설치해 원활한 직무수행을 위한 협력을 강화하고 사전 협의체제를 통해 방송통신위원회 구성을 추진해나갈 것을 제안했다.

이 방송통신위원회의 구성 모델로 세 가지 대안, 곧 ① 국가기관형 ②

독립규제위원회형 ③정부기관형을 제시했다. 특히 제3안 '정부기관형'은 제2장에서 저자가 현 방송위원회 구도의 문제점을 지적하면서 개편을 주장한 것과 같은 대안으로 방송통신위원회가 방송통신에 관한 정책, 허가, 경제적 규제 기능을 총괄 수행하면서 정부기구로서 위상을 갖되, 방송프로그램 내용심의·규제는 민간기구에 위임하는 것이 바람직하다고 제안했다. 이 안은 구체적으로 방송위원회를 국무총리 소속이나 대통령 직속의 행정기관 형태로 해 사무처 구성원의 신분은 위원장이 임명하는 공무원으로, 예산은 국고로 충당하도록 해야 한다고 했다.

다음으로 방송정책기획위원회 최종보고서는 방송정책의 중·장기 과제로서 ①방송제도의 선진화 정책 ②방송산업의 활성화 정책 ③방송기술정책의 범주에서 여러 가지 구체적인 제안을 하고 있다. 그런데 이 정책제안은 방송사의 이해에 민감한 사항을 다루고 있어 '작은 파문'을 일으켰다. 예컨대 '공영방송 발전방안'으로 새 방송법시행령이 특례를 인정한 KBS와 MBC의 시장 점유율을 33% 이내에 제한해야 한다고 제안하고 있는가 하면 MBC가 매년 출연하는 방송문화진흥기금의 일부로 EBS의 재원을 부담토록 해야 한다고 주장했다. 또한 말썽 많은 '중간광고'(방송프로그램 중간에 삽입하는 광고)는 민영방송에만 제한적으로 허용해야 한다고 제안했다. 이런 정책제안은 방송위원회가 방송정책으로 채택하지 않았는데도 한 일간지가 방송위원회의 정책제안인 것처럼 오보를 내는 바람에 일과성의 논란을 불러 일으켰다(≪동아일보≫, "KBS-MBC 시장 점유율 제한", 2001년 11월 17일자).

3) 방송위원회 제정 규칙·규정·고시

마지막으로 새 방송위원회는 준입법 기능에 속하는 사항으로 짧은 기간에 수많은 규칙·규정·고시를 채택해 시행해오고 있다. 여기에는 통합방송법이 위임한 사항을 규율하는 규칙 또는 고시가 있는가 하면 법이 명시적으로 위임하지 않았지만 방송위원회 직무를 수행하기 위한 직무명령 또는 내규 성격의 규칙과 규정 등이 있다.

<그림 1-4-4> 피라미드형 방송법 체계

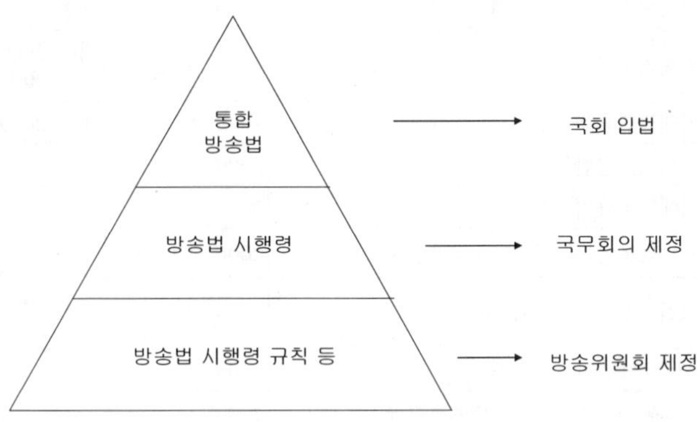

이러한 방송위원회 규칙 등은 새 방송법 체계를 구성하는 마지막 단계의 하위 시스템이다. 이 하위 시스템이 없다면 방송법 체계라는 전체 시스템이 완성되지 못하는 것이다. 새 방송법 체계를 피라미드 구조에 비유한다면 최정상의 첨단 부분은 새 방송법, 중간 부분은 법 시행령, 그리고 마지막 저변은 방송위의 여러 규칙이 위계구조를 이룬다고 볼 수 있다. 따라서 방송위 규칙은 새 방송법 체계라는 피라미드 구조의 저변을 구성한다는 점에서 방송법 체계의 중요한 한 축이 된다.

방송위가 2000년 2월 12일에 구성된 뒤 제일 먼저 제정한 규칙이 '방송위원회기본규칙'이다. 3월 9일 방송위원회 규칙 제1호로 제정되고 3월 13일부터 시행된 이 규칙은 방송위원의 조직과 운영에 관한 기본 사항과 기타 필요한 사항을 규정하고 있다. 다시 말하면 이 기본규칙은 새 방송위가 맡은 바 직무를 수행하는 데 기본 가이드라인을 제시하고 있는 것이다. 다음으로 '방송법시행에관한방송위원회규칙'은 앞서 살펴보듯 입법예고 기간을 거쳐 5월 22일 제정되었다.

아울러 방송위원회 규칙은 새 방송위가 맡은 방송행정 서비스를 가동케 하는 마지막 단추이다. 여기에 새 방송위는 현실적으로 법이 위임한 사항에 대해 규칙이나 고시를 채택해 시행하지 않으면 안되는 이유가 있다. 다시 말하면 통합방송법 아래 새 방송위의 실제 행정 서비스는 일정한 규칙에

<표 1-4-9> 법령위임 방송위 규칙·규정

방송위 규칙의 이름	제 정	비 고
방송법시행에관한방송위원회규칙	2000. 5. 22	개정 2001. 3. 23
방송위원회기본규칙	2000. 3. 2	개정 2000. 4. 17, 2000. 5. 2
방송심의에관한규정	2000. 8. 28	개정 2000. 12. 26
방송광고심의에관한규정	2000. 8. 28	
협찬고지에관한규칙	2000. 8. 28	
방송프로그램의등급분류및표시등에관한규칙	2000. 12. 26	
심의위원회구성및운영에관한규칙	2000. 3. 9	개정 2000. 3. 17, 2000. 8. 28
선거방송심의에관한특별규정	2000. 3. 17	
선거방송심의위원회구성및운영에관한규칙	2000. 3. 17	
시청자불만처리등에관한규칙	2000. 5. 15	
방송발전기금관리및운용에관한규칙	2000. 5. 17	
방송위원회소관비영리법인의설립및감독에관한규칙	2000. 4. 24	
재난방송실시에관한기준	2000. 9. 25	
방송평가에관한규칙	2001. 8. 25	

따라 이루어지기 때문이다.

예컨대 방송법의 미비로 몇 년간 미뤄져온 위성방송의 경우를 보자. 통합방송법은 위성방송의 근거를 마련해 법 제9조에서 위성방송사업자는 방송위원회의 추천에 의해 정보통신부 장관의 허가를 받아야 한다고 명시하고 있다. 이어 시행령 제5조는 위성방송사업자에게 허가추천 신청서를 몇 가지 서류를 첨부해 제출하면 방송위원회가 허가추천 여부를 심사해 결정토록 규정하고 있다. 그러나 시행령은 허가추천에 필요한 구체적인 절차 및 방법을 방송위원회 규칙에 위임하고 있기 때문에 방송위는 이 규칙이 없다면 허가추천행정을 수행할 수도 없으며 사업 희망자가 허가추천 신청을 할 수도 없다.

새 방송위가 3월 13일 정식 출범한 뒤 입법예고 기간을 거쳐 서둘러 '방송법시행에관한방송위원회규칙'을 제정한 것은 2000년 5월 22일이었다. 따라서 그 뒤 위성방송사업자 선정은 사업 희망자가 이 규칙에 따라

신청, 사업 신청자간의 조정, 심사 등의 절차를 거쳐 그 해 말 마무리지을 수 있었다.

새 방송위는 법이 정한 울타리 안에서 방송정책 및 행정기능을 수행해야 했지만 실제로 행동지침이 부재한 가운데 스스로 규칙을 마련하면서 기능을 수행해야 했다. 방송위가 2000년 3월 13일 출범한 뒤 같은 해가 지나기 전 제정한 법령위임 규칙·규정·고시는 17건에 달하며 그밖에 직무명령과 내규성격의 규칙 제정은 21건에 이른다. 새 방송위는 방송발전기금의 징수율이라든가, 방송편성의 여러 분야의 비율을 고시로 정하는 임무를 수행해야 한다. 따라서 우선 지상파 방송사업자에 대한 방송발전기금 징수율, 방송프로그램 편성비율과 광고물 사전심의의 민간위탁에 관한 고시를 공표했다.

6. 요약과 결론

새 방송위원회는 통합방송법에 의해 정부로부터 독립해 방송정책권을 수행하는 합의제 행정기구로 설치되었다. 그런데 새 방송위는 정부조직 어디에도 속하지 않고 방송법에 의해 설치된 합의제 행정기구라는 점에서 특이한 법적 지위를 갖는다. 그러나 이렇게 특이한 법적지위에 서 있는 방송위원회는 헌법과의 관계에서 두 가지 문제에 봉착하게 되는데 하나는 행정부에 속하지 않는 방송위원회가 행정부의 관할에 속하는 방송행정을 관할한다는 점이고 다른 하나는 방송위 규칙제정권의 위헌성이다.

물론 방송위원회가 관할하는 방송행정은 국회가 제정한 방송법에 근거를 두고 있다. 그러나 이 경우 방송법의 수권이 헌법 제66조 4항이 '행정권은 대통령을 수반으로 하는 정부에 속한다'고 규정하는 최상위 규범과 어떻게 양립할 수 있는지 의문이 제기된다. 만일 방송법의 방송행정 수권이 최상위 법규범인 헌법과 양립할 수 없다면 방송위원회의 법적 위상은 뿌리에서부터 흔들릴 수밖에 없다.

다음으로 방송위원회는 방송법에 의거해 방송사업자를 포함한 일반 국민을 구속할 수 있는 법규명령을 발한다. 그런데 헌법은 법규명령을 발할 수 있는 기관으로 방송위원회를 지정하고 있지 않기 때문에 방송위원회는 위헌성을 무릅쓰지 않는 한 법규명령을 발할 수 없다. 이것이 미국의 FCC와 다른 점이다. FCC의 경우 연방헌법 수권조항에 의해 의회가 FCC에 규칙제정권을 부여하고 있기 때문에 문제될 리 없지만 방송위원회의 경우 방송법이 수권한 규칙제정권은 헌법과의 관계에서 일반 국민을 구속할 수 없는 내규에 머무를 수밖에 없다. 그렇다면 이는 방송위원회가 나날이 달라지는 매체환경에 부응해 유효하게 방송정책을 펴나가는 데 장애로서 작용하는 셈이 된다.

통합방송법은 정부조직 밖에 설치한 방송위원회가 방송행정을 관할하는 문제, 헌법과의 불합치 문제를 해결하기 위해 정부행정권과 연계하는 장치를 두었다. 부연하면 방송위원회는 방송정책을 심의·의결할 경우 행정권을 갖는 관계부처와 합의 또는 협의를 거치지 않으면 안된다.

이는 방송위원회의 독립적 위상을 위해 정부조직 밖에 설치하면서 다시 불완전하게 정부조직 안으로 끌어들이고 있다는 점에서 희극적 역설이 아닐 수 없다. 통합방송법이 설계한 관계부처와의 합의 또는 협의는 방송위원회가 독자적으로 방송정책을 펴나가는 데 걸림돌이 되고 있음이 현재까지 방송법의 시행 결과 드러나고 있다. 또한 준사법권의 경우, 방송위원회는 중요한 법정직무인 방송사업자간의 분쟁조정업무를 절차법의 미비로 유효하게 수행하지 못하고 있다.

방송위원회가 불안한 법적 위상 아래 탄생되었지만 여러 가지 법정직무를 수행해야 했다. 여기에는 특별방송법인의 인사권, 법정위원회 설치와 위원 위촉, 방송위원회 규칙·규정·고시의 제정 등이 포함된다.

결론적으로 앞으로 새 정권의 방송정책 입안자들이 방송위원회가 헌법과의 관계에서 갖는 특이한 법적 위상을 재정립해야 하는, 절대절명의 과제를 풀지 않는 한 방송위원회는 정체성의 위기에서 벗어나지 못할 것이다.

5

새 방송위원회 구성과 사무처 짜기

저자는 앞 장에서 언급한 2000년 8월 17일 방송학회 세미나의 기조연설에서 다음과 같은 제안을 맺음말로 제시했다.

"마지막으로 말씀드리고 싶은 것은, 새 방송법을 우리의 사회에 착근시키는 일의 중요성입니다. 이것은 새 방송법의 제도화(institutionalization)라고 부를 수 있을 것입니다. 아무리 좋은 법이라도 '법 따로 현실 따로'라면 그 법은 사문화(死文化)된 법에 불과합니다.

예컨대 방송위원회는 정치적 독립성을 법적으로 보장받고 있습니다. 그런데 정치적 독립성이 법적으로 보장받고 있다는 점과 그것이 우리나라의 정치적 토양에서 뿌리내리는 일은 별개의 문제입니다. 다시 말씀드리면 방송위원회의 정치적 독립이 제도화되는 것은 법제와는 상관없이 우리 정치문화의 발전과 관련된 우리 모두의 과제인 것입니다.

새 방송법이 담고 있는 개혁적인 취지들, 다시 말해 독립적이고 전문적인 규제기구에 의해 급변하는 방송환경이 야기하는 여러 문제들을 민주적으로 슬기롭게 해결하고 대처함으로써 우리의 방송문화를 향상시키고 방송산업의 발전을 도모하여, 궁극적으로 시청자의 복지 향상 등 공공복리 증진에 기여하고자 하는 새 방송법의 근본 정신을 방송계와 우리 사회에 뿌리내리도록 하는 일이 급선무라고 생각합니다.

이 문제는 어느 한 집단의 힘과 노력만으로 이루어지는 것이 아닙니다. 이 자리에 계시는 방송학자 여러분은 물론이고, 방송사업자·방송노조·여야 정치인·언론·시민단체·정부 등 각계의 모두가 너나 가릴 것 없이 애정과 관심을 갖고 격려하고 지원해주어야 할 과제라고 생각합니다."

이 대목에 관해서 국회 문화관광위 박종웅 의원과 심규철 의원은 국회 국정감사장에서 나와 박지원 장관에게 캐물은 적이 있다. 곧 방송위원회가 법적으로 정치적 독립을 보장받고 있는데도 우리나라의 정치적 토양에서 뿌리내리는 데 가장 큰 걸림돌이 무엇이냐는 추궁이었다. 아마도 이들 야당의원들은 자기들의 시각에서 저자가 이 연설의 맺음말의 형식으로 정부에 대한 은유적인 불만을 제기한 것으로 보았던 것 같다. 따라서 이들은 더 구체적으로 그것이 문화관광부가 아니냐고 캐물은 것이다.[1] 그러나 이 질문에 대한 답변도 그랬지만 저자는 방송위원회의 제도화를 좀 더 큰 문맥에서 강조한 것이다. 이 '제도화'(institutionalization)의 의미를 분명히 하기 위해 제도화 명제의 신봉자인 정치학자 헌팅턴(Huntington, 1968)을 인용해보자. 그는 현대 복합사회의 정치공동체란 사회의 정치조직과 절차가 갖는 강력한 힘에 의존한다면서 그 힘은 정치조직과 절차가 제도화된 정도에 달려있다고 주장한다.

> "조직과 절차는 제도화된 정도가 다르다. 하버드 대학과 새로 문을 연 교외 고등학교는 둘 다 조직이지만 하버드는 그 고등학교보다 훨씬 더 제도화된 기구이다. 의회의 '연공제도'(seniority system)와 존슨 대통령이 가려서 하는 기자회견은 둘 다 절차이다. 그러나 연공제도가 존슨이 언론을 다루는 방법보다는 훨씬 더 제도화되었다"(Ibid. 12).

그는 제도화란 조직과 절차가 가치와 안정을 획득하는 과정이라고 말하고 제도화의 정도를 판별하는 기준으로 적응성(adaptability), 복잡성(complexity), 독자성(autonomy) 그리고 일관성(coherence)을 들고 있다. 저자가 방송학회 기조연설에서 방송위원회의 제도화 또는 방송위원회의 정치적 독립의 제도화를 강조한 것은 당시 6개월밖에 안된 신생 방송위원회가 법적으로 독립된 기구이지만 이 독립된 기구가 장기적으로 제도화되지 않으면 안된다는 우리 사회의 당위론적인 과제를 던진 것이다.

돌이켜볼 때 새 방송위가 제도화의 큰 틀에서 방송위원회가 조그만 발

---

1) 국회 국정감사 문화관광위원회 회의록(2000. 11. 1.), 0041 및 0042 참조, 피감기관: 방송위원회.

걸음을 내디뎠을 뿐이다. 통합방송법이 새로 설치한 방송위원회는 이제 3년을 조금 더 넘겼을 뿐인데 이는 제도화되는 과정에서 볼 때 너무 짧은 기간이기 때문이다. 예컨대 헌팅턴이 제시한 제도화 정도 가늠 기준 가운데 적응성은 경직성과 대칭되는 개념으로, 오랜 기간에 걸쳐 환경변화의 도전에 잘 적응한 기구일수록 제도화의 정도가 높다는 것이다. 그런 점에서 새 방송위는 제도화의 정도가 낮을 수밖에 없지만 다른 한편 통시적인 관점에서 볼 때 구 방송위원회와 종합유선방송위원회는 새로운 매체환경의 도전에 적응해 발전적으로 해체되고 새로운 기구로 태어났다고 볼 수 있다. 그런 점에서 새로운 방송환경에 적응해 방송위원회가 '통합'방송위원회로 다시 태어난 것이다.

또 다른 제도화의 기준인 복잡성도 신생 방송위원회로서는 낮은 점수를 받을 수밖에 없는 요인이다. 어떤 기구가 하위조직 단위를 더 많이 가질수록 그리고 하위조직 단위가 더 차별화될수록 제도화 정도가 높다. 이 점에서 새 방송위는 앞으로 방송·통신의 융합에 따른 확대행정기능, 정책연구기능, 법무기능의 확대, 공정거래감시기능의 확충, 분쟁조정기능의 실질적 보강을 위해 방송법 개정을 추진하고 이를 담당할 하위 사무부서를 확충해야 할 과제를 안고 있다.

마지막으로 독자성과 일관성의 기준도 신생 방송위원회가 제도화로 가는 여정에서 넘어야할 산이다. 앞서 살펴본 대로 독자성은 통합방송법이 정한 '합의' 의무로 인해 내재적으로 훼손되고 있으며, 조직의 일관성도 구 방송위의 직원과 종합유선방송위원회 직원이 새 방송위 직원으로 승계되었기 때문에 직원들의 조직의식이 아직은 조직문화와 통합되지 못한 형편이다.

이렇게 볼 때 새 방송위원회가 제도화를 위해 갈 길은 멀다. 먼저 새 방송위의 구성은 위원회의 구성과 사무처의 구성으로 나뉘어지는데 위원회의 구성은 방송법에 따라 이루어졌지만 그 자체가 정치적인 성격이 농후한 특징을 지닌 반면 사무처의 구성은 이전에 이미 구성된 구 방송위 '사무처'와 종합유선방송위원회 '사무국'의 직원을 전원 고용승계하는 방식으로 이루어졌다.

1. 새 방송위원회의 구성

통합방송법이 1999년 세밑에 통과되고 2000년 1월 12일 공포되자 세인의 관심은 새 방송위원회 구성에 쏠리고 있었다. 새 방송위는 통합방송법 부칙에 의해 3월 13일 법이 시행되기 30일전까지, 곧 2월 12일까지 구성하게 되어 있었다.

나는 구 방송위 위원장으로써 특별한 위치에 있었기에 방송계의 주목은 피할 수 없었으나 되도록 언동을 삼가면서 사태를 주시하고 있었다. 내가 대통령 몫인 방송위원으로 임명될 것이라는 사실을 알게 된 것은 1월 30일 일요일이었다.

그날 청와대 박준영 공보수석이 낮 1시 반 경 전갈을 해왔고 오후 5시 반쯤 박지원 장관이 추천된 경위[2]와 대통령 몫으로 정해진 3인 방송위원의 이름도 알려주었다. 이는 2월 12일 대통령이 9명의 방송위원을 정식으로 임명하기 13일 전이었다.

이어 이틀 뒤 2월 14일 대통령이 임명장을 수여한 바로 그날 방송위원들이 호선으로 나를 위원장으로 선출함으로써 새 방송위가 구성된 것이다. 이어 2월 16일 방송위원회 전체회의는 부위원장으로 강대인 위원을, 상임위원으로 조강환 위원과 김형근 위원을 뽑음으로써 위원회 구성은 완료되었다.

---

2) 뭇 저명인사들의 하마평이 무성한 가운데 내가 방송위원으로 추천된 자세한 경위는 먼 훗날 회고록에서나 담을 내용이나 ① 구 방송위원회를 무난하게 이끌어왔다는 점에서 기구의 연속성 ② 저자가 서울 출신이라는 지역성을 고려했다고 한다. 어떻든 대통령이 나를 새 방송위의 방송위원으로 결정했다는 사실은 방송가의 주목을 받지 않을 수 없었다. 곧 지금까지 관례의 통념에서 볼 때 저자가 새 방송위원회 위원장으로 호선될 가능성이 높았고 언론도 그런 식으로 보도했다. 예컨대 2000년 2월 10일자 ≪조선일보≫는 '대통령 추천인사가 위원장을 맡아온 관례에 따라 김정기 위원장이 재선임될 것으로 보인다'고 추측했고 같은 날 ≪동아일보≫는 '새 위원장에는 김 위원장이 유력한 것으로 알려졌다'고 썼다.

<표 1-5-1> 방송위원회 구성

대통령 몫	국회의장 추천 몫	국회 문화관광위 추천 몫
김정기 민병준 조강환	강대인(민주당) 강영구(한나라당) 고홍숙(자민련)	김형근(자민련)* 이경숙(민주당) 임형두(한나라당)

*김형근 위원은 2000년 10월 1일 별세해 같은 해 12월 16일 이긍규 위원으로 바뀜. 괄호 안은 정당 추천.

2. 통합방송법상 방송위원회의 구성 방법

통합방송법이 정한 방송위원회 구성 방법은 구 방송법이 정한 방식과 다르다. 구 방송법은 대통령이 9인의 방송위원을 임명하되 국회의장과 대법원장이 추천한 각각 3명씩 임명토록(구 방송법 제12조 1항 및 2항) 했으나 통합방송법은 대통령이 9인의 방송위원을 임명하되, 대법원장의 3인 추천 몫을 삭제하고 국회가 6인을 추천토록 한 것이다(법 제21조 1항 및 2항).

위원의 임기는 3년이며 1회에 한해 연임할 수 있으나(제23조) 공무원, 정당인, 방송 관련업 종사자 등은 위원이 될 수 없다(제25조). 위원장은 국회출석권과 의견진술권, 보고·답변권을 가지며, 국무총리에게 의안을 제출할 수 있는 권한을 가진다(제22조). 대통령이 임명하는 9인 중 3인은 국회의장이 국회 각 교섭단체 대표위원이 협의, 추천한 자를 임명하며 나머지 3인은 국회 문화관광위가 추천의뢰를 받아 국회의장이 추천한 자를 임명토록 했다(통합방송법 제21조 1항 및 2항). 또 구 방송법은 호선으로 선임되는 위원장 및 부위원장만 상임위원으로 정했으나 통합방송법은 위원장, 부위원장 그리고 상임위원 2명을 추가하고 정무직으로 했다.

통합방송법이 정한 방송위원회 구성방식을 두고 여론은 야당과 방송관련 단체들의 비판으로 기울고 있었다. 예컨대 1999년 11월 30일 새 방송법안이 여당 단독으로 국회 문화관광위를 통과하자 ≪문화일보≫는 12월 2일자 사설에서 다음과 같이 비판했다.

> "우선 방송 독립의 핵심인 방송위원회 구성 방법에 독립성을 해치는 독소가 들어 있다고 지적하는 야당과 방송관련 단체들의 주장은 타당성이 충분하다. KBS 사장 추천권을 가진 KBS 이사 선임권(추천권)을 비롯해 방송전반에 대한 행정권과 준사법권, 준입법권 등 막강한 권한을 가진 방송위원회 위원 9명이 현저하게 여당에 편중될 가능성이 높은 것이다. 의석비율이 반영되지 않아 대통령을 포함한 여당 몫 7명, 야당 몫 2명이 되기 십상이다. 이런 구성비율로는 방송의 불공정성 시비는 앞으로 사라지지 않을 것이 분명하다. …"

나는 기본적으로 방송위원회의 구성비율을 방송의 불공정성과 연관짓는 시각에는 동의하지 않지만 방송위원회의 구성이 정부·여당에 치우쳤다는 여론의 지적은 신생 방송위의 독립적 위상에 태생적 부담을 주었다고 생각한다. 그것은 내가 위원장 재임기간 국회 문화관광위에 불려나갈 때마다 거의 매번 야당의원들로부터 방송위의 독립성 또는 방송의 '편파성'에 대한 질문공세의 표적이 된 데서도 반증된다.

원래 방개위는 대통령이 9인 위원 중 3분의 1을 선임하고, 국회의장이 교섭단체와 협의 아래 3분의 1을 제청하며, 나머지 3분의 1은 국회의 소관상임위원회(문화관광위원회)가 시청자대표성을 고려해 2배수를 추천하고 대통령이 임명하는 구성 방법을 제안했었다. 또한 방송위원회 상임위원 4인의 임명 방법에 관해서는 대통령이 위원장을 지명하고 위원장이 위원회의 동의를 얻어 부위원장과 2인 상임위원을 지명하도록 권고했다. 그러나 입법과정에서 문화관광위가 시청자대표성을 고려해 2배수를 추천하고 대통령이 임명하는 방식은 '전문성과 시청자대표성'을 고려해 3인을 추천하는 방식으로 바뀌었고 상임위원 임명방법에 대해서도 모두 방송위원 호선으로 바뀌었다.

나는 이런 구성 방법이 국민이 직접 선출한 대통령과 국회가 방송위원회 구성을 책임진다는 점에서 명분을 준다고 해도 세 가지 허점을 드러낸다고 생각한다. 첫째, 국회가 방송위원 9인 중 6인을 선택할 수 있게 함으로써 방송위원회 구성을 '정치화'(politicize)한다는 점이다. 둘째, 집권여당의 몫이 방송위원 9인중 6~7인이나 되어 방송위원회가 집권 여당의 영향에서 자유롭지 않다는 비판을 면하기 어렵다는 점이다. 셋째, 소관상임위원회가 전문성 및 시청자대표성을 고려해 대통령에게 추천하는 방식은 그 기준이 너무 추상적이기 때문에 시청자대표성이나 전문성은 실종되고 결국 정당간의 '나눠먹기식' 임명으로 귀결되기 십상이라는 점이다.

이렇게 볼 때 방개위가 제안한 방송위원회 구성 방법은 방송위원회의 정치적 독립성을 전혀 달성할 수 없는 '정치적인' 구성 방법일 수밖에 없다. 나는 소관상임위가 정기적으로 행하는 국정감사나 기타 업무보고에서 본래 직무에 관한 질문보다는 방송위의 정치적 독립성에 관한 정치성 논쟁에 휘말리곤 했던 경험을 비추어 볼 때 현행 방송위원회 위원 구성 방법은 재고해야 마땅하다고 생각한다. 그런 맥락에서 방송위원회 구성 방법에 관한 한 구 방송법상의 위원회 구성 방식 곧 대통령, 입법부, 사법부에서 각각 3인씩 추천·임명하도록 하는 방식이 오히려 합리적이라는 의견(박선영, 1999: 328)이 설득력 있게 들린다.

3. 새 방송위 사무처 짜기

다음으로 새 방송위 사무처 구성은 2000년 2월 21일 나형수 씨의 사무총장 임명으로부터 시작된다. 나 총장은 KBS 심야토론의 사회자로 이름을 쌓은 데다 오랜 방송현장 경험을 축척하고 있어 위원장의 임명에 대해 방송위원들은 이의 없이 동의했다.

사무총장 아래 사무처 조직은 이미 큰 가닥이 잡혀 있었다. 그것은 구 방송위원회 사무처와 종합유선방송위원회 사무국을 통합하며, 두 위원회 사무직원을 원칙적으로 모두 고용승계하며, 사무직원의 신분을 민간인으로 한다[3]는 원칙이었다. 이런 큰 가닥이 잡혀 있더라도 사무처의 규모를

3) 새 방송위 사무처 직원은 국가 행정의 일부인 방송행정을 담당한다는 점에서 공무원의 신분을 가져야 하지만 방송위원회가 정부조직체제 밖에 있기 때문에 관할의 문제가 제기된다. 따라서 별정직 공무원이나 민간인 방안 중 현실적인 문제를 감안해 민간인 신분을 갖도록 했다. 여기서 말하는 현실적인 문제란 구 방송위원회 사무처 직원이나 구 종합유선방송위원회 사무국 직원이 모두 민간인이라는 점, 민간인이 공무원이 되기 위해서는 복잡한 절차를 밟아야 한다는

잡는 일과 그 조직구도를 짜는 일은 쉽지 않았다. 이 문제는 새 방송위가 수행하는 새로운 기능과 직결되는 중대사이기에 초대 위원장으로서 나는 의욕적으로 일을 추진했지만 진척은 달팽이걸음이었다. 당시 박지원 문화관광부 장관과 청와대 김성재 정책기획수석 등을 만나 열심히 설명해 협조를 얻어놓으면 기획예산처 실무자 선은 번번이 되돌려놓은 것이었다.

새 방송위가 정부로부터 독립해 있다면서 더구나 방송발전기금의 관리주체인 처지에서 독자적으로 사무처를 짜면 되지 왜 관계부처의 협조를 구하는가? 그러나 이는 그렇게 단순하게 생각할 사항이 아니다. 왜냐하면 새 방송위가 위원장, 부위원장, 상임위원의 급료만 국가예산에서 지급받고 그밖의 모든 방송위원회 사업비와 직원 인건비 등은 모두 방송발전기금이 지급한다는 방송위원회 재정의 원칙이 정해졌지만 모든 공적기금을 총괄하는 기획예산처의 승인을 받지 않고는 사무처 조직은 한치도 늘일 수 없기 때문이다.[4)]

1) 사무처 구성안과 실제 구성

먼저 당시 방송위원회 지도부가 추진했던 사무처 직원 규모와 조직도구를 보면 처음 2차장, 2실, 7국, 27부, 4지역사무소(6출장소), 1연구소에 276인이었다. 그러나 이 규모가 여의치 않자 다시 줄여 1차장, 1실, 3국, 18부, 3관, 4지역사무소, 1연구소에 248인을 추진했다(<그림 1-5-1>). 방송위원회 지도부가 276인 또는 248인이 필요하다고 본 이유는 새 방송위가 수행할 법정 직무가 뒤에서 보듯 엄청나게 확대되어 있거나 마땅히 수행할 당연한 직무가 생겼다고 보았기 때문이다.

예컨대 전국에 흩어져 있는 800여 개 이상의 중계유선방송의 법령준수

점, 그리고 두 방송위원회 노조의 반대 등이었다. 그러나 이는 FCC 직원이 연방공무원 신분을 갖는 것과 대조적이다.

4) 모든 공적 기금의 사용은 기금관리기본법에 의해 기획예산처 산하의 기금운용심의회의 심의를 받도록 하고 있어 기획예산처 장관, 국무총리, 대통령의 결재를 받지 않으면 안된다. 더구나 기금관리 기본법이 개정되어 2002년 3월 1일부터는 국회의 심의를 거쳐 승인 받지 않으면 안된다.

<그림 1-5-1> 새 방송위원회 사무처 조직구도안(248인)

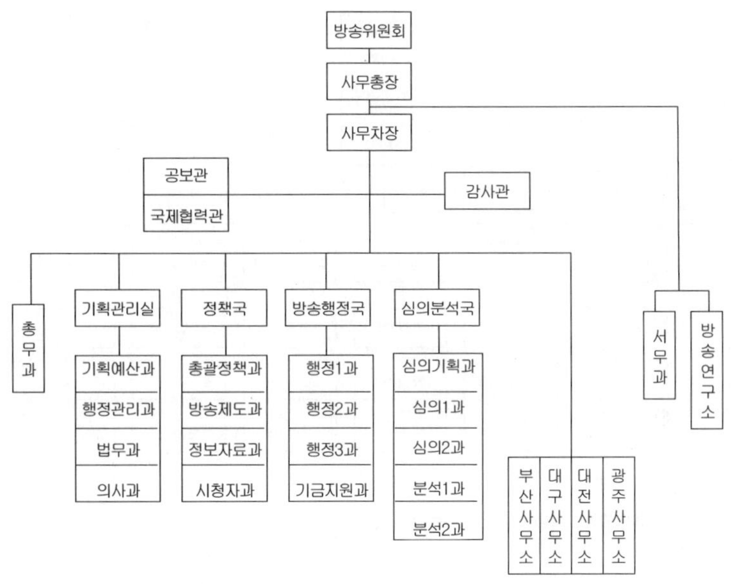

여부를 감독하기 위한 행정기능을 유효하게 수행하기 위해서는 인원의 확충이 반드시 필요하다고 생각했기 때문이다. 또 다른 예로 방송정책 총괄기구로서 새 방송위는 정책연구기능의 뒷받침을 받지 않으면 안된다고 볼 때 중간 규모의 '방송연구소'는 반드시 필요한 기구이다. 그러나 현실적인 사정으로 이 연구소가 방송위원회 사무처 조직구도에서 빠지고 전체 인원도 대폭 삭감된 것은 안타까운 일이 아닐 수 없다. 결국 방송위원회 지도부가 마음 속에 그린 조직구도는 깎이고 또 깎여 새 방송위 사무처는 2실, 3국, 15부, 2팀, 4지역사무소에 173인으로 낙착되고 말았다.

당시 종합유선방송위원회 사무국은 별정직 사무국장 아래 2실 4부 7팀 4지역사무소에 총 69명이 재직하고 있었으며, 구 방송위원회 사무처는 별정직 사무총장 아래 1실 3국 10부 2팀 4지역사무소에 총 89명이 재직 중에 있었다. 새 방송위 사무처 정원이 173인으로 결정된 문제는 두 위원회 사무직원 총수 158인을 상회하는 숫자라고 자위하는 수밖에 없었다. 그러나 저자가 그렇게 강조하던 '방송연구소'가 사라지고 그 자리에 계선 조

<그림 1-5-2> 방송위원회의 현행 조직구도(173인)*

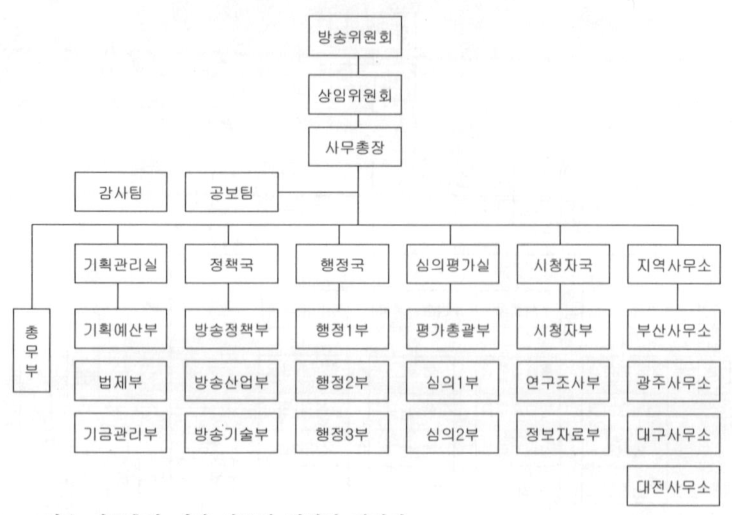

* 173인은 사무총장 이하 사무처 직원의 정원임.

직인 '연구조사부'가 들어선 것은 방송위원회를 불구로 만든 것이나 다름없다고 생각한다.

당시 IMF 구제금융체제 아래 정부조직의 구조 조정에 힘을 쏟고 있던 기획예산처로서는 새 방송위가 방송진흥원과 같은 연구기구를 활용하지 못하는 이유, 곧 부처 할거주의(割據主義)를 받아들일 수 없었던 것이다. 그 결과 새 방송위는 방송정책의 총괄기구이면서도 정책연구 서비스의 뒷받침을 받지 못하는 불구의 상처를 입고 출발하지 않을 수 없게 되었다.

방송위원회 사무처 조직의 핵심부서는 행정국과 정책국이다. 이 부서는 구 방송위 사무처나 종합유선방송위원회 사무국에서는 찾아볼 수 없는 부서이며 이는 새 방송위가 방송정책 총괄기구로 부상함에 따라 정책·행정 기능을 수행하기 위한 필수적인 부서이다. 특히 행정1부는 지상파방송을 관할하며 행정2부는 케이블 방송과 중계유선방송을, 행정3부는 위성방송을 관할한다. 심의평가실과 시청자국도 새 방송법이 부여한 직무에 따라 확충되었다.

새 방송위 사무처 조직은 합의제 행정기관인 방송위원회의 안건을 실무적으로 지원하며 실질적인 재량으로 안건을 처리한다는 점에서 중요하다. 이 사무처 조직은 새 방송위가 제도화되는 과정에서 극히 중요한 몫을 하고 있는 것이다.

2) FCC의 사무처 조직과의 비교

그러면 여기서 새 방송위가 모델로 하고 있는 미국의 FCC의 사무처조직을 잠시 살펴보자. 물론 FCC는 연간 예산 200억~250억 달러를 쓰며 2,000여 명의 사무직원을 거느리고 있어 연간예산 약 200억 원 규모로 170여 명의 사무직원을 거느리는 한국의 방송위원회와 수평적으로 비교할 바는 아니지만, 제도화의 관점에서 FCC 사무처 조직은 참조할 만한 적응성을 보여준다. 다시 말하면 FCC 사무처 조직은 매체환경의 변화에 따라 부서를 신설해왔는데 2000년 현재 가장 중요한 부서는 '매스미디어국'(Mass Media Bureau), '케이블서비스국'(Cable Services Bureau), '커먼 캐리어국'(Common Carrier Bureau), '사설라디오국'(Private Radio Bureau)이다.

여기서 중요한 것은 FCC는 매체환경의 변화에 따라 조직을 유연하게 개편한다는 점이다. 1994년 이미 FCC는 케이블 방송이 방송시장에서 무시할 수 없는 세력으로 등장하자 1994년 '케이블 서비스국'(Cable Services Bureau)을 설치했는데 처음 직원이 60여 명이었으나 1998년 현재는 4개과에 240여 명에 이르고 있다. 또 같은 해 FCC는 국제국과 '무선통신국'(Wireless Telecommunications Bureau)을 추가로 설치해 모든 국제 텔레커뮤니케이션 문제와 위성방송 문제를 처리토록 했다(Head et al., 334-336).

이어 현대방송·통신기술 융합시대를 맞아 기술을 기초로 한 기존의 조직구조를 '기능을 기초로 한 조직구조'(a function-based organizational structure)로 재편하고 있다는 점이다(Carter et al., 2000: 412-413). 이는 1999년의 FCC 5개년 조직개편계획, 곧 「21세기를 위한 새로운 FCC(FCC, 1999, *A New FCC for the 21st Century*)」에 반영되어 있다. 이 조직개편안은 방송·통신 융합시대를 맞아 FCC가 조직을 재정비하는 것으로 4가지 큰 방향을 정했는데 그것은 ① 정보화 시대의 선구자 몫을 할 것 ② 조직을 재정비해

<그림 1-5-3> 현행 FCC의 조직구도(약 2000인)

(2003년 3월 현재)

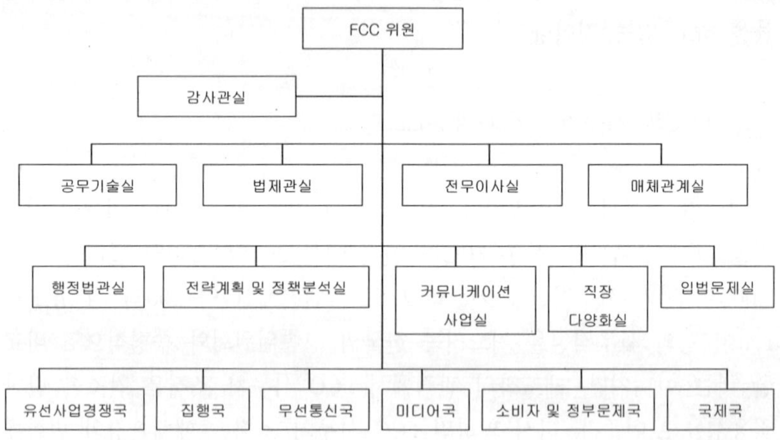

출처: http://www.fcc.gov/fccorgchart.html

융합에 적합한 구조를 갖출 것 ③ 원활하고 평면적이고 기능적인 조직을 만들 것 ④ 기존 FCC 재직 직원의 경험과 지식을 유지·발전시킬 것이다.

이 조직개편계획의 골자는 현재 분산된 집행기능을 단계적으로 2004년까지 '새로운 집행국'(a new Enforcement Bureau)으로 통합하며 분산된 공보기능을 '새로운 소비자 정보국'(a new Consumer Information Bureau)으로 통합한다는 것이다. 나머지 서비스도 허가국, 경쟁 및 정책국, 국제국으로 재편될 것이다.5)

<그림 1-5-3>은 FCC 5개년 조직개편계획에 따라 2003년 3월 현재 재편된 FCC 조직 구도를 보여준다.

이는 조직이 매체환경 변화에 따라 적응성을 높인 조치이다. 부연해 설명하면 방송·통신의 융합이라는 기술환경의 급격한 변화에 따라 FCC는 '기존의 매체에 따른 업무의 구분이 이제는 적합하지 않다는 인식하에 대대적인 내부 구조개편을 추진하고 있는 것이다.'(이영음, 2001: 80)

---

5) 이 조직개편 계획에 따라 5개년 세부실행계획을 세우고 있는데 이에 관해서는 황상재(2001)가 쓴 「새로운 변화를 강요받는 FCC」(≪방송21≫, 2001년 9월호, 통권 16호)를 참조.

그러나 이와 대조적으로 한국의 방송위원회 사무처는 경직된 정원제에 묶여있어 급변하는 매체 환경에 적응하는 데 실패하기 십상인 큰 허점을 드러내고 있는 것이다. 이는 새 방송위원회가 정치환경에 따라 새로운 모습으로 다시 태어나는 적응성을 보였지만 앞으로 기술환경과 시장환경의 변화에 따라 다시 적응하지 않으면 안된다는 과제를 던져준다.

결론적으로 통합방송법 아래 탄생한 새 방송위원회는 신생기관이라는 점에서 제도화(institutionalization)를 위해 갈 길이 멀다. 새 방송위가 제도화되는 데 가장 큰 걸림돌은 정부조직 밖에 설치된 방송위원회의 법적 위상이 뿌리에서부터 흔들리고 있다는 점, 특히 방송위원회 구성이 '정치적'이라는 점과 아울러 사무처 조직이 경직된 조직구도와 정원제로 묶여 있다는 점이다. 방송위원회가 소속불명의 합의제 행정기구라는 점에서 정체성의 위기를 맞고 있는가 하면 규칙제정권의 위헌성으로 말미암아 유효하게 방송정책을 펴나가기가 어렵게 되어 있다. 방송위원회 구성이 '정치적'이기 때문에 위원장은 본 직무보다는 국회 야당과의 정치논쟁에 휘말려 결과적으로 방송위원회의 독립적 위상에 타격을 받지 않을 수 없었다. 또한 사무처가 정원제에 묶여 있는 조직구도는 새 방송위가 기술환경 및 매체환경 변화에 대해 신축성 있게 적응하기 어렵게 만드는 장애가 된다.

제1부를 마치며

제1부에서 저자는 전환기의 방송정책의 산실이기도 한 새 방송위원회와 통합방송법의 문제점을 여러 각도에서 조명해보았다. 방송개혁위원회는 3개월이라는 시한에도 불구하고 1995년 이래 천연되어온 통합방송법의 체계와 내용을 확정시켰을 뿐만 아니라 독립규제위원회를 모델로 하는 방송위원회를 설치하는 성과를 거두었다.

그러나 방개위는 통합방송법과 새 방송위원회를 설계하는 데 성과를 거두었다기보다는 결과적으로 실패했다고 평가할 수밖에 없다. 통합방송법상 새 방송위원회는 우리나라 헌법의 수권법체제를 잘못 읽은 방개위가 기본설계를 잘못한 나머지 새 방송위원회의 법적 위상이 마치 사상누각처럼 근본에서부터 흔들리고 있다. 부연하면 새 방송위원회는 정부조직의 외곽에서 규칙제정권(시행령)을 주도할 수 없는 처지에서 방송정책 총괄기구로서의 위상이 훼손되고 있을 뿐만 아니라, 현행 방송위원회 구성 방법은 위원회의 정치적 독립을 담보하지 못하고 있다.

방송위원회는 국가행정의 일부인 방송행정을 담당하는 국가기관으로서 그 성격은 합의제 행정기구이다. 그런데 방송위원회는 대통령이나 국무총리에 소속하지 않는 합의제 행정기구라는 점에서 법적 위상이 모호한 것이 특징이다. 이러한 법적 지위에서 방송위원회가 수행하는 방송행정은 정부 부처와 합의 또는 협의를 통해서만 정통성과 합법성을 부여받는다는 점이다.

예컨대 새 방송위원회가 역점을 두고 추진하던 중계유선방송(RO)의 종합유선방송(SO) 전환 승인사업을 둘러싸고 공정거래위원회와의 관할권 분쟁과 뒤이은 사태 발전이 방송위와 공정위의 역학구도를 잘 보여준다.

RO의 SO 전환 승인사업은 RO와 SO로 2원화된 왜곡된 유료방송시장구조를 바로 잡겠다는 것으로 방개위가 건의한 것을 정부가 수용하여 법제화된 것이다. RO와 SO 전환을 승인한 입법취지는 양자의 기업결합을 유도하는 것이다. 그 결과 예컨대 조선무역 계열의 C&M은 2001년 현재 12개의 SO를 거느린 거대 MSO가 된 것이다. 그런데 공정거래위원회는 바로 C&M의 기업결합이 공정거래법에 저촉된다는 입장을 취한 것이다.

이는 방송위가 역점사업으로 추진하는 RO의 SO 전환 승인사업의 정책취지와 정면으로 충돌하는 것이다. 결과적으로 공정위는 입장을 바꾸어 같은 지역에서 SO와 RO의 기업결합이 법에 저촉되지 않는다는 결정을 뒤늦게 내려 방송위의 RO 전환 승인정책은 회생할 수 있었다. 그러나 그 경과를 보면 합의제 행정기구인 두 위원회의 역학구도를 잘 보여준다. 다시 말하면 공정거래위원회가 어떻게 결정하느냐에 따라 방송위원회의 정책의 생존 여부가 결정된다는 점이다. 이는 두 합의제 행정기구가 설치된 배경에 그 원인이 있다.

공정거래위원회는 국무총리에 속하면서 정부조직법 제5조에 근거하는 합의제 행정기구인 반면 방송위원회는 정부조직 어디에도 속하지 않고 오로지 방송법에 의해서만 설립된 합의제 행정기구이다. 방송위원회는 '방송프로그램 유통상 공정거래 질서확립'에 관한 사항을 심의·의결할 경우 공정거래위원회 위원장의 '의견을 들어야' 하지만 공정거래위원회는 소관분야에 관해 독립적으로 심의·의결할 수 있다. 다시 말하면 방송위원회의 정책결정은 소관행정업무를 담당하는 정부기구와 '합의' 또는 '협의'의 절차를 거치지 않으면 합법성과 정통성을 확보하지 못하게 되어 있지만 공정거래위원회는 단독으로 결정하면 그것으로 끝난다.

2002년 7월 10일 공정거래위원회 전원회의는 RO의 SO 전환 승인과 기존 SO와 RO의 기업결합이 위법이 아니라는 결정을 내려 방송위원회의 입장은 겨우 체면을 유지했다. 듣건대 이는 청와대 관계인사의 '종용'이 주효했다고 하니 방송위원회의 정통성 위기는 잠시 잠복해 들어간 셈이다.

방개위가 큰 틀을 짜고 내용을 확정한 통합방송법은 시청자권익 보호 등 일정 부분은 진보적인 법제로서 민주적 가치를 실현하는 측면이 있다.

그러나 한편 통합방송법은 구법체제가 유지하고 있던 방송에 대한 가부장적 권위주의 국가규제를 그대로 승계하고 있다는 점에서 시대착오성을 띠고 있다. 그 뿐만 아니라 통합방송법은 곳곳에 위헌이라는 비판을 면하기 어려운 조항을 담고 있다.

결론적으로 통합방송법과 새 방송위원회는 더 이상 실험의 대가를 치르게 해서는 안된다. 특히 방송위원회는 정체성의 위기에 몰려 있다고 보인다. 위성방송의 지상파방송 재송신정책이 2001년 11월 19일 공표된 후 기존정책의 시행도, 새로운 정책의 마련도 아직까지 하지 못하고 있다. 경인방송의 역외재송신 대책도 지지부진 형편이다. 방송위원회가 가장 중시해야 할 방송시장에서의 공정거래 질서확립에 관한 직무도 공정거래위원회와의 관계가 정립되지 못한 나머지 유효하게 수행되지 못하고 있다. 이는 말할 필요도 없이 방송위원회의 독립적 위상이 근본에서 흔들리는 설계 잘못에 근본적인 귀책사유가 있다 할 것이다. 방송위원회 위원 구성방법 또한 집권여당의 편향되어 있을 뿐만 아니라 구성 자체가 정치화되어 있기 때문에 합의제 행정기관인 방송위가 담론적 토론보다는 정파적 논쟁에 휘말릴 위험에 노출되어 있다. 따라서 통합방송법상 방송위원회의 구성방법은 구 방송법이 규정한 대로 행정부가 3인을 인정하고 나머지 6인은 입법부와 사법부가 3인씩 추천한 자를 임명하던 방법(구 방송법 제12조 1항과 2항)으로 되돌려 놓던가 또는 방송위원이 이해상충으로부터 자유롭고 전문성을 담보하는 새로운 구성방법을 모색해야 할 것이다. 그 전자의 경우 사법부가 추천하는 3인은 옛날 관행대로 행정부의 입김이 작용해서는 안되며 사법부가 독자적으로 추천하도록 해야 할 것이다.

나는 '참여정부'로 출발한 노무현 정권이 이 문제에 심각한 주의를 돌려 방송통신 자문기구를 다시 구성해 방송·통신 융합시대에 맞는 비전을 갖고 대처해 나가기를 기대해본다.

제2부
방송과 공익

통합방송법은 방송의 공익성을 담보하는 여러 가지 법적 장치를 설치하고 있다. 부연하면 방송법은 방송공익을 실현하기 위해 시청자권익 보호(방송법 제6장의 여러 규정), 방송의 종합평가(법 제31조), 방송프로그램의 등급제(법 제33조 3항 및 4항), 방송의 내용 심의·제재(법 제32조, 33조, 34조), 방송의 편성 규제(법 제69조, 76조, 71조, 72조)와 같은 다양한 법적 장치를 도입하고 있다.

이러한 다양한 방송규제가 공익성이라는 폭넓은 단일기준으로 포괄할 수 있는지의 여부가 논란을 불러일으킬 수 있다. 왜냐하면 통합방송법은 공익성뿐만 아니라 공정성, 공공성, 공적 책임을 방송규제의 상이한 기준으로 설정하고 있기 때문이다.

특히 법은 공익성에 관해 제6조 3항부터 8항까지 복잡한 규정을 두어 국민의 기본권 옹호, 국제친선의 증진, 국민의 알권리 보장, 소수집단이나 소수계층의 이익 보호, 지역사회에 기여, 사회교육 기능의 신장, 국민의 문화생활 질적 향상, 언어순화, 다양한 의견 표출의 균등한 기회 제공 등을 열거하고 있다. 이렇게 볼 때 공익이라는 우산 아래 시청자권익 보호, 방송내용 및 편성 규제, 방송평가와 같은 다양한 규제를 묶어두는 것은 공익개념의 잣대를 지나치게 늘인 것이 아니냐는 이의를 제기할 수 있다.

그러나 저자는 여기서 말하는 공익을 제3부에서 다루는 '시장'과 대립되는 개념으로 사용코자 한다. 그것은 방송이 시장에 맡겨져서는 달성할 수 없는 일정한 공적 책임을 말한다. 이는 통합방송법이 방송국 허가 및 재허가의 조건으로 공적 책임, 공공성·공익성의 실현 가능성을 들고 있는 데서, 그리고 1934년의 미국 커뮤니케이션법이 방송사업자의 허가 및 재허가의 조건으로 '공익, 편의 또는 필요'(public interest, convenience or necessity)의 의무준수를 들고 있는 데서 같은 맥락의 의미를 읽을 수 있다.

이렇게 볼 때 공익은 정책당국이 펼치는 방송정책의 버팀목인 셈이다. 정책당국은 흔히 방송정책을 공익의 이름으로 또는 시청자 복지에 이바지한다는 명분으로 시행한다. 이 버팀목이 없이는 정책당국은 방송정책을 마련하고 시행할 입지가 좁아진다. 문제는 공익이 '공중의 이익'(public interest)이라고 볼 때 개념적 모호성이 여전히 남아 있다는 점이다.

저자는 한때 공중이란 그들이 사는 사회의 역사와 전통과 가치에 뿌리를 둔 공동사회의 구성원으로서, 의식적으로 공공목표를 공유하는 사람들이라고 주장한 적이 있다(김정기, 1997: 7). 그들은 '역사적 공동체로서 국민'(The People as a historic community, Lippmann, 1923) 또는 '사회에 대한 이해'(stake in society)를 갖는 계층으로 예컨대 미국혁명 당시의 '농장경영자, 해운업자, 기업인, 법률가'들과 같이 미국혁명에 확고한 경제적 및 사회적 이해를 가진 사람들이라는 논거에 근거를 두고 있다(Nisbet, 1982: 249). 그러나 다시 생각하건대 그런 주장은 엘리트주의 또는 엘리트 다원주의를 옹호하는 논리로 빠지기 쉽다.

그렇다면 공중이란 누구인가? 그들의 이익이란 무엇인가? 우리는 여기서 이 질문에 답하기 위해 '공중'(public)이라는 관념이 생성되고 개념으로 발전된 과정을 추적해볼 필요가 있다. 스웨덴 매체학자 달그렌(Dahlgren, 1995)에 의하면 공중이라는 관념은 민주주의 과정에 관련해 많은 저자들의 주목을 받았지만 특히 세 저자들의 이론적 구성이 두드러진다는 것이다(Ibid. 7). 이들이 듀이(Dewey, 1954, 1923), 아렌트(Arendt, 1958), 하버마스(Habermas, 1989/1962)이다. 이들의 관점은 유사성과 차별성이 있지만 매스미디어의 기능과 문제는 듀이와 하버마스의 특별한 관심사였다. 이들 중에서 달그렌에 의하면 하버마스의 '공론장'(Öffentlichkeit)은 공중을 이해하는 데 가장 유용한 개념이라는 것이다.

그러나 한편 미국의 매체학자 오프더헤이드(Aufderheide, 1999)는 여러 가지 공중관을 제시하면서 듀이의 공중관에 무게를 둔다. 이하 듀이와 하버마스가 본 공중의 개념을 살피면서 공중의 의미를 추적해보자.

공중이란 듀이에 의하면 그 자체가 생명을 가진 존재가 아니라 사회적 창조물이라는 것이다. 따라서 그것은 공중의 이름으로 정책을 부르짖은 정부조직과는 다르며, 개인권리와 이해의 집합체와는 더욱 다르다. 듀이가 본 공중이란 우리 모두가 공유하는 사회적, 정치적 그리고 경제적 제도의 의미에 관해 나누는 대화 속에서 살아 있는 상호관계의 창조물이다. 이러한 공중이란 상상 속에서도 실제에서도 존재할 뿐만 아니라 실제적 또는 상상적 공간에서도 존재하는 그 무엇이다(Ibid. 1999, 7).

사람들은 실제 가정생활 또는 직장생활을 영위하는 것 못지 않게 공적 생활을 의미있게 영위한다. 그런데 사람들이 공적생활을 누리려면 공적 공간이 필요하다(Ibid. 7). 여기서 우리는 공적생활을 누리는 공간, 곧 공적 공간이 필요한 이유가 있으며 이 '공적공간'(public space)으로서 방송이 공중과 연계되어야 할 필요가 있음을 발견하게 된다.

이러한 듀이의 공중관에서 나온 공적공간은 하버마스의 공론장 이론과 연관을 맺고 있다. 하버마스는 『공론장의 구조변화(*The Structural Transformation of Public Sphere*, 1962/1989)』에서 18세기 영국, 프랑스, 독일에서 자본주의 생성 과정에서 공론장이 생긴 역사적 배경을 추적하고 이 '부르주아 공론장'(bourgeois public sphere)에 의미를 부여하고 있다. 그러나 그는 부르주아 공론장이 자본주의 모순을 극복하려는 국가의 간섭으로 어떻게 쇠퇴했는지 그리고 있다.

하버마스에 의하면 중세유럽의 봉건주의 아래서는 공중이 담론을 펼 수 있는 공적공간이 없었다. 그러나 봉건주의가 쇠퇴하고 자본주의가 등장함에 따라 재산과 교양을 갖춘 계층이 신문과 저널에서 또는 살롱, 다방, 클럽에서 열띤 토론을 펼칠 수 있게 되었다는 것이다. 하버마스는 이러한 부르주아 공론장에서 공중의 의미를 구성한다.

그러나 부르주아 공론장은 후기 자본주의의 모순과 대중민주주의와 사회복지국가의 맥락에서 쇠퇴하게 된다. 하버마스는 특히 자본주의의 모순을 극복하기 위해 국가가 가부장적인 간섭주의를 펴고, 매스미디어가 대기업과 이익단체들의 핵심적 파트너가 됨으로써 공중의 몫은 쇠퇴하고 그 담론장은 변질되었다고 주장한다. 곧 하버마스에 의하면 특히 전자 매스커뮤니케이션(방송)이 비판없는 무기력증에 사로잡힌 새로운 유형의 매체가 되어 버렸다는 것이다.

> "전자 매스컴은 주술적인 힘으로 공중의 눈과 귀를 끌어들이지만 동시에 공중과의 거리를 없앰으로써 공중을 그 '후견'(tutelage) 아래 두게 된다. 이는 말하자면 공중이 무엇인가 발언하고 동의하지 않을 기회를 박탈하는 것이다. … 매스미디어가 만든 세상은 단지 무늬만의 공론장인 것이다."(Habermas, 1989: 171)

그러나 하버마스의 공론장 이론, 특히 부르주아 공론장이 공론장의 원형이냐에 관해서는 비판이 적지 않다. 커란(Curran, 1991)은 영국의 매체 발전역사의 관점에서 공론장의 생성과 퇴조가 역사적 사실에 부합하지 않는다고 지적한다. 부연하면 18세기 영국 신문은 정권의 보조금, 반대당의 금품살포, 기자들의 수뢰 등이 번져 있는 혼탁한 상황에서 공론장이라기보다는 논쟁적이고 파당적인 행태에 매몰된 '갈등적인 공론장'(conflicting public sphere)이었다는 것이다. 그러나 전자매체에 대한 하버마스의 부정적인 평가와는 달리 영국의 공영방송인 BBC의 관행은 오히려 하버마스가 구성한 공론장에 가깝다고 주장한다. BBC는 역사적 발전과정에서 정부로부터 독립성을 획득했으며 정보전달과 토론채널로서 공론장으로서의 위상을 구축했다는 것이다.[1)]

이렇게 볼 때 공익, 곧 공중의 이익은 방송의 공론장과 필수적으로 연계되어 있음을 알 수 있다. 무릇 방송이란 공중에게 다양한 의견의 공론장을 열어놓고 접근을 보장해야 할 의무를 진다 할 수 있다. 특히 다채널 방송인 케이블 방송이나 위성방송의 경우, 통합방송법은 '공공채널'의 의무구성을 명하고 있어 공론장의 지평은 확대될 전망이다. 물론 방송법이 규정하는 '공공채널'은 후술하는 바와 같이 '국가가 공공 목적으로 이용할 수 있는 채널'(법 제70조)로 규정하고 있어 개정이 전제되어야 한다.

이런 맥락에서 통합방송법 제1조가 '방송의 자유와 독립을 보장하고 방송의 공적 책임을 강조함으로써 시청자의 권익보호와 민주적 여론형성 및 국민문화의 향상을 도모하고 방송의 발전과 공공복리의 증진에 이바지함을 목적으로 한다'고 규정한 것은 단순한 선언 이상의 실체적 의미를 갖는다고 볼 수 있다. 또한 법 제3조가 방송사업자는 시청자가 기획·편성 또는 제작에 관한 의사결정에 참여할 수 있도록 하여야 하며 방송의 결과가 '시청자의 이익에 합치하도록 하여야 한다'고 규정한 것은 시청자를 공중으로 본 대표적인 조항이다.

---

1) 이러한 주장에 대해서 영국의 '문화연구'(cultural studies) 학파의 비판적 연구는 BBC가 특히 북아일랜드의 투쟁에 관한 보도에서 외적인 정치압력을 자기검열을 함으로써 내면화시켰다는 반론이 있다. 이에 관해서는 Schlesinger et al.(1983)을 참조.

제2부 '방송과 공익'은 총 4장으로 구성했는데, 그것은 제6장 '시청자권익 보호정책', 제7장 '방송의 종합평가제', 제8장 '방송편성정책', 제9장 '방송내용에 대한 규제'이다.

제6장 '시청자권익 보호정책'은 통합방송법이 방송공익의 신장을 위해 마련한 제도로서 시청자위원회의 강화된 위상, 반론권, 시청자참여프로그램의 의무편성, 옴부즈맨 프로그램의 의무편성 등은 새로 도입됐거나 기존 제도를 논의한 것이다.

다음으로 제7장 '방송의 종합평가제'는 통합방송법이 새로 도입하고 있는바, 이는 방송평가를 방송사업자의 재허가 등에 연계하자는 취지이다. 앞으로 방송평가제는 방송내용의 심의·규제에 대한 대안으로서 기대를 모은다.

제8장이 논의할 방송편성에 대해 통합방송법은 다양한 편성쿼터 비율을 부과하고 있다. 곧 법은 편성의 자유와 독립을 보장한다면서도 광범한 방송쿼터제를 시행함으로써 지나칠 정도의 편성규제를 부과하고 있지 않느냐는 비판이 제기되고 있다. 종래의 보도·교양·오락이라는 구태의연한 편성의 3분법을 그대로 승계하고 있을 뿐만 아니라 일부 실효성이 의문시되는 방송편성쿼터제도 의무화하고 있다.

제9장이 다룰 '방송내용에 대한 규제'는 구 방송법 아래에서 시행하던 방송규제를 거의 답습하고 있다. 그러나 통합방송법 아래 방송심의·제재는 종전과는 달리 새 방송위원회가 지상파방송과 아울러 케이블 방송, 위성방송, 전광판 방송을 통일적으로 규제하고 있다. 또 종전의 사전심의를 상당부분 해소했을 뿐만 아니라 방송프로그램등급제를 새로 도입·시행하고 있다. 그러나 방송내용의 제재는 끊임없이 위헌론이 제기되고 있을 뿐만 아니라 실효성에서도 의문이 일고 있다는 점에서 후술하는 바와 같이 다른 규제제도와 공조 아래 대폭 축소하는 편이 바람직할 것이다.

통합방송법이 방송의 공익성을 담보하기 위해 마련한 여러 가지 제도적 장치가 공익을 실현하는 데 얼마나 기여하는지의 여부는 또 다른 논의가 필요하다. 제2부의 각 장에서는 이런 논의도 부분적으로 다룰 것이다.

6

시청자권익 보호정책

통합방송법이 구 방송법과 가장 두드러진 차이를 보이는 대목이 시청자의 권익보호에 대해 진보적인 태도를 보이고 있다는 점이다. 제6장의 각 조항은 이른바 '시청자주권'을 상징적으로 실현한다는 의미를 지닌다.

먼저 방송법 제21조는 방송위원 9인 중 3인은 전문성과 '시청자대표성'을 고려해 국회 문화관광위원회가 추천하도록 함으로써 방송위원 구성에 시청자 대표의 참여를 상정하고 있다. 그러나 이는 '시청자대표성'을 담보하는 자격기준을 구체적으로 정하고 있지 않기 때문에 선언적인 규정에 불과하지만 시청자 단체들이 방송위원회 구성에 시청자대표성을 요구할 수 있는 근거가 된다는 점에서 의미가 있다. <표 2-6-1>은 통합방송법이 규정한 시청자권익 보호 관련조항을 정리한 표이다.

통합방송법은 제6장 '시청자의 권익 보호'란 이름 아래 일련의 규정을 두고 있지만 시청자가 누구인지 명시하지 않고 있다. 그러면 방송의 시청자란 누구인가? 방송의 수용자인 시청자는 복잡한 특성을 지닌 복합적 개념이다. 매체학자 라이트(Wright, 1986)는 방송의 수용자를 포함한 매스컴의 수용자의 특성으로 상대적 대규모성, 이질성, 익명성을 들고 있다(Ibid. 7). 이러한 매스컴 수용자는 방송사들이 시청률 경쟁의 대상으로 삼는 현대 매스컴 수용자의 특성에 잘 맞는다.

그러나 통합방송법이 공익 곧 공중의 이익을 담보하는 여러 제도적 장치를 마련한 정신을 고려할 때 방송의 시청자란 공중이지 익명성을 특징으로 하는 얼굴 없는 '대량 청중'(mass audience)은 아니다. 특히 방송법 제3조

<표 2-6-1> 통합방송법상 시청자권익 보호 관련조항

항목	내용
시청자대표성 및 권한	• 방송위원 9인 중 3인은 전문성과 시청자대표성 고려(21조) • 시청자위원회의 권한 강화와 시민단체의 추천(제87조 및 제88조)
시청자 불만 처리	• 시청자불만처리위원회 신설(제35조)
시청자반론권	• 반론보도청구권 강화(제91조) - 요구받은 날부터 9일 이내 무료 공표 - 반론보도문은 자막과 함께 통상적인 속도로 읽어야 함
시청자평가프로그램	• KBS는 시청자가 직접 제작한 시청자참여프로그램 매월 100분 이상 편성(제69조) • 종합유선방송사업자 및 위성방송사업자는 지역/공공채널을 통해 시청자 제작 프로그램 방송(제70조)
시청자제작프로그램	• 종합편성과 보도전문편성채널은 시청자평가프로그램 주당 60분 이상 편성(제89조)
시청자의 정보공개 청구	• 종합편성·보도전문편성 사업자에 대해 방송사업에 관한 정보공개 청구(제90조 5항)
시청단체 지원	• 시청자 및 시민단체 지원(제38조) - 시청자가 직접 제작한 방송프로그램 - 미디어 교육 및 시청자단체의 활동

는 시청자가 방송프로그램의 기획·편성 또는 제작에 관한 의사결정에 참여하도록 길을 열어놓으면서 '방송의 결과가 시청자의 이익에 합치하도록 하여야 한다'고 규정하고 있다.

여기서 말하는 시청자의 이익은 다의적인 해석이 가능하겠지만 우리 방송법이 지향하는 공익성을 고려할 때 그것은 대량 청중의 시청률로 나타나는 욕구가 아니라 공중의 이익으로 보아야 할 것이다.

공중과 청중을 구별한 것은 이제 고전이 된 허친스 위원회 보고서 『자유롭고 책임있는 언론(*A Free and Responsible Press*, 1947)』에 의해서이다. 이 보고서는 대중매체가 얼굴 없는 '청중'(audience)을 양산한다고 비판하면서 대중매체가 해야 할 중요한 임무는 '공중'(public)을 회복하는 일이라고 강조했다(공중의 개념에 관해서는 제2부 머리해제 '방송과 공익'을 참조).

방송의 시청자를 공중으로 볼 때에만 시청자의 권익보호를 강조한 통합방송법의 취지를 읽을 수 있게 된다. 이러한 시청자는 방송을 수동적으로 수용하는 소비자(청중)가 아니라 국민의 지위에서 전파를 신탁한 전파

소유자의 입장에서 방송이 제공하는 정보에 대해 의견을 표명할 수 있고 방송에 접근하고 방송운영에 참여할 수 있기 때문에 그에 합당한 권리를 누릴 수 있어야 한다.

여기서 통합방송법 제3조가 '방송사업자는 시청자가 기획·편성 또는 제작에 관한 의사결정에 참여할 수 있도록 하여야 하고, 방송의 결과가 시청자의 이익에 합치하도록 하여야 한다'고 규정한 취지를 읽을 수 있게 된다.

이 조항에 관해서 한 연구자는 '선언적인 원칙규범으로서의 성격'(박선영, 2002: 54-55)밖에 지니지 못한 것으로 규정하고 있으나 저자가 보기에는 시청자위원회의 권한, 시청자참여프로그램의 의무편성(KBS) 및 시청자평가프로그램의 의무편성(종합편성 및 보도전문 방송) 등에서 실질적 의미를 갖는다.

이런 맥락에서 시청자는 방송프로그램의 기획·편성 또는 제작에 관한 의사결정에 참여할 수 있을 뿐만 아니라 더 나아가 방송위원회의 방송사업자의 허가 및 재허가 심의·의결과정에 참여할 권리를 주장할 수 있을 것이다.[1)]

이 시청자권익 보호에 관한 여러 조항은 제2장 '통합방송법의 특성'에서 살펴본 대로 통합방송법의 역사성을 가늠하는 한 잣대가 된다. 왜냐하면 이들 시청자권익 보호 조항들은 1980년 언론통폐합이 자행된 이래 시민사회가 시청자의 입장에서 방송에 대한 권리주장의 축적을 반영한 것으로 볼 수 있기 때문이다.

제5장에서는 시청자를 공중으로 보는 시각에서 '시청자권익 보호정책'을 논의하고자 한다. 구체적으로 ① 시청자위원회와 시청자참여프로그램 ② 시청자평가프로그램과 시청자평가원 ③ 시청자불만처리위원회를 차례로 논의하고자 한다.

한편 시청자권익 보호의 중요한 장치로 마련된 반론권(법 제91조)은 중

1) 미국 연방법원은 1966년 기독통일교회가 FCC를 상대로 제소한 사건(Office of Communication, United Church of Christ v. FCC)에 대한 판결에서 시청자도 FCC의 방송허가의 갱신심의에 참여할 수 있는 권리를 인정했다(김정기, 「바른 언론을 세우기 위해」, ≪부산일보≫, 1994년 2월 5일 '釜日칼럼').

요한 제도지만 현행법제 아래서 방송위원회보다는 언론중재위가 시행할 몫이라고 보기 때문에 여기서는 생략한다(반론권에 관해서는 박선영, 2002: 55-56을 참조).

1. 시청자위원회와 시청자참여프로그램

통합방송법은 제87조에서 제90조에 이르기까지 '시청자위원회'에 관한 여러 가지 사항을 규정하고 있다. 부연하면 제87조 시청자위원회의 구성과 운영, 제88조 그 권한과 직무, 제89조 시청자평가원 선임, 제90조 방송사업자의 의무에 관한 사항을 규정하고 있다.

방송법 제69조와 시행령 제51조는 KBS가 매월 100분 이상 시청자가 직접 제작한 프로그램을 편성하도록 명하고 있다. 또한 법 제70조는 종합유선방송사업자와 위성방송사업자에게도 시청자가 자체 제작한 프로그램의 방송을 요청하는 경우 특별한 사유가 없는 한 이를 지역채널 또는 공공채널을 통해서 방송해야 한다고 규정하고 있다.

1) 높아진 시청자위원회의 법적 위상

이는 구 방송법 제30조가 규정하는 '시청자위원회'와 비교하면 훨씬 진보적인 태도를 보이는 대목이다. 다시 말하면 구 방송법 아래 방송국은 방송순서(방송프로그램)에 관한 자문을 위해 시청자위원회를 설치하도록 하고 보도에 관한 사항을 제외한 방송순서에 관한 사항을 심의하고, 그 심의결과에 따라 방송국의 장에게 의견을 제출하거나 필요한 때에는 시정을 요구할 수 있도록 했지만 그것은 방송국의 장을 위한 자문의 몫을 넘지 못했다.

통합방송법 아래 설치된 시청자위원회는 방송편성의 자체심의규정 및 방송프로그램 내용에 관한 의견 제시 또는 시정 요구, 시청자평가원의 선임, 기타 시청자의 권익보호와 침해구제에 관한 업무를 행할 수도 있으며,

시청자위원회의 대표자는 방송위원회에 출석해 의견을 진술할 수도 있다(제88조). 이러한 시청자위원회의 의견 제시나 시정 요구에 대해 방송사업자는 특별한 사유가 없는 한 이를 수용하여야 하고, 이를 부당하게 거부하는 경우에는 시청자위원회가 방송위원회에 시청자 불만 처리를 요청할 수도 있으며(제90조 1항 및 2항), 시청자위원회가 직무수행을 위해 필요한 자료나 관계자의 출석·답변을 요청했으나 특별한 사유 없이 이에 응하지 않을 경우, 또는 시청자위원회의 심의결과 및 그 처리에 관한 사항을 방송위원회에 보고하지 아니한 경우 해당 방송사업자는 과태료에 처해질 수도 있다(제108조 1항, 23호 및 24호).

방송사업자가 위촉하는 시청자위원회의 구성에 관해서도 '시청자를 대표할 수 있는 자 중에서 (방송)위원회 규칙이 정하는 단체의 추천을 받아' 시청자위원을 위촉하도록 규정하고 있어 방송위원회는 시청자위원회 구성에 대해서도 일정 부분 감독권을 인정하고 있다.[2)] 다만 시청자위원회의 구성과 운영에 관해서 통합방송법 시행령 제64조는 구 방송법 시행령이 정한 틀을 그대로 따르고 있다(10~15인 구성, 월 1회 이상 회의, 회의종료 후 조치의 처리 결과 1개월 내 방송위원회 보고).

통합방송법 제87조 및 제88조가 규정하고 있는 시청자위원회의 권한과 직무는 구 방송법 아래 설립된 시청자위원회가 방송국장의 단순한 자문기구였던 지위보다 훨씬 강화되었다는 점에서 시청자위원회의 활동이 기대를 모으고 있다. 이와 함께 의식화된 시청자단체들의 활동도 시청자위원회를 더욱 시청자 쪽으로 밀착시키는 역할을 하고 있다.

그러한 사례의 하나로 2001년 3월 28일 '언론개혁시민연대' 산하의 언

---

2) 방송법시행에관한방송위원회규칙(제 17호)는 제24조는 시청자위원 추천 단체로 9개 분야의 단체를 다음과 같이 열거하고 있다. ① 초·중등교육법 및 고등교육법에 의한 각급 교육기관의 운영위원회 등 학부모 단체 ② 소비자보호단체 ③ 여성단체 ④ 청소년 관련 기관 또는 단체 ⑤ 변호사단체 ⑥ 방송·신문 등 언론관련 시민·학술단체 ⑦ 장애인 등 사회소외계층의 권익을 대변하는 단체 ⑧ 노동 관련 기관 또는 노동단체 ⑨ 연간 1회 이상 정기회의를 개최하는 경제단체 또는 문화단체. 구 방송법 시행령 제28조 1항도 비슷한 분야의 단체를 열거했으나 방송위규칙은 언론기관 대신 언론관련 시민·학술단체로 수정하고 장애인 등 소외계층단체나 노동기관 또는 단체를 추가했다.

론정보공개시민운동본부(대표 안상운 변호사)는 시청자위원회의 운영에 관해 시정건의서를 방송위원회에 제출한 것을 들 수 있다.[3)]

이 시정건의서는 MBC 시청자위원회가 하계 휴가 기간 중 정기회의를 개최하지 않았다는 점, 많은 방송사가 방송법령이 요구하는 시청자위원회 구성의 법정 의무를 이행하지 않았다는 점을 지적하고 방송위원회가 이를 시정해 달라는 내용이었다.

이에 대해 새 방송위는 '과거 구 방송법 아래 방송사들이 시청자위원회를 다소 소홀히 운영해온 관례에서 벗어나지 못하는 등 시청자위원회에 관련한 새 방송법규의 취지에 대한 인식이 아직도 미흡한 데서 비롯된 판단'(방송위원회 시청자부의 언론개혁시민연대에 회신, 2001년 4월 4일)으로 규정하고 시청자위원회에 대한 감독권을 시행키로 했다.

방송위원회는 주요 방송사(KBS, MBC, SBS, iTV, YTN, MBN) 시청자담당 실무자회의를 소집해 시청자위원회의 구성과 운영을 계도하는 조치를 취했다.

이어 시청자위원회 구성의 적정성에 대해 일제조사를 실시한 결과 시청자위원회 추천단 자격요건상 부적절한 단체로부터 추천을 받아 위촉한 26개 방송사업자를 적발하고, 위반사실에 대해 엄중 '경고'하는 한편, 추천단체를 변경해 보고하지 않은 12개 사에 대해서는 시정계획을 명했고, 기존위원의 추천단체만을 변경해 보고한 14개 사에 대해서는 재발방지를 시달했다.

그러나 한편 몇몇 대도시지역을 제외한 지역방송사 소재 지역사회에 방송법시행규칙이 규정한 추천단체가 골고루 존재하지 않는다는 문제점도 드러났다. 따라서 방송법시행규칙 제24조가 규정한 9개 시청자위원 추천 단체는 지역사회의 규모에 따라 그 적용을 완화하거나 면제하는 방안을 마련할 필요가 있다.

---

3) 방송위원회 제2001-29차 상임위원회 회의(정기) 순서(2001년 4월 4일) 5. 보고사항 라. 정보공개 결과에 따른 '언론개혁시민연대'의 시정건의서 내용 및 조치계획 보고 참조

2) 시청자참여프로그램

시청자참여프로그램은 시청자 접근권을 실현하는 구체적인 장치로서 공영방송인 KBS로 하여금 의무편성하도록 한 것이다. 이는 시청자의 방송접근권을 존중한다는 측면에서 볼 때 상당히 진보적인 법제라고 평가할 만하다.

미국의 경우 FCC는 1972년 케이블 방송에 교육·공공·정부채널(EPG: educational, public and governmental channels)의 구성을 의무화한 일이 있고 1984년 '케이블커뮤니케이션 정책법'은 EPG채널의 의무구성을 법제화한 일이 있다. 다른 나라의 경우 퍼블릭 액세스 채널을 둔 데는 있지만 지상파 공영방송이 '시청자참여프로그램'의 편성을 의무화한 것은 통합방송법이 효시일 것이다.

새 방송위원회는 방송법의 취지를 살려 2000년 5월 27일 제정한 방송법시행규칙 제13조를 두어 시청자참여프로그램의 정의, 운영, 지원에 관한 지침을 정했다. 부연하면 이 규칙에 의거해 시청자참여프로그램은 '시청자가 직접 기획·제작한 방송프로그램' 또는 '시청자가 직접 기획하고 방송발전기금 등의 지원을 받아 제작 방송한 프로그램'으로 정하고 그 운영은 KBS 시청자위원회가 맡으며, KBS 시청자위원회는 제작비의 일부를 KBS에 요청할 수 있도록 했다.

특히 이 규칙은 방송위원회가 시청자참여프로그램의 지원 등 제작의 활성화를 위한 시책을 수립·시행하는 직무를 맡도록 규정하고 있다. 이에 따라 2001년 5월 방송위원회는 그 해 4억 8,000만 원(월 4,000만 원×12개월)을 책정해 KBS 시청자위원회에 지원토록 하고 아울러 케이블 방송 및 위성방송이 편성하는 시청자제작프로그램에 1억 2,000만 원의 지원금을 책정했다.[4)]

KBS 1-TV의 경우 2001년 5월부터 '열린 채널'이란 이름으로 토요일 오후 30분씩 방송하기 시작했다. 5월 5일 '호주제 폐지'가 처음 방송된

---

4) 방송위원회 제2001-44차 상임위원회 회의(임시)순서(2001년 5월 18일) 5. 보고사항 마. 'KBS 시청자참여프로그램의 제작, 활성화를 위한 시책(안)참조

이래 거의 대부분 프로그램이 중요하지만 사회적으로 조명 받지 못한 이슈들을 다루고 있다. 예를 들어 2001년 7월 21일 방영된 '외국인 노동허가제'나 같은 해 12월 15일 방영된 '비전향장기수 문제', 2002년 3월 5일 방영된 '사내부부 퇴직강요 문제' 등을 들 수 있다(장하용, 2002: 10).

이 시청자참여프로그램을 1년간 운영한 결과 몇 가지 문제가 드러나고 있다. 첫째는 제작이 완료된 프로그램을 KBS 시청자위원회 산하의 시청자참여프로그램 운영위원회가 심의함으로써 '사전검열'의 논란을 빗고 있다는 점이다. 실제로 진보넷이 편성을 신청한 '주민등록증을 찢어라'의 경우 심의과정에서 언어적 표현과 명예훼손의 문제에 부딪쳐 방송불가 판정을 받자 논란이 불거진 것이다.

KBS측은 편성에 대한 최종적인 책임을 진다는 점에서 시청자제작프로그램도 자사의 다른 프로그램과 마찬가지로 자체심의의 대상이 된다고 주장한 반면 시청자참여프로그램 시민단체협의회를 중심으로 한 시민단체들은 시청자참여프로그램의 의무편성을 규정한 방송법 취지에 맞지 않는다고 맞서고 있는 형편이다. 문제는 현행 방송법이 편성에 대한 책임을 방송사에 두고 있는 한[5] 쉽게 결론을 내리기 힘들다는 점이다. 이는 방송위원회가 시청자제작프로그램의 편성지침을 마련해야 할 정책과제이다.

2. 시청자평가프로그램 및 시청자평가원

통합방송법이 도입한 또 다른 시청자권익 보호를 위한 장치로서 시청자평가프로그램 및 시청자평가원 제도를 들 수 있다. 곧 법 제89조는 종합편성과 보도전문편성채널은 시청자평가프로그램을 주당 60분 이상 편성해야 한다고 규정하고 있으며 아울러 법 제88조는 시청자위원회의 권한과 직무 가운데 시청자평가원 1인을 선임하도록 규정하면서 이 시청자

5) 방송법 제4조 2항은 방송편성의 책임을 방송사에 부과하고 있음을 분명히 하고 있다. 곧 '방송사업자는 방송편성책임자를 선임하고, 그 성명을 매일 1회 이상 공표하여야 하며, 방송편성 책임자의 자율적인 방송편성을 보장하여야 한다'고 규정하고 있다.

평가원이 시청자평가프로그램에 직접 출연해 의견을 진술할 수 있도록 한 것이다(법 제89조 2항).

새 방송위원회는 2000년 4월 24일(제11차 전체회의) '시청자평가원 및 시청자평가프로그램 운영지침'을 마련해 운영대상 및 방송사업자지원기준을 정했다. 이 지침은 6개 방송사업자(KBS 본사, MBC 본사, SBS, iTV, YTN, MBN)에 대해 시청자평가프로그램의 자체 제작·편성을 의무화했으며, "시청자평가프로그램을 자체 제작·편성하는 방송사업자는 시청자평가원을 선임하여야 한다"고 명시해 6개 방송사업자에 대해 시청자평가원 운영을 유도했다.

현재는 시청자위원회가 설치된 방송사업자 중 100% 자체편성을 하는 6개 방송사업자(KBS, MBC, SBS, iTV, YTN, MBN)와 춘천문화방송(2002년 11월부터 도입)에서 시청자평가원을 선임해 운영하고 있다.

방송위원회는 시청자평가원을 운영하는 방송사업자에게는 방송발전기금을 통해 시청자평가원 활동경비를 지원하고 있으며, 향후 지원대상과 지원규모를 점차 확대해나갈 방침이다.

1) 시청자평가프로그램

시청자평가프로그램의 의무편성이 법제화된 것은 1980년대 중반기 이래 전개된 시청자운동에 뿌리를 두고 있다. 제2장의 '2) 시청자운동의 역사성과 시청자권익 보호'에서 보듯 1993년 시청자운동이 적극성을 겪게 되자 방송사들이 스스로 '옴부즈맨 프로그램'을 도입했다. 그러나 옴부즈맨 프로그램이 진정한 시청자의 목소리를 대변하기보다는 자사 프로그램을 위한 홍보용 또는 '구색 맞추기'가 아니냐는 등 시청자단체들의 꾸준한 비판이 제기돼왔다. 또한 당시 옴부즈맨 프로그램은 시청자들이 외면하는 시간대라고 볼 수 있는 주말 새벽이나 심야시간대에 편성되고 있는 형편이었다.

방송개혁위원회는 옴부즈맨 프로그램이 푸대접받고 있는 현실을 고려해 시청자평가프로그램의 의무편성을 법제화하고 평가원제도의 도입을 권고했다고 보인다. 부연하면 방개위는 방송사들이 종래 자율적으로 운영하던 '옴부즈맨 프로그램'은 방송프로그램에 대한 적절한 평가기능을 수행하지 못하고 있다는 문제점을 지적하고 개선방안으로 시청자평가원 선임을 통해 방송프로그램 및 편성·운영에 대한 시청자의 의사를 개진할 수 있는 기회 확보를 건의한 것이다(방개위, 1999: 85-86). 또한 '옴부즈맨 프로그램'을 주당 60분 이상 의무편성하도록 건의했다(위의 책, 86).

통합방송법이 발효된 뒤 방송평가프로그램과 방송평가원 제도는 중앙의 네트워크 방송3사가 먼저 시행에 들어갔다. KBS의 경우 2000년 9월 편성, 보도, 교양, 오락 등 방송분야별로 4명의 시청자평가원을 위촉하고 10월부터 'TV는 내 친구'라는 시청자평가프로그램에 윤번제로 출연하고 있다. MBC의 경우 좀더 일찍 4명의 평가원을 선임한 후 9월 초부터 'TV 속의 TV'라는 평가프로그램에 매주 1명씩 출연하고 있다. SBS 역시 2명의 평가원을 위촉하고 9월초부터 '열린 TV 시청자 세상'에 평가원이 출연하고 있다.

이들 평가원들은 주로 평가프로그램의 한 코너를 담당하는 방식으로 의견을 진술한다. KBS의 경우 'TV는 내 친구'에서 칼럼 형식의 독립된 코너를 담당하고 있고, 간혹 시청자단체가 주관하는 '접속, TV속으로' 코너에 1인 패널로 출연해 의견을 나누기도 한다(조정하, 2001: 4). MBC도 'TV속의 TV'에 '평가원보고, TV를 말한다'라는 독립된 코너를 신설했으며, SBS도 '시청자세상, 열린 TV'에서 '평가원보고, TV 유감' 코너를 독립시켰다.

통합방송법이 도입한 시청자평가프로그램 및 평가원제도가 긍정적인 면[6]과 함께 처음 시행된 결과 몇 가지 문제점이 나타난다. 시청자평가프로그램 및 평가원제도가 방송사로부터 독립되어 운영되고 있느냐에 대한 의문이 제기된다. 이러한 의문이 해소되지 않는 한 새로운 제도가 과연

6) MBC 2002년 1월 15일 옴부즈맨 프로그램 'TV속의 TV' 300회 특집으로 전국 6대 도시 시청자 600명과 PD·기자 등 제작진 100명을 대상으로 '옴부즈맨 프로그램에 대한 의식조사'라는 설문조사를 실시한 결과 '옴부즈맨 프로그램은 유익한가?' 라는 설문에 각각 85.4%, 95%가 '그렇다'고 대답했다는 것이다(허미선, 2002: 25).

시청자의 의견과 비판을 수용하는 통로의 몫을 할 수 있는지 여부의 논란은 가시지 않을 것이다. 시청자평가프로그램은 방송사가 선임하는 편성책임자 아래 편성제작조직 안에 편입된 제작팀이 담당하고 있기 때문에 그 독립성에는 한계가 있을 뿐만 아니라 시청자위원회를 중심으로 한 제작진과 평가원과의 연계시스템이 결여되어 있거나 미흡한 상태에 있다.

KBS의 경우 시청자위원회 안에 시청자위원 4인과 평가원 1인으로 시청자평가소위원회를 두어 매월 1회 회의를 개최해 시청자평가프로그램 제작방향을 설정하고 평가원이 이 프로그램에 출연해 진술할 내용을 협의한다. 그러니까 이 소위가 중심이 되어 평가프로그램 안에 평가원 코너를 운영하는 셈이다. MBC와 SBS의 경우 시청자 위원이 함께 참여하는 상설회의는 없으며 평가원과 제작진이 필요에 따라 만나는 회의가 부정기적으로 열린다.

이러한 시청자평가프로그램과 평가원제도의 운영체제에서 과연 시청자의 목소리를 독자적으로 대변할 수 있는지에 대해 시청자 단체들은 의문을 제기한다. 예컨대 여성민우회 미디어운동본부 조정하 정책실장은 평가원의 직무가 '해당방송사의 운영과 프로그램을 평가·분석해 시청자위원회에 보고하며, 평가프로그램에 출연해 진술'하는 것임에도 방송사의 운영에 대한 평가를 극도로 제한하고 있다는 것이다(조정하, 2001: 6).

통합방송법과 시행령은 시청자평가프로그램의 운용과 평가원의 지위에 관해 자세한 규정을 두고 있지 않다. 법 제89조 1항은 방송사업자(종합편성 또는 보도전편성)는 '당해 방송사의 운영과 방송프로그램에 관한 시청자의 의견을 수렴해 주당 60분 이상의 시청자평가프로그램을 편성해야 한다'고 규정했을 뿐이다. 시청자의 의견은 누구의 의견인가? 시청자평가프로그램의 제작 주체는 누구인가? KBS의 경우 시청자위원회 안에 시청자프로그램의 제작방향을 설정하는 시청자평가프로그램소위원회(이하 평가소위)가 시청자위원 4인과 평가원 1인으로 구성되어 매월 1회 회의를 개최하고 있어 시청자의 의견을 시청자위원회의 의견으로 가름하는 방향을 취하고 있다. 그러나 이런 상설협의체가 없는 MBC 와 SBS의 경우 시청자의 의견을 시청자평가프로그램이 어떻게 수렴한단 말인가?

2) 시청자평가원의 지위

시청자평가원의 지위에 관해서도 통합방송법은 아무런 규정을 두고 있지 않다. 따라서 시청자평가원의 지위는 모호할 수밖에 없다. 평가원이 전임직인가 또는 명예직인가? 평가원이 시청자위원회에 어떤 관계를 갖는가? 다시 말하면 평가원이 독자적인 목소리를 낼 수 있는가 또는 시청자위원회의 의견을 진술하는 단순한 전달자인가? 또한 평가원의 직무가 방송프로그램의 편성·내용에 대한 비판에만 그쳐야 하는가 또는 방송사의 운영에 대한 평가도 포함하는가?

이러한 질문이 끊임없이 제기되는 가운데 2001년 3월 KBS 시청자위원회 산하의 평가소위에서는 평가원과 시청자위원 간에 평가원이 시청자평가프로그램에 출연해 진술한 의견에 대한 입장이 엇갈려 방송위원회에 서면문의를 해왔다. 부연하면 평가원은 시청자평가프로그램에 출연해 진술할 의견의 내용을 미리 협의하는 것은 사전검열이라는 입장을 취한 반면 시청자위원들은 평가원이 진술한 의견은 시청자위원회의 의견이기 때문에 사전검열이 아니라는 입장의 차이가 좁혀지지 않았기 때문에 평가소위가 방송위원회에 유권해석을 의뢰해 온 것이었다.

방송위원회는 이 문의에 대한 답변에서 시청자평가원이 의견진술 주체라는 점에서 법규상 시청자평가원과 시청자위원회 간 의견이 일치해야 할 필요가 없지만 평가원이 시청자위원회의 의견에 반해 개인적 의견을 진술해도 된다고 단정짓기는 어렵다고 회신했다(방송위원회 시청자부 2001년 4월 4일 KBS 시청자위원회 회신).

물론 이 경우 KBS 시청자위원회는 방송법 제88조 1항 3호에 의한 선임권을 이용해 시청자위원회와 다른 의견을 진술하는 것을 막을 수는 있겠지만 이는 평가원제도 운영에 타격을 주게 될 것으로 우려된다.

여기서 시청자평가원이란 누구인가 질문을 던져보자. 저자는 현행 방송법제가 도입한 시청자평가원은 방송사가 어떻게 운영하느냐에 따라 의미 있는 몫을 할 수 있다고 생각하면서 이에 관해 사견을 제시해보자.

먼저 방송사가 시청자평가원을 어떻게 운용하느냐의 여부에 따라 시청자평가원은 방송옴부즈맨으로 활용될 수 있을 것이다. 방송옴부즈맨이 제 몫을 다하기 위해서는 필수조건으로 방송사로부터 독립된 전임직이어야 한다. 이 방송옴부즈맨은 방송사의 제작팀을 자신의 지휘·감독 아래 두고 시청자평가프로그램의 제작책임을 지며 또한 방송사에 접수되는 시청자 불만을 처리할 뿐만 아니라 방송사의 자체프로그램 심사에 대한 책임도 진다. 또한 이 방송옴부즈맨이 시청자위원회의 의견을 수렴하되 독자적으로 그 의견을 수용해 시청자프로그램에서 진술하며 시청자위원회에 사후 보고 책임을 진다. 마지막으로 방송옴부즈맨 운영에 필요한 재정은 해당 방송사와 방송발전기금이 공동으로 담당한다.

저자가 사견으로 제시한 시청자평가원의 위상은 이상적 모델이지만, 현행 방송법 아래서도 전혀 실현이 불가능한 모델은 아니다. 통합방송법이 시청자의 권익보호를 강조한 정신에서 보면 시청자평가원은 법정 방송옴부즈맨의 몫을 기대할 수 있다고 생각한다.[7] 이를 위해 방송위원회와 방송사 간에 꾸준한 협의를 통해 점진적인 단계로 시청자평가원의 지위를 이상적 모델로 높일 수 있을 것으로 생각한다.

원래 시청자평가프로그램 및 평가원제도는 언론옴부즈맨 제도에 연유한다. 언론옴부즈맨이란 언론사가 언론에 의해 권리침해를 당한 독자나 시청자의 권익보호를 위해 언론수용자의 대표를 자사에 두어 구제한다는 발상에서 출발했지만 근래는 권리침해에 한하지 않고 광범위하게 수용자의 불만을 처리하는 자율규제시스템으로 발전했다. 따라서 언론수용자의 대표성을 가지려면 언론사로부터 일정한 독립성을 갖지 않으면 안된다.

세계 최초의 방송옴부즈맨이 된 '캐나다 방송공사'(Canadian Broadcasting Corporation: CBC)의 옴부즈맨 모건(Morgan, 1994)은 CBC가 왜 독립적인 옴부즈맨실을 설립했는지 다음과 같이 회고한다.

---

7) 언론옴부즈맨 제도는 언론사의 자율규제시스템의 한 축으로서 운영되는데 전 세계적으로 법정 언론옴부즈맨 제도를 채택한 나라는 없다. 다만 영국의 경우 1993년 칼커트 위원회가 한시적 기구로서 언론불만위원회(Press Complaints Commission)의 성과를 부정적으로 평가하고, 한 대안으로 신문의 경우 '법정 옴부즈맨'(statutory press ombudsman)을 건의한 바 있다. 이에 관해서는 저자가 ≪신문연구≫(1996년 여름, 통권 제61호)에 쓴 「언론 선진국의 언론조사기구」(김정기, 1996)를 참조할 것.

"때때로 불만을 가진 사람이 사려깊고 소상한 답변을 얻을 때도 있다. 그러나 특히 불만이 프로그램 제작부서로 보내질 때 전혀 답변을 듣지 못한다. 사람들이 불만을 최고위층에 보낼 때 일반적으로 대답을 얻는다. 그러나 그 대답의 실체는 제작부서에서 나오며, 불만의 원인이었던 해당 프로그램의 제작진이 제공한 자료나 답변으로 짜이게 마련이다. 이런 상황에서 자연히 CBC의 이사회를 포함한 많은 관계자들은 CBC가 시청자 불만에 대해 너무 방어적이며 또한 무반응적인가 하면 기자들의 직무에 대한 전적으로 독립된 심사를 통해 책임을 묻는 충분한 제도가 없는 것에 불안을 느끼게 되었다. … 결국 CBC는 독립 옴부즈맨실을 세계 최초로 설치하게 된 것이다."[8)]

3. 시청자불만처리제도

시청자불만처리제도가 법제화된 것은 1990년 개정된 방송법(제17조 1항 6호)이 '시청자 불만 처리에 관한 사항'을 방송위원회의 직무로 추가한 것에서 비롯되었다. 이에 따라 구 방송위는 방송위원회기본규칙 제22조에 '시청자 불만을 처리하기 위해 따로 위원회를 둔다'는 근거를 마련했다.

통합방송법은 기본적으로 구 방송법의 시청자불만처리제도를 그대로 수용하고 있다. 방개위도 '시청자의 의견수렴·시청자 불만 처리 및 청원에 관한 사항의 심의·의결을 보조하기 위해 시청자불만처리위원회를 둔다'(방개위, 1999: 83)는 원론을 펴고 있을 뿐이다.

방송위원회가 통합방송법에 의거해 시청자 불만에 관한 법정직무를 수행한 것은 2000년 4월 24일 시청불만처리위원회를 구성하고(제4장 '방송정책 총괄기구로서 새 방송위원회' 중에 <표 1-4-7> '시청자불만처리위원회 위원

---

8) CBC의 방송옴부즈맨 윌리엄 모건(William Morgan)은 1991년 CBC 방송옴부즈맨으로 선임될 때까지 CBC에 22년간 근무하면서 여러 실무 직책을 거쳤으며 마지막 직책은 텔레비전뉴스 및 시사문제담당국장(1982~1990)이었다. 그는 한국외국어대 국제커뮤니케이션 연구소 창립 10주년 기념학술대회 '언론자율규제 어디까지 왔나?'(1994년 6월 20~21일)에 참석해 '인간은 잘못을 저지르나 저널리즘은 잘못의 인정을 거부한다'(To err is human, refusal to admit error is journalism)라는 논문을 발표하면서 자사 저널리스트를 거침없이 비판함으로써 이 심포지엄을 조직한 저자와 청중에 깊은 인상을 주었다.

<표 2-6-2> 시청자 불만처리 규칙의 주요 내용

• 시청자가 신청할 수 있는 불만 처리의 대상은 다음 각 호와 같다(제2조 불만처리의 대상). - 방송내용 및 편성에 관한 사항 - 대 시청자 서비스에 관한 사항 - 수신료를 비롯한 약관 및 수신설비에 관한 사항 - 방송기술 및 난시청에 관한 사항 - 기타 시청자의 권익보호와 관련된 사항 • 위원회에 불만 처리를 시청하고자 할 때에는 전화, 팩스, 전자우편, 서면 등 적절한 모든 방식이 가능토록 함(제3조). • 불만 처리 신청기간은 불만 사안이 발생한 날로부터 60일 이내로 함(제4조). • 시청자불만처리위원회 회의는 정기회의와 임시회의로 구분하며, 정기회의는 월 2회, 임시회의는 위원장이나 시청자불만처리위원회 위원장이 필요하다고 인정하는 때 또는 시청자불만처리위원회 재적위원 3분의 1이상의 요구가 있을 때 개최함(제9조). • 시청자불만처리위원회가 불만사항에 대한 심의와 관련하여 필요한 경우 심의위원회 및 유관기관에 협조를 요청하거나 이관할 수 있으며, 신청인 또는 관련 방송사업자·중계유선방송사업자·음악유선방송사업자·전광판방송사업자·전송망사업자 및 참고인의 의견을 청취할 수 있음(제13조 및 제14조). • 시청자와 관련 방송사업자 간의 분쟁 발생시 당사자는 위원회에 분쟁조정을 신청할 수 있으며, 위원회는 시청자불만처리위원회의 심의를 거쳐 30일 이내에 분쟁조정을 개시하여야 함(제17조).

명단' 참조) 같은 해 5월 15일 '시청자불만처리등에관한규칙'을 제정한 것이다. <표 2-6-2>는 새 방송위원회가 제정·공표한 시청자 불만 처리 규칙의 주요 골자를 정리한 표이다.

먼저 시청자불만처리위원회가 '시청자불만처리등에관한규칙'(이하 '시청자불만처리규칙')에 의거해 처리하는 불만처리대상은 상당히 넓은 편이다. 시청자불만처리규칙 제2조는 방송내용 및 편성에 관한 사항, 대 시청자 서비스에 관한 사항, 수신료를 비롯한 약관 및 수신 설비, 방송기술 및 난시청에 관한 사항, 기타 시청자의 권익보호와 관련된 사항을 불만 처리의 대상으로 삼고 있다.

전문가들은 불만 처리 대상을 이렇게 넓고 포괄적으로 정하고 있는 것과 관련해 효율적인 불만 처리에 장애가 될 수 있고 시청자불만처리위원회의 불만 처리에 대한 불만의 수위를 가중시킬 우려가 있다고 지적한다(박동숙, 2002: 26).

시청자불만처리규칙은 불만을 제기할 수 있는 시청자의 자격에 대해 어떠한 제한도 가하지 않고 있다. 다시 말하면 프로그램의 내용이 시청자의 권리를 침해했는지 여부 또는 불만처리대상에 특수한 이해관계가 있는지

<그림 2-6-1> 시청자 불만 처리 흐름도

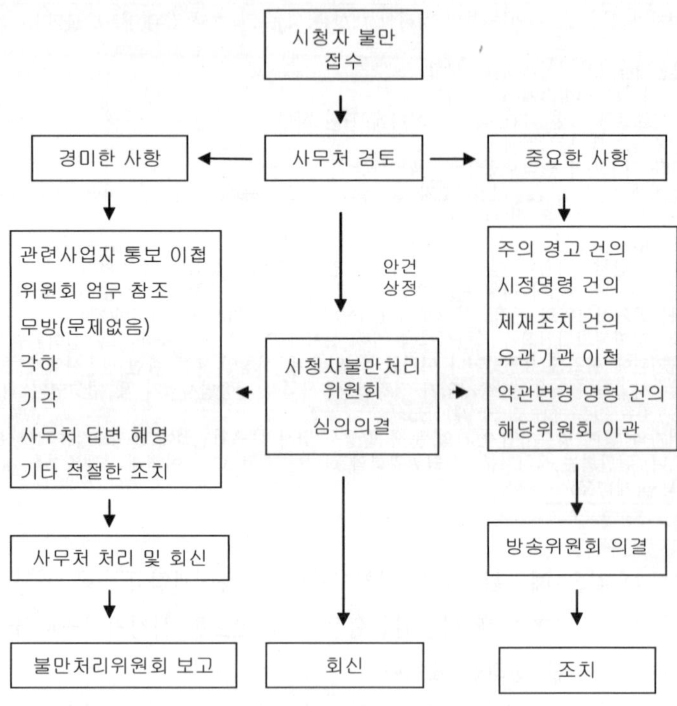

출처: 방송위원회, 2002나: 25

여부를 막론하고 거의 모든 시청자가 일정한 양식에 따라 불만을 제기할 수 있다. 다만 불만사항이 경미함에도 신청이 주관적인 판단 또는 악의에 의하거나 지나치게 편향된 경우(규칙 제5조 1항 4호) 시청자불만처리위원회는 신청을 기각 또는 각하할 수 있도록 했다. 그밖에 다른 법적 규제수단이 취해지고 있는 사실이 확인된 경우(동 6호)도 같은 경우에 해당된다. 이는 영국의 방송기준위원회(Broadcasting Standards Commission)의 경우 시청자의 불만 대상을 '공정성'(fairness)과 '건전성'(standard)으로 나누어 전자의 경우 신청자가 피해를 입었는지 여부를 기준으로 당사자나 대리인으로 제한한 반면 후자의 경우 신청인 자격을 제한하지 않는 것과 다르다(박동숙, 앞의 글, 37).

시청자 불만 신청의 처리 과정은 <그림 2-6-1>이 보여준다. 이 그림에서 보면 시청자불만처리위원회가 불만 신청을 심의한 뒤 취해야 하는 조치도 외형상 광범위하다. 방송프로그램의 내용에 대한 불만이 제기된 경우 그 처리는 방송심의위원회의 심의·제재와 중복된다. 따라서 이 경우 시청자불만처리위원회에 제기된 불만 처리는 방송심의위원회에 이첩토록 하는 것을 관행으로 하고 있다. 그러나 시청자불만처리위원회는 방송법 제99조에 의한 시정명령(① 방송사업자가 시청자의 이익을 현저히 부당하게 저해하고 있다고 인정될 때 ② 허가조건·승인조건·등록조건을 위반하고 있다고 인정될 때)을 건의할 수 있으며 법 제77조 2항에 의한 약관변경(유료방송을 사업자의 이용약관이 현저히 부당해 시청자의 이익을 저해한다고 판단하는 때)을 건의할 수 있다. 그러나 후자에 관해서도 새 방송위가 특별위원회로 설치한 이용약관심사위원회와 업무가 중복될 수 있다.

(2) 현행 시청자불만처리제도의 문제점

마지막으로 시청자불만처리제도에 대한 문제를 점검해보자. 시청자불만처리위원회가 법제화된 것은 1990년 개정방송법에서 비롯된 것인데 이는 1980년대 하반기부터 불붙기 시작한 시청자운동의 성과물이다. 그러나 그 이래 방송심의 규제제도의 일종의 보조장치로 여겨져왔다. 통합방송법도 이러한 관행적 태도를 이어받고 있다. 비록 통합방송법이 시청자불만처리위원회를 법정위원회로 두었지만 시청자불만처리규칙 제15조는 시청자불만처리위원회가 무엇보다도 방송법 제100조의 규정에 제재조치의 건의를 취하도록 하고 있다.

이는 방송심의위원회에 의한 심의 이첩을 전제로 하고 있어 결과적으로 시청자불만처리위원회가 처리할 중요한 불만 처리의 대상(방송내용 및 편성에 관한 사항)이 방송심의위원회에 의한 심의·제재로 이첩되고 있는 셈이다. 예컨대 2001년 4월 18일자 MBC 뉴스데스크 보도에 대해 한나라당이 사청자불만처리위원회에 불만을 제기해왔다. 이 불만사항은 시청자불만처리위원회원회의 의견을 붙여 보도교양 제1심의위원회에 이첩되어 처리된 바 있다.

그럼에도 불구하고 새 방송위원회가 출범한 이후 시청자 불만 제기는 가속도가 붙고 있다. 2000년도에 접수된 시청자 불만 건은 1,654건으로

그 전해에 비해 2배 이상 늘었고 2001년에는 2,433건으로 약 68%의 널뛰기를 하고 있다. 이는 시청자불만처리제도에 대해 총체적 점검(박동숙, 위의 책, 15)을 필요하게 하는 사태 발전이다.

나는 통합방송법이 시청자권익 보호에 역점을 두면서도 시청자불만처리위원회를 방송심의위원회의 보조기구로 간주하는 방송위의 관행은 잘못이라고 생각한다. 오히려 현행 방송심의·규제제도의 위헌성과 비효율성을 생각할 때 시청자불만처리제도는 현행 방송내용의 규제제도의 대안으로 진지한 연구와 검토가 이루어져야 한다고 본다.

4. 요약과 결론

통합방송법은 제1장 '통합방송법의 내용과 특성'에서 살펴본 바와 같이 시대착오성을 담은 규정이 곳곳에 산재해 있으나 진보적 법제의 면모를 갖추고 있는 바, 그 대표적인 사례가 시청자권익 보호를 위한 일련의 제도적 장치이다. 여기에는 시청자위원회, 시청자참여프로그램의 의무편성, 옴부즈맨 프로그램의 의무편성 및 평가원제, 시청자불만처리제도가 포함된다.

시청자위원회는 구 방송법 체제 아래 방송국장의 자문기구였던 것과는 달리 법적 위상이 강화된 지위에서 방송사의 자체 심의규정이나 방송프로그램내용에 관한 의견 제시 또는 시정요구를 할 수 있을 뿐만 아니라 방송사가 이를 수용해야 한다는 의무를 부과하고 있다. 이러한 시청자위원회의 권한이 방송편성의 자유를 옥죄는 측면이 있으나 전파의 소유자인 지위에서 전파의 수탁자인 방송사에 접근권을 적극적으로 표명하며 방송사가 이를 존중하는 것은 당연하다 할 것이다.

통합방송법은 다채널 매체인 케이블 방송과 위성방송에 의무재송신을 해야 하는 채널을 지정하고 있을 뿐만 아니라 의무전송을 명하는 여러 가지 채널을 지정하고 있다. 여기에는 원래 홈쇼핑채널(2001년 3월 20일 시행령 개정으로 삭제)을 포함하여 종합편성채널, 보도채널, 종교채널, 공공채널, 지역채널이 포함된다. 그러나 정작 시청자접근채널은 의무구성에서 빠져 있다. 이는 통합방송법이 시청자권익 보호를 중시하는 태도에서 볼 때 입법미비로 보아야 할 것이다(이 문제에 대해서는 제16장 '공공채널 운용방안' 참조).

통합방송법이 설치한 시청자불만처리제도는 구 방송법상 제도를 답습하고 있지만 방송위원회가 어떻게 운영하느냐에 따라 문제점투성이인 현행 방송내용 규제에 대한 대안이 될 수 있을 것으로 기대를 모은다.

결론적으로 통합방송법이 도입한 시청자참여프로그램의 의무편성과 함께 방송평가프로그램과 평가원제도는 초창기 운영에서 문제가 드러나고 있으나 공론장으로서 방송의 몫에 큰 기대를 걸게 한다. 이는 앞으로 방송법 개정으로 시민접근채널의 구성이 의무화되면 3자를 연계하는 시스템 구축으로 방송의 공론장 역할은 더욱 활발히 수행될 수 있을 것이다. 물론 시민접근채널의 의무구성은 다른 여러 의무구성채널과의 구조조정 아래 법제화되어야 할 것이다.

7
방송의 종합평가제

통합방송법은 방송의 종합평가제를 도입하고 있는데(법 제31조), 이는 종전에 오랫동안 논의를 축적해오던 방송평가의 필요성을 반영한 것이다. 1990년 6월 방송제도연구위원회가 처음으로 '허가기간 중의 내용심의 결과를 재허가에 반영하도록' 권고한 이래 각종 방송정책보고서가 방송평가제의 필요성을 언급해왔다. 그러나 1999년 방개위가 방송국 재허가 절차의 형식적 처리 상황을 지적하면서 방송프로그램의 내용·편성·운용을 포함하는 종합적 평가의 실시를 권고했던 때까지는 방송평가제가 시행될 제도적 여건이 마련되지 않았다고 보아야 할 것이다.

그것은 구 방송위원회가 허가·재허가추천권이 없는 상황에서 재허가에 연계시키는 방송평가는 구 방송위원회의 소관사항이 아니었으며 공보처나 문화공보부는 재허가추천권을 가지고 있었으나 정부기관이 방송평가를 시행한다는 것은 드러내놓고 하는 방송의 권력통제 또는 방송내용의 검열로 비쳐질 우려가 있었기 때문이었다. 그러나 새 방송위원회가 방송사업자의 허가·재허가와 관련한 실질적 방송행정권을 행사하게 된 상황에서 방송의 종합평가제가 방송내용의 심의·규제에 관한 기존제도와는 다른 차원에서 필요하게 된다.

지금까지 방송사들은 일단 허가를 취득하기만 하면 방송사의 프로그램에 대한 개별적인 방송심의와 이에 따른 제재만 가능할 뿐 허가시 준수하겠다는 공적 책임의 약속이 지켜졌는지의 여부를 점검할 수 있는 장치가

<표 2-7-1> 방송평가제 논의 경과

보고서 제목	방송평가제 관련 주요내용	비고
방송제도연구위원회 보고서(구 방송위원회, 90. 6)	방송심의의 실효성을 얻기 위해 방송허가와 연계할 것을 제안, 허가기간중의 내용심의 결과를 재허가에 반영하도록 권고	방송평가제 도입에 대한 최초 논의
공영방송발전연구 위원회 보고서(구 방송위원회, 94. 3)	심의규정에 의한 심의·의결을 허가, 재허가시에 반영하고, 평가 근거자료를 활용할 것을 제안	허가, 재허가 및 방송평가라는 제도의 장치를 거론
2000년대 방송정책연구위원회 보고서(방송개발원, 94. 8)	방송활동에 대한 평가에 기초하여 재허가하는 제도적 장치가 필요함을 언급	
선진방송발전정책 연구보고서(공보처, 94. 12)	시청자권익 중심의 방송평가제도 정착에 대한 내용으로 시청자 감시활동 및 시청자 의견수렴 기능의 제도화와 방송사업활동 평가 및 방송심의 결과를 허가 및 재허가와 연계할 것을 제안	방송평가프로그램 심의보다 확장된 개념으로 운영평가와 내용평가를 포함하는 포괄적 평가임을 분명히 함
통합방송법제에 관한 정책의견(종합유선방송위원회, 98. 3)	내용 규제의 개선책으로 프로그램별 심의를 지양하고 방송평가제를 도입할 것을 제안	
방개위 보고서(방개위, 99. 2)	방송국 재허가가 형식적으로 행해지고 있음을 지적하면서, 방송프로그램 내용·편성·운영을 포함하는 종합적 평가를 실시하고, 방송평가 결과에 따라 보상과 제재를 행할 것을 제안	개선내용을 담은 통합방송법(안) 제출
방송평가방안 연구종합보고서(구 방송위원회, 99. 10)	방송내용, 방송편성, 방송운영, 방송사 경영평가 등 개별 평가영역 및 미국, 영국, 일본, 캐나다, 프랑스 등 선진국 사례 등에 대한 전문적 연구	평가영역별 평가항목 연구 등 방송평가제 시행 대비한 구체적인 연구 진행
방송평가제 시행방안 연구보고서(종합유선방송위원회, 2000. 2)	방송사업자별 표준 평가 모델(안)과 세부평가항목, 방송일지 표준양식(안), 프로그램 개요서 양식(안), 프로그램 표준 분류 요목(안), 표준 회계 규칙(안) 등 방송평가제 실행과제에 대한 전문적 연구	평가제 시행에 대비하여 실행과제 및 세부과제 등에 대한 구체적인 연구 진행

없었다. 결과적으로 3년 뒤의 재허가 심사는 사실상 유명무실하게 된 것이다.

이런 점에서 방송의 종합평가제는 개별 방송사가 재허가를 받을 자격이 있느냐의 여부를 점검하는 장치일 뿐만 아니라 공익을 담보하는 통합방송법이 방송공익을 담보하는 제도적인 축이라고 볼 수 있다.

그러나 새 방송위원회가 방송의 종합평가제를 실현하고 또한 이를 재허가와 연계해 시행하는 일은 쉽지 않았다. 먼저 방송사업자의 허가기간 만료에 따른 촉박한 시간의 문제와 함께 신생 방송위원회가 방송의 종합평가제를 시행하기 위한 제도의 문제를 함께 풀어야 했기 때문이다.

케이블 방송 SO의 경우 새 방송위가 공식적으로 출범한 날인 2000년 3월 13일 48개 회사가 허가기간이 만료되는 날이었으므로 물리적으로 그 이전에 재허가를 추천할 수도 없었을 뿐만 아니라 종합평가를 재허가추천에 반영하는 일은 성립할 수가 없었다.

이에 방송위는 행정절차법에 따라 SO 재허가추천 일정을 3개월 연장해 재허가 승인심사를 해야 했다. 또한 그 해 8월 17일은 2차 SO 6개 사업자가 허가기간이 만료되는 날이었으며 같은 해 12월 31일은 SO 3개 사업자의 허가기간이 만료되게 되어 있었다. 엄격히 말하면 방송위원회는 이들 SO의 재허가추천 여부를 심사할 때 통합방송법이 도입한 방송의 종합평가를 반영해야 한다. 그러나 방송위는 방송의 종합평가라는 법의 취지를 한껏 살리는 선에서 재허가 심사를 마쳐 77개 사의 허가추천을 할 수밖에 없었다.

방송의 종합평가제를 효율적으로 시행하기 위해서는 방송평가에 관한 규칙을 제정하고, 방송평가위원회를 설치해 평가업무를 전담하게 할 필요가 있었다. 방송위원회는 시급한 업무처리에 쫓겨 먼저 방송평가위원회를 2000년 9월 1일에 가서야 설치했다. 방송법에 따르면 방송평가위원회의 구성과 운영에 관해 필요한 위원회 규칙으로 정하게 되었으나(법 제31조 3항) 규칙 제정이 이루어지지 않은 상태에서 방송위원회는 방송평가위원회를 먼저 구성하고 규칙 제정의 업무를 맡긴 것이다.

아래에서는 ① 방송의 종합평가제가 갖는 함의 ② 방송평가위원회의 활동과 방송평가규칙의 제정 ③ 방송평가와 연계한 재허가 심사를 살펴보고자 한다.

1. 방송의 종합평가제의 함의

방송의 종합평가는 어떤 의미를 갖는가? 먼저 통합방송법의 방송평가에 관한 관계조항을 보면 법 제31조는 방송위원회가 방송사업자에 대해

프로그램의 내용, 편성, 운영 등에 대해 종합평가를 할 수 있다고 규정하고 있다. 이 법조항만 보면 방송의 종합평가는 그 시행 여부가 방송위원회의 재량 아래 있는 것처럼 보인다. 그러나 법 제17조 재허가 규정과 연계해 읽을 때 방송의 종합평가는 방송위원회를 기속하는 직무인 것이다. 부연하면 법 제17조 3항은 재허가추천 또는 재승인할 때 '방송위원회의 평가'를 '심사하고 그 결과를 공표'하도록 명하고 있으므로 방송사업자의 종합평가는 법정의무인 것이다.

또한 법 제31조 1항은 방송평가의 대상을 명시하고 있다. 우선 평가대상 사업자는 지상파방송사업자, 종합유선방송사업자, 위성방송사업자, 방송채널사용사업자 등이다. 또한 이 조항은 평가영역과 관련해 별도 영역을 명시하지 않고 방송프로그램 내용 및 편성과 운영 등에 관해 종합적으로 평가할 수 있는 것으로 하고 있어 사실 방송평가 영역의 문제는 평가주체인 방송위원회의 판단에 맡겨진 것으로 볼 수 있다.

요컨대 방송평가제는 방송사업자의 방송내용 및 편성과 운영 등에 관한 종합적인 평가를 의미하는 데, 이러한 일상적인 평가결과를 재허가추천 시에 반영하는 것이므로, 방송평가제의 도입 목적에는 재허가추천의 실질심사만 있는 것은 아니라고 할 것이다. 결국 방송평가제는 포괄적 규제정책의 측면에서 기존의 심의제도와 허가제도의 문제점을 동시에 극복할 수 있는 질적으로 새로운 의미에서 도입된 제도를 의미하는 것이다(배춘환, 2000: 21).

2. 방송평가위원회와 평가규칙 제정

새 방송위원회가 3월 13일 정식 출범하면서 문화관광부로부터 방송행정업무를 넘겨받았으나 법정직무인 방송의 종합평가를 재허가와 연계시키는 일은 앞서 언급했듯이 촉박한 방송사업자의 재허가추천일정과 종합평가를 위한 제도가 미비했기 때문에 한동안 이루어지지 못했다.

방송위원회가 2000년 9월 1일에 가서 구성한 방송평가위원회(위촉된 위원명단은 제1부 제4장의 <표 1-4-6> 참조)가 먼저 할 일이 방송평가에 관한 규칙안을 마련하는 것이었다.

그러나 이 일은 쉽지 않았다. 그동안 방송평가가 시행된 일이 전혀 없는 상태여서 신생 방송위원회가 처음 시행하는 일의 어려움뿐만 아니라 방송평가가 방송사의 재허가와 연계되어 있기 때문에 기존 방송사의 이해에 민감한 문제이다. 게다가 방송의 종합평가는 고도의 전문성과 공정성을 필요로 하는 작업이기도 하다.

방송평가위원회는 방송평가실무협의회를 운영해 평가위원회와 방송사간의 실무협의를 통해 방송평가에 관한 방송사업자의 의견을 수렴하는가 하면 평가규칙의 주요 내용이 되는 평가항목과 평가척도를 마련하기 위해 연구를 위탁했다. 또한 전문가 토론회와 공청회를 열어 방송사업자와 각계전문가들의 의견을 수렴했다.

이러한 과정을 거쳐 방송평가위원회가 방송평가규칙안을 마련한 것은 2001년 7월 중순이었다. 방송위원회는 7월 19일, 20일간의 입법예고를 끝낸 뒤 최종안을 확정하고 2001년 8월 13일 '방송평가에관한규칙'을 채택했다.

한편 지상파방송사업자의 이해를 대변하는 한국방송협회는 입법예고 기간중 아래의 <표 2-7-2>와 같은 의견을 표명해왔다.

이 의견 가운데 방송사를 계량적 점수로 서열화할 위험성을 지적한 점에 관해 뒤에 방송위원회는 방송사업자 별로 점수화된 평가결과를 공표하는 대신 허가추천사업자와 조건부 허가추천사업자를 대별해 방송사명을 적시하지 않고 방송사업자를 별도 개별통보하기로 했다.

그러나 방송사의 경영의 세부사항을 제외한 방송편성, 내용, 심의 등에 한정해 평가해달라는 의견에 대해서는 방송법 제31조가 규정하는 평가범위 중 '운영'의 개념은 경영까지 포함하는 것으로 보아 수용하지 않았다.

방송위원회가 채택한 '방송평가에관한규칙'의 주요골자는 <표 2-7-3>이 정리한 바와 같다. 이 규칙의 주요골자를 보면 먼저 방송평가위원회 구성 및 방송평가위원회의 직무, 방송평가 대상·기간·영역을 비롯해 방송사업자별 특성을 고려한 평가유형과 평가영역, 평가영역별 평가점수 및

<표 2-7-2> 입법예고 기간중 접수된 한국방송협회 의견

• 방송평가에관한규칙(안) 내용은 방송법이 방송위원회에 부여한 평가의 근본취지를 벗어나 방송사업자의 경영 및 방송운영에 지나치게 관여함으로써 방송사 경영의 자율성을 침해하는 것임. • 동 규칙(안)은 방송사를 계량적 점수로 서열화할 위험성이 있고 언론 기능이나 방송 특성, 제작 현실, 사업자간 규모의 차이 등 복합적 구조를 일률적·피상적 평가로 단정할 가능성이 있으며, 나아가 이를 통한 공표는 일반 국민으로 하여금 특정 방송사를 몇 점짜리 방송사라는 식으로 오인하게 할 가능성이 있음. • 동 규칙(안)이 경영의 세부 사항까지 평가하는 것은 KBS의 경우 이사회, MBC의 경우 방송문화진흥회에서 법에 따라 경영평가를 하고 그 결과를 공표하고 있으며, SBS 등 민영방송의 경우도 상장에 따른 공개경영이 이루어지고 있는 현실에서 행정력 낭비와 함께 불필요한 중복규제에 해당하므로 제한적인 평가가 실시되기를 바람. • 아울러 평가 및 공표 방법도 재허가추천 등과 관련한 최소한의 기준을 마련해 최저 기준에 부합하는지 여부를 중심으로 평가하고 공표할 것이지, 점수에 의한 서열화 및 결과 공표는 파급 효과, 신뢰성 시비로 인해 바람직하지 않음. • 또한 평가 시기도 통상적인 경우 재허가추천 기간에 맞추어 3년에 한 번씩 실시하기를 바라며, 예외적으로 특별히 심각한 문제가 예상되는 특정방송사에 대해서는 특별 평가하는 방식으로 운영하기를 바람.

출처: 제32차 방송위원회 회의(정기) 순서(2001. 8. 13), 안건 라.(2001-32-106) 첨부자료.

종합평가점수에 따른 평가결과 구분 등을 명시하고 있다.

방송위원회는 방송사업자의 방송프로그램 내용 및 편성과 운영 등에 관한 종합적인 평가업무를 효율적으로 수행하기 위해 방송평가위원회를 두며, 방송평가위원회는 방송위원회 위원과 방송평가위원회의 설치목적에 합치하는 전문가 등 7인 이상 9인 이내의 위원으로 구성하게 되어 있다.

방송평가에 관한 사항 심의, 방송평가에 관한 규칙개정안 제안, 기타 방송평가 업무의 효율적 수행을 위해 방송위원회 위원장이 요청하는 사항 처리를 방송평가위원회 직무로 규정하고 있다.

방송평가 대상은 지상파방송사업자, 종합유선방송사업자, 위성방송사업자 및 방송법 제9조 5항 단서의 규정에 의해 승인을 얻은 방송채널사용사업자로 하며, 방송위원회에 등록한 방송채널사용사업자 및 중계유선방송사업자는 방송평가 대상에서 제외된다.

방송평가 대상 기간은 매년 1월 1일부터 12월 31일까지를 기준으로 하되, 재허가추천 또는 재승인 시기 등 부득이한 사유로 특정 연도 전체를 평가대상 기간으로 할 수 없을 경우에는 평가가 가능한 해당 연도의 특정 시기를 대상으로 평가를 실시할 수 있으며, 방송평가 영역은 내용영역, 편성

<표 2-7-3> 방송평가규칙의 주요내용

• 방송평가위원회 위원 자격(제4조)
- 방송 등 언론관계 분야에 10년 이상 종사한 자
- 법률, 행정, 경영, 회계, 기술, 신문방송 관련 학과의 대학 교수로 5년 이상 재직한 자
- 법조계에 10년 이상 재직한 자
- 공인회계사로 10년 이상 재직한 자
- 시청자단체에서 10년 이상 활동한 자
- 기타 방송평가에 필요하다고 인정되는 분야에서 활동했거나 전문성이 있다고 인정되는 자

• 방송평가위원회 직무(제6조)
- 방송평가에 관한 사항 심의
- 방송평가에 관한 규칙의 개정안 제안
- 기타 방송평가 업무의 효율적 수행을 윙해 위원회 위원장이 요청하는 사항 처리

• 평가대상(제11조)
- 지상파방송사업자, 종합유선방송사업자, 위성방송사업자 및 법 제9조 제5항 단서 규정에 의하여 승인을 얻은 방송채널사용사업자

• 평가대상 기간(제12조)
- 방송평가 대상 기간은 매년 1월 1일부터 12월 31일까지를 기준
- 재허가추천 또는 재승인 시기 등 부득이한 사유로 특정 연도 전체를 평가대상 기간으로 할 수 없을 경우에는 평가가 가능한 해당 연도의 특정시기를 대상으로 평가 실시 가능

• 평가영역(제13조)
- 내용영역, 편성영역, 운영영역으로 구분

• 평가항목 및 평가척도 등(제14조)
- 평가항목과 평가항목에 대한 배점 및 평가척도는 별표 처리
- 방송사업자의 특성으로 인해 특정의 평가항목을 적용할 수 없을 경우에는 해당 평가항목을 제외하고 평가하되, 평가점수는 각 평가영역에 부여된 만점으로 환산하여 계산
- 내용 및 편성영역의 평가항목은 해당 방송사업자의 자체제작 여부와 관계없이 방송된 모든 프로그램을 대상으로 하여 평가척도를 적용

• 평가결과의 구분(제15조): 평가영역별 평가점수 및 종합평가점수에 따라 방송사업자의 평가결과를 다음과 같이 구분
- 매우우수: 만점의 80% 이상 점수
- 우수: 만점의 60% 이상 80%미만 점수
- 보통: 만점의 40% 이상 60%미만 점수
- 미흡: 만점의 20% 이상 40%미만 점수
- 부적정: 만점의 20%미만 점수
- 방송사업자별 평가점수의 분포 등을 고려하여 점수비율의 일부 조정 가능

• 자료제출 요구 등(제16조)
- 방송평가업무에 필요한 경우, 방송사업자에게 평가항목과 관련된 자료 제출 요구 가능
- 방송사업자가 정당한 사유없이 관련 자료의 제출을 거부함으로써 해당 항목에 대한 평가가 불가능할 경우와 방송사업자가 허위의 자료를 제출할 경우에는 평가척도에서 규정하는 최하점수 적용

• 방송평가결과의 공표(제17조)
- 위원회는 방송사업자의 재허가추천 또는 재승인시 방송평가결과를 공표하여야 하며, 방송의 공익성 증진 및 방송사업의 건전한 발전 등을 위해 필요할 경우 방송평가결과를 연간 단위로 공표 가능
- 또한, 방송평가결과 공표시 평가결과에 따라 권고 등 조치 가능

• 기타
- 방송사업자별 특성을 고려하여 평가 모델을 지상파TV, 지상파라디오, SO, 위성, PP(보도), PP(홈쇼핑) 등 6가지 유형으로 구분
- 평가유형별 평가점수
  · 지상파TV: 1,000점(내용 300점, 편성 300점, 운영 400점)
  · 지상파라디오 및 PP(보도): 500점(내용 및 편성 250점, 운영 250점)
  · SO 및 위성: 500점(내용 및 편성 150점, 운영 350점)
  · PP(홈쇼핑): 500점(내용 150점, 운영 350점)

영역, 운영영역으로 구분하며 경영관련 평가는 운영영역에 포함되어 있다.

방송사업자별 특성을 고려해 평가유형을 지상파방송사업자(텔레비전 방송), 지상파방송사업자(라디오 방송), 종합유선방송사업자, 위성방송사업자, 방송채널사용사업자(보도 분야), 방송채널사용사업자(홈쇼핑 분야)등 여섯 가지로 구분했다.

평가유형별 평가점수는 지상파방송사업자(텔레비전 방송)는 1,000점 만점(내용 300점, 편성 300점, 운영 400점), 지상파방송사업자(라디오 방송)는 500점 만점(내용 및 편성 250점, 운영 250점), 종합유선방송사업자는 500점 만점(내용 및 편성 150점, 운영 350점), 위성방송사업자는 500점 만점(내용 및 편성 150점, 운영 350점), 보도 분야 방송채널사용사업자는 500점 만점(내용 및 편성 250점, 운영 250점), 홈쇼핑 분야 방송채널사용사업자는 500점 만점(내용 150점, 운영 350점)으로 이루어져 있다.

방송사업자의 특성에 따라 특정의 평가항목을 적용할 수 없을 경우에는 해당 평가항목을 제외하고 평가하되, 평가점수는 각 평가영역에 부여된 만점으로 환산해 계산한다.

평가영역별 평가점수 및 종합평가점수에 따라 방송사업자의 평가결과는 '매우 우수'(만점의 80% 이상 점수), '우수'(만점의 60% 이상 80% 미만 점수), '보통'(만점의 40% 이상 60% 미만 점수), '미흡'(만점의 20% 이상 40% 미만 점수), '부적정'(만점의 20% 미만 점수) 등 5단계로 나뉘어 있다.

이밖에 방송사업자가 정당한 사유 없이 관련자료의 제출을 거부함으로써 해당 항목에 대한 평가가 불가능할 경우와 방송사업자가 허위의 자료를 제출할 경우에는 평가척도에서 규정하는 최하점수를 적용하도록 했으며, 방송평가 결과는 방송사업자의 재허가추천 또는 재승인시 공표하며 방송의 공익성 증진 및 방송사업의 건전한 발전 등을 위해 필요할 경우에는 연간 단위로 공표할 수 있도록 했다.

3. 방송평가제의 시행

새 방송위원회는 새로 채택된 '방송평가에관한규칙'에 의거해 2001년 12월 31일로 허가기간이 만료되는 41개 지상파방송사업자(208개 채널)을 대상으로 최초로 방송의 종합평가를 내리게 되었다. 이 종합평가의 결과가 통합방송법 제17조에 따라 방송위원회의 재허가추천에 반영되는 첫 사례가 된 것이다. 방송위원회는 방송평가의 결과와 재허가와의 연계방안으로 방송평가위원회의 평가결과를 60%, 재허가 심사위원회의 심사결과를 40%로 반영해 재허가추천 여부를 결정한다는 방침을 정했다[제34차 방송위원회 회의(임시) 순서(2001. 8. 27), 안건 나.(2001-34-110)]. 이는 재허가추천 여부를 결정함에 있어 방송의 종합평가 결과에 상대적으로 큰 비중으로 두겠다는 방송위원회의 의지가 반영된 것이다.

재허가추천 심사결과와 방송의 종합평가 결과가 2001년 9월 말에 나오자 이를 합산해 100점 만점으로 환원한 결과 점수가 좋지 않은 채널로는 60점 미만 채널 2개, 60점 이상 65점 미만 채널이 16개라는 수치가 나왔다. 방송위원회는 10월 8일 전체회의에서 방송위원들이 논의한 끝에 대구방송 TV 등 12개 사업자 18개 채널에 대해서는 '조건부 재허가추천'을, KBS 등 28개 사업자 192채널에 대해서는 '재허가추천'을 하기로 의결했다.[1] 조건부재허가추천이란 방송사업자가 예컨대 시청자위원회 운영 부실, 여성고용 미흡, 연구기술개발투자 미흡, 방송심의규정 위반 등에 관해 시정을 약속하는 이행각서를 받는 조건으로 하는 재허가추천이다.

방송위원들간의 토론 중 나온 문제로서 조건부추천을 받은 12개 사업자 18개 채널은 모두 지역 민영방송사라는 점에서 공영방송과 민영방송을 같은 기준으로 평가한다는 것은 문제라는 지적이 나왔다.

---

1) 이날 제38차 방송위 전체회의(2001년 10월 8일)가 '조건부 재허가추천'을 결정한 12개 사업자 18개 채널은 대구방송TV, 광주방송TV, 대전방송TV, 울산방송TV, 전주방송TV, 청주방송TV, 경인방송TV, CBS FM, CBS 청주FM, CBS 대전FM, CBS 춘천FM, CBS 청주FM, 극동AM, 극동 창원FM, 극동 제주FM, 원음방송FM, TBS FM이다. 당시 CBS는 노사분규에 휩싸여 '파행방송'이 행해지고 있으므로 CBS 13개 채널에 대해서는 추천을 유보했다.

<표 2-7-4> 재허가추천 대상 지상파방송사업자

구분		운영체계	방송사업자(시설자)	사업자 형태	사업자수
공영 (22개)		TV, 라디오	한국방송공사(KBS)	단일법인	1
		TV, 라디오	문화방송(서울MBC) 부산, 대구, 공주, 대전, 전주, 마산, 춘천, 청주, 제주, 울산, 강릉, 진주, 목포, 여수, 안동, 원주, 충주, 삼척, 포항 문화방송(이상 지방MBC)	각각 독립법인	20
		TV, 라디오	한국교육방송공사(EBS)	독립법인	1
민영 (10개)		TV, 라디오	SBS, 부산방송, 대구방송, 광주방송, 대전방송, 울산방송, 전주방송, 청주방송	각각 독립법인	8
		라디오	경기방송	독립법인	1
		TV	경인방송	독립법인	1
특수방송 (9개)	교통	라디오	서울특별시(TBS), 도로교통안전관리공단(TBN)	자치단체 단일법인	2
	종교	라디오	(재단법인)기독교방송, (재)극동방송, (재)아세아방송, (재)평화방송, (재)불교방송, (재)원음방송	각각 독립법인	6
	국악	라디오	국립국악원	문화관광부 소속기관	1
계			41개		

결론적으로 통합방송법이 새로 도입한 방송의 종합평가제는 기존 방송내용의 심의·제재제도가 갖는 한계를 극복하고 유명무실해진 재허가추천제를 복원한다는 의미를 갖는다. 그러나 이 방송의 종합평가제가 법의 취지에 따른 성과를 거두기 위해서는 평가의 공정성, 객관성, 그리고 전문성을 담보하는 보완장치가 필요하다.

예컨대 방송사업자가 사업계획서상의 약속을 지키는지 여부를 지속적으로 모니터링하는 제도를 마련한다든지, 공영방송과 민영방송, 지상파방송과 유료방송, 유료방송과 페이 퍼 뷰(Pay Per View) 또는 페이 퍼 채널(Pay Per Channel: PPC) 등에 대해 차별화된 기준을 적용하는 정교한 제도를 마련할 필요가 있을 것이다. 또한 방송의 종합평가제의 시행과 함께 현행 방송내용의 심의·제재제도를 축소 조정할 필요가 있을 것이다.

8

방송편성쿼터제

흔히 '방송의 꽃'이라 불리는 편성은 방송 과정에서 핵심적인 몫을 차지한다. 방송편성이란 좁은 의미로는 프로그램의 단순한 배열을 말하지만 넓은 의미로는 프로그램의 기획에서부터 제작에 이르는 전 과정을 뜻한다 (심미선, 2000: 305).[1]

통합방송법은 방송편성을 넓은 의미로 정의한다. 부연하면 법 제2조 '용어의 정의' 3항 15호에 의하면 '방송편성'이란 '방송되는 사항의 종류·내용·분량·시각·배열을 정하는 것을 말한다'고 규정하고 있다.

통합방송법은 방송편성의 자유와 독립을 보장한다고 선언하면서도 기본적으로 편성쿼터제를 부과하고 있다. 부연하면 방송법 제4조 1항은 '방송편성의 자유와 독립은 보장된다'고 하면서 2항은 '누구든지 방송편성에 관해 이 법 또는 다른 법률에 의하지 아니하고는 어떠한 규제나 간섭도 할 수 없다'고 규정하고 있다. 말을 바꾸면 방송편성에 대한 법적 규제의 문을 열어놓고 있는 것이다.

또한 통합방송법이 도입한 새로운 제도로서 제1장 '통합방송법의 내용과 특성'에서 살펴본 바와 같이 기자 및 프로듀서의 '내적 자유'의 지향을 법제화하고 있다. 곧 제4조 4항은 방송프로그램제작의 자율성을 보장하기 위해 취재 및 제작 종사자의 의견을 들어 방송편성규약을 제정하고 이를

1) 미국의 방송실무 전문인이자 방송학자인 헤드(Sydney W. Head)는 편성과 제작을 구별해 편성을 '전략'(strategy)으로 제작을 '전술'(tactics)로 차별화하면서 많은 경우 편성과 제작을 혼동하고 있다고 지적한다(Head, 1981a: 3)

공표해야 한다고 규정한다.

통합방송법이 방송편성에 부과하는 규제는 광범위하고 복잡하다. 그것은 대체로 ① 의무편성비율의 강제, 곧 방송편성쿼터제와 ② 채널 구성과 운용의 강제로 대별할 수 있다.

방송편성쿼터제는 다시 △종합편성방송의 편성기준(법 제69조, 시행령 제50조) △전문편성방송의 비율(시행령 제50조 4항) △국내제작 방송프로그램의 편성(법 제71조, 시행령 제57조) △외주제작 방송프로그램의 편성비율(법 제72조, 시행령 제57조) △중앙사 제공 방송프로그램의 지역민방 편성비율 △방송광고규제(법 제73조, 시행령 제59조)로 세분된다. 채널 구성과 운용의 강제는 주로 위성방송과 케이블 방송에 대한 것으로 제13장 '방송채널 운용에 대한 정책 대응과 법적 규제'에서 다룰 것이므로 여기서는 방송편성쿼터제를 중심으로 논의하고자 한다.

통합방송법이 방송편성의 자유와 독립을 보장한다면서도 방송편성에 대해 광범위한 규제를 부과하는 목적은 무엇인가? 그것은 한마디로 방송이 공익을 위해 봉사해야 한다는 취지에서이다. 예컨대 국내제작 프로그램의 편성쿼터제는 국내 영상산업 보호와 문화적 정체성의 보전을 도모한다는 취지에서 부과된다고 볼 때 그것은 우리나라 시청자, 곧 공중의 욕구와 복지라는 공익을 실현하기 위한 것이다.

또 다른 예로 외주제작 프로그램의 편성쿼터제는 독립제작사의 기반을 튼튼히 하고 운영의 활성화를 도모한다는 취지인데 그것은 국내 방송영상산업의 저변을 키워 방송의 품질과 다양성을 실현하기 위한 것이다.

물론 방송편성에 아무런 규제를 가하지 않고 방송사의 자율에 맡기는 것이 편성의 자유를 보장한 법 취지에 맞는다. 그러나 방송편성을 시장의 흐름에 맡기는 경우 시장 경쟁에 의한 이득도 있지만 시청률 경쟁이 끼치는 해악이 더욱 크다는 사실이 일반적으로 입증되고 있기 때문에 각 국은 일정 부분 방송편성에 대한 규제를 가하고 있다.

그러나 방송편성에 대한 공적 규제가 방송법에 의해 허용되더라도 편성규제가 방송편성의 자유를 질식시키는 결과를 초래해 언론의 자유를 보장한 헌법에 반한다는 비판이 제기될 수 있다. 아울러 방송편성에 대한 지나친 규제는 방송편성의 창의성을 고갈시키며 이는 방송프로그램의 질적 수준을 추락시키는 부작용을 일으킬 위험이 도사리고 있다는 점도 놓쳐서는 안된다.

방송위원회는 통합방송법이 편성쿼터제 아래 일정 부분 편성정책을 마련하고 시행할 책임을 진다. 그것은 법령이 정한 의무편성비율의 범위 안에서 방송위가 적정한 비율을 고시해야 하며, 방송사가 고시된 편성비율을 지키고 있는지 여부를 감독해야 하는 직무로 요약할 수 있다.

이 장에서는 먼저 ① 통합방송법과 시행령이 정한 방송편성쿼터제의 법적 규제 내용을 살펴본 뒤 ② 새 방송위가 시행한 편성고시비율을 주요 편성규제와 관련해 논의하고 ③ 편성쿼터정책의 문제점과 대안을 모색하고자 한다.

1. 통합방송법상 방송편성규제

통합방송법과 시행령이 정한 편성쿼터제는 광범위하고 복잡하다. 여기에는 ① 종합편성방송의 편성기준 ② 전문편성방송의 편성비율 ③ 국내제작 방송프로그램의 편성비율 ④ 외주제작 방송프로그램의 편성비율 ⑤ 중앙사 제공프로그램의 지역민방의 편성비율 ⑥ 주시청시간대 특정 방송분야 편중 제한 ⑦ 시청자참여프로그램 편성 의무가 포함된다. 그밖에 방송광고 규제와 위성방송과 케이블 방송에 대한 채널 구성 의무와 운용에 대한 규제가 있다.

1) 종합편성방송의 편성기준(법 제69조, 시행령 제50조)

종합편성 방송사업자는 보도에 관한 방송프로그램, 교양에 관한 방송프로그램 및 오락에 관한 방송프로그램이 상호간에 조화를 이루도록 편성하되, 교양에 대한 방송프로그램은 매월 전체 방송시간의 '30% 이상', 오락에 관한 방송프로그램은 매월 전체 방송시간의 '50% 이하'로 편성하여야 한다.

통합방송법은 구 방송법이 규정하는 경직된 '편성의 3분법'을 그대로 채택해 시행령은 당초 보도 10% 이상, 교양 30% 이상, 오락 50% 이하의 편성비율을 강제하고 있었으나 새 방송위원회 주도로 2001년 3월 20일 교양 30% 이상, 오락 50% 이하로 시행령을 개정했다. 애초 방송위는 오락 50% 이하로만 정하는 것으로 추진했으나 문화관광부의 반대로 교양 30% 이상을 포함시키는 대신 보도비율을 삭제하는 것으로 타결을 본 것이다. 이는 새 방송위가 고식적인 3분법의 의무편성비율의 틀을 깬 것으로 역사적 의의를 갖는다.

- 보도방송프로그램: 정치·경제·사회·문화 등 모든 분야의 시사에 관한 속보 또는 해설을 목적으로 하는 방송프로그램
- 교양방송프로그램: 국민의 교양 향상 및 교육을 목적으로 하는 방송과 어린이와 청소년 교육을 목적으로 하는 방송프로그램
- 오락방송프로그램: 국민 정서의 함양과 여가생활의 다양화를 목적으로 하는 방송프로그램

- 교양방송프로그램: 매월 전체 방송시간의 30% 이상
- 오락방송프로그램: 매월 전체 방송시간의 50% 이하

2) 전문편성방송의 편성비율(시행령 제50조 4항)

전문편성 방송사업자는 허가 또는 승인 받은 주된 방송분야의 방송프로그램을 일정 비율 이상 편성해야 한다.

- 지상파방송: 매월 전체 방송시간의 50% 이상
- 지상파방송을 제외한 방송: 매월 전체 방송시간의 80% 이상

3) 국내제작 방송프로그램의 편성비율(법 제71조, 시행령 제57조)

방송사업자는 국내에서 제작된 방송프로그램을 다음 각 호의 범위 안

에서 방송위원회가 고시하는 비율 이상 편성하여야 한다. 이는 문화적 정체성을 지키고 국내 방송영상산업을 키우기 위한 취지에서 방송사업자에 부과한 의무이다. 다만 종교 또는 교육에 관한 전문편성을 행하는 방송사업자의 경우에는 국내에서 제작된 영화·애니메이션을 전체 영화방송시간 또는 애니메이션 방송시간의 40% 이하의 범위 안에서 방송위원회가 고시하는 비율 이상을 편성하여야 한다.

- 지상파방송: 매월 전체 방송시간의 80%
- 지상파방송을 제외한 방송: 매월 전체 방송시간의 50%
- 방송사업자는 국내에서 제작된 영화·애니메이션 및 대중음악을 다음 각 호의 범위 안에서 방송위원회가 고시하는 비율 이상 편성하여야 한다.
- 지상파방송
  - 영화: 전체 영화방송시간의 20% 이상, 40% 이하
  - 애니메이션: 전체 애니메이션 방송시간의 30% 이상, 50% 이하
  - 대중음악: 전체 대중음악 방송시간의 50% 이상, 70% 이하
- 지상파방송을 제외한 방송
  - 영화: 전체 영화 방송시간의 30% 이상 50% 이하
  - 애니메이션: 전체 애니메이션 방송시간의 40% 이상, 60% 이하
  - 대중음악: 전체 대중음악 방송시간의 50% 이상, 80% 이하
- 1개 외국제작물 편성비율
  - 방송사업자는 외국에서 수입한 영화·애니메이션 및 대중음악 중 1개 국가에서 제작된 영화, 애니메이션 및 대중음악을 분야별로 월간 방송시간의 60% 이내에서 방송위원회가 고시하는 비율을 초과하지 아니하도록 편성하여야 한다.
  - 방송위원회는 국내제작의 전체 편성비율과 1개 국 제작물 과다편성의 비율을 고시하는 경우 문화관광부 장관과 합의하여야 한다.

4) 외주제작 방송프로그램의 편성비율(법 제72조, 시행령 제58조)

통합방송법은 외주제작 편성쿼터제를 독립제작사의 집중육성 쪽으로 보다 밀착시키고 있다. 부연하면 종전에 전체 의무외주비율을 고시하거나 전체 외주비율과 독립제작사 외주비율을 분리고시해오던 행태에서 더 나

아가 전체 외주비율, 특수관계자 외주비율(자회사가 있는 MBC 와 SBS에 적용), 주시청시간대 외주물 편성비율을 고시할 것을 명하고 있다.

- 지상파방송사업자는 국내에서 당해 방송사업자가 아닌 자가 제작한 방송프로그램(영화를 제외)을 매월 전체 방송시간의 40% 이내에서 방송위원회가 고시하는 비율 이상 편성하여야 한다.
- 특수관계자가 제작한 방송프로그램은 전체 외주제작 방송프로그램의 30% 범위 안에서 방송위원회가 고시한 비율 이상 편성하여야 한다.
- 종합편성을 행하는 방송사업자는 외주제작 방송프로그램을 매월 주시청시간대 방송시간의 15% 이내에서 방송위원회가 고시하는 비율 이상 편성하여야 한다.
- 방송위원회가 이와 관련해 편성비율을 고시하는 경우에는 문화관광부 장관과 합의하여야 한다.

5) 다른 한 방송사업자 방송프로그램 편성비율(법 제69조 5항, 시행령 제50조 5항)

통합방송법은 '지상파방송사업자가 다른 한 방송사업자의 제작물을 편성할 수 있는 비율'이라는 표현을 쓰고 있다. 이는 실질적으로 SBS를 키스테이션으로 삼고 있는 지역민영방송사(경인방송 제외)가 SBS가 제공하는 프로그램을 편성할 수 있는 비율을 의미한다.

> '지상파방송사업자가 다른 한 방송사업자의 제작물을 편성할 수 있는 비율은 매월 전체 방송 시간의 50% 내지 85%의 범위 안에서 당해 지상파방송사업자의 경영상태 및 방송프로그램 수급 여건 등을 고려해 방송위원회가 고시하는 비율로 한다.'

6) 주시청시간대 특정 방송분야 편중제한(법 제69조 3항, 시행령 제50조 3항)

주시청시간대에는 특정 방송분야의 방송프로그램이 편중되어서는 안된다. 이 법 규정에 따라 새 방송위원회는 외주제작물의 주시청시간대 편성비율을 고시하고 있으며 주시청시간대 국산영화 편성비율을 150% 인정하고 있다.

- 평일: 오후 7시부터 오후 11시까지
- 토요일·일요일·공휴일: 오후 6시부터 오후 11시까지

7) 시청자권익 보호를 위한 방송프로그램 편성의무

통합방송법은 시청자의 권익을 보호하기 위해 방송편성에 규제를 가하고 있다. 부연하면 KBS는 매월 100분 이상 시청자가 제작한 '시청자참여프로그램'을 편성해야 하며, 케이블 방송과 위성방송의 경우 요청에 응해 시청자제작프로그램을 지역채널과 공공채널을 통해 방송하여야 한다.

또한 종합편성 또는 보도전문편성 방송사업자는 주당 60분 이상 이른바 옴부즈맨 프로그램을 편성해야 한다. 이 시청자권익 보호 편성규제에 관해서는 제6장 '시청권익 보호정책'에서 자세히 살펴본 바와 같다.

(1) **시청자참여프로그램의 편성**(법 제69조 6항, 시행령 제51조, 위원회 규칙 제13조)

한국방송공사는 매월 100분 이상 시청자가 직접 제작한 시청자참여프로그램을 편성하여야 한다.

- 시청자가 직접 기획·제작한 프로그램
- 시청자가 직접 기획하고 방송발전기금 등의 지원을 받아 제작한 방송프로그램

한국방송공사는 시청자참여프로그램의 편성기준을 정하고 이를 공표하여야 한다.

한국방송공사의 시청자위원회는 시청자참여프로그램의 운영을 담당하고, 필요한 경우 제작비용의 일부에 대한 지원을 요청할 수 있으며, 이 경우 한국방송공사는 제작비의 일부를 지원할 수 있다.

시청자참여프로그램의 방송을 요청받은 한국방송공사는 무상으로 이를 방송한다. 다만 방송된 시청자참여프로그램의 저작권은 제작자에게 있다.

(2) **시청자제작프로그램의 편성**(법 제70조 7항, 위원회 규칙 제18조)

종합유선방송사업자 및 위성방송사업자는 위원회 규칙이 정하는 바에 의해 시청자가 자체 제작한 방송프로그램의 방송을 요청하는 경우에는 특별한 사유가 없는 한 이를 지역채널이나 공공채널을 통해 방송해야 한다.

(3) **시청자평가프로그램의 편성**(법 제89조)

종합편성 또는 보도전문편성 방송사업자는 당해 방송사업자의 방송운영과 방송프로그램에 관한 시청자의 의견을 수렴해 주당 60분 이상의 시청자평가프로그램(옴부즈맨 프로그램)을 편성해야 한다.

이상에서 우리는 통합방송법이 규정한 방송편성규제를 법규의 내용중심으로 일별해보았다. 법이 규정한 방송편성규제는 광범위하고 복잡한 규제체계를 구성한다. 문제는 이러한 방송편성규제가 법이 달성하려는 취지를 살리고 있는가 하는 것이다. 다시 말하면 방송편성규제가 공익을 실현하는 데 얼마나 기여하고 있느냐 하는 것이다.

이런 질문을 염두에 두고 법이 규정한 3대 방송편성규제 곧 ① 국내제작 방송프로그램의 편성비율 ② 외주제작 프로그램의 편성비율 ③ 중앙사제공프로그램의 지역민방 편성비율을 중심으로 논의하고자 한다. 다만 국내제작 방송프로그램의 편성비율은 이 책의 구성체계상 제12장 '방송시장의 대외개방'에서 별도로 논의할 것이다.

2. 새 방송위원회의 방송편성 규제정책

새 방송위원회가 2000년 3월 13일 출범한 뒤 법정직무인 방송편성쿼터제 시행작업에 들어갔다. 그 이후 2002년 2월까지 5차례에 걸쳐 각종 편성비율고시를 시달했다. 첫번째 고시는 새 방송위가 촉박한 일정 아래 추진했으나 문화관광부와의 합의와 규제개혁위원회의 심사라는 절차에 부딪혀 2000년 5월 26일에 가서야 편성비율고시를 공고할 수 있었다. 따라서 편성비율고시는 가을프로그램 개편 때부터 적용될 수밖에 없었다.[2)]

방송위원회는 방송사가 봄철과 가을철 편성개편에 맞춰 상·하반기에 걸쳐 고시를 시달한다. 이 5차례의 편성비율고시의 특성은 국내제작 및 외주제작 방송프로그램의 의무편성비율을 단계적으로 확대하고 있다는 것이며 중앙사제공프로그램의 지역민방 편성비율을 단계적으로 축소하고 있다는 점이다.

<표 2-8-1>은 새 방송위원회가 2002년 4월 9일까지 공고한 5차례 고시를 연도별(상·하반기)로 다시 정리한 표이다. 이 표는 외주제작 방송프로그램과 중앙사제공프로그램의 지역민방 편성의 고시비율만을 대상으로 했다(국내제작 방송프로그램 편성비율고시는 제12장 '방송시장의 대외개방' 중 <표 3-12-3>을 참조).

1) 외주제작 방송프로그램의 편성쿼터제

정부가 방송프로그램의 외주편성쿼터제를 도입한 것은 1991년도로 거

2) 새 방송위원회는 3월 13일 출범한 뒤 곧 법정직무인 방송편성규제를 위한 고시안 마련에 들어갔다. 문화관광부가 1999년 고시한 의무편성 비율기간이 2000년 봄철 프로그램 편성개편 직전에 만료됨에 따라 4월 중순까지는 2000년 편성비율을 고시해야 하기 때문이었다. 그렇지 못할 경우 4월말 또는 5월초로 잡혀있는 봄철프로그램 편성개편의 경우 방송프로그램 편성규제가 공백으로 남을 공산이 컸다. 따라서 방송위는 제10차 전체회의(4월 17일)에서 방송편성 비율고시안을 의결했으며 이어 4월 27일 문화관광부와 합의를 끝냈다. 그러나 규제개혁위원회는 5월 12일 심사를 보류하고 차기회의에서 재심사를 결정하는 바람에 방송위원회의 편성비율고시의 공고는 늦어질 수밖에 없었다. 규제개혁위원회가 방송위 고시안을 통과시킨 것은 5월 22일이었다. 따라서 방송위는 5월 26일 고시일로부터 가을 개편시까지 외주제작 방송프로그램 비율원안을 삭제하고 문화관광부의 99년도 고시내용을 적용키로 했으며 실제로 방송사들이 봄철프로그램 편성개편이 이루어진 뒤였기 때문에 다른 고시비율도 적용하기가 어려웠다.

<표 2-8-1> 방송위 편성비율고시(2000~2002)

<table>
<tr><th></th><th></th><th>2000(상·하반기)</th><th>2001(상·하반기)</th><th>2002(상반기)</th></tr>
<tr><td rowspan="3">외주제작방송프로그램*</td><td>전체 비율</td><td>•특수관계자 있는 지상파: 매월 전체방송시간의 27% 이상
•특수관계자 없는 지상파: 22% 이상
•SBS 이외 지역민방: 4% 이상</td><td>•특수관계자 있는 지상파: 상반기 29% 이상, 하반기 31% 이상
•특수관계자 없는 지상파: 상반기 24% 이상, 하반기 26% 이상</td><td>•특수관계자 있는 지상파: 33% 이상
•특수관계자 없는 지상파: 28% 이상
•EBS: 20% 이상</td></tr>
<tr><td>특수 관계자</td><td>전체 외주제작 분량의 18% 이내</td><td>2000년과 동일</td><td>전체 외주제작 분량의 20% 이내</td></tr>
<tr><td>주시청 시간대</td><td>매월 주시청시간대 방송시간의 6% 이상</td><td>매월 8% 이상 SBS를 제외한 지역민방은 2000년과 동일</td><td>매월 10% 이상</td></tr>
<tr><td>중앙사 제공 프로 그램</td><td>지역 민방</td><td>매월 전체 방송시간의 80% 이내</td><td>•1차 지역민방: 상반기 2000년과 동일, 하반기 매월 72% 이내
•2차 지역민방: 상·하반기 매월 75% 이상</td><td>2001년 하반기와 동일</td></tr>
</table>

*다만 외주제작 방송프로그램 편성비율은 2000년도 하반기부터 적용키로 했으며 상반기는 문화관광부가 1999년 고시한 대로 전체비율 20% 이상, 독립제작사비율 18%, 특수관계자비율 2%를 적용키로 했다. 방송위 원안은 각각 25%, 20%, 5%였다[제16차 방송위원회 회의(2000. 5. 29), 6. 보고사항 마. 참조].

슬러 올라간다. 그 해를 기점으로 외주편성비율은 지속적으로 확대되었다. 그러나 이런 전체 외주편성쿼터제가 독립제작사를 육성한다는 취지를 살리지 못한다는 비판을 수용해 정부는 1994년부터 전체 외주편성비율과 함께 별도로 독립제작사 외주제작비율을 고시해왔다.

1998년 문화관광부는 '방송영상산업 진흥대책'에서 다소 의욕적인 외주제작비율의 단계적 확대안을 발표함으로서 독립제작사 육성안을 분명히 했다.

이런 맥락에서 2000년 시행된 통합방송법과 그 시행령은 한발 더 나아가 전체 외주제작 편성쿼터, 특수관계자 편성쿼터, 주시청시간대 편성쿼터를 규정하고 있다.

이는 독립제작사의 육성과 함께 아울러 외주제작 편성쿼터제는 방송사들의 제작, 편성, 유통의 수직적 통합구조를 개선함으로써 방송환경 자체의 활성화를 도모한다(안정임, 2000: 63)는 취지도 담고 있다.

새 방송위원회가 통합방송법 시행령에 따라 외주제작 편성쿼터의 비율을 고시한 것은 방송프로그램 편성의 2000년 가을개편부터이다. 새 방송위의 고시는 2000년 봄철개편 때부터 적용되어야 했으나 규제개혁위원회가 통과를 미루는 바람에 적용될 수 없었다.

방송위가 고시한 외주제작 편성비율은 <표 2-8-1>이 보여주듯 전체 외주비율, 특수관계자 외주비율, 주시청시간대 외주비율로 나뉜다.

먼저 월 단위의 전체 외주비율은 다시 순수 외주제작비율과 특수관계자(자회사)가 있는 방송사(MBC 와 SBS)의 외주제작비율로 나누어 2000년 하반기에는 각각 매월 22% 이상과 월 27% 이상을 출발점으로 매년 상·하반기마다 2%씩 늘리는 구도였다. 따라서 2003년까지는 순수 외주제작비율을 30%로까지 확대한다는 것이었다. 그러나 2002년도부터는 상·하반기 2%씩 연 4% 확대에서 연 2%확대로 하향 조정됐다. 매년 4%씩 확대가 방송계의 입장을 지나치게 반영한 것이다.[3)]

새 방송위가 고시한 특수관계자 외주비율은 2000년 하반기 전체 외주제작의 18% 이내로 정하되 2001년 같은 수준을 유지케 했으며 2002년에는 다시 20%로 확대했다. 특수관계자 외주비율을 얼마로 정할 것인가에 관해 새 방송위는 문화관광부와 합의과정에서 전체 방송시간 대비 5% 수준을 유지키로 의견을 모았다.[4)]

주시청시간대 외주비율고시는 매월 방송시간의 6%(15분)로 정하되 연 2%씩 확대키로 방침을 정했다. 따라서 2001년과 2002년은 각각 8% 및 10%로 확대되었다.

---

3) 새 방송위원회는 1998년 10월 문화관광부가 발표한 '방송영상산업 진흥대책'의 외주제작 확대안을 존중해 순수 외주제작비율 2000년 상·하반기 각각 20% 이상 및 22% 이상으로 하자는 데 의견을 모았다. 그러나 문광부는 2001년 6월 15일 '디지털시대 방송영상산업 진흥정책 추진전략'을 발표해 2003년까지 40% 이상으로 확대한다는 방침을 밝혔다. 그러나 이 의욕적인 외주비율 확대안에 새 방송위가 합의한 바 없다.

4) 이렇게 볼 때 방송위가 2002년 특수관계자 외주비율을 20%로 확대한 것은 외주비율 정책의 일관성 문제를 야기할 수 있다. 2000년 하반기, 2001년 상하반기, 2002년 상반기 특수관계자 외주비율은 전체방송시간에 대비해 각각 4.9%, 5.2%, 5.6% 그리고 6.6%로 계산된다[제 42차 방송위원회 회의(2001년 11월 12일), 7. 보고사항 가. 참조].

요컨대 새 방송위가 시행하고 있는 외주정책은 통합방송법이 정한 틀에서 ① 전체 외주제작비율의 완급을 고려한 단계적 확대(전체 방송시간의 22% → 30%) ② 특수관계자(MBC와 SBS의 자회사)의 일정 외주비율(전체 방송시간의 5%) 인정 ③ 주시청시간대(평일 오후 7시~11시 및 토·일·공휴일 오후 6시~11시) 외주비율의 단계적 확대(6% → 12%)로 정리할 수 있다.

과연 이 외주정책은 정책목표를 달성하는 데 이바지하고 있는가? 다시 말하면 외주정책은 독립제작사를 활성화시키고 그 결과 방송영상산업의 저변을 확대하고 있으며 이는 시청자를 위한 방송의 다양성을 실현하고 있는가? 더 나아가 지상파 네트워크 방송사들의 제작·편성·유통의 수직적 통합구조에서 오는 시장독점구조를 개선하고 있는가?

우리는 이러한 질문에 대한 해답을 찾기 위해 먼저 ① 1991년 이래 정책당국이 펼쳐온 외주정책을 되돌아본 뒤 ② 이 외주정책이 끼친 산업적 효과를 보는 연구자들의 시각을 정리하고 ③ 이를 바탕으로 새 방송위의 외주정책 개선안을 모색하고자 한다.

(1) 외주제작프로그램 편성쿼터제 시행의 경과

방송정책의 주무기관인 공보처가 1991년 외주편성쿼터제를 처음 도입한 이래 의무비율고시는 지속적으로 확대되었다. 첫해는 방송사의 준비기간을 고려해 3%의 고시비율을 부과했으나 2년 뒤 1993년 10%로 껑충 뛰었다(단 KBS 1-TV 7.5%).

이는 그 전 해 1992년의 5%에서 두 배로 뛴 수치이다. 이후 고시비율은 연 평균 3%씩 확대해 통합방송법에 의해 외주고시의 주체가 새 방송위원회로 바뀐 2000년에는 20%에 이르렀다.

2001년 하반기부터 새 방송위가 외주비율을 고시하기 시작했는데 처음 22%였다. 특수관계자(자회사)가 있는 MBC와 SBS의 경우 27%였다. 이는 자회사의 외주비율을 제한적으로 인정한 수치이다. 이는 새 방송위가 문화관광부가 그때까지 시행한 외주비율 확대정책을 승계했다는 의미를 갖는다.

1998년 문화관광부는 외주비율의 의욕적인 확대정책을 발표한 데 이어

<표 2-8-2> 외주제작 프로그램 고시 및 지상파방송사의 편성현황비율(%)

연도			KBS-1	KBS-2	MBC	SBS
1991	고시		3이상	3이상	3이상	3이상
	편성	봄개편	4.3	3.3	3.7	-
		가을개편	3.9	4.8	5.7	6.5
1992	고시		4이상	5이상	5이상	5이상
	편성	봄개편	4.8	6.4	6.7	9.0
		가을개편	5.0	8.2	9.3	10.2
1993	고시		7이상	10이상	10이상	10이상
	편성	봄개편	7.4	11.0	10.0	10.2
		가을개편	8.0	11.1	11.1	11.6
1994	고시	봄개편	10이상(4)	13이상(4)	13이상(4)	13이상(4)
		가을개편	13이상(5)	15이상(5)	15이상(5)	15이상(5)
	편성	봄개편	6.9(3.8)	16.9(4.2)	13.0(5.3)	13.9(4.7)
		가을개편	9.5(3.3)	19.2(4.7)	15.1(5.3)	17.7(9.4)
1995	고시		13이상(5)	15이상(5)	15이상(5)	15이상(5)
	편성	봄개편	12.1(4.6)	18.7(5.7)	16.6(7.3)	15.6(8.5)
		가을개편	9.9(3.6)	21.9(7.9)	16.3(6.8)	15.7(6.2)
1996	고시		16이상(8)	18이상(8)	18이상(8)	18이상(8)
	편성	봄개편	14.2(6.6)	23.4(10.9)	16.6(5.8)	17.2(6.6)
		가을개편	15.2(6.8)	29.4(17.7)	18(8.3)	19.9(9.7)
1997	고시	봄개편	19이상(9)		19이상(9)	19이상(9)
		가을개편	20이상(12)		20이상(12)	20이상(12)
	편성	봄개편	15.7(7.1)	26(15.8)	19.2(9.1)	20.9(11.2)
		가을개편	16.7(6.1)	16.3(18.1)	201.(12.0)	23.2(12.5)
1998	고시		20이상		20이상	20이상
	편성	봄개편	12.5(7.1)	28.1(15.8)	20.2(12.8)	20.9(14.8)
		가을개편	9.9(5.4)	30.3(23.0)	21.0(14.0)	23.2(14.9)
1999	고시	봄개편	20이상(16)		20이상(16)	20이상(16)
		가을개편	20이상(18)		20이상(18)	20이상(18)
	편성	봄개편	16.5(6.7)	29.5(18.3)	21.3(17.0)	26.5(19.1)
		가을개편	12.9(9.8)	29.0(19.6)	18.0(18.0)	26.4(26.4)

<표 2-8-2> 계속

연도			KBS-1	KBS-2	MBC	SBS
2000	고시	봄개편	20이상(16)		20이상(18)	20이상(18)
		가을개편	20이상(18)		27이상(22)	17이상(22)
	편성	봄개편	14.0(9.1)	28.3(18.8)	25.9(20.7)	32.3(25.7)
		가을개편	15.2(34.4)	34.4(15.2)	27.0(22.9)	34.1(26.4)
2001	고시	봄개편	29이상(24)		29이상(24)	29이상(24)
		가을개편	31이상(26)		31이상(26)	31이상(26)
	편성	봄개편	17.6(34.7)	34.7(17.6)	29.1(24.0)	36.0(30.9)
		가을개편	17.9(40.7)	40.7(17.9)	31.2(25.9)	37.0(32.2)
2002	고시	봄개편	28이상(28)		33이상(28)	33이상(28)
	편성	가을개편	19.6(43.5)	43.5(19.6)	43.5(19.6)	38.7(33.9)

* 출처: 방송위원회 내부자료(김재영·이재호, 2002: 22).
*( )안의 숫자는 순수 독립제작사 비율을 나타냄.
* 2002년도 봄개편 편성비율은 방송사가 방송위원회에 제출한 자료에 의거한 계획안으로 실제 편성은 다를 수 있다.

2001년 6월 15일 더욱 구체적으로 2003년까지 법정외주비율 상한선인 40%로 끌어올리겠다는 계획을 발표하기도 했다. 물론 이는 고시비율 공고의 주체인 새 방송위가 동의한 확대안은 아니어서 2002년부터는 방송계의 현실을 감안해 연 4% 확대를 2%로 하향조정했다.

그러나 새 방송위는 기본적으로 외주비율 확대정책을 유지한다는 방침 아래 2004년까지는 40%까지 끌어올릴 계획을 갖고 있다[방송위원회 내부자료 '방송산업진흥대책'(2001년 10월), 26쪽].

그밖에 새 방송위원회는 외주비율 확대정책을 질적으로 강화하기 위해 2003년 이후 '외주제작쿼터제' 도입을 문화관광부와 합의한 바 있다(앞의 글, 27). 외주제작비쿼터제는 네트워크 방송3사의 총제작비 대비 외주비 비율이 겉으로 나타난 외주시간 비율에 크게 뒤떨어진 현실[2000년 KBS: 4.6%, MBC: 9.7%, SBS: 9.1%(방송위원회, 2001: 42)]을 바로잡기 위한 것이다.

<표 2-8-2>는 1991년부터 2002년까지 정책당국이 부과한 외주고시비율의 추이와 네트워크 방송사가 다같이 실제 편성한 실적을 비교한 것이

다. 이 표에 의하면 네트워크 방송3사는 다소 편차가 있음에도 불구하고 정책당국이 고시한 외주비율을 대체로 준수하고 있는 것을 보여준다.

(2) 외주정책의 효과

문제는 정책당국이 1991년 이후부터 시행해온 외주정책이 과연 정책 취지대로 목표달성에 이바지하고 있느냐에 있다. 외주정책은 독립제작사를 육성함으로써 제작원의 다양화, 창구유통의 다수화, 저작권 소유구조 개선, 제작부문의 경쟁요소 도입과 같은 다양한 정책적 취지를 담고 있다. 더 나아가 외주정책의 배경에는 우리나라 방송산업이 편성, 제작, 유통 부분에 고착시켜온 수직적 통합구조를 개선함으로써 여의도 중심의 네트워크 방송사들의 시장 독점적 지위에서 오는 폐해를 줄이고 방송산업 전체의 균형발전을 이루고자 하는 장기적 정책처방이 깔려 있다.

2002년 6월 현재 12년째 맞고 있는 외주정책을 어떻게 평가할까? 문화관광부가 2001년에 밝힌 바와 같이 외주정책은 2000년도 현재 독립제작사를 210개로, 사전제작회 지원금이 601억 원으로, 프로그램 수출규모가 1,300만 달러로 증가한 성과를 거뒀다는 평가도 있다(김진웅, 2001: 53). 그러나 많은 전문가들은 외주편성쿼터제, 특히 외주비율 확대정책이 거둔 성과가 전반적으로 미흡하다는 데 의견의 일치를 보이고 있다.

특히 김재영·이재호(2002)의 연구는 외주비율 확대정책이 독립제작사의 양적인 증가를 제외하고 대부분 정책목표 달성과 연계되고 있지 않는다고 주장하면서 '방송영상 정책 가운데 지난 10여 년간 유일하게 지속적으로 추진되어온 외주제작 편성비율 의무화 정책은 아무런 기대효과를 산출하지 못하고 있다고 단언'하고 있다(위의 글, 27). 특히 이 연구는 현재 네트워크 방송3사에 차지하는 편성·제작·유통·수직적 통합구조가 규모의 경제를 유발할 뿐만 아니라 거래비용을 감소시키고 마케팅의 효율성을 증대시킨다고 하면서 여의도 중심 네트워크 방송3사의 독점적 지배구조를 옹호하고 있다(위의 글, 60). 그러나 이러한 연구가 사회적 타당성을 가지려면 네트워크 방송3사의 독점적 지배구조가 갖는 경제적 효율성이 방송산업 전체의 균형발전 또는 시청자 복지로 축약된 공익개념과 연계되고 있음을 입증해야 할 것이다.

오히려 많은 연구는 외주비율 확대정책이 기대만큼 성과를 거두지 못한 요인으로 네트워크 방송3사가 고착시킨 편성·제작·유통의 수직적 통합구조의 관성이라고 지적한다(권호영, 1998; 조항제, 1998; 송경희, 2000; 안정임, 2000; 김광호, 2001). 이들 연구는 네트워크 방송사가 편성·제작부문 수직계열화는 독립제작사의 시장접근 배제, 공급거부 또는 상대가격 조작, 창구배제 등으로 독립제작사의 영세화를 초래할 뿐만 아니라 다양한 원천으로부터 다양한 견해를 들을 수 있는 사상의 자유시장의 활력을 고갈시킨다고 지적한다.

저자의 의견으로는 외주비율 확대정책만으로 외주정책의 취지를 살리는 것은 제한적일 수밖에 없다고 본다. 다시 말해 외주정책이 독립제작사를 육성하는 데 실효를 거두자면 외주비율의 일정한 확대와 함께 일련의 보완정책을 마련해야 할 것이다. 이를 위해 안정임이 제안한 대로 외주비율 산정기준 및 주시청시간대 특정 장르 외주편성 기준이 마련되어야 하며 아울러 방송사와 독립제작사 간의 계약관행 개선, 제작비쿼터제 및 저작권과의 연계방안이 모색되어야 할 것이다(안정임, 위의 글, 89-91).

2) 중앙사제공프로그램의 지역민방 편성비율

통합방송법과 시행령은 지상파방송사업자가 다른 한 방송사업자의 제작물을 편성할 수 있는 비율을 정하고 있다. 바꾸어 말하면 이 비율이상으로 자체제작 프로그램을 편성해야 한다. 이 법령 규정은 이론적으로 네트워크 방송3사간, 네트워크 방송사와 지역민영방송사(이하 지역민방) 간, 또는 지역민방간에도 적용될 수 있지만, 현실적으로 SBS가 지역민방간에 구축한 네트워크 체제에 적용된다. 다시 말하면 SBS 프로그램에 의존하는 지역민방에 부과되는 의무편성비율을 말한다. 방송법시행령 제50조 5항에 따라 지역민방은 매월 전체 방송시간의 50%에서 85% 사이에서 방송위원회가 고시하는 비율 이내로 편성해야 한다.

이 법규정의 힘으로 새 방송위는 간접적으로나마 지역민방에 지역프로그램 편성을 강제할 수 있는 것이다. 새 방송위원회는 이 규정에 의거해

<표 2-8-3> 지역민방의 사업계획서상의 자체편성비율(%)

구분	95년도	96년도	97년도	98년도	99년도	2000년도
부산방송	18.0	20.0	22.0	24.0		
대구방송	17.8	-	21.5	-	25.5	
광주방송	30.1	38.0	45.0	50.0		
대전방송	19.6	20.7	21.2	23.8		
전주방송	-	-	39.7	43.1	46.2	50.0
울산방송	-	-	15.1	20.0	23.5	26.5
청주방송	-	-	12.6	14.7	16.0	16.8
경인방송	-	-	-	-	-	100.0

출처: 방개위, 1999: 103

2000년 매월 80% 이내로, 2001년 상반기 역시 매월 80% 이내로 의무편성비율을 정했으나 이것을 1차 및 2차 지역민방을 나누어 매월 72% 및 75% 이내로 의무편성비율을 고시했다. 2002년 상반기도 전해와 같은 비율을 유지했다.

새 방송위는 지역민방의 활성화라는 방송법의 취지를 살리기 위해 방송법 시행령 제정 때부터 자체프로그램 편성비율을 늘리는 쪽으로 제안한 바 있다[제42차 방송위원회 회의(2001년 11월 12일), 보고사항 가. 첨부자료]. 이러한 정책적 목표를 고려해 2001년 하반기부터 제한비율을 하향조정하기 시작했다. 그러나 경인방송을 제외한 모든 지역민방이 프로그램 제작비용의 부담, 열악한 지역광고시장, 디지털 전환에 따른 투자비용 등으로 다시 80%로 확대해줄 것을 요청해왔다(앞의 자료). 이런 지역민방의 사정을 고려해 2002 상반기는 전해와 같은 비율을 유지한 것이다.

통합방송법이 지역민방의 방송쿼터제를 도입한 취지는 무엇인가? 지역민방이 1995년과 1997년 '1차 민방'과 '2차 민방'으로 출범할 당시 지방자치의 부활과 맞물려 지역주민의 여론과 문화를 창달하는 지역언론·문화매체로서 기능이 필수적이라는 명분이 크게 작용했었다(남궁협, 2000: 97). 따라서 지역민방들은 애초 사업계획서상 허가조건으로 의욕적인 자체편성비율의 확대를 제안했었다. <표 2-8-3>이 보여주듯 대부분 민방들은 20% 이상 50%까지 자체프로그램 편성을 약속했었다.

<표 2-8-4> 지역민방의 연도별 자체편성비율(%)

방송사	1995.5 개국시	1996. 봄	1997. 봄	1998. 봄	1999. 봄	2000. 봄
대전	18.6	19.7	21.5	17.8	11.1	9.1
청주	-	-	20.2	12.1	9.6	11.5
대구	23.0	28.1	33.9	19.0	13.7	15.8
부산	26.5	33.8	38.8	19.1	18.1	17.6
울산	-	-	20.4	13.5	13.8	11.3
광주	21.3	22.3	24.2	16.5	12.0	17.2
전주	-	-	21.8	13.6	12.6	11.6

출처: 방송위원회, 2000마: 101

그러나 이 약속은 지켜지지 않았다. 부연하면 자체편성비율이 1997년까지는 오름세를 보였으나 그 해를 기점으로 급속한 내림세로 치닫게 되었다. 물론 여기에는 IMF의 한파가 경제를 위축시킨 요인이 크게 자리잡고 있음은 누구나 인정한다. <표 2-8-4>는 지역민방의 연도별 자체편성비율 추세를 보여준다. 만일 1997년 이후 자체편성비율의 내림세가 고착된다면 지역민방은 애초 정책당국이 기대했던 목표와는 달리 SBS의 중계소로 전락할 수밖에 없게 된다. 이는 지역민방의 존립근거를 흔드는 사태발전인 것이다.

이에 방개위는 ① 최초 허가 조건으로 제시한 '로컬프로그램' 편성비율을 준수토록 하며 ② 로컬프로그램 중심으로 편성할 것을 제안했다. 이를 위해 구체적으로 '지역민방간의 프로그램 교환을 허용하되 특정방송사(SBS) 제작물의 50% 이상 편성을 금지'할 것(법시행 후 1년간 유예기간을 둠)을 권고했다(방개위, 1999: 105). 이 권고를 반영한 것이 통합방송법 제69조 5항과 시행령 제56조 5항 '지상파 방송사가 다른 한 방송사업자의 제작물을 편성할 수 있는 비율'이다. 이런 맥락에서 볼 때 이 법규정은 지역민방이 한 중앙사(SBS)의 중계소로 전락하는 것을 방지하고 로컬프로그램 중심으로 편성을 강제함으로써 지역언론·문화매체로서 위상을 살리자는 데 있다. 이를 위해 방개위는 방송사간 프로그램 공급은 공정거래가 이루어지도록 하기 위해 SBS와 지역민방 간의 '방송업무협력에 관한 기본협정'의 불공정거래 조항을 시정하도록 권고했다.[5)]

다음으로 새 방송위는 지역민방의 방송편성쿼터제를 시행함으로써 법의 취지를 담은 정책목표를 달성하는 데 이바지하고 있는가? 전문가들은 지역민방의 방송쿼터제가 실효를 거두기 위해서는 지역민방이 자체제작능력을 배양하기 위한 여건 정비가 우선되어야 한다고 지적한다.

3) 방송개혁위원회의 방송권역 확대안

먼저 지역민방의 방송구역을 광역화해야 한다는 지적이다. 방개위는 지역민방의 광역화프로그램을 제안한 바 있다. 이는 지역민방이 도달하는 가시청권 인구를 늘임으로써 시장규모 확대에 따른 규모의 경제를 실현하고 광고수입구조 개선을 통해 자체편성비율을 높일 수 있는 역량을 배양하자는 취지이다. 방개위는 지역민방의 2단계 광역화프로그램을 제안했는데 1단계는 1도 1사 기준으로 방송권역을 확대하고 다시 2단계에서 대권역화를 추진해 수도권(SBS·인천방송), 충청남북권(대전방송·청주방송), 전라남북권(전주방송·광주방송), 경상남북권(대구방송·부산방송·울산방송)으로 묶는다는 것이다. 방송개혁위는 방송권역확대를 허용한다는 조건으로 ①증자 등을 통해 차입경영의 체질을 개선할 것 ②일정 비율 이상의 로컬프로그램 편성을 제안했었다(방개위, 1999: 107).

이는 의욕적인 정책으로 정책당국이 민방의 통합을 유도하는 경제적 유인을 마련해줄 때 가능할 것이지만 현실성은 높다고 볼 수 없다. 오히려 현행제도의 개선이 보다 현실성이 있을 것이다. 그런 점에서 지역민방의 광고요금 구조를 개선(남궁협, 2000: 115; 박소라, 2000: 84-89)한다든지, 광고시간의 공동판매전략(박소라, 위의 글, 114)을 도입할 필요가 있다는 지적과 함께 지역민방이 프로그램 공동제작시스템을 구축해 자체편성 역량을 배양해야 한다는 제안(방개위, 앞의 책, 105)을 진지하게 검토할 필요가 있을 것이다.

---

5) 방개위가 불공정거래 조항으로 간주한 시정 사례로서 ①동일 시간대 동일 프로그램 편성 ②네트워크 이외의 공중파방송의 프로그램, 종합유선방송 보도 및 스포츠프로그램 편성 금지 ③네트워크 프로그램에 SBS 로고 사용을 들고 있다.

요컨대 지역민방의 자체제작편성 확대정책은 지역민방이 자생할 수 있는 여건이 선행되지 않는 한 성과를 기대하기 어렵다는 것이다. 특히 상업방송 성격의 MBC 지방계열사가 자체편성의무를 면제받고 있는 현실에서 지역민방에게만 자체편성을 강제하는 것은 형평성 원칙에 반한다는 것이다(남궁협, 2000: 114).

3. 요약과 결론

통합방송법은 복잡하고 광범한 방송편성쿼터제를 부과하고 있지만 이 편성쿼터제의 시행이 법이 지향하는 취지에 부응하게 하기 위해서는 여러 가지 보완책을 마련하지 않으면 안된다.

외주 방송프로그램 편성쿼터제의 경우 독립제작사의 활성화를 통해 방송영상산업의 저변을 키우고 아울러 방송프로그램의 제작·편성·유통부문이 네트워크 방송3사 중심으로 수직 통폐합되어 있는 구조를 개선하자는 정책취지를 담고 있으나 외주편성비율의 확대만으로는 이러한 정책취지가 별로 효과를 보지 못했음이 밝혀지고 있다.

따라서 외주편성쿼터제가 효과를 보기 위해서 일련의 보완책이 마련되어야 하는데 그것은 외주비율의 산정기준 및 주시청시간대 특정 장르 편성기준, 외주 편성기준이 마련되어야 하고 아울러, 방송사와 독립제작사 간의 계약관행 개선, 제작비쿼터제 및 저작권과의 연계 방안이 마련될 필요가 있다는 지적이다.

중앙사제공프로그램의 지역민방 편성쿼터제의 경우 지역민방이 한 중앙사(SBS)의 프로그램 전송중계소로 전락하는 것을 차단하고 로컬프로그램 중심으로 편성을 강제함으로써 지역언론·문화매체로 자리잡게 하자는 정책취지를 담고 있다. 그러나 이러한 정책취지는 지역민방의 자체제작능력을 배양하기 위한 여건정비가 선행되지 않는 한 지역민방이 처한 구조적 제약에서 효과는 제한적일 수밖에 없다고 전문가들은 지적한다.

전문가들에 의하면 지역민방의 자체제작능력을 배양하기 위한 여건정비로서는 현행 지역방송 광고제도 개선, KBS와 MBC의 지역계열사와의 경쟁구조 개선, 지역민방의 공동제작시스템 구축 등이 마련되어야 할 것으로 보고 있다.

결론적으로 통합방송법은 복잡하고 다양한 편성쿼터제를 부과해 여러 가지 공익목표를 달성하려는 입법취지를 설정하고 있다. 여기에는 자국의 문화적 정체성을 지키고 방송영상산업을 보호하려는 취지로 부과한 국내제작사의 활성화를 도모하는 편성쿼터, 중앙사제공프로그램의 지역민방의 쿼터 등이 포함된다. 그러나 이 복잡하고 다양한 편성쿼터제가 과연 입법취지에 얼마나 이바지하고 있느냐에 대해서 전문가와 실무자로부터 광범한 의문이 제기되고 있다.

앞으로 양적 확대 일변도인 현행 방송편성쿼터제를 전반적으로 축소 조정할 필요가 있을 것이다. 예컨대 보도·교양·오락이라는 고식적인 3분법의 편성규제를 철폐해야 하며 중앙사제공프로그램의 경우 양적인 편성쿼터제를 지역민방에 부과하는 것보다는 지역민방 설립 시의 약속을 이행케 하는 간접적인 규제가 보다 합리적일 것이다. 외주제작 편성쿼터제도의 입법취지에 이바지하는 실효성을 살리기 위해서는 독립제작사의 열악한 제작환경을 개선시켜주는 보완책을 마련해야 할 것이다.

저자의 사견으로는 현행 편성쿼터제는 헌법 제21조가 보장하는 언론의 자유 및 방송법 제9조가 보장하는 편성의 자유와 독립을 무색하게 만들 우려가 있으므로 직접적인 편성쿼터의 양적규제는 최소한으로 줄이고 간접적인 규제방식으로 변경할 필요가 있을 것이다.

9

방송내용에 대한 규제

통합방송법은 방송의 공정성과 공공성을 담보하기 위해 강력한 내용규제 체제를 유지하고 있다. 방송의 내용규제에 관한 한 통합방송법은 기본적으로 1987년 방송법이 규정한 내용규제 체제를 승계하고 있다. 문제는 1987년 방송법이 종전의 방송심의위원회에 의한 자율규제를 그대로 떠맡았다는 데 있다. 이는 뒤에 논의하겠지만 무엇보다도 언론자유를 보장한 헌법과 합치하느냐의 문제, 곧 위헌 문제를 제기한다.

따라서 먼저 구 방송법의 내용규제 체제가 갖는 특성을 되돌아보고 이를 승계한 통합방송법상 방송내용 규제의 실상을 파악할 필요가 있다.

1987년 '6·29 선언'의 열기 속에서 '언론기본법'이 폐기되고 '방송법'이 새로 탄생되었다. 그런데 1987년 방송법은 방송내용 규제에 관한 한 종전 방송심의위원회의 내용규제 시스템을 그대로 승계한 것이다. 이는 제1장 '통합방송법의 내용과 특성'에서 살펴본 바와 같이 현행 방송내용의 심의·제재가 가부장적 권위주의 국가규제의 잔재를 담고 있을 뿐만 아니라 위헌론의 부담을 떠안게 한 것이다.

잠시 위헌론의 부담을 떠안게 된 경위를 돌이켜 보자. 1980년 당시 언론기본법 아래 '방송심의규정의 제정이나 방송심의위원의 선임에 있어서는 방송위원회와 문화공보부 장관의 승인을 요했고, 그 제재결정에는 법적인 강제력이 부여되었다고 하더라도 그 근본에 있어서는 자율규제였다' (박용상, 1990: 70). 그러나 이 자율규제가 방송법 아래서는 법적인 타율규제로 바뀌면서 위헌문제의 논란을 일으킨 것이다.

1987년 방송법은 그때까지 민간기구였던 방송심의위원회를 방송위원회의 하부보조기관으로 통폐합하고 국가기관으로 간주되는 방송위원회에게 일반 프로그램에 대한 사후심의권은 물론 영화 및 광고물에 대한 사전심의권까지 넘겨준 것이다. 이는 우리 헌법이 언론자유를 보장하고 특히 사전검열을 금하고 있다는 점에서 위헌문제를 안겨준 것이다. 왜냐하면 종전의 방송심의위원회의 경우 '자율규제적 성격이 방송내용에 대한 규제에 정당성을 부여하고 언론윤리에 속하는 사항에 대하여도 제재를 정당화하는 요인이었던 것'(위의 책, 70)이지만 1987년 방송법 체제 아래서 방송심의는 법적 규제이기 때문에 그 법적 규제가 헌법이 보장하는 언론자유와 합치하느냐의 여부가 심각한 위헌논란을 불러일으켰기 때문이다.

이 위헌문제는 1987년 방송법의 방송심의제도를 그대로 승계한 1990년 방송법에서도 이어지고 있으며 다시 이 방송내용 규제체제를 기본적으로 답습하고 있는 현행 통합방송법 아래서도 계속된다고 볼 수 있다. 물론 통합방송법은 사전심의권의 위헌문제를 상당히 해소했다고 볼 수 있다. 왜냐하면 영화에 대한 종전의 사전심의권을 삭제했으며 광고에 대해서는 법 제103조 2항에 의해 방송광고의 사전심의를 민간기구에 위탁하도록 규정하고 있기 때문이다.

그러나 뒤에서 살펴보는 바와 같이 광고방송의 사전심의권이 여전히 유지됨으로써 통합방송법은 사전심의의 위헌론을 잠재우지는 못하고 있다. 더욱이 '일반 방송프로그램의 사후심의는 언론에 대한 사후검열이 헌법이론상 허용된다는 것이 다수의 학설과 각 국의 관행이므로 위헌논란의 대상이 될 수 없다'(위의 책, 71)는 일반론을 인정하더라도 과연 통합방송법의 상설심의제도와 광범한 내용규제가 언론 자유를 보장하는 우리나라 헌법과 합치하는지 의문이 제기된다는 점이다.

헌법이론가들은 언론규제 입법의 합헌성 기준으로 ① 명확성 이론 ② 과잉금지의 원칙 ③ 법익형량 이론 ④ 명백·현존 위험의 원칙을 제시하고 있다(권영성, 1996: 457-458). 물론 방송매체는 인쇄매체와는 달리 허가제 아래 있기 때문에 공익성과 공공성을 담보하기 위한 규제는 불가피할 것이다. 그러나 통합방송법의 방송내용 규제와 같이 방송내용의 상설심의제나 방송언론의 핵심인 보도의 심의·규제가 과연 과잉금지의 원칙에 위배되지 않는지 의문이다.

'과잉금지의 원칙'(doctrine of overbreadth, Zelezny, 1997: 55)이란, 위법한 표현행위를 규제하기에 충분하고 보다 완화된 제재방법이 따로 있음에도 불구하고, 과중한 제재를 과하는 입법은 자유로운 표현을 질식시키는 사회적 효과를 가져오기 때문에 위헌이라고 헌법이론가들은 지적한다. 문제는 통합방송법의 방송심의제보다 '덜 제한적인 대안'(less restrictive alternative: LRA)이 무엇이냐를 정교하게 따지지 않고 통합방송법은 여러 가지 방송내용 규제장치를 설정하고 있다는 데 있다. 또한 방송심의규정이 추상적인 용어로 심의·제재 기준을 정하고 있어 명확성의 원칙에 위배된다는 비판을 면하기 어렵다는 관점도 있다(박선영, 앞의 책, 220). 이 문제에 대해서는 뒤에서 좀 더 자세히 논의할 것이다.

이 장에서는 ① 통합방송법의 방송내용 규제제도를 살피고 ② 새 방송위가 수행한 방송심의와 제재현황을 돌아본 뒤 ③ 미국 FCC의 방송내용 규제를 들여다보고자 한다. 마지막으로 ④ 우리나라 방송내용 규제의 문제점과 대안을 모색하고자 한다.

1. 통합방송법상 방송내용 심의·제재

새 방송위원회가 수행하는 방송내용의 심의와 제재는 통합방송법이 명하는 중요한 법정직무이다. 먼저 방송법 제6조는 '방송의 공정성과 공익성'의 실현할 의무를 방송사업자에 부과하도록 하고 있다. 특히 방송보도가 '공정하고 객관적'일 것을 요구하고 있으며, '성별·연령·직업·종교·신념·계층·지역·인종 등을 이유로 방송편성에 차별을 두어서는 안되며, 정부 또는 특정집단의 정책 등을 공표함에 있어 의견이 다른 집단에게 균등한 기회가 제공되도록 노력하여야 하고, 또한 정치적 이해당사자에 관한 방송프로그램을 편성함에 있어서도 균형성이 유지되도록 해야 한다고 규정하고 있다. 요컨대 방송보도의 공정성, 방송편성의 비차별성 및 정치방송의 균형성을 요구하고 있다.

더 나아가 법 제32조, 33조 및 34조는 방송의 공정성 및 공공성을 담보하기 위해 방송내용의 심의와 이를 위한 심의규정의 제정을 명하면서 아울러 심의위원회를 설치할 수 있도록 했다. 이 법 조항은 통합방송법이 방송내용 규제체제를 1990년 구 방송법에서 큰 틀에서 승계했지만 구 방송법의 관계규정과 명백한 차이를 보이고 있다. 부연하면 구 방송법 제17조 2항은 방송한 내용이 공정성과 공공성을 유지하고 있는지 여부와 공익사항에 대한 공적 책임 이행여부를 심의·의결해야 하며 이를 보좌하기 위해 산하에 심의위원회를 두도록 명하고 있다(제19조). 구 방송법이 심의위원회를 둘 것을 명하고 있지만, 통합방송법은 '심의위원회를 둘 수 있다'고 규정함으로써 새 방송위가 심의위원회의 설치 여부를 선택적으로 결정할 수 있는 여지를 보인 것이다. 이는 새 방송위가 특정분야의 방송(예컨대 보도)에 대해서 심의위원회를 두지 않고 민간기관(예: 방송협회)에 심의를 위탁할 수 있는 신축성을 보이는 대목이다.

또한 구 방송법 제17조 3항이 방송용 극영화와 만화영화, 외국에서 수입한 '방송 순서'(운동경기 등의 중계 및 보도 관련 사항은 제외), 그리고 광고물에 대해서는 사전심의를 하도록 규정하고 있다. 통합방송법은 영화의 경우 사전심의를 삭제하고 방송광고의 경우 사전심의권은 유지하고 있으나 민간기구에 위탁하도록 규정하고 있다. 통합방송법 제32조는 '방송 또는 유통된 후 심의·의결한다'고 사후심의를 못박고 있어 사전심의가 불러올 위헌성 문제를 상당부분 해소하고 있다.

이어 통합방송법 제100조는 '제재조치'를 규정하고 있는데 이는 구 방송법 제21조를 대체로 승계하고 있는 것이다. 통합방송법의 제재조치는 심의규정을 위반한 경우 ① 시청자에 대한 사과 ② 해당 방송프로그램의 정정·중지 ③ 방송편성책임자 또는 해당 방송프로그램의 관계자에 대한 징계를 명할 수 있다고 규정한다. 이는 구 방송법이 ②와 ③에서 각각 '해당 방송내용의 정정·해명 또는 취소' 및 '해당 방송순서의 책임자나 관계자에 대한 징계 또는 1년 이내의 범위 안에서의 출연 또는 연출의 정지'라는 규정을 변경한 것이다. 먼저 '1년 이내의 출연 또는 연출의 정지'를

<표 2-9-1> 방송심의위원회 구성*

보도교양방송심의위원회		연예오락방송심의위원회		상품판매방송 심의위원회
제1심의위	제2심의위	제1심의위	제2심의위	
위원장 안병찬 위원 오성건 유혜자 우석호 박형상 손석춘 조정하	위원장 김학수 위원 김진호 정중헌 임순혜 김종현 홍찬식 노경래	위원장 유현종 위원 김진석 노계원 김유주 김지연 장인식 임상택	위원장 이은영 위원 이상만 오일룡 정윤식 김찬동 편일평 김주언	위원장 김정수 위원 박태선 안명수 이재희 이양길 정만수 최주호

*보도교양심의위와 연예오락심의위는 2000년 3월 17일, 상품판매심의위는 같은 해 7월 31일 구성함.

삭제한 것은 방송사의 자율제재의 폭을 넓힌 것으로 볼 수 있다. 그러나 문제는 통합방송법이 방송의 '중지'라는 새로운 제재조치를 도입하고 있다는 점이다.

이는 제재조치의 중요한 변화이다. 부연하면 정정·해명 또는 취소는 사후제재조치이지만 통합방송법이 규정한 중지명령은 문맥상 진행중인 방송프로그램의 방송을 중지할 수 있다는 의미가 분명하다. 그러나 방송법이 사후심의를 명백히 하고 있기 때문에 방송위가 진행중인 프로그램의 방송을 중지할 수 있는 권한은 재방송에만 해당될 것이다.

1) 방송심의위원회 구성

새 방송위원회가 구성된 뒤 시급히 수행해야 할 법정직무가 방송심의를 중단 없이 하는 일이었다. 이를 위해 방송위는 먼저 방송심의위원회를 구성키로 하고 심의규정의 제정은 다소 미루기로 했다. 통합방송법의 시행과 더불어 구 방송법과 구 종합유선방송법에 의해 구성된 심의위원회가 해산되었으므로 방송심의의 공백이 일어나서는 안되기 때문이다. 따라서 새 방송위가 구성된 지 얼마 안된 2000년 3월 9일 심의위원회 구성 및 운영에 대한 규칙을 채택해 보도교양 제1 및 제2심의위원회, 연예오락 제1 및 제2심의위원회, 그리고 상품판매심의위원회를 설치했다(다만 상품판매 심의위원회는 방송광고물의 사전심의에 관련된 업무를 민간기구에 위탁하기 전까지 구성하지 않기로 함). 이들 심의위원회의 관할로는 보도교양심의위원회 및 연예오락심의위원회 모두 제1심의위원회는 지상파방송을, 제2심의위원회는 그밖의 방송 곧 케이블 방송, 중계유선방송, 위성방송을 심의토록 했다.

2) 방송심의규정

다음으로 새 방송위원회는 통합방송법 제33조에 따라 2000년 9월 1일 방송심의에 관한 규정을 제정·공표했다. 이 방송심의에 관련된 규정은 4가지로 ① 방송심의에 관한 규정 ② 방송광고심의에 관한 규정 ③ 방송프로그램등급제 규칙 ④ 협찬고지에 관한 규정이다. 여기서는 방송심의규정을 논하고 항을 달리해 광고심의 규정 및 규제와 방송프로그램등급제를 논의할 것이다. 협찬고지 문제는 통합방송법이 새로이 법적근거를 마련했다는 점에서 중요한 주제이나 후일 연구할 과제로 남겨 두고자 한다.

먼저 방송심의에 관한 규정(이하 '방송심의규정')은 방송의 공적 책임, 공정성, 공공성의 실현 등 모든 방송이 지켜야 할 공통적인 의무사항을 담는다는 취지에서 모든 매체를 포괄할 수 있는 통합 심의규정으로 제정되었다. 다시 말하면 종전에는 지상파방송과 종합유선방송의 심의에 적용되는 별개의 심의규정을 두고 있었으나 이제 지상파방송, 종합유선방송, 위성방송 등 모든 방송매체·채널을 아우르는 통합 심의규정을 제정했다는 뜻이다. 그러나 심의의 기본원칙으로 방송매체와 채널별 특성을 고려해 구체적 기준 적용 여부와 제재 정도를 달리할 수 있도록 명시함으로써 매체별 심의차별을 가할 수 있도록 했다.

방송심의규정은 총 4장 12절 77조항 및 부칙 1조항으로 구성되었는데 종전에 미비한 규정과 절차를 신설하고 구성체계를 정비했다. 예로 흥미를 목적으로 특정인의 사생활을 본인이 인지하지 못한 상태에서 촬영해 당사자의 동의없이 방송하지 못하도록 하는 규정을 신설했다(제19조 3항). 이는 이른바 '몰래카메라'에 의한 초상권 등의 침해를 방지하는 규정이다.

<표 2-9-2> 방송심의규정의 주요 내용

• 매체별 심의차별화의 근거 마련(제5조: 심의의 기본원칙) • 지상파방송의 책임 강조(제8조: 지상파방송의 책임) • 방송매체를 사업자의 사익에 이용하지 못하도록 함.(제9조 4항) • 성·폭력과 관련된 조항은 지상파와 그 외 매체를 포괄할 수 있도록 구 방송심의에 관한 규정과 종합유선방송 심의규정의 관련 조항을 통합 조정함.(제34조, 제36조) • 재연기법의 사용, 기부금품 모집방송, 방송에서의 유료 전화정보서비스의 이용에 대한 구체적 기준 제시(제38조: 재연기법의 사용, 제54조: 기부금품의 모집 규제, 제55조: 유료 정보서비스) • 방송광고 시간의 제한 조항 중 주류광고 시간대는 국민건강증진법에 의거 변경(제58조: 방송광고 시간의 제한) • 주의, 경고의 가중처벌조항 삭제(구 방송심의에 관한 규정 제116조 3항): 주의를 3회 이상 받은 방송국 또는 해당 방송순서의 책임자나 관계자에 대해 경고 결정을 할 수 있고, 경고를 받고도 반복하여 이 규정을 위반한 방송국 또는 해당 방송순서의 책임자나 관계자에 대해 법정제재조치를 취할 수 있었던 조항을 삭제(제60조: 제재조치) • 연속되는 프로그램을 매회 개별 안건으로 심의하지 아니하고 단일한 안건으로 심의할 수 있는 근거 마련(제63조: 연속 프로그램 등) • 위원회의 심의결과 제재조치를 받은 프로그램은 합당한 조치를 취한 후 방송하도록 함.(제64조: 심의결과의 존중) • 재심절차 및 청소년 유해매체물 결정절차를 상술: 청소년 유해매체물 표시방법 변경(제66조~제74조) • 역사물의 고증, 생활수준의 표현, 잡담·사담, 예고방송 관련 조항을 삭제

또한 종전의 심의규정과의 주요한 차이점은 심의절차의 미비규정을 보완했다는 점이다. 방송법 제100조 4항에 명시된 재심에 관해 그 절차규정(제67조~제72조)을 마련함으로써 제재조치에 대한 이의제기를 가능케 했다. 또한 청소년에게 유해한 방송프로그램을 청소년 유해매체물로 결정하는 절차규정(제73조~제75조)을 상세히 두었다. 그러나 최근 통합방송법을 우리나라 헌법질서의 틀에서 연구한 박선영(2002)은 방송심의규정에 대해 '규정대상과 범위, 기준 등이 상당히 광범위하고 모호해 명확성의 원칙에 위배된다는 비판을 면하기 어렵다'고 지적한다(위의 책, 220). 방송심의규정의 주요 내용을 정리한 것이 <표 2-9-2>이다.

3) 방송내용의 심의·제재 현황

먼저 2000년 3월 13일 통합방송법 시행 뒤 12월 31일까지 지상파방송의 심의·제재건수를 보면 모두 462건이며, 케이블 방송(PP와 SO)의 경우는 722건이었다. 이어 2001년 한 해 동안 심의·제재건수는 지상파방송이

481건, 케이블 방송이 1,041건에 이르렀다. 방송내용의 심의·제재는 연도별 편차가 있으나 그 성격이 유사하므로 여기서는 2001년 한 해 동안 지상파방송의 심의·제재현황을 방송위원회(2002가)가 펴낸 『방송심의 사례집』에 의해 살펴보기로 하겠다.

2001년 한 해 동안 지상파방송의 심의·제재건수 481건 중 보도교양 부문이 309건, 연예오락 부문이 172건이며, 제재 종류별로는 '법정제재' 14건, '경고 및 해당 프로그램의 관계자에 대한 경고' 51건, '경고' 213건, '주의' 203건으로 나뉜다.

방송사별로 제재건수를 비교해보면 MBC가 114건(전 계열사 포함)으로 가장 많으며, 뒤를 이어 SBS가 103건, KBS가 77건(전 지역국 포함), 경인 73건 순이다. 중앙 3사만 비교했을 경우에는 SBS가 103건(월평균 8.6건)으로 가장 많고 MBC 65건(월평균 5.4건), KBS 64건(월평균 5.3건)순이다.

2000년 같은 기간 SBS 142건(월평균 11.8건), MBC 115건(월평균 9.6건), KBS 93건(월평균 7.8건)이었던 것과 비교해보면 방송3사 모두 심의제재건수가 줄어든 것이며 특히 MBC의 심의제재건수가 큰 폭으로 줄었다. 이밖에 지역민방의 경우 부산방송 16건, 대전방송 13건, 대구방송 7건, 청주방송 6건, 광주방송 2건, 전주방송 2건이며 울산방송은 한 건의 제재도 없었다. 라디오 방송사는 기독교방송 27건, 대구방송 15건, 경기방송 10건 및 불교방송 9건, 포항방송 4건 등으로 집계됐다.

(1) 간접광고

다음으로 지상파방송의 심의·제재의 주요특징을 살펴보면 매년 심의·제재 사유 중 가장 높은 빈도를 지지하는 것이 이른바 '간접광고'로 2001년에는 총 사유 589회중 174회 29.5%를 차지했다.

방송프로그램 내에서의 간접광고는 특정업체는 광고효과를 주는 문제뿐 아니라 공적매체인 방송을 사적으로 이용함으로써 방송의 공익성·공공성을 훼손하는 심의규정의 위반이다.

간접광고로 제재를 받은 대표적인 사례는 TV 시트콤, 가요순위프로그램, 연예오락프로그램 등의 출연자 또는 진행자, 리포터가 특정 상표가 노출된 의상을 입고 나와 방송하는 경우를 비롯해 다양하게 나타나고 있다. 곧 자사 주최의 가요행사 등에서 무대바닥에 새겨진 특정 상품명과 상호를 노출하는 경우, 특정 정보를 제공하면서 일반적인 정보에 한하지 않고 해당 상품업체를 필요 이상으로 부각시키는 경우 및 방송광고가 금지된 결혼정보업체의 행사 및 사업을 자세히 소개하는 경우, 드라마에서 컴퓨터, 휴대폰 등에 뜬 인터넷 서비스명을 클로즈업하거나 정수기, 쇼핑백 등의 소품 상표를 노출시키는 경우, 드라마의 대사에 실제 상품명을 언급하고 그 기능을 묘사하는 경우 및 실제업체와 유사한 업체명을 설명하고 동일한 로고를 사용하는 경우, 특정 연예인의 다이어트 비디오 또는 태교음반 등을 자세히 소개하는 경우, 프로그램 참여방법으로 특정 무선 인터넷 서비스 또는 특정 인터넷 사이트를 이용하도록 고지하는 경우 등이 있다.

(2) 저속한 내용

저속한 소재와 출연자에 대한 가학적 내용으로 시청자의 웃음을 유발하려는 등의 방송품위를 저해하는 사례는 총 37회(6.3%)를 차지했다. 구체적으로 예를 들면, 눈, 코, 입 등에 빨래집게를 끼우는 장면, 스타킹을 물통에 넣어 건진 후 머리에 뒤집어쓰고 돌리는 장면, 드라이아이스를 입에 넣고 코로 연기를 내뿜는 장면, 양파, 마늘 등을 먹고 풍선을 불은 후 그 냄새를 맡게 하는 내용, 진행자가 바지를 벗는 장면, 음식을 억지로 많이 먹도록 강요하는 내용, 권투 스파링 또는 삭발 요구, 세숫대야를 머리에 떨어뜨려 맞게 하는 내용, 평균대 가랑이 경주로 남녀국부가 쓸려 고통스러워하는 내용, 소변 오래 참기 시합, 여자들이 엉덩이에 젓가락을 끼워 부러뜨리는 게임 등이 있다.

(3) 선정·폭력

방송에서 성과 관련된 내용을 지나치게 선정적으로 묘사하거나 성을 상품화한 사례는 25회 4.2%로 나타났으며 폭력장면을 지나치게 과다하게 묘사하거나 구체적으로 묘사한 경우 또는 시청자에게 지나친 충격과 불안감을 주는 내용으로 지적된 사례는 모두 31회 5.3%로 나타났다.

프로그램의 '선정성' 관련 사례로는 드라마 예고를 가족시청시간대에 편성하면서 부부의 정사장면을 여과없이 방송하는 경우, 영화소개 프로그램에서 선정적인 베드신을 여과없이 방송하는 경우, 토크쇼에서 성기나 성생활을 흥미위주로 묘사하는 경우, 연예계소식을 전하는 프로그램에서 여자 연예인의 과다노출장면을 소개하는 경우 등이 있다.

또한 사극에서 정사장면을 묘사하는 경우, 가요순위 프로그램이나 뮤직비디오에서 백댄서가 선정적인 춤을 추고 남자가수의 몸을 어루만지는 장면 및 남자가수의 과다노출 장면을 방송하는 경우, 시사고발 프로그램 중 퇴폐영업소에서 벌어지는 퇴폐적이고 선정적인 장면 및 대화내용을 여과없이 방송하는 경우, 해외패션쇼 소식을 보도하면서 속옷차림의 모델의 국부를 클로즈업하는 경우 등이 있다.

'폭력성'의 주요 사례는 빈번한 총격장면과 총기에 의한 살상장면의 과도한 묘사, 차량에 불을 붙여 폭파하는 장면, 오토바이를 질주해 마주 오는 자동차를 받아 폭파시키는 장면 등 청소년이 주로 시청하는 뮤직비디오에서 폭력을 묘사하는 경우, 프로레슬링 중계방송에서 흉기 등을 이용하는 가격이나 집단 난타 등 지나치게 폭력적이고 잔인한 장면을 여과없이 방송하는 경우, 드라마에서 깡패들과의 싸움 등에서 각목으로 구타하거나 쇠파이프로 내리치는 장면, 윤간장면 등 지나치게 폭력적인 장면을 구체적으로 묘사하는 경우 등이다.

또한 시대극에서 폭력 묘사의 필요성이 인정되고 구체적이고 잔인한 묘사 부분은 없다 하더라도 가족시청시간대에 폭력장면을 다소 길게 묘사하는 경우, 사극에서 화살이 박힌 안구를 뽑아 씹어먹는 장면, 고문하는 과정에서 입을 몽둥이로 여러 번 내리치는 장면의 근접촬영 등 지나치게 잔인하고 혐오스러운 장면을 구체적으로 묘사하는 경우, 청소년보호시간대에 편성된 영화소개프로그램에서 잔인한 연쇄살인을 묘사한 영화를 소개하는 경우, 보도프로그램에서 투신자살장면 등 충격적이고 잔인한 장면을 반복해 보여주는 경우 등을 들 수 있다.

방송의 '선정성'은 2000년도 심의내용 중 최대로 이슈화되었던 것으로 방송위원장이 2001년에도 '지상파중앙방송사장단협의회', '자율심의협의회' 등을 통해 자율심의를 강화토록 지속적으로 주의를 기울여온 사항이다.

또한 최근 청소년 범죄의 증가와 탈선의 일부 책임이 폭력적·선정적 방송프로그램에 있다는 지적에 따라 아동 및 청소년의 보호를 위해 2000년 12월에 '방송프로그램의등급분류및표시에관한규칙'을 제정, 2001년 2월 1일부터 영화, 수입 드라마, 뮤직비디오, 애니메이션 등 4개 부문에 우선적으로 시행하고 있다. 2002년도에는 드라마까지 확대해 실시할 계획이다.

(4) 권리침해

방송에서 인권침해나 명예훼손 등 권리를 침해해 심의제재된 사례는 모두 33회 5.6%로 나타났다. 주요 사례로는 연예인 특례입학 관련내용을 보도하면서 해당 연예인의 주민등록번호를 노출하는 경우, 범죄사건에 직접 관계되지 않은 단체명이나 범죄용의자의 이전 직장을 공개하는 경우, 폭력배들로부터 금품을 빼앗겨온 여종업원의 진술서에 적힌 여종업원의 이름, 주민등록번호, 주소, 전화번호 등을 밝히거나 범죄사건 제보자 이름을 밝히는 등 범죄사건 관련자의 인적사항 공개에 신중을 기하지 않은 경우, 경찰의 현장증거물 중에 절도용의자의 얼굴이 찍힌 사진을 노출하는 경우, 법정에서 구형을 받고 걸어나가는 피고인이 포승줄에 묶여 있는 모습을 근접 촬영해 방송하거나 마약혐의로 구속된 연예인이 수의복을 입고 수갑에 묶인 장면을 수차례 방송하는 등 해당인의 인격을 지나치게 침해하는 경우, 성추행 피해자로 추정되는 여자의 모습이나 불법어로를 하다 붙잡힌 어민의 얼굴, 지정차로를 위반해 적발된 트럭 운전자의 얼굴 등을 노출하는 등 개인의 초상권을 침해하는 경우, 드라마 대사 중에 특정 직업인이나 장애인을 비하하거나 심정을 상하게 하는 등 특정 집단의 명예를 훼손하는 경우 등을 들 수 있다.

앞에서 열거한 바와 같이 방송의 권리침해 사례는 주로 보도프로그램에 지적된바, 취재보도 종사자들의 윤리의식이 박약한 데 일차적인 원인이 있으나 방송사들이 구조적으로 시청률 경쟁에 몰두하고 있기 때문이라고 보인다.

결론적으로 방송위원회는 방송사 사전심의 강화와 정착에 대한 계도와 제재, 심의제재조치의 강화, 등급제의 시행 등으로 2001년에는 심의제재 건수가 줄어드는 등 방송의 문제점이 점차 개선되고 있는 것으로 평가할 수 있으나 그 정도는 아직 만족할 만한 수준에 이르지는 않고 있다.

방송프로그램의 '저속성', '선정성', '폭력성', '권리침해', '간접광고' 등의 개선을 위해서는 위원회의 심의제재만으로는 안된다. 방송인들의 윤리의식 강화와 함께 방송사의 자율심의 강화가 절실히 필요하다.

4) 방송광고 심의·제재

다음으로 방송광고규제는 원칙적으로 사전심의로 하되 통합방송법 제103조 2항은 '사전심의에 관련된 업무를 대통령이 정하는 바에 의해 민간기구·단체에 위탁한다'고 명시하고 있다. 이 규정에 따라 방송위는 2000년 7월 3일 방송광고 심의업무를 한국광고자율심의기구에 의탁하기로 결정하고 8월 1일부터 방송사전심의를 위탁했다. 그러나 새 방송위는 방송광고심의권을 유지하고 있기 때문에 방송광고심의에 관한 규정을 제정·공표했으며 이 규정에 의거해 위탁기구가 수행하는 방송광고심의를 감독할 책임을 진다.

구 방송위는 종전에 영화와 방송에 대해서 사전심의를 해왔으나 통합방송법은 영화에 대해서는 등급제의 분류대상으로만 포함시켰고 사전·사후 심의대상에서 제외했다. 그러나 법은 방송광고에 대해서는 여전히 사전심의를 명하고 있다. 곧 법 제32조 2항은 방송광고에 대하여는 방송위가 사전에 내용을 심의해 방송여부를 심의·의결하도록 규정하고 있다.

그러나 방송광고의 사전심의가 광고의 언론성을 인정하는 한 위헌이라는 비난을 면할 길이 없다. 헌법재판소는 한 헌법소원사건에서 '광고물도 사상·지식·정보 등을 불특정 다수에게 전파하는 것으로서 언론·출판의 자유에 의한 보호를 받는다'는 의견을 제시한 바 있다(박선영, 앞의 책, 327).

미국 법원은 '순수한 상업광고'(purely commercial advertising)는 수정헌법 제1조의 보호를 받지 못한다는 태도를 유지해왔으나 1975년 한 사건(Bigelow

<표 2-9-3> 방송광고 심의규정의 주요 내용

• 방송광고는 비교나 실물제시에 있어 특성, 성분, 규격 등 비교의 기준을 명확히 하도록 하고 부분적인 우위로써 전체적인 우위를 주장할 수 없도록 함(비교광고의 기준: 제18조 2항). • 방송광고 언어에 있어 표준어를 사용하는 것을 원칙으로 하며, 한글 맞춤법 및 외래어 표기법을 준수하도록 함(언어 기준: 제23조 1항). • 식품, 의약품, 화장품, 건강보조기구, 농약, 주류 , 영화·비디오물·공연물, 부동산, 학교·학원·강습소, 여행·관광, 투자자문업, 음성정보 서비스, 통신판매 등 방송광고 품목 및 특성별로 구체적인 허용기준을 명시함(품목별 기준: 제28조~제40조). • 방송광고 제한 품목으로 단란주점 영업, 비윤리적인 음성정보 서비스, 기부금품 모집광고, 직업소개업 등을 명시하고 묘지업·장의업은 지상파방송에 한해 제한하고 먹는 샘물의 경우 지상파텔레비전방송에 한해 제한하도록 함(방송광고의 금지: 제43조 2항). • 기존의 방송광고 제한 품목 중 '허가받지 않은 금융업'은 '금융관련 법령에 의하여 허가받지 않거나 등록하지 않은 금융업'으로 변경함(금융업 기준: 제43조 2항). • 상품소개 및 판매에 관한 전문편성을 하는 방송의 경우 당해 상품소개 및 판매에 관한 방송내용물의 심의에 있어서는 방송광고심의에 관한 규정을 적용하기로 하고, 심의절차에 관해서는 방송심의에 관한 규정을 준용하도록 함(준용: 제55조). • 라디오 방송광고에 대해서는 위원회의 결정으로 방송광고심의에 관한 규정의 일부를 적용하지 아니할 수 있도록 함(라디오 방송광고의 특칙: 제57조). • 방송광고의 심의신청시 신청서에 기재한 내용과 방송광고물이 서로 다를 경우에는 심의신청을 반려할 수 있도록 하고, 신청인은 위원회의 심의결정이 있기 전까지 심의신청을 철회할 수 있도록 함(심의신청의 반려 및 철회: 제46조, 제47조).

v. Virginia)의 판결을 계기로 '상업언론'(commercial speech)의 언론성을 인정하기 시작했다. 그 이후 1980년 법원은 '센트럴 허드슨 개스 및 전력공사 대 뉴욕 공공 서비스 위원회 사건'에서 상업언론에 대한 정부규제의 위헌 여부를 가리는 4개 부문의 기준을 확립하고 있다. 요컨대 4개 부문 기준이란 ① 문제의 표현이 수정헌법 제1조에 의해 보호받는지 여부 ② 상업언론의 규제 또는 금지를 주장하는 정부의 정책이익이 실질적인지 여부 ③ 광고규제가 정부의 정책이익을 직접적으로 촉진하는지 여부 ④ 광고규제가 정부의 실질적 이익을 위해 필요한 정도인지 여부이다(Carter et al., op cit., 374-375). 위의 사건에 대한 심의에서 법원은 뉴욕 공공 서비스 위원회가 공표한 광고규제, 곧 전력사용을 촉진하는 광고금지가 광고규제가 필요한 정도를 넘는다고 보아 위헌이라고 판시했다(위의 책, 375).

어떻든 새 방송위원회는 종전에 '방송심의에 관한 규정' 안에 포함시켰던 방송광고에 관한 규정을 별도로 독립시켜 '방송광고심의에 관한 규정'으로 제정·공포했다. 2000년 9월 1일 공포·시행된 방송광고 심의규정의 주요 내용은 <표 2-9-3>이 보여준다.

<표 2-9-4> 매체별 방송광고 규제항목

항목	지상파방송	종합유선·위성방송
시간	• 방송프로그램 시간의 1%	• 시간당 평균 10분 이내, 매 시간당 12분 이내
중간광고	• 불허(단 운동경기, 문화·예술 행사의 경우 예외)	• 프로그램 시간별 제한 - 45분~60분 프로그램의 경우: 1회 - 60분~90분 프로그램의 경우: 2회 - 90분~120분 프로그램의 경우: 3회 - 120분 이상 프로그램의 경우: 4회 • 매회 광고시간: 1분 이내(단 운동경기, 문화·예술행사의 경우 예외)
토막광고 횟수	• 라디오: 매시간 4회 이내, 매회 4건 이내 • 텔레비전: 매시간 2회 이내, 매회 4건 이내 • 광고시간 - 라디오: 1분 20초 이내 - 텔레비전: 1분 30초 이내	• 횟수: 매시간 2회 이내, 매회 5건 • 광고시간: 1분40초 이내
자막광고	• 안내·고지에 한함 • 횟수: 매시간 6회 이내, 매회 10초 이내 • 크기: 화면의 ¼	• 횟수: 매시간 4회 이내, 매회 10초 이내 • 크기: 화면의 ¼
공익광고	• 모든 방송사업자: 매주 전체 방송시간의 1% 이내에서 방송위가 고시하는 비율	• 전광판방송사업자: 옥외광고물 등 관리법 시행령 제31조 4항 3호에 의하여 정한 비율

• 통합방송법상 광고규제

통합방송법은 방송위원회에 의한 방송광고 사전심의를 민간기구로 위탁키로 했으나 그밖의 방송광고에 대한 규제는 광범하고 복잡한 내용을 담고 있다. 부연하면 통합방송법 제72조 2항과 법 시행령 제59조는 방송광고의 시간과 횟수를 방송매체별로 제한하는가 하면 중간광고를 금지하고 있다.

<표 2-9-4>는 법 시행령 제53조가 규정하고 있는 방송광고 규제항목의 규제내용을 볼 때 엄격한 규제를 가하고 있다는 것을 보여준다. 특히 지상파방송의 경우 광고시간을 프로그램 시간의 10%로 제한하면서 중간광고를 불허하며 토막광고도 횟수와 시간에 엄격한 제한을 가하고 있는 것이 특징이다. 이러한 방송광고에 대한 법적 규제로 말미암아 새 방송위는 방송광고 규제정책에 관한 한 경직된 규제체제 아래 정책시행의 재량

권이 거의 없다고 할 수 있다..

5) 방송사 자체심의

통합방송법은 방송내용 규제에 관해 기본적으로 구 방송법의 규제체제를 승계하고 있으나 또 다른 면에서 방송사에 의한 자율규제를 강조하고 있는 것이 특징이다. 구 방송법도 자체심의를 의무로 부과하는 조항은 있었으나 위반시 벌칙을 과하는 규정이 없었으므로 유효한 규정이라고 보기 어려웠다. 또한 구 종합유선방송법 아래서는 자체심의 의무조항이 없었으므로 SO나 PP의 경우 자체심의 의무가 신설된 셈이다. 통합방송법 제86조는 '방송사업자는 자체적으로 방송프로그램을 심의할 수 있는 기구를 두고 방송프로그램(보도에 관한 프로그램은 제외한다)이 방송되기 전 이를 심의해야 한다'고 명하고 있다. 이는 방송국이 ① 자체심의기구를 설치할 것 ② 보도를 제외한 모든 프로그램에 대한 사전심의를 할 것을 명한 것이다. 이를 위반할 경우 방송위는 2,000만 원 이하의 과태료에 처하도록 하고 있다(법 제108조 1항 20호).

이는 통합방송법이 방송내용 규제의 틀 속에서 사후심의를 원칙으로 하면서도 방송사업자의 자율성과 공적 책임을 중시해 자체심의를 의무화한 취지로 볼 수 있다.

새 방송위원회는 2000년 7월 법 제86조가 규정한 법정 자체심의 의무이행을 감독하기 위해 7월 7일부터 21일까지 자체심의기구 설치와 운영현황에 관한 자료를 제출토록 시달했다. 이에 응해 145개 방송사업자들이 제출한 자료를 방송위가 조사·분석한 결과 지상파방송국들은 자체심의규정을 두고 심의기구를 설치하고 있었으나 SO와 PP의 경우 자체심의의 법정의무에 관한 인식수준이 낮고 일부 사업자는 아예 자체심의기구를 설치하지 않은 경우도 드러났다(김명희, 2000: 40-43).

먼저 KBS, MBC, SBS와 그 네트워크 소속 지방사, 그리고 SO와 PP를 차례로 살펴보자. KBS는 직제상 사장 직속으로 심의평가실을 두고 있고 심의평가실 인원은 52명에 이른다. 또한 심의지적평정회의와 방송언어심의위원회, 가요심의위원회, 방송출연규제위원회 등 4개의 심의회의체를 운영하고 있으며 심의관련 내부규정으로는 "방송순서 심의규정"과 "심의지적평정회의 운영방침"을 두고 있다.

MBC는 직제상 홍보심의국 아래 심의부를 두고 있고 그 인원은 16명이며, 가요심의위원회와 영화심의위원회 등 2개의 심의회의체를 운영하고 있다. 심의관련 내부규정은 '방송심의규정'과 '방송가요 심의내규', 'TV영화 심의내규'가 있다. SBS는 직제상 심의팀을 사장직속으로 두고 있고 심의팀의 인원은 10명이며, 심의회의체로는 가요심의위원회를 운영하고 있다. 심의관련 내부규정은 '방송심의규정'과 '방송가요 심의내규'가 있다.

지상파방송사업자의 전반적인 자체심의기구 현황을 보면 교육방송이나 경인방송, 기독교방송, 불교방송, 평화방송 등 전국사이거나 100퍼센트 자체편성 사업자, 그리고 독립 라디오사 등 모든 지상파방송사업자가 심의업무를 전담하는 심의부서를 두고 있으나, 지역민방이나 MBC 지방계열사의 경우 심의부서에서 홍보나 기획 등의 업무를 겸직하는 경우도 있었다. 자체심의 담당부서의 인원은 10인 이상의 인력을 둔 사업자가 3곳이고 2~5인의 규모가 25곳인 것으로 나타났다.

SO의 경우 일부 사업자가 심의위원회나 심의실이라는 명칭의 기구를 두고 있으나 간부회의 성격이거나 제작진이 심의를 병행하는 방식이었고, 심의업무 담당부서를 편성이나 제작부서 심지어 기술부서나 사업부, 경영관련 부서라고 자료를 제출한 사업자도 상당수 있었다. 따라서 자체심의 담당부서의 인원은 별 의미가 없었다. 그리고 MSO의 경우 사업자별로 자체심의 관련 부서를 두지 않고 프로그램을 공동제작·공급하는 외부제작사에 심의업무를 위탁하는 사례도 다수 있었다. 종합유선방송사업자의 경영여건을 고려한다 해도 자체심의에 대한 개념정립 자체에 문제가 있음을 시사하는 부분이다.

PP의 경우 자료를 제출한 29개 사업자 중 심의부서를 별도로 운영하는 곳은 국제방송교류재단 1곳밖에는 없었다. 나머지 방송채널사용사업자는 편성부서나 편성제작부, 또는 홍보팀이나 미디어 전략팀 등에서 심의업무를 담당하고 있었다. 일부 방송채널사용사업자는 인력부족을 이유로 심의

부서를 구성하지 않았거나 심의부서가 없는 것으로 나타났고 제작진이 심의를 병행하는 곳도 다수 있었다. 자체심의에 대한 인식이나 투자가 충분하지 못함을 알 수 있다. 심의업무를 담당하는 부서의 인원도 5인 이내인 경우가 많았다(≪방송21≫, 2000. 10: 41-42).

6) 방송프로그램등급제

통합방송법은 방송프로그램의 내용규제의 한 방법으로서 프로그램 등급제의 시행을 의무화하고 있다. 곧 법 제33조 3항은 '방송사업자는 아동과 청소년을 보호하기 위해 방송프로그램의 폭력성 및 음란성의 유해정도, 시청자의 연령 등을 감안해 방송프로그램의 등급을 분류하고 이를 방송중에 표시하여야 한다'고 규정하고 있다. 이어 법 제33조 4항은 방송위로 하여금 '방송프로그램 등급분류와 관련해 분류기준 등 필요한 사항을 위원회 규칙으로 정해 공표하여야 한다'고 명하고 있다.

새 방송위원회는 통합방송법이 3월 13일 발효되는 즉시 방송프로그램의 등급분류와 그 기준 등 필요한 사항을 규칙으로 정해 시행하여야 했지만 프로그램 등급제 시행은 방송사업자와 시청자의 포괄적인 의견수렴 과정이 필요하다는 점을 감안해 2000년 3월 9일 당분간 등급제 시행을 유보하기로 결정했다.[1)]

---

1) 다만 통합방송법 아래 방송프로그램등급제의 시행까지 공백을 방지하기 위해 당시 지상파방송과 종합유선방송에 대하여는 청소년보호법에 의한 유해매체물 표시를 등급제 시행으로 갈음하고 방송채널사용사업자가 자율적으로 시행하는 등급제를 유지하도록 권장키로 했다[제6차 방송위원회 회의(임시) 순서, 2000년 3월 9일, 안건 마. 기타 1]. 「방송프로그램등급제 시행유보에 관한 건」(2000-6-14 참조). 당시 청소년보호법상 심의기관이 청소년 유해매체물로 판정한 경우 지상파방송과 종합유선방송은 지름 20㎜ 이상, 적색 테두리 두께가 3㎜ 이상 크기의 원형마크 안에 '19'라는 숫자를 백색 바탕에 흑색으로 기재한 표시를 화면 우편상단에 하도록 하고 있다(청소년보호법 시행령 제14조). 한편 구 종합유선방송위원회는 1999년 1월 21일 '영화등급에 관한 지침'을 마련해 프로그램 공급자(채널 사용 사업자)로 하여금 방송용 극영화, 만화영화에 대해 자율적으로 등급을 분류하도록 하고 있었다. 이 지침에 의하면 등급은 '일반 시청영화', '12세 이상 시청영화', '15세 이상 시청영화', '19세 이상 시청영화'

새 방송위원회가 방송프로그램등급제를 조속히 그리고 효율적으로 시행하기 위해 먼저 2000년 5월 10일 방송프로그램등급제 시행준비위원회를 구성했다. 이 등급제 시행준비위원회가 중심이 되어 '방송프로그램의등급분류및표시등에관한규칙'안을 마련했다. 방송위는 이 규칙안을 공청회 등을 거쳐 확정짓고 같은 해 12월 26일 공식으로 채택했다. 이 방송프로그램등급제는 2001년 2월 1일 시행되기 시작했다.

먼저 방송프로그램등급제의 주요 내용을 보기 전 새 방송위가 등급제를 법정의무로 시행하게 된 배경을 되돌아보자. 방송프로그램의 등급제가 통합방송법 아래 의무화된 배경에는 몇 가지 요인이 복합적으로 작용한데 그 원인을 찾을 수 있다. 무엇보다도 청소년 유해환경이 해가 갈수록 악화되면서 어린이·청소년을 보호해야 한다는 시민의식이 조직화된 힘으로 나타났다는 점이다. 1990년에 조직된 '음란폭력성조장매체시민협의회(음대협)'는 처음 13개 시민단체로 출발했으나 청소년보호법의 필요성이 부각된 1996년 34개 단체로 늘어났다.

그때까지 이들 시민단체의 감시활동의 중심적 표적은 스포츠 신문, 만화, 신문광고, 잡지 등 인쇄매체물이었다는 점에서 방송프로그램에 대한 등급제의 논의에는 미치지 못했다. 그러나 이러한 시민단체의 개입은 대중문화 산물들의 해악에 대한 여론을 자극했고 문화체육부가 청소년보호법을 제정해야 한다는 사회적 공감대를 형성했다(홍석경, 1997: 156).

1997년 3월 7일 공포되고 7월 1일 시행된 청소년보호법은 전체 대중문화물에 대해 청소년 유해매체물의 표시등급제를 도입한 결과 방송프로그램의 등급판정이 현안으로 떠오른 것이다. 같은 법 제7조 5항에 따라 방송제작물도 규제대상 매체물에 포함하고 있으므로 구 방송위도 이제 방송프로그램의 등급화에 손을 쓰지 않을 수 없었다.

따라서 구 방송위는 방송용 영화, 만화영화, 광고 등에 대해 19:00시에서 22:00시까지를 가족시청대로 규정해 이 시간대에 편성된 내용을 건전한 방향으로 유도하는가 하면 1997년 9월 1일부터 방송용 영화에 대한 청소년 유해매체물 여부를 판정해 방영시간대 제한 및 등급고지를 시행하

로 구분하고 있었다(위 제6차 방송위원회 회의순서, 안건 마. 자료참조).

게 되었다.

다음으로 방송프로그램의 등급제가 법제화된 배경에는 1996년 10월 4일 헌법재판소가 공연윤리위원회에 의한 영화사전심의에 대해 위헌판결을 내린 데 따라 기존 규제제도에 적지 않은 파문을 일으킨 사정이 있다. 이는 당시 영화와 광고에 대해 사전심의를 수행하고 있었던 구 방송위로서는 헌법이 보장하는 표현의 자유를 지키면서 청소년 유해 방송프로그램을 규제하는 대안으로 방송프로그램의 등급제를 모색하지 않을 수 없었다.[2] 구 방송위는 1997년 중반부터 1998년 12월에 이르기까지 두 차례에 걸쳐 '방송프로그램등급제연구위원회'를 발족시켜 시안을 마련하고 실행 연습도 실시했다.

마지막으로 방송심의제도가 방송프로그램의 폭력성과 선정성을 치유하는 데 효율적이 아니라는 사회적 비판이 지속적으로 제기되었다는 점이다. 앞에서 현행방송내용의 심의·제재가 방송공익을 담보하는 데 효율적인가라는 의문을 제기했지만 방송심의가 심의규정에 의해 단순히 문제장면을 지적하거나 삭제하는 형식적이고 기계적인 심의로 전락하고 있으며 심의방식도 단기적이어서 장기적이며 심층적 차원의 효과를 기대하기 어렵다는 것이다.

결과적으로 위에서 살펴본 바와 같이 몇 가지 요인이 복합적으로 작용해 통합방송법은 방송프로그램의 등급제를 의무화했다. 새 방송위가 2001년 2월 1일부터 시행한 방송프로그램등급제의 주요한 특성과 내용은 무엇인가?

새 방송위가 채택한 '방송프로그램의등급분류및표시등에관한규칙'에 따라 시행된 등급제의 주요 골자를 정리한 것이 <표 2-9-5>이다.

통합방송법 아래 시행된 방송프로그램의 등급제는 방송위가 정한 기준에 따라 방송사업자가 등급을 판정할 수 있도록 했다는 점에서 정부기관의 사전심의 논란을 차단했다고 볼 수 있다.

---

2) 1997년 5월 3일 구 방송위원회가 주최한 청소년보호법에 관한 토론회에서 강지원 사법연수원 교수는 방송프로그램의 등급제가 방송위의 사전심의 위헌제소 가능성을 피해가는 방법임을 강조했다(홍석경, 위의 글, 157쪽의 주).

<표 2-9-5> 프로그램 등급 분류 및 표시 규칙의 주요내용

대상 프로그램	방송프로그램등급제는 방송사업자의 현실적 여건을 고려하여 영화, 수입드라마, 뮤직비디오, 애니메이션의 4개 부문에 대해 우선적으로 실시하며, 이외의 프로그램에 대해서는 실시 시기를 별도로 정하도록 함(관련조항: 부칙 제2조). *
등급체계	등급체계는 방송사업자가 '모든 연령 시청가', '7세 이상 시청가', '13세 이상 시청가', '19세 이상 시청가'로 분류해 판정하되, 영화의 경우 '15세 이상 시청가'를 추가할 수 있도록 함(관련조항: 제3조).
방송시간대 제한 등	방송프로그램 등급분류기준에 있어서는 매체별로 차별화된 등급기준 없이 단일기준을 적용했고, 방송시간 제한에 대해서는 청소년 보호법상의 청소년 시청보호시간대 규정을 준용함(관련조항: 제7조).
등급분류기준 및 표시	등급기호는 연령등급과 함께 방송프로그램의 폭력성, 선정성, 언어사용정도 등의 내용정보를 포괄하여 표시하도록 함(관련조항: 제5조 2항).
등급 고지방법	방송프로그램 등급에 대한 고지는 프로그램 시작과 동시에 등급기호와 함께 부연설명을 자막으로 고지토록 하고, 방송중에는 등급기호를 10분마다 30초 이상 표시하도록 했으며, 방송사업자로 하여금 보호자의 시청지도에 용이하도록 다양한 방법으로 프로그램에 대한 정보를 사전에 알리도록 함(관련조항: 제5조 3항, 제6조).
제재조치	방송사업자가 이 규칙에 의한 규정을 위반한 경우에는 심의규정을 준용하여 주의, 경고, 법정제재 조치를 할 수 있도록 했으며, 등급분류 및 표시에 대한 개선을 요구할 수 있도록 함(관련조항: 제9조).

* 2002년 5월부터 국내제작 드라마 추가 적용.

방송프로그램등급제는 방송사업자의 현실적 여건을 감안해 ① 영화 ② 수입드라마 ③ 뮤직비디오 ④ 애니메이션의 4부문에 대해 먼저 실시하며 ⑤ 2002년 5월부터는 국내 제작 드라마를 추가했다. 그러나 아직 문제가 많은 오락성 토크쇼와 시추에이션 코메디 등은 등급제에서 빠져 있다. 방송사업자가 판정하는 등급은 모든 연령 시청가, 7세 이상 시청가, 12세 이상 시청가, 19세 이상 시청가로 분류된다. 방송위 규칙이 정한 등급분류기준을 정리하면 다음과 같다.

(1) 모든 연령 시청가

① 주제 및 내용이 취학전(7세 미만) 어린이를 포함한 모든 연령의 시청자가 시청하기에 부적절하지 않은 것
② 폭력적·선정적 표현 또는 부적절한 언어사용이 없는 것
③ 일반적으로 용인되지 아니하는 특정한 사상·종교·풍속 등과 관련해 모든 연

령의 시청자에게 정신적·육체적으로 유해한 표현이 없는 것

(2) 7세 이상 시청가

①주제 및 내용에 7세 미만의 어린이에게 정신적·육체적으로 유해한 표현이 있어 보호자의 시청지도가 필요한 것

②7세 미만의 어린이가 두려움을 느낄 정도의 구체적인 폭력묘사가 없으며, 각각의 폭력묘사가 상상의 세계에서 또는 비현실적인 방법으로 다루어진 것

③일상적인 애정표현을 넘어서는 신체의 노출이나 성적 행위를 연상시키는 장면이 없는 것

④어린이의 바른 언어습관 형성을 저해할 수 있는 은어, 속어, 저속한 유행어 등이 사용되지 아니한 것

(3) 13세 이상 시청가

①주제 및 내용에 13세 미만의 어린이에게 정신적·육체적으로 유해한 표현이 있어 보호자의 시청지도가 필요한 것

②폭력을 갈등해결을 위한 긍정적 수단으로 인식하게 할 수 있는 묘사가 없으며, 각각의 폭력묘사가 청소년을 자극하거나 모방을 유발할 정도로 구체적이지 아니한 것

③열정적인 입맞춤 또는 착의상태의 성적 접촉묘사가 있을 뿐, 청소년의 성적 욕구를 자극할 정도로 구체적이거나 노골적이지 아니한 것

④청소년의 바른 언어습관 형성을 저해할 수 있는 은어, 속어, 저속한 유행어 등이 사용되지 아니한 것

(4) 19세 이상 시청가

①주제 및 내용이 성인을 대상으로 하고 있어 19세미만의 청소년이 시청하기에 부적절해 시청을 제한할 필요가 있는 것

②살생묘사 및 유혈장면 등 강도 높은 폭력장면이 현실적이거나 구체적으로 묘사된 것

③신체의 부분 노출, 암시적인 성적 접촉, 성행위 등 선정적인 장면이 구체적이거나 노골적으로 묘사된 것

④모욕적인 언어나 욕설, 저주, 저속한 동작 등이 사용된 것

방송사업자는 규칙이 정한 등급표시를 해야 할 의무이고 등급기호와

함께 프로그램 시작 전 부연설명을 해야 하며, 또한 '19세 이상 시청가' 등급에 대해서는 방송시간대(평일: 13시~22시, 공휴일 및 방학기간: 10시~22시, 유료채널: 18시~22시) 제한을 받아야 한다. 그밖에 등급제 규칙을 어길 시 방송심의규정에 따른 제재를 받는다. 문제는 프로그램 등급제가 과연 어린이와 청소년을 문제프로그램으로부터 보호받는 효과를 발휘하고 있느냐에 있다. 여기에는 미국의 경우와 같이 V-chip 장착이 안된 상태에서 문제프로그램에 노출 위험성이 크다는 점, 부모의 역할에 대한 교육이 이루어지지 않고 있다는 점, 등급제에 대한 홍보의 미흡으로 등급제의 중요성이 인식되고 있지 않다는 점이 가로놓여 있다.

2. FCC의 방송내용 및 편성 규제

FCC의 방송내용 규제는 레이건이 대통령으로 당선된 1980년 전후로 확연히 구별된다. 다시 말하면 1980년 이전에는 방송프로그램 편성에 대해 여러 가지 규제가 법 또는 규칙, 그리고 '지침'(guidelines)으로 시행되었으나 1980년 이후 모든 규제가 차례로 풀렸으며 1996년 텔레커뮤니케이션법 아래서는 어린이프로그램에 대한 규제와 텔레비전 폭력성에 대한 프로그램 등급제를 의무화한 것을 제외하면 모든 프로그램 편성을 시장흐름에 맡겼다.

그러나 정치방송에 관한 방송내용 규제는 여전히 시행되고 있다. 여기서는 ① 주로 1980년 이전의 방송내용에 대한 규제를 살펴보고 ② 1980년 이후의 탈규제를 간략히 되돌아보고자 한다.

1) 1980년 이전 방송내용 규제

1980년 이전 FCC의 방송내용 규제 규칙은 '모호한 말로 표현되는 경향'(tend to be couched in ambiguous terms)을 띠고 있었다(Head, 1981b: 52). 왜냐하면 FCC에 의한 직접적 프로그램 규제는 검열을 금지한 1934년 커뮤니케이션법 및 언론자유를 보장한 수정헌법 제1조와 합치하지 않기 때문이다. 따라서 FCC는 내용규제에 관한 규칙에 대해서는 방송사의 충분한 자유재량을 주는 식으로 어휘를 표현한다는 것이다(위의 글, 52). 예컨대 공정성 규칙은 방송사로 하여금 공적 중요성을 갖는 문제에 대해서 상반된 의견의 표명을 요구하고 있지만 공적 중요성을 갖는 문제가 무엇인지, 특정 문제에 관해 누가 발언할 것인지, 그 문제가 토론되는 방식이나 시간에 관해서는 방송사의 재량에 맡기고 있다.

방송편성 실무자들이 방송사에 맡겨진 재량권을 남용했는지 여부가 FCC측이 가장 민감하게 대처하는 사안이다. 왜냐하면 매 3년마다 재허가 신청시 방송사업자에게 그런 문제가 없다면 거의 자동적으로 재허가를 받지만 그렇지 않은 경우 까다로운 절차를 밟아야 하기 때문이다.

FCC가 프로그램 내용을 규제하는 공식적인 규칙 이외에 방송허가신청시 방송사업자가 ① 서류양식에 따라 약속을 작성해야 하는 '지침'(guidelines) ② 재허가신청시 약속이행 여부를 인준하는 절차 ③ 지역프로그램을 강제하기 위해 '확인'(ascertainment)하는 절차가 있으며 ④ 시청자가 불만을 제기함에 따라 열리는 청문회제도가 있다. 그밖에 공정성원리 규칙과 주시청시간대 접근(PTAR) 규칙이 있으나 이 규칙에 대해서는 다른 곳에서 다룰 것이다(또한 케이블 방송에 대한 규제에 관해서는 '미국 FCC와 케이블 방송의 역외방송신호 전송'을 참조).

(1) 허가신청시 프로그램 편성 약속

FCC는 1960년 프로그램 편성에 관한 보고서[3])를 발표해 상업방송국 허가신청자는 '서식 301호'(form 301)에 따라 프로그램 편성에 관한 약속을 작성하도록 시달했다. 이 보고서는 법적구속력을 가진 규칙은 아니지만 지침으로서 실질적인 강제력을 갖는다. 왜냐하면 뒤에서 다루는 인준절차에 따라 약속을 이행했는지 여부가 재허가신청시 허가갱신에 영향을 주기

3) FCC는 1960년 7월 29일 *Report and Statement of Policy Re Commission En Banc Programming Inquiery*(44FCC2303)를 발표해 방송사업자는 전송하는 분야에서 공중의 필요와 이해에 부합하는 프로그램 편성스케줄을 제공하도록 적극적이고 부지런하며 상시적인 노력을 해야 한다고 강조한다.

때문이다.

FCC는 이 보고서에서 어떤 프로그램 유형을 방송해야 한다든지, 구체적 프로그램 유형의 방송시간을 지정한다든지 하는 지시를 시달하지는 않는다. 단지 방송신청 서식은 '방송 서비스의 어떤 인정된 요소(certain recognized elements of a broadcast service)가 여러 지역의 방송욕구와 이해에 부합하기 위해 필요하고 바람직한 것으로 빈번히 인정되어왔다'고 하면서 다음과 같이 주요 요소를 열거한 1960년 보고서의 한 대목을 인용한다.

> 방송국이 소재하는 지역의 공익, 필요, 욕구에 관례적으로 부합하기 위해 필요한 주요 요소로는 ① 지역의 자기표현 기회 ② 지역 연기인의 개발과 채용 ③ 어린이프로그램 ④ 종교프로그램 ⑤ 교육프로그램 ⑥ 공공문제프로그램 ⑦ 방송논설 ⑧ 정치방송 ⑨ 일기예보와 시장정보 ⑩ 스포츠프로그램 ⑪ 소수집단 서비스 ⑫ 오락프로그램을 포함하고 있다(FCC, 1960: 2306).

이 허가신청 서식에 덧붙여 별첨자료를 첨부하고 있는데 여기서는 각 유형의 프로그램 정의를 내리고 있다. 예컨대 지역프로그램이란 지역방송국 자체가 공급원이거나 방송국이 실질적인 제작책임을 지는 경우로서 프로그램 시간의 50% 이상 지역의 '현역 연기인'(live talent)을 사용하는 프로그램으로 규정한다. 그런 프로그램이 방송되어 '프로그램 일지'(program log)에 기록되면 지역 프로그램으로 분류된다.

• 프로그램 일지

FCC는 허가신청시 방송사업자가 약속한 프로그램 편성계획을 그대로 이행하고 있는지 여부를 '7일 주록'(composite week)을 통해 점검한다. 7일 주록이란 전반적 프로그램 편성실적의 표본으로서 FCC가 일년 중 무작위로 선택한 7일간의 프로그램 일지를 말한다.

개별 방송국들은 프로그램 일지의 형식을 스스로 정하지만 FCC 규칙은 프로그램 일지 내용을 자세히 규정하고 있다. 일지 내용은 하루 동안의 방송된 프로그램의 분당 기록이며 모든 프로그램은 유형, 길이, 제공원에 따라 기록된다. FCC 규칙에 따르면 프로그램 범주는 8개로 ① 농업 ② 오락 ③ 뉴스 ④ 공공문제 ⑤ 종교 ⑥ 교육 ⑦ 스포츠 ⑧ 기타로 분류된다. 그 밖에 ⓐ 논설 ⓑ 정치방송 ⓒ 교육기관 프로그램을 '소범주'로 분류해 위의 '주범주'와 합칠 수 있도록 하고 있다. 또한 광고와 공공안내문도 모두 기록된다. 요컨대 프로그램 일지는 방송국이 공중의 대리인으로서 FCC에게는 물론 광고주에게 한 약속을 이행하고 있다는 공적인 증거인 셈이다.

• 연례프로그램보고서

FCC 서식 304-A호는 텔레비전 방송국으로 하여금 '7일 주록'에 따라 연례프로그램보고서의 작성을 의무화하고 있다. 이 보고서는 뉴스, 공공문제, 지역 프로그램에 할당된 시간을 기록한다. 방송사업자들은 여기서 특정적인 프로그램 편성요건을 만나게 된다. 부연하면 FCC는 '내부지침'(an internal FCC directive)으로 텔레비전 방송국이 다음의 프로그램의 최소수준을 지키고 있는지 감시하도록 하고 있다. 곧 지역 프로그램 5%, 뉴스 및 공공문제 5%, 전체 비(非)오락프로그램 10%. 이는 FCC가 공식적으로 발표한 규칙이 아니지만 대부분 텔레비전 방송국들은 지정된 프로그램의 최소수준보다 높은 비율을 편성한다고 기록하고 있기 때문에 어려운 문제를 일으키지 않는다(Head, 1981b: 56).

• 공람록(Public File)

FCC는 모든 상업방송국으로 하여금 일반 시청자가 쉽게 열람할 수 있는 장소에 공람록을 비치해 방송국의 정책을 설명하고 관행을 문서화하도록 의무화했다. 이 공람록에는 방송사업자가 지역의 필요와 문제를 확인하기 위해 기울인 노력, 이에 관해 자문한 지역지도자 리스트, 확인과정에서 확연히 드러난 문제와 필요의 연례적 리스트가 포함되어야 한다.

(2) 재허가신청시 서류 요건

매 3년마다 방송사업자들은 재허가신청을 통해 허가갱신을 얻어야 하는데 이때 FCC는 허가신청시 약속한 프로그램 편성계획을 이행했는지 점검한다. '약속 대 실적'(promise vs. performance)이라고 불리는 이 절차는 재허가신청 심사가 실질적으로 이루어지는 데 필수적이다.

상업방송국이 재허가신청시 프로그램 편성과 관련해 서식에 따라 ① 확인 ② 비(非)오락 및 지역프로그램 ③ 약속 대 실적 ④ 특별 프로그램에 관해 작성한 서류를 제출해야 한다. 이들 항목에 관해 차례로 설명해보자.

확인(ascertainment)이란 방송사업자로 하여금 일정 부분 프로그램을 지역사회문제에 배당토록 강제하는 절차이다. 이 확인절차의 내용은 3가지로 구성되는데 방송사업자는 지역의 필요와 문제를 확인하기 위해 지역지도자에 자문을 구하여야 하며 전체 지역민을 대상으로 조사할 것, 확인된 필요와 문제에 대해 우선순위를 결정할 것, 확인된 필요와 문제를 다루는 프로그램을 기획함이 그것이다. 마지막 항의 지역프로그램의 경우 FCC는 내부지침에서 5%의 최소수준을 정하고 있기 때문에 비교적 소수의 프로그램만으로 요건을 충족시킨다는 것이다(위의 글, 57쪽의 주).

다음으로 비오락 및 지역프로그램이란 뉴스, 공공문제, 기타 오락이나 스포츠로 분류되지 않는 프로그램을 말한다. 텔레비전 방송사업자는 시간대에 따라(오전 6시~밤 12, 밤12시~오전 6시, 오후 6시~밤 11시) 각 유형의 프로그램을 얼마나 편성했는지 보여주어야 한다. 라디오의 경우 시간대에 따른 구별없이 프로그램 유형에 따른 편성실적을 요구한다.

이와 함께 공공문제나 기타 비오락프로그램 모두를 제목, 공급원, 유형, 방송시각, 프로그램 길이를 기록한 '7일 주록'을 제출해야 한다. 텔레비전 네트워크 가맹사의 경우 네트워크사가 제공하는 뉴스 및 공공문제 프로그램의 50% 또는 그 이상을 전송했는지 여부를 기록해야 한다. '약속 대 실적' 항목은 신청서에 '7일 주록'을 첨부해야 서류로서 텔레비전 방송국의 경우 만일 '7일 주록' 표본이 허가신청시 약속한 프로그램 편성과 다르다면 그 이유를 설명해야 한다. 또한 연례프로그램보고서가 그 전 재허가신청시 약속한 편성내용과 다르다면 그 상황을 설명해야 한다.

마지막으로 특별 프로그램 항목은 텔레비전 방송국의 경우 종전의 허가기간 동안 12세까지의 어린이프로그램에 관해 제공원, 방송날짜와 시각, 횟수, 프로그램 유형을 기술해야 한다. 또한 시청자가 제기한 불만이나 제안을 처리하기 위해 어떤 절차를 밟았는지 기술해야 한다. 라디오 방송국은 편성해온 프로그램 포맷을 기술해야 한다.

이상에서 살펴본 바와 같이 FCC는 1980년 이전 방송프로그램의 내용규제는 실질적으로는 엄격하게 행해졌다. 형식적으로는 방송사의 자유재량 아래 규칙 또는 지침을 통해 이루어졌지만 곧 허가신청시 프로그램 편성계획을 제출케 하고 재허가신청시 그 계획대로 실행되었는지 점검하는 형식으로 행해진 것이다. 이는 1934년 커뮤니케이션법이 FCC의 방송내용 검열을 금하고 있을 뿐만 아니라 미국 수정 헌법 제1조가 언론자유를 보장하고 있기 때문이다. 그러나 1981년 레이건 행정부가 들어선 이후 거의 모든 내용규제에 관한 FCC 지침이나 규칙이 폐기되었다.

2) 1980년 이후 방송내용 규제

이러한 프로그램 편성규제 규칙은 1980년이래 탈규제정책 아래 모두 폐기되었다. 특히 1996년 텔레커뮤니케이션법은 허가기간을 8년으로 늘였을 뿐 아니라 공중수탁자의 의무도 폐기했다. 다만 프로그램 등급제를 의무화해 V-chip의 장착을 강제했다. 현재는 어린이프로그램에 대한 내용규제와 정치방송에 대한 내용규제를 제외하고는 모든 편성규제는 풀린 상태다.

이를 부연해 살펴보자. FCC는 1981년 AM 또는 FM 라디오에 대해, 이어 1984년 텔레비전에 대해 프로그램 편성지침을 폐기했으며, 또한 지역의 이해 및 필요에 부합하는 프로그램을 확인하는 절차도 1982년에 라디오에 대해, 이어 1985년에 텔레비전에 대해 폐기했다. 이어 1987년 유명한 공정성원리를 폐기했는가 하면 1995년 '핀신(Fin-Syn) 규칙'도 폐기했다. 이어 1996년 PTAR 규칙을 폐기했다. FCC는 프로그램 편성을 규제하는 규칙을 모두 폐기함으로써 이제 프로그램 편성은 시장에 맡겨지다시피 되었다.

그러나 한 가지 예외를 두었다. 그것은 어린이프로그램에 대한 법정규제다. 1990년 미국 의회는 '어린이텔레비전법'(Children's Television Act)을 제정해 어린이프로그램 광고에 대한 엄격한 규제를 시행하는가 하면 17

세 이하 청소년의 '교육적 및 정보적 욕구'(educational and informational needs)에 부응하는 프로그램을 매주 3시간 이상 방영토록 했다. 1996년 텔레커뮤니케이션법은 프로그램 등급에 따라 V-chip의 장착을 의무화했다. 특히 1996년 텔레커뮤니케이션법은 허가기간을 8년으로 늘였을 뿐만 아니라 방송사업자가 지켜야 할 공중수탁자 의무도 폐기함으로써 허가갱신을 거의 자동적으로 얻을 수 있게 했다. 이는 종전의 허가신청시 약속한 프로그램 편성계획 또는 재허가신청시 약속이행을 인준하는 절차가 실질적으로 폐기되었음을 의미한다.

(1) 어린이프로그램 규제

1996년 텔레커뮤니케이션법은 위에서 본 바와 같이 탈규제의 결정판이었다. 그러나 법 제5장은 어린이와 청소년 보호를 위해 음란과 폭력에 대한 규제를 도입하고 있다.

먼저 음란에 대한 규제로서 개인이나 인터넷을 포함한 텔레커뮤니케이션 서비스 제공자가 어린이를 대상으로 외설적이거나 음란한 또한 성희롱적인 전화 또는 커뮤니케이션을 금하고 있다. 또한 같은 법은 케이블 업자로 하여금 가입자가 신청하지 않은 모든 프로그램의 전송을 금하고 있으며 다채널 비디오 배급자(DBS, MMDS, SMATV)에게도 노골적인 성표현 프로그램을 삭제하거나 시청을 방해(스크램블)하도록 명하고 있다.

1996년 법은 폭력에 대한 규제로서 프로그램 등급제를 의무화하고 있다. 이 프로그램 등급제를 뒤에 자세히 보기로 하고 먼저 어린이프로그램 규제가 도입된 배경을 잠시 되돌아보자.

미국 의회가 1990년 어린이텔레비전법(Children's Television Act of 1990)을 제정하기 전에도 '어린이텔레비전행동단'(Action for Children's Television)을 비롯한 많은 시민단체들은 FCC에 어린이프로그램에 대한 규제를 강화하라는 요구를 끊임없이 제기해왔다. 이들 단체가 제기한 문제는 3가지로 집약할 수 있는데 ① 어린이프로그램에 너무 많은 광고가 붙는다는 것 ② 어린이교육 프로그램이 너무 적다는 것 ③ 프로그램의 폭력성이다.

미국 의회가 제정한 1990년 어린이텔레비전법은 이들 문제 중 ①과 ②

에 대한 해법을 찾으려는 취지였다. 부연하면 이 법은 어린이 텔레비전 프로그램에 붙는 광고에 대해 엄격한 규제를 가해 주중에는 시간당 12분으로, 주말에는 시간당 10.5분으로 제한했다. 또한 FCC는 텔레비전 방송국이 재허가신청시 어린이를 위한 서비스를 요건으로 해 재허가 여부를 결정하도록 했다.

FCC는 이 규정을 시행하기 위해 주당 정기적으로 최소 3시간의 '핵심 교육프로그램'(core educational programming)을 편성할 것과 아울러 오전 7시에서 오후 10시 사이에 방송할 것을 명했다. 여기서 말하는 핵심 교육프로그램이란 16세 및 그 미만의 어린이들의 교육적 및 정보적 욕구를 충족시키기 위해 특별히 고안되어야 하며 어린이를 교육하고 정보를 주는 것을 중요한 목적으로 설정해야 하는 프로그램을 뜻한다. 또한 방송사업자들은 프로그램 시작과 함께 '어린이 텔레비전 프로그램'을 고지하도록 했다.

1996년 텔레커뮤니케이션법은 1990년 어린이텔레비전법이 다루지 않은 어린이프로그램의 폭력성 문제에 대한 해법으로 2가지 장치를 마련했는데 그것은 ① V-chip 장착의 의무화 ② 방송프로그램의 내용등급제다.

(2) 미국방송의 내용등급제

방송프로그램의 내용등급제에 관해 법은 비디오 프로그램 배급자가 1년 안에 FCC의 승인을 전제로 자율적 등급제를 마련해 표시를 하지 않으면 FCC가 자문위원회를 설치해 내용등급제의 지침을 마련하라고 명했다.

방송업계는 처음 자율적 등급제를 몇 달간 시행했으나 사회적 비판이 가중되는 가운데 폐기되고 새로운 등급제가 1997년 10월 1일부터 시행되고 있다. 등급제 뉴스, 스포츠, 프리미엄 케이블 채널용으로 MPAA(Motion Picture Association of America) 등급을 표시한 영화의 재송신 프로그램을 제외한 모든 프로그램에 적용된다.

텔레비전 프로그램 등급제는 어린이프로그램에 대한 두 개의 등급(TV-Y, TV-Y7)과, 일반 프로그램을 대상으로 한 4개의 등급(TV-G, TV-PG, TV-14, TV-MA) 등 총 6개 등급으로 구성되어 있다.

그러나 이처럼 연령을 기준으로 한 등급제는 부모들에게 프로그램에 대한 내용정보를 실질적으로 제공해주지 못한다는 이유로 시청자단체 및 학부모단체로부터 상당한 반발을 가져왔다. 이러한 비판에 직면한 방송업계는 부모들에게 내용에 대한 더 많은 정보를 제공할 수 있는 방안을 마련하기 위해 기존의 연령 등급제에 문제가 되는 내용에 따라 S(Sexuality), V(Violence), L(Language), D(Dialogue) 등의 내용정보 표시를 덧붙여 제공하는 새로운 등급제를 시행하기로 했다. 이에 따라 1997년 8월 1일 공표된 수정안은 기존의 6개 연령등급제의 기본골격은 유지하되, 특정한 내용상의 문제가 있을 경우 그에 관한 정보를 추가적으로 제공하는 형태로 규정되었다.

① TV-Y(모든 어린이)

- 모든 어린이들이 시청하기에 적합한 내용.
- 2-6세의 어린이를 포함한 어린이들에게 적합한 주제와 요소.
- 어린이들을 무섭게 하는 내용이 있어선 안됨.

② TV-Y7(7세 이상 어린이)

- 7세 이상 어린이에게 적합한 내용.
- 허구와 현실을 구별할 수 있는 어린이에게 적합.
- 주제와 요소는 약간의 환상적이고 희극적인 폭력이 포함될 수 있음.
- 7세 이하의 어린이들이 무서워 할 수도 있다. 환상적 폭력이 이 등급의 다른 프로그램보다 더 강하거나 격렬할 경우에는 TV-Y7-FV로 한다.

③ TV-G(일반 시청자)

- 모든 연령이 시청 가능
- 어린이 대상 프로그램은 아니지만, 어린이 혼자 시청해도 무방.
- 폭력이나 거친 언어, 성적인 대화나 상황이 없거나 최소로 있음.

④ TV-PG(부모지도권고)

- 어린이가 시청하기에 부적합한 내용이 다소 있으므로 부모의 지도 필요.
- 가끔 거친 언어, 절제된 폭력, 성적인 대화가 있을 수 있음.

⑤ TV-14(부모 고도의 경계필요)

• 14세 이하 어린이가 시청하기에 부적합한 내용이 있을 수 있음.
• 강한 폭력, 강한 성적 상황, 강한 거친 언어, 강한 공격적 대화가 포함됨.

⑥ TV-MA(성인용)

• 성인 대상의 프로그램이므로, 17세 이하 어린이에게 부적합.
• 노골적인 폭력(graphic violence), 명시적인 성행위, 강하게 외설적인 언어가 포함됨.

그러나 한편 이 새로운 방송프로그램등급제는 모든 방송사가 채택하고 있지 않다. 예컨대 4대 네트워크 방송사의 하나인 NBC는 연령등급제를 계속 사용하고 있는가 하면 블랙 엔터테인먼트 텔레비전(Black Entertainment Television)은 아예 등급제 자체를 사용하지 않고 있다(Carter et al., 2000: 507). 그럼에도 FCC는 이 자율등급제를 승인함으로써 등급제에 관한 자문위원회를 설치하고 특정 등급제를 강제하는 필요를 해소했다.

3. 결론: 방송내용 규제의 문제점과 대안을 모색하며

우리는 위에서 통합방송법 아래 시행되는 방송내용의 심의·규제와 미국의 FCC가 시행하는 방송내용의 규제를 살펴보았다. 통합방송법 아래 새 방송위원회가 시행하는 방송내용의 심의·제재는 기본적으로 구 방송법(1990)의 규제체제를 답습하고 있다. 이는 우리 헌법이 금지하는 사전검열에는 해당되지 않는다고 하더라도 내용규제가 본질적으로 표현의 자유를 보장하는 헌법과 합치하는지 의문이 제기된다. 언론선진국의 경우 '내용근거적 규제'(content-based regulation)는 위헌으로 여겨진다. 미국 FCC는 1980년을 기점으로 그 뒤부터는 차례로 모든 규제를 풀었다. 1996년 텔레커뮤니케이션법 아래 유일한 규제는 어린이·청소년을 보호하기 위한 규제와 정치방송에 대한 내용규제가 있을 뿐이다.

통합방송법 아래 방송위원회가 시행하고 있는 방송의 내용심의·제재는 몇 가지 심각한 문제를 안고 있다고 보인다.

첫째, 통합방송법은 방송내용 규제에 관한 한 기본적으로 가부장적 권위주의 국가규제의 체제를 유지하고 있다. 이 체제의 핵심이 곳곳에 구 방송법을 계승한 제5공화국의 권위주의적 언론기본법의 방송조항을 담고 있지만 그중에서도 대표적인 사례가 방송심의위원회에 의한 방송내용의 심의·제재부문이다.

이는 언론기본법이 방송의 공적 책임을 방송에 부과하고 그 준수 여부를 심의한다는 명분으로 방송심의위원회를 자율기관으로 설치하고 있지만 실질적으로 당시 신군부의 이념선전기관인 문화공보부의 전위기관임을 부정할 수 없기 때문이다. 더구나 이 법은 자율기관인 방송심의위원회가 심의규정을 위반한 방송국에 대하여는 사과·정정·해명·취소 등을 요구할 수 있으며 방송국은 이 요구사항을 의무적으로 보도하도록 규정하고 있다.

결과적으로 방송심의위원회에 의한 방송내용의 심의·제재가 공익을 실현하는 데 일부 기여했더라도 전체적인 틀에서 보면 가부장적 국가주의의 성격을 지울 수 없으며 이 심의·제재의 기본틀이 1987년 방송법으로, 다시 1990년 개정방송법으로, 마지막으로 2000년 통합방송법으로 승계되고 있다.

둘째, 방송내용 규제의 위헌성이다. 방송내용의 위헌론을 극복하지 못하는 한 통합방송법과 이 법이 설치한 방송위원회의 규제제도는 정체성의 위기를 맞는다는 점에서 심각한 문제가 아닐 수 없다.

먼저 통합방송법이 규정하는 내용규제가 위헌성을 띠게 되는 소지는 1987년 방송법이 그때까지 민간기구였던 방송심의위원회에 의한 자율심의체제를 떠맡은 이래 지금까지 승계하고 있는 데서 발견된다. 문화공보부의 통제 아래 설치된 기관이라도 방송심의위원회는 국내의 모든 방송국의 장을 회원으로 하는 방송심의위원회가 9인 이상 15인 이내로 구성하게 되어 있는 민간기구이므로 방송프로그램의 내용규제가 자율규제라는 점에서 법적으로 문제가 될 소지가 없었다.

그러나 1987년 방송법이 방송위원회의 하부보조기관으로 방송심의위원회를 편입시키면서 방송프로그램에 대한 사후심의권은 물론 영화·광고물에 대한 사전심의권을 방송위원회에 넘겨주면서 위헌성을 떠안게 되었다. 그후 이 위헌성은 1990년 구 방송법으로, 다시 2000년 통합방송법으로 승계된다. 통합방송법은 방송영화에 대한 사전심의는 삭제했으나 방송광고에 대한 사전심의권은 그대로 유지하고 있다. 물론 방송광고에 대해서는 방송법 제103조 2항이 '사전심의에 관련된 업무'를 '민간기구·단체에 위탁한다'고 명시하고 있어 사전심의를 둘러싼 위헌론을 상당히 해소하고는 있으나 법이 기본적으로 사전심의를 유지하고 있다는 점에서 위헌론은 여전히 남는다.

다음으로 통합방송법이 규정하는 내용규제가 사후심의제재라고 하더라도 내용규제의 본질적 성격이 담고 있는 위헌성 문제가 있다. 우리나라 헌법 제21조는 언론의 자유를 보장하며(1항) 검열을 금하고 있다(2항). 따라서 방송이 공익을 실현해야 의무를 인정하더라도 방송내용을 검열할 수 없음은 이론의 여지가 없다 할 것이다. 그런데 통합방송법 아래 방송위원회가 심의규정에 따라 방송의 내용을 심의·제재하는 행위가 엄밀한 의미에서 검열이라고 볼 수는 없다 하더라도 '검열에 유사한 행위'로 간주된다는 것이다(박선영, 2002: 52).

미국 수정헌법 제1조의 법리를 해석한 미국 법원의 일관된 태도는 정부의 '내용근거적 규제'(content-based regulation)는 위헌이라고 보며, 다만 '내용중립적 규제'(content-neutral regulation)만을 일정기준 합치여부에 따라 인정한다(이 문제에 관해서는 제14장의 '의무재송신과 터너 I 및 터너 II 판결 참조). 그렇다면 우리나라 헌법 제21조와 미국수정헌법 제1조가 언론자유를 보장하는 정도에서 차이를 인정하더라도 본질적인 언론자유의 법리상 차이를 인정할 수 없는 이상 방송법 제32조, 33조, 34조가 규정한 방송내용의 심의가 위헌이라는 비판은 면하기 어려울 것이다.

특히 통합방송법 제33조는 방송심의규정을 제정·공표하라고 명하면서 심의규정의 내용으로 '보도·논평의 공정성·공공성에 관한 사항'을 포함시켜야 한다고 규정하고 있다(제33조 2항 9호). 이 규정은 방송언론의 핵심인 보도와 논평을 상시적으로 심의할 수 있는 근거가 되고 있다. 실제 방송위원회가 제정한 '심의위원회 구성 및 운영에 관한 규칙'(방송위원회 규칙 제7호) 제3항은 부문별로 보도·교양 제1심의위원회 및 제2심의위원회를 구성해 방송보도를 심의·제재하고 있다. 언론의 핵심인 방송보도를 상시적으로 심의·제재하고 있는 것은 언론자유를 보호하는 헌법 제21조의 법리에 부합하는지 의문이다.

미국의 경우 커뮤니케이션법 제315조는 방송사가 공직후보자의 방송의 이용에 있어 동등한 기회를 주어야 한다고 명하면서, 뉴스와 뉴스 행사의 보도에는 이 의무를 면제하고 있다. 곧 순수한 뉴스, 순수한 뉴스인터뷰, 순수한 뉴스다큐멘터리, 순수한 뉴스 행사의 현장보도에는 동등 시간요건을 면제하고 있는 것이다.

이는 방송보도의 내용이 정부규제의 대상이 아니며 방송사가 내리는 뉴스 가치 판단의 재량 아래 있음을 천명한 법의 태도이다. 이렇게 볼 때 통합방송법이 방송보도와 논평을 상시적인 심의 대상으로 삼는 것은 위헌이라는 비판을 면하기 어렵다고 본다. 따라서 뒤에서 논의하겠지만 방송보도부문은 방송협회와 같은 방송사들의 단체에 의한 자율심의로 넘기는 것이 바람직할 것이다.

이와 함께 저자는 상설심의위원회에 의한 방송내용의 심의·제재가 방송법에 근거했더라도 헌법이론가들이 합헌성의 기준으로 제시한 '과잉금지의 원칙'에 위배된다는 비판을 면하기 어렵다고 본다. 왜냐하면 과잉금지의 원칙상 방송언론의 규제가 필요한 최소한의 정도에 머물러야 하는데도 '덜 제한적인 대안'(less restrictive alternative)이 무엇이냐를 따지지 않고 시행되고 있기 때문이다. 통합방송법 아래 방송내용의 심의·제재는 방송내용등급제, 방송의 종합평가제, 방송편성쿼터제, 시청자불만처리절차가 있음에도 불구하고 이들 방송규제와 함께 시행되고 있는 것은 과잉금지의 원칙을 위반한 것으로 보인다.

마지막으로 방송법이 규정하고 있는 방송심의규정이 또 다른 합헌기준의 기준인 명확성의 원칙에 위배된다는 주장도 있다. 통합방송법을 연구한 박선영(2002)은 방송심의규정이 그 대상과 범위, 기준 등이 광범위하고 모호하며 명확성의 원칙에 위배된다는 비판을 면하기 어렵다(위의 책, 53)

고 지적한다.

둘째, 방송내용 규제가 공익성을 담보하는 데 얼마나 효율적인가의 의문이다. 현행 방송내용의 심의제도가 방송심의규정에 의해 단순히 문제 장면을 지적하고 제재하는 형식적이고 기계적인 심의로 전락해버렸으며 방송의 품격을 높이는 효과를 기대하기 어렵다는 것이다. 심의의 결과 제재가 있음에도 불구하고 각 방송사들의 프로그램은 폭력적이거나 선정적인 장면을 빈번하게 보여주고 있으며, 그 정도와 양에 있어서도 전혀 개선의 여지를 보이지 않고 있는 것이 그런 예라 할 수 있다(구 방송위원회, 1998: 91).

오히려 어떤 경우 사후심의를 악용해 심의 기준을 넘나들고, 심의에서 지적 받은 프로그램이 시청률이 높다는 이유로 방송사에서는 특별대우를 받는 일까지 있어 문제가 심각하다는 지적이다(위의 책, 같은 쪽). 이러한 방송심의에 대한 비판은 구 방송위원회가 발표한 『'96 방송문화지표 종합보고서』(1997다) 또는 『청소년 TV 시청행태 조사연구 종합보고서』(1997나)가 제시한 자료가 뒷받침하고 있다. 예컨대 전자에 의하면 폭력지수 200 이상인 프로그램이 1995년 22%에서 1996년 38%로 늘었고, 선정지수 100인 프로그램도 1995년 4%에서 1996년 15.4%로 급격히 증가했다는 것이다(구 방송위원회, 1997다: 3).

이런 상황에서 방송프로그램 심의제도는 심의 기준에 있어서는 제작진의 불만을, 심의 효율성에 있어서는 시청자의 불만을, 심의 결과에 따른 제재조치에 있어서는 심의기구의 불만을 가져왔다(강남준, 2001: 3)고 연구자들은 지적하고 있다. 결과적으로 프로그램 등급제와 새로운 방식의 방송평가제가 대안으로 제시되었다는 것이다(최영묵, 1998: 14-17).

더욱이 위성방송시대가 되면서 지상파텔레비전 5개, 지역민방 10개, 케이블 방송 100여개, 위성채널 84개 등 방송위원회가 심의해야 할 채널 수가 300개를 넘어서고 있는 상황에서 이제는 방송위원회의 '모든 방송에 대한 심의' 능력도 한계에 도달하지 않았느냐(박선영, 앞의 책, 53)는 비판은 설득력 있게 들린다. 다채널 시대를 맞아 우리도 방송에 대한 심의는 각 방송사의 자체심사 또는 시청자의 감시에 맡기고 이의가 제기되는 경우 '시청자불만제기'에 한해 음란·폭력·간접광고 등에 한해 제한적인 심의를 해야 할 것이다(위의 책, 같은 쪽).

셋째, 현행방송내용의 심의·제재가 통합방송법이 도입하고 있는 여러 가지 방송규제장치가 난삽하게 혼재되어 있다는 점이다. 방송내용의 심의·제재와 관련된 방송규제장치로서는 시청자불만처리제(불만의 심의·제재, 법 제35조), 방송프로그램의 등급제(법 제34조 3항 및 4항), 방송의 종합평가제(법 제17조 31조), 방송사 자체심의(법 제86조), 방송편성쿼터제(법 제69조, 70조, 71조, 72조)가 있다.

이 중에서 방송편성쿼터제는 방송의 내용규제와 관련되지만 규제의 목적이 예컨대 국내제작프로그램 편성쿼터제의 경우 자국의 문화적 정체성을 지키고 방송영상산업을 보호하는 등 단순히 방송의 품질을 높이자는 취지의 심의·제재와는 차원을 달리 하지만 그밖의 다른 규제장치는 중복되어 혼재되어 있다.

특히 시청자불만처리위원회는 현행 방송심의·제재와 처리결과가 중복되어 있어 독자적인 몫을 하지 못하고 방송심의위원회에 심의·제재로 넘겨 운영되고 있다. 따라서 현행 방송심의·제재는 다른 규제장치와 공조 아래 대폭 축소하는 방향으로 재조정될 필요가 있을 것이다.

나는 이와 같은 문제점을 지닌 현행 방송내용의 심의·제재제도의 개선을 위해 사견으로 다음과 같은 제안을 하고자 한다.

첫째, 통합방송법이 규정하는 방송내용의 심의·제재의 방식과 범위를 직접적인 규제방식에서 간접적인 방식으로, 포괄적인 대상에서 특정적인 대상으로 바꾸어야 한다.

현행방송법이 규정하는 심의·제재는 기본적으로 구 방송법의 직접적인 내용규제 방식을 답습하고 있을 뿐만 아니라 내용규제의 범위도 모든 방송부문을 포괄하고 있다. 이는 방송에 요구되는 공익성을 담보하는 방송규제의 취지를 인정하더라도 정부규제의 합헌성의 기준으로 인정된 과잉금지의 원칙과 명확성의 원칙에 위배된다는 비판을 면하기 어렵다. 따라서 방송내용의 심의·제재는 간접적인 방식으로 바꿀 필요가 있으며 심의·제재의 대상도 모든 방송부문을 포함시킬 것이 아니라 특정 부문(선정성·

음란성·폭력성)에 한정할 필요가 있다.

미국의 경우 연방커뮤니케이션법 제326조가 방송프로그램에 대한 검열을 금지하고 있기 때문에 프로그램의 편성과 내용에 대한 직접적인 규제는 불가능하다. 통합방송법의 경우 제4조 1항은 '방송편성의 자유와 독립은 보장된다'고 규정하고 있으며, 2항은 '누구든지 방송편성에 관해 법 또는 다른 법률에 의하지 아니하고는 어떠한 규제나 간섭도 할 수 없다'고 선언하고 있다. 문제는 법적 규제의 기준이 모호한 데 있지만 우리 헌법 제21조가 언론의 자유를 보장하며 아울러 검열을 금하고 있는 데서 방송내용의 직접적인 규제가 위헌이라는 비판을 면하기 어렵다고 보인다.

미국 FCC는 수정헌법 제1조에 위배되는 위헌론을 피하기 위해 아주 정교한 방법으로 프로그램에 대한 규제를 시행한다. FCC는 일찍이 1960년 방대한 보고서를 공표해 프로그램 편성에 대한 규제정책을 공표했는데 그 요체는 직접적인 내용규제의 형식을 피하면서 간접적인 방법에 의한 실질적인 내용규제의 성과를 달성하고 있다는 점이다.

예컨대 FCC는 이 보고서에서 어떤 프로그램 유형을 방송해야 한다든지, 또는 프로그램 유형의 방송시간을 강제하는 방식을 피하면서 단지 '방송 서비스의 어떤 인정된 요소'가 필요하고 바람직한 것으로 밝혀졌다면서 12개 장르의 프로그램유형을 제시한다. 더 나아가 허가신청자가 FCC 허가신청서식에 이들 프로그램을 편성계획표에 포함하도록 유도하고 재허가심사 때 이 계획표대로 프로그램을 편성했는지 여부를 점검한다.

또한 '7일 주록'이라는 프로그램 일지를 작성하도록 해 FCC가 무작위로 선택한 7일간 방송사업자가 허가신청시 약속한 프로그램 편성계획을 그대로 이행하고 있는지 점검하고 있어 편성내용규제가 상시적으로 이루어지는 효과를 거두고 있다(FCC의 방송프로그램의 내용규제에 관해서는 제9장 2) FCC의 방송내용 및 편성규제 참조). 이러한 FCC의 프로그램 내용규제 방식은 방송위원회가 행하는 현행 프로그램에 대한 내용규제방식을 개선하는 데 시사하는 바가 크다 할 것이다.

둘째, 통합방송법 아래 설치·운영되는 제1 및 제2보도교양심의위원회의 심의업무를 방송사업자들의 단체(한국방송협회·한국케이블TV방송협회)에 의한 자율심의로 넘길 필요가 있다. 이는 정부가 방송언론의 핵심인 보도 활동을 상시적으로 심의하는 것이 위헌론을 끌어들일 우려가 있을 뿐만 아니라 편성의 자율권과 맞물려 있어 적절하지도 않고 전혀 효율적이지 않기 때문이다.[4)]

---

4) 2001년 9월 16일, 한나라당에서 제기한 KBS 보도에 대한 불만을 심의한 제1 보도교양심의위원회의 결정을 두고 방송위원들간의 토론이 있었다. 나는 김대중 대통령이 '방송의 날' 기념식에서 한 햇볕정책 연설을 KBS가 9시 뉴스 첫머리에 약 10분간 보도한 것이 공정성을 위반했느냐의 문제에 대해 다음과 같이 발언했다.

"저도 방송위원회의 위원장이 되기 전에 구 방송위원회에서 보도교양심의위원장을 맡은 적이 있다. 그 경험에 의해 말씀드리면, 보도의 편파성 여부를 판단하는 것은 극히 어려운 일이다. 선정성, 폭력성 등은 나름대로의 기준을 가지고 판단할 수 있지만, 보도의 공정성 여부는 방송사 편성의 자유와 맞물려 어떤 잣대로 판단할지 어려운 측면이 있다. 미국의 FCC는 보도 자체를 심의대상으로 삼지 않는다. 며칠 후에 국정감사를 받지만, 항상 야당의원들이 보도의 불공정성에 대해 위원회에서 왜 문제삼지 않는지 질책을 한다. 물론 저는 실무적인 어려움을 얘기한다. 위원회는 법 집행기관으로, 법에 위반되는지 여부를 놓고 판단해야 하는데, 윤리적으로야 문제삼을 수 있지만 제재조치를 하려면 법위반사항을 적시해야 하는 바, 그 점이 쉽지 않다는 것이다. 지금 사회적으로 논란이 되고 있는 사항으로 임형두 위원이 말씀하신, KBS가 '방송의 날' 대통령 메시지를 10분간 방송한 것과 관련, 저도 그 자리에 있었지만 10분이 전부는 아니고, 한 30분 정도 연설했다. KBS를 옹호하기 위해 드리는 말씀은 아니지만, '방송의 날'에 대통령이 방송인들을 대상으로 연설한 내용은 방송인들에게 있어 특별한 뉴스가 될 수 있으며, 그 내용이 의미가 있다면 큰 뉴스거리가 될 수 있다고 본다. 그러나 문제는 10분을 방송하고, 뉴스 첫머리기사로 보도한 것을 가지고 위원회에서 어떻게 불공정하다고 문제삼을 수 있는가 하는 점이다. 몇번째 뉴스 아이템으로 할 것인지, 방송시간을 몇 분으로 할 것인지는 방송사에서 자율적으로 정하는 것이기 때문에 그것을 가지고 위원회에서 문제삼을 수는 없는 일이다. 임형두 위원이 말씀하신 내용은 논의의 대상은 될 수는 있으나, 실제로 공정성 여부에 대해 심의하는 것은 어렵다고 본다. 타율적으로 보도부문에 대해 심의를 하면 언론의 자유를 침해한다는 지적을 많이 듣는다. 실제로 위원회에서 MBC에 '보도의 공정성'에 대해 특별한 제재조치도 하지 않고, 각별히 주의할 것을 요청하는 의견을 전달했는데도 MBC 노조 등에서 상당한 항의를 한 바 있다. 임형두 위원이 말씀하신 의도는 잘 알지만, 위원회는 현재 수준으로 대응할 수밖에 없다고 생각한다. 그러나 말씀하신 내용 중 심의원 자질을 높이자는 의견에는 동감한다. 심의원 운영방법을 개선하자는 의견에는 동의하지만, 보도의 공정성 여부에 대해 판단하는 것은 매우 어렵다는 것이 저의 생각이다."(2001년 9월 10일 제35차 방송위원회 정기회의 현행 통합방송법 제34조는 '위원회는 방송의 공정성 및 공공성에 대한 위원회의 심의를 효율적으로 수행하기 위해 심의위원회를 둘 수 있다'고 규정해 구 방송법의 관계조항(법 제19조)과는 달리 심의위원회 구성에 임의성을 인정하고 있기 때문에 현행법 아래 보도교양부문의 심의·제재를 광고 심의의 경우와 같이 자율심의기구로 넘길 수 있다고 보인다.

셋째, 방송의 선정성·폭력성의 심의·제재를 효율화할 필요가 있다. 이는 형식적인 심의·제재로 끝날 것이 아니라 재허가와 연계된 방송의 종합평가제, 방송사 자체심의제 등과의 공조체제를 도입해 현생 심의·제재가 실질적으로 효과를 내도록 하자는 것이다.

속기록 참조)

제2부를 마치며

제2부는 통합방송법이 방송공익을 담보하기 위해 여러 가지 제도적 장치를 마련하고 있는 바, 여기에는 시청자권익 보호를 위한 다양한 제도, 방송의 종합평가제, 방송편성쿼터제, 방송프로그램등급제, 방송내용 규제가 포함된다. 그런데 통합방송법이 시청자권익 보호를 위한 여러 가지 제도와 방송의 종합평가제를 도입하고 있는 것은 긍정적인 자세라고 생각되는 반면, 방송편성쿼터제와 방송의 내용규제는 우리나라 헌법이 보장하는 언론자유의 법리에 위배되는 측면이 있을 뿐만 아니라 특히 방송내용 규제는 구 방송법의 가부장적 권위주의 국가규제 체제를 그대로 승계하고 있어 시대착오적인 법제라는 비판을 면하기 어렵다고 본다.

나는 강원용 방송위원장 시절 방송광고심의위원장(1991)을 지낸 일이 있다. 물론 당시 방송광고규제는 광고내용의 사전심의에 의한 것이었다. 나는 광고심의위원회를 주재하면서 강력한 규제와 완화된 규제라는 상반된 요구가 심의위원들 간에 엇갈리는 가운데 여러 차례 절충을 모색한 일을 아직도 기억하고 있다. 그런데 당시 한 광고인은 광고심의위원회의 심의위원들을 '완장을 차신 분'(성통열, 1991)이라고 묘사한 일이 있다. 이는 윤흥길의 소설 '완장'에서 주인공인 한 시골 청년이 오른팔에 완장을 차고 기고만장해 저수지를 위압적으로 감독하던 모습을 당시 광고심의위원에 빗댄 것이다.

광고인들이 일부 저급한 광고행태로부터 자유롭지 않다는 나의 생각은 지금도 변함이 없다. 그러나 당시 광고의 사전심의제는 '방영불가' 결정에 대한 재심절차가 미비했다는 점 등 광고인들에게는 부당한 측면이 없지 않았다고 볼 때 광고심의위원들이 '완장을 차신 분'으로 비쳤을 것이다.

그런데 그로부터 10년 이상이 지난 지금, 더구나 방송법제도 사회의 민주화 진보와 함께 보조를 맞추어야 할 지금까지 광고규제가 아직도 위헌적인 사전심의제로 운영되고 있을 뿐만 아니라 방송내용의 규제전반이 가부장적 권위주의 국가규제로 남아 있다는 것은 시대착오가 아닐 수 없다.

한편 통합방송법이 역점을 두어 설치한 시청자권익 보호를 위한 여러 제도적 장치는 방송의 공론장 몫과 관련해 기대를 모으게 한다. 공영방송인 KBS에 시청자참여프로그램을 매월 100분간 편성하도록 의무화한 것이라든지 시청자평가프로그램과 시청자평가원 제도를 둔 것은 초창기 문제점에도 불구하고 시청자의 공론장을 열어가고 있다고 볼 수 있다.

그런데 문제는 통합방송법이 위성방송이나 케이블 방송에 대해 공론장의 몫을 기대할 수 있는 시청자접근채널을 의무구성에서 빠뜨리고 있다는 점이다. 방송위원회는 2001년 11월 19일 공표한 공공채널 운용정책에서 방송법 개정을 전제로 시청자접근채널을 두도록 유도하고 있다(이 점에 관해 제16장 '공공채널 운용정책'을 참조).

결론적으로 나는 현행 방송내용 규제 체제는 방송의 종합평가제, 방송사 자체심의제, 시청자불만처리제와 연계하는 공조체제 아래 대폭 축소조정하지 않으면 안된다고 생각한다. 부연하면 방송위원회의 방송내용 규제는 전반적인 차원에서 직접적인 규제에서 간접적인 규제로 그 규제방식을 전환해야 한다. 다만 직접적 내용규제는 특정부문, 곧 선정성·폭력성에만 한정하고 특히 보도·교양의 내용규제는 방송협회와 같은 자율민간기구로 넘겨야 할 것이다.

제3부

방송과 시장

방송은 공익성과 시장성을 겸비한 매체이다. 방송은 제2부에서 논의한 바와 같이 공익을 담보하는 공론장의 몫이 있는 반면 정보산업의 핵심적인 축으로서 방송영상산업이 활동하는 시장의 몫이 있다. 제3부에서는 방송이 갖는 시장성에 무게를 두어 새 방송위원회가 펼친 방송정책을 논의하고자 한다.

방송이 갖는 시장성은 신문 등 인쇄매체가 갖는 시장성에 비해 훨씬 다양하고 광범위하다. 방송의 이 시장성은 위성방송과 케이블 방송과 같은 뉴미디어에 이르면 보다 두드러진다. 방송의 시장성은 방송매체가 갖는 특성에서 유래한다. 신문 등 인쇄매체는 정보의 수집·가공·처리가 비교적 단순한 시스템에 의존하지만 방송의 경우 기획·제작·편성·유통·전송·송출 등 복잡한 시스템이 개입한다.

특히 방송프로그램의 제작·유통 부분은 자체 제작, 네트워크 제작·공급, 독립사 제작·유통, 영화사 제작·배급, PP 제작·공급, 외국제작·수입, 신디케이션사 배급 등으로 형성되는 거대한 시장이 배경에서 움직이고 있으며 최근 다매체·다채널 시대에 접어들어 '다용도 시장'(multi-use market)으로 바뀌고 있다.

일본의 경우 1996년 영상제작물 유통시장은 4조 4,651억 엔으로 텔레비전 프로그램(지상파, 위성, 케이블방송)이 이중 70.3%를 차지했다고 한다(菅谷 외, 2000: 134). 우리나라의 경우 2000년 현재 방송, 영화, 애니메이션, 비디오, 게임, 음반 등 6개 주요 문화산업의 시장규모는 6조 5,440억 원으로 이중 방송프로그램이 4조 505억 원을 차지해 약 62%에 이르렀다는 보고가 있다(김재영 외, 2002: 12). 이렇게 방송영상물이 높은 시장성을 갖는 이유는 다른 산업에 비해 다용도 시장에서 높은 '창구효과'(window effect)를 나타내기 때문이다.

통합방송법은 지상파방송에 대해서는 공익을 담보하기 위해 엄격한 규제를 부과하고 있지만 위성방송과 케이블 방송에 대해서는 규제완화의 틀을 잡고 있다. 다시 말하면 이들 뉴미디어의 활동에 대해서는 시장기능에 맡긴 측면이 강하다는 말이다.

여기서 디지털 시대의 방송시장이 갖는 특성을 잠시 살펴보자. 디지털 시대의 방송시장은 경제학자들이 부르는 이른바 '규모의 경제'(economies of scale)과 '범위의 경제'(economies of scope)를 창출하는 특성을 갖는다.[1)]

먼저 방송시장에서 왜 규모의 경제가 생겨나는가를 살펴보자. 그것은 방송프로그램이 일반 사적재화와는 달리 공공재화적 특성을 가졌기 때문이다. 여기서 말하는 방송프로그램의 공공재화적 특성이란 '비(非)경합성'(non-rivalry)과 '비(非)배제성'(non-excludability)으로 요약할 수 있는데 이 성격을 좀더 설명해 보자.

방송프로그램의 비경합성이란 한 시청자가 어떤 방송프로그램을 시청한다고 해서 다른 시청자가 같은 프로그램을 시청하는 것과 경합하지 않는다는 뜻이다. 이는 미디어 상품의 비물질적 속성 곧 마모되지 않는 특성에 기인한다. 사적재화의 경우 한 사람이 소비한 만큼 다른 사람의 소비가능성은 그만큼 줄어든다는 의미에서 경합적이다. 그러나 방송프로그램은 이런 공공재의 특성을 가졌기 때문에 수많은 시청자가 동시에 그리고 연속적으로 시청할 수 있다.

방송프로그램의 '비배제성'(non-excludability)이란 방송프로그램은 누군가의 소비를 배제하기 어렵다는 의미이다. 곧 '무임승차'를 배제시키기 어렵다는 것이다. 이는 사적재화의 경우 선택적 소비의 기회에 따라 특정계층이 배제되는 것과 다른 점이다.

방송프로그램이 이런 공공재화적 특성을 가졌기에 큰 규모의 경제 효과를 창출한다. 부연하면 방송프로그램이 일단 높은 '고정비용'(fixed costs)으로 제작되면 '한계비용'(marginal costs)을 거의 치르지 않고 추가 시청자들에게 도달할 수 있으며 이에 따라 큰 규모의 경제 효과를 보게 된다는 것이다.

방송시장이 갖는 또 하나의 특성, 곧 범위의 경제는 한 분야의 활동에서 비용이 줄거나 제2분야에서 수익이 늘어남으로써 생기는 효과이다. 예컨대 디지털화된 정보의 경우 신문을 위해 수집한 정보는 텔레비전 또는 라디오프로그램으로 재포장될 수 있다. 이른바 다매체 다채널 시대에는

---

1) 방송시장이 갖는 특성으로서 규모의 경제와 범위의 경제 효과에 관해서는 그레이엄(Graham, 1988)이 쓴 『디지털 시대의 공익』, 4-6쪽을 참조.

디지털화한 정보는 끊임없이 여러 창구를 거치면서 편집, 가공, 전송, 저장, 재생되어 새로운 부가가치를 창출하는 것이다.

그러나 디지털 시대의 방송시장이 창출하는 규모의 경제 및 범위의 경제가 마냥 좋은 것만은 아니다. 방송시장이 시장의 논리에만 맡겨질 때 규모의 경제와 범위의 경제는 매체독점과 소유집중으로 치닫게 된다는 것이다. 요컨대 방송프로그램이 갖는 공공재화적 특성으로 말미암아 높은 고정비용과 낮은 한계비용의 효과, 곧 규모의 경제가 큰 수익을 내는 효과 때문에 신규 사업자의 시장진입이 어려워지고 기존 사업자들간 소유집중현상이 일어나게 된다.

다음으로 새로운 디지털 기술은 수많은 채널을 만들어내고 이는 방송프로그램의 높은 창구효과로 이어지게 되어 방송사업자들에게 범위의 경제수익을 주게된다. 그러나 다른 한편 이는 좋은 컨텐츠의 품귀현상을 빚게 되는 결과를 낳는다. 양질 컨텐츠의 공급이 디지털 기술이 만들어내는 수많은 채널의 수요를 맞출 수 없기 때문이다. 문제는 양질의 컨텐츠의 품귀현상이 제작비를 상승시켜 중소 독립제작사들의 시장진입을 더욱 어렵게 만들고 있다는 점이다. 말을 바꾸면 양질의 방송프로그램 제작이 높은 고정비용을 필요로 하기 때문에 자연 독점을 촉진시키는 것이다. 결과적으로 범위의 경제는 양질 컨텐츠의 희소성과 함께 기존 사업자들의 소유집중현상을 촉진시킨다.

여기에 정책당국이 방송시장에 일정 부분 개입해야 할 이유가 있는 것이다. 부연하면 방송시장은 시장논리에만 맡겨둘 때 규모의 경제와 범위의 경제가 자연독점현상을 빚게 되어 시장논리가 상정하는 경쟁의 이점은 사라지게 된다는 점이다(Graham, 1988: 10).

정책당국이 방송시장에 개입해야 하는 또 다른 이유는 방송프로그램이 이른바 '외부효과'(externalities)를 유발하기 때문이다. 외부효과란 한 개인이 어떤 방송프로그램을 시청한 효과가 그 개인시청자에 머물지 않고 다른 사람에게 미치는 현상이다. 예컨대 사람들이 서울과 같은 대도시에서 눈 오는 날 대중교통보다 자가승용차를 사용할 때 교통혼잡이 일어나듯이 외부효과는 해로운 것이 될 수도 있으며 전염병 예방접종주사를 맞을 때처럼 이로운 것이 될 수도 있다. 문제는 시장에만 맡길 때 너무 많은 사람이 자가승용차를 이용하고 너무 적은 사람이 예방접종주사를 맞는다는 것이다.

방송의 경우 한 시청자가 기존 채널을 버리고 다른 채널을 선택할 때 기존 채널을 시청하는 모든 사람에게 비용을 물게 하는 부담을 준다. 왜냐하면 채널이 느는 만큼 시청자들의 시청시간은 늘지 않기 때문에 이는 시청자층을 '파편화'(fragmentation)하고 평균제작비를 높이기 때문이다. 방송프로그램의 외부효과를 이에 머물게 하지 않고 시장에만 맡길 경우 프로그램의 저질화를 부채질한다. 예컨대 폭력과 섹스가 난무하는 프로그램의 경우 이 프로그램을 선호하는 젊은 시청자의 선택뿐만 아니라 이 프로그램의 영향을 두려워하는 노년 시청자의 선택도 존재한다. 그러나 방송시장은 후자의 선택은 무시하고 전자의 선택만을 부추긴다.

그렇다면 방송시장의 특성상 국가가 일정부분 시장에 개입해야 하는 논거의 정당성은 인정하더라도 문제는 정책당국이 시장기능과 국가개입과의 관계에서 전자에 무게중심을 두면서 후자와의 접점을 어디에서 찾을 수 있는가에 있다. 과거 우리나라 초기 케이블 방송정책의 실패에서 보듯 국가가 무리하게 시장에 개입한 결과 케이블 방송시장이 완전히 황폐화됨으로써 국가 실패를 자초한 셈이 되었다. 한편 미국의 경우 1996년 텔레커뮤니케이션법이 공익규제로부터 방송통신시장을 거의 무방비로 풀어놓은 결과 공론장은 위축되고 방송통신시장은 몇몇 초대형 매체로의 소유집중을 빚은 나머지 시장경쟁의 이점은 사라졌다는 비판을 받고 있다.

위와 같은 사례는 국가 아니면 시장이라는 이분법적 정책구도가 방송시장의 특성상 올바른 선택이 아님을 보여준다. 그렇다면 시장기능에 우위를 둔 국가개입의 논리는 무엇일까? 1996년 텔레커뮤니케이션법의 부작용을 비판하면서 미국의 '매체접근프로젝트'(Media Access Project)의 책임자인 손(Sohn, 1997)은 다음과 같은 논거를 제시한다.

> "정부는 시장이 기능을 좀더 잘 발휘하도록 건설적인 몫을 할 수 있는데 이는 장차 정부개입의 필요를 줄여주며 특히 불필요한 내용근거적 규제를 비켜가게 합니다. 이는 모든 미국인들이 매체접근을 누림으로써 가능해지는 바,

이들 매체도구야 말로 교육, 경제, 사회적 상호교류, 수정헌법 제1조의 가치 그리고 민주주의에 점점 더 중심적으로 다가온다는 점입니다. 또한 이는 몇몇 기득권 매체가 지배하는 독점시장보다는 좀더 경쟁적인 시장을 만듦으로써 가능해집니다."

위와 같은 논거에 비추어 볼 때 제3부에서 논의할 주제들과 관련해 새 방송위원회가 수행한 몫은 어떻게 정당화 될 수 있을까? 예컨대 제9장에서 논의하게 될 위성방송 허가정책과 관련하여 새 방송위원회는 '원 그랜드 컨소시엄'에 위성방송 사업독점을 허가하겠다는 방침을 정한 바 있다.

이는 일견 시장경쟁의 논리에 반하는 것처럼 들린다. 그러나 방송위원회는 기본적으로 한국의 위성방송사업이 기득권을 가진 위성방송매체의 독점사업이 아닌 후발주자로 등장한 신생 매체의 사업이라는 점, 복수 위성방송사업자가 협소한 시장에서의 경쟁을 벌일 때 시청자복지를 위한 경쟁의 이점을 살리기 어렵다는 점, 신생 위성방송은 기존의 케이블 방송과 공정한 경쟁을 통해 시청자복지를 향상시킬 수 있다고 본 것이다. 요컨대 새 방송위는 유료방송시장이 좀 더 잘 기능을 발휘할 수 있도록 정책개입의 몫을 한 것이며 신생 위성방송과 케이블 방송과의 공정한 경쟁을 유도할 때 시청자복지가 더욱 향상될 수 있는 것으로 판단한 데 따른 것이다.

제3부는 모두 3장으로 구성했는데 제10장 '위성방송정책', 제11장 '케이블 방송정책', 제12장 '방송시장의 대외개방정책'으로 나뉜다. 위성방송정책은 방송위원회가 '단일 그랜드 컨소시엄'안에 따라 정한 위성방송 허가의 '기본방향' 및 그 '세부 추진방안' 및 '선정방안'을 중심으로 논의할 것이다. 케이블 방송정책은 통합방송법이 정한 탈규제의 방향에서 PP의 등록제, 중계유선의 SO 전환 승인, 케이블 방송산업계의 재편 등 문제를 논의할 것이다.

마지막으로 제11장 방송시장의 대외개방은 국민정서나 방송법의 엄격한 규제로 보아 시장기능에 맡긴 면보다는 공익규제에 묶여 있는 면이 강하다. 그러나 WTO 체제 아래 한국 방송시장도 부문별로 완급을 조절하면서 점차 개방쪽으로 가지 않을 수 없을 것이다.

10
위성방송정책

새 방송위원회가 2000년 3월 13일 출범한 뒤 처음으로 만난 가장 중요한 정책현안 문제가 위성방송을 비롯한 뉴미디어에 어떻게 접근하느냐에 대한 정책적 대안의 마련이었다. 특히 위성방송은 1989년 '통신·방송위성산업추진위원회' 규정이 공포되어 무궁화위성 사업이 시작되면서 논의의 활기를 띠었으나 통합방송법 제정과 맞물려 매듭을 짓지 못한 형편이었다. 그러는 사이 무궁화위성 제1호(1995년 8월 5일), 제2호(1996년 1월 14일), 제3호(1999년 9월 5일)가 차례로 발사되면서 위성방송 도입의 필요성은 사회적 화두로 발전되었다.

따라서 1999년 12월 국회를 통과한 통합방송법이 위성방송 도입에 필요한 법적 근거를 마련한 것은 위성통신시대를 맞아 새로운 환경에 대처한 법적 대응이었다. 그러나 이제 공을 넘겨받은 새 방송위원회는 위성방송사업을 어떻게 접근할 것인가? 이는 새 방송위가 당면한 최초의 가장 중요한 도전이었다. 왜냐하면 이 문제는 위성방송 허가추천권을 보유한 새 방송위의 사회적 신뢰가 걸린 문제일 뿐만 아니라 우리나라 방송산업의 전반적 구조에 중대한 변화를 가져오는 문제로서 방송사업자간의 첨예한 이해갈등의 폭발성을 안고 있는 민감한 문제이기 때문이다.

새 방송위원회가 정한 위성방송정책의 기본방향은 방개위가 대통령에게 건의한 기본방침에 근거한다. 곧 통합방송법 제정 즉시 위성방송을 도입하고 위성방송사업자는 '단일 그랜드 컨소시엄'으로 한다는 기본방침이 그것이다. 따라서 방송위는 2000년 3월 13일 출범한 데 이어 곧 위성방송사업자 선정업무에 착수했다. 부연하면 4월 20일 사업자의 의견청취를 출발점으로 해 3차례에 걸친 전문가 토론회와 2차례의 공청회를 통해 위성방송에 관한 논의를 집약해나갔다. 그것은 국내시장 규모와 효율적인 자원배분을 감안해 사업자는 단일 그랜드 컨소시엄으로 한다는 의견의 공감대를 확보하고 위성방송의 조기정착 방안을 모색하자는 취지였다.

이러한 일련의 의견수렴 과정과 엄격한 심사를 거쳐 우리나라 방송 70년사에 한 획을 긋는 위성방송사업자가 2000년 12월 19일 방송위원회 의결로 선정되었다.

• 위성방송이란?

먼저 위성방송의 허가정책을 논의하기 앞서 위성방송이란 무엇인가? 그 기술공학적 의미와 함께 시장과 산업으로서 의미를 짚어보자.

위성방송이란 지구 적도 3만 6,000km 상공에 위치한 인공위성을 이용해 지상의 수용자에게 수십에서 수백의 다채널을 유료로 공급하는 방송서비스이다. 그런데 방송위가 위성방송사업자 선정에 착수한 시점이 방송의 디지털화가 국책사업으로 추진되고 있는 때였기에 위성방송의 전송방식은 디지털이 전제되어 있었다. 따라서 우리가 논의하는 위성방송은 디지털 위성방송이다.[1)]

디지털 위성방송은 각종 영상, 음성, 데이터와 같은 방송신호를 압축하는 기술을 이용해 위성중계기의 채널 용량을 획기적으로 높인다. 이는 전송비용을 크게 절감시킬 뿐만 아니라 방송신호의 질을 크게 향상시키고 더 나아가 양방향 서비스와 다양한 부가 서비스의 제공을 가능케 한다.

2000년 12월 위성방송사업권을 따낸 한국디지털위성방송(KDB)은 2002년 3월 초 본방송을 시작했는데 무궁화 3호 위성중계기를 이용해 86개 채널의 방송 서비스를 개시했다. 무궁화 3호 위성에 탑재한 통신 및 방송중계기는 압축기술로 가용채널 88개를 제공할 수 있고 한국통신에 의하면 연차적으로 2005년까지는 120개 채널을 제공할 계획이라는 것이다.

---

1) 위성방송을 1년 앞둔 1993년 3월, 디지털과 아날로그 전송방식을 두고 논쟁이 벌어졌으나 방송기술 발전의 추세와 관련산업의 연관효과를 고려해 같은 해 7월 디지털 방식으로 결정했다(이상식, 2001: 96).

<표 3-10-1> 무궁화위성 3호 방송통신 가용채널 현황

위성체 종류	중계기	안테나 크기	중계기당 채널수	최대가용 채널수	채널 합계
BS	6기	45cm 이하	8	48개	88개
CS	4기(방송용)	45cm 이상	10	40개	

출처: 방송위원회 주최 공청회(2000. 8. 10.) 자료집.

디지털 위성방송의 출범과 아울러 케이블 방송과 지상파방송의 디지털화가 추진됨에 따라 우리나라 방송은 이제 '다채널TV'(Multi-Channel Television, 윤석민, 1999) 시대로 접어들고 있다. 다채널TV란 여러 텔레비전 채널을 조합해 패키지의 형태로 가입자에게 무선이나 유선 또는 이들을 조합하는 방식으로 전송하고, 그 대가로 가입비를 징수하는 방식의 서비스로 정의할 수 있다. 다채널TV는 케이블TV와 위성방송뿐만 아니라 디지털 지상파 텔레비전(DTV), 다채널 다지점 배급시스템(MMDS), 위성 주안테나TV(SMATV), 개방형비디오시스템(OVS) 등을 포괄하는 개념이다(최양수, 2001: 145-146).

다채널TV 시대가 주는 정책적 함의는 과거에는 전송수단이 방송의 내용편성 형식을 규정했으나 이제 동일한 채널이 다양한 전송수단을 경유해 시청자에게 도달하기 때문에 전송수단에 따른 정책 입안은 별 의미가 없어졌다는 것이다. 따라서 다채널 시대에는 방송의 기술적, 산업적, 정책적 환경은 '패러다임의 전환'이라고 일컬을 만큼 일대변혁이 일어날 것(위의 글, 147)이라고 방송 전문가들은 전망한다.

디지털 위성방송은 다양한 사업자 군이 참여하는 다채널TV 사업임을 특징으로 하기 때문에 다양한 디지털 방송기술 개발은 물론, 커다란 산업연관 효과를 전망할 수 있다. 부연하면 독립프로덕션사를 포함한 PP 등 컨텐츠 사업자군, 수신기 제조업자군, 위성체 사업자 등이 플랫폼 사업자를 중심으로 뭉친 다차원적 산업이라는 점에서 산업연관 효과도 다차원적 확장을 전망할 수 있다.

고려대 신문방송연구소가 향후 디지털 위성방송의 산업적 유발 효과를 예측한 수치가 <표 3-9-2>에 나와 있다. 예측수치에 의하면 생산 유발효

<표 3-10-2> 디지털 위성방송의 산업적 유발 효과

구 분		1차년도	3차년도	5차년도
생산 유발 효과	영상정보산업	7,667억 원	1조 6,882억 원	4조 1,739억 원
	방송광고산업	2,169억 원	5,279억 원	1조 639억 원
	전자통신산업	1,569억 원	4,409억 원	8,097억 원
	문화예술산업	1,706억 원	2,760억 원	4,854억 원
	기타	1,765억 원	2,529억 원	3,101억 원
	합계	1조 4,876억 원	3조 1,859억 원	6조 8,431억 원
부가가치 유발효과		5,561억 원	1조 292억 원	1조 7,611억 원
고용창출효과		25,687명	41,517명	62,032명
GDP 상승효과		0.13%	0.22%	0.35%
실업률 감소효과		0.12%	0.18%	0.27%

출처: 고려대 신문방송연구소(1998. 8), 국내 위성방송 활성화를 위한 경제·제도적 연구.

과가 1차년도 1조 4,876억 원, 3차년도 3조 1,859억 원, 5차년도가 6조 8,431억 원으로 나와있다. 이러한 전망 수치를 감안할 때 그 정확도를 다소 신축적으로 생각하더라도 디지털 위성방송의 성공적인 시장진입이 취약한 국내 영상산업 발전에 엄청난 공헌을 할 것으로 무리없이 전망할 수 있다.

요컨대 디지털 위성방송 산업은 국가전략사업으로서 문화산업을 활성화시킴으로써 구체적으로 다채널 정보·문화 서비스의 활성화, 다채널 구성을 위한 프로그램 수요창출로 게임, 애니메이션, 음반, 영화, 방송영상물의 다양한 제작과 유통을 촉진시킨다. 또한 디지털 위성방송산업은 정보통신산업의 경쟁력을 강화시킴으로써 구체적으로 첨단 멀티미디어 서비스와 연계를 촉진시키며, 방송 디지털화 및 쌍방향 정보통신 기술개발을 유발한다.

위성방송은 위성을 이용해 전국에 도달하는 방송신호를 발사한다는 기술적 특성으로 말미암아 그 방송구역은 전국 또는 광역이다. 반면에 케이블 방송은 지역전송망을 통해 방송신호를 전송하기 때문에 방송구역은 필연적으로 지역이다. 그러나 케이블 방송이 원거리 역외방송을 전송할 수 있는 기술을 개발해 지역성을 탈피할 수도 있다. 여기서 위성방송과 케이블 방송은 유료방송시장에서 경쟁하게 되지만 전자는 전국을 방송시장으로 하고 후자는 지역을 방송시장으로 한다는 점에서 정책적 환경에 따라 경쟁적 우열(優劣)의 위상이 갈라진다.

곧 위성방송은 방송신호의 도달범위가 전국 또는 광역이므로 경쟁력이 높은 네트워크 방송의 재송신을 선호하지만 채널 용량의 한계와 채널배분의 비능률 때문에 지역방송을 모두 재송신할 수 없는 어려움이 있다. 그러나 위성방송은 최근 '스팟 빔'(spot beam) 기술의 개발로 일부 광역시장을 대상으로 지역방송을 재송신할 수 있게 되었다. 이에 비해 케이블 방송은 유선전송망을 통한 지역을 방송구역으로 하므로 지역방송을 모두 재송신할 수 있을 뿐만 아니라 위성전송에 의한 프리미엄채널 및 슈퍼스테이션을 운영할 수 있게 되었다(프리미엄채널과 슈퍼스테이션에 관해서는 제15장 '케이블 방송의 채널 운용정책: 역외방송신호 전송정책을 중심으로'를 참조).

위에서 제시한 위성방송에 관한 기술공학적, 산업적, 그리고 시장적 의미를 배경으로 방송위가 시행한 위성방송정책을 점검해보자.

1. 위성방송 허가정책

통합방송법은 위성방송의 도입에 필요한 법적 근거를 마련했을 뿐만 아니라 위성방송의 허가추천권을 방송위원회에 구체적으로 부여하고 있다(제9조 1항). 따라서 방송위원회는 위성방송의 허가추천을 떠맡은 책임을 충실히 이행하기 위해서는 ① 누구를 어떤 절차와 기준에 따라서 선정하느냐 ② 위성방송사업자의 선정을 통해 어떤 정책 목표를 구현시킬 것인가에 대한 해법을 찾는 과제를 풀어야 했다.

방송위원회는 앞서 언급한 대로 공식 출범한 뒤 곧 위성방송사업자 선정작업에 착수해 2000년 5월 8일 위성방송 허가의 기본방향을 의결했다. 그것은 요약컨대 위성방송의 시장실패 방지와 조기정착에 중점을 두어, 무궁화위성 이용 단일 그랜드 컨소시엄을 허가 추천하는 것이었다.

<표 3-10-3> 위성방송 사업허가에 관한 의견수렴 일지

일자(2000년)	행사
4. 20	사업자(한국통신 및 DSM) 의견청취: 단일 그랜드 컨소시엄 자율조정 의사표명
4. 21	제1차 전문가토론회 개최
5. 8	위성방송 사업허가의 기본방향 공표
6. 1	제2차 전문가 토론회 개최, 한국통신과 DSM을 비롯한 각 부문 사업자의 의견 청취
6. 10	사업진출 의사를 밝힌 일진그룹의 의견 청취
6. 19	위성방송사업 허가관련 세부 추진방안 발표
6. 24-7. 7	각 사업자군의 부문별 사업계획 등 공식의견 청취
8. 10	위성방송 정책방안에 관한 제1차 공청회 개최
8. 30	단일 그랜드 컨소시엄 구성을 위한 조정 협상을 중단하고, 사업간 비교심사평가(RFP 방식)를 통한 위성방송사업자 선정 공표
9. 14	위성방송 정책방안에 관한 제2차 공청회 개최
10. 6	제3차 전문가토론회 개최
10. 16	위성방송사업자 선정방안 의결·공표
10. 19	위성방송사업자 허가추천 신청요령에 관한 설명회 개최
12. 7	위성방송사업자 허가추천 신청법인에 대한 청문회 실시
12. 19	위성방송 사업대상자로 (가칭)한국디지털위성방송 선정 발표

출처: 제43차 방송위원회 회의(2001. 11. 19) 5. 안건 가, 「방송채널정책 운용방안에 관한 건」(2001-43-148) 첨부자료.

방송위원회가 위성방송 허가의 기본방향을 이렇게 정함으로써 달성하려는 목표는 무엇인가? 그것은 국내 방송영상산업 기반을 조기 구축하며 국제경쟁력을 확보한다, 시청자의 채널 선택권을 확대하며 양질의 서비스를 제공하여 시청자복지에 이바지한다, 매체간의 공정경쟁을 촉진하고 균형발전을 도모한다는 것으로 요약할 수 있다.

먼저 위성방송 허가의 기본방향과 그 정책목표를 논의하기 앞서 방송위원회는 과거 정부의 허가절차 과정에서 으레 의혹이 제기됐던 점을 감안해 이른바 '공모' 이론이 들어설 여지를 차단할 필요가 있었다. 그것은 우리 방송정책 실패의 중요한 원인이 투명한 민주성이 결여에 있었다고 말할 수 있기 때문이다(황근, 2000가: 411). 따라서 방송위는 사업자 선정절차의 전 과정을 통해 투명한 민주성을 갖추기 위해 민주적 절차와 관행의 강조, 자율적 협상, 의견의 수렴과정을 거치는 분명한 입장으로 일관했다.

<표 3-10-3>은 방송위원회가 위성방송사업자의 선정과정에서 사업자, 전문가, 시민단체 대표 등을 대상으로 의견을 수렴했거나 방송위의 방침을 설명한 일련의 양방향 커뮤니케이션 과정을 보여준다. 이 과정에서 방송위는 10여 차례 이상 사업자 의견청취는 물론 3차에 걸친 전문가 토론회 및 2차에 걸친 공청회를 포함 사업자를 대상으로 설명회를 개최하는 등 위성방송사업자 선정의 투명성, 공정성, 전문성을 기하고자 노력을 게을리 하지 않았다.

방송위원회는 2000년 4월 20일 사업자 희망자를 대상으로 단일 그랜드 컨소시엄에 관한 의견을 청취한 것을 시작으로 긴 의견수렴 과정을 통해 같은 해 허가정책을 확정짓고 엄격한 심사를 거쳐 12월 19일 사업자 선정을 완료했다. 이는 방송위가 위성방송의 허가권을 행사해 사업자를 선정했다는 의미를 넘어서 위성방송정책을 구현하는 과정으로서의 의미를 갖는다. 방송위원회가 위와 같은 절차를 통해 위성방송정책을 마련하고 시행한 과정을 잠시 FCC가 1979년 이래 위성방송정책을 마련한 과정과 비교해보자.[2)]

1) FCC의 위성방송 허가정책

1960년대 이후 미국은 국제 위성방송의 문제에 관해서는 유엔 기구를 통해 적극적으로 논의에 참여했지만 국내위성방송 문제에 관해서는 관심을 두지 않는 편이었다. 그것은 기본적으로 '국내위성'(domestic satellite: domsat)의 수요가 일지 않았기 때문인데 그 이유는 단파 및 동축케이블 전송기술이 잘 발달되어 있었기 때문이다. 그러나 1972년 FCC는 '대기권 개방정책'(open-skies policy)을 채택해 자격 있는 업체에게는 누구에게나 국내용 위성발사를 허용한 것이 계기가 되어 국내 위성 서비스의 수요가 일기 시작했다.

2) FCC의 위성방송정책 결정과정에 관해서 김해련(Haeryun Kim, 1992: 159)을 참조. 좀 더 자세한 내용을 위해서는 루터(S. F. Luther, 1988)를 참조.

웨스턴 유니온사가 1974년 '웨스타 I'(Westar I)을 발사해 최초의 국내 위성 서비스 사가 되었다. 그런데 국내 위성은 전화 서비스와 같은 '커먼 캐리어'(common carriers)로 운영되어 요금을 규제받는 통신 서비스에 머물고 있었다. 국내 위성방송의 경우 1979년 여름 통신위성회사(Comsat)가 국내 위성방송 계획을 발표하면서 위성방송시대를 성큼 다가서게 했다. 먼저 위성정책에 관한 카터 대통령 자문기구로 설치된 '전국텔레커뮤니케이션및정보관리청'(National Telecommunications and Information Administration)이 이 계획을 호의적으로 받아들였다. 그러나 방송사업자들의 의견은 엇갈렸다. 부연하면 지상파 상업방송사들은 위성방송에 대해 적극적으로 반대하는가 하면 케이블 방송사업자들은 반대를 표명하지 않았던 것이다.

이런 배경에서 FCC는 국내 위성방송 문제를 어떻게 접근했는가? FCC는 텔레비전 수신전용 안테나(Television Receive-only Antennas: TVRO) 설치에 대한 허가요건을 완화해나가다가 1979년 TVRO 설치를 자유화하는 조치를 취했다. 이는 종전의 부담스러운 허가절차를 없앰으로써 위성전송 서비스의 급속한 확대를 가져왔다.

FCC는 이어 1980년 9월 두 건의 전문보고서를 공표했는데 하나는 위성방송의 기술적 문제를 다룬 것이지만 다른 하나가 정책문제를 다루었다. FCC 계획정책실이 마련한 이 정책보고서는 FCC가 위성방송에 대해서 여하한 기술, 내용 또는 소유에 관한 규칙을 제정하지 말 것을 권고하는 것이었다. 다시 말하면 이 보고서는 앞으로 시장진입을 앞두고 있는 위성방송에 대해서 탈규제정책을 제안한 것이다.

1980년 10월 2일 FCC는 위성방송정책 및 규칙제정을 위한 절차에 들어갔다. 곧 그날 FCC는 '조회공시'(Notice of Inquiry)를 채택해 이해당사자의 의견 및 여론수렴 절차에 들어간 것이다. 이어 1981년 4월 21일 '정책 및 규칙제정안 공시'를 채택하여(FCC, 1981, June 1, *Notice of Proposed Policy Statement and Rulemaking*) 다시 의견수렴 절차를 밟았다. FCC가 이런 절차를 밟아 최종적으로 '보고명령' 형식의 규칙을 만장일치로 채택한 것은 1982년 6월 23일이었다. 그 요체는 국내 위성방송에 대해 규제를 최소한으로 하고 방송을 허가한다는 것이다(FCC, 1982, July 14, *Report and Order*).

국내 위성방송에 대한 허가정책이 결정되기 앞서 지상파방송사업자들은 의회를 움직여 청문회까지 열었으나 의회의 적극적인 개입을 끌어내지 못했다. 이어 위성방송정책이 결정된 뒤 미국방송협회와 로스앤젤레스 구청은 FCC 규칙에 반기를 들고 법정투쟁을 벌였으나 무위로 끝나고 말았다. 부연하면 1982년 6월 23일 FCC 규칙의 위헌성을 문제삼은 제소사건에서 미국 순회항소법원은 1984년 7월 24일 FCC의 손을 들어주는 판결을 내린 것이다.

FCC의 이 위성방송(direct satellite broadcasting: DBS) 허가정책의 특성을 살펴보자. 당시 FCC가 결정한 DBS 허가정책은 과거 FCC가 기술발전에 따른 새로운 서비스 허가에 대해 인색한 입장을 취해왔던 관행에서 볼 때 이례적인 정책전환이었다. 과거 FCC는 정책결정에서 이른바 '점진주의'(incrementalism)를 지켜왔기 때문에 기술개혁의 촉진자보다는 억제자라고 비판을 받아왔었다. 연구자들은 예컨대 FM 라디오, UHF TV, 케이블 TV, STV(Subscription TV) 등이 'FCC 점진주의의 희생자'(Victims of FCC incrementalism)들이었다고 하면서 이 점진주의 정책의 결과 새로운 기술로 등장한 서비스는 기존의 지배적인 서비스의 '보조자'(ancillaries)에 불과했다는 것이다.

한 연구자는 FCC 위성방송 허가정책의 사례연구에서 이 정책은 적어도 3가지 이유로 점진주의적이 아니라고 지적했다(Haeryun Kim, 1992: 163-164). 첫째, DBS 정책은 FCC가 오랫동안 지켜온 '지역주의'(localism)의 폐기를 의미한다. 미국 방송에서 지역주의란 실제 네트워크 전국방송이 지역방송에 끼치는 지배적 영향 때문에 '신화'(myth)에 불과하지만 FCC의 방송정책을 이끌어왔던 한 축이 지역주의라는 것은 숨길 수 없는 사실이었다. 그러나 위성방송정책에서는 지역주의가 개입되지 않았다.

둘째, DBS 정책은 기존의 방송 서비스나 기존의 12GHz 주파수대역 이용자에 어떠한 양보도 하지 않았다는 점이다. 과거 FCC는 새로운 기술에 대한 정책결정에서 기존 방송 서비스를 우선하는 타협을 해왔다. 당시 NAB 회장 위실류스키(Vincent Wasilewski)는 의회청문회에 증인으로 출석해 위성방송이 지역방송에 폐해를 줄 것이라고 증언했으나 FCC는 위성방송이 지역방송에 끼치는 영향이 거의 없을 것이라고 반론을 폈다. 부연하면 마크 파울러 위원장은 DBS는 지역의 욕구와 문제에는 유익하지 않을지 모르지만, 또다른 프로그램 창구를 제공함으로써 '지역주민의 욕구'에는 유익할 것이라고 해 새로운 차원의 지역 서비스를 주장했다. 파울러는 레이건 행정부가 선택한 FCC 위원장으로 탈규제정책의 전도사였다.

기존의 12GHz 사용자들은 위성방송 주파수와 전파간섭을 차단하기 위해 필요한 조정을 해야 하는 부담을 떠안게 하는 공공단체들이다. 이들 단체들의 공공 서비스가 쉽게 정당화될 수 있는데도 FCC는 위성방송정책 결정에 이를 고려하지 않은 것이다.

마지막으로 가장 급진적인 면모로서 FCC의 위성방송정책은 위성방송사업자가 커먼 캐리어(통신업자)와 방송업자 중 어느쪽으로 규제받을 것인지 업자에게 맡겼다는 점이다. 다시 말하면 요금 등을 규제받는 커먼 캐리어 사업자로 갈 것인지, 아니면 방송사업자로 갈 것인지 위성방송사업자가 스스로 결정토록 한 것이다.

위에서 살펴본 FCC의 위성방송정책 결정과정을 볼 때 이해관계를 달리하는 사업자들의 의견을 충분히 수렴하는 절차를 밟아나가되 이를 FCC가 투명한 절차에 따라 주도하고 있음을 보여준다. 이는 한국의 신생 방송위원회가 최초로 만난 중요한 위성방송정책을 마련키 위해 투명한 절차에 따라 긴 의견수렴 과정을 밟은 것과 비교적 유사함을 보여준다고 할 수 있겠다.

2) 한국위성방송 허가정책의 기본방향

이제 방송위원회의 위성방송정책으로 돌아와 위성방송 허가의 기본방향을 논의해보자. 기본방향으로 정한 ① 위성방송의 시장실패 방지와 조기정착, 그리고 ② 무궁화위성 이용 단일 그랜드 컨소시엄으로 사업자를 선정하겠다는 것은 무슨 의미인가? 먼저 시장실패 방지는 한마디로 1990년 이후 정부가 주도한 케이블 방송정책이 결국 시장실패로 이어져 케이블 방송산업에 엄청난 타격을 안겨주었던 사례를 교훈으로 삼아 위성방송의 경우 이를 되풀이하지 않겠다는 것이다.

케이블 방송의 실패는 뒤에서 자세히 살펴보겠지만 정부의 케이블 방송 규제정책의 실패가 시장실패로 이어진 전형적인 사례이다. 예컨대 케이블 방송시장을 인위적 규제의 대상으로 삼아 PP는 대기업, SO는 중소기업, NO는 공기업에 할당시켰을 뿐만 아니라 케이블 방송시장을 처음 116개 구역으로, 다음 77개 구역으로 쪼개는 정책을 강제함으로써 케이블 방송의 시장여건을 완전히 무시했던 것이다.

따라서 방송위원회가 위성방송 허가의 기본방향은 '시장실패'를 방지하고 위성방송산업의 조기정착을 위해서 방송법이 강제하는 공적 의무 말고는 최소한의 규제로 위성방송을 허가하며 최대한 시장기능에 맡기겠다는 의미로 해석할 수 있겠다.

또 다른 허가의 기본방향으로 방송위가 무궁화위성을 이용한 단일 그랜드 컨소시엄을 사업자로 선정하겠다는 방침은 '시장실패' 방지와 밀접히 관련되어 있다. 곧 한국과 같은 협소한 시장에서 사업자간의 과당경쟁을 치닫게 되는 상황을 막기 위해 독점 사업권을 단일 그랜드 컨소시엄에 부여하겠다는 뜻이다. 이는 방개위가 제안한 정책을 방송위가 수용한 것으로 그 이유로 위성방송 관련기술 및 산업발전을 통해 국내경제의 파급효과 확대, 영상산업 활성화 및 시청자 채널선택권 확대, 위성방송을 준비한 국내기업의 투자비용 손실 및 매몰 방지, 외국 위성방송의 국내방송시장 잠식 방지를 들고 있다(방개위, 1999: 108).

방개위가 명시한 이유만 보면 이는 위성방송의 도입 목적이 국내 영상산업진흥에 있음을 보여준다. 그러나 단일 그랜드 컨소시엄 방안을 채택한 배경에는 협소한 국내 시장에서 경쟁사업자간에 중복투자 방지, CAS (Conditional Access System)를 포함한 기술규격의 표준화 개발, 인기 외화를 둘러싼 업체간 과당경쟁 방지 등 보다 현실적 이유가 있었다.

특히 인기상품을 둘러싼 방송사업자간의 과당경쟁이 얼마나 심각한 국부유출 문제를 일으키고 있는가는 2001년 11월 지상파방송3사가 이른바 스포츠 중계권을 둘러싼 분쟁에서 잘 드러내고 있다. 그때까지 경인방송이 독점 중계하던 '박찬호 경기'를 MBC가 엄청난 '웃돈'을 주고 메이저

리그 야구경기 독점중계 계약을 체결했다는 것이다(KBS측이 '3,200만 달러'라고 2000년 11월 7일 '뉴스 9'에서 주장). 이에 대해 KBS와 SBS는 프로축구, 야구, 농구 중계 독점권을 따내 MBC에 대치했다. MBC가 어느 정도나 되는 거액의 '웃돈' 거래를 했는지 명확하지는 않지만 이는 위성방송사업자의 과당경쟁이 외화 프로그램의 가격 폭등을 가져올 수 있는 위험을 잘 보여준다.

한국과 같은 협소한 시장에서 위성방송사업자의 중복투자 및 과당경쟁이 단일 독점사업 방안을 정당화시키고 있다. 이는 시장규모에서 비교적 우위를 갖는 일본 위성방송의 사례가 반증한다. 곧 시청가구가 4,300만 규모의 일본 시장에서도 위성방송은 고전을 면치 못해 결국 단일 사업자로 통합된 사례에 비추어 시청가구 1,350만 규모의 위성방송의 경쟁체제는 한국시장에는 맞지 않는다는 것이다. 일본 위성방송의 경우 스카이 퍼펙TV와 JskyB, 디렉TV재팬이 3파전을 벌이는 경쟁체제로 출발했다. 그러나 스카이 퍼펙TV가 경쟁업자인 JskyB를 흡수하고 또다시 디렉TV재팬을 합병했다. 다시 말하면 1996년부터 퍼펙TV, JskyB, 디렉TV재팬의 3사업자 경쟁구도로 시작된 일본의 디지털 위성방송은 사업개시 3년 반 만에 퍼펙TV를 중심으로 단일사업자가 된 것이다.

연구자 정용준은 일본의 위성방송사업자들이 단일사업자로 전환된 배경을 다음과 같이 쓰고 있다(정용준, 2000).

> "퍼펙TV와 JskyB의 1차 합병은 일본의 시장규모로 볼 때 3개의 디지털 위성방송업자는 너무 많다는 전망과 퍼펙TV의 적자보전을 위해서 이루어졌다. 선발 위성방송사인 퍼펙TV는 시장선점 효과보다는 과잉투자로 인해 적자누적과 저조한 가입률 증가를 기록해 이를 보완할 필요성이 있었다. 약점의 보완은 투자비를 줄이고 막강한 소프트웨어를 보유하고 있는 머독의 JskyB를 끌어들이는 것이었다. JskyB는 경쟁사에 비해 자본이 2배로 크고, 머독이 소유한 20세기 Fox 등의 확실한 소프트웨어 공급원이 있으며 하드웨어를 퍼펙TV와 공유하고 NVOD, 인터액티브 프로그램, 인터넷 액세스 등 선진 서비스를 제공하는 강점을 지니고 있다. 반면 JskyB로서는 외국자본 위주라는 약점을 보완하고 우정성의 적극적인 지원을 받기 위해 국적 위성방송사인 퍼펙TV와의 협력이 절실한 상황이었다."(위의 책, 104)

<표 3-10-4> 퍼펙TV와 JskyB의 합병 시나리오

제1단계	• JskyB가 1997년 4월에 우정성에 12개 채널을 신청 • 9개 채널을 허가받아 퍼펙TV의 플랫폼에 위탁 방송사업자로 방송시작
제2단계	• 안테나와 수신기(IRD)의 겸용화 추진 • 시청계약 정보가 입력된 IC 카드 통일
제3단계	• 시스템 통합하여 시청료 공동징수 • 고객센터 통합하여 계약신청 일원화
제4단계	• 20세기 폭스와 파라마운트의 프로그램을 퍼펙TV의 PPV 채널 패키지인 'Perfect Choice'에 포함
제5단계	• 1998년 4월에 완전합병

출처: AsiaCom(1998. 5. 18)과 TV International(1998. 6. 1) 재구성(정용준, 2000: 104에서 인용).

방송위원회가 위성방송에 대해 단일 독점사업권을 부여하겠다는 기본 방침은 사업자 또는 이해당사자들이 동의하는 가운데 긴 여론수렴 과정에서 사회적 정당성을 다져나갔다. 문제는 단일 독점사업자의 선정방안이었다. 방송위가 5월 8일 위성방송 허가의 기본방향을 정하면서 단일 독점사업자의 선정방안으로 채택한 것이 단계적 추진방향이었다. 부연하면 제1단계에서는 업자들간의 자율적인 조정으로 단일 컨소시엄을 추진하고 이것이 여의치 않을 때 제2단계에서 방송위가 허가지침을 통해 업자들의 단일 컨소시엄을 유도하는 노력을 한다. 이 노력마저 실패할 때 최종적인 제3단계에서 방송위는 비교심사평가(RFP: request for proposal) 방식으로 단일업자를 선정한다는 것이다.

이러한 단계적 추진방향의 일정도 정했는데 이에 따르면 2000년 5월 말까지 단일 컨소시엄을 위한 업계 자율조정을 추진하며 다음 6월 중 세부 선정방안을 마련한 후 방송위가 단일 컨소시엄을 위한 조정을 유도한다는 것이었다. 이 일정에 따르면 7월 중 허가추천 신청을 공고한 뒤 9월 중순까지는 사업자 선정을 마치기로 되어 있었다. 그러나 실제 단일 컨소시엄을 위한 조정이 늦어지고 결국 조정 노력이 무산됨에 따라 10월 18일 허가추천 신청을 공고한 뒤 12월 19일 사업자 선정을 마칠 수 있었다.

여기서 두 가지 정책 쟁점을 논의해보자. ① 방송위는 왜 사업자들의 자율조정 또는 유도조정으로 단일 컨소시엄을 구성하고자 했는가? ② 방송위가 6월 19일 발표한 세부선정방안(가이드라인)을 통해 단일 컨소시엄을 유도 조정키로 한 것은 적절한 것인가?

먼저 방송위원회가 업계 자율조정 또는 유도조정으로 단일 컨소시엄을 구성하고자 한 이유는 후발주자로 등장한 위성방송사업이 성공하기 위해서는 사업자들의 자원과 역량을 하나로 결집하는 것이 필요하며, 방송위가 구현하고자 하는 정책 목표를 효과적으로 달성할 수 있는 방안이 될 수 있다고 보았기 때문이다. 이에 덧붙여 신생 방송위가 단일 그랜드 컨소시엄 사업자를 선정하기 위해 거추장스러운 심사를 거쳐야 하는 부담을 면제해주는 부수적 이득도 거둘 수 있기 때문이다.

위성방송사업은 마케팅, 컨텐츠, 위성체, 수신기 제조의 4분야의 여러 사업자군(群)의 적정 사업자들의 참여가 요체가 된다. 또한 위성방송사업은 외국의 사례를 보더라도 적어도 5년 이상 적자를 감수하면서 이 기간 약 3조 원 이상 투자가 필요한 사업(유세준, 「DSM 사업자 의견」, 방송위원회 2000가: 84)이다. 방송위는 이러한 투자 규모로 필요한 뉴미디어 사업을 출범시키는 마당에 사업 성공의 환경을 만들어주어야 하는 과제를 풀어야 한다. 방송위는 그 해법이 사업자들의 상대적 우위에 있는 역량을 결집시키는 길이라고 보았던 것이다.

부연하면 비교적 오랫동안 위성방송사업의 준비를 해온 데이콤/DSM은 종합적 경영능력이 상대적 우위에 있다고 평가할 수 있는 반면 위성체 사업을 운영하고 있는 공기업 한국통신/KDB는 안정적 투자와 컨텐츠 공급이 우수하다고 평가할 수 있겠다. 방송위로서는 사업자들이 상대적 우위에 있는 역량을 RFP 심사방식에 의해 분산시키는 것보다는 사업자 단일화 방식으로 결집시키는 길이 위성방송사업의 성공을 앞당기는 길이라고 본 것이다. 그러나 업자들간의 자율조정에 의한 단일 컨소시엄 구성이 실패할 것이 분명해지자 방송위는 6월 19일 '세부추진방안'을 발표하고 유도조정에 의한 단일화 노력에 들어갔다.

이러한 방송위원회의 사업자 단일화 노력은 적절한 것인가? 이는 '과거보다 심한 시장개입 방식'(정용준, 앞의 책, 48)이 아니냐는 비판이 제기됐지만 이는 오해에서 비롯된 것으로 보인다. 예컨대 방송위가 6월 19일

'세부추진방안'(가이드라인)을 발표하면서 'REP 방식 허가심사 여지 배제' 라는 구절의 표현을 포함시켜 혼동을 일으킨 면이 있다. 그러나 이는 사업자간의 단일 그랜드 컨소시엄을 추진하는 단계에서의 전략이지 최종 목표가 아님은 문맥상 분명하다. 부연하면 5월 8일 방송위가 의결한 '위성방송사업자 선정의 단계적 추진 방향'에서 제시된 바 같이 제3단계에 이르러 REP 방식으로 사업자를 선정하겠다는 방침을 결정한 바 있고 실제로 방송위는 8월 30일 "지금까지 진행되었던 위성방송사업자 '원 그랜드 컨소시엄' 구성을 위한 조정협상을 중단하고 향후 사업자간 비교심사를 통해 최적의 위성방송사업자를 선정하는 데 주력할 계획"(방송위원회, 2000다: 109)을 밝힌 데서도 알 수 있다.

단일 컨소시엄 구성의 또 다른 문제로 된 것이 단일 컨소시엄의 개념 혼란이었다. 곧 방개위가 당초 단일 그랜드 컨소시엄을 제안한 것은 한국의 방송시장 환경을 고려해서 위성방송사업권을 하나만 부여하자는 취지였지 사업하겠다는 모든 사업자를 총망라해서 하나로 단일화하는 것이 아니라는 것이다(김진홍, 「KDB사업자의견」, 위의 책, 41).

이 점에 관해 2000년 6월 29일 위성방송 허가 세부추진방안에 대한 경영주도 희망사업자의 의견청취 과정에서 사업자들의 의견이 엇갈리기도 했다. 곧 단일 그랜드 컨소시엄 구성의 의미가 ① 1개 사업자의 선정 ② 경영주도 3개 사의 합 ③ 위성방송사업에 적합한 사업자의 최적화 가운데 어느 것인가라는 방송위측의 질문에 DSM은 세번째라고 답한 반면 KDB측과 일진측은 1개 사업자의 선정이라고 답했다(위의 책, 64).

이렇게 엇갈린 대답이 나온 것은 기본적으로 사업자들이 단일 그랜드 컨소시엄의 구성 방식을 자기이해의 관점에서 보았기 때문이다. 그러나 방송위가 추진한 사업자의 단일화는 처음부터 위성방송사업에 참여하는 여러 사업자군 가운데 최적의 사업자들을 하나로 모으는 것을 의미했다.

방송위원회의 사업자 단일화를 위한 유도조정은 후발사업인 위성방송의 성공을 위해 재량권 범위에서 수행한 행정지도라고 할 수 있다. 예컨대 가이드라인에서 제시한 동일인 지분을 '20% 내외'로 제한한 것은 법령에 의한 강제가 아니라 정책목표 달성을 위한 방송위의 행정지침이다.

<표 3-10-5> 위성방송사업자 선정의 단계적 추진방향

1단계: 업계 자율적인 단일 컨소시엄 조정 추진 • 단일 컨소시엄에 관한 사회적 합의 인정 필요 • 공식 허가절차 개시 전 또는 위원회의 허가방안 발표 이전에 한국통신, DSM 양 사업자 간 자율적 조정 존중 - 양 사업자 의견 청취 및 전문가 토론회 결과 이에 관한 공감대 확보 • 5월 말까지 양 사업자간 단일 컨소시엄에 관한 자율조정 추진 • 위원회의 정책목표를 바탕으로 한 조정 고려 - 위원회의 정책방침 발표 이전에 한국통신과 DSM이 각각 관련 업체들과 배타적 양해각서(MOU) 체결 또는 법인(Planning Company) 설립 등을 통해 세(勢) 대결, 과열 경쟁 하는 현실에 대해 경고 필요 - 다만 허가절차 개시 이전에 위원회가 적극적으로 개입하는 데 따른 부작용 최소화

↓

2단계: 허가지침(guideline) 통한 단일 컨소시엄 조정 유도 • 위원회가 정책목표에 입각한 사업자 허가지침을 제시, 2단계 단일 컨소시엄 조정유도 추진 • 허가지침에 포함될 사항 - 허가추천 신청 자격에 대한 기준 - 사업자 선정시 이행조건 등

↓

3단계: 비교심사평가(RFP 방식) 추진 • 심사기준 공표, 심사평가 통해 특정 컨소시엄 선정 - 심사기준의 객관성·공정성 확보가 관건 • 탈락 사업자 구제(지분참여 보장) 문제 사전확정, 공표 필요

출처: 방송위원회, 2000다: 21-22

그러나 방송위의 유도조정은 2000년 6월 이후 위성방송사업 참여희망 사업자와의 협의 아래 12차례에 걸친 의견청취, 1차례 공청회와 20여 차례의 조정협상을 통해 '원 그랜드 컨소시엄'을 구성하기 위한 노력을 기울였으나 실패로 끝나고 말았다. 그것은 사업자들은 명분상 단일 컨소시엄에는 동의하면서도 1대주주로서 우월적 지분만을 고집했기 때문이었다 (위의 책, 108).

마지막으로 위성방송 허가의 기본방향이 단일 그랜드 컨소시엄의 구성을 목표로 하고 있다는 점에서 곧이어 다룰 세부 가이드라인이 달성코자 하는 목표와 같이 한다. 따라서 이 위성방송 허가의 구체적 정책 목표는 뒤에서 함께 논의할 것이다.

<표 3-10-6> 위성방송 허가의 세부추진방안

단일 그랜드 컨소시엄 구성 기준(소유구조) • 최다 출자자 지분 제한 - 동일인 지분 제한(20% 내외) 통해 독점적 지위 확보 방지 - 기존 방송시장의 독과점적 지위를 확보하고 있는 특정 지상파방송사업자 또는 특정 기간 통신사업자는 반독점 규제를 위해 별도 기준으로 제한 • 주주 구성 기준 - 마케팅(가입자 관리)과 영상 컨텐츠 수급, 수신기 제조·보급, 네트워크 운영 등 위성방송을 운영하는 데 필요한 각 사업부문의 다원적 참여를 보장하는 구조여야 함. • 채널의 다양성 확보 및 프로그램의 안정적인 공급을 담보하는 구체적 방안을 제시하는 사업자 참여 우선보장 • 방송시장의 경쟁 요건을 고려, 매체간 균형발전 및 사업자간 공정경쟁 여건을 조성하기 위한 조건 확보 • 채널 구성 및 프로그램 수급과 관련해 특정 사업자의 독과점적 지위를 보장하거나 기존 방송사업자의 우월적 지위를 부여하는 지분 구성 지양 - 외국자본 참여시 국내 방송영상 산업기반 조기구축 및 국제경쟁력 확보, 해외 프로그램의 적정 수입을 위한 장치 마련: 해외 메이저 프로그램 공급사들의 독점적 이윤을 보장하는 유통 창구로서 위성방송 역할 우려 - 수신기 제조업체는 공동기술개발 및 표준 마련, 공정경쟁 위해 투자조합 설립 통해 참여 - 과열경쟁 또는 참여가 미진할 시에는 일정 비율의 지분 구성을 유보하고 공모주 또는 국민주 통한 구성 방안 검토 위성방송사업 운영방안(경영구조) • 의사결정 구조 - 최다 출자자의 권한이 독점적으로 행사되지 않도록 하는 의사결정구조 확립 - 사외이사제 도입, 소액주주 대표하는 이사 선임권 보장 - 최다 출자자 및 주요 주주의 임원 파견 및 특정사업자 중심의 인력 구성 배제 • 경영 안정성 및 방송사업 경영 전문성 확보방안 강구 - 별도의 경영위원회 구성·운영 권장: 마케팅(가입자 관리)과 영상 컨텐츠 수급, 수신기 제조·보급, 네트워크 운영 등 각 사업부문 비중을 고려, 균형 있게 구성 - 채널 구성 권한을 최다 출자자에게 독점적으로 부여하지 않도록 하는 장치 마련 사업자에 이행조건 부과 방안 - 외국자본 참여에 따른 공적 의무 부과: 국내 프로그램 해외수출 지원 등 국내 영상산업 발전 기여방안 마련 이행 - 기간통신 사업자가 최다 출자자일 경우 자체채널 운영 제한 • 공익적 채널 운영 의무화 • EPG, PPV, NVOD 등 부가 서비스 채널 중점 운영 - 퍼블릭 액세스 채널 운영 및 지원방안 구체적 제시 - 남북방송교류 및 대외방송 관련 정책방안 등

출처: 방송위원회, 2000다: 27-30

2. 위성방송 허가의 세부 가이드라인

위성방송 허가의 세부 가이드라인은 방송위원회가 위성방송정책을 구현하면서 아울러 단일 컨소시엄을 유도하기 위한 방안이다. 먼저 세부 가이드라인의 내용을 점검해보고, 다음 방송위가 세부 가이드라인을 통해 달성하려는 정책목표를 논의하고 이어 단일 그랜드 컨소시엄 구성 노력의 경과를 살펴보기로 하자.

위성방송 허가의 세부 가이드라인의 요체는 무엇인가? 그것은 사업자간의 단일 컨소시엄 구성을 목표로 그것을 추진하기 위한 일련의 기준을 제시한 것이다. 특히 이 기준은 위성방송사업자의 소유구조와 경영구조에 초점을 맞추었다. 그밖에 공익적 관점의 이행 조건을 제시한 것은 시청자 복지 향상을 위한 채널 구성에 무게를 둔 것이다 .

위성방송사업자의 소유구조 기준의 핵심은 최다출자자의 지분제한과 주주구성 기준이다. 먼저 최다출자자의 지분제한으로 동일인 지분을 '20% 내외'로 하겠다는 방침과 독과점 지위를 차지하고 있는 특정 지상파방송사업자와 특정 기간통신사업자의 반독점 규제를 별도 기준을 부과하겠다는 것이다.

최다출자자의 지분제한의 정책적 함의는 분명하다. 곧 사업자들이 방송위가 목표로 하는 단일 컨소시엄 구성에 참여를 종용하는 메시지인 것이다. 먼저 동일인 지분을 '20% 내외'로 제한하겠다는 방침은 단일 컨소시엄 안에서 특정 사업자가 과다한 소유지분을 차지함으로써 다른 사업자의 참여 의사에 찬물을 끼얹는 효과를 막아보려는 것이다. 바꾸어 말하면 방송법이 대기업, 언론사, 외국자본의 참여 지분을 33%까지 허용하고 있는 테두리 안에서 '20% 내외'라는 소유분산의 가이드라인을 제시함으로 사업자들을 단일 컨소시엄의 지붕 아래로 모으자는 전략이다.

이 가이드라인이 또한 독과점 지위를 차지하고 있는 '특정 지상파방송사업자'(KBS, MBC, SBS)와 기간통신사업자(한국통신, 데이콤, SKT)에 별도의 기준을 제시하겠다는 것도 경쟁관계에 있는 사업자 중 어느 특정 사업자군의 속하는 독과점 지위가 위성방송에 전이(轉移)되는 것을 막겠다는 신호인 것이다. 이 별도기준은 뒤에 살펴보겠지만 지상파방송, 외국방송사업자, SO의 경우 매체 독점방지를 위해 각각 총합 지분 20%로 제한하며, 대기업, 언론사, 외국자본의 경우 소유집중 방지를 위해 1개 사의 지분을 15%로 제한한 것이다.

주주구성 기준을 제시한 것은 특히 마케팅이나 영상컨텐츠 수급, 수신기 제조 보급, 네트워크 운영 등 위성방송을 운영하는 데 필요한 개별사업 부분의 다원적 참여를 보장하는 구조를 명시했다. 이어 구체적으로 채널의 다양성 확보와 프로그램의 안정적인 공급을 담보하려는 구체적 방안, 매체간의 균형발전 및 사업자간의 공정경쟁 여건의 조성, 채널 구성과 프로그램 수급과 관련해 특정 사업자의 독과점 지위를 용인하거나 기존 방송사업자의 우월적 지위를 부여해서는 안된다고 못박았다.

이는 특히 지상파방송이 차지하는 독과점적 지위가 위성방송에 전이되는 것을 막고 독점 위성방송사업자가 채널 사용 사업자(PP)에 대해 독점적 지위를 남용할 수 있는 위험을 배제하는 취지이다.

경영 구조의 기준으로 제시한 것은 기본적으로 소유와 경영의 분리원칙에 근거한 것이다. 따라서 위성방송사업자의 의사결정 구조가 최다출자자 권한이 독점적으로 행사되지 않도록 하며, 사외이사제 도입과 소액주주의 이사회 참여를 보장하며, 최대 출자자와 주주의 임원파견 및 특정 사업자 중심의 인력 구성을 배제하도록 명시했다. 아울러 경영의 전문성을 확보하라는 방안으로 경영위원회의 구성을 권장했다.

다음으로 사업자에 부과한 '이행조건'은 주로 시청자복지 향상을 위해 채널 구성에 공익을 가미하자는 정책취지로 부과한 것이다. 방송법은 케이블 방송의 경우 지역채널 구성을 의무화했지만(법 시행령 제55조) 이는 위성방송에는 해당되지 않는다. 따라서 위성방송의 경우 퍼블릭 액세스 채널의 운영을 유도함으로써 두 뉴미디어간에 공정한 경쟁을 위한 환경을 조성함으로써 시청자복지의 향상을 도모하고자 했던 것이다. 또한 직접사용채널의 경우 위성방송은 전체 운용채널 수의 10% 내로 허용한 반면 케이블 방송은 3개로 못박고 있는 데서(법 시행령 제53조, 2항 1호) 오는 불균형을 시정하기 위해 '공익적' 채널 운영을 의무화한 것이다.

<표 3-10-7> 각 사업자 제시 단일 그랜드 컨소시엄 구성안 및 소유·경영분리안 비교

	한국통신	DSM	일진
그랜드컨소시엄	• 한국통신: 20% 이내(1대 주주) • 지상파방송사: 15% 내외 • 해외 사업자: 15% 내외 (3~4개 사업자 분산) • PP군: 20~25% 내외 • 국민주, 중소벤처 (수신기 제조업체 포함): 25~30% 내외	• DSM, SKT, KT, MPP, 해외 사업자: 총 40% (각 8%, 공동 대주주) • 지상파방송사: 5% 이내 • 신문사: 일정 지분 • 중소기업: 일정 지분 • 기타 PP군: 30% 이내 (PP, 대기업, 중소기업) • 공모주: 10%	• 일진: 20%(1대 주주) • 중견기업: 20% • 기간통신사업자: 20% • 지상파방송사: 5% • 해외 사업자: 5% • PP군: 5% • 수신기 제조업체: 5% • 공모주: 20%
소유경영분리	• 이사회 구성(9인): - 상임이사 4인(사장 제외) - 사외이사 4인 • 1대주주 책임경영 보장 • 전문경영인 사장 선임 • 소액주주 보호 방안 마련 • 이사에 대한 손해배상 책임 부여	• 이사회 구성(13인): - 상임이사 3인 - 사외이사 10인(최다 주주 5인 포함) • 마케팅 전문가를 대표이사로 영입 • 상임이사도 주주와 무관한 전문경영인으로 구성 • 최다 주주와 전략 주주는 등기 임원 파견 금지	• 이사회 구성 - 전체의 ½ 이상을 사외이사로 충원 - 대주주와 소액주주가 함께 참여하는 주주협의회를 구성하여 이사 선임 - 사외이사는 사외이사추천위를 통해 주총에서 선임(집중투표제 도입 검토)

출처: 방송위원회 주최 공청회(2000. 8. 10) 자료집.

요컨대 위성방송사업자에 부과한 이행조건은 위성방송사업자에 독점사업권을 주는 대신 신생 위성방송이 기존 케이블 방송과 공정한 경쟁을 유도함으로써 시청자복지를 향상하겠다는 정책취지를 담은 것이다.

그런데 이러한 세부 가이드라인에 대해 사업자들은 어떤 반응을 보였나를 살펴보자. 먼저 방송위원회는 사업자들이 단일 컨소시엄을 구성하도록 유도, 조정키 위해 2000년 6월 24일부터 7월 7일까지 6차례에 걸쳐 집중청문을 실시했다. 이 청문은 경영주도 희망업자(한국통신, DSM, 일진), 수신기 제조업체군, 컨텐츠 사업자군, 지상파방송사업자군, 시민단체 등의 그룹으로 나뉘어져 시행됐다. 특히 한국통신, DSM, 일진 등 3개 사업자는 개별청문과 공동청문을 통해 방송위가 제시한 단일 그랜드 컨소시엄과 사업자들이 제시한 단일 컨소시엄안을 상호비교, 또는 사업자안의 교차비교를 점검하는 토론장이 마련되었다.

<표 3-10-7>이 보여주듯 한국통신은 1대주주의 책임 경영론을 편 반면 데이콤이 주도하는 DSM은 5대 공동대주주(DSM, SKT, KT, MPP, 뉴스

코퍼레이션)에 의한 소유구조를 주장했다. 후발 주자로 뛰어든 일진은 또 다른 각도에서 1대주주의 책임경영론을 폈다. 부연하면 한국통신은 1대주주가 20% 지분을 갖고 2대주주로 KBS를 포함한 지상파방송에 15%를 할당하며 해외 사업자 3~4개에 15%를 분산 할당하며, 그밖에 PP군에 20~25%를 하겠다는 안을 제시한 반면 DSM은 자신을 포함한 5대 공동대주주가 각각 8%씩 합계 40% 지분을 갖는 공동소유제를 중심체로 하며, 그밖에 지상파방송 5%, 기타 PP군에 30% 등을 할당하겠다는 것이다.

한편 뒤늦게 뛰어든 중견기업 일진은 1대주주 20%, 기타 중견기업 20%, 기간통신사업자 20%를 할당해 '책임경영'의 지분을 확보하며 그밖에 지상파방송 5%, 해외사업자 5%, PP군 5% 등으로 짠 안을 제시했다.

청문과정에서 날카로운 의견대립을 보인 사업자는 한국통신과 DSM이었다. 한국통신은 1대주주 20% 지분을 고집한 반면 DSM은 8%씩 갖는 5대주주 공동소유제를 주장해 서로 한 치의 양보도 하지 않았다. 결과적으로 한국통신의 단일 컨소시엄안은 다른 사업자의 참여를 배제하고 있기 때문에 방송위가 추진하는 사업자들의 최적화 모델과 상충하는 것으로 드러났다. 또한 한국통신안이 제시한 KBS를 포함한 네트워크 지상파방송에 15% 지분을 할당한다는 부분도 방송위가 추진하는 사업자 최적 모델과 어긋나는 것이었다. 방송위는 일관해 지상파방송이 차지하는 시장 독과점 지위가 위성방송에 전이되는 것을 막는 구도를 펴고 있었기 때문이다.

뿐만 아니라 DSM도 한국통신 1대주주 지분 20%가 '가져올 제도화되지 않는 영향력'을 무시할 수 없기에 받아들일 수 없다는 입장을 밝힌(강유식, 방송위원회, 2000가: 301) 반면 한국통신은 DSM이 제시한 5대 '공동대주주'안에 대해서 재벌의 경영지배 의도가 배후에 깔려 있을 뿐 아니라 다자 대주주 체제가 '경영의 난맥'을 가져온다고 주장했다(최안용, 위의 책, 322). 따라서 한국통신의 입장에서는 다자 공동주주안과 1대주주안은 접점이 없었다고 단언한다(위의 책, 332).

제3의 사업희망자인 일진은 한국통신의 1대주주안이 한국통신 자체가 민영화된다는 점을 들어서, DSM의 다자 공동주주안은 LG와 SKT 등 거대재벌이 경영지배를 노리고 있다는 점을 들어 반대입장을 분명히 했다

(황기연, 위의 책, 142).

이들 세 경영주도 희망사업자가 서로 상충하는 입장을 방송위가 유도 조정하기란 어려웠으며 그 노력은 결국 무산되고 말았다. 방송위 사무국 실무자들이 청문을 통해 논리적으로 유도 조정하는 노력이 거의 벽에 부딪힐 즈음 저자는 마지막으로 정책당국과의 조율을 통해 단일 컨소시엄의 돌파구를 찾고자 했다.

사업자들을 상대로 청문을 마친 다음날 7월 8일 저자는 박지원 문화관광부 장관과 조찬회동을 하면서 사업자 단일화를 위한 의견 절충을 벌였다. 그 자리에서 합의된 단일 컨소시엄안은 사업자들의 개별지분에 관한 것이 핵심으로 한국통신 13%, DSM 10%, KBS 7%(자회사 지분 2% 추가), 일진 9%로 한다는 큰 틀이었으며[3] 나머지 지상파방송사, PP군, 외국자본에 대해서는 사업자들간의 협상 몫으로 남겨두자는 것이었다.

그러나 사업자 단일화를 위한 이 마지막 노력도 KBS를 포함한 사업자들의 지분 싸움을 해소하지 못해 결국 방송위원회는 8월 30일 사업자 단일화 노력을 포기하고 RFP방식에 의해 사업자를 선정하겠다고 공표하고 말았다.

뒤돌아 생각하면 방송위가 벌였던 사업자 단일화를 위한 유도조정이란 처음부터 불가능한 일이었는지도 모른다. 사업자들의 배경이 기본적으로 다르고 서로 이해관계가 첨예하게 대립하는 상충관계에서 최적의 단일화 모델이 적용되기란 어려운 일이었다. 더구나 신생 방송위의 제도적인 권위가 아직 축적되지 않은 단계에서 허가추천권이라는 카드는 큰 힘을 발

---

3) 이날치 나의 메모에 의하면 박지원 장관과의 이 회동에서 합의가 어려웠던 부분은 KBS 지분이었다. 박 장관은 10%를 제안했고 저자는 5%를 주장했다. 절충 끝에 PP로 등록한 KBS 자회사에 2%를 포함해 KBS에 9%로 하자고 합의하고 이를 적극 추진하기로 했다. 그밖에 또 다른 대안으로 KBS가 한국통신이 주도하는 컨소시엄에 참여치 않고 NHK의 경우처럼 독자적인 위성방송사업을 방송위가 허용하는 방안이었다. 저자가 이 방안을 제안한 것은 공영방송인 KBS가 상업성이 강한 위성방송에 참여하는 것이 바람직하지 않을 뿐만 아니라 지상파방송의 독과점적인 지위가 위성방송에 전이되는 효과를 피할 수 없었기 때문이었다. 그러나 한국통신과 KBS는 결국 이 두 안 모두 받아들이지 않았다.

휘하지 못했다.

그러나 나는 무산된 방송위의 단일화 노력에 대해 다음과 같은 평가를 내려야 한다고 생각한다. 그것은 무엇보다도 방송위가 주도한 사업자 단일화를 위한 긴 의견수렴, 토론, 그리고 청문은 허가절차의 투명성을 담보하는 중요성을 넘어 그 자체가 가치있는 사회적 담론이었으며 그것은 방송위가 수행하는 사업자 선정절차와 관련해 거역할 수 없는 사회적 정당성을 축적한 효과를 가져다준 것이었다.

이는 과거 정권이 수행한 방송통신 분야의 허가권이 으레 무성한 뒷말을 남겼다는 점을 생각할 때 놓칠 수 없는 교훈이다. 예컨대 노태우 정권 시절의 이동통신의 허가를 둘러싼 비리 의혹이 불거져 당시 정보통신부 장관이 해외에 도피중에 있는 형편이며 김영삼 정권 시절에도 케이블 방송사업자의 선정이라든가 지역민방 선정을 둘러싼 잡음이 끊이지 않았다〔방개위, 1999: 59, 방송위원회, 2000다(전문가토론회 황근 발제): 411〕.

반면에 방송위가 주도한 사업자 청문회는 그 자체가 작은 '미인 선발 컨테스트'로서 후보 사업자에 관한 풍요하고 생생한 정보를 가져다주는 효과를 거두었다. 다시 말하면 이를 통해 사업자들의 장단점이 여지없이 노출되었는가 하면 위성방송사업의 동기, 사업자들간의 교차 시각, 사업자들의 현재 및 잠재능력, 그리고 시장예측능력 등이 자연스럽게 밝혀지는 계기가 되었다.

결론적으로 한 연구자가 지적한 바와 같이, '우리나라 다채널 TV 매체 도입 과정에서 애로를 겪게 된 것은, 정책의 실패가 아니라 정책과정의 실패에서 그 이유를 찾을 때 보다 정확한 문제진단이 이루어질 수 있다'(윤석민, 1999: 433)는 관점에서 볼 때 방송위원회가 단일 컨소시엄을 위해 마련한 사회적 담론 과정은 선정절차의 투명성과 전문성을 높이는 효과를 가져왔을 뿐만 아니라 정책 결정과정의 정당성을 확보해주는 효과를 가져왔다고 보인다.

3. 비교심사를 통한 위성방송사업자 선정

방송위원회가 힘써온 사업자 단일화를 위한 노력이 무산되자 8월 30일 위원장은 '향후 사업자간 비교심사를 통해 최적의 위성방송사업자를 선정하는 데 주력할 계획임'(방송위원회, 2000다: 101)을 공표했다. 다시 말하면 복수 경쟁사업자를 대상으로 비교심사를 통해 하나의 독점 위성방송사업자를 뽑겠다는 것이다. 이를 위해 방송위는 엄격하고, 공정하며 전문적인 심사 기준을 마련할 필요가 있었다.

방송위원회가 10월 중순까지 사업자를 포함한 각계 각층의 의견을 청취한 끝에 '위성방송사업자 선정방안'을 의결한 것은 10월 16일이었다. 이틀 뒤 '위성방송사업자 허가추천 신청 공고'가 나가고 11월 18일 접수를 마감한 결과 양대 기간통신사업자가 주도하는 한국디지털위성방송(KDB)과 한국위성방송(KSB)이 비교심사의 대상이 되었다.

그 한 달 뒤인 12월 19일 방송위는 KDB를 위성방송사업자로 선정했다. 이 비교심사를 통한 사업자 선정과정은 단순히 한 위성방송사업자 선정의 의미를 넘어 방송위가 위성방송정책을 구현하는 정책집행으로서의 의미를 갖는다. 여기서는 방송위가 의결한 비교심사를 통한 선정방안의 내용과 그 정책목표를 논하고 이어 심사를 통한 선정행위를 들여다보고자 한다.

1) 위성방송사업자 선정방안

방송위원회가 의결한 위성방송사업자 선정방안은 누구를 어떤 심사기준을 적용해 선정할 것인가를 정한 구체적 방안이다. 그 핵심은 심사기준인데 그것은 6개의 대항목, 23개의 '심사 항목', 56개 '세부 심사사항'으로 짜여졌다. 이러한 심사기준은 법이 정한 테두리 안에서 위성방송정책의 목표달성을 우선적으로 고려해 마련된 것이다.

이 단계에서 정책목표는 ① 시청자의 채널 선택권 확대와 양질의 서비스 제공 ② 국내 영상산업 기반 조기구축과 국제경쟁력 확보 ③ 매체간 공정경쟁 및 시장점유율 제한으로 설정했다(방송위원회, 2000다: 123).

이러한 정책목표를 달성하기 위한 심사기준은 방송법이 정한 틀에 맞춰야 하는데 그것이 6개 대항목이다. 그것은 ① 방송의 공적 책임 실현 가능성 및 사회적 문화적 필요성(200점) ② 채널 구성·운용의 적정성(150점) ③ 재정적 능력(150점) ④ 경영계획(250점) ⑤ 방송시설 설치계획의 적정성(150점) ⑥ 방송영상산업 육성 및 방송발전 지원 계획의 우수성(100점)으로 나누었다.

문제는 이 대항목의 상대적 비중을 설정하는 일이다. 방송위원회는 공적 책임과 경영계획을 상대적으로 중시해 1,000점 만점 중 각각 200점 및 250점을 할당했다. 이는 방송위가 위성방송정책을 통해 달성하려는 목표의 상대적 비중을 어디에 두고 있는지 상징적 지표를 보여준다. 부연하면 방송위는 위성방송의 시장성 또는 산업성에 무게중심을 두면서 공익성을 중시한 것이다. 따라서 경영계획 250점, 채널 구성·운용계획 150점, 재정적 능력 150점, 총 550점을 배당해 산업/시장경쟁력에 상대적으로 높은 비중을 둔 것이다.

이는 공적 책임 200점, 방송영상산업 육성 및 방송발전계획 등 공익성 항목이 100점, 총 300점을 배당한 것과 비교된다. 결과적으로 방송위는 산업/시장경쟁력에 550점, 공익/공영성에 350점, 방송 시설 및 기술 부분에 150점을 배당해 전체적 균형을 유지코자 했다. 더욱 어렵고 중요한 문제는 이 6개 대항목을 구현키 위해 심사항목과 세부 심사사항을 정하는 일이다. 이 심사항목과 세부 심사사항을 어떻게 설정하느냐에 따라 심사의 최종적 정당성뿐만 아니라 변별력 있는 평가를 유효하게 수행할 수 있는 여부가 결정된다. 방송위가 마련한 심사항목과 세부 심사사항은 <표 3-8-9>가 보여주듯 23개와 56개로 세분되는데 여기서는 세부 심사사항 가운데 논란의 대상이 된 사항 하나를 예시적으로 논해보기로 하자.

그것은 대항목 '공적 책임 실현 가능성 및 사회적 문화적 필요성' 아래 심사항목 '참여주주의 적정성'(40점)을 구현하는 세부 심사사항 가운데 ① 매체독점 방지와 ② 소유집중 방지를 위해 설정한 세부기준이다. 이 기준을 매체독점 방지를 위해 지상파방송사업자·외국방송사업자·SO에 대해서

<표 3-10-8> 심사기준 및 배점·평가지침

1. 방송의 공적 책임 실현 가능성 및 사회적·문화적 필요성					200점
1-1 방송의 공적 책임 실현 가능성 및 공익채널 운용의 우수성(40)	1-2 사회적·문화적 필요성과 타당성(20)	1-3 방송매체간 공정경쟁확보(20)	1-4 참여주주의 적정성(40)	1-5 수신자보호 계획의 적정성(50)	1-6 주요 주주의 적정성(30)
2. 채널 구성 운영계획의 적정성					150점
2-1 채널 구성의 적정성(60)	2-2 채널(PP) 확보 계획의 적합성 및 효율성(60)	2-3 자체채널 및 외국방송 재송신채널 운용계획의 적정성(30)			
3. 방송영상산업 육성 및 방송발전 지원경영의 우수성					100점
3-1 방송발전 기여의지(10)	3-2 방송발전기금 출연 및 방송수익의 사회환원 계획(60)	3-3 방송영상산업 육성 및 지원계획의 우수성(30)			
4. 경영계획					250점
4-1 자금조달 및 운영계획(50)	4-2 경영의 투명성 확보 방안(50)	4-3 경영진 및 주주 구성의 적정성(50)	4-4 마케팅 계획(70)	4-5 인력 및 조직 운영계획의 적정성(30)	
5. 방송시설 설치계획의 적정성					150점
5-1 지구국시설 설치계획의 적정성(40)	5-2 방송제작 및 송출시설 설치계획의 적정성(50)	5-3 시설운용계획 및 능력(40)	5-4 국내기술 개발에의 기여도(20)		
6. 방송영상산업 육성 및 방송발전 지원계획의 우수성					100점
6-1 방송발전 기여의지(10)	6-2 방송발전기금 출연 및 방송수익의 사회환원 계획(60)	6-3 방송영상산업육성 및 지원계획의 우수성(30)			

출처: 방송위원회, 2000다: 247-252

각각의 지분 총합의 기준 비율을 20%로 설정하고 이를 초과할 때 0점 처리하며 소유집중 방지를 위해 대기업·외국자본·지상파방송·신문 통신사에 대해서 1개 사업자의 기준 비율을 15%로 설정하고 이를 초과할 때

<표 3-10-9> 위성방송 허가 심사위원

성명	현직	분야	추천기관
강대인	방송위원회 부위원장	심사위원장 *	방송위원회 위원장
김학천	건국대 신문방송학과 교수	방송	한국언론학회
편일평	전 청주문화방송 사장	방송	4인 인선소위원회
이혁재	한국정보통신대학원 공학부 교수	기술	한국방송공학회
임순혜	KNCC 언론위원회 위원	시민단체	4인 인선소위원회
박창길	성공회대 경영학과 교수	경영·회계	한국경영학회
김영훈	우리회계법인 공인회계사	경영·회계	한국공인회계사회
김주언	언론개혁시민연대 사무총장	시민단체	4인 인선소위원회
최경찬	안건회계법인 공인회계사	경영·회계	한국공인회계사회
차재영	충남대 신문방송학과 교수	방송	한국방송학회
조현숙	한국전자통신연구원 정보보호기술연구본부장	기술	한국전자통신연구원
오욱환	변호사, 대한변협 공보이사	법률	대한변호사협회
김신동	한림대 언론정보학부 교수	방송	한국방송학회
손승혜	세종대 신문방송학과 교수	방송	한국언론학회

* 심사위원장은 심사 평가에 참여하지 않음.

똑같이 0점 처리하겠다는 방침이다. 그런데 이 기준은 사업자는 물론 이해당사자의 민감한 반응을 불러일으켰다.

이 두 사항의 참여지분 제한을 두고 형평성 문제의 논란이 일었는데 그것은 전국언론노동조합연맹(언노련)이 '지상파·외국자본·SO'는 각각의 지분총합을 20%로 제한한 반면 대기업에 대해서는 지분총합 제한을 두지 않는 것은 '대기업에 특혜를 준 것'이라는 성명을 발표한 것이 계기가 되었다. 일부 언론도 문제를 제기한 데(≪중앙일보≫, 2000년 10월 19일자) 뒤이어 앞서 언급한 바와 같이 국회 문화관광위원회에서도 논란을 빚었다.

그러나 이는 방송위원회가 마련한 심사기준의 의미와 정책목표를 잘못 읽은 데서 온 일과성 혼란이었다. 매체독점을 방지하겠다는 것은 주로 네트워크 지상파방송사업자 전체의 독과점적 지위가 위성방송에 전이되는 것을 막겠다는 취지이기 때문에 총합지분이 제한대상이 되어야 하는 반면 소유집중 방지는 주로 대기업, 외국자본, 언론사를 대상으로 소유집중이나 과도한 교차소유를 막겠다는 취지이기 때문에 개별기업에 지분제한을 둘 수밖에 없는 것이다. 다시 말하면 매체독점 방지와 소유집중 방지는 '참여주주의 적정성'이라는 같은 심사항목 아래 둔 세부 심사사항이지만 지분제한의 정책목표가 서로 다르기 때문에 각각의 정책목표를 달성하기 위해 다른 기준, 곧 총합지분 제한과 1개 사업자지분 제한을 기준으로 설정한 것이다.

이어서 소유집중 방지를 위해 방송위는 대기업의 경우 1개 사업자 기준비율을 15%로 정한 것과 관련해 6월 19일 사업자간 단일 그랜드 컨소시엄 추진을 위한 세부 가이드라인에서 동일인 지분을 '20% 내외'로 제한한 것은 무슨 의미를 갖는가? 얼른 보아 같은 소유집중방지 취지에서 볼 때 다른 수치로 제한한 것은 일관성이 없는 것처럼 보인다. 실제 이 문제가 2000년 11월 국회 문화관광위원회의 국정감사 때 제기되었다.[4] 이 문제에 대한 대답은 독점 위성방송사업자의 단일 컨소시엄의 성격에서 찾아야 한다. 부연하면 같은 단일 컨소시엄이라도 사업자간 단일 컨소시엄이라면 이질적 사업자간의 수평적 결속력이 낮다고 상정할 수 있고 이를 전제로 1개 대기업 소유지분을 '20% 내외'로 분산시킬 필요가 있었지만 비교심사로 선정된 단일 컨소시엄은 구성 사업자들의 수직적 또는 수평적 결속력이 높다고 상정할 때 이를 전제로 소유지분을 더욱 엄격히 제한해 15%로 낮출 필요가 있었다고 방송위가 정책적 결정을 내린 것이다.

2) 심사와 선정

방송위원회가 11월 18일 위성방송사업자 허가신청을 마감한 결과 한국디지털위성방송(KDB)과 한국위성방송(KSB) 2개 컨소시엄 사업자가 신청했다. 이들 사업자가 제출한 사업 계획서에 의하면 KDB는 1대주주 한국통신 15% 외에, 주요 주주로 KBS 10%, MBC 6% 등 8개 업체, 총 159 업체가 KDB 주주를 구성하고 있는 반면, KSB는 공동 대주주로 온미디어,

4) 국회 국정감사 문화관광위원회 회의록(2000년 11월 1일) 0157 및 0158 정범구의원 질의 참조, 피감기관: 방송위원회.

<표 3-10-10> 신청 사업자의 자본금 및 주주 구성

	KDB	KSB
자본금	3,000억 원	3,000억 원
대주주	한국통신 15%	데이콤, 온미디어, SK텔레콤, 스타 TV 각 11.11%
주요 주주	KBS 10%, MBC 6%, 일진 6%, 에코스타 5%, SBS 3.2%, 아시아나 2%, 한국통신프리텔 3%, 월드와이드넷 2%	대림산업, 롯데쇼핑, 효성 각 3.33%
총 주주 수	159업체	204업체

출처: 방송위원회, 2000다: 355, 378

SK 텔레콤, 스타TV가 각각 11.11%, 주요 주주로 대림산업 등 3개 업체 각각 3.33%, 총 204업체가 주주로 참가하고 있었다.

이제 이 2개 신청자를 대상으로 비교심사를 통해 하나의 독립 위성방송사업자를 선정할 차례가 되었다. 심사는 2단계로 실시되었는데 1단계로 청문단에 의한 청문과 실사, 2단계로 심사위원회에 의한 평가심사였다. 심사위원회는 방송위 강대인 부위원장이 위원장을 맡되 평가에는 참여치 않도록 하고 12월 12일 각계각층을 대표하는 13명의 위원을 위촉해 심사에 들어갔다.[5] 이 심사는 12월 12일에서 16일까지 진행되었다. 심사결과 1,000점 만점에 754.60점을 얻은 KDB가 선정되었다. KSB가 얻은 727.14점에 비해 불과 27.46점 차이였다.

나는 12월 19일 심사위원회 평점을 근거로 한 위성방송사업자 선정 결과를 발표하면서 심사위가 건의한 대로 탈락 사업자의 인적·물적·기술적

5) 13명의 심사위원 선정은 <표 3-9-10>에서 보는 바와 같이 학술단체, 공공단체, 시민단체가 추천하는 인사로 하되 여의치 않을 경우 방송위원장이 주재하는 4인 소위원회가 선정키로 했다. 나는 위원섭외를 맡아 12월 11일 오전까지 모든 위원 후보의 동의를 받았다. 그러나 한 시민단체가 추천한 인사가 12월 11일 저녁 위촉동의를 철회하는 바람에 난처한 지경에 빠졌다. 13명 대신 12명의 심사위원으로 심사를 수행할 것인가? 그 경우 특히 시민단체 추천위원 1명이 빠졌을 때 방송위 심사의 신뢰도에 금이 가지는 않을까? 나는 심야에 시민단체 대표성을 가진 이경숙 방송위원과 협의 끝에 마지막 순간에 L씨를 위원 위촉동의를 얻어 다음날 아침 심사위원장을 포함한 14명 전원을 심사위원으로 위촉할 수 있었다.

<표 3-10-11> 위성방송 심사위원회 평점

심사기준 및 세부 심사사항	배점	평점	
		(가칭)한국디지탈 위성방송 (KDB)	(가칭)한국위성방송 (KSB)
1. 방송의 공적 책임 실현가능성 및 사회적·문화적 필요성	200	157.72	152.71
2. 채널 구성 ·운용계획의 적정성	150	105.33	101.33
3. 재정적 능력	150	110.50	102.43
4. 경영계획	250	186.85	185.58
5. 방송시설 설치 계획의 적정성	150	109.88	105.00
6. 방송 영상산업 육성 및 방송발전지원 계획의 우수성	100	84.32	80.09
계	1,000	754.60	727.14

출처: 방송위원회, 2000다: 303

지원을 위성방송사업에 최대한 활용하도록 방송위원회가 선정 사업자에게 권고할 것이라고 덧붙였다. 이렇게 방송위는 최초의 대형방송허가 사업인 위성방송사업자 선정을 대과 없이 마무리지었다.

마지막으로 방송위가 위성방송사업자를 선정함으로써 위성방송정책은 목표의 기본방향대로 가고 있는 것인가? 다시 말하면 방송위가 위성방송사업자 선정의 전 과정에서 시종일관 최우선적으로 고려했던 목표가 위성방송사업의 시장실패 방지와 조기정착이라고 볼 때 선정된 사업자인 KDB는 이 목표대로 위성방송사업을 수행하고 있는가?

KDB는 몇 차례의 연기 끝에 2002년 3월 86채널을 운영하는 방송 서비스를 개시했다. '스카이라이프'(skylife)라는 브랜드 네임으로 출범한 KDB는 가입자 확보 전망에서 2001년 9만 2,000가구, 2002년 50만 6,000가구, 2003년 113만 7,000가구, 2004년 198만 가구, 2005년에 275만 8,000가구를 확보할 수 있다고 전망한다. 이 가입자 확보 전망치는 탈락한 경쟁사업자인 KSB의 그것보다 높은 것으로[6] 지나친 낙관이 아니냐

6) KSB는 1998년 이후 3차례의 시장조사 결과를 근거로 가입자 확보 2001년 5만 7,000가구, 2002년 36만 9,000가구, 2003년 67만 7,000가구, 2004년 108만 1,000가구, 2005년 154만 7,000가구를 제시했다.(방송위원회, 2000다: 386)

는 의문이 제기된다. 전문가들은 우리나라 유료 매체시장은 전체 시청 가구의 74.5%로 이미 포화상태에 있다고 보이므로 위성방송 초기의 잠재적인 대상 가입자들은 기존 케이블 방송 가입자들이라고 보고 있다(방송위원회, 2001: 42). 다시 말하면 유료방송의 신규시장 확대가 용이하지 않을 방송시장에서 위성방송의 가입자 확보는 쉽지 않을 전망이다. 결국 위성방송채널이 제공하는 프로그램 질과 채널들을 적절한 패키지로 구성해 시청자들의 다양한 선호를 충족시켜주는 마케팅 전략이 보다 중요할 것으로 보인다(위의 책, 42).

그러나 마케팅 전략의 성공은 KDB의 안정된 전문경영체제를 전제로 한다. 초창기 KDB를 이끌었던 강현두 사장이 2002년 7월 말 '제2의 도약을 위해 자본조달과 영업이익을 담당할 수 있는 경영 전문가가 필요하다'는 구실로 사퇴한 뒤 과연 정치적 착색으로부터 자유로운 전문경영체제가 들어설 수 있는지 아직 미지수로 남아 있다. 또한 다음 장에서 자세히 살펴보겠지만 KBS 2-TV, MBC 그리고 SBS의 재송신이 차질을 빚게 된 것도 KDB의 가입자 확보에 상당한 타격을 안겨줄 것으로 예상된다. 이렇게 볼 때 방송위가 위성방송정책에서 일관해 목표로 내걸었던 위성방송의 시장실패 방지와 조기정착이 무난히 이루어질 수 있을지 현 단계에서 그 전망은 그다지 밝은 편이 아니다.

4. 요약과 결론

새 방송위원회의 뉴미디어 정책은 시장논리를 중시한 규제완화 내지 탈규제를 지향하고 있음을 특징으로 한다. 이는 지상파방송에 대한 정책이 공익을 중시한 규제중심이라는 것과는 대조를 보이는 정책방향이다. 먼저 새 방송위원회의 위성방송정책은 방개위가 대통령에 제안한 기본방침에 근거한다. 그것은 통합방송법 제정 뒤 즉시 위성방송을 도입하고 위성방송사업자는 '단일 그랜드 컨소시엄'으로 한다는 것이다. 이는 우리나라 시장여건을 감안해 사업자들간의 과당경쟁에서 오는 폐해를 줄이고 사업자들의 비교우위의 역량을 결집하기 위한 취지이다.

먼저 위성방송허가의 기본방향부터 살펴보자. 새 방송위원회는 2000년 3월 13일 공식 출범한 뒤 얼마 지나지 않은 4월 20일부터 위성방송사업자 선정업무에 착수했다. 이어 방송위는 5월 8일 위성방송허가의 기본방향을 의결한바 그것은 ① 위성방송의 시장실패 방지와 조기정착에 중점을 두어 ② 무궁화위성 이용 단일 그랜드 컨소시엄을 허가 추천한다는 것이었다. 이로써 방송위가 달성하고자 한 정책목표는 국내 방송영상산업 조기구축과 국제경쟁력 확보, 시청자의 채널 선택권 확대와 양질의 서비스 제공, 매체간의 공정경쟁 촉진과 균형발전 도모이다.

방송위원회는 위성방송허가의 기본방향과 정책목표 아래 투명한 절차에 따라 사업자, 전문가, 시민단체 등이 참여하는 긴 의견수렴 과정을 통해 2000년 12월 위성방송사업자를 선정했다. 이러한 선정과정은 위성사업자선정의 민주성, 투명성, 공정성 그리고 전문성을 담보하는 절차라는 점에서 과거 정부가 주도한 대형 허가사업에 으레 뒤따르게 마련인 '공모'설을 차단하기 위한 것이었다. 더욱이 위성방송사업자 선정과정 그 자체가 방송위가 위성방송정책을 시행하는 방향으로 추진되었다는 점에서 중요하다.

처음 방송위원회가 위성방송사업자 선정과정에서 역점을 둔 것은 사업자들간의 단일 그랜드 컨소시엄 구성이었다. 이를 위해 3단계 전략을 쓰기로 했다. 부연하면 방송위원회는 단일 컨소시엄 구성을 위해 2000년 5월 말까지 사업자들간의 자율조정에 맡기며 그 이후 6월 말까지 방송위원회가 나서 유도조정 노력을 하며 마지막으로 이 노력이 실패할 경우 RFP 방식에 의해 단일사업자를 선정키로 했다.

방송위원회가 단일 컨소시엄 구성에 집착한 이유는 위성방송허가의 기본방향에서 찾을 수 있다. 부연하면 방송위는 위성방송사업이 시장실패에 이르지 않고 조기정착에 성공하기 위해서는 모든 사업자들이 자발적으로 구성하는 단일 컨소시엄 방식이 비교심사를 통한 단일사업자 선정방식보다 훨씬 낳은 방안이라고 보았기 때문이다. 왜냐하면 전자는 모든 사업자들의 비교우위의 역량을 결집시키지만 후자는 각 사업자들의 역량을 분산시키기 때문이다.

방송위는 사업자들간의 단일 그랜드 컨소시엄 구성을 위해 끈질긴 노력을 벌였으나 실패하고 말았다. 주요 경쟁자인 한국통신과 DSM이 주주구성을 둘러싼 지분싸움을 극복하지 못했기 때문이었다. 방송위는 결국 2000년 8월 30일 사업자들간의 단일 컨소시엄 구성노력을 포기하고 RFP 방식에 의한 단일사업자 선정방침을 공표했다.

그 이후 방송위는 다른 사업자들간의 단일 컨소시엄 구성이 아닌 신청사업자 가운데 단일사업자를 선정하는 절차를 밟아나갔다. 방송위원회가 이 마지막 단계, 곧 RFP 방식의 비교심사에 의한 단일사업자 선정단계에서 추진한 정책목표는 무엇인가? 그것은 될수록 단일독점 위성방송사업자의 시장독점이 가져올 수 있는 폐해를 방지하고 아울러 위성방송의 조기정착을 기하는 것으로 요약할 수 있다.

매체독점 방지를 위해 설정한 세부기준으로 지상파방송사업자·외국방송사업자·SO에 대해서 각각 지분총합 기준비율을 20%로 정하고 소유집중 방지를 위해 대기업·외국자본·언론사에 대해서 1개 사업자 기준비율을 15%로 정한 것이다. 이를 두고 특히 대기업에 대한 1개 사업자 기준을 15%로 하면서 지상파방송사업자의 총합 비율을 20%로 한 것은 대기업에 대한 '특혜'가 아니냐는 일과성 논란이 일기도 했다.

다음으로 방송위는 위성방송의 조기정착을 위한 정책목표를 중시해 사업자의 공익성보다는 경영계획에 무게중심을 두었다. 다시 말하면 방송위는 전체 1,000점 만점 중 산업/시장 경쟁력에 550점, 공익/공영성에 350점, 방송시설 및 기술부분에 150점을 배당함으로써 시장 경쟁력의 우수성에 상대적으로 높은 비중을 두었다.

방송위원회가 11월 18일 위성방송사업자 허가신청을 마감한 결과 한국통신이 주도한 한국디지털방송(KDB)과 LG 계열 데이콤이 주도한 한국위성방송(KSB)이 경쟁사업자로 압축되었다. 이 2개 신청자를 대상으로 비교심사를 한 결과 KDB가 근소한 점수차로 선정되었다.

결론적으로 신생 방송위원회는 최초로 만난 대형 허가사업인 위성방송사업자 선정을 이렇게 대과 없이 마무리지을 수 있었다. 문제는 선정된 위성방송사업자인 KDB가 방송위가 정한 목표의 방향으로 가고 있는가 하는 것이다. 다시 말하면 KDB는 혹독한 시장실패를 겪은 케이블 방송의 전철을 밟지 않고 조기정착을 할 수 있으며 이는 시청자의 채널 선택권을 넓혀 시청자 복지에 공헌할 것인가 하는 것이다..

결국 이는 KDB가 제공하는 다양한 양질의 채널과 패키지를 어떻게 구성하여 가입자를 안정적으로 확보하느냐에 달려 있다. 그러나 KDB가 마케팅 전략에서 성공하기 위해서는 안정된 전문경영체제를 전제로 하지 않으면 안된다. 이 점에서 KDB가 방송위에 약속한 대로 소유와 경영의 분리를 철저하게 지켜 전문경영제를 확립하지 못한 것은 위성방송의 장래를 불투명하게 만들고 있다.

11

케이블 방송정책

케이블 방송에 대해서 통합방송법은 규제완화 또는 탈규제 경향의 정책적 방향을 이미 정해놓고 있었다. 방개위는 1999년 개정된 종합유선방송법과 그 시행령이 정한 규제완화조치를 계승하도록 큰 틀을 짠 것이다. 부연하면 케이블 방송사업자간의 복수소유(multiple ownership), 교차소유 및 겸영을 일정한 범위 안에서 허용하고 유선방송시장의 정상화를 목적으로 종합유선방송(SO)와 중계유선방송(RO) 간의 전환 승인을 건의하는 한편 채널 사용 사업자(PP)의 등록제 도입을 제안했던 것이다.

새 방송위원회는 구 종합유선방송법 아래서 종합유선방송위원회가 관할하던 SO와 유선방송관리법 아래 정보통신부가 관할하던 RO를 통합방송법 아래 통일적으로 관할한다. 따라서 새 방송위는 케이블 방송(종합유선방송과 중계유선방송을 함께 지칭)에 대해 종합적으로 정책적 접근을 할 수 있는 법적 토대 위에 서게 되었다.

여기서는 먼저 ① 과거 정부의 케이블 방송정책과 그 결과로 나타난 케이블 방송산업이 겪은 난맥상을 살펴본 뒤 ② 새 방송위가 출범하기 전 케이블 방송에 대한 규제완화정책을 논의하고, 이어 ③ 신 방송위원회가 통합방송법의 틀에서 펼친 케이블 방송정책을 상술하고자 한다. 여기에는 마지막 PP 신규허가, 케이블 방송에 대한 규제완화와 PP 등록제 시행, RO의 SO 전환 승인, 케이블 방송업계의 합종연횡, 종합유선방송의 이용약관 표준화, 홈쇼핑 업자의 추가승인이 포함된다. 마지막으로 ④ 미국 FCC의 케이블 방송정책을 다룸으로써 이 장을 마무리짓고자 한다.

1. 초기 케이블 방송정책

케이블TV의 도입문제는 1987년 노태우 대통령 후보가 선거 공약으로 '민간 종합유선방송의 허용'을 내걸면서 논의가 출발되었지만 1990년부터 케이블TV 도입 준비가 본격적으로 추진되었다. 그 해 4월 강용식 공보처 차관을 위원장으로 한 '종합유선방송 추진위원회'가 설치되어 케이블TV 도입을 위해 제도, 프로그램, 기술, 시범방송 분야별로 추진방향을 설정해 나갔다. 이어 1991년 7월에 목동과 상계동에 8,500여 가구를 대상으로 시험방송을 개시했으며 같은 해 12월에는 종합유선방송법이 제정되고 다음 해 7월 시행령이 채택되었다.

이런 과정에서 정부 부처간의 조율의 어려움으로 진척이 늦어지다가 공보처는 1993년 8월 말 YTN 등 21개 채널 사용 사업자(PP)를 선정한 뒤 이어 1994년 11월에 가서 54개 종합유선방송사업자(1차 SO)를 선정했다. 이어 1997년에는 추가로 23개 종합유선방송국(2차 SO)을 허가했다. 전송망사업자(NO)의 경우 당시 체신부가 주관해 1993년 12월 한국통신, 한전, 데이콤 등 6개 업체를 지정했다. 이로써 PP, SO, NO로 구성되는 케이블 방송의 3개 분야 사업자가 탄생되어 케이블 방송 실시를 위한 준비가 완료되었다.

케이블 방송은 몇 번의 연기 끝에 1995년 3월에 가서야 겨우 시행될 수 있었는데 이는 여건이 미비한 상태에서 공보처가 강행한 결과였다. 전송망 설치와 컨버터의 미비로 가입자가 턱없이 부족한 상태에서 케이블 방송이 무리하게 시행한 결과 '초창기의 가입 붐'을 이루어내지 못했다. 이러한 공보처의 무리한 추진 일정 때문에 PP들은 10만 가구에도 못 미치는 가입자를 대상으로 개국특집 등 몇 년간 준비해 온 값비싼 프로그램을 대량으로 방영하는 바람에 큰 손실을 입지 않을 수 없었다. 그 연말에 가서도 20만 가구에도 못 미치는 미미한 가입의 결과 케이블 방송산업은 미리 투자한 자금을 회수할 길이 없는 '경영난의 주요 원인'이 되고 말았다(한진만 외, 1999: 115).

여기서 한 가지 질문을 던져보자. 노태우 정권에 이어 김영삼 정권까지 여건이 미비함에도 불구하고 케이블 방송을 무리하게 강행한 이유는 무엇일까? 그것은 당시 민주화 바람을 타고온 매체환경의 정치적 변화에 기인한 것으로 보인다. 공보처가 구상해 노태우 대통령 후보가 케이블 방송을 선거공약으로 내건 것도 정치논리에서 출발한 것이지만 그 뒤 1990년대 들어와 방송노조를 중심으로 민주화 바람이 좀더 거세게 방송계를 몰아치자 김영삼 정권의 방송정책 결정자들도 정치논리로 대응한 것이다.

부연하면 1990년 정부는 방송전반에 대해 새로운 정책대안을 마련했는데 그것이 그 해 6월 전격 발표한 방송구조 개편계획이다. 이는 이 책의 제2장에서 살펴본 대로 방송에 대한 정부의 통제권을 상실한 상황에서 이를 회복하고자 하는 정책적 대안이었다.

케이블 방송이 방송구조 개편계획에 포함되지는 않았지만 당시 최병렬 공보처 장관은 방송구조 개편의 필요성을 설명하면서 '방송기술 발달에 따라 위성방송, 종합유선방송 등 많은 수의 방송주파수와 채널이 활용 가능한 상황에서 전파의 개방은 필연적'이라고 역설한 데서 그 의도를 엿볼 수 있다.

초창기 케이블 방송정책을 연구한 정인숙(1995)은 당시 공보처의 케이블 방송 추진 실무자들을 면접한 결과 다음과 같은 증언을 받아냈다.

> "1988년 사회민주화 흐름과 1989~1990년 피크를 이루었던 언론노조 활동, 89년 청문회 이후부터 언론에 대한 정책구성에 대한 자각이 일기 시작했다. 그같은 맥락에서 구조적 변화를 모색, 방송구조 개편논의와 뉴미디어 논의를 시작하게 되었다. 그리고 89년부터 문공부 입장에서 전체 언론구조 개편의 한 줄기로서 케이블 도입을 논의했다. 그 시점에서 체신부도 위성방송추진위원회를 구성했다. 노 대통령 선거공약도 공보처에서 집어넣은 것이다. 정당의 선거공약은 사실 내각이 다 한다.
>
> 케이블을 서두르게 된 정치적 이유는 KBS의 장기 제작거부에 있었다. 통폐합으로 방송 경쟁구도가 없어지면서 시청률이 올라가고 광고수입이 안정되자 돈 많고 시간 많은 방송인들이 정부에 도전했고, 그에 위기를 느낀 정부가 SBS를 탄생시켰고 결국 힘의 분산화를 위해 케이블도 탄생된 것이다."(위의 책, 1995: 101)

이렇게 볼 때 케이블 방송은 대통령후보의 선거공약으로부터 시작해 법제정을 거쳐 정책집행에 이르기까지 정치논리로 점철된 연장선에서 추진되고 시행된 것이다. 케이블 방송은 처음부터 산업의 필요나 시장의 수요에서 나온 것이 아니라 인위적 정책의도에서 출발했다. 그 배경은 처음부터 정치논리였다. 한국정치의 특성이 그렇듯 정치논리는 또 다른 정치논리를 불러 이른바 '소용돌이의 정치'를 이룬다.[1] 정부는 1990년 4월 KBS 노조의 장기 제작거부에 대해 그 정책적 대안의 하나로 케이블 방송을 탄생시켰고 다시 케이블 방송의 구도도 정치적 고려에서 짰다. 1차 SO의 방송구역은 전국을 116개 구역, 가구 수 10만을 기준으로 나누었는데 이는 사업성을 고려한 것이 아니라 국회의원들의 지역구를 고려한 정치적 결정이었다(정인숙, 1995: 151). 따라서 케이블 방송은 처음부터 산업의 요건이나 시장의 논리가 완벽하게 외면당한 채 출발한 것이다.

이런 상황에서 정부로부터 철저하게 따돌림을 당한 것이 자생적인 유치 케이블 방송산업인 중계유선방송이다. 중계유선방송은 70년대 MBC TV 개국을 계기로 난시청 해소를 위해 보급되기 시작한 자생적 케이블 TV 방송으로 공보처가 1994년 정책적으로 종합유선방송을 허가할 즈음 경쟁력 있는 방송산업으로 정착하고 있었다. 부연하면 업계추산으로 800만 이상, 정보통신부 집계로 600만 이상 가입자를 확보하고 있는 중계유선방송은 시청료가 월 3,000~4,000원 선으로 종합유선방송 수신료(기본채널: 월 1만 5,000원, 유료채널: 월 7,800원)에 비해 훨씬 유리한 경쟁력을 갖고 있다(한진만 외, 1999: 107).

케이블 방송은 미국의 경우에도 그렇듯 처음 지상파 방송의 난시청을 해소를 목적으로 등장한 중계유선방송이 하나둘씩 채널을 늘려 다채널 방송으로 성장한 것이다(Crandall et al., 1996: 1-2). 다시 말해 중계유선방송이

---

1) 그레고리 핸더슨(Gregory Henderson)은 한국정치를 '소용돌이 정치(the politics of the vortex)라고 특징지었다. 핸더슨은 한국사회를 원자화된 정치개체가 모인 대중사회로 보면서 이 원자화된 정치개체가 중간 매개집단이 부재한 가운데 상승기류를 타고 소용돌이의 중심으로 몰리는 정치가 한국정치의 특성이라고 본다.(Henderson, 1968, 박행웅·이종삼 옮김, 『소용돌이의 한국정치』, 2000: 20)

<표 3-11-1> 종합유선 및 중계유선방송사업자의 제도적 현황

구 분	종합유선방송(SO)	중계유선방송(RO)
규 제 법	종합유선방송법	유선방송관리법
사 업 자	종합유선방송국(SO) 프로그램공급업자(PP) 전송망사업자(NO)	중계유선방송사업자 음악유선방송사업자
사업구역	지역프랜차이즈(전국 77개 지역) MSO 불허	시, 군, 구 또는 읍, 면, 동(전국 860개 지역) MSO 허용
사업범위	PP 채널(29개) 지역채널 KBS, EBS 등 지상파 재전송 전송망 포설 불허	PP 프로그램전송 불허 전파법에 의거 허가받은 방송국의 중계 송신 및 녹음·녹화 송신 공지사항 전송망 포설 허용
수 신 료 (설 치 비)	기본채널: 월 15,000원 유료채널: 월 7,800원 (설치비: 40,000~60,000원)	월 3,000원~5,000원 (설치비: 30,000원)
허가관리	SO, PP: 문화관광부 허가 NO: 정통부 지정	정보통신부(체신청 위임)
사용주파수	750MHz	216MHz

출처: 방개위, 1999: 111에 의거 재작성.

곧 케이블 방송이다. 그런데도 이를 구별하는 것은 마치 '어린아이는 사람이 아니라고 하는 것과 같다'고 연구자들은 지적한다(한진만 외, 앞의 책, 107). 그러나 공보처는 이른바 3분할 구도를 케이블 방송정책의 근간으로 삼으면서 중계유선방송은 정책의 사각지대로 전락하고 만 것이다.

<표 3-11-2> 종합유선 및 중계유선방송사업자 및 가입자

구분	종합유선방송	중계유선방송
사업자수	전국 77개 SO (2차 SO 24곳 중 6개 개국)	전국 860개 사업자
가입가구(대)	828,237가구	7,005,000가구
월 수신료 매출예상	대략 123억 원 (유료가구×15,000원)	대략 245억 원 (유료가구×3,500원)

출처: 케이블TV 가입자 현황, 1998년 8월 9일, 케이블TV 방송협회 자료. 중계유선방송 실태분석 1997년 12월 정보통신부 조사자료.

<표 3-11-3> 종합유선방송사와 중계유선방송사의 손익

(단위: 백만원)

	1994	1995	1996	1997 *
종합유선		-49,941	-59,816	-47,600
중계유선	9,980	15,375	48,067	12,129

출처: 한진만 외, 1999: 90, 「중계유선방송 실태 분석」, 1997년 12월 정통부 조사자료
*1997년 8월말 집계임.

이런 상황에서 종합유선방송은 시장실패의 방향으로 치달아간 반면 정책규제의 사각지대에 있던 중계유선방송은 착실한 경영실적을 올리고 있는 기현상이 벌어졌다. 이는 정부의 케이블 방송규제의 비효율 속에서 오히려 그것을 역이용해 '규제받지 않은 불법의 효용'을 맘껏 발휘한 결과로 보인다(위의 책, 108). 이는 <표 3-10-2>가 보여주듯 종합유선방송은 3분할 구도의 엄격한 규제 아래 있었지만 중계유선방송은 PP 채널 프로그램을 전송하지 못하는 것을 제외하면 정부규제로부터 훨씬 자유로웠다. 부연하면 중계유선방송의 경우 전송망 포설은 물론 MSO의 허용으로 광역화로 가는 길이 열려 있었지만 정책적 과보호 아래 있던 종합유선방송은 그렇지가 못했다.

많은 전문가들은 IMF 구제금융 시대가 접어들기 전 정부가 추진한 케이블 방송산업의 실패를 예고한 바 있다(조은기, 1997, 강형철, 1997, 전환성, 1997). IMF사태가 발생한 1997년 SO는 영업 3년 차에 들어서 총 598억여 원 적자를 내 방송국당 평균 11억 원의 적자를 기록했다. 3년간의 사업결과 누적 적자액은 업자 당 평균 29억여 원으로 총 1,573억 여 원을 기록했다(한진만 외, 앞의 책, 89).

채널 사용 사업자(PP)의 경영상태도 SO의 그것보다 심각한 것으로 나타났다. 영업 3년 차인 1997년 총 2,270억여 원의 적자를 당해 업체별 평균 87억여 원을 기록했다. 이를 1995년 1,882억, 1996년 2,413억의 적자화를 합하면 누적적자 총 6,565억으로 업체당 평균 253억여 원에 이르렀다(위의 책, 93).

케이블 방송 3분할 구도의 한 축을 구성하는 전송망사업도 경영상태가

악화일로에 있기는 마찬가지다. 1997년 말 현재 한국통신은 3,600억 원, 한국전력은 2,900억 원을 전송망설치에 투자했으나 누적적자로 헤매던 두 사업자는 IMF 사태로 전송망 산업 자체를 포기하기에 이르렀다. 부연하면 한국통신은 1997년 10월 누적적자를 이유로, 한국전력은 1998년 5월 수익성을 이유로 막대한 매몰비용을 감내하면서 전송망사업을 포기한 것이다.

이렇게 두 사업자가 전송망사업을 포기한 것은 1997년 7월 15일 정보통신부가 두 사업자 외에 13개 중계유선방송사업자를 2차 NO로 선정함으로써 한국통신과 한국전력이 주도하는 전송망사업의 구도가 깨진 것이 계기가 되었지만 두 공기업이 케이블 방송의 한 축을 이루는 전송망사업을 포기한 것은 초창기 정부가 구상했던 케이블 방송산업 구도가 무너졌음을 상징적으로 보여준 징표가 되었다.

케이블 방송산업의 실패는 무엇 때문이었을까? 저자는 정부의 규제정책 실패가 시장실패로 치달은 결과라고 생각한다. 위에서 살펴본 바와 같이 정부는 자생적인 케이블 방송인 중계유선방송을 외면하고 정치논리로 도입된 종합유선방송을 육성하고자 했으나 결과는 오히려 반대로 나왔다. 정부가 추진한 종합유선방송은 난맥상을 보인 데 반해 자생적으로 정착한 중계유선방송은 착실히 발전하고 있었던 것이다. 결과적으로 종합유선방송은 자생적인 중계유선방송의 '불법적' 경쟁력에 뒤쳐져 시장실패를 당하지 않을 수 없게 된 것이다.

정부의 초창기 케이블 방송정책은 이른바 '3분할 구도'로 대표된다. 이러한 3분할 구도는 주로 종합유선방송법에 반영되어 시행되었다. 공보처는 케이블 방송을 구성하는 SO, PP, NO 3자를 법에 따라 겸영할 수 없도록 하고 SO는 중소기업에, PP는 대기업에, NO는 한국통신과 한국전력 등 공기업에 할당하는 정책을 폈다.

공보처가 케이블 방송정책의 근간으로 3분할 구도를 선택한 이유는 케이블 방송을 산업적 측면보다는 정치개체의 개연성이 높은 지상파방송[2)]

---

2) 지상파방송은 정치방송을 수행하는 점에서 중요한 정치개체(political unit)로 볼 수 있다. 따라서 노태우 정권에서 출발한 케이블 방송정책은 당시 지상파방송 노조가 주도하는 새로운 정치환경에서 케이블 방송도 지상파방송과 마찬가

으로 혼동하고 그 정치논리의 연장선에서 공익적 규제가 필요하다고 생각한 듯하다.

예컨대 1991년 제정된 종합유선방송법 제1조는 지상파방송에 적용되는 원칙으로 '공공의 복리증진', 곧 공익성 원칙을 내세우고 있다. 따라서 공보처는 구 방송법이 대기업의 지상파방송 참여를 금지한 대로 대기업의 SO 참여를 허용치 않았다. 이는 정치개체로서 '케이블TV의 규모가 커지는 것을 방지하고 케이블TV는 단지 프로그램을 전송하는 일종의 중계소의 역할만을 해 규제기관이 일일이 이들 방송국의 방송내용에 주의를 기울일 필요가 없도록 하기 위한 의도로 파악된다'(위의 책).

따라서 이러한 정책구도에서 대기업은 SO 참여를 금지당하는 대신 PP 사업을 하도록 허용된 한편 중소기업은 SO를 맡게 되었다. 그러나 자본력이 약한 중소기업이 막대한 투자를 필요로 하는 전송망사업을 담당할 수 없는 상황에서 공기업으로 하여금 이를 맡도록 해 초기의 적자를 감수하게 한 것이다.

이렇게 공보처가 주도한 케이블 방송의 3분할 구도는 어떤 결과를 초래했는가? 그것은 한마디로 케이블 방송산업의 시장실패로 뛈박질케 했다. 케이블 방송을 구성하는 3사업자군을 엄격히 분리시킨 3분할 구도는 먼저 SO에 타격을 안겨주었다. SO는 직접 전송망을 포설할 수 없는 가운데 공기업인 전송망사업자의 비효율성으로 인해 전송망 설치가 계획보다 늦어졌다. 이는 가입을 원하는 가구에조차 망을 연결해줄 수 없는 현상을 빚어 케이블 방송 성공의 열쇠가 된다는 '초창기의 가입 붐'을 이루어내지 못하는 결과를 초래했다. 초기 가입자 붐 조성이 실패하면서 모든 케이블 방송사업의 구도가 망쳐버렸다(위의 책, 111). 부연하면 가입률이 낮기 때문에 PP의 광고수익이 예상처럼 발생하지 못했고 이에 따라 프로그램의 재방률이 높아지고 질은 떨어지는 바람에 가입자가 중도 해지하는 경우가 적지 않게 발생했다.

더구나 SO 사업구역을 전국 116개, 10만 가구 기준으로 잘게 쪼개는

지로 방송산업으로서보다는 방송공익을 중시하는 개념적 오류에 착색되었다고 보인다. 나는 이 케이블 방송정책을 이어받은 김영삼 정권의 방송정책 결정자들도 케이블 방송을 지상파방송과 혼동하는 잘못을 범했다고 생각한다.

바람에 케이블 방송국의 영세화를 벗어날 길이 없었다. 이런 상황에서 대기업이 투자한 PP는 영세한 SO를 상대로 값비싼 프로그램을 방영할 수밖에 없기에 투자한 금액을 회수할 길이 없게 되었다. 결국 공보처가 펼친 3분할 구도 정책은 초창기 케이블 방송산업을 악성 적자경영의 악순환으로 몰아간 끝에 시장실패의 늪으로 떨어지고 말았던 것이다.

2. 케이블 방송에 대한 규제완화정책

이 3분할 구도 정책으로 대표되는 초창기 케이블 방송정책은 엄청난 시행착오의 대가를 치른 뒤 수정되지 않을 수 없었다. 1994년 1월 26일 오인환 공보처 장관은 청와대에 공보처 업무보고에서 '뉴미디어 산업 경쟁력확보를 위해 관계법을 개정하겠다'고 밝히면서 SO의 복수소유 허용과 대기업과 언론사의 위성방송 참여 등을 검토할 계획이라고 보고했다. 그 뒤 정부는 1996년 5월 22일 '행정제도개선 종합계획'을 심의의결하는 과정에서 SO의 복수소유, 곧 MSO를 허용키로 했는가 하면 SO가 전송망을 포설할 수 있도록 했다. 이런 취지로 종합유선방송법이 개정된 것은 1999년 1월 6일까지 기다려야 했다.

이로써 PP, SO, NO 간 3분할 구도는 어둡고 긴 터널을 지난 뒤 무너지고 3자간 겸영과 교차소유가 허용되었을 뿐만 아니라 PP 허가제를 등록제로 전환했다. 이와 함께 전송망사업도 '지정제'에서 '등록제'로 전환하고 SO의 자가망 포설도 허용했다.

이는 3분할 구도로 대표되는 규제 일변도의 초창기 케이블 방송정책이 규제완화 또는 탈규제의 방향으로 전환된 것을 의미한다. 1999년 6월 2일 제정된 종합유선방송법 시행령은 좀더 구체적인 내용을 담고 있다. 부연하면 SO와 PP는 각각 전체 PP의 20%와 전체 SO의 10% 한도 안에서 복수소유 곧 MSO 또는 MPP를 허용했으며 SO는 자가망을 직접 포설하거나 소유할 수 있도록 했다. 아울러 PP의 경우 기존 허가제에서 등록제로 전환하되 시장 성숙도를 감안해 2000년 12월 31일까지 유예토록 했다.

또한 전산망 사업도 지정제에서 등록제로 바꿔 일정한 시설기준만 갖추면 제한없이 전산망사업에 참여할 수 있도록 했다.

이러한 케이블 방송정책의 규제완화 방향에서 1998년 9월말 이른바 채널 '티어링'(tiering)제가 합법화되었다. 1995년 케이블 방송국(SO)은 모든 채널(PP)을 의무적으로 송신해야 하고 가구 당 1,5000원씩을 받도록 함으로써 티어링 실시는 원천적으로 불가능했다. 그러나 이제 문화관광부가 SO 허가장에 '모든 채널 의무송신' 조항을 삭제하자 1999년 부산 및 경남지역을 중심으로, 1999년 3월 서울지역의 은평 및 서서울 케이블TV가 티어링을 실시하면서 같은 해 4월부터 전국 SO로 티어링이 확산되었다(유시화, 2002: 23).

그 결과 SO의 시장기능이 활성화되는 계기가 마련되었다. 2001년 방송산업 실태조사 보고서에 의하면 1998년 12월 유선방송 전체 가입가구수는 800만 가구를 약간 상회하던 것이 2001년 3월 현재 1,000만을 넘어서게 되었다(방송위원회, 2001차: 26). 이 기간은 SO와 중계유선간 가입자 유치 경쟁이 치열했던 시기로 중계유선 가입자수는 거의 변동이 없었으나 SO 가입자가 약 225만 가구수로 크게 늘어난 시기이다. 또한 케이블TV 전체 채널을 시청하는 기본형 가입자수는 약 10만 가구 증가한 데 비해 티어 상품에 가입한 가구수는 약 216만 가구에 이르렀다.

3. 새 방송위원회의 케이블 방송정책

앞에서 케이블 방송정책이 겪은 전말에서 보듯 새 방송위원회가 케이블 방송정책에 손을 대기 시작할 즈음 케이블 방송정책은 이미 탈규제 방향의 물꼬를 튼 시점이었다. 통합방송법은 케이블 방송에 관한 한 1999년 1월 초 개정된 종합유선방송법을 계승한 것이다.

부연하면 통합방송법 제8조 6항, 7항, 8항은 케이블 방송의 3사업자군 곧 SO, PP, NO 상호간 수직적 또는 수평적 결합을 일정한 범위 안에서 허용했다. 이어 같은 법은 이렇게 케이블 방송사업자간 수직적 또는 수평적 결합의 길을 터놓았을 뿐만 아니라 PP의 경우 허가제를 등록제로 전환했다. 곧 법 제9조 5항은 종합편성이나 보도 또는 홈쇼핑 PP를 제외하고 모든 PP의 등록제를 선언한 것이다.

한편 방송위는 2000년 3월 13일 출범하면서 문화공보부로부터 이관받은 방송행정 업무 중 계류중인 PP 허가업무가 있었다. 따라서 이 항에서는 방송위가 수행한 ① 마지막 PP 허가업무를 먼저 다룬 뒤 ② 케이블 방송산업에 대한 규제완화 및 PP의 등록제 시행 ③ 중계유선방송(RO)의 SO 전환 승인 시행 ④ 케이블 방송업계의 합종연횡 ⑤ SO의 이용약관 표준화, 마지막으로 ⑥ 홈쇼핑채널의 추가승인을 차례로 논의할 것이다.

1) 마지막 PP 신규허가

새 방송위원회는 문화관광부로부터 방송행정을 이관받은 뒤 후자가 추진하던 행정업무를 계승했는데 그것 중 현안 업무가 PP 신규허가 사업이었다. 부연하면 문광부는 1999년 10월 5일 '케이블TV 활성화 지원계획' 아래 신규 PP 허가신청을 접수한바 30개 업체가 신청을 해왔다. 이에 구 종합유선방송위원회는 실무검토에 착수하던 중 새 통합방송법 통과가 임박한 시점에서 업무시행이 유보된 터였다.

새 방송위원회는 정부기관의 행정업무 연속성을 감안해 PP 등록제가 시행되기 전 마지막 PP 신규허가를 수행키로 했다. 방송위로서는 이 마지막 PP 신규 허가사업이 정부정책의 일관성과 허가제의 경직성을 절충해야 하는 부담을 안고 마지막 PP 허가사업을 수행했다. 곧 신규허가를 받겠다는 30개 업자가 시장진입을 원하고 있다는 사실을 외면한다면 이는 또 다른 시장규제가 된다는 점과 과도기의 허가가 갖는 규제성을 완화한다는 입장을 취한 것이다.

부연하면 방송위원회는 먼저 신규 PP를 허가하는 데 있어 종전 문화관광부의 '케이블TV 활성화 지원계획'의 정책방향을 유지하되 문광부가 10개 정도 PP를 허가한다는 방침에 구애받지 않고 채널 용량이 허용하는 한 더 많은 PP를 허가키로 했다. 이는 위성방송 실시 등 방송환경 변화에 따른 다채널 수요에 대비하고 2001년부터 시행되는 등록제 취지를 감안한 것이다.

방송위의 '승인' 심사[3]는 문화관광부로부터 심사 관련 서류를 인수받아 사업계획서에 기술된 내용의 사실 여부 및 방송관계법상 결격요건 등에 대한 확인작업으로부터 시작됐다. 또 국세청, 공정거래위원회, 금융감독원의 협조를 얻어 신청법인의 납세실적, 불공정거래행위 여부 등 관련법규 위반사항에 대한 제반 자료를 제공받아 신청법인의 최다출자자 및 신청법인의 건전성 등 심사를 진행했다.

또 방송위는 4월 19일과 20일 양일간 신청사업자 대상 청문회를 열고 신청사업자의 사업의지를 확인해 심사위원회의 판단자료로 제공하고 심사의 전문성을 높이기 위해 법률, 경영·회계, 기술 분야 전문가들을 자문위원으로 위촉해 필요한 부분에 대해 자문했다. 이러한 과정을 거쳐 5월 2일에 열린 위원회 전체회의는 케이블TV 신규채널사용사업자 허가를 신청한 30개 업체 중 프로그램 정보안내 분야의 '가이드 채널', 축구 분야의 '㈜SBS', 기상 분야의 '(가칭)웨더뉴스채널', 인터넷·정보통신 분야의 '㈜이채널', 환경·요리 분야의 '㈜센추리TV', 결혼 분야의 '(가칭)웨딩텔레비전네트워크', 요리 분야의 '㈜뮤직네트워크' 등 15개 신청사를 신규채널사용사업자로 허가키로 최종 의결했다.

심사위는 원래 720점 이상을 취득한 12개 업체를 허가대상으로 추천하면서 650점 이상 720점 이하를 받은 6개 업체를 적격업체로서 방송위가 정책적으로 추가할 수 있도록 권고했다. 이 권고에 따라 방송위는 환경·요리, 기상, 연예정보 등 3업체를 추가, 15개 사업자를 허가토록 의결한

---

3) 통합방송법은 종합편성, 보도, 홈쇼핑 PP의 경우 '승인'제를 도입하고 있기 때문에 새 방송위원회는 당시 신규 PP의 '승인'이라는 용어를 썼으나 마지막 신규 PP의 허가는 구 종합유선방송법 아래 허가제에 의한 것이므로 여기서는 '허가'라고 부르기로 한다. 이 PP 허가심사의 투명성 제고를 위해 강대인 부위원장을 위원장으로, 이영헌(전 충주MBC 사장), 김주언(언론개혁시민연대 사무총장), 최영(한국외국어대 신문방송학과 교수), 박승권(한양대 전자전기공학과 교수), 박형상(변호사), 김용국(신우법인 회계사)을 위원으로 하는 '승인심사위원회'를 구성하고 4월 25일부터 28일까지 4일간 서울 올림피아호텔에서 심사를 진행했다.

<표 3-11-4> 선정된 신규 PP 15개 업체

분야	신청법인	총 득점	비고
프로그램 정보 안내	(가칭)가이드채널	849.25	
축구	㈜SBS	819.85	
결혼	(가칭)웨딩텔레비전네트워크	795.55	
요리	㈜뮤직네트워크	783.10	
생활교육	DIY네트워크	770.35	
패션	㈜삼구쇼핑	752.35	
이벤트	(가칭)월드이벤트TV	743.45	
증권	㈜매일경제TV	742.60	
게임	㈜온게임네트워크	737.20	
증권	㈜와우TV	736.43	유료
코미디	㈜코오롱스포렉스	729.40	
인터넷·정보통신	㈜이채널	725.03	
환경·요리	㈜센추리TV	710.05	
기상	(가칭)웨더뉴스 채널	694.99	
연예정보	㈜넥스트미디어코퍼레이션	680.80	

출처: 제12차 방송위원회 회의(임시) 순서(2000. 5. 2), 안건 나.(2000-12-39)

것이다. 이로써 프로그램 공급자(구 종합유선방송법) 또는 채널 사용 사업자(통합방송법)는 2001년 등록제 시행에 앞서 1999년 처음 허가받은 28개에서 2000년 37개로 늘어났다.

2) 케이블 방송에 대한 규제완화와 PP 등록제 시행

통합방송법은 뉴미디어에 대한 규제완화를 특징으로 한다는 점은 이미 밝혔지만 특히 케이블 방송에 대한 규제완화는 가장 구체적인 모습을 띠고 있다. 곧 법 제8조는 케이블 방송사업자간의 수직적·수평적 결합을 일정한 범위 안에 허용했을 뿐만 아니라 PP의 경우 과거 허가제를 등록제로 전환했다(제5항). 부연하면 법 시행령 제4조 3항과 4항은 사업자간 수직적 및 수평적 결합의 범위를 구체적으로 정하고 있다.

수직적 결합은 사업자별로 나누어 SO가 PP를 흡수하는 경우 전체 PP 수의 5분의 1까지, PP가 SO를 흡수하는 경우 전체 SO 방송구역의 5분의 1까지, 그리고 NO가 SO를 흡수하는 경우 전체 SO 방송구역의 10분의 1까지 허용한다. 시행령 제4조 4항은 사업자간 수평적 결합의 범위를 정하고 있는데 SO가 다른 SO를 흡수하는 경우와 PP가 다른 PP를 흡수하는 경우, 곧 MSO와 MPP의 경우 다같이 전체 사업자의 매출액 총액의 33%까지 허용한다.

이러한 케이블 방송산업에 대한 규제완화는 케이블 방송시장에서 사업자간 기업결합(M&A)을 활성화시키는 효과를 기대케 한다. 이는 경쟁력 없는 기업의 퇴출을 용이케 함으로써 규모의 경제 또는 범위의 경제를 실현한다는 취지이다. 다만 기업의 과도한 소유집중이나 시장독점을 방지하기 위해 일정한 허용 범위를 정한 것이다. 그 결과 뒤에서 보듯 케이블 방송업계는 MSO, MPP, MSP 현상이 괄목할 만할 정도로 나타났다.

(1) PP의 등록제 시행

PP의 등록제 시행을 위해 방송위원회는 2001년 3월 20일 시행령의 신설(제7조의 2)을 주도해 PP 등록 요건으로 ① 자본금 5억 원 이상 ② 주조정실, 부조정실, 종합편집실 및 송출시설의 구비를 필요로 한다고 정했다. 이는 일정한 자본금과 최소한 시설 기준을 요건으로 함으로써 경쟁력이 낮은 PP의 난립현상을 막고자 한 조치이다. 또한 통합방송법은 초창기 케이블 방송정책의 사각지대에 놓였던 RO에 대해 SO 지위를 획득할 수 있는 길을 터놓았다. 이는 경쟁력 있는 RO 사업자들을 SO로 전환시켜 한 방송구역에 복수 SO를 인정해 왜곡된 경쟁구조를 개선하겠다는 취지이다.

먼저 PP가 과거 허가제에서 등록제로 전환한다는 것은 무슨 의미인가? 그것은 PP의 허가제가 가져온 갖가지 폐해를 시정하고 케이블 방송시장의 사장된 기능을 회생시킨다는 의미를 갖는다.

과거 공보처는 초창기 케이블 방송정책에서 '프로그램 공급업자'(채널사용 사업자)를 중요하게 여겨 이들을 허가하는 것은 물론 사업분야까지 지정했다. 이는 중계유선방송을 무시한 것과 함께 케이블 방송을 실패로 치닫게 한 양대 요인이라고 연구자들은 지적한다(한진만 외, 1999: 121). 다시 말하면 정부는 프로그램 공급을 허가했으므로 이들을 보호해야 할 의무를 지니게 되며 이에 따라 시청자 선호도에 관계없이 모든 채널을 공급받도록 케이블TV 방송국에 전송을 강제하는 의무를 부과했다.

이런 상황에서 케이블TV 방송국은 프로그램 공급업자와의 개별 협상이 불가능하고 가격 설정 또한 불가능하다. 결국 케이블TV 방송국, 전송망사업자, 프로그램 공급업자들이 일정 비율(52.5%: 15%: 32.5%)로 수신료 수입을 분배하는 인위적 가격설정 방식이 나오게 되었다(위의 책, 121). 또한 SO가 모든 채널을 의무전송해야 하는 체제 아래서는 티어 상품을 개발할 여지도 없게 된다.

이런 상황에서 1999년 1월 6일 구 종합유선방송법이 PP의 허가제를 등록제로 전환한 것은 당연한 조치였다. 통합방송법도 이를 이어받아 2000년 12월 31일까지 유예한 뒤 2001년부터 등록제를 시행키로 했으나 법 시행령 개정이 2001년 3월 20일에 이루어지는 바람에 천연되어 시행되었다. PP의 등록제는 과거 허가제 아래 만연한 시장의 역기능을 바로잡는 취지로 시행되었지만 시장의 역기능이 가져온 적폐가 시정되기란 그리 쉬운 일이 아니다. <표 3-11-5>가 보여주듯 등록제가 2001년 3월 하순 시작된 뒤 2002년 6월 7일 총 254개 채널 사용 사업자(TV 138개 및 오디오 116개)가 방송위원회 등록을 마쳤다.[4)]

이렇게 PP사업자가 대량으로 등록한 이면에는 위성방송의 시행을 앞두고 위성방송 시장을 선점하려는 욕구가 크게 작용한 것으로 보인다. 여기에 덧붙여 과거 케이블TV를 도입할 때 번진 신매체에 대한 환상, 곧 '황금알을 낳는 거위'와 같은 환상이 위성방송의 경우에도 관성으로 남아 작용한 것으로 보인다. 그러나 좁은 시장에 경쟁력 없는 사업자가 너무 많이 몰리다 보면 시장 퇴출이 대량으로 일어날 수밖에 없을 것이다.[5)]

---

4) 여기에는 2002년 5월 말 현재 폐업신고를 한 채널 9개를 포함한다(박명진, 2002가: 58).

5) 방송법 제18조 1항 5호에 의하면 등록 PP가 2년 안에 방송사업을 개시하지 않으면 등록취소의 사유가 된다. 사업자 등록이 시작된 시기가 2001년 3월부터 등록증을 교부받고 아직 방송을 하지 않은 등록 PP들이 2003년 중하반기

PP 등록제는 과거 허가제가 끼친 시장왜곡을 바로잡는 효과를 낳고 있지만 심각한 부작용을 낳고 있다. 그것은 ① 네트워크 지상파방송3사 계열의 PP가 시장을 지배하는 경향 ② 채널 구성이 특정 장르에 편중되고 있어 방송법과 정책이 추구하는 방송의 다양성과 균형성이 위축되는 경향 ③ 과거 PP의 허가제는 SO의 채널 편성권을 유명무실케 한 반면 PP의 등록제는 SO의 채널 편성권의 남용이라는 부메랑 효과를 낳고 있다는 점이다. 이 문제를 차례로 짚어보자.

(2) PP 등록제의 부작용

먼저 네트워크 지상파방송 계열 PP가 시장을 지배하는 현상은 새 방송위가 일관해 방지코자 한 정책목표에 반한다는 점에서 심각한 문제이다. 부연하면 방송위는 위성방송이든 케이블 방송이든 현재 지상파방송이 시장에서 차지하는 독과점적 지위가 뉴미디어 시장에까지 전이되는 것을 막고자 하는 정책을 펴왔다. 그러나 PP등록제 시행 뒤 방송위가 우려한 현상이 나타나고 말았다. 이는 서울 여의도 중심의 지상파방송의 지배적 구조가 시장에 미치는 영향력을 제어해야 하는 정책적 과제가 중요함을 말해준다.

『방송 21』(2002. 6: 58-67)이 전국 SO 110개(전환 SO 포함) 업체를 대상으로 2002년 6월 7일 현재 등록 PP 송출현황을 조사한 결과 전체 송출 가운데 최소 5개~최대 26개 채널까지 다양한 양상을 띠고 있었다. 평균적으로는 15개 내외로 외형상으로는 전체 채널 대비 송출 PP 수가 예상 밖으로 많아 보였다. 그러나 송출하고 있는 등록 PP 총 개수 중 6개 정도가 지상파계열 PP로서 등록 PP 송출채널 전체 중 3분의 1 정도 또는 그 이상을 점유하고 있다는 점이다. 등록제 실시 이전, 그러니까 허가제 당시 선정된 'SBS 골프채널'과 MBC의 게임채널 'g@mbc', 그리고 최대주주 변경에 따라 사업주체가 바뀐 'SBS 스포츠'와 'MBC 드라마'까지 포함한다면 그 점유율은 달라진다.

까지 방송을 하지 못하는 경우 무더기 등록취소 사태가 일어날 수도 있다(위의 글, 61)

조사 결과 전국 대부분의 SO에서 지상파 3사의 등록 PP를 모두 송출하고 있었으며 등록 PP가 아니더라도 전체 채널 운용상 한 개 SO당 지상파의 채널 점유가 16개 이상 되는 등 시장지배자로서의 독과점적 지위가 뉴미디어 시장 곳곳에서 영향을 미치고 있었다. 결국 뉴미디어가 지상파 방송사들의 제2, 제3의 창구로 전락할 처지에 있는 실정이라는 것이다(박명진, 위의 글, 59).

다음으로 케이블 방송의 채널 구성이 특정 장르에 편중되는 현상은 드라마·영화 채널과 같은 오락채널과 수익성을 겨냥한 홈쇼핑채널과 같은 상업채널로 특징짓는다. 먼저 드라마·영화채널을 장르면에서 보면 송출되고 있는 PP 중 드라마·영화 장르 채널이 13개~15개 정도로 전체 송출등록 PP의 평균 채널수 대비 점유율은 압도적으로 높은 상태다. 약 5~6개 채널만 제외하고는 모두 드라마나 영화 채널을 편성하고 있다는 얘기다. 드라마·영화 장르 채널은 KBS 드라마, SBS 드라마, OSB 드라마, OSB 무협(무협영화), OCN 액션(액션영화), HBO Plus(유료영화), BCN(클래식 영화), HEN(가족영화), 무비플러스(영화정보), 스파이스TV(성인영화), MCN(무협영화), WCN(가족영화), 한우리시네마(영화), KNTV, M1(영화) 등이 대부분의 SO에 주요 PP로 편성되어 있다.

특정 장르에 편중되는 현상으로 홈쇼핑채널 구성현황(2001년 9월 현재)을 보면 전국 101개 SO가 5개 홈쇼핑채널(LG홈쇼핑, CJ39, 현대홈쇼핑, 농수산방송, 우리홈쇼핑)을 기본 채널에 편성하고 있으며 그 중 의무형 채널에 편성하고 있는 SO가 60개(59%)에 달한다는 것이다(김유정, 2002: 35).

이와 같은 케이블 방송의 채널 편성이 특정 장르에 편중되는 현상은 채널의 다양성을 구현하도록 채널을 구성·운영토록 하며 특정 분야에 편중되어서는 안된다는 법정의무에 반하는 것으로 마땅히 시정되어야 한다.

PP의 등록제 시행은 SO의 편성권 남용이라는 문제점을 낳았다. 과거 PP의 허가제 아래서는 모든 PP를 의무적으로 송출해야 하기 때문에 SO의 채널 편성권은 유명무실했었다. 그러나 이제 PP의 등록제가 시행되자 SO와 PP는 프로그램 공급계약 상황에서 그 상대적 우위가 역전되었다. 과거 PP는 법의 과보호장치로 일정비율(32.5%)의 수신료 배분을 보장받고 있었으나 1999년부터 SO가 모든 채널의 송신의무로부터 자유로워지자 SO의 채널 편성권은 막강해졌다. 이로 인해 PP들이 수신료를 배분 받기는커녕 웃돈 얹어주기가 횡행하게 되었다는 것이다.

이에 대해 방송위원회는 등록제 실시 1년 동안 여러 가지 문제점들이 드러남에 따라 제도적 보안책 마련에 나서고 있다. PP등록 요건이 지나치게 낮아 부실사업자를 양산할 수 있다는 지적에 따라 자본금 등 등록요건을 강화할 것인지의 여부와, 등록취소 요건을 현행 '2년'에서 '1년'으로 강화하는 방안, 그리고 심의규정 위반정도 등 평가기준을 통해 중간점검을 강화하는 방안 등을 놓고 검토 단계에 있다. 그리고 채널은 200여 개가 넘는데 앞서 지적했던 것처럼 몇몇 장르에 국한해서 송출되고 있는 문제점들을 개선하기 위해 제도적 장치 마련에도 부심하고 있다. 이 사안은 2002년도 편성정책연구위원회의 연구과제로 이관돼 검토되고 있다(박명진, 위의 글, 61-62).

<표 3-11-5> 방송채널사용사업자 TV 등록 현황

(2002년 6월 현재)

법인명	채널명	대표자	공급분야
㈜기독교위성방송	C3TV	인명진	종교(기독교)
오에스비티비㈜	OSB 드라마	염성수	드라마
오에스비티비㈜	OSB 오락	염성수	무협영화
오에스비티비㈜	크리스천TV	전재희, 이인경	종교(기독교)
㈜스카이겜티브이	겜티브이	곽성문	게임
엠비씨이에스에스스포츠 유한회사	MBC-ESPN	이시명	스포츠
㈜오리온시네마네트워크	HBO plus	담철곤, 김성수	영화
㈜오리온시네마네트워크	OCN Action	담철곤,김성수	영화
벤처뱅크㈜	스카이비즈니스 방송	김진희	중소/벤처비지니스
㈜열린방송	리서치TV	박성남	생활정보조사
㈜열린방송	obc드림TV	박성남	창업/취업정보
한국방송공사	KBS Korea	박권상	한국문화
㈜스카이케이비에스	KBS Sports	지종학	스포츠
㈜스카이케이비에스	KBS Drama	지종학	드라마
㈜스카이케이비에스	KBS Green	지종학	자연

<표 3-11-5> 계속

법인명	채널명	대표자	공급분야
㈜미르셋	KNTV(KoreanNetworkTV)	용창호	이민/유학/여행
㈜웨이브티브이	WAVETV	정인견	음악
㈜게임브로드밴드	Playone	박현규	게임
㈜한국스타티브이채널브이	CH V KOREA	박남성	음악
세계사이버기원㈜	Sky바둑	박원표	바둑
㈜케이디엔스마텍	스마트티브이	정대식	주얼리
㈜한국레저낚시방송	한국레저낚시방송(FS-TV)	김용훈	낚시
㈜건강위성방송	의료건강노인장애인 HEALTH SKYTV	황휘	의료/건강
㈜지지티브이	GGTV	정인견	게임
㈜애니플러스	애니플러스	최신묵	애니메이션
㈜뷰티티브이	뷰티티브이	이종규	토탈뷰티정보
㈜월드티브이	WTV 역사채널	류제국	역사문화
㈜월드티브이	WTV 스피드채널	류제국	레이싱
㈜월드티브이	WTV 무술채널	류제국	무술
㈜에이비에스 농어민방송	ABS 농어민방송	박병균, 최동원	농어민
중앙방송㈜	Starnetwork	전육	대중문화
중앙방송㈜	소비자채널	전육	생활정보
㈜고고엔터테인먼트	GOGOTV	윤홍렬	엔터테인먼트
㈜고고엔터테인먼트	GOGO 바둑	윤홍렬	바둑
㈜스포츠서울	SS 스포츠정보	윤홍렬	스포츠 정보
㈜스포츠서울	SS 연예정보	윤홍렬	연예정보
㈜스포츠서울	SS 스포테인먼트	윤홍렬	스포테인먼트
㈜아미위성방송	Ami	박동철	선교/교통(2채널)
㈜에이.제이.월드	SPACETV	홍성자	종합토크쇼
㈜코리아스포츠네트워크	스피드레저채널	오원근, 성연찬	레저
㈜대원디지털방송	AniOneTV	정욱	애니메이션
㈜대교네트워크	아이뷰채널	정윤희	외국어교육
㈜태권도티브이	태권도TV	김진철	태권도
㈜온뮤직네크워크	MTV	김성수, 방현	음악
㈜조은방송	조은방송	윤시관	장애인
㈜비씨엔방송	BCN	이우승	영화
아이비앤테크놀로지㈜	캠퍼스네트워크	김진범	외국어교육
㈜미디어앤커뮤니케이션네크워크	제3영화채널	최상주, 한찬수	인디 영화
㈜미디어앤커뮤니케이션네크워크	미드나잇채널	최상주, 한찬수	영화
㈜연합인포맥스티브이	연합 Informax-TV	홍충수	금융, 경제정보
㈜스타박스	BoxTV	박구홍	퀴즈
㈜비전투어	비전투어	오창해	여행
㈜미디어렉스	여행레저TV	서명원	여행, 레저
㈜티브이코리아	DIY채널	원종배, 이재훈	생활교육

<표 3-11-5> 계속

법인명	채널명	대표자	공급분야
한방티브이㈜	한방TV	문봉희	한의학정보
㈜겜채널	겜채널	김종순,박희자	게임
㈜육아티브이	육아TV	신정선	육아
㈜디에스엔	수능TV	한기수	교육
㈜에이엠티브이	아시아엔터테인먼트네트워크	남승배	오락
한국교육방송공사	EBS plus1	김학천	교육
한국교육방송공사	EBS plus2	김학천	교육
㈜오리온시네마네트워크	OCNClassic	담철곤, 김성수	영화
㈜굿모닝아시아	굿모닝아시아TV	이두엽	아시아문화
㈜코리아스포츠네트워크	스타서치TV	오원근, 성연찬	연예오락
㈜씨넥서스	시네포에버	염홍식	클래식 영화
㈜디지탈초이스	Pay Per View(PPV) Channel Movie Choice	김주성	영화
㈜씨맥스커뮤니케이션즈	스파이스TV	우형동	영화
㈜시민방송	시민방송	백낙청	시민액세스
㈜에스디엔티비	패션TV	백갑종	패션
㈜에스디엔티비	SDN FINANCE	백갑종	재테크
㈜엠테크	RIB-TV	신태수	부동산정보
㈜에스비에스	SBS 위성스포츠	송도균	스포츠
㈜에스비에스	SBS 위성골프	송도균	골프
㈜에스비에스	SBS 위성드라마플러스	송도균	오락
㈜민방연합	슈퍼스테이션채널	백낙천	지역정보
㈜한국스타티브이채널브이	SKY CH V Korea	박남성	음악
㈜한국낚시채널	에프티브이(FTV)	이준	낚시
㈜월드와이드넷	무비플러스	민경조	영화정보
㈜레저방송	LBS CableSound	윤석중	음악(20개채널), 교육(4개채널)
㈜내일네트워크	CTE	최상호	관공
㈜에스엔엔	KNTV	이문선	영화
㈜뮤직네트워크	M1	박원세	영화
㈜뮤직네크워크	m.net NonStop	박원세	음악
㈜엠케이티브이	MKTV	김강섭	음악
중앙방송㈜	HistoryChannel	전육	교양
㈜국제기독교통합방송	CI-TV	유재성	기독교
㈜사회복지채널	사회복지채널	조일묵	사회복지
㈜대양위성방송	KTL-TV	박경수	관광레저
㈜에스알씨소도	SRC	김진희	생활문화
㈜미디어맥스	Mediamax Cinema Network (MCN)	이병로	영화
프리미엄티브이㈜	프리미엄티브이	김동관	퀴즈
㈜매일경제TV	스탁인터랙TV	장대환	증권정보

<표 3-11-5> 계속

법인명	채널명	대표자	공급분야
㈜미디아트	원더풀TV	허승표, 오상탁	실버
㈜에스알씨소도	SRC	김진희	생활문화
㈜미디어맥스	Mediamax Cinema Network (MCN)	이병로	영화
프리미엄티브이㈜	프리미엄티브이	김동관	퀴즈
㈜매일경제TV	스탁인터랙TV	장대환	증권정보
㈜씨넥서스	ABO	엄홍식	무협영화
㈜대양위성방송	MordernTV	박경수	댄스
㈜일상인터라이프	K-max	박창훈	오락
㈜내셔널지오그래픽채널코리아	National Geographic Channel Korea	서한석	다큐멘터리
인터넷교차로㈜	라이프TV(Life TV)	김동진	생활정보
㈜에어코드	홈데이터채널	오영식	홈데이터 서비스
㈜에어코드	투웨이TV	오영식	인터렉티브 오락
㈜에어코드	키드아이TV	오영식	인터렉티브 교육
㈜에어코드	스포츠데이터채널	오영식	스포츠데이트 서비스
㈜홈엔터테인먼트네트워크	가족영화채널(The Family Movie Network)	변광민	영화
㈜아시안무비	아시안무비채널(AMC)	장한성, 김성열	아시아영화
㈜크레지오닷컴	크레지오-다큐	이홍기	다큐멘터리
㈜크레지오닷컴	연예/오락통신	이홍기	연예, 오락
㈜크레지오닷컴	크레지오-드라마	이홍기	드라마
㈜크레지오닷컴	크레지오-뮤직	이홍기	음악
㈜미디어랩	Me.TV	황항구	음악(토탈음악정보)
㈜메디비즈케뮤니티	MediBizTV	박광민	건강의료
㈜미디아트	원더풀TV	허승표, 오성탁	실버
케이시엔티브이㈜	MCN-무협	이병로	무협영화
알티엔 방송㈜	영어교육방송	권순일	영어교육
㈜아주방송	생활건강네트워크	박준희	정보
㈜아주방송	만남의채널(SMC)	박준희	정보
(재)기독교방송	CBSTV	표용은	종교(기독교)
㈜토탈생활정보방송	TLB	현성일	토탈생활정보
㈜우리아이티브이	우리아이TV(WOORITV)	김미화	육아/유아교육
㈜미디어랙스	EnglishTV	서명원	영어교육
㈜매일방송	MIN(MaelNetwork)	박백서	오락
㈜소프트티브이	OrangeTV	김대화	영화
㈜엠지엠스펙트럼	MGM(가칭)	이문행	영화
디티비플러스㈜	The Life Style Channel (라이프스타일채널)	성열홍	데이터 정보 서비스
㈜케이블앤새틀라이트티비코리아	TunnerClassicMovies(TCM)	김연호	영화

<표 3-11-5> 계속

법인명	채널명	대표자	공급분야
㈜에듀티브이	EDU-TV	김교현	교육
㈜Gbs방송	GbsTV	김용해	종합취미정보
㈜씨씨엔방송	액션플러스	송기석	영화
㈜네트디스	장애인채널	이찬석	장애인
㈜조은닷컴	프레이즈티브이	정성우	기독교음악
㈜올웨이즈	무비넷	백민석	영화
㈜퀴즈네트워크	QuizNetwork	신은호	퀴즈
㈜동아티브이	동아경매정보TV	변우형	경매정보
㈜베넥스	Channel C.E.O.	박규태	취업정보
㈜참누리	1318class	구병진	교육
㈜대양위성방송	KTL-TV	박경수	관광레저
㈜씨넥서스	ABO	엄홍식	무협영화
㈜월드씨네마네트워크	월드씨네마네트워크	임홍식	가족영화
㈜Biz 방송	BizTV	김종문	디지털비지니스
㈜한우리시네마	HCB-TV	최승구	영화

출처: ≪방송21≫, 2002, 6: 66-67

3) 중계유선방송(RO)의 종합유선방송(SO) 전환 승인

통합방송법이 수용한 중계유선방송(RO)의 SO 전환 승인은 방개위의 권고대로 일정기간을 유예한 뒤 RO에 SO 자격을 부여하겠다는 방안을 수용한 것이다. 방개위는 법 시행 후 1차 SO 지역은 6개월, 2차 SO 지역은 2000년 말까지 유예기간을 둔 뒤 중계유선의 SO 전환을 승인토록 제안했으나 방송법 제정이 늦어지는 바람에 1차 SO 지역은 법 시행 뒤 1년, 2차 SO 지역은 2년 6월의 유예기간을 설정했다(법 부칙 제7조 2항). 이 유예기간 동안 SO는 지상파방송의 녹음·녹화 재송신을 금하며(법 부칙 제7조 3항) RO의 경우 녹음·녹화는 허용하되 편집해 송출하는 행위는 금했다.

이는 같은 지역에서 SO와 RO 간의 소모적 경쟁을 지양하고 공정경쟁을 통한 서비스의 질적 개선 그리고 역무차별화에 의한 케이블 방송의 시장확대를 도모한다는 목표와 함께 케이블 방송사업자간의 시장경쟁에 의한 통합, SO 진입을 위한 군소사업자간의 기업합병의 활성화, 신규자본의 유입 등의 정책효과를 기대한 조치이다.

<표 3-11-6> 중계유선(RO)과 종합유선(SO) 가입가구수 비교

(2000년 6월 30일 현재)

	RO	SO *
사업자수	841개 사	77개 사
가입가구 합계	6,880,554 가구	2,585,455 가구
가입가구 비율(전체가구 비율)	44.6%	16.7%
업체당 평균가입가구	8,181가구	33,577 가구
업체당 평균가입가구 비율 (각 SO방송구역 대비)	4.0%	17.6%

출처: 제43차 방송위원회 회의(정기) 순서(2000. 12. 26) 안건 마. 중계유선사업자의 종합유선사업자 승인관련 가입자 비율고시(안)(2000-43-179).
* SO 가입자의 경우 티어 가입자 포함(2000. 6. 30. 기준).

RO의 SO 전환 승인업무를 효율적으로 추진하기 위해 2000년 7월 방송법 제9조 3항 및 시행령 제7조에 따라 가입자 규모, 기준 및 현실적인 방안 등 연구를 외부용역에 의뢰했다. 8월에는 관련사업자를 대상으로 간담회를 개최하고 여기에 SO, PP, RO의 실무대표 각 2명(대규모 사업자 및 소규모 사업자)이 참가토록 했다. 9월과 10월에는 종합·유선방송채널 운영 실태조사를 실시했다.

이어 11월 23일에는 중계유선방송의 종합유선방송사업 승인방안 공청회를 개최했다. 공청회에서는 '가입가구비율', '승인신청시기', '방송구역', '시설전환기준' 등 방송위원회가 마련한 중계유선방송의 종합유선방송사업 승인기준(안)을 발표되었다.

방송위원회는 2000년 12월 26일 RO의 SO 전환 승인을 위해 능력있는 RO를 가리기 위해 승인기준을 의결했다. 여기에서 핵심은 법 시행령 제7조 1항 2호에 의해 중계유선사업자의 가입가구수가 그가 소재하는 종합유선방송 사업구역 안의 전체가구수 중 차지하는 비율을 15%로 정한 것이었다.

방송위가 10%, 15%, 20%, 30% 4개 안을 두고 숙고 끝에 15%로 정한 것은 능력있는 사업자의 SO진입의 문호를 열면서도 과당경쟁에서 오는 사회적 손실을 고려해 마련한 정책의 조화를 도모한 결정이었다. 다시 말하면 SO 사업 구역별로 RO가 전환 승인신청을 할 수 있도록 하되 방

<표 3-11-7> 가입자 비율에 따른 RO 현황

(2001년 6월 30일 현재)

SO구역 전체가구 대비 RO 가입자비율	RO사업자수		
	합계	1차 SO 구역	2차 SO 구역
10% 미만	745개 사	233개 사	512개 사
10%~15% 미만	28개 사	20개 사	8개 사
15%~20% 미만	20개 사	14개 사	6개 사
20% 이상	48개 사	42개 사	6개 사
합계	841개 사	309개 사	532개 사

출처: <표 3-11-6>과 같음.

송법의 취지에 따라 단일법인을 통한 승인신청을 유도코자 한 것이다.

방송위가 정한 이 15% 고시비율에 관해 좀더 음미해보자. 먼저 <표 3-11-6>는 SO 구역 전체가구 대비 RO 가입자 비율을 보여준다. 중계유선의 총 가입자는 SO의 그것에 비해 2배 이상(44.6% : 16.7%)에 이르나 평균 가입자 가구수는 RO이 훨씬 영세하다(8.181가구 : 33.577가구)는 사실을 알 수 있다.

이어<표 3-11-7>은 SO 구역 전체가구 대비 중계유선 가입자 비율을 보여준다. 곧 10% 미만이 745개 사이며 10%~15%가 28개 사, 15%~20%가 20개 사, 20% 이상이 48개 사이다. 10% 미만이 745개 사라는 사실은 RO 사업자의 절대다수가 영세한 업자임을 말해준다.

이렇게 영세사업자가 절대다수인 시장구조에서 과당경쟁을 막기 위해 1개 SO 구역 당 신규 SO 1개 승인을 원칙으로 할 때 얼마의 비율이 적정할까?

<표 3-11-8>에서 볼 때 15%로 정할 경우 자격미달의 1차 SO 구역 1개뿐이나, 20%로 정할 경우 7개 구역으로, 30%의 경우 19구역으로 늘어난다. 이는 능력 있는 중계유선방송사업자를 될 수 있는 한 많이 SO 자격을 부여한다는 방송법 취지에 어긋난다. 15% 미만으로 정할 경우 또 다른 의미에서 과당경쟁을 부추길 뿐만 아니라 시장에서 기업합병을 유도한다는 정책목표에도 어긋난다. 이 조사자료를 근거로 방송위는 15%를 고

<표 3-11-8> 가입자 비율에 따른 승인신청 가능 및 불가능 SO 구역

(2000년 6월 30일 현재)

	승인신청가능 SO 구역	승인신청불가능	SO 구역
10% 적용시	68(1차 47/2차 21)	3(1차 1/2차 2)	미래(도봉)(이상 1차 지역), 드림씨티, 안양
15% 적용시	68(1차 47/2차 21)	3(1차 1/2차 2)	미래(이상 1차 지역), 드림씨티, 안양
20% 적용시	62(1차 41/2차 21)	9(1차 7/2차 2)	노원,미래, 북부, 수성, 용산, 케이씨, 경남(이상 1차 지역), 드림씨티, 안양
30% 적용시	46(1차 31/2차 15)	25(1차 17/2차 8)	노원, 미래, 북부, 수성, 용산, 케이씨, 금정, 동구, 미래, 범진, 새롬, 서초, 우리, 중부, 푸른, 한강, 경남(이상 1차 지역), 부천, 서경, 안양, 영남, 전남, 전북, 충북, 한빛

출처: <표 3-11-6>과 같음.

* 해당방송구역 내의 모든 중계유선방송사를 SO가 매입한 지역(총 6개 지역) 제외.

시비율로 정한 것이다. RO의 SO 전환 1차 승인 대상은 전국 77개 SO 사업구역 가운데 영업중인 53개 SO 구역으로서 2001년 2월 5일부터 2월 10일까지 RO 사업자를 대상으로 SO 전환 승인을 신청을 받은 결과 43개 구역 54개 RO가 SO 전환 승인을 신청했다.

그러나 가입자수를 조사한 결과 승인신청 자격조건 기준비율인 해당지역 가구수 15%에 미달한 사업자가 6개 사가 있었고, 신청을 철회한 업체가 2개 사였으므로 이를 최종 심사대상에서 제외하고 40개 지역 46개 사업자를 대상으로 심사를 실시하게 되었으며 이 중 6개 지역에서 12개 업체가 경쟁했다.

방송위는 승인심사를 위해 사전에 정보통신부와 협의해 기술심사를 마쳤고 이후 관련 학계 및 연구기관, 변호사단체, 공인회계사단체, 시청자단체 등에서 추천 받은 각계 전문가 중 방송위원을 포함해 9명의 심사위원단을 구성해 심사 이전에 실시한 청문내용 및 현장실사 내용을 비롯해 사업계획서 등을 정밀 검토, 각 부문의 유기적 연관성 등을 심사·평가했다.

심사위원회는 선정된 사업자에게 향후 동일지역 내에 있는 기존사업자와의 과당경쟁을 지양하며, 종합유선방송과 영상산업 발전에 기여하고, 탈락사업자 또는 미신청 사업자와의 통합에 노력하며, 방송의 공적 책임,

공정성과 공익성 실현 및 방송법 등 제반법령을 준수하고 임직원 교육훈련 강화 등에 힘쓸 것을 권고하기로 하고 방송위의 최종 승인과정에서 이와 같은 사항이 반영될 수 있도록 하는 등 조치를 취해줄 것을 건의했다.

각계 전문가들로 구성된 심사위원회는 심사결과를 바탕으로 4월 30일에 심사결과를 발표했는데 총 40개 지역 신청 사업자 중 1,000점 만점에 833.63점을 얻은 서울 관악구의 관악유선방송 등 38개 지역 RO 사업자를 SO로 전환하도록 승인했으며 절대평가 기준점수(650점)에 미달한 서울의 용산구 및 부산의 동래·연제구 신청사업자는 단독 신청임에도 승인하지 않았다. 이어 방송위원회는 2002년 11월 2차 SO 구역 24개 지역의 RO 사업자를 대상으로 추가로 전환 승인사업을 시행했다. 총 23개 사업자가 SO 전환 승인을 신청했으나 8개 사만이 승인을 받았다.

결론적으로 RO의 SO 전환 승인은 SO 사업자의 증가와 가입자의 확대를 가져와 전체적으로 케이블 방송시장의 확대라는 효과를 낳았다. 부연하면 SO는 1차로 허가받은 53개 사업자, 2차로 허가받은 24개 사업자 총 77개였으나 여기에 다시 3차로 전환 승인 된 38개 사업자가 추가된 것이다. 이 38개 사업자 가운데 전환 승인을 연기하거나 철회한 업자가 6개 생겨 2001년 10월말 현재 109개 사업자로 된 것이다.

RO 사업자들의 SO로의 전환은 시장성과에 적지 않은 영향을 미쳤다. 전환 승인의 결과 RO 가입자들은 SO로 전환되기 시작했고, 외형적인 전체 케이블TV 시장규모는 크게 증가했다. 2001년 현재 우리나라 전체 15,764,840가구의 65.5%가 케이블TV(종합유선방송 및 중계유선방송)에 가입하고 있는 것으로 추정된다. 전국 케이블TV의 유료가입자가 이미 65.5%에 달했다는 사실은 거의 포화상태에 이르렀다는 것을 의미하는 매우 높은 수치이다.

4) 케이블 방송업계의 합종연횡

앞서 언급한 대로 1999년 종합유선방송법 개정으로 이른바 3분할 구도가 깨지면서 특히 SO와 PP 간에 수직적·수평적 결합이 나타나기 시작했다. 2001년 1월 제정된 통합방송법 아래 SO나 PP, 다같이 전체 매출액의 33%까지 복수소유가 허용된다. 따라서 SO의 경우 한 사업자가 15개의 SO를 거느릴 수 있게 되었다. 이하 2000년 및 2001년 방송위원회가 조사한 '방송산업 실태조사'에 의해 케이블 방송업계의 합종연횡의 현황은 다음과 같다.

1999년 말 재무자료를 기준으로 5개 MSO(조선무역, 대호, 태광, 두루넷, 서울문화사)가 30개 SO의 최대주주로서 전체 매출액의 47%, 자산규모의 40% 등 각종 전체 지표 중에서 차지하는 비율이 40% 이상을 차지했다.

2000년도에는 9개 MSO가 등장했고, MSO들의 시장 지배력은 강화되고 있다. 2001년 1월에 들어 3차 SO(전환 SO) 가운데 거대한 MSO가 등장했는데, 이는 중계유선방송사업자들의 SO로의 전환에 기인한다.

대표적인 예로 중앙유선은 10개의 SO[6]와 2개의 중계유선방송사를 소유한 MSO로 거듭나게 되었다. 중앙유선은 SO 가입자 규모만을 고려할 때 49만 가구를 확보하고 있다(<표 3-10-9> 참조). 가입자 기준으로, SO 분야에서 과거 최대 MSO였던 C&M(조선무역)은 신생 SO 사업자인 중앙유선에 선두자리를 내주게 되었다.

C&M은 기존 10개의 SO를 소유하고 있다가 2개의 SO를 추가함으로 12개의 SO를 소유하게 되었다. 그 결과 종합유선방송 가입 46만 7,000 가구와, 4개의 중계유선방송사 가입 23만 6,000가구를 확보함으로써 유선방송 분야에서 가장 많은 가입자를 확보한 MSO의 지위를 차지하고 있다.

그 외에 열거할 수 있는 2001년도의 몇 가지 특징으로는, 전체 MSO의 수가 14개로 증가했다는 점을 들 수 있다. 이는 중계유선방송에서 전환한 몇몇 사업자들이 기존에 보유하고 있던 RO들을 그대로 종합유선방송사로 전환하면서 자연스럽게 MSO사로 탈바꿈하게 된 결과이다(방송위원회, 2001차: 36-37).

다음으로 통합방송법이 PP의 수평적 결합, 곧 MPP를 허용한 뒤 2000년

---

6) 중앙유선 계열의 10개 SO 외에 충청 청주 SO도 과반의 지분을 가지고 있기 때문에, 11개라고 보아야 할 것 같다(방송위원회, 2001차: 31).

<표 3-11-9> MSO 운영현황(RO 포함)

구분		관련 SO 및 중계유선	가입자 규모 (가구)	매출 규모 (백만원)
씨엔엠 커뮤니케이션 (C&M)	SO(12)	(1차)강동, 구로, 노원, 동부, 동서울, 마포, 북부, 송파, 용산/(2차)경동/(3차)강동, 성북	467,706	54,281
	중계	대한/중랑/(경동, 동서울 자체보유), 마포/송파유선 (2001년 신규인수)	235,569	6,226
중앙 유선	SO(10)	(2차)충청, 전남/(3차)동서케이블, 대구북구, 동부, 수성, 동대전, 서대전, 광주중앙, 광주서부	490,776	18,791
	중계	중앙방송, TV, 충청방송사(공주)	39,344	1,560
대호	SO(7)	(1차)서초, 관악, 동작, 청주, 경북, 케이씨에스, 부산	400,615	44,894
	중계	동작 자체보유	30,947	-
두루넷	SO(6)	(1차)전주, 금정, 해운대, 낙동, 동강, 서부산(2차) 신라	199,894	23,193
한빛	SO	(1차)새롬/(2차)한빛, 기남/(3차)경기연합	336,991	13,500
	중계	한빛유선, 서구유선(한빛 S0 자체보유)	78,848	5,041
드림 씨티	SO	(1차)새롬/(2차)드림씨티	174,923	14,120
	중계	드림씨티 은평방송, 김포케이블	124,340	7,172
미래	SO	(1차)수원, 정보/(2차)안양/(3차)천안	151,068	16,298
	중계	성북케이블	36,698	1,300
CJ39 쇼핑	SO	(1차)양천넷, 경남/(2차) 마산	73,851	14,961
	중계	(1차) 수성/(2차)영남, 전남 동부	170,172	1,199
태광 산업	SO	(1차)수원, 중부/(2차)안양/(3차)천안	150,194	20,693
아이팩	SO	(1차)수성/(2차)영남, 전남동부	120,031	11,907
	중계	순천유선	46,304	1,587
신원 계열	SO	(1차)한씨엔, 대전	77,136	8,035
서병직	SO	(3차)종로중구, 서대문	91,866	3,150
이북동	SO	(3차)중앙케이블, 제일케이블	62,428	5,301
	중계	김해케이블, 중앙유선(동래연제)	70,031	584
이현태	SO	(1차)대구/(3차)달서종합	95,058	6,286

출처: 방송위원회, 2001차: 211

* SO 자체보유 중계유선 매출은 SO 매출에 포함(단, 가입자는 중계유선으로 분류).

자체보유: SO명의 중계유선 허가장을 보유하고 있고, 결산이 SO와 통합처리되지만 중계가입자가 별도로 존재하는 경우.

매입: SO 명의와 다른 중계유선 허가장을 보유하고 결산분리처리하는 경우.

방송채널사업자 구조는 온미디어, 제일제당, SBS의 3대 MPP의 등장으로 특징지을 수 있었다. 2001년에 들어와서 현저한 특징으로는 ① 기존 3대 MPP가 계속해 채널들을 추가해나가고 있다는 점 ② KBS와 MBC 등 지상파 방송사들의 MPP 사업확대, 그리고 ③ 신문사들의 MPP 방송채널사용사업자로의 진출을 들 수 있다.

곧 2001년으로 들어오면서 기존의 빅3 구조는 다원화되었고, SBS의 MPP는 다른 지상파방송들의 MPP화를 추구하는 자극제가 되었으며, 등록제의 시행으로 인해 방송프로그램 분야의 진출이 쉬워지자 신문사들이 방송분야에 진입, 그리고 틈새를 겨냥한 MPP의 등장이 돋보였던 해였다(<표 3-8-19> 참조).

온미디어는 케이블TV 시청률 상위권을 차지하고 있는 영화채널 OCN과 HBO, 투니버스, 바둑TV에 이어 2001년에는 OCN Action, OCN Classic, HBO Plus 등의 채널을 추가해 영화 분야를 더욱 세분화시켜나가는 전략을 구사함과 동시에, MTV라는 음악채널을 추가했다. 제일제당은 기존 m.net, CJ39쇼핑, 드라마넷, 채널F, 패션채널을 중심으로 MPP 진출을 추구했던 것이, 2001년 들어서는 MBC에 드라마넷과 LookTV를 매각했고, M1, M2 등의 음악채널을 강화함과 동시에, NTV 채널의 영업권을 인수했다. ㈜월드와이드넷(코오롱그룹)이 2000년 5월에 코미디채널을 허가받았고, 2001년에는 시네플러스채널이라는 영화 정보 분야에 참여함으로써 역시 3개 채널을 운영하는 MPP가 되었다.

지상파방송사들의 MPP 진출은 기존의 케이블TV나 위성방송의 출범을 계기로 해 지상파방송사들의 기존 독과점적 구조가 다매체·다채널 시대에는 보장되기 힘들다는 판단 아래, 인기 높은 방송채널 사용사업 분야로 눈을 돌린 결과이다. SBS가 1999년 6월과 2001년 1월에 SBS 골프채널과 SBS 스포츠채널을 인수하면서 케이블TV 시장으로 진입했다. 2000년 5월에는 SBS 축구채널을 허가받음으로써 SBS가 스포츠 분야의 MPP 강자로 부상하기 시작했다. 2001년 SBS는 SBS 위성골프, SBS 위성스포츠, SBS 위성축구 등 스포츠 분야에서만 6개의 채널을 가진 MPP가 되었다. 이에 KBS와 MBC도 MPP 진출로 방향을 틀었다. KBS는 SkyKBS Drama,

SkyKBS Green, SkyKBS Sports와 KBS Korea 등 4개의 채널(위성방송 3개 채널 배정)을 등록했고, MBC는 g@mbc, MBC 드라마넷, MBC 스포츠채널 등 3개의 채널을 가진 주요 MPP로 부상하게 되었다.

신문사들의 방송채널 사용사업 분야의 진출 역시 현저하게 나타난 한 해였다. 일간신문사 가운데서는 중앙일보가 소비자채널, 역사채널, Q채널, Star Network 등 4개의 채널을 운영하고 있으며, ㈜대한매일신보사가 SS 스포츠정보, SS 스포테인먼트, SS 연예정보 등 스포츠와 연예 분야의 정보를 제공하는 3개 채널을 운영하고 있다. ㈜매일경제TV가 MBN, MKS, 스타인터렉TV 등 3개의 채널을 운영하는 MPP가 되었다.

마지막으로 케이블 방송사업자간의 수직적 결합 상황을 살펴보자. 1999년 종합유선방송법 개정 이후부터 수직적 결합사례들이 나타나기 시작했다. 법이 정한 한도 내에서 SO, PP, NO 사업자 간 인수, 합병이 자유로워졌기 때문이다. MSP는 MSO와 MPP가 결합된 형태를 의미한다. MSP는 SO의 채널 선택권이 보장되면서 PP들의 자사 프로그램을 안정적으로 공급하기 위한 전략의 일환으로 추진되어왔다. 특히, 2000년에 MSP가 시작되어 2001년에 들어오면서 MSP가 활성화된 것은 SO들이 티어링 제도를 활성화하기 시작하자 PP들은 유리한 티어에 포함되기 위한 전략을 구사한 것으로 보인다. MPP들이 MSP 진출에 적극적인 것으로 나타났는데, 패키지 전략으로 채널을 묶어서 판매하면 다른 경쟁채널에 대해 배타적 지위를 확보할 수 있기 때문이다.

MSP는 두 가지 형태로 진행되어왔다. 하나는 PP가 SO를 인수하는 것이고, 또 다른 하나는 전략적 제휴이다. 대표적인 인수 사례는 2000년 온미디어 사를 들 수 있다. 2000년 6월 온미디어는 영동방송을 포함한 5개 SO를 인수하거나 투자함으로써 MPP사가 MSO사를 보유한 대표적인 MSP가 되었다.

채널간 경쟁이 심한 분야인 홈쇼핑사들이 MSP에 매우 적극적으로 나타났다. 홈쇼핑사들은 주로 전략적 제휴의 형태를 선호하는 것으로 나타났다. LG홈쇼핑은 PP 가운데서도 MSP 전략에 가장 적극적이었다. 2000년 씨씨에스(충북)를 포함해 12개 SO의 지분참여를 시작으로 2001년 들어

<표 3-11-10> MPP 채널 운영현황

(2개 이상 운영사업자, 등록채널 포함, 2001년 9월 현재)

지배주주	채널수	운영채널	PP 사업자 법인
동양그룹 (ON-MIDEA)	9	OCN, OCN Action, OCN Classic, HBO, HBO plus	㈜오리온씨네마네트워크
		바둑 TV	㈜바둑텔레비전
		투니버스	㈜TOONIVERS
		온게임네트워크	㈜온게임네트워크
		MTV	㈜온뮤직네트워크
제일제당㈜	6	m.net, NTV, F채널, M1, M2	㈜뮤직네트워크
		CJ39쇼핑	㈜씨제이삼구쇼핑
KBS	4	SkyKBS Drama, SkyKBS Green, SkyKBS Sports	㈜스카이케이비에스
		KBS Korea	한국방송공사
MBC	3	겜비시	㈜MBC 게임
		MBC 드라마넷	MBC 드라마넷
		MBC 스포츠	MBC ESS스포츠유한회사
SBS	6	SBS SPORTS 30	에스비에스스포츠채널㈜
		SBS GOLF 44	에스비에스골프채널㈜
		SBS 축구	에스비에스축구채널㈜
		SBS 위성골프, SBS 위성스포츠, SBS 위성축구	㈜SBS
EBS	2	EBS 위성1TV, EBS 위성2TV	한국교육방송공사
매일경제신문사	3	MBN, MKS, 스타인터렉트TV	㈜매일경제TV
코오롱그룹	3	예술영화TV, 코미디TV, 시네플러스	㈜월드와이드넷
김지호	2	CTN, 환경TV	㈜센츄리TV
강영중	2	대교방송	㈜대교네트워크
		아이뷰채널	㈜대교
㈜인터파크	2	동아TV, 동아경매TV	㈜동아TV
㈜중앙일보	4	소비자채널, HistoryChannel, Q채널, Star network	㈜중앙방송
SDNTV(김형진)	3	SDNTV, 패션TV, SDNFINANCE	㈜에스디엔티비
㈜스포츠서울	2	GOGO 바둑, GOGOTV	㈜고고엔터테인먼트
㈜대한매일신보사	3	SS 스포츠정보, SS 스포테인먼트, SS 연예정보	㈜스포츠서울

<표 3-11-10> 계속

지배주주	채널수	운영채널	PP 사업자 법인
대양위성방송(박경수)	2	KTL-TV, modernTV	㈜대양위성방송
㈜투원포럼	2	골드채널, 제3영화채널	㈜미디어앤커뮤니케이션
㈜예당엔터테인먼트	2	sky-M radio, sky-M tv	㈜스카이엠티브이
㈜엠브이넷	2	무협TV, 시네포에버	㈜씨넥서스
열린방송(박성남)	2	드림TV, 리서치TV	㈜열린방송
OSB코리아(김종필)	3	크리스천TV, OSB-D, OSB-N	㈜오에스비코리아
월드티브이(류제국)	3	WTV 무술채널, WTV 스피드채널, WTV 역사채널	㈜월드티브이
㈜도레미미디어	2	CH<V>KOREA, SKYCH(V)Korea	㈜한국스타티브이채널브이
모보아이피시㈜	2	소비자생활정보, 피플앤피플	피플앤미디어㈜

출처: 방송위원회 2001차: 209

서면서 추가로 9개 SO에 지분을 참여했다. 2001년 6월 LG홈쇼핑은 디지털 위성방송에 지분 참여함과 동시에, 21개 SO에 전략적 제휴를 체결함으로써 추가 홈쇼핑사들의 시장진입에 따른 경쟁에 가장 적극적으로 대비하는 모습을 보여주었다.

CJ39쇼핑은 2000년 4월 전남동부방송의 주식을 매입한 것을 시작으로 6개 SO에 지분을 참여했다. 2001년에는 추가적으로 7개 SO 지분에 참여했고, 나아가 디지털 위성방송사의 지분에도 참여했다.

결론적으로 새 방송위원회의 케이블 방송정책은 우리나라 케이블 방송시장의 왜곡된 구조를 개선하는 데 크게 이바지하는 결과가 나타나고 있다. 케이블 방송시장의 왜곡된 구조란 케이블 방송사업자간의 상호진입을 금지한 이른바 3분할 구도, 종합유선방송과 중계유선방송으로 이원화된 소모적 경쟁구조로 특징지을 수 있었다.

통합방송법 아래 방송위는 ① 케이블 방송사업자간의 수평적·수직적 결합 허용 ② PP의 등록제 시행 ③ 중계유선의 SO 전환 승인을 시행함으로써 케이블 방송시장의 왜곡된 구조가 크게 개선된 것이다.

위에서 살펴본 바와 같이 케이블 방송사업자간의 3분할 구도가 깨짐으로써 사업자들간의 활발한 기업합병, 곧 MSO, MPP, MSP이 괄목한 현상으로 나타났다. 이는 군소 PP의 시장퇴출과 같은 부작용도 낳았지만 영세한 케이블 방송시장 구조를 개선한 효과를 가져왔다.

또한 중계유선방송의 SO 전환 승인은 케이블 방송시장이 종합유선방송과 중계유선방송으로 이원화된 시장구조를 개선한 것으로 보인다. 물론 중계유선방송의 SO 전환 승인은 독점에서 복점체제로 바뀌어 기존 SO와 전환 SO 간의 과당경쟁을 일으킨 측면이 있다.

그러나 미흡한 시장행위에도 불구하고 시장성과는 시장구조의 개선으로 크게 안정되고 있다. 다시 말하면 사업자 수의 증가는 가입자규모의 확대와 함께 케이블 방송시장의 확대라는 효과를 낳았다고 평가할 수 있다.

5) 종합유선방송의 이용약관 표준화

통합방송법은 위에서 살펴본 대로 케이블 방송에 대한 규제완화의 틀에서 케이블 방송사업자와 가입자 간의 이용약관(수신계약)에 대해서 종래 승인제에서 신고제로 바꾸었다. 곧 법 제77조는 케이블 방송사업자는 '이용요금 및 기타 조건에 관한 약관을 정해 방송위원회에 신고하여야' 한다고 명시하고 있다. 그러나 같은 법조항은 '이용요금에 대해서는 방송위원회의 승인을 얻어야 한다'고 규정한다.

유료방송시장에서 케이블 방송의 이용요금(가입료) 문제는 케이블 방송산업의 왜곡된 시장구조를 바로잡는 데 핵심이다. 1999년 초 채널 티어링제가 본격적으로 시작되자 같은 지역에서 SO와 RO와의 경쟁 결과 티어상품의 용어나 그 채널 구성 내역이 매우 혼돈스러워 가입기술로부터 약관의 부당성 등에 이르기까지 불만을 제기하는 사례가 적지 않았다.[7] 그러나 보다 중요한 문제는 이용요금을 둘러싼 왜곡된 시장구조가 계속되는

7) 제35차 방송위원회 회의(정기)순서(2001년 9월 10일), 6. 안건 라. 「종합유선방송이용약관 표준화에 관한 건」(2001-35-114)을 참조.

한 케이블 방송산업이 정상화되기가 어렵다는 점이다.

채널 티어링제가 시행된 이래 나타난 문제점으로 ① 가입자의 욕구에 부합하는 채널 상품의 부족 ② 케이블 방송프로그램의 질적 저하 ③ 상품별 채널 구성 및 이용요금의 합리성 결여가 늘어나고 있었다. 예컨대 1998년 말 문화관광부가 SO 사업자를 개별적 현실을 고려 이용약관 변경을 승인해준 나머지 SO별 서비스 내용 및 가격간에 심한 격차가 발생해 국민형 채널은 1,500원에서 5,000원까지, 보급형의 경우 4,000원에서 12,000원까지 차이가 벌어졌다는 것이다〔방송위원회 제35차 회의(2001년 9월 1일) 안건 다. 첨부자료〕.

또 다른 예로 대부분 PP 채널이 제외되었다. 이는 PP 수입원을 고갈시켜 PP가 신규 프로그램 개발을 위한 투자를 막는 결과를 초래했다는 것이다(위의 자료, 7).

새 방송위원회는 이 점을 염두에 두고 케이블 방송의 이용약관에 관한 법정직무를 효율적으로 수행하기 위해 2000년 5월 23일 이용약관심사위원회를 구성했다.

이용약관심사위는 종합유선방송 이용약관 모델을 제정했으며 방송위는 2001년 9월 10일 '종합유선방송 이용약관'을 채택하고 SO에게 시행토록 권고하되, '동 약관을 시행하지 않는 사업자에 대하여는 방송법 제77조 제2항에 의거 2001년 11월 30일까지 별첨의 약관을 시행토록 이용약관 변경을 명한다'고 의결했다.

이 약관은 무엇보다도 '묶음채널'의 개념을 신설해 종전의 국민형, 보급형, 가족형, 경제형 채널 등 SO별로 다르게 사용한 채널 티어링 상품 전체를 '묶음채널'이라는 상품명으로 통일하고 요금체계를 수직적(예: 5,000원, 8,000원, 10,000원) 또는 수평적(예: 각 묶음 채널 5,000원 통일)으로 통일했다(예: 묶음채널 1, 2, 3). 다만 각 SO별 마케팅 전략의 차이를 고려해 묶음채널1·의무형, 묶음채널2·경제형, 묶음채널3·가족형을 중복명칭을 사용할 수 있도록 했다.

복수 SO체제 아래서 예상되는 저가경쟁 또는 무료 서비스 등 불공정 행위를 방지하고 손실액의 소비자 전가행위를 방지하기 위해 물가상승률

이상의 이용요금 부과를 금지한다든지, 채널 상품별 구성내역을 가입자가 알 수 있도록 이용약관에 첨부할 것을 의무화한다든지, 이용요금승인 심사과정에서 PP와의 계약서 제출을 의무화했다.

그밖에 SO가 자의적 채널 번호 변경을 자제시키기 위해 채널 번호를 변경할 경우에는 서식에 따라 방송위에 신고를 의무화했다.

요컨대 방송위가 시행하고 있는 종합유선방송 이용약관은 케이블 방송에 대한 규제를 완화한다는 전체적인 틀 안에서 표준이용약관의 시행을 통해 왜곡된 유료방송시장구조를 바로잡고 공정한 경쟁을 촉진함으로써 소비자를 보호하자는 취지이다. 한편 같은 유료방송인 위성방송에 대해서는 이용약관의 표준화가 마련되지 않고 있어 케이블 방송과의 형평성 문제가 제기된다.

6) 홈쇼핑 사업자의 추가선정

위성방송사업자 선정을 마무리한 뒤 새 방송위원회가 만난 또 하나의 중요한 방송행정의 현안이 홈쇼핑 사업자 추가선정이었다. 홈쇼핑 사업자의 추가선정 문제를 다루기 앞서 잠시 홈쇼핑 사업의 현황을 살펴보자.

우리나라 홈쇼핑 사업이 전문채널을 통해 출발한 것은 공보처가 케이블 방송사업의 일환으로 1994년 10월 8일 2개 사를 허가함으로써 시작되었다. 선정된 2개 사, 곧 ㈜쇼핑코리아네트워크(현 CJ39쇼핑)와 ㈜한국홈쇼핑(현 LG홈쇼핑)은 1995년 10월 1일부터 본 방송을 개시했다.

그러나 홈쇼핑채널 사업은 케이블 방송의 전반적 시장실패와 함께 초창기 불황의 늪에서 헤어나지 못했다. 두 홈쇼핑 사업자가 본격적으로 흑자를 내기 시작한 것은 1998년부터이다.

그 해 CJ39쇼핑은 영업이익 59억 원으로 전해의 20억 3,000만 원에 비해 190% 신장을 보였으며 LG홈쇼핑도 72억 9,000만 원을 기록해 전해 31억 1,000만 원의 적자를 껑충 뛰어넘어 흑자로 돌아섰다.

이후 홈쇼핑 사업의 수익은 매년 가파른 상승곡선을 보여왔다. 1999년 CJ39쇼핑과 LG홈쇼핑은 각각 영업이익 96억 3,000만 원(63% 신장), 137억

<표 3-11-11> TV홈쇼핑 시장규모의 연도별 추이와 시장 점유율

(단위: 억원)

사업자	1995	1996	1997	1998	1999	2000 (예상치)	시장점유
LG홈쇼핑	13 (10)	143 (114)	734 (587)	2,219 (1,775)	3,150 (2,520)	6,000 (4,800)	52.5%
CJ39쇼핑	21 (17)	192 (153)	840 (672)	1,923 (1,538)	2,131 (1,704)	4,000 (3,200)	35.5%
인포머셜 사업자	1 (0.8)	45 (36)	56 (45)	258 (206)	719 (575)	1,000 (800)	12%
총계	35 (28)	380 (304)	1,630 (1,304)	4,400 (3,520)	6,000 (4,800)	11,000 (8,800)	100%
신장률(%)	986	329	170	36.4	83		

출처 :≪방송21≫ 2000년 10월, 통권 제5호, 86쪽
※괄호 안의 수치가 순수 TV 매체부문 시장규모에 적합함.

5,000만 원(88% 신장)을 기록하는가 하면 방송위가 추가선정 작업에 손을 대기 시작한 2000년 6월 현재 반 년 동안 영업이익이 116억 8,000만 원과 133억 5,000만 원으로 껑충 뛰었다.

<표 3-11-11>는 1995년 이래 우리 홈쇼핑 시장의 총 매출액의 추이와 업자별 시장점유율을 보여준다. 이 수치를 볼 때 업자별 총매출액이 뜀박질식으로 신장하고 있음을 알 수 있다.

또한 방송위원회가 연구용역을 의뢰한 리서치앤리서치의 조사결과에 의하면 TV 홈쇼핑 시장규모 예측치는 2001년 1조 6,450억 원, 2002년 2조 1,665억 원, 2003년 2조 8,741억 원, 2004년 3조 4,675억 원, 2005년 4조 2,041억 원으로 나타났다(방송위원회, 2001나: 382).

한편 우리나라 TV 홈쇼핑 시장은 당시 케이블 방송시장 구조와 마찬가지로 2원적 구조를 특징으로 하고 있었다. 부연하면 종합유선방송과 중계유선방송으로 2원화된 구조의 틀에서 제도권 시장과 비제도권 시장으로 나누어져 있었다.

업계의 추계에 의하면 중계유선방송을 통한 불법적 TV홈쇼핑의 시장규모가 1998년 기준으로 3,000억 원 대로 제도권시장규모에 버금간다는 것이다(위의 책, 381).

<표 3-11-12> 홈쇼핑 방송 채널 사용 사업자 승인신청 접수결과

신청법인명	대표자	주요주주	구성 주주수
㈜우리홈쇼핑	조창화	㈜아이즈비전, ㈜경방, 대아건설㈜, ㈜행남자기, KCC 정보통신㈜	110
㈜디지털홈쇼핑	이인원	롯데쇼핑㈜, ㈜태광산업, ㈜유한양행, ㈜자네트시스템, ㈜에이스침대	405
아시아나홈쇼핑㈜	박찬법	아시아나항공㈜, ㈜신한은행, 국민신용카드㈜, ㈜엘지이디에스시스템, ㈜대한매일신보사	82
재래시장 홈쇼핑 방송주식회사	이운형	㈜세아제강, 일신방직㈜, ㈜녹십자, 고려아연㈜, 동일방직㈜, ㈜성광전자	165
㈜하나로쇼핑넷	김규석	㈜농협유통, 삼성물산㈜, ㈜연합뉴스, ㈜휴맥스, 동원산업㈜	23
주식회사 연합홈쇼핑	이병규	㈜현대백화점, ㈜서초종합유선방송, ㈜다음커뮤니케이션, ㈜국민은행, ㈜에스비에스	61
한쇼핑티브이주식회사	김동관	㈜가로수닷컴, ㈜남양, ㈜데이터링크, 쇼핑넷㈜, ㈜아이엠아이티, ㈜이지클럽	212
㈜신세계홈쇼핑	손숙	㈜신세계백화점, 삼화프러덕션, ㈜일진블럭스위치, 삼성카드, 새롬기술	44
한솔홈쇼핑주식회사	김홍식	한솔CSN㈜, ㈜대양이앤씨, 한국통신㈜, ㈜MBC 프로덕션, ㈜MBC 미디어텍, KDC 정보통신㈜	75
㈜중소기업유통센터	이승웅	중소기업진흥공단	1
㈜한국농수산방송	이길재	㈜하림, 수협중앙회, ㈜농우바이오, ㈜한국인삼공사, ㈜동아티브이	120
세우연합홈쇼핑㈜	김학영	세우테크노산업㈜, 광일광고기업㈜, ㈜슈페리어, 경산대학교(제한학원), ㈜한국케이블TV UBS연합방송국	658

출처: 방송위원회, 2001나: 67

이러한 TV홈쇼핑시장의 상황은 새 방송위에 몇 가지 정책적 과제를 던진다. 이는 ①두 업체가 TV홈쇼핑 시장에서 누리는 독과점 지위를 시장경쟁적 지위로 바꾸는 과제 ②비제도권 TV홈쇼핑 시장을 제도권으로 흡수하는 문제 ③급속히 신장하는 TV홈쇼핑 산업에서 산업적 균형과 공적 이익을 실현하는 과제로 정리할 수 있다.

방송위가 LG홈쇼핑과 CJ39쇼핑 두 사업자가 복점하는 TV홈쇼핑 시장을

<표 3-11-13> 홈쇼핑 사업자 심사항목 및 배점

심사항목	배점	평가지표
1. 방송의 공적 책임 준수 및 공익의 실현 1) 사업목적의 타당성 2) 신청인 또는 주요 주주의 건전성 3) 소비자 보호 계획의 우수성 4) 사업자간 공정경쟁 및 생산자 육성 계획의 적정성	250	비계량 계량 비계량 비계량
2. 채널 운용 계획의 적정성 1) 프로그램 편성·제작 계획의 적정성 2) 상품 구성 및 확보 계획의 우수성 3) 채널 확보 계획의 적정성	200	비계량 비계량 비계량
3. 경영계획의 적정성 1) 조직 및 인력수급 계획의 적정성 2) 자금 조달 및 운용 계획의 적정성 3) 경영 계획의 투명성 확보방안 4) 마케팅 계획의 적정성 5) 중장기사업 계획의 적정성	250	비계량 계량 비계량 비계량 비계량
4. 재정 및 기술적 능력 1) 신청인 또는 주요 주주의 재정적 안정성 2) 시설 설치·운용계획의 우수성	100	계량 비계량
5. 방송 및 관련산업 발전 기여 가능성 1) 방송영상산업 지원 실적 및 계획의 우수성 2) 유통산업 지원 실적 및 계획의 우수성 3) 방송발전기금 출연 계획의 우수성 4) 수익의 사회환원 계획의 우수성	200	비계량 비계량 계량 비계량
총점	1,000	

출처: 방송위원회, 2001나: 111-115

경쟁체제로 전환키 위해 먼저한 일은 홈쇼핑채널을 의무재송신 방송 범주에서 삭제한 것이다. 부연하면 애초 방송법 제53조는 의무재송신 방송범주에 종합편성·채널 및 보도전문채널과 함께 홈쇼핑채널도 포함시켰었지만 2000년 10월 30일 이를 삭제키로 했다.[8] 이는 TV홈쇼핑 시장을 독점

8) 방송위원회는 2001년 3월 20일 방송법시행령을 개정해 홈쇼핑채널을 의무재송신방송 범주에서 삭제하면서 그 이유를 다음과 같이 적시하고 있다. ① 시청자의 다양한 채널접근 및 다른 사업자의 사업기회를 제약하고 종합유선사업자 및 위성방송사업자의 채널 편성권을 제한하고 있음 ② 종합유선방송사업자의 경우 전송망 용량의 절대적 한계에서 볼 때 방송채널사용사업자의 등록제 실시에 따른 신규 PP의 증가는 PP간의 과다경쟁과 신규 PP의 시장진입을 제약함 ③ 상대적으로 공익적 측면보다는 유통산업적 측면이 강하다는 점.〔제35차

체제에서 다수업체가 경쟁하는 시장경쟁체제의 도입을 전제로 할 때 무의미한 문제이기 때문이다.

이어 방송위는 2001년 1월 29일 전체회의를 개최해 기존의 두 사업자 외에 3개의 홈쇼핑채널을 신규로 승인하기로 의결했다. 채널 수 결정과 관련해서는 그동안 3차례에 걸친 전문가 토론회 및 공청회를 통한 논의과정에서 참석자에 따라 시장진입의 완전개방이라는 탈규제적 시각과 함께 현재의 케이블TV채널 수용한계 및 사업자간 과당경쟁 등의 부작용을 우려한 최소한의 승인 주장이 있었다.

그러나 방송위원회는 홈쇼핑채널 수를 정함에 있어서 사실상 어떠한 경우든 장단점이 존재하기에 적정선을 긋기가 쉽지 않다는 기본 인식 속에서 회의에 참석한 위원들은 중용적 선택에 무게중심을 두고 결정을 내렸다.

아울러 방송위원회는 홈쇼핑 방송 시장에 새로운 진입을 준비하는 업체들간에 서로의 유리한 입장을 내세우며 공격과 방어논리를 펼쳤던 상황에서 문제를 종합적으로 접근할 필요가 있었다. 왜냐하면 대기업의 원천적 배제라든가 중소·벤처 기업 및 농수축산물 관련 사업자의 우대 같은 문제에 관해서는 법적 문제와 아울러 편파성 시비에 말릴 위험이 있었기 때문이다. 따라서 방송위는 '전문채널별 승인 배제', '산업적 균형 및 공적 이익의 실현'이라는 정책목표를 정함으로써 기회의 균등보장과 함께 철저하고 공정한 심사과정에서 결정되어야 한다는 입장을 강조했다(김동규, 2002: 120).

좀더 부연해 방송위가 심사지침으로 정한 또는 정책목표 '전문채널별 승인 배제'와 '산업적 균형과 공적이익의 실현'이 갖는 의미를 추적해보자. 먼저 전문채널별 승인을 하지 않겠다는 것은 우대해야 할 전문산업 또는 전문상품 분야를 미리 정한다는 것이 불가능할 뿐만 아니라 공정성 문제를 야기할 위험이 있으므로 이를 차단하겠다는 것이다.

좀더 중요한 것은 방송위가 정책목표로 정한 '산업적 균형'이다. 이는

방송위원회 회의순서(2000년 10월 30일) 6. 보고사항 가.「방송법시행령 중 개정령안 입법예고에 관한 건」(2000-35-143))

방송법이 홈쇼핑시장에 대기업 진출을 허용하고 있는 점을 고려해 대기업 배제를 명시적으로 정하지 않지만 대기업 편중, 또는 유통업의 대기업 편중을 막겠다는 의미가 숨어 있다. 특히 1994년 사업자 선정 당시 대기업과 중소기업 간 균형을 맞추었던 시장구조가 2000년 5월 제일제당이 CJ39쇼핑을 인수해 대기업 위주로 재편되었다는 점을 주목한 것이다.

방송위원회는 2001년 3월 21일 심사위원회의 심사결과를 바탕으로 1,000점 만점 중 820.75점, 815.51점, 811.57점을 획득한 '한국농수산', '우리홈쇼핑', '연합홈쇼핑'을 선정했다. 이 심사결과에 의한 3개 사업자 선정은 방송위가 정한 정책목표에 부합한 것으로 평가할 수 있겠다.

다시 말하면 대기업에 속한 연합홈쇼핑(현대계열), 중소기업에 속한 우리홈쇼핑, 그리고 전문분야인 한국농수산이 각각 선정됨으로써 TV홈쇼핑 시장의 산업적 균형을 도모하겠다는 방송위의 의지가 반영된 것이다.

4. 미국 FCC의 케이블 방송정책

FCC의 케이블 방송정책은 관할권 문제로부터 시작되었다. 처음 FCC는 지역 케이블 방송에 대한 연방기구의 권한이 미치지 않는다는 이유로 이를 관할하기를 거부했다. 그러나 1966년 FCC는 태도를 바꿔 처음으로 전국의 효율적인 텔레비전 방송 서비스를 감독할 책임을 이행하기 위해 케이블 방송에 대한 종합적인 연방규제를 위한 규칙을 채택했다.

초창기 FCC의 케이블 방송 관할권은 제한적이었다. 왜냐하면 FCC가 텔레비전 방송규제를 위해 다양한 책임을 이행하는데 케이블 방송은 '보조적'(ancillary)인 존재로 보았기 때문이다. 따라서 FCC는 케이블 방송사업자에 지역방송의 재송신의무를 부과한다든지 원거리 역외방송신호의 전송을 제한했던 것이다.

FCC의 케이블 방송정책은 초창기 규제중심에서 몇 번의 기복을 거친 후 1996년 탈규제로 바뀌었다. 여기서는 ① FCC의 케이블 방송 관할권 ② 1984년 및 1992년 케이블 방송법 ③ 케이블 방송의 소유규제 ④ 케이블 방송 요금규제를 중심으로 논의하고자 한다. 그밖에 FCC는 케이블 방송정책의 중요한 부분으로 지역방송의 의무재송신과 역외방송전송에 관한 정책을 시행했지만 이는 제4부에서 다룰 것이다.

1) FCC의 케이블 방송 관할권

케이블 방송에 대한 관할권은 연방기구인 FCC와 주 정부 및 지역당국이 분점하고 있는 것이 특징이다. 주 정부와 지역당국은 케이블 방송의 '지역사업권'(franchise)을 부여할 권한을 갖고 필요한 의무도 부과한다. 예컨대 액서스채널을 배당할 의무는 일반적으로 '지역사업권 합의서'에 포함되어 있다. 이와 달리 FCC는 연방법에 따라 케이블 방송에 대한 감독권을 행사한다.

FCC는 1965년부터 지역방송 보호를 명분으로 지역방송의 의무재송신 규칙, 신디케이션프로그램의 중복편성 금지규칙을 케이블 업자에 부과해 왔으며 이러한 케이블 방송규제는 1972년 '보고와 명령'으로 절정에 달했다(제15장 '케이블 방송의 채널 운용정책' 중 '1. 미국 FCC와 케이블 방송의 역외방송신호 전송'을 참조). 그러나 이러한 FCC의 과도한 규제는 법원의 위헌판결로 폐지되지 않을 수 없었다. FCC는 1984년 '케이블 커뮤니케이션 정책법'(Cable Communication Policy Act), 1992년 '케이블 텔레비전 소비자 보호 및 경쟁법'(Cable Television Comsumer Protection and Competition Act, 이하 케이블 방송법), 그리고 1996년 '텔레커뮤니케이션법'에 따라 케이블 방송에 대한 관할권을 행사해오고 있다.

2) 케이블 방송법제

1984년 미국 의회는 1934년 커뮤니케이션법을 개정하는 형식으로 제4장을 신설했는데 이 법이 '케이블 커뮤니케이션 정책법'이다. 이는 종래 FCC의 케이블 방송 규제를 대폭 풀면서 케이블 방송에 대한 2원적 관할권을 명시했다. 이 법의 주요 내용은 다음과 같다.

- 주 정부와 지역당국이 케이블 방송의 지역사업권을 부여할 권한을 가지며 같은 지역에 하나 또는 그 이상의 지역사업권을 줄 수 있다.
- 지역사업권 부여자는 EPG채널(public, educational, governmental channels)을 구성할 의무를 부과할 수 있다. 일정 수의 '대여채널'(leased access channels)을 두어야 한다.
- 케이블 방송국의 설비와 시설의 기술기준은 FCC가 정한다.
- 케이블 방송사업자는 지역방송 구역에서 텔레비전 방송국의 소유를 금한다.
- 지역사업권 부여자(주정부나 지역당국)는 케이블 방송사를 커먼 캐리어(전화업자)로서 규제하거나 특정한 프로그램 요건을 부과할 수 없다.

요컨대 1984년 케이블 방송법은 탈규제를 명시한 법이다. 특히 주 정부나 지역당국이 케이블 방송국을 커먼 캐리어로 규제할 수 없다고 명시함으로써 수신료 책정에 간여할 수 없도록 했다.

1984년 법이 케이블 방송에 대한 탈규제법이라면 1992년 케이블 방송법은 다시 규제로 반전한 법이다. 케이블 방송에 대한 탈규제가 규제 쪽으로 반전한 데에는 케이블 방송사업자들이 수신료를 과도하게 올려 가입자들의 불만을 샀기 때문이다. 따라서 1992년 법은 무엇보다도 FCC가 케이블 방송 가입료를 규제하도록 했다. 그 주요 내용은 다음과 같다.

- 지역 상업방송사업자는 매 3년마다(1993년 10월 개시) 케이블 방송사에 '재송신 승인'이나 '의무재송신'을 선택할 수 있다. 지역 비상업방송 사업자는 의무재송신을 요구할 수 있으나 재송신승인을 택할 수 없다(미국의 「재송신법제와 저작권 문제」, 10-12쪽 참조).
- 지역사업권 부여자는 한 사업자에게 독점 지역사업권을 부여해서는 안된다.
- 텔레비전 방송사는 자사가 사용하는 같은 채널 번호를 케이블 방송사에 요구할 수 있다.
- 지역당국이나 FCC는 기본 티어 상품에 대한 요금을 규제해야 한다. HBO 또는 Showtime과 같은 페이케이블채널은 가입료 규제를 면제받는다.
- 케이블 PP는 SO에 주는 같은 공급가격으로 다채널 서비스(SMATV, MMDS 및 DBS) 사업자에게 프로그램을 공급해야 한다.

1992년 케이블 방송법은 레이건 행정부가 들어선 뒤 탈규제의 흐름에 거스른 역류였다. 그러나 4년 뒤 1996년 텔레커뮤니케이션법은 케이블 방송규제를 다시 탈규제 쪽으로 돌렸다. 사상 처음으로 이 법은 전화회사가 케이블 방송의 지역사업권을 가질 수 있도록 허용했으며 요금규제도 완화했다.

3) 케이블 방송사 소유규제

위에서 소개한 1984년과 1992년 케이블 방송법은 모두 케이블 방송사 소유에 대한 제한을 두었다. FCC는 일찍이 텔레비전 방송사는 그 방송구역 안에서 케이블 방송사를 소유하는 것을 금했다. 전화회사도 마찬가지로 소유규제를 받았다. 1984년 케이블 방송법은 이 텔레비전·케이블 및 전화케이블 간의 교차소유 금지를 법제화했다. 또한 네트워크 방송사가 케이블 방송국을 소유하는 것도 금지했지만 네트워크 방송사가 네트워크 케이블 업체를 소유하는 것은 허용되었다.

그 후 FCC는 네트워크·케이블 및 전화·케이블 간 교차소유를 금지하는 규칙은 완화해 텔레비전 네트워크는 케이블 방송국을 소유할 수 있게 했다. 다만 케이블 방송국들의 전국 홈패스율이 10%를 초과할 수 없도록 했다. 한편 텔레비전 네트워크는 주요 MSO와 결합하거나 투자하는 것은 금하고 있다.

1996년 텔레커뮤니케이션법은 네트워크·케이블 간의 교차소유 금지조항을 폐기하고 그 대신 네트워크 소유 케이블 방송국이 비가맹 텔레비전사를 차별하지 못하도록 하는 규칙으로 대체했다. 또한 전화회사도 커먼 캐리어의 입장에서 비디오프로그램을 전송할 수 있도록 했다. 따라서 이제 거대한 전화회사들은 케이블 방송사로서 프로그램을 전송함으로써 또는 커먼 캐리어로서 프로그램 전송 '개방형비디오시스템'(OVS)이나 다채널 다지점 배급시스템(MMDS)를 운영할 수 있게 되었다.

위에서 살펴본 바와 같이 미국 FCC의 케이블 방송정책은 규제와 탈규제 사이로 시계추가 몇 번 오가다가 1996년 다시 탈규제로 돌아섰다. 특히 1996년 텔레커뮤니케이션법이 전화사와 케이블 방송사 간의 교차소유를 허용한 것은 전통적으로 커먼 캐리어로서 정보와 오락의 제공을 금지한 규제를 둔 것이다. 이는 거대기업인 벨 전화사의 이해를 반영한 것이라는 비판이 제기되고 있는 가운데 과연 탈규제의 입법취지가 달성될 수 있는가에 대해 심각한 의문이 제기되고 있다(Aufderheide, op. cit., 69-73).

4) 케이블 방송 가입료 규제

1984년 케이블 커뮤니케이션 정책법은 케이블 방송 가입료 규제를 금지하고 있었다. 다만 '효과적 경쟁'(effective competition)이 결여된 경우에만 예외를 인정했는데 여기에도 '기본 요금'만 규제할 수 있었다.

문제는 '효과적 경쟁'을 어떻게 정의하느냐였다. 처음 FCC는 효과적 경쟁을 시장에서 적어도 3개 이상 비(非)텔레비전 방송신호가 존재하는 것으로 정의했으나 1987년 법원이 '자의적이며 돌출적'(arbitrary and capricious)이라고 판정해 폐기되었다. 그 뒤 FCC는 몇 번 정의를 수정했지만 가입자가 케이블 방송 가입료에 대한 불만을 계속 터뜨리자 의회는 1992년 케이블 방송법을 제정하기에 이르렀다.

1992년 법도 시장에서 효과적 경쟁이 존재하는 경우 케이블 방송사는 가입료 규제에서 면제를 받았다. 그러나 효과적 경쟁의 범주에 해당하지 않은 케이블 업자는 가입료 규제를 받았다. 부연하면 같은 법 623조는 FCC로 하여금 규제를 받는 케이블 방송사가 정한 기본 요금이 '합리적'(reasonable)일 것을 담보하는 규칙을 시달토록 명했다. 이에 따라 FCC는 1993년 5월 케이블 방송 가입료를 규제하는 일련의 규칙을 시달했다.

여기서 FCC는 방송 서비스 요금을 3가지, 곧 '기본, 프리미엄, 기타'로 나누어 가입료 규제를 시행했다. 먼저 FCC가 규제한 것은 기본 티어 요금에 대해서였다. FCC의 가입료 규제방식은 규제면제를 받는 케이블 방송국의 1992년 9월 30일 현재 평균요금을 근거로 '표준가격표'(a table of benchmarks)를 만들어 기본티어 요금이 해당 표준가격 이하인 경우 합리적으로 간주하고, 그 이상인 경우 해당 표준가격과 기본 티어 요금 중 어느

쪽이 높으냐에 따라 10%로 낮추던가 표준가격에 맞추도록 했다.[9)]

프리미엄 요금을 제외한 기타 티어 상품 요금의 경우 합리적인가 여부를 FCC가 같은 표준가격표를 적용해 결정하도록 했다. 그러나 FCC의 케이블 방송 가입료 규제에도 불구하고 가입자들의 불평은 계속되었다. 그 결과 1994년 5월 15일 FCC는 수정된 표준가격표를 발표했는데 케이블 방송사는 1992년 9월 30일 현재 수입수준을 동결(원래는 수입의 10% 감소였으나 17% 감소로 됨)해 요금을 내려야 했다(약 7%).

또한 1992년 케이블 방송법 제623조는 케이블 업자가 프리미엄채널 또는 페이 퍼 뷰 서비스를 받는 조건으로 기본 티어 외에 어느 티어 상품의 구매를 강제하지 못하도록 했다.

그러나 1996년 텔레커뮤니케이션법은 케이블 방송 가입료 규제의 방향을 다시 바꾸어 기본 티어 이외의 묶음채널에 대한 규제는 1999년 끝냈다. 또한 가입료 규제를 면제받는 업자의 범주에 지역 전화회사가 운영하는 OVS와 MMDS도 포함시켰다.

5. 요약과 결론

새 방송위원회가 수행한 케이블 방송정책은 방개위가 건의한 대로 규제완화의 방향을 잡고 있었다. 이를 반영해 통합방송법은 케이블 방송사업자들간의 수직적·수평적 통합을 일정한 범위 안에서 허용하고 있는가 하면 중계유선사업자(RO)의 SO 전환 승인 및 PP 등록제 도입을 규정하고 있었다.

과거 정부가 수행한 케이블 방송정책은 한마디로 난맥상이었다. 케이블 방송은 처음부터 산업의 필요나 시장의 수요에 나온 것이 아니라 인위적인 정치의도에서 출발했다. 1990년대 들어와 권위주의 정권이 물러선 뒤

9) 이 가입료 규제규칙은 450쪽에 달하는 방대한 결정으로 이를 시행한 결과 케이블 방송사업자 중 약 3분의 2가 요금을 내렸으나 3분의 1은 오히려 요금을 상승시키는 결과를 가져왔다(Head et al., 1998: 348).

힘의 진공지대에 방송노조를 중심으로 한 민주화 바람이 방송계를 휩쓸기 시작하자 정부는 KBS 및 MBC 중심의 방송권력의 힘을 분산시키기 위해 급조한 것이 케이블 방송정책이었다.

이렇게 정치논리에서 출발한 초창기 케이블 방송정책은 인위적인 3분할 구도로 대표된다. 곧 SO, PP, NO의 세 분야 사업자를 엄격하게 인위적으로 분할해 교차소유·겸영을 금지하고 SO는 중소기업에, PP는 대기업에, NO는 공기업에 배당했다. 이 인위적 3분할 구도에서 철저하게 배제된 것이 그때까지 자생적 케이블 업자로서 자라온 중계유선방송이었다.

그러나 이러한 정치적 논리로 출발한 케이블 방송은 시장실패로 치달을 수밖에 없었다. 전송망 포설이 지연되는 가운데 SO는 가입자 유치에 성공할 수 없었고, 미미한 가입자를 대상으로 PP는 값비싼 프로그램을 의무적으로 전송해 막대한 손실을 보지 않을 수 없었다. 반면 중계유선방송은 정부규제의 사각지대에서 오히려 안정적 성장을 이루어가는 기현상이 벌어졌다.

초창기 케이블 방송정책은 이렇게 엄청난 실패의 대가를 치르고 수정되지 않을 수 없었다. 그것은 한마디로 규제완화였다. 이런 규제완화를 반영한 것이 1999년 1월 종합유선방송법의 개정이었다. 같은 해 12월 국회를 통과한 통합방송법은 케이블 방송사업간의 수직적·수평적 결합을 일정한 범위 안에서 허용했을 뿐만 아니라 PP의 경우 과거 허가제에서 등록제로 전환했다. 그 결과 법이 정한 규제완화의 틀에서 ① 케이블 방송산업계의 기업합병 등으로 산업재편이 일어났고 새 방송위는 법이 정한 정책과제로서 ②PP의 등록제 ③중계유선의 SO 전환 승인사업을 시행했다.

먼저 케이블 방송사업자간의 수직적·수평적 결합이 일정한 범위 안에서 허용된 결과 케이블 산업계는 MSO, MPP, MSP로 재편되는 현상이 괄목할 정도로 나타났다. 이는 사업자간의 이른바 3분할 구도가 깨짐으로써 사업들간의 활발한 기업합병이 일어난 결과이다. 이 과정에서 중계유선의 SO 전환 승인은 기업합병을 촉진시킨 효과를 나타냈다.

예컨대 조선무역 계열의 C&M은 12개 SO를 소유하게 되어 종합유선방송 가입가구 46만 7,000과 4개 중계유선방송사 가입가구 23만 6,000을 확보함으로써 유선방송 분야에서 가장 많은 가입자를 확보한 MSO 지위를 차지하게 되었다. 2001년에 들어 3차 SO(전환 SO) 가운데 중앙유선은 10개 SO와 2개 중계유선방송사를 소유한 덩치 큰 MSO로 다시 태어났다.

통합방송법 아래 MPP가 허용된 뒤 2000년 PP 산업구조도 재편되어 온미디어, 제일제당, SBS가 3대 MPP로 등장했다. 2001년에 들어와 이들 3대 MPP가 채널들을 추가해나가고 있으며 그밖에 KBS와 MBC 등 지상파방송사들의 MPP 사업자 확대, 신문사들의 MPP 사업진출 등을 볼 수 있다.

마지막으로 MSP는 MSO와 MPP가 결합된 형태로서 나타났는데 대표적인 사례로 온미디어를 들 수 있다. 2000년 6월 온미디어는 영동방송 등 5개 SO를 인수하거나 투자함으로써 MPP가 MSO를 보유한 대표적인 MSP가 되었다. 또한 홈쇼핑채널 사용 사업자들이 MSP 사업진출에 활발하게 진출했다.

결과적으로 통합방송법 아래 케이블 방송사업자간의 기업합병이 활발하게 일어남으로써 과거 3분할 구도 아래 왜곡된 시장구조가 크게 개선되어가고 있다고 볼 수 있다.

다음으로 PP의 등록제시행을 보자. 과거 공보처는 초창기 케이블 방송정책에서 '프로그램 공급업자'(채널 사용 사업자)를 허가했을 뿐만 아니라 사업분야까지 제정했다. 더 나아가 SO는 시청자 선호도에 관계없이 모든 채널을 공급받도록 강제했다. 이런 상황에서 SO는 PP와 개별협상을 할 수 없으므로 시장가격이 아닌 인위적 가격결정 방식이 나오게 된다. PP 등록제는 과거 허가제가 가져온 갖가지 폐해를 시정하고 케이블 방송시장의 사장된 기능을 회복코자 한 것이다.

이 PP 등록제는 방송법 시행령 개정이 늦어지는 바람에 2001년 3월 하순부터 시행되었다. 그 결과 2002년 6월 7일 현재 총 254개 채널 사용 사업자(TV 138개 및 오디오 116개)가 방송위에 등록을 마쳤다. 이렇게 PP사업자가 대량으로 등록한 이면에는 위성방송시행을 앞두고 위성방송시장을 선점하려는 욕구가 크게 작용한 것으로 보인다. 그러나 좁은 시장에 경쟁력 없는 사업자가 너무 몰리다보면 시장퇴출이 대량으로 일어날 수밖에 없을 것이다.

PP 등록제는 과거허가제가 가져온 시장왜곡을 바로잡는 효과를 보고 있지만 다른 한편 심각한 부작용을 낳고 있다. 그것은 ① 네트워크 지상파 방송 계열의 PP가 시장을 지배하는 경향 ② 채널 구성이 특정 장르에 편중되고 이어 방송법과 정책이 추구하는 방송의 다양성과 균형성이 위축되는 경향 ③ 과거 PP의 허가제는 SO의 채널 편성권이 유명무실케 한 반면 PP의 등록제는 SO의 채널 편성권 남용이라는 부메랑 효과를 낳고 있다는 점이다. 방송위가 이런 부작용에 대해 어떻게 제도적 보완책을 마련하느냐가 새로운 정책 과제로 떠올랐다.

새 방송위원회가 통합방송법 아래 떠맡은 또 다른 정책과제가 중계유선방송사업자(RO)의 SO 전환 승인이다. 이 RO의 SO 전환 승인은 같은 구역 안에서 두 유선방송사업자 간의 소모적 경쟁을 지양하고 공정경쟁을 통한 서비스의 질적 개선, 그리고 서비스 차별화에 의한 케이블 방송의 시장확대를 도모한다는 목표와 함께 유선방송사업자 간의 시장경쟁에 의한 통합, SO 진입을 위한 군소 사업자간의 기업합병, 신규자본의 유입 등 정책효과를 기대한 조치이다.

방송위원회는 2000년 12월 말 RO의 승인신청 자격기준으로 가입자 비율을 15%로 정했다. 다시 말하면 RO가 소재하는 SO 구역 안의 전체 가구수 중 적어도 15%를 확보하고 있는 RO에게 전환신청의 자격을 부여한다는 것이다. 이는 능력있는 RO 사업자에 SO 진입의 문호를 열면서도 과당경쟁에서 오는 사회적 손실을 막기 위한 조치였다.

이러한 자격기준에 따라 방송위에 SO 전환 신청을 해온 RO 사업자는 43개 구역의 54개 사였다. 방송위는 이들을 심사한 결과 2001년 4월 30일 38개 사업자에 SO 전환 승인을 부여했다. 이어 2002년 10월 방송위는 2차 SO 구역 RO의 SO 전환 승인사업을 시행했다. 그 결과 방송위는 11월 4일 SO 전환 승인을 신청한 23개 RO 중 8개 사업자를 선정했다.

결론적으로 뉴미디어 방송시장은 규제완화의 흐름에서 부작용을 낳고 있은 가운데에서도 정상화의 길로 들어서고 있다고 말할 수 있겠다. 부연하면 과거 케이블 방송산업을 인위적으로 규제하던 3분할 구도 아래 왜곡된 시장구조가 깨지면서 시장에서 기업결합이 활발하게 일어나고 있다. 그러나 PP의 등록제는 시장진입의 벽을 허무는 효과를 낳았지만 경쟁력이 낮은 채널 사업자가 우후죽순격으로 생겨나게 함으로써 SO의 편성권 남용과 같은 부작용을 낳았다. 또한 RO의 SO 전환은 왜곡된 경쟁구조를 치유하는 효과를 낳은 반면 앞으로 공정거래위원회와의 관계를 정립해야 하는 과제를 남겼다.

12

방송시장의 대외개방정책

우리나라는 국가전략상 세계화 내지 국제화를 지향하고 있다. 그런데 이 흐름 속에서 자유무역의 통상압력은 방송산업을 포함한 문화산업전반에 영향을 미치게 되었다. 그러나 다른 한편 자국의 문화적 정체성을 지키고 아직 유치한 단계에 머물고 있는 방송영상산업을 보호하자는 사회적 정서는 강한 편이다.

이러한 두 갈래 흐름의 긴장 속에서 그동안 미디어 부문의 정책은 후자 쪽에 치우쳐 있었다. 예컨대 구 방송법 아래 외국자본은 지상파방송은 물론 케이블 방송에도 참여가 허용되지 않았다. 그러나 2차 대전 이후 시장개방을 주도했던 GATT 체제와 1995년 우루과이 협상을 지나 지금 우리나라도 WTO가 주도하는 시장개방의 흐름을 외면할 수 없게 되었다. 다른 한편 위성전송기술이 발전하면서 위성방송의 전파월경 현상은 더 이상 규제의 대상이 될 수 없을 만큼 빠른 속도로 진행되고 있다(손승혜, 2000: 128).

한국의 경우, 위성방송의 시장진입 전부터 NHK와 STAR TV의 가시청권 안에 들어 있어 이들 외국방송은 개별수신기나 공동안테나 수신 설비, 혹은 케이블 방송망을 통해 우리 시청자 안방에 침입하고 있는 현실을 맞고 있다. 한 연구는 2000년 1월 현재 이들 외국 위성방송의 직접수신자 170만을 포함해 전국 가구의 48%가 수신하고 있다는 것이다(≪동아일보≫, 2000년 1월 27일자). 이는 우리나라 방송정책당국이 법적 및 정책적 대응을 해야 하는 과제를 던진다.

먼저 통합방송법은 지상파방송과 종합편성 및 보도전문채널의 경우 외국자본의 참여를 여전히 허용하지 않지만 위성방송과 케이블 방송에는 외국자본의 진입을 일정 부분 허용하고 있다. 또한 외국영화나 방송프로그램의 수입추천제도 없앴으며 외국방송의 재송신의 문호도 열었다. 그러나 통합방송법은 방송프로그램, 영화, 애니메이션, 대중음악 등에서 통상장벽으로 간주될 수 있는 편성쿼터제를 부과하고 있다.

한편 방송시장의 대외개방은 우리나라와 특별한 관계에 있는 일본에게 특수한 문제를 던지고 있다. 새 방송위원회는 2000년 6월 일본에 부분적으로 방송을 개방했다. 이 장에서는 먼저 ① 통합방송법이 방송시장의 대외개방과 관련해 규정한 법적 규제의 내용을 살핀 뒤 ② 외국방송프로그램의 편성쿼터제와 ③ 외국방송채널의 재송신 문제를 논의한 뒤 ④ 일본방송의 문제를 다루고자 한다.

1. 방송시장의 대외개방에 대한 통합방송법상 규제

통합방송법은 우리 방송의 대외개방에 관해 외국자본의 참여, 외국방송프로그램의 편성, 외국방송채널의 재송신을 대별해 규제하고 있다. 또한 법은 지상파방송과 뉴미디어 부문을 구별해 전자는 외국자본의 참여를 전면 금지하는 반면 케이블 방송과 위성방송에는 33%까지 소유를 허용하며, 채널 사용 사업자 가운데 종합편성과 보도전문채널에는 외국자본을 금지하는 반면 그밖의 채널에는 33%까지 허용하고 있다.

통합방송법이 채널 사용 사업에 외국자본의 참여를 허용한 결과 해외자본의 투자와 빠른 속도로 확대되고 있다(손승혜, 2000: 137-138). 예로 투니버스에 미국의 케이블 방송업자인 터너 방송(Turner Broadcasting)이 투자했으며, 최근에는 미국의 유료영화채널 사업자인 HBO가 MPP인 온미디어에 1,250만 달러 규모의 자본을 투자했다. HBO는 법적으로 허용하고 있는 33% 지분 상한선까지 투자해 2대주주로 부상했으며, 국내 유료영화채널인 캐치원은 이에 따라 HBO로 명칭을 바꿨다. 성인프로그램의 유입

<표 3-12-1> 국내 방송사업에 대한 외국자본의 참여규제

외국인 소유지분	방송사업 부문	관련조항
지분 소유 금지	• 지상파방송사업 • 방송채널 사용사업(종합편성 또는 보도전문편성)	제13조 제2항 1호, 제14조 제1, 2항
제한 (33% 이내)	• 종합유선방송사업 • 위성방송사업 • 전문편성을 하는 방송채널 사용사업	제13조 제1항 4호
허용(100%)	• 전광판방송사업 • 전송망사업	

출처: 방송위원회, 2001사: 64

에 대한 논란에도 불구하고 온미디어는 HBO의 한국시장 진입으로 2000년 말 현재 프리미엄채널 가입자가 15만 4,000명인 규모를 크게 늘릴 수 있을 것으로 기대하고 있다. 개별 프로그램의 저작권 문제 등으로 단순 재전송이 불가능하거나 유료 서비스일 경우 해외 사업자들은 이러한 자본투자를 통해 국내시장에 진출하게 될 가능성이 높다.

또한 통합방송법은 외국방송프로그램의 국내방송편성에 대해 엄격한 규제를 부과하고 있다. 이는 기본적으로 외국방송프로그램에 대한 편성쿼터를 부과한 것으로 WTO 체제 아래 외국이 통상압력을 가하는 부분이기도 하다. 법이 부과하는 방송쿼터제는 방송 부문을, 방송프로그램, 영화, 애니메이션, 대중음악으로 나누어 일정비율 이상 국내제작 방송프로그램을 편성할 것을 명하고 있다. 바꾸어 말하면 그 비율 이내로 외국방송프로그램을 편성하라는 것이다. <표 3-12-1>은 방송프로그램, 영화, 애니메이션, 대중음악 부분의 편성비율을 하한 및 상한의 범위 안에서 방송위원회가 비율을 고시하라고 규정하고 있는 것을 정리한 표이다.

마지막으로 통합방송법은 케이블 방송 및 위성방송에 대해 외국방송의 재송신을 규제하고 있다. 부연하면 법 제78조 4항은 SO와 위성방송이 외국방송사가 행하는 방송을 수신해 재송신하는 경우에는 방송위원회의 승인을 얻어야 한다고 규정하면서 아울러 법 시행령 제53조 1항 4호는 전체 운용채널수의 10% 이내로 제한하고 있다. 중계유선방송의 경우 전환승인 유예기간에 한해 3개 채널 이내로 제한하고 있다(시행령 부칙 제3조).

<표 3-12-2> 국내제작 방송프로그램 편성비율(법 제71조, 시행령 제57조)

	방송프로그램	영화	애니메이션	대중음악
지상파	매월 전체방송시간 80% 이상	전체 영화방송시간 20% 이상 40% 이하	전체 애니메이션 방송시간 30% 이상 50% 이하	전체 대중음악 방송시간 50% 이상 70% 이하
그 외 방송	50% 이상	30% 이상 50% 이하	40% 이상 60% 이하	50% 이상 80% 이하
1개 외국제작물 편성비율	60% 이내			

새 방송위원회는 이상과 같은 통합방송법이 정한 규제의 틀 속에서 방송의 대외개방에 관한 정책을 마련해야 했다.

2. 국내제작 방송프로그램의 편성쿼터제

통합방송법이 방송편성 규제방식으로 채택한 편성쿼터제가 광범위하게 적용된 분야가 국내제작 방송프로그램이다. 국내제작물의 방송쿼터제는 자국의 문화적 정체성과 자국 영상산업을 보호하자는 취지로 많은 나라의 방송편성에 규제를 가하고 있다. 특히 프랑스와 캐나다의 경우 자국의 문화를 보호하기 위해 쿼터제를 시행하고 있다. 프랑스는 시청각작품 및 영화작품들을 대상으로 방송쿼터 및 제작쿼터를 시행하고 있으며 캐나다의 경우 '캐나디안 콘텐트 룰'(Canadian Content Rule)을 적용해 미국의 '문화침입'으로부터 자국문화를 보호하기 위해 아래와 같은 방송편성쿼터제를 시행하고 있다.

① 방송면허 소지자는 방송면허 조건에 명시된 연간방송시간 및 6개월의 기간 중 적어도 60%를 캐나다적인 프로그램 방송에 할당하여야 한다.
② 공영 방송면허 소지자는 야간방송시간(오후 6시~12시) 중 적어도 60%를 캐나다적인 프로그램 방송에 할당하여야 한다.
③ 민영 방송면허 소지자는 야간방송시간(오후 6시~12시) 중 적어도 50%를 캐나다적인 프로그램 방송에 할당하여야 한다.

<표 3-12-3> 국내제작 방송프로그램 편성비율고시(2000~2002)

	2000(상·하반기)	2001(상·하반기)	2002(상반기)
방송프로그램	• 지상파: 매월 전체 방송시간의 80% 이상 • 지상파 외: 50% 이상	2000년과 동일	2001년과 동일 • EBS: 매월 20% 이상
영화	• 지상파: 전체 영화방송시간의 25% 이상 • 지상파 외: 30% 이상	• 지상파: 전체 25% 이상, 단 주시청시간대 150% 인정 • 지상파 외: 전체 30% 이상 종교채널: 전체 4% 이상	2001년과 동일
애니메이션	• KBS·MBC: 전체 애니메이션 시간의 40% 이상 • 기타 지상파: 35% 이상 • 지상파 외: 40% 이상 • 교육·종교: 4% 이상	• KBS·MBC: 전체 45% 이상 • 기타·지상파: 42% 이상 • 지상파 외: 전체 40% 이상 • 교육·종교채널: 전체 4% 이상	• 지상파: 전체 45% 이상 • 지상파 외: 전체 40% 이상 • 교육전문: 전체 8% 이상 • 종교전문: 전체 4% 이상
대중음악	• 지상파: 전체 대중음악방송시간의 55% 이상 • 지상파 외: 60% 이상	• 지상파: 전체 60% 이상 • 지상파 외: 전체 60% 이상	2001년과 동일

④ 지역방송국이나 중계 방송국을 운영하는 방송면허 소지자는 위의 조항이 적용되지 않는다. 다만 캐나다적인 프로그램의 질의 향상과 다양성 함양을 목적으로 하는 방송면허의 조건에 따라 면허를 받은 경우를 제외하고 다음의 조건을 지켜야 한다.

• 방송면허 조건에 명시된 연간 방송시간 및 6개월의 기간 중 적어도 60%를 캐나다인 프로그램 방송에 할당하여야 한다.
• 야간 방송시간(오후 6시~12시) 중 적어도 50%를 캐나다적인 프로그램 방송에 할당하여야 한다.(방송위원회, 2001타: 148)

새 방송위원회는 법령에 따라 국내제작 방송프로그램을 방송프로그램, 영화, 애니메이션, 대중음악으로 분류해 각각 편성비율을 고시할 책임을 진다. 이 중에서 방송프로그램과 대중음악의 경우 대부분 방송사업자들은 통합방송법이 정한 의무편성비율을 상회해 편성하고 있어 문제가 없다. 이는 국내제작 방송프로그램이 기본적으로 시청자의 필요와 기호에 맞기 때문이다. 대중음악의 경우 국내제작물이 전체 음반 매출량의 70% 이상을 차지하고 있고, 국내제작 대중음반 점유율이 더욱 늘어가는 추세이다.

따라서 대부분 방송사업자들은 국내제작 대중음악을 의무편성비율보다 훨씬 상회해 편성하고 있다는 것이다(제 42차 방송위원회회의 순서, 2001년 12일, 보고사항 가. 첨부자료). 따라서 방송프로그램과 대중음악의 경우 편성 쿼터제를 부과하지 않더라도 국내제작물을 법이 정한 편성비율을 상회해 편성하기 때문에 편성쿼터제는 불필요한 규제가 되고 있다. 여기서는 국산영화와 애니메이션 중심으로 논의하고자 한다.

1) 영화

영화의 경우 연간 제작되는 국산영화의 절대 편수가 부족하므로 의무편성비율을 줄여야 한다는 방송사업자의 의견이 있는가 하면 영화업계는 방송사의 적극적인 의지에 달린 문제라고 주장하면서 앞으로 국내제작 영화편성비율을 지속적으로 확대할 것을 요구하고 있다. <표 3-12-4>는 새 방송위원회가 2002년 고시안을 마련하기 위해 이해관계자들의 의견을 수집한 것이다.

방송위원회가 2000년 상반기부터 고시한 국내영화의 방송편성비율은 <표 3-12-3>에서와 같이 고시했다. 부연하면 법정 편성비율을 하한 20%에서 상한 40% 사이에서 하고, 방송위 고시는 25% 이상으로 하되 2001년부터 주시청시간대 편성은 150%를 인정하기로 했으며 그밖의 방송의 경우 30% 이상으로 정하되 종교채널의 경우 국산종교영화가 거의 없음을 감안 4% 이상으로 정했다.

여기서 잠시 국산영화의 방송편성쿼터제가 갖는 의의를 살펴본 뒤 방송위원회가 고시한 구체적인 편성비율이 갖는 의미를 들여다보자.

국산영화의 방송편성쿼터제는 방송이 편성하는 영화장르에서 자국의 문화적 정체성을 지키고 방송과 영화의 적극적인 공조를 도모하기 위한 것이다(조항제, 2000: 134). 연구자들은 특히 미국 영화의 '문화침입'으로부터 우리나라의 문화적 정체성을 지켜야 한다는 필요성을 인정하고 있다. 그것은 한국방송사들이 영화편성에서 관행적으로 외국영화에 지나치게 의존한 행태를 보여주고 있기 때문이다. 한 예로 영화전문 케이블채널인

<표 3-12-4> 국산영화 편성비율에 관한 각계의견

의견제출자	주요 의견
KBS, MBC, SBS	• 전체 영화 방송시간의 20% 이내(현행 대비 5% 축소)
경인방송	• 전체 영화 방송시간의 25% 이내(현 수준 유지)
대전, 청주, 울산, 전주	• 지역민영방송 적용제외
ON MEDIA(HBO, OCN, OCN ACTION)	• 지상파외: 전체 영화방송 시간의 10% 이상(시행령 개정사항) • 유료채널의 경우 적용제외
MBC 드라마 넷	• 전체 영화방송 시간의 20%(또는 25%) 이상(시행령 개정 사항) - 지상파외의 경우에는 시급에 따른 주시청시간대에 150% 인정
영화진흥위원회	• 1안 - 지상파: 전체 영화방송시간의 30% 이상(현행 대비 5% 확대) - 지상파 외: 전체 영화방송시간의 30% 이상(현 수준 유지) · 주시청시간대 편성시 150% 인정(2001년과 동일) • 2안 - 지상파: 전체 영화방송 시간의 26% 이상(현행 대비 1% 확대) - 지상파 외: 전체 영화방송 시간의 30% 이상(현 수준 유지) · 주시청시간대 의무편성비율을 별도로 신설 고시
스크린쿼터 문화연대	• 1안 - 지상파: 전체 영화방송 시간의 35% 이상(현행 대비 10% 확대) · 주시청시간대 편성시 150% 인정(2001년과 동일) • 2안 - 지상파: 전체 영화방송시간의 30% 이상(현행 대비 5% 확대) · 주시청시간대 의무편성비율을 별도로 신설 고시
편성정책연구위원회 (방송위 2000년 6월 위촉)	• 지상파: 전체 영화방송시간의 25% 이상(현 수준 유지) - 시청시간대 편성시 125% 인정(현행 대비 25% 축소) - 재방송시 60%만 인정, 3방은 불인정(신설) • 지상파 외: 전체 영화방송 시간의 25% 이상(현행 대비 5% 축소) - 종교전문채널: 편성 제한 철폐 - 주시청시간대 편성시 125% 인정(현행 대비 25% 축소) - 연간 3방까지 100% 인정, 4방, 5방의 경우 각 25%씩만 인정(신설)

출처: 제42차 방송위원회 회의(2001. 11. 12) 보고사항 가. 첨부자료.

'캐치원'이 1999년 국산영화와 외국영화의 편성비율을 보면 국산영화는 15.9%에 지나지 않는 반면 외국영화는 84.1%에 이르렀다. 외국영화 중 미국영화가 차지하는 비율이 60.9%에 달했다는 것이다(박소라, 2001: 49).

<표 3-12-6>은 한국의 3대 네트워크 방송사가 1999년 월별 한국영화와 외국영화를 편성한 현황을 보여준다. 이는 전체 영화편성 시간 중 한국영화가 차지하는 비율이 13.3%에 머물러 있음을 보여준다. 그러나 이

보다 중요한 문제로서 한국의 월별 편성과 편성된 시간대를 보면 '한국영화가 받았던 대접은 빈 시간을 메우는' 정도라는 지적이다(조항제, 앞의 글, 141). 부연하면 외국영화는 월별로 큰 차이 없이 꾸준하게 편성되는 안정된 빈도를 보여주지만 한국영화는 명절이나 휴일이 많은 9월과 2월, 그리고 12월과 1월에 집중되어 있다. 아울러 편성시간대 역시 가장 시청률이 낮은 낮시간대나 심야시간대에 배당되어 있다. 특히 KBS-2TV는 9월에 전체 11편 중 7편을 편성한 것이 눈에 띈다. 이는 한국의 3대 네트워크 방송이 한국영화를 연휴의 낮시간대 같은 '버리는 시간대'에 편성하는 '정크 프로그램' 정도로 여기고 있다는 반증이 아닐까?

한 연구는 영화와 TV의 관계에 주목하면서 미국 영화산업의 매체별 수입 구성의 변화를 추적한 결과 영화의 '다수창구'(multi-window) 가운데 텔레비전 비중이 여전히 비중이 높다는 점과 외국텔레비전(한국텔레비전을 포함)의 비중이 급증했다는 점을 밝히고 있다(위의 글, 135).

바꾸어 말하면 이는 미국영화를 수입하는 다른 나라의 영화 및 방송시장의 '황폐화'되었을 가능성을 말해준다는 것이다(위의 글, 136). <표 3-12-5>를 통해 이 미국영화 수입구성 변화를 부연해 설명해보자.

1980년 네트워크 텔레비전의 비중은 10.8%를 차지했으나 15년 지난 1995년에는 1.4%로 줄었다. 그러나 홈비디오의 비중은 7%에서 40.2%로 껑충 뛴 한편 신디케이션, 유료케이블, 외국텔레비전 등이 더 높은 비중을 보여주고 있다. 특히 외국텔레비전의 비중은 2.5%에서 6.7%로 대폭 증가했음을 보여준다.

이는 영화의 다수창구 중에서 텔레비전 창구는 비중은 줄었지만 여전히 중요하다는 점을 보여주고 있다. 또한 외국텔레비전의 비중이 크게 증가한 것은 바꾸어 말하면 한국을 포함한 미국영화 수입국의 방송시장과 영화시장이 '황폐화'되었을 가능성을 말해준다(위의 글, 136).

이 점은 한국과 같은 미국영화 수입국의 입장에서 보면 영화의 경우 방송편성쿼터제가 정당화될 수 있는 입지를 보여주고 있다. 더욱이 방송편성의 영화쿼터제는 한국의 3대 네트워크 방송사가 한국영화와 외국영화를 편성한 행태에서 볼 때 그 필요성을 절감할 수 있다.

<표 3-12-5> 미국 영화산업의 매체별 수입 구성(1980/1995)

구분		1980년		1995년	
		$(백만)	비중(%)	$(백만)	비중(%)
영화관	국내	1,183	29.6	2,600	14.1
	국외	911	22.8	2,300	12.8
홈 비디오		280	7.0	7,300	40.6
유료 케이블		240	6.0	1,400	7.8
네트워크 TV		430	10.8	250	1.4
신디케이션		150	3.8	750	4.2
외국TV		100	2.5	1,200	6.7
TV 영화		700	17.5	2,200	12.2
합계		3,994	100.0	18,000	100.0

출처: 조항제, 위의 글, 136쪽에서 재인용(원전: Vogel, 1994: 51).

<표 3-12-6> 1999년 월별 한국영화와 외국영화의 편성빈도

구분	KBS1		KBS2		MBC		SBS		합계(%)(한국영화의 비중)
월	한국영화	외국영화	한국영화	외국영화	한국영화	외국영화	한국영화	외국영화	
1	1	9	2	9	3	14	1	14	7/46(15.2)
2	3	5	-	8	5	10	2	18	10/41(24.4)
3	-	4	-	7	-	8	-	4	0/23
4	-	9	-	5	-	9	1	5	1/28
5	-	7	-	6	1	12	1	8	2/33
6	4	4	-	7	-	9	1	6	5/26
7	2	6	1	7	2	13	-	11	5/37
8	-	4	-	9	1	12	-	8	1/33
9	3	9	7	10	3	15	6	14	19/48(39.6)
10	-	7	-	7	1	8	2	8	3/30
11	-	5	-	7	-	8	1	5	1/25
12	1	7	1	11	1	15	6	6	9/39(23.1)
소계	14	76	11	93	17	133	21	107	63/409(13.3)

출처: 한국방송진흥원(2000)

다음으로 방송법 시행령이 정한 국산영화편성의 하한 20%부터 상한 40%까지에서 방송위가 고시한 편성비율, 곧 지상파방송 '25% 이상'과 지상파 외 방송 '30% 이상'이 담고 있는 의미는 무엇인가?

한국방송진흥원이 펴낸 『1999년 TV 프로그램 백서』(2000)에 의하면 1998년과 1999년 한국의 네트워크 방송3사가 편성한 한국영화는 전체 영화 편수 중에서 62편 및 63편으로 각각 15.5% 및 13.3%를 차지했다. 이는 한국영화시장 전체의 구성비와 근사치로 보여주는 수치로 1993년부터 1999년까지 수입영화 대비 한국영화의 비중은 대체로 13.4%~15.4%(평균 14.4%)를 차지하는 것과 비유된다. 다시 말하면 의무편성비율의 방송쿼터제가 없어도 방송은 14.4%의 한국영화를 편성할 수 있다는 것이다. 현실적으로 1999년 3대 네트워크 방송이 차지한 비중이 13.3%였다는 점에서 방송위가 2000년 가을철부터 방송편성을 최다 25%로 편성고시한 것은 분명한 정책목표를 천명한 것이다.

그러나 방송사들은 방송위가 공고한 고시비율이 정책목표를 다소 과도하게 잡은 것은 아니냐는 의문을 제기한다.[1] 연구자들은 국산영화 편성의 양적인 쿼터보다는 질적인 측면에 중점을 두어 주시청시간대 쿼터를 주는 방안을 제안한다(조항제, 앞의 글, 151). 이런 점에서 방송위가 2001년부터 25% 고시비율을 유지하되 주시청시간대 편성을 150%로 인정한 것은 다소 의미를 부여할 수 있을 것이다. 또한 지상파의 방송, 곧 케이블 방송과 위성방송에 30% 이상을 고시한 것은 영화전문채널의 경우 의미 있는 국산영화의 창구가 될 것으로 전망할 수 있다.

2) 애니메이션

영상산업의 중요한 몫을 차지하는 애니메이션은 다른 어떤 영상산업보다도 무한한 잠재력과 발전가능성을 가진 '21세기 컨텐츠 산업'(하종원,

---

1) 방송위원회는 애초 국내 영화산업이 제작하는 편수가 적다는 현실을 감안해 23%를 고시하고자 했으나 문화관광부와 합의하는 과정에서 25%로 상향조정됐다〔제10차 방송위원회 회의(2000년 4월 17일), 안건 바. 「편성비율에 관한 건」(2000. 10. 13)을 참조〕.

2000: 158)으로서 각광받고 있다. 그러나 우리나라 애니메이션 산업은 정책당국의 무관심 속에서 지나친 검열과 규제의 대상으로만 삼아온 결과 산업적 토대가 구축되지 못했을 뿐만 아니라 기형화된 모습을 띄게 되었다는 것이다. 그 예로서 한국애니메이션 산업은 외국의 하청생산기지로 전락했다고 전문가들은 지적한다.

뒤늦게 정책당국은 국내애니메이션 산업에 대한 지원책을 발표하면서 애니메이션과 텔레비전의 공조체제를 들고 나왔다. 부연하면 문화관광부는 1998년 10월부터 지상파 텔레비전이 편성하는 애니메이션 중 국내제작물을 공영방송(KBS와 MBC)의 경우 매주 25%(50분) 이상, 민영방송의 경우 15%(30분) 이상을 편성하도록 했으며 이 비율을 연차적으로 확대하겠다고 발표한 바 있다.[2]

통합방송법과 시행령이 정한 국내 애니메이션의 의무편성쿼터제는 앞의 문화관광부안을 기본틀로 삼고 있으나 다소 편차를 보이고 있다. 부연하면 법령은 공영과 민영을 구분치 않고 지상파방송의 경우 전체 애니메이션 방송시간의 30% 이상 50% 이하, 그리고 지상파 외 방송의 경우 40% 이상 60% 이하에서 방송위가 고시하도록 한 것이다.

새 방송위원회는 영화편성 고시의 경우와 마찬가지로 방송계와 애니메이션 업계의 의견이 서로 대립하는 가운데 고시비율을 결정해야 했다. 부연하면 애니메이션 업계는 근년에 국산 애니메이션 창작물량이 늘어나는 추세임으로 국내제작 애니메이션의 의무편성 쿼터를 더욱 늘려야 한다고 주장하는 반면 방송사업자는 물량부족으로 수급여건상 재방송으로 의무편성비율을 준수하는 형편이라고 반박하면서 다수 편성비율을 더욱 낮추어야 한다고 맞섰다. <표 3-12-7>은 국산 애니메이션의 의무편성비율을 둘러싸고 이해당사자 및 관계자들이 제시한 의견을 정리한 것이다.

---

2) 문화관광부가 1998년 7월 발표한 '지상파 국산만화 의무편성비율 고시계획'에 의하면 국산애니메이션의 의무편성비율을 공영방송과 민영방송의 경우 1999년 10월 각각 35%(70분)와 25%(50분) 이상, 2000년 10월 45%(90분)와 35%(70분) 이상, 2001년 10월 50%(100분) 이상으로 확대하겠다는 것이다〔제10차 방송위원회 회의(2000년 4월 17일), 안건 바. 첨부자료〕.

<표 3-12-7> 국산 애니메이션 편성비율에 관한 각계의견

의견 제출자	주요 의견
KBS, MBC, SBS	• 전체 애니메이션 방송시간의 35% 이상(현행 대비 KBS, MBC 10%, SBS 7% 축소)
부산방송	• 2001년도 대비 하향조정
경인, 대전, 청주, 울산, 전주	• 적용 제외 또는 적용 유보
애니메이션 제작자 협회	• KBS, MBC: 전체 애니메이션 방송시간의 50% 이상(현행 대비 5% 확대) • KBS, MBC를 제외한 지상파: 전체 애니메이션 방송시간의 45% 이상 (현행 대비 3% 확대) • 지상파 외: 전체 애니메이션 방송시간의 42% 이상(현행 대비 2% 확대) • 종교 및 교육전문채널: 전체 애니메이션 방송시간의 20% 이상(현행 대비 16% 확대)
편성정책 연구위원회	• 지상파: 전체 애니메이션 방송시간의 40% 이상(KBS, MBC는 현행 대비 5% 축소, 그 외 지상파는 2% 축소) - 주시청시간대 편성시 125% 인정(신설) - 재방송시 60%만 인정, 3방은 불인정(신설) • 지상파 외: 전체 애니메이션 방송시간의 30% 이상(현행 대비 10% 축소) - 교육전문채널: 전체 애니메이션 방송시간의 4% 이상(현 수준 유지) - 종교전문채널: 편성 제한 철폐(현행 대비 4% 축소) - 주시청시간대 편성시 125% 인정(신설) - 연간 3방까지 100% 인정, 4방은 50%, 5방은 30% 인정, 6방부터 불인정(신설)

출처: <표 3-12-4>와 같음.

새 방송위원회가 각계의 의견을 수렴하고 문화관광부와 합의를 거쳐 2002년 고시한 비율은 지상파방송의 경우 전체 애니메이션 시간의 45% 이상, 지상파 방송의 경우 40% 이상, 교육방송 8% 이상, 종교방송 4% 이상이었다. 이는 문화관광부가 연차적으로 확대하겠다는 비율과 방송위원회의 입장을 절충한 것이다. 문화관광부는 애초 의무편성쿼터제의 시행 첫해인 2000년도부터 45%(지상파방송)를 주장했으나 방송위는 법정하한선인 40%를 제안했다. 결국 시행초기 방송사의 준비미흡과 국내 제작물의 수급 사정을 고려해 40%로 낙착을 보았다. 그러나 2001년도에는 문화관광부가 제안한 대로 공영방송(KBS와 MBC) 45% 이상, 민영방송 42% 이상, 지상파 외 40% 이상으로 고시비율을 채택했다.

국산 애니메이션의 방송쿼터제는 양적 비율이 갖는 허점도 있지만 국내 애니메이션 산업의 진흥을 위해 그 필요성은 인정된다고 보인다. 그것

<표 3-12-8> 지상파 텔레비전 4개 채널 만화편성 현황(평균)

(주간단위)

연도	총 만화시간	국산만화	수입만화	국산만화비율
1996	219분	20.3분	199분	10.2%
1997	254분	20분	234분	7.9%
1998.7.	292.8분	32.5분	260.3분	11.1%
1999.4.	297.5분	50분	247.5분	16.8%
평균	265.8분	30.7분	235.1분	11.6%

출처: 1996~1998년도는 문화관광부 내부자료(1998. 10), 1999년도는 문화관광부(1999).

은 국내 애니메이션 산업이 텔레비전 창구의 공조 없이 극장용에만 의존해 창작 애니메이션의 발전을 도모한다는 것은 거의 불가능하기 때문이다(하종원, 앞의 글, 158). 더구나 우리나라 방송사들의 외국만화에 지나치게 의존하는 행태에서 탈출케 하기 위해서도 국산 애니메이션의 편성 쿼터제는 필요하다고 전문가들은 지적한다. <표 3-12-8>은 KBS 1TV 및 2TV, MBC, SBS가 외국만화에 지나치게 의존하고 있는 만화 편성 현황을 보여준다.

지상파 텔레비전 방송사들이 편성한 국산만화 비율은 최하 7.9%에서 최고 16.8%에 머물고 있는데 이는 법령이 정한 애니메이션의 의무편성 하한선인 30%를 훨씬 밑도는 비율이다.

다음으로 케이블 방송의 경우에도 비슷한 양상을 보이고 있는데 애니메이션 전문채널인 투니버스의 경우 전체 방송시간 증감에 관계없이 약 20% 내외를 보이고 있다(<표 3-11-9> 참조).

위에서 살펴본 바와 같이 우리나라 방송사들이 외국애니메이션에 지나치게 의존하고 있음을 알 수 있다. 이는 국산만화에 비해 외국만화가 갖는 우월한 대중성과 안정적인 광고수입의 확보에서 그 이유를 찾을 수 있겠지만, 국산애니메이션의 진흥을 위해 편성쿼터제는 일정한 정책목표를 달성할 수 있는 여지를 보여준다.

그러나 많은 전문가들은 국산애니메이션의 편성쿼터를 양적으로 확대하는 것만이 능사가 아님을 지적한다. 방송사의 경영적인 관점에서 보면 프로그램을 제작하는 것보다 구입에 의존하는 것이, 그것도 국내제작물

<표 3-12-9> 투니버스의 애니메이션 편성비율 추이(초방·재방 합계)

	1998년	1999년	2000년
총 방송시간 (월 평균)	31,180분	30,520분	43,920분
애니메이션 총 방송시간 (총 방송시간대비)	22.682분(72.7%)	26,957분(88.3%)	38,790분(88.3%)
국산애니메이션 방송시간 (애니메이션 총 방송시간 대비)	4,518분(19.9%)	5,565분(20.6%)	7,937분(20.5%)

출처: 하종원, 2000: 187

보다는 외국물에 의존하는 것이 훨씬 효율적이다. 보통 국내제작 애니메이션 구입의 경우 차이는 있지만 편당 2,000만 원 선으로 방송사가 공통 제작하는 경우 5,000만 원보다 훨씬 적게 들며 외국물을 구입하는 데는 편당 불과 200만 원 안팎이 든다는 것이다(한진만, 2002: 65).

또한 방송사들은 국산 창작 애니메이션의 공급량이 부족해 의무편성비율을 지키려면 전체 애니메이션 방송시간을 줄일 수밖에 없다고 주장한다. 실제 KBS와 MBC의 2001년도 가을개편 편성현황을 보면 봄개편보다 총 애니메이션 편성량이 축소된 것으로 나타났다(<표 3-12-10> 참조).

이는 방송사들이 국내제작 애니메이션 편성비율이 전체 애니메이션 방송시간을 기준으로 하고 있다는 점을 '악용'하고 있다는 비판을 가질 수 있지만 방송위가 보완책을 마련해야 할 부분이다.

<표 3-12-10> KBS와 MBC의 2001년도 봄·가을 애니메이션 편성

(주간기준, 단위: 분)

구분	총 애니메이션		국내제작 애니메이션		비율	
	2001 봄	2001 가을	2001 봄	2001 가을	2001 봄	2001 가을
KBS	480	310	220	170	45.8%	54.8%
MBC	180	130	90	75	50.0%	57.7%

출처: <표 3-12-4>와 같음.

3. 외국방송채널의 재송신

케이블 방송과 위성방송과 같은 다채널 서비스는 지상파방송과는 달리 각 채널 또는 프로그램의 시청률이나 점유율이 낮고, 이에 따라 광고수익 또한 상대적으로 적다(박소라, 2001: 57). 따라서 이러한 운영구조 아래 있는 다채널 서비스는 외국프로그램의 재송신이나 외국채널의 전송에 의존하는 경향이 강하다. 더구나 국내 방송영상산업이 취약한 구조를 띄고 있는 상황에서 케이블 방송과 위성방송의 외국프로그램과 외국채널의 의존도는 상대적으로 클 수밖에 없다.

통합방송법은 기본적으로 외국방송 재송신을 승인제 아래 두면서 위성방송과 케이블 방송사업자가 전체 운용채널수의 10% 이내로 할 것을 규정하고 있다(법 시행령, 제53조 1항 4호). 방송위원회는 이 법적 규제의 틀 안에서 2000년 7월 17일 발표한 '종합·중계유선 방송채널 운용지침'을 시달하면서 케이블 방송의 외국방송의 재송신 승인을 당분간 유예하되, 유예기간동안 국내에서 '인기도가 높고 방송내용의 사회적 수용이 인정되며, 저작권 문제 등과 관련해 해당 외국방송사업자가 인정하는 경우에 한정해 재송신을 허용'하겠다고 공표했다. 방송위원회가 법정직무인 외국방송의 재송신 승인업무의 시행을 당분간 유예한 것은 당시 케이블 방송이 외국채널의 '해적방송'을 하는 행태가 만연되어 있는 사정을 고려해 외국방송사업자와 계약협상이 이루어질 수 있도록 하자는 정책적 배려에서였다. 다만 방송법이 명시한 외국방송의 운용채널수를 초과하는 경우(종합유선: 전체 운용채널 수의 10% 이내; 중계유선: 전환 승인 유예기간 3개 채널 이내) 규제를 시행키로 했다.[3)]

이어 방송위원회는 2001년 3월 26일 외국방송 재송신의 형식으로 한국어 자막방송을 허용했다(한국어 더빙은 금지). 방송위원회가 2001년 11월

3) 당시 방송위원회의 내부조사자료에 의하면 특히 다수의 중계유선사업자가 허용된 채널수를 초과해 외국방송을 재송신하고 있음이 드러났다. 부연하면 230개 사를 조사한 결과 154개 사(67%)가 채널수를 초과해 재송신하고 있었으며 평균 8개 채널을 외국방송에 배당하고 있었다[방송위원회, 위원 워크숍(2001년 10월 19~20일) 자료].

<표 3-12-11> 케이블·위성방송의 외국방송 재송신 운용방안

1. 기본방향 - 시청자의 선택권 확대, 뉴미디어 사업 조기정착을 통한 영상산업 발전 도모 - 다만, 무분별한 재송신 금지(채널수 제한 유지) 2. 세부방안 - 재송신 승인업무 시행 - 주시청대상이 한국인이고, 국내제작 프로그램을 주로 방송하는 채널은 제외 - 외국위성을 이용한 방송채널 사용사업 승인은 당분간 유보 - 재송신 승인시 SO 및 위성방송사업자를 통한 국내 제작기반 강화 방안 마련 - 외국사업자에 대한 직접적인 의무부과는 현행법상 곤란 - 수익의 일부를 국내 방송영상사업에 재투자 또는 국내 프로그램을 일정기간(또는 금액) 이상 제작하거나 국내 PP를 지원하도록 하는 등의 의무를 승인조건으로 부과(방송법 시행령 개정) - 외국사업자와의 재송신약정서 제출 폐지(방송법시행령 개정) - 우리말 사용(한국어 더빙) 허용 검토 - 다만, 단계적으로 외국방송사업자를 국내 PP로 편입유도(방송법개정)

출처: 제43차 방송위원회(임시) 순서(2001. 11. 19), 안건 가. 「채널 운용방안에 관한 건」(2001-42-148).

19일에 발표한 외국방송의 재송신정책은 그때까지 유예하고 있던 ① 외국방송 재송신 승인업무를 시행하겠다는 방침과 아울러 ② 주시청대상이 한국인이고 국내제작 프로그램을 주로 방송하는 채널은 승인대상에서 제외하며 ③ 외국위성을 이용한 방송채널사용사업자의 승인은 당분간 유보하겠다는 방침을 골자로 한다.

먼저 외국방송의 재송신 승인은 그때까지 유보하고 있었지만 케이블 방송업계가 그동안 외국사업자와 협상할 수 있는 기간이 충분하다고 생각될 뿐만 아니라 위성방송의 출범을 앞두고 외국방송의 재송신을 법적 규제 밖에 놓아둘 수가 없기 때문이다.

다음으로 한국수용자를 주시청자 대상으로 삼아 국내제작 프로그램을 주로 방송하는 사업자는 불법 홈쇼핑 사업을 하는 등 그동안 규제의 사각지대에 놓여 있었다. 국내 시청자를 대상으로 한국어 서비스를 제공하는 방송사업자들 중 대표적인 사례로는 OSB, KMTV 등을 들 수 있다(손승혜, 2000: 149-150).

OSB는 2001년 3월 국내 PP로 등록하기 전 도쿄에 기반을 두고 Panam Sat 2를 이용해 한국을 포함 동북아지역을 대상으로 4개 채널을 제공하고 있었다. 한국을 표적으로 한 서비스의 경우 국내 지상파방송, 케이블 방송

<표 3-12-12> 한국어 방송 서비스 제공 외국방송채널

위성	위치	채널명	내용	비고
Panam Sat 2	169E	KNTV	국내드라마/영화/홈쇼핑 -Sky Perfect	SUN-TV
Asia Sat 3S C-band	105.5E	National Geographic Channel	다큐멘터리(한글자막)	
Panam Sat 8	166E	OSB 1/3 OSB CTV Sky Shopping PSTV DISCOVERY	국내드라마/일본야구/홈쇼핑 국내기독교방송 국내홈쇼핑 국내홈쇼핑 다큐멘터리	C&M 국내 대행
Aglia 2	146E	KSBN CNTV	국내드라마/홈쇼핑 영화(한글자막)	
ST1	88E	KSB	국내드라마/홈쇼핑	
JCSAT 3	128E	K-max KNTV ACE	국내드라마/영화/홈쇼핑 국내드라마/영화/홈쇼핑 국내드라마/영화/홈쇼핑	퍼펙 TV의 외국어채널

출처: 손승혜, 2000: 149-152

의 뉴스와 드라마, 오락, 일본 프로야구 등을 전송해왔다.

KNTV의 경우 Panam Sat 2를 이용해 국내시청자를 겨냥해 국내드라마, 영화, 홈쇼핑을 재송신하고 있다. 이밖에도 필립 위성방송, KSA 한미위성 등이 국내시청자들을 대상으로 유사 위성방송 서비스를 제공하면서도 공식적인 법규제의 틀 밖에 놓여 있었다. <표 3-11-12>는 한국어 방송 서비스를 제공하는 외국방송채널을 보여준다.

이들 방송사업자들에 관해서 한 연구자는 '공식적으로 방송제도 안으로 편입시켜 규제에 포함시켜야 한다는 의견'이 지배적이라고 주장했다(위의 글, 150).

방송위원회가 이들 유사 위성방송사업자들을 재송신 승인대상에서 제외한 것은 방송제도 안으로 끌어들이려는 유인책과 무관한 것이 아니다. 그동안 이들 사업자들의 방송을 재송신해오던 중계유선방송사업자들과 일부 종합유선방송사업자들이 재전송채널의 비율을 맞추기 위해 이들의 전송을 대부분 중단했다는 것이다(위의 글, 150). 또한 홈쇼핑 사업자를 중심으로 운영해왔던 상당수의 유사 위성방송사업자들이 방송위의 단속 등으로 인해 상황이 불리해지자 채널 방송사업자로 흡수되었다는 것이다.

다음으로 외국위성을 이용한 방송채널 사용 사업의 승인을 당분간 유예하겠다는 방침은 방송법 제9조 8항이 규정한 방송채널사용사업자의 재송신의 승인에 관해 방송위원회가 입장을 표명한 것이다. 이는 유사 위성사업자를 제도권으로 유인하려는 방침과 아울러 자국위성체 사업을 보호하자는 취지이다.

그밖에 방송위원회는 외국방송채널의 운용정책에서 법 시행령이 규정한 외국방송사업자와의 재송신약정서 제출의무를 폐지한다는 방침(시행령 개정사항)과 아울러 한국어 더빙(외국방송의 우리말 사용)의 허용을 검토하겠다고 밝히고 있다.

우리는 이상에서 우리 방송시장의 대외개방을 외국자본의 방송시장 진입, 외국방송프로그램의 편성쿼터제, 그리고 외국방송채널의 재송신 문제를 중심으로 논의했다.

새 방송위원회가 통합방송법의 규제의 틀 안에서 방송의 대외개방에 대해 취한 일련의 방침은 개방보다는 문화적 정체성을 지키고 국내 방송영상산업을 보호하자는 우리사회의 정서를 반영하는 취지에서 정해진 것이다.

그러나 다른 한편 WTO가 주도하는 '도하개발 아젠다'(DDA)는 포괄적 협상 아래 회원국들이 2002년 6월 말까지 방송과 영화를 포함한 서비스 부분의 양허요청안을 제출했고, 양자간 협상을 거쳐 2003년 3월까지 양허안을 제출하기로 되어 있다.

<표 3-12-13>이 보여주는 바와 같이 우리나라가 받은 요청은 외국방송쿼터제의 철폐 및 외국방송 재송신규제의 철폐 등을 포함하고 있다. 이러한 국제적 흐름에서 새 방송위원회는 방송법이 정한 국내제작 편성쿼터제의 틀 안에서 방송의 대외개방정책을 마련해야 하지만 전략상 불필요한 편성쿼터(방송프로그램 및 대중음악)를 없애고, 영화나 애니메이션의 편성쿼터도 영화전문채널 및 만화전문채널에 한정할 필요가 있을 것이다. 기타 전문채널의 경우 80% 이상을 전문편성하고 있으므로 문제가 될 수 없고

<표 3-12-13> 한국에 대한 주요국가들의 양허 요청

국가	양허요청내용	비고
미국	• 현행 자유화 조치의 양허 • 외국방송쿼터 및 외국방송 재송신규제 철폐 • 케이블네트워크 서비스(SO)의 정의	구체적 수준은 추후 결정
대만	• 외국방송쿼터 철폐	
브라질	• 외국방송쿼터 철폐 • 방송사에 대한 외국인지분 금지 및 제한 철폐	

출처: 방송위원회 내부자료(송경희, 2002: 51 재인용).

다만 20%에 대해서는 행정지도를 통해 정책취지에 이바지하도록 채널 운영을 독려할 수 있을 것이다.

요컨대 방송시장의 대외개방은 현행 방송법의 틀 안에서 다소 인색하게 이루어질 수밖에 없다. 우리나라 방송법상 규제현황 아래 방송서비스시장의 개방문제를 검토한 한 연구는 '한국은 국제경쟁력을 가진 할리우드와 일본에 방어체제를 가지면서도 한편으로는 아시아 및 각 국에 프로그램을 수출하는 방어와 진출의 기제를 동시에 가지는 체질로 키워야 한다'고 제안하고 있다(송경희, 2002: 55).

방송위원회는 2002년 정부가 총체적인 국가경쟁력제고정책으로 제시한 한편 '동북아 비지니스 중심국가 실현방안'에 발맞추어 외국방송 개방정책을 발표한 바 있는데 그 골자는 케이블 방송사업의 경우 외국자본의 참여제한을 완화해 외국인 지분총수를 현행 33%에서 49%까지 허용, 경제특구 예정지역 내 외국방송의 재송신 경우 현행 전체 운용채널의 10%에서 20%로 확대한다는 것이다.

현재 경제특구 예정지역인 송도, 영종도, 김포에서는 한국케이블TV 남인천방송, 한국케이블TV 서해방송, 드림씨티 방송이 방송 서비스를 실시하고 있다.

4. 일본방송 개방

일본방송 개방은 한국방송시장의 대외개방에서 특수한 사례에 속한다. 그것은 한일관계의 역사적 특수성에서 한국민의 반일정서와 함께 일본대중문화 개방이 가져올 수 있는 문화적 내지 산업적 충격을 고려한 정부정책의 큰 틀의 흐름이 있기 때문이다.

한국정부는 일본대중문화에 대해 빗장을 잠가두고 있었으나 김대중 정권이 들어선 뒤 한일문화교류의 확대차원에서 빗장을 풀었다. 곧 정부는 1998년 10월 20일 일본대중문화의 개방을 결정하고 관련정책 방향을 발표했다. 그것은 1945년 해방 후 50년, 1965년 한일국교정상화 후 한 세대 이상을 이끌어온 한일문화교류의 이정표였다.

부연하면 한국정부는 일본대중문화를 단계적으로 개방한다는 방침 아래 먼저 1차로 영화, 비디오, 만화(인쇄 부문)를 부분적으로 개방했으며, 1999년 9월 10일 2차로 영화 및 비디오 부문의 개방 폭을 넓히고, 일본대중가요 공연을 제한적으로 허용했다.

2000년 6월 27일 3차 개방은 무엇보다도 부분적으로 일본방송의 개방을 포함함으로써 일본대중문화 개방의 분수령이 되었다. 이 3차 개방에 포함된 일본방송 개방은 스포츠, 다큐멘터리, 보도프로그램의 경우에 한해 한국방송이 전송할 수 있도록 허용했으며 영화의 경우 부분적으로(국제영화수상작 및 전체관람가 영화 중 기존에 개봉된 영화) 케이블 방송과 위성방송이 전송할 수 있도록 허용한 것이다.

제3차 일본대중문화 개방에서 일본방송 부문의 개방이 갖는 '정책적 연루 의미'(policy implications)는 크다. 예컨대 텔레비전 방송을 통해 일본영화가 소개되었을 때 일본영화의 개방이 완성될 뿐더러 한국영화시장에 더욱 실질적인 영향을 끼칠 수 있기 때문이다.

방송은 가장 완벽한 유통망을 갖추고 있는 매체이므로 방송의 개방은 유통망이 다단계적인 여타 문화산업의 경우와는 달리 일본문화의 전반을 한꺼번에 드러내어서 한국문화지형 전반에 영향을 미칠 가능성이 높고, 또 멀티미디어적 성격을 늘 지니고 있기 때문에 타 문화산업에 큰 영향을

<표 3-12-14> 일본대중문화의 단계적 개방

제1차 개방 내용(98. 10. 20.)
• 영화 및 비디오 부문 (비디오는 개방 발표 이후 국내에서 상영된 일본영화의 비디오를 의미) - 4대 국제영화제(칸느, 베를린, 베니스, 아카데미) 수상작 - 한일공동제작영화 - 한국영화에 일본배우 출연허용 및 한일영화주간 개최 • 출판부문: 일본어판 출판 만화, 만화잡지
제2차 개방 내용(99. 9. 10.)
• 영화 및 비디오 부문 개방 폭 확대 - 공인된 국제영화제 수상작 - 전체관람가 영화(영상물등급위원회 인정 영화) - 다만 애니메이션은 제외 • 공연부문 - 2,000석 이하 규모 실내장소에서의 일본대중가요 공연 허용 - 다만 식품위생법령에 의한 식품접객업소(휴게음식점, 일반음식점, 단란주점, 유흥주점)에서의 공연실황 방송, 음반 및 비디오의 제작·판매는 불허
제3차 개방 내용(2000. 6. 27.)
• 공연 및 영화 부문 - 실내 2,000석 규모 이내로 제한됐던 일본대중가요 공연의 전면 허용 - 국제영화제 수상작과 '전체관람가'로 제한했던 일본영화 개방폭 확대('18세 미만 관람불가' 제외) - 국제애니메이션영화제를 포함한 각종 국제영화제 수상작에 국한한 극장용 애니메이션 - 국내 상영된 영화와 애니메이션의 비디오 출시 개방 • 음반부문 - 일본어 가창음반을 제외한 나머지 음반 • 게임 - 게임기용 비디오게임물을 제외한 나머지 게임물 • 방송부문 - 모든 방송매체에 대해 스포츠, 다큐멘터리, 보도프로그램의 방송을 허용 - 케이블TV 및 위성방송의 경우 공인된 국제영화제 수상작과 전체관람가 영화로서 국내 개봉작에 한해 방영을 허용

끼친다는 점에서 일본대중문화 개방 가운데 일본방송 개방은 신중한 정책적 접근이 필요하다 할 것이다(김무곤, 2000: 7).

여기서 새 방송위원회가 일본방송 개방문제에 어떻게 접근했는지 되돌아보고 장차 정책적 대응을 모색해보자. 먼저 방개위는 김대중 정부가 일본대중문화의 단계적 개방 방침 아래 일본 방송프로그램의 점진적·단계적 개방을 제안했다. 부연하면 매체별 및 프로그램별로 나누어, 라디오→위성 및 케이블 방송→지상파방송의 순으로, 다큐멘터리·뉴스→드라마·

<표 3-12-15> 일본방송 개방에 관한 방송위 실무안

실무안	정책취지
• 스포츠, 다큐멘터리, 보도프로그램은 모든 매체(지상파TV, 케이블TV, 위성)에 개방허용 • 국내에서 상영된 공인된 국제 영화제 수상작 및 전체관람가 영화는 뉴미디어 매체(케이블TV, 위성)에 한해 개방 허용	• 기본방향: 문화적 정체성 및 경쟁력을 고려, 매체별·장르별로 단계적 개방 • 스포츠, 다큐멘터리, 보도 장르의 프로그램은 선전성·폭력성 등의 측면에서 큰 문제점이 없을 것으로 예측되므로, 모든 매체에 개방허용 • 드라마, 영화, 오락프로그램은 아직 개방을 허용하기에 이른 것으로 판단되나, 기존의 개방을 통해 영화시장과 비디오 시장에서 일정기간 검증을 거친 바 있는 영화프로그램에 대해서는 뉴미디어 매체에 한해 제한적 개방 허용 • 장르별 구분과 동시에 매체별 차별화 정책이 필요하므로, 매체접근에 대한 차별성, 매체가 지니는 사회적 영향력 등을 감안하여 케이블TV, 위성에 한해 개방 허용 • 현재 제도적 규제방법이 없는 상태(수입추천제. 사전심의제 폐지)이므로, 적극적인 방향으로 정책을 수립하는 것이 필요 • 드라마, 영화, 오락프로그램 등을 향후 동시에 전 방송매체에 개방허용할 경우, 사회문화적 충격이 클 수 있으므로 뉴미디어 매체를 통한 일정한 검증절차가 필요

출처: 제16차 방송위원회 회의(정기) 순서(2000. 6. 12). 안건 자. 「방송부문의 대외개방에 관한 건」(2000-18-76).

오락의 순으로 '차등 개방'을 제안했다.

새 방송위원회는 한일정부안에 합의된 3차 대중문화개방 일정에 따라 문화관광부와의 실무협의를 거쳐 방송개방실무안을 마련했다. 이 실무안의 실체적 내용은 3차 일본 대중문화개방에 추가된 방송부문의 개방과 같은 내용이다.

방송위원회는 이 일본방송 개방에 관한 실무안을 15인의 방송학자 및 전문가 의견을 수렴한 뒤 확정짓고 2000년 6월 12일 전체회의를 열어 의결했다.

방송위원회는 제3차 개방에 포함된 일본방송 개방을 결정한 뒤 장차 정책적 대응을 모색하기 위해 일본방송 전문가들에게 정책과제 연구를 위탁했다. 이 정책과제는 '일본방송 개방에 따른 국내방송시장 영향분석'(김무곤, 2000년 12월), '한일방송산업 경쟁력 비교분석'(조은기, 2001년 12월), '일본방송 개방과 문화적 파급효과에 대한 분석'(이연, 2001년 12월)이다.

이들 연구의 결과에 의하면 일본방송의 개방이 특정프로그램장르에서

<표 3-12-16> 방송위 실무안에 대한 전문가(15인) 의견조사

실무안 찬성	이상희, 오택섭, 이효성, 김우룡, 이상식, 김무곤, 김훈순, 강미은
개방(실무안보) 소폭 확대	강현두
개방 대폭 확대	김학천, 유재천, 김은미
개방 보다 신중	김승수
기타	이상훈(방송진흥원)(지상파: 개방금지, 뉴미디어: 개방확대), 이홍재(문화정책개발원)(지상파: 개방축소, 뉴미디어: 개방확대)

출처: <표 3-12-15>와 같음.

우려되는 바가 없지는 않지만 다른 외국방송과 차별화할 필요가 없다는 의견이다. 방송법 제71조와 법 시행령 제57조의 국내프로그램 의무편성 조항 및 특정 국가 프로그램 수입상한선을 일본프로그램에도 차별없이 적용할 필요가 있다는 것이다.

다만 일본영화의 경우 '문화적 할인'(cultural discount)이 상대적 낮다는 점과 관객동원수가 상대적으로 높다는 점을 고려해야 하며, 그리고 오락의 경우 뉴미디어 매체에 전면 개방할 경우 폭력·음란물의 범람 등 부정적 문제점이 발생할 소지를 차단하기 위해 방송위원회가 특별한 정책을 펴야 할 것으로 내다봤다.

결론적으로 일본방송 개방정책은 매체별 및 장르별 순차적 개방이라는 현재 정책기조를 유지하되 케이블 방송과 위성방송의 경우 다소 과감한 개방정책을 모색해도 좋다는 정책방향을 제시했다.

여기에 저자의 사견을 덧붙이자면 일본의 공영방송과 민영방송을 차별화해 공영방송 NHK가 방송하는 일본의 전통문화 및 고급문화의 경우 한일문화교류의 차원에서 상호주의의 기조로 적극적으로 개방할 수 있을 것이다.[4)]

그러나 한편 일본민방이 방송하는 저급한 대중문화, 특히 저속한 오락

---

4) 저자는 예를 들어 가부키(歌舞伎) 같은 일본의 고전 오페라, 하이쿠(俳句) 같은 단시, 노(能)와 같은 인형극은 일본인의 정서와 문화를 이해하는 데 도움을 준다고 보면서 개방을 주장한 바 있다(김정기, ≪문화일보≫, 1998년 5월 1일자 오피니언란의 「일본을 좋은 이웃으로」).

과 폭력물에 대해서는 단호하게 문을 닫아야 할 것이다.

5. 요약과 결론

통합방송법은 우리 방송시장의 대외개방에 관해 외국자본의 참여, 외국방송프로그램의 편성, 외국방송채널의 승인을 대별해 규제하고 있다. 지상파방송의 경우 외국자본의 참여를 전면 금지하는 반면 케이블 방송과 위성방송의 경우 33%까지 허용하되 종합편성과 보도전문채널의 경우는 금지했다.

외국방송프로그램의 국내방송편성에 대해 기본적으로 국내제작물의 의무편성쿼터제를 부과하는 형식으로 규제하고 있어 WTO 체제 아래 개방압력의 표적이 되는 부분이기도 하다. 케이블 방송과 위성방송의 통합방송법은 외국방송의 재송신을 승인제 아래 묶어두는 한편 상한선을 전체 운용채널수의 10% 이내 또는 3개 이내로 못박고 있다.

새 방송위원회는 법의 테두리 안에서 우리 방송의 대외개방정책을 펴고 있다. 외국방송프로그램의 경우 방송위원회로 하여금 직접 편성쿼터를 부과하게 하는 대신 국내제작 방송프로그램의 의무편성쿼터를 부과하게 한다. 곧 방송위는 전체 방송시간의 하한과 상한 사이에서 편성비율을 고시로 정하도록 규정하고 있다.

그런데 법이 국내제작 방송프로그램을 방송프로그램, 영화, 애니메이션, 대중음악으로 나누어 각각 편성쿼터를 부과하고 있지만 '방송프로그램'과 '대중음악'의 경우 편성쿼터를 부과하지 않더라도 법이 정한 비율 이상으로 편성하고 있으므로 불필요한 규제로 마땅히 폐지되어야 할 것이다.

문제는 영화와 애니메이션 부분인데 2000년 하반기 영화의 경우 25% 이상 지상파방송의 편성비율을 고시한 것으로부터 출발해 점차 확대하고 있다.

그런데 전문가들은 이런 편성쿼터비율의 고시가 입법취지에 이바지하려면 국내 영상산업이 제작능력을 배양하는 지원책이 마련되어야 하는 한

편 방송편성 관계자들의 국산물을 폄하하는 인식을 바꿀 필요가 있다고 지적한다.

다음으로 통합방송법은 외국방송채널 재송신을 승인제 아래 두면서 다채널 서비스인 케이블 방송과 위성방송의 경우 전체 채널수의 10% 이내로 한정하고 있다. 또한 방송위원회는 한국어 자막방송은 허용해 한국어 더빙은 금지했다. 이어 2001년 11월 19일 방송위원회는 종합적인 채널 운용정책의 일환으로 외국방송의 재송신방침을 공표한바, 그 골자는 외국방송 재송신의 승인업무 개시, 유사 위성방송의 금지로 요약할 수 있으며, 한국어 더빙 허용을 적극적으로 검토하겠다는 것이다.

통합방송법의 틀 안에서 방송위원회가 시행하는 방송시장의 대외개방은 구조적으로 인색할 수밖에 없지만 이는 외국과의 상호주의 원칙 아래 단계적으로 그리고 부문별로 보다 적극적인 개방정책을 펴야 할 것이다. 그런 점에서 방송위원회는 우리 정부가 총체적인 국가경쟁력제고정책으로 제시한 '동북아비즈니스 중심국가 실현방안'에 발맞추어 외국방송 개방정책을 마련하고, 케이블 방송에 대한 외국자본의 참여제한을 완화해 외국인 자본소유를 49%까지 허용하며, 경제특구 예정지역 안에 외국방송 재송신비율을 현행 전체 운용채널의 10%에서 20%로 확대하기로 했다.

일본방송의 개방은 한일 간의 역사적 관계에 영향을 받지 않을 수 없는 특수한 문제이다. 방송위원회는 정부의 일본대중문화 개방정책에 발맞추어 2000년 6월 27일 3차 개방시 부분적으로 일본방송의 개방을 단행했다. 부연하면 일본방송 개방은 스포츠, 다큐멘터리, 보도프로그램의 경우에 한해 한국방송이 전송할 수 있도록 허용했으며 영화의 경우 국제영화상 수상작 및 전체관람가 영화 중 기존에 개방된 영화에 한해 케이블 방송과 위성방송이 전송할 수 있도록 허용했다.

요컨대 일본방송 개방정책은 매체별 및 장르별 순차적 개방이라는 현재 정책기조를 유지하되 뉴미디어 방송의 경우 다소 과감한 개방정책을 모색할 필요가 있을 것이다.

결론적으로 한국방송시장의 대외개방은 자국의 문화적 정체성을 지키고 국내 방송영상산업을 보호해야 한다는 정책적 기조를 유지하면서 외국과의 통상마찰을 최대한 줄이는 전략을 세울 필요가 있는 것이다. 이를 위해 불필요한 부문의 편성쿼터제를 없애고 뉴미디어 방송분야에 대해서는 외국자본 및 외국방송의 재송신에 대한 제한을 과감히 풀어야 할 것이다.

제3부를 마치며

제3부를 마치면서 나는 정말 허탈증에 빠지게 한 일을 기억에서 지울 수 없다. 그것은 위성방송사업자 KDB의 경영에 관한 사안이다. 신생 방송위원회는 2000년 3월 13일 정식으로 출범하자 곧 위성방송사업자 선정에 착수해 거의 8개월 이상 길고 긴 절차를 밟아 '한국디지털위성방송'(KDB) 선정을 마무리지을 수 있었다.

그것은 한 위성방송사업자의 선정이라는 차원을 넘어 신생 방송위원회가 명운을 걸고 위성방송 허가정책을 실현한 과정이었다. 이 허가정책 목표의 근간은 위성방송사업의 조기정착과 아울러 시청자의 채널 선택권 확대와 양질의 서비스 제공이었다.

이를 위해 방송위원회가 힘을 쏟은 부분은 무엇보다도 소유와 경영의 분리 원칙을 철저히 지켜 전문경영체제를 마련해야 된다는 것이었다. 방송위원회가 이 부분에 얼마나 정열을 쏟았는가는 위성방송사업의 '경영주도사 희망사업자군'을 상대로 벌인 청문기록(방송위원회 2000가)을 읽어보면 알 수 있다. 이어 방송위는 2001년 5월 7일 「위성방송사업자 허가추천에 관한 건」을 의결하면서 '허가장 부관 사항'으로 법인의 소유와 경영의 분리 및 이를 통한 경영의 투명성과 효율성 제고를 위하여 노력하여야 한다는 허가추천조건을 정보통신부에 요청했던 것이다[제20차 방송위원회 회의 순서 안건 라. 「위성방송사업자 허가추천에 관한 건」(2001-20-66) 참조].

그러나 위성방송사업자로 선정된 KBD가 초창기 경영의 난맥상을 보이더니 결국 강현두 사장이 '제2의 도약'을 위해 '전문경영인'이 필요하다고 하면서 2002년 7월 말 물러나고 말았다. 그 뒤 KDB는 과연 전문경영체제를 도입했는지 나는 의문의 안개를 지울 수 없다.

새 방송위원회가 위성방송사업자 선정에 들인 시간과 정열은 파격적인 것이었다. 방송위원회 전체가 신생 국가기관의 명운을 걸고 관계 직원들이 거의 8개월 동안 밤낮을 가리지 않고 뛰었으며 방송위원들이 명예를 걸고 사심 없이 대처해 위성방송사업이라는 대형 허가사업을 마무리할 수 있었다.

이는 과거 정부의 대형 허가사업을 둘러싸고 으레 뒷말과 비리 의혹이 무성했던 사례를 상기할 때 신생 방송위의 업적으로 평가받을 만한 일이라고 생각한다. 예컨대 정보통신부의 1998년 PCS(개인휴대통신) 사업자 선정과정에서 장관을 비롯한 관계 공무원들이 비리 스캔들에 연루돼 관계 공무원이 구속되는가 하면 장관이 미국에 피신하고 있지 않은가?

위성방송사업자 선정은 신생 방송위로서는 대형 허가사업을 뒷말의 잡음 없이 마무리해야 한다는, 사회적 신뢰성이 걸려 있는 최초의 도전이기도 했지만, 보다 중요한 것은 우리 방송영상산업의 구도를 바꿀 만한 잠재력을 가진 위성방송사업이 과거 케이블 방송이 겪었던 시장실패의 전철을 밟지 않고 조기 정착하게 할 수 있는가, 그 결과 양질의 새로운 방송서비스를 제공함으로써 시청자복지를 실현할 수 있는가 하는 문제가 걸려 있었기 때문이었다.

그러나 KDB의 최고경영자 선임을 둘러싼 소문을 들어보면 자조의 한숨이 절로 나온다. KDB가 전문경영체제로 운영되어야 한다는 것은 방송위원회에 약속한 서약일 뿐만 아니라 사회적 당위이자 명령이다. 이를 위해 한국통신을 비롯한 주요 주주가 제몫을 다했는가, 이른바 '권부의 실세'는 이 문제에서 자유로운가, 특히 KDB의 경영을 감독할 이사회가 제몫을 다했는가 묻지 않을 수 없다.

케이블 방송정책을 추진하면서 방송위원회는 중계유선방송(RO)의 종합유선방송(SO) 전환 승인사업에서 난데없는 화살을 맞고 있다. 공정거래위원회가 같은 지역에서 SO와 RO의 기업결합이 공정거래법에 저촉된다는 입장을 취한 것이다. 이는 방송위원회의 정책취지와 정면으로 충돌하는 것이다. 그동안 케이블 방송시장이 정부정책의 잘못으로 난맥상을 이루어온 것을 바로 잡겠다는 것인데 이것이 공정거래법에 위반된다면 방송위의 케이블 방송정책은 원점으로 회귀될 수밖에 없다. 다행히 공정거래위는 뒤늦게 케이블 방송시장에서의 기업결합이 법에 저촉되지 않는다는 결정을 내렸지만 그 과정에서 방송위의 법적 위상 문제가 여지없이 노출되고 말았다.

결론적으로 신생 방송위원회가 역점을 두어 추진했던 중요한 두 사업, 곧 위성방송허가와 RO의 SO 전환 승인은 시쳇말로 '상처뿐인 영광'으로 남게 된 것이다.

제4부

방송공익과 시장의 조정

방송채널 운용정책을 중심으로

제2부 '방송과 공익'이 방송의 공적 책임에 무게를 둔 방송정책을 다루었다면 제3부 '방송과 시장'은 방송의 시장성에 무게를 둔 방송정책을 논의했다. 제4부 '방송공익과 시장의 조정'은 방송공익과 방송시장 간의 긴장과 갈등을 새 방송위원회가 어떻게 조정했는가 하는 문제에 초점을 맞추었다. 이 초점이 조명한 표적이 방송채널 운용정책이다. 물론 방송공익과 시장 간의 긴장과 갈등은 방송채널 운용정책에만 한하는 것은 아니다. 예컨대 제2부 '방송과 공익'에서 논의한 방송편성쿼터정책의 경우 공익의 보호를 위해 편성쿼터를 둔 법제의 틀 안에서 쿼터제의 완화를 요구하는 시장의 압력은 항상 존재한다. 또한 제3부에서 다룬 케이블 방송정책의 경우 방송법이 정한 규제완화의 틀 안에서 공익적 규제를 강화하라는 시청자의 요구는 끊임없이 들린다(예컨대 홈쇼핑 사업자를 위한 케이블 방송의 채널 번호 우대배치에 대한 부당성 지적).

문제는 방송공익과 시장간의 긴장과 갈등을 정책당국이 어떻게 합리적으로 조정해야 하는가의 여부에 있다. 제2부와 제3부에서 다룬 새 방송위원회의 정책은 공익에 무게를 두거나 시장에 무게를 둔 조정이라고 본다면 제4부는 어느 한 쪽에 무게를 두었다기보다 공익과 시장의 타협이라고 볼 수 있다.

예컨대 뒤에서 자세히 살펴보겠지만 위성방송의 지상파방송 재송신정책은 공익과 시장 간의 타협의 산물이다. 새로운 미디어인 위성방송은 시장에 맡겨져야지 규제에 묶어두어서는 안되는 시장성이 강한 매체이다. 그럼에도 새 방송위는 위성방송의 지상파방송의 재송신을 수도권 지역에 제한해 허용하는 방침을 정했다. 이는 지역방송을 보호해야 한다는 공익적 요구와 위성방송을 조기에 정착시켜야 한다는 시장의 요구를 절충한 타협인 셈이다.

공익을 담보하는 조직으로서 국가의 몫을 믿는 국가주의 이론가들은 시장실패에 주목하면서 시장기능을 경시한다.[1] 한편 시장의 몫을 신조로

---

1) 대표적인 예로 공공재국가이론을 들 수 있는데 이에 의하면 시장실패는 세 가지 상황에서 일어날 수 있다는 것이다. 곧 첫째는 제2부에서 논의한 바와 같이 공공재인 방송이 규모의 경제수익의 체증현상을 빚을 때 자연적 독점과 진행되어 시장실패에 이른다. 둘째, 시장의 테두리 밖에서 존재하는 외부효과로 인

<표 4-0-1> 방송의 국가중심 모델과 시장중심 모델의 비교

기준	국가 주도형	시장 주도형
기본철학	가부장주의 국가개입주의(케인즈)	신자유방임주의(아담 스미스) 신자유주의(파울러)
공익개념	필요하다고 판단되는 공통 이익	최대다수 최대만족
방송기능	문화적·교육적	오락적·소비적
수용자관	미성숙한 시민	성숙한 이성적 개인·소비자
규제방식	국가·공공기구, 법에 의거 (내용 규제 중심)	시장경쟁과 수용자선택 (소유규제 중심)
허가방식	국가소유·공공신탁	경매 등 시장기구 통해
운영원칙	보편적 서비스	유료 가입자 서비스
방송재원	수신료 중심	광고료와 가입료 중심
방송채널	(주파수)희소성	기술적 풍부성

출처: 최영묵, 1997: 30

믿는 신고전주의자들은 비록 시장이 실패할 수 있다는 것을 인정하더라도 시장실패를 국가가 효율적으로 처리하리라는 보장이 없으며 오히려 시장이 국가보다 더 효율적으로 해결할 수 있다고 본다.

방송학자 최영묵(1997)은 국가·시장논쟁의 핵심은 방송을 통해 국민의 복지 등 공익성을 실현하는 데 있어 국가(혹은 공공기구)와 시장 중 어느 것이 더 효율성과 형평성을 보장할 수 있느냐 하는 점에 있다(위의 책, 28)면서 국가중심 방송모델과 시장중심 방송모델 (<표 4-0-1>)와 같이 대비하고 있다.

통합방송법은 큰 틀에서 공익을 담보하는 데 시장보다는 국가의 몫을 중시하는 태도를 취하고 있다. 제2부에서 살펴본 바와 같이 통합방송법은 위헌론을 끌어들일 정도의 방송내용 규제 및 방송편성규제를 부과하고 있다. 또한 통합방송법은 방송채널 운용에 대한 광범위한 규제를 가하고 있다. 그러나 공익을 담보한다는 이런 강력한 방송규제가 국가의 몫을 과신하는 가부장적 규제가 아니냐는 비판을 제기할 수 있다. 그런 의미에서

해 시장이 효율적으로 작동하는 것을 막는다. 셋째, 공공재가 갖는 비경합성과 비배재성으로 말미암아 시장은 생산과 공급기능을 제대로 하지 못한다(임혁백, 1997: 62-63).

정치학자 임혁백(1997)이 국가와 시장의 몫에 대해 다음과 같이 내린 결론은 방송정책에도 시사하는 바가 크다.

> "결국 바람직한 국가이론은 국가의 실패 가능성을 부인하거나(공공재의 생산에서도) 또는 그 반대로 국가가 언제나, 어디서나 비효율적일 수밖에 없다는 가정에서 출발하기보다는 어떤 경우에 국가가 시장보다 더 문제를 잘 처리할 수 있느냐, 그리고 어떠한 제약조건하에 있을 때 국가가 시민사회보다 문제를 더 잘 처리할 수 있는 능력이 있음에도 불구하고 실패할 가능성이 있느냐를 밝힌 연후에 '시장의 실패', '자본주의 재상산의 위기'를 극복할 수 있는 국가 경제활동의 조건을 살펴보는 것이 바람직한 국가이론의 정립에 필수적인 것이다."(위의 책, 1997: 78).

제4부는 모두 3장으로 구성했는 바, 제13장은 '방송채널 운용에 대한 정책대응과 법적 규제'를 논의할 것이며, 제14장과 제15장에서 각각 위성방송의 지상파방송 재송신정책과 케이블 방송의 역외지상파방송 전송정책을 상론할 것이다. 그밖에 방송위원회는 위성·케이블 방송의 외국방송 재송신 및 공공채널 운용에 관한 중요한 방침을 공표했는데 이에 대해서는 이미 살펴본 바와 같다.

제13장 '방송채널 운용에 관한 법적 규제'는 통합방송법이 방송채널 운용에 어떠한 규제를 가하고 있으며 그 내용과 함께 그것이 갖는 함의를 다루고자 한다. 방송법은 종래 케이블 방송에 부과하던 규제를 대폭 풀어 이제는 채널 티어링제가 실시되고 채널 편성이 비교적 신축성을 띠게 되었으나 아직도 케이블 방송과 위성방송 채널의 구성 및 운용에 광범위한 규제를 부과하고 있다. 이런 법적 규제의 틀 안에서 새 방송위원회는 공익적 요구와 시장의 압력을 합리적인 선에서 절충하는 과제를 풀어야만 했다.

제14장 '위성방송의 채널 운용정책: 지상파방송 재송신정책을 중심으로'는 KBS와 EBS의 경우 통합방송법이 의무재송신을 명하고 있으나 네트워크 방송사인 MBC와 SBS의 방송신호 재송신에 관해서 아무런 규정을 두고 있지 않는 데서 재송신 문제를 풀어야 했다. 새 방송위원회는 숙고 끝에 MBC와 SBS의 경우 위성방송은 수도권 지역에 한해 재송신을 허용

했다. 이 재송신 허용정책이 담고 있는 의미는 무엇인가?

제15장 '케이블 방송의 채널 운용정책: 역외방송신호 전송정책을 중심으로'는 직접적으로 경인방송에 영향을 미치는 사안이지만 모든 케이블 방송에 해당된다. 방송위원회는 경기 북부지역의 케이블 방송사에 한해 경인방송의 전송을 허용한 반면 그밖의 모든 케이블 방송에 대해 역외지상파방송신호의 전송을 금했다. 이와 같은 케이블 방송의 역외지상파방송신호의 전송을 전면적으로 불허한 것은 위성을 통한 전송기술발전이라는 매체환경의 변화에 대해 정책당국이 적절하게 대처했느냐에 대한 의문이 제기된다.

제16장 '공공채널 운용정책'은 통합방송법이 공공채널의 운용을 국가독점 아래 둔 구 종합유선방송법의 조항을 그대로 승계한 나머지 대표적인 시대착오적 규정으로 남아 있다. 이 장에서는 통합방송법 관계조항의 개정을 전제로 새 방송위원회가 공표한 공공채널 운용방안의 논의를 핵심으로 하고자 했다. 공공채널은 국가도 공공목적을 위해 이용할 수 있지만 시장의 목소리도 대변할 수 있는 열린 채널이라는 점에서 시장과 국가의 접점의 몫을 할 수 있을 뿐만 아니라 '이질적인 공중'(a heterogeneous public, Engelman, 1996: 8)의 공론장이 될 수 있다.

13

방송채널 운용에 대한 정책 대응과 법적 규제

이 장에서는 통합방송법이 케이블 방송 및 위성방송의 채널 운용에 대해 부과하는 규제의 내용을 살피고 그 의미를 논의하고자 한다. 그러나 이에 앞서 다매체·다채널 시대에 방송채널 운용정책이 갖는 함의를 간단히 살펴보고 새 방송위원회가 방송채널 운용정책을 마련하기 위한 정책토론의 경과와 정책대응을 먼저 개괄적으로 되돌아보자.

방송채널 운용정책은 우리나라 방송환경이 다매체 다채널 구조로 급속히 바뀌고 있는 상황에서 극히 중요하다. 1990년대 하반기까지만 해도 우리나라 시청자는 가입자가 지지부진한 케이블 방송채널을 제외하면 지상파 4개 채널 또는 5개 채널(EBS의 UHF 채널 포함)을 안방에서 만날 수 있었던 것이 고작이었다. 그러나 우리는 케이블 방송이 정상화의 길로 들어서고 있으며 위성방송이 본격적 서비스를 시작한 지금 100개 내지 200개 이상의 채널을 안방에서 만나고 있거나 곧 만나게 될 전망이다. 이는 새 방송위원회가 중요한 정책과제를 풀어야 하는 기술환경과 시장여건의 대변화이다.

다매체·다채널 시대에 방송채널 운용은 방송매체간의 위상정립과 방송산업의 균형발전을 위한 공정경쟁의 구도를 결정짓는 정책요인일 뿐만 아니라 방송채널을 어떻게 구성하고 운용하느냐에 따라 방송법이 규정하는 방송의 공공성, 다양성 그리고 균형성 등 방송의 품질에 크게 영향을 미치는 중요한 문제이다. 따라서 방송위원회는 출범하면서부터 이 문제에 관심을 두고 방송채널정책 마련에 힘을 써나갔다.

<표 4-13-1> 방송채널 정책의 진행 경과

일 시	내 용
2000. 7. 17.	종합·중계유선방송 주요채널 운용기준 공표
2001. 2. 13.	외국방송 재송신 승인정책수립 토론회 개최
2001. 3. 16.	방송위원 워크숍 개최(방송채널정책 검토)
2001. 3. 26.	외국방송 재송신의 한국어 자막 허용
2001. 5. 3.	방송위원 워크숍 개최(방송채널정책 검토)
2001. 6. 4.	위성방송사업자 채널운용기준(가이드라인) 공표
2001. 7. 11.	방송정책기획위원회 종합정책안 마련을 위한 토론회 개최 *방송정책기획위원회 운영(2000. 12 ~ 2001. 7)
2001. 10. 9, 11, 16.	방송채널정책 마련을 위한 전문가 토론회 개최
2001. 10. 18~11. 3.	재송신에 관한 시청자 의견 수렴(시청자단체 포함)
2001. 10. 19~20.	방송위원 워크숍 개최(방송채널정책 검토)
2001. 10. 25, 30.	방송채널정책 마련을 위한 공개토론회 개최
2001. 11. 7.	방송채널정책 마련을 위한 공청회 개최
2001. 11. 19.	방송채널정책 운용방안 공표

출처: 제43차 방송위원회 회의 순서(2001. 11. 19) 안건 가. 「방송채널 운용방안에 관한 건」(2001-43-148) 첨부자료.

<표 4-13-1>이 보여주는 바와 같이 방송위원회는 2000년 7월 17일 케이블 방송의 주요채널 운용기준을 공표한 데 뒤이어 2001년 3월 외국방송의 한국어 자막 허용, 2001년 6월 위성방송사업자 채널 운용기준(가이드라인)을 공표했다. 이러한 일련의 채널정책은 전문가 토론회, 워크숍, 시청자 의견수렴, 공청회 등 수 많은 의견수렴의 바탕에서 이루어졌다.

이러한 방송채널 운용정책의 절정은 방송위원회가 2001년 11월 19일 공표한 위성방송의 지상파방송 재송신방침을 비롯한 한 묶음의 방송채널 정책이었다. 이날 공표한 '방송채널정책 운용방안'은 논란의 대상이 된 위성방송의 지상파방송 재송신방침과 종합·중계유선 방송의 역외지상파방송 재송신방침을 골자로 한다.

다시 말해 새 방송위가 출범한 뒤 방송채널 운용에 대한 정책적 대응은 ① 2000년 7월 17일 의결한 '종합·중계유선방송 채널 운영지침' ② 2001년 6월 4일 공표한 '위성방송사업자채널 운영기준', 뒤 이어 ③ 2001년

11월 19일 종합적인 방송채널정책으로 결정한 '방송채널 운용방안'이다. 여기서는 ①과 ②를 살펴보기로 하고 ③에 관해서는 개괄적으로만 살피고자 한다.

1. 방송채널 운용에 대한 정책적 대응

신 방송위원회가 2000년 7월 17일 발표한 '종합·중계유선방송채널 운용지침'과 2001년 6월 4일 공표한 '위성방송사업자채널 운용기준'은 종합적인 방송채널 운용정책을 마련하기 앞서 부문별 채널 운용 문제에 대처하기 위한 조처였다.

전자는 ① 종합유선방송사업자(SO)의 직접사용채널 운용지침 ② 중계유선방송의 녹음·녹화채널 운용의 예외인정 ③ 역외지상파방송의 재송신 불허를 골자로 한다. 후자는 위성방송의 실시에 앞서 위성방송사업자에 채널 운영에 몇 가지 지침을 주기 위한 것으로 지상파방송이 차지하는 채널 수에 대한 제한을 핵심으로 한다. 이 케이블 방송의 채널 운용지침과 위성방송의 채널 운용기준을 차례로 살펴보자.

먼저 SO와 위성방송사업자의 직접사용채널 운용지침이다. 방송법 시행령 제53조 2항은 위성방송사업자의 경우 전체 운용채널수의 10%를 직접사용채널로 허용하고 있지만 SO의 경우 운용채널수와 관계없이 3개 채널로 못박고 있다.

'종합·중계유선방송 채널 운용지침'의 주요내용을 살펴보면, 먼저 SO의 경우 방송법령 및 심의규정을 위반하지 않는 범위 안에서 자율적 편성·운용을 존중하되 전문채널형 프로그램 편성은 제한키로 했다. 이에 따라 증권정보방송, 노래방채널 등을 전문편성채널로 운용하는 것을 금했다. 또한 방송위원회는 지역채널과의 형평성을 고려해 직접사용채널에서 논평과 해설도 금지하기로 했으며 지상파방송프로그램을 구입해 편성하는 지상파방송 녹음·녹화전문채널을 편성하는 것도 지양토록 했다.

위성방송의 직접사용채널의 경우 방송위가 2001년 6월 4일 그 운용기준을 공표했는데 SO에 비해 그 수가 월등히 많아 PP 산업에 높은 영향력을 끼칠 수 있다는 점을 고려해 방송법이 허용하는 범위 안에서 자율적 편성·운용을 보장하되 다음과 같은 가이드라인을 정했다. 곧 직접사용채널 구성을 제한해 보도, 종합편성, 홈쇼핑채널을 금지하며, 부가서비스채널(PPV, 데이터 서비스, EPG, 프로모션채널) 중심으로 운영토록 한다. 또한 시민 액서스채널을 운영토록 한다.

이는 특정 전문 PP의 방송분야에 진입을 제한해 방송 영상산업의 활성화를 도모하고 부가 서비스 개발과 일반 PP가 운용하기 어려운 방송프로그램의 편성 등 공익성 있는 방송채널을 구성토록 유도키 위한 방침이다.

다음으로 중계유선방송의 녹음·녹화 채널의 경우 방송내용 그대로 시차(時差) 재송신하도록 하되 시청자들의 혼란을 방지하기 위해 뉴스프로그램과 일기예보프로그램은 예외를 인정해 방영일자를 자막으로 표시하도록 했다. 한편 장르별 편성과 1개 채널대역에서 여러 방송채널의 프로그램의 혼합편성을 금지했다.

마지막으로 방송위원회가 2000년 7월 17일 공표한 '종합·유선방송채널 운용지침'은 SO의 역외지상파방송 재송신을 불허하는 결정을 핵심으로 한다. 다만 시청자의 혼란을 방지하기 위해 10월 말까지 시행을 유예키로 했다. 이는 당시 통신위성 중계기를 이용해 전국 케이블 방송사에 박찬호 야구경기를 재송신하던 경인방송측의 강경한 반발을 촉발시켰다. 이 문제에 관해서는 뒤에 케이블 방송의 역외지상파방송 재송신 문제를 따로 다룰 것이다.

방송위원회가 2001년 6월 4일 공표한 '위성방송사업자의 채널 구성·운용기준'은 지상파방송의 채널수를 위성방송 총 채널수의 '20% 이내'를 묶어두는 내용이 핵심이다. 그밖에 위성방송사업자가 자사와 수직통합된 채널(직접사용채널 및 특수관계자의 채널)을 사업성이 유리한 채널패키지에 우선 배치하는 채널 구성에 대해 제한을 가하는 조치를 별도로 강구하겠다는 입장도 밝혔다. 이는 위성방송의 채널 구성에서 네트워크 지상파방송의 독과점적 지위가 위성방송으로 옮겨가는 것을 막고, 방송매체간의 균형발전을 도모하고자 하는 방송위원회의 정책목표를 반영한 것이다.

<표 4-13-2> 위성방송사업자 채널 운용기준(2001년 6월 4일)

① 기본방향
- 위성방송사업자의 자율성 토대 위에 위성방송의 조기정착과 방송의 공익성, 다양성 실현 및 영상산업의 균형적인 발전 도모
- 고객의 다양한 욕구, 채널 수급 상황, 방송 영상산업 발전 등을 고려한 장르별, 운용 주체별 균형 있는 채널 구성
  - 특히 소외계층(노인·장애인 등)의 권익보호, 국민복지 증진을 위한 채널 구성 등에 역점
- 매체간 공정경쟁 촉진 및 균형발전 추구
  - PP의 위성방송채널 독점공급 강요 제한
  - 신규와 기존 PP, MPP와 개별 PP, 주주와 비주주PP 간의 공정한 사업참여 기회보장

② 채널 구성·운용에 따른 기준
- 위성방송사업자의 수직통합채널 제한
  - 위성방송사업자와 수직통합된 채널(직접사용, 특수관계자 운용)이 사업성이 유리한 특정 채널패키지에 우선적으로 포함되는 방안 제한
- 지상파방송사업자 운용채널수 제한
  - 지상파방송사업자(특수관계자 포함)가 운영하는 채널은 전체 운용채널에서 차지하는 비율이 타 방송채널사용사업자에 비해 과도하지 않아야 하며, 공익적 성격의 채널 및 영상산업 육성 관련 채널로 주로 구성
  - 운용채널수 제한(안): 20% 이내

  * 참고사항: 위성방송사업자 선정시 매체독점 방지를 위해 특정 사업자(지상파방송사, 특수관계자 불포함)의 참여지분 총합을 전체지분의 20%로 제한(2000-33차 방송위원회 의결, 심사기준 제시)한 의미 고려

  ** 1999년 기준, 방송시장에서 지상파방송사업자의 영리매출(77.0%) 광고시장점유율(92.6%)
- 채널을 직접 사용하는 경우
  - 방송채널을 직접 사용하는 경우에는 종합편성이나 보도 또는 상품소개와 판매에 관한 전문편성을 행하는 채널과 구별되어야 하며, 국내프로그램 유통산업의 활성화를 도모할 수 있도록 타 방송채널사용사업자와는 차별화된 운용방식 도모

  예시) 수익목적의 채널 운용 최소화, 비상업적 공익채널 성격지향 등

출처: 제24차 방송위원회(임시) 순서(2001. 6. 4) 안건 바(2001-24-81)

방송위원회가 2001년 11월 19일 발표한 '방송채널정책 운용방안'은 위성방송의 지상파방송 조건부재송신 허용과 종합·중계유선의 역외지상파방송의 전송불허를 핵심으로 한다. 그밖에 위성방송 및 케이블 방송의 외국방송 재송신, 직접사용채널 운용, 공공채널 운용, 방송운용 채널수 계산에 관한 방침을 포함하고 있다.

방송위원회가 위성방송사업자에 승인한 이 재송신의 성격에 관해 논란의 여지는 있지만 그것은 단순재송신이지 방송법 제78조 1항이 규정하는 의무재송신이 아니다. 따라서 위성방송사업자인 한국디지털위성방송(KDB)은 방송법 제78조 4항(종전 3항)에 의한 법정저작권의 혜택을 받지 못한다.

다음으로 케이블 방송의 역외지상파방송 재송신방침은 모든 SO에 해당되지만 그 영향이 주로 경인방송에 미치는 사안이다. 이 방침의 요체는 자체 제작비율 50% 이상을 편성하는 지역민영방송을 대상으로 하며 경기북부지역 SO에게만 경인방송의 역외재송신을 승인한다는 것이다. 아울러 중계유선방송(RO)은 역외지상파방송 재송신을 허용치 않는다고 밝혔다.

저자는 이날 언론 발표문을 통해 지상파 재송신정책 수립의 배경을 설명하면서 위성방송 실시를 앞두고 ① 매체간의 균형발전, 공정한 경쟁 및 시청자복지와 ② 지역방송의 자생력 확보와 보호에 역점을 두었다고 덧붙였다.

이 방송채널 운용에 관한 방침 가운데 위성방송의 지상파방송 재송신 및 케이블 방송의 역외지상파방송 재송신방침은 격렬한 다툼의 대상이 되었다. 전자의 다툼은 주로 지역방송과의 갈등에서였고 후자는 경인방송과의 이해상충에서 비롯되었다.

2. 방송채널 운용에 대한 법적 규제

통합방송법이 위성방송과 케이블 방송의 채널 운용에 대한 법적 규제로는 ① KBS와 EBS의 동시 의무재송신과 ② 그밖에 여러 가지 채널의 의무구성 및 전송으로 대별할 수 있다. <표 4-13-3>은 위성방송 및 케이블 방송채널에 대한 의무재송신 및 의무구성에 관한 법규정을 정리한 표이다.

1) 의무재송신

먼저 의무재송신을 살펴보자. 방송법 제78조 1항은 "종합유선방송사업자·위성방송사업자 및 중계유선방송사업자는 … 지상파 방송사가 행하는 지상파방송(라디오 방송을 제외한다)을 수신해 그 방송프로그램에 변경을 가하지 아니하고 그대로 동시에 재송신(이하 '동시재송신'이라 한다)하여야 한다"고 의미를 명시하고 있다. 따라서 통합방송법이 정의하는 의무재송신

<표 4-13-3> 위성방송 및 케이블 방송에 부과된 채널의 의무송신 및 의무구성 관련 법규정

규제분야	법규제 내용	
전체 채널 운용	시행령 제53조 제1항	• 전체 운용채널수는 40개 이상으로 함. • 종합편성이나 보도전문편성을 행하고자 하는 사업자는 방송위원회의 승인(법 제9조 제5항 단서)을 얻은 방송채널사용사업자를 포함하여야 한다. • 방송프로그램의 전문성과 채널의 다양성이 구현될 수 있도록 하기 위하여 방송위원회가 고시한(법 제11조) 방송 분야가 모두 포함되어야 한다.
지상파방송 재송신	시행령 제61조 1항, 3항	• 한국방송공사 및 한국교육방송공사의 지상파방송(라디오 제외)을 수신하여 그 방송프로그램에 변경을 가하지 아니하고 그대로 동시에 재송신하여야 한다(법 제78조 제1항).
외국방송 재송신	시행령 제53조 1항 4호	• 전체 운용채널의 10% 이내
	시행령 제61조 3항	• 방송위원회의 승인(법 제78조 제4항)을 얻어 외국방송사업자가 행하는 방송을 재송신
직접사용채널	시행령 제53조 2항 1호	• 방송채널을 직접 사용하는 경우에는 직접사용채널 운용계획서를 방송위원회에 제출
특수 관계자 임대채널	시행령 제53조 2항 2호	• 전체 운용채널의 20% 이내
특정 방송채널사업자 임대	시행령 제53조 2항 3호	• 전체 운용채널의 20% 이내
공공채널	시행령 제54조	• 방송위원회가 인정하는 공공채널(국가 공공의 목적으로 이용할 수 있는 채널)은 방송기술상의 문제 등 특별한 사유가 없는 한 방송되는 내용을 변경하지 않고 송신한다.
종교채널	시행령 제54조	• 3개 이상을 편성하되, 특정 종교를 위한 채널만 두어서는 안되며, 방송기술상의 문제 등 특별한 사유가 없는 한 방송되는 내용을 변경하지 아니한다.
지역채널*	시행령 제55조	• 방송프로그램의 범위 1. 시청자가 자체 제작하여 방송을 요청하는 방송프로그램 2. 지역생활정보 방송프로그램 3. 지방자치단체의 시책 홍보를 위한 방송프로그램

* 케이블 방송에만 해당

이란 ① 재송신의 방송주체가 종합유선방송, 위성방송, 중계유선방송사업자일 것 ② 재송신의 대상은 지상파방송 신호일 것 ③ 재송신의 방법은 방송프로그램에 변경을 가하지 않고 동시에 전송할 것을 의무재송신의 요건으로 하고 있다.

이 의무재송신 요건에 관해 재송신의 방송주체를 위성방송, 케이블 방송, 중계유선방송사업자로 한정했다. 위성방송과 케이블 방송은 방송법 시행령이 규정한 대로 이들이 전 채널의 10% 또는 3개 채널 한도[1] 안에서 직접사용채널을 운용할 수 있으나 기본적으로 채널 사용 사업자(PP)의 공급프로그램의 방송창구나 지역방송, 원거리 역외방송, 네트워크 방송, 외국방송 등의 재송신을 주요사업으로 하는 방송사업자이기 때문이다. 또한 중계유선방송은 중계송신업무만을 담당하기 때문이다.

제78조 1항은 지상파방송을 재송신의 대상으로 정하고 있는데 이 경우 지상파방송은 프로그램별 재송신이 아니라 채널 전체의 재송신을 의미한다. 이는 후술하는 바와 같이 미국의 터너 방송사가 제기한 위헌제소사건에서 대법원이 의무재송신의 대상은 프로그램의 내용이 아니라 내용을 따지지 않은 채널 전체이기 때문에 의무재송신은 '내용중립적'(content-neutral) 규제라고 판시한 데서도 같은 취지를 읽을 수 있다.

의무재송신의 두번째 요건은 의무재송신의 대상방송을 지상파방송신호로 제한하고 있는데 방송법이 지상파방송이 아닌 특정 PP 채널(공공채널, 종교채널, 지역채널, 종합편성채널, 보도전문채널)의 의무구성을 강제하고 있어 이 경우 법정저작권 문제를 어떻게 해결하느냐의 문제가 제기된다.

덧붙여 방송프로그램 내용에 변경을 가하지 않고 동시에 재송신해야 한다는 요건은 시차재송신이나 편집을 가해 내용을 변경한 경우 제78조 1항이 말하는 의무재송신이 아니므로 법정저작권을 부여받지 못한다.

2) 의무구성

다음으로 통합방송법 아래 의무전송 및 의무구성을 해야 하는 방송채널 범주와 범위를 살펴보자. 통합방송법 제78조 1항과 제70조 3항 및 4항은 위성방송과 케이블 방송에 대한 의무재송신 및 의무구성을 부과하고 있다. 전자는 KBS와 EBS를 의무재송신할 것을 명하고 있으며 후자는 공공채널, 종교채널 및 지역채널을 의무적으로 구성할 것을 명하고 있다. 구체적으로 3항과 시행령 제54조는 "방송위원회가 인정하는 공공채널과 종

1) 방송법 제70조 2항은 케이블 방송 및 위성방송사업자는 대통령이 정하는 범위를 초과해 방송채널의 직접사용을 금하고 있다. 이 법 조항의 시행령 제53조 2항 1호는 전체 운영채널의 10%(다만 종합유선방송사업자 3개 채널)로 제한하고 있다.

교의 선교목적을 지닌 채널(종교채널)을 각각 3채널 이상 두어야 한다"고 명시한다. 이어 방송법 시행령 제53조는 위성방송과 케이블 방송으로 하여금 PP가운데 그 사업이 방송위원회의 승인을 필요로 하는 종합편성이나 보도에 관한 전문편성을 행하는 PP 사업자를 의무적으로 채널 구성에 포함할 것을 명하고 있다.[2)]

따라서 통합방송법 아래 위성방송이나 케이블 방송이 의무재송신 또는 의무구성해야 하는 채널은 KBS 1TV 및 EBS 지상파 채널 2개, 공공채널 3개(K-TV, OUN, 아리랑TV), 종교채널 3개(기독교, 불교, 천주교채널), 지역채널(SO에만 해당), 종합편성채널, 보도채널 2개(YTN 및 MBN) 등 그 방송범주는 도합 6개, 채널수 10여 개 이상에 이른다.

이 중에서 KBS 1TV와 EBS는 의무재송신을 방송법이 명시하고 있으나 그밖에 PP 채널은 방송법이 의무재송신의 요건으로 한 지상파방송이 아닐 뿐만 아니라 의무재송신이 아닌 의무구성을 명하고 있어 의무구성이 반드시 동시의무재송신을 의미하는가 논란의 소지가 있을 수 있다. 그러나 여기서는 방송법이 규정하는 동시의무재송신과 구별해 채널의 의무구성의 경우는 '의무전송'이라 부르기로 한다. 왜냐하면 의무전송이 반드시 동시의무재송신을 의미하지 않는다면 위성방송이나 케이블 방송이 시차재송신이나 편집을 가한 재송신을 할 수 있기 때문이다.[3)]

한편 위성방송이나 케이블 방송에 의무구성이 부과된 채널은 앞서 열거한 6개의 방송범주가 있으나 방송위원회가 채택한 2001년 9월 10일 '종합유선방송 이용약관'[4)]은 더욱 구체적으로 SO가 구성하는 채널 묶음

---

2) 방송법 제9조 5항은 PP의 등록제를 규정하면서 다만 종합편성이나 보도 또는 상품 소개와 판매에 관한 전문편성을 행하는 PP는 방송위원회 승인을 얻어야 한다고 규정했을 뿐 이들 채널의 의무구성은 규정하지 않았다. 모법에 의무구성을 강제하지 않았음에도 시행령이 의무구성을 강제하고 있기 때문에 이 대목은 위임입법의 한계를 일탈했다는 비판을 면하기 어렵다고 보인다. 2000년 3월 13일 공포된 이 시행령은 2001년 3월 20일 개정해 홈쇼핑채널을 의무구성에서 삭제했다.

3) 방송법시행령 제54조 2항은 '공공채널 또는 종교채널의 경우 방송되는 내용을 변경해 송신하여서는 안된다'고 규정하고 있으나 시차재송신의 가능성을 배제하지 않는다.

4) 이 '종합유선방송 이용약관'은 방송위원회가 케이블 업자에게 시행을 권고키로

가운데 '의무형채널'[5] 구성에 동시의무재송신채널(KBS 1TV 및 EBS), 지역채널, 그리고 공공채널을 반드시 포함시킬 것을 규정하고 있다. 그러나 방송법이 의무구성을 명한 종교채널, 보도채널, 종합편성채널의 경우 어느 채널 묶음에 두느냐의 결정을 SO의 자율에 맡겼다.[6]

위에서 열거한 의무전송채널을 볼 때, 먼저 우리나라 통합방송법이 설정한 의무전송의 방송범주가 상당히 다양하다는 것을 알 수 있다. KBS 1TV나 EBS와 같은 지상파 공영방송뿐만 아니라 PP 가운데 공공채널, 종교채널, 지역채널, 종합편성채널, 보도전문채널을 두루 포함하고 있다.

우리는 여기에서 의무전송채널의 범주는 다양하나 그 범위는 협소한 것이 특징이라는 점에 주목한다. 통합방송법은 미국 등 선진국의 사례와는 달리 지역방송을 의무재송신의 대상에서 제외하고 있다. 케이블 방송이나 위성방송을 우리보다 먼저 정착시킨 미국의 경우 의무재송신 법제는 케이블 방송으로 하여금 지역방송을 의무적으로 재송신하는 것으로부터 시작해 이제는 위성방송으로 하여금 지역방송을 재송신하도록 하고 있다. 그러나 우리 방송법은 위성방송과 케이블 방송에 다양한 방송채널 범주를

하되 이에 따르지 않을 경우 방송법 제77조 2항에 따라 약관변경을 명령키로 했다. 제35차 방송위원회 회의 순서(2001년 9월 10일) 안건 라.「종합유선방송 이용 약관 표준화에 관한 건」(2001-35-114) 참조.

5) 종합유선방송 이용약관 제2조 4항이 정의한 '의무형채널'이란 "수신자가 수신할 수 있는 최저 가격의 묶음채널로 방송법상 의무송신채널 등으로 구성된 최소 단위의 채널 상품을 말한다."

6) 다만 종교채널의 경우 그 특수성을 감안해 3개 종교채널을 어느 채널 묶음이든 같은 채널 묶음에 두도록 해 SO의 '임의적 및 선택적' 차별을 금지하도록 했다. 제2001-85차 상임위원회 회의(임시) 순서(2001년 9월 7일) 보고사항 다. '종합유선 이용약관 표준화' 관련 개정(안). 이에 따라 '종합유선방송 이용약관' 제5조(채널상품의 구성 및 이용요금 등) 4항은 '방송사는 특정 종교를 가진 수신자가 해당 종교채널 수신을 이유로 다른 종교를 가진 수신자가 채널 상품을 선택하는 데 불리하도록 채널을 구성하여서는 안된다'고 규정하고 있다. 이 '종합유선방송 이용약관' 제5조 2항이 방송법이 의무구성을 명한 6개 범주의 방송채널을 차별화해 동시의무재송신채널(KBS 1TV 및 EBS), 지역채널, 공공채널의 경우 '의무형채널'에 포함시키고 다른 의무구성채널은 여기에서 제외시키고 있다. 이는 종교에 의한 차별을 금지한 헌법 정신, 방송내용의 공영성 및 PP간의 형평성을 기준으로 방송위 산하 이용약관심사위원회가 이해당사자의 의견을 수렴한 결과라고 한다.

지정해 의무재송신 또는 의무전송을 하도록 명하고 있지만 지역방송을 재송신의무에서 제외시키고 있다. 이러한 특성은 의무재송신의 입법취지가 과연 무엇인지 어리둥절하게 만들고 있다.

예컨대 당초 방송법 시행령 제53조는 의무재전송의 방송범주로 홈쇼핑채널까지 포함시켰었다.[7] 이는 뒤에 소개하는 헌법재판소가 의무재송신의 입법취지로 KBS와 EBS의 공영성이 강한 프로그램을 의무적으로 재송신케 함으로써 케이블 방송이 '일정 수준 이상의 공익성을 확보'하게 하자는 것이라고 판시한 것과는 합치하지 않는다.

곧 홈쇼핑채널은 공익성보다는 상업성이 강한 일종의 전문 상품광고방송인데도 이를 당초 채널 구성에 강제한 것은 의무재전송의 입법취지가 공익성 확보라고 해석하는 데는 의무구성채널 전체를 볼 때 일관성의 문제를 일으키기 때문이다. 같은 맥락에서 종합편성채널[8]도 채널 구성에 포함시킬 것을 강제하고 있는데 앞으로 SBS나 경인방송 같은 민영상업방송이 종합편성채널사용사업자로 등록할 경우 공익성 확보라는 입법취지는 더욱 무색해지지 않을 수 없다.

통합방송법이 규정한 의무재송신 제도의 입법취지와 관련해 헌법재판소의 판결을 다소 음미해보자. 이 판결은 1992년 케이블 업자들이 구 종합유선방송법 제27조 1항이 케이블 방송에 부과한 KBS와 EBS의 의무재송신이 위헌이 아니냐는 위헌제소 사건에서 나온 것이다.[9]

---

7) 방송위원회는 2001년 3월 20일 시행령을 개정해 홈쇼핑채널을 의무재송신방송 범주에서 삭제하면서 홈쇼핑채널을 삭제한 직접적 이유를 다음과 같이 적시하고 있다. ① 시청자의 다양한 채널 접근 및 다른 사업자의 사업기회를 제약하고 종합유선사업자 및 위성방송사업자의 채널 편성권을 제한하고 있음 ② 종합유선방송사업자의 경우 전송망 용량의 절대적 한계에서 볼 때 방송채널사용사업자의 등록제 실시에 따른 신규 PP의 증가는 PP간의 과다경쟁과 신규 PP의 시장진입을 제약함 ③ 상대적으로 공익적 측면보다는 유통산업적 측면이 강하다는 점.〔제35차 방송위원회 회의 순서(2000년 10월 30일) 6. 보고사항 가. 「방송법시행령 중 개정령안 입법예고에 관한 건」(2000-35-143)〕

8) 방송법 제2조(용어의 정의) 18항에 의하면 '종합편성'이란 '보도·교양·오락 등 다양한 방송분야 상호간에 조화를 이루도록 방송프로그램을 편성하는 것'으로 정의한다.

9) 헌법재판소 판결문(1996), 판결번호 92헌마200을 참조

헌법재판소는 이 판결에서 한국방송공사 및 한국교육방송공사의 공영성 강한 프로그램을 케이블TV에 의무적으로 전송케 함으로써 케이블TV가 일정 수준 이상의 공익성을 확보케 하고 방송법 제78조 제2항에 준하는 의무재송신인 경우, 저작권(동시중계방송권)이 면제됨을 명시함으로써 난시청지역 시청자의 시청료 이중부담을 해결하고자 하는 입법목적을 가지고 있다고 밝히고 있다.

그러나 앞서 살펴본 바와 같이 의무재송신의 입법취지가 모호하다면 해석법학의 입장에서 방송정책당국이 의무재송신 법제의 기본 입법취지를 규범력 있게 재해석해야 할 과제를 떠맡지 않을 수 없게 된다.[10)]

---

10) 유의선 교수 등은 위의 헌법재판소의 판결을 근거로 "우리 법 체제에서 의무전송제도가 갖는 법적 정당성은 수용자에게 공영적인 프로그램을 충분히 제공하고 수신료에 대한 이중부담을 억제한다는 정도로 한정된다"고 하면서도 "그러나 본격적인 디지털 시대를 맞아 의무전송제의 입법취지도 조금씩 달라질 것으로 기대한다"고 전망한다.(유의선 외, 2001: 373)

14

위성방송의 채널 운용정책

지상파방송 재송신정책을 중심으로

새 방송위원회가 2001년 11월 19일 공표한 종합적인 방송채널 운영정책은 위성방송의 지상파방송 재송신 문제를 핵심으로 한다. 먼저 위성방송의 지상파방송 재송신방침은 공식적 표현을 그대로 옮기면 “지상파 방송의 당해 방송구역을 벗어나는 재송신은 2년간 허용하지 아니한다. 다만 방송법 제78조 제1항 및 동법 시행령 제61조의 규정에 의한 동시재송신의 경우에는 그러하지 아니하다”라고 되어 있다.

이는 통합방송법 제78조 1항이 의무재송신을 명시적으로 부과한 한국방송(KBS)과 교육방송(EBS)을 접어두고 같은 법 조항이 명시하지 않은 문화방송(MBC)과 서울방송(SBS)의 경우 위성방송은 그 방송구역이 전국임에도 불구하고 2년간 두 방송사의 방송구역인 수도권으로 재송신의 도달범위를 제한하되 2년 뒤 풀겠다는 뜻이다. 이 방송채널정책은 몇 번 연기 끝에 2002년 3월 위성방송 본방송 개시를 앞둔 시점에서 그동안 축적된 논의를 바탕으로 의견수렴 끝에 내린 최종결정이었다.

방송위원회가 위성방송사업자에 승인한 MBC와 SBS의 재송신은 왜 이해관계를 달리하는 방송사업자들에 민감한 반응을 일으키는가 그 이유를 잠시 눈여겨보자.

위성방송사업은 국가 전략사업으로서 1999년 12월 국회를 통과한 통합방송법이 위성방송도입의 법적 토대를 마련하고 있다. 앞서 살펴본 바와 같이 디지털 위성방송은 다양한 사업군이 대량으로 참여하는 다채널TV사업 및 연관 부가 서비스 사업임을 특징으로 하기 때문에 디지털 방송기술의 혁신은 물론 커다란 산업연관효과를 유발시킬 수 있다.

그러나 위성방송의 출현은 기존의 방송사업자들의 이해와 충돌하는 측면이 강하다. 위성방송의 출현은 방송시장에서 또 하나의 강력한 경쟁자의 진입을 의미하기 때문이다.

미국에서도 FCC가 1981년 4월 처음 위성방송의 도입을 허용하는 규칙을 마련코자 했을 때 지상파방송사업자들이 이를 저지코자 강력한 반대 캠페인을 벌인 바 있다. 지상파방송사업자들로 구성된 '전국방송협회'(National Association of Broadcasters, 이하 NAB)는 위성방송을 허용하는 FCC규칙이 위헌임을 주장해 결국 미국하원을 움직여 '텔레커뮤니케이션, 소비자보호 및 재정 소위원회'로 하여금 청문회를 열도록 했다. 이 청문회에 위성방송측, 지상파방송 측, 그리고 FCC 측에서 증인이 나와 격론의 장을 열었으나 NAB는 더 이상 의회의 개입을 이끌어내지는 못했다.

1982년 6월 23일 FCC는 국내 위성방송을 최소한으로 규제하는 규칙을 만장일치로 채택했다. 이에 대해 NAB는 로스앤젤레스 군청과 함께 워싱턴 D.C. 순회항소법원에 위헌제소를 제기하는 것으로 맞섰다. 그러나 법원은 1984년 7월 24일 이 FCC 규칙이 합헌이라고 판결(NAB v. FCC, 1984)함으로써 NAB가 위성방송의 출현을 막으려고 시도했던 법정투쟁은 패배로 끝나고 말았다(제10장 'FCC의 위성방송 허가정책' 참조).

한국에서 위성방송을 둘러싼 방송사업자간의 또는 방송사업자와 방송위원회 간의 다툼은 양상을 달리해 전개되었다. 먼저 한국에서 위성방송을 둘러싼 다툼은 위성방송의 시장진입에 대한 저지투쟁이 아니라 지역방송사들이 네트워크 방송의 재송신 저지투쟁을 주도한 것이 특징이다. 이는 한국의 지역방송 시장구조가 취약할 뿐만 아니라 지역방송사들이 네트워크 중앙방송사에 종속되는 구조를 띄고 있기 때문이라고 생각한다.

다음으로 위성방송의 재송신을 둘러싼 방송위원회에 대한 지역방송의 투쟁이 법정쟁송이 아닌 '거리투쟁'이라는 점이다. 방송노조를 중심으로 구성된 '지역방송협의회'가 벌인 이 거리투쟁은 한국 민주주의의 발전 수준에서 법의식이 저급함을 말해줄 뿐만 아니라 방송개혁의 산물로서 태어난 방송위가 제도화로 가는 길의 걸림돌이 되었다. 더욱이 이 거리투쟁은 새 방송위의 초대 위원장이 임기를 남겨두고 물러나게 만들었을 뿐만 아니라 통합방송법의 관계조항을 개정케 하는 힘을 발휘했다.[1] 미국에서도 새로운 텔레커뮤니케이션 전송기술의 발달에 힘입어 위성방송이 지역지상파의 경쟁자로 부상하자 지역방송이 FCC를 상대로 투쟁을 벌였지만 그것은 법정투쟁이었지 거리투쟁은 아니었다.

2002년 4월 8일 국회를 통과한 개정 방송법은 종전에 '대통령령이 정하는 지상파방송사업자'를 더욱 제한해 '한국방송공사 및 한국교육방송공사법에 의한 한국교육방송공사'로 한정하고 있다. 이는 종전 방송법이 대통령령이 정하는 지상파방송사업자로 규정해 의무재송신의 방송대상을 시행령에 위임하고 있는 데 반해 개정 방송법은 모법에서 KBS와 EBS로 한정하고 있다. 이는 의무재송신의 대상 방송을 종전과 같이 시행령 개정을 통해 정할 수 있는 문을 닫았다는 점에서 방송정책의 대안선택 폭을 크게 제한한 것일 뿐만 아니라 뒤에서 살펴보듯 위헌이라는 비판을 면하기 어렵다.

방송위원회가 위성방송사업자에 승인한 지상파방송 재송신은 방송법 제78조 1항이 규정하는 의무재송신이 아니다. 그것은 MBC와 SBS 방송신호의 단순재송신이다. 방송법 아래 위성방송사업자인 KDB는 KBS 1TV 및 EBS를 재송신해야 하는 의무(must-carry)를 진다. 이것은 법정의무이기 때문에 방송위의 정책재량 아래 결정할 수 있는 선택의 문제가 아니다.

그러면 방송위가 선택한 위성방송의 지상파방송 재송신정책은 어떤 평가를 받아야 하는가? 이 문제는 중요하다. 그러나 먼저 위성방송의 지상파방송 재송신정책의 배경을 이해하기 위해 일찍이 재송신 문제를 다뤄온

---

1) 방송법 제78조 4항(종전 3항)을 수정해 위성방송사업자가 동시의무재송신하는 KBS 1TV와 EBS 이외의 지상파 방송을 재송신하고자 할 때에는 방송위원회의 승인을 받도록 했다. 이어 제78조 2항을 신설해 '제1항의 규정에 의한 지상파방송사업자가 수 개의 지상파 방송채널을 운영하는 경우, 제1항 본문의 규정에 불구하고 동시재송신하여야 하는 지상파 방송은 방송위원회가 지상파 방송사업자별로 방송편성 내용 등을 고려해 지정·고시하는 1개의 지상파채널에 한한다'고 규정했다. 이어 4월 20일 방송위가 공포한 '의무동시재전송채널 지정고시'에서 의무재전송 대상 방송으로 KBS 1TV와 EBS를 지정했다.

<표 4-14-1> 위성방송의 지상파방송 재송신방침

재송신 관련 방침	• 지상파방송의 당해 방송 구역을 벗어나는 재송신은 2년간 허용하지 아니한다. 다만 방송법 제78조 제1항 및 동법 시행령 제61조의 규정에 의한 동시 재송신의 경우에는 그러하지 아니하다. - 방송위원회 세부지침(사업자 준수사항, 저작권 문제 등) 수립, 시행
중장기 과제	• 지역방송 활성화 대책수립·추진 - 지역방송발전연구위원회 구성, 2002년도 운영 - 검토내용(예시) · '지역문화의 발전'을 실현하기 위한 다각적 방안 고려 · 자생력 확보토록 지원 또는 외부 경쟁 요인의 제어 등 보호책 마련 · 프로그램 공급(신디케이션) 및 네트워크 개념 재검토, 세부 규제근거 마련 · 기타 시청자 편의 및 지역방송 보호위해 종합유선방송의 지상파방송 재송신시 채널(VHF 대역) 번호유지 방안 강구 등 • 유료방송(위성방송 및 종합유선방송)에서의 의무재송신 규정검토 - 지역방송(로컬리즘) 보호 또는 공영방송의 보편적 서비스 제공 등 정책목표를 고려해 의무재송신 대상 검토(방송법 및 방송법 시행령 개정)

출처: 제43차 방송위원회 회의 순서(2001. 11. 19), 안건 가. 「방송채널정책 운용방안에 관한 건」(2001-43-148).

미국의 사례를 알아볼 필요가 있다. 미국에서 재송신법제와 관련해 중요한 제도로서 '강제면허'(compulsory license), '재송신승인'(retransmission consent), '의무재송신규칙'(must-carry rule), 그리고 마지막으로 위성방송에 적용되는 '캐리 원 캐리 올 규칙'(carry one, carry all rule)이 있다. 이 모든 제도에는 방송프로그램의 저작권 문제가 중심에 서 있다.

1. 미국의 재송신법제와 저작권 문제

미국의 재송신법제는 케이블 방송과 지역방송 사이의 이해다툼의 과정에서 FCC와 미국의회가 개입한 결과 생성되고 변천을 겪었다. 또한 재송신법제는 방송프로그램이 저작권 문제에 대한 해법을 찾는 방안으로 전개되었다. 그 전말을 먼저 되돌아보자.

케이블TV방송이 1950년대 처음 난시청지역을 위한 재송신 서비스에 머무는 동안 지역방송은 염려할 필요가 없었다. 오히려 케이블 방송은 지역방송의 우군(友軍)이었다. TV방송의 시청자를 확대해주었기 때문이다. 이런 상황에서 FCC는 처음 케이블 방송에 대한 규제에는 손을 놓고 있었다. 그러나 케이블 방송이 새로운 서비스를 개발하고 시장영향력을 갖게 되면서 지역방송사들은 경계와 불만을 터뜨리게 되었다. 그 계기가 된 것이 1960년대 중반부터 케이블 방송이 단파기술을 이용해 원거리 역외방송을 전송하기 시작하면서 부터이다.

예컨대 지역의 한 네트워크 가맹사의 경우 케이블TV가 같은 네트워크에 가맹한 원거리 역외방송을 재송신할 때 프로그램의 중복현상을 맞게 된다. 곧 같은 네트워크의 방송프로그램이 같은 지역에서 하나는 지역방송을 통해서, 그리고 다른 하나는 케이블 방송을 통해서 재송신되는 중복현상이 나타난다. 이는 지역방송이 그때까지 누려왔던 '시장배타성'(market exclusivity)을 훼손시키는 결과를 가져온다. 곧 프로그램 중복송신은 지역방송의 시청자층을 쪼개 광고수주에 타격을 주게 된 것이다. 여기에 더해 케이블 방송이 대도시 교외까지 침투해 지역방송은 더욱 수세에 몰렸다. 케이블 방송은 이제 지역방송의 강력한 경쟁자가 된 것이다.[2)]

지역방송은 FCC에 불만을 제기했을 뿐만 아니라 의회에도 로비 운동을 벌이게 되었다. 이에 FCC도 초기 케이블 방송에 대한 초연한 입장을 바꿔 지역방송 보호 쪽으로 나오게 되었다. 1962년 FCC는 처음 케이블 사의 단파중계방송에 대해 허가받을 것을 요구했다. 이어 FCC는 1965년부터 이른바 의무재송신규칙(must-carry rule)을 케이블 사업자에 부과해 지역방송의 재송신을 강제했다. 아울러 케이블 방송은 네트워크 방송이 프로그램을 방영하는 같은 날 중복 재송신해서는 안된다는 '중복금지규칙'(non-duplication rule)을 시행했다.[3)]

이와 함께 케이블 방송은 100대 시장에서 기존 지역방송에 대한 경제적 영향에 대한 청문회 없이는 새로운 방송신호를 송신할 수 없도록 해

---

2) 케이블 방송사의 수는 1959년 500개에서 1965년 1,300개로 늘어났으며 가입수도 1959년 약 150만에서 1965년 약 400만으로 대폭 늘어났다(Whitmore, 2001: 178n).

3) 이 중복금지규칙은 1972년까지 계속되다가 그 해 수정되어 역외방송재송신이 주요시장에서 제한적으로 허용되었다.

사실상 역외방송신호의 재송신을 차단했다. FCC의 케이블 방송에 대한 규제는 1972년 절정에 달했는데 FCC는 '정의적'(definitive) 규칙을 공표해 케이블 방송은 지상파방송의 '보조적인'(ancillary) 존재로 못을 박은 것이다.

그러나 FCC가 이렇게 지역방송의 편에서 케이블 방송을 일방적으로 규제한 조치를 법원은 수용하지 않았다. 1977년 법원은 케이블 방송이 지역방송의 동등자가 아닌 보조자라고 보는 FCC의 입장은 정당화될 수 없다고 판시하는가 하면 지역방송의 재송신에 관련해 저작권을 둘러싼 다툼에서 케이블 방송의 입장을 지지했다.

이 저작권 문제를 부연해서 설명해보자. 먼저 케이블TV가 재송신하는 지역방송의 프로그램이 문제이다. 이 문제를 둘러싼 대립은 케이블TV가 지상파방송을 수신해 유선으로 가입자에 전송하는 행위가 저작권법에서 말하는 '영리를 위한 공연'(performance for a profit)인가 여부였다. 만일 영리를 위한 공연이라면 케이블TV가 재송신하는 프로그램에 대해 지상파TV사나 본래의 저작권 보유자에 저작권료를 지불해야 한다.

케이블 사업자들은 케이블 방송은 저작권법이 말하는 의미의 '공연'이 아니라고 주장했다. 그들의 논리에 의하면 케이블 방송은 이미 저작권료를 지불한 텔레비전 방송사의 전송 프로그램을 단순히 수신하는 것이므로 케이블 방송사에 저작권료를 부담지우는 일은 저작권 보유자에 이중지불이 된다는 것이다. 이 주장에서 한발 물러난 것으로 케이블 사업자들은 저작권료를 지불해야 하느냐 여부는 지상파방송국의 서비스 구역 안에서 전파의 '공터'(blanks)를 채우는가, 아니면 케이블 방송이 지상파방송국의 서비스 구역을 넘어 서비스의 범위를 확대하는가에 달려 있다는 입장을 취했다. 다시 말하면 케이블 방송이 역내 지상파방송을 재송신하는 행위는 저작권료를 지불할 필요가 없지만 원거리 역외 방송신호를 재송신할 때는 저작권료를 지불할 용의를 표명한 것이다.

미국 대법원은 두 제소사건[Fortnightly v. United Artists Television(1968) 및 Teleprompter Corp. v. Columbia Broadcasting System(1974)]에 대한 판결에서 케이블 방송사업자의 손을 들어주었다. 곧 대법원 판결의 논지에 의하면 케이블사의 지상파방송 재전송은 저작권법이 말하는 '공연'이 아니며 단지 기술적인 피동적 행위로서 개인이 방송수신을 좋게 하기 위해 아주 큰 수신용 안테나를 세우는 것과 질적인 차이가 없다는 것이다. 따라서 대법원은 그런 행위가 저작권료로부터 면책되기 때문에 케이블 방송사업자가 영리를 목적으로 서비스를 제공하더라도 그것은 저작권법 아래 그 행위의 성질을 바꾸지는 않는다고 판시했다(Carter et al., 2000: 538).

이 판결 이래 미국의회와 FCC는 방송사업자간의 저작권 문제를 해결하기 위해 여러 가지 제도를 마련했다. 이제 이 제도를 차례로 살펴보자.

1) 강제면허

미 대법원의 이 판결은 1909년 '저작권법'(Copyright Act)의 개정을 가져왔다. 1976년 저작권법 개정으로 도입된 것이 강제면허(compulsory license) 제다. 저작권법 개정으로 케이블 사업자들은 저작권 소유자의 허락을 받지 않고 지역방송을 무료로 재송신할 수 있게 되었다. 곧 그들은 법정저작권을 누리게 된 것이다. 그러나 역외방송의 재송신에 대해서는 강제면허료를 지불해야 했다.

부연해 설명하면 1909년 미국 '저작권법'은 텔레비전 프로그램과 같은 영상물의 저작권 소유자에게 그 영상물의 '공연'(public performance)을 승인할 배타적 권리를 부여했지만 케이블 사업자가 방송프로그램을 2차 송신할 경우 그것은 '추가적 공연'(additional performance)으로 간주하지 않았다. 이 점을 명백히 하기 위해 1976년 개정 저작권법은 케이블 사업자에게 법정저작권을 부여한 것이다. 더 나아가 개정 저작권법은 케이블 업자에게 이른바 '강제면허'(compulsory license)를 부여하고 있다. 강제면허란 케이블 사업자가 영상물 사용에 관해 저작권 소유자와 협의를 통한 합의가 이루어질 수 없는 경우 재송신을 포함한 이용행위를 하되 일정한 저작료를 '저작료 심판소'(Copyright Royalty Tribunal)에 일괄적으로 지불케 함으로써 저작권 문제를 해결하는 제도이다.[4]

---

4) 강제면허 제도에 관해 방석호 교수는 '강제허락 제도'로 부르면서 비교적 상세히 소개하고 있다.(방석호, 1995: 322~324). 한편 저작료 심판소는 1994년 폐

이 강제면허제가 지역 지상파방송사들의 불만을 산 것은 케이블 사업자의 지역방송 재송신에 대해 전혀 보상을 받지 못할 뿐만 아니라 저작료 심판소의 저작료 배분방식도 공평하지 못했다는 것이다.

예컨대 미국영화협회(Motion Picture Association of America, MPAA)는 텔레비전이 방영한 영화 및 신디케이트프로그램에 '엄청난 면허료'(lion's share of license fee)를 받는 데 비해 지역방송사들은 형편없이 낮은 면허료를 배분 받았다는 것이다.

한편 케이블 사업자에 부여한 법정저작권과 강제면허는 뒤에서 살펴볼 의무재송신규칙에 의해 어느 정도 형평이 취해지고 있음을 주의해야 한다. 곧 케이블 사업자는 저작권료에 대해 특혜를 누리는 대신 지역방송이 원하는 경우 모든 역내방송을 재송신해야 한다(Ibid. 539).

2) 재송신승인

다음으로 미국 의회는 1992년 케이블 방송법을 개정해 이른바 '재송신승인제'(retransmission consent)를 도입했다. 이는 1976년 저작권법 개정으로 특히 강제면허제의 도입 결과 케이블 사업자들에게만 특혜를 가져왔다는 지역방송사들의 끈질긴 주장에 의회가 동조한 결과이다. 이제 재송신승인제 아래 지역방송사들은 케이블 사업자에 저작권료를 위한 협상이나 의무재송신을 요구할 수 있게 된 것이다. 곧 지역지상파 방송사업자들이 의무재송신과 재송신승인 중 하나를 선택할 수 있는 권리를 갖게 된 것이다. 지역방송사가 재송신승인을 선택할 경우 케이블 사업자와 저작권료에 관한 협상을 벌여야 한다. 협상결과에 따라 케이블 사업자가 재송신승인을 얻을 수 없을 때는 재송신이 금지된다.

이 재송신승인제가 지역방송사에 갖는 의미는 무엇인가? 시청률이 높은 지역 상업방송사(네트워크 가맹사)는 재송신승인을 선택해 저작권료를 협상을 통해 받을 수 있는 반면 기타 비상업 방송사(독립방송사 및 교육방송사)는 의무재송신을 선택해 그 방송신호가 지역 시청자에 도달되는 것을

지되고 그 임무는 미국 의회도서관에 맡겨졌다(Carter et al., 2000: 539).

보장받을 수 있다는 점이다.

이 개정 저작권법 아래 지역 상업방송사들은 3년간(1993년 10월 개시) 재송신승인에 대한 대가를 협상하든가 아니면 재송신요구(의무재송신)를 할 수 있게 되었다. 케이블 사업자가 지역방송사와의 협상에서 합의에 이르지 못하면 적어도 3년간 그 지역방송신호를 케이블망을 통해 재송신하지 못한다. 그러나 지역방송사가 재송신승인과 의무재송신 가운데 선택을 일부러 하지 않을 경우 의무재송신을 선택한 것으로 보아 케이블 방송은 무료로 지역방송을 재송신할 수 있게 된다. 또한 지역 비상업방송은 의무재송신을 요구할 수 있지만 재송신승인제 아래 저작권료 지불협상을 요구할 수 없다.

그러나 실제 재송신승인제는 지역방송사들이 바라는 대로 이루어지지 않았다. 대부분의 케이블 업자들은 재송신 승인에 대한 대가지불을 거부한 것이다. 결국 1993년 10월 개시라는 마감기일이 다가옴에 따라 몇몇 방송사 집단은 타협점을 찾아 양측이 받아들일 수 있는 타협안으로 수용하게 되었다. 곧 케이블 사업자가 지상파방송사가 소유하는 케이블채널을 재송신하기로 합의하면 그 방송사는 재송신을 허용한다는 것이다. 예컨대 허스트(Hearst)계 및 캡 시티(Cap Cities)/ABC 그룹은 Continental Cablevision 및 Jones Intercable 등 많은 MSO와 합의에 이르렀는데 케이블 사업자들은 여기서 스포츠 전문 채널인 ESPN2(허스트와 캡 시티/ABC 공동 소유)에 대가를 지불하고 재송신하는 대신 허스트와 캡 시티/ABC 그룹은 케이블 업자들에 그룹 휘하의 지역 가맹사의 방송신호 재송신승인을 부여했다. 그러나 CBS를 포함한 다른 방송사업자들은 한 푼도 받지 못하고 재송신을 승인했다(Ibid. 540-541).

3) 의무재송신

미국에서 의무재송신제도가 생긴 것은 1965년으로 거슬러 올라간다. 이미 살펴본 바와 같이 케이블 방송이 방송시장의 주요한 경쟁자로 등장하자 상대적으로 경쟁적 열위에 서게 될 위험이 있는 지역방송사를 보호하기 위해 케이블 방송에 부과한 규제 장치였다.

미국에서 의무재송신은 당초 의회가 법으로 설정한 것이 아니라 FCC가 정책목표를 달성하기 위한 제도적 장치로서 케이블 방송에 부과한 '의무재송신규칙'(must-carry rule)에서 비롯되었다. 곧 1965년 케이블 방송이 아직 텔레비전프로그램 전송시장에서 주요 경쟁자로 부상하기 오래 전 FCC(연방커뮤니케이션위원회)는 케이블 방송사업자들에게 의무재송신규칙을 명해 케이블 방송으로 하여금 지역방송 신호를 의무적으로 재송신케 했다. 당시 FCC는 지역방송사 보호에 무게중심을 두어 지역방송사가 확보한 시청자 전체를 보전(保全)하지 못한다면 케이블 방송이 무료시청 지역방송에 경제적 폐해를 줄 것으로 우려했던 것이다.

이 의무재송신규칙은 신생 '극초고주파'(UHF) TV 방송이 기성 '초고주파'(VHF) TV 방송보다 방송신호의 질적 수준이 떨어지는 상황에서 특정적으로 지역 UHF 방송을 보호하자는 취지에서 나왔다. 곧 케이블 방송이 방송신호의 질적 수준이 높은 VHF 방송만을 재송신하게 되면 재송신에서 탈락한 UHF 방송은 VHF 방송에 비해 광고수주 경쟁에서 경쟁적 열위(劣位)에 서게 될 것을 우려한 데서 나온 FCC의 정책적 배려였던 것이다.

그러나 FCC의 이 의무재송신규칙은 1985년 퀸시 케이블TV사(Quincy Cable TV)가 제소한 위헌소송에서 미국 항소법원이 수정헌법 제1조가 보장한 언론 자유에 대한 '위헌적 부담'(unconstitutional burden)이라고 판시함으로써 폐기되었다(Quincy Cable TV v. FCC, 1985). FCC는 즉시 약간 완화한 의무재송신규칙을 채택했으나 이 역시 1987년 위헌제소에서 같은 항소법원으로부터 위헌판결을 받아 폐기되고 말았다.

의무재송신제가 다시 부활한 것은 1992년 의회가 통과시킨 '케이블텔레비전 소비자보호 및 경쟁법'(Cable Television Consumer Protection and Competition Act, 이하 '케이블 방송법')을 통해서였다. 이제 의무재송신제는 법제에 편입된 제도로서 FCC의 의무재송신규칙과 마찬가지로 재송신의 의무부과가 없다면 재송신을 거부당할 수 있는 지역방송사들을 보호하기 위한 점이 그 입법취지였다.

이 케이블 방송법에 따른 의무재송신은 케이블 방송사가 운용하는 채널수에 따라 비례적인 의무재송신을 특징으로 한다. 곧 12개 채널까지 전송하는 케이블 방송사는 적어도 3개 채널을 지역방송 재송신에 배당해야 하며 12개 이상 채널을 전송하는 케이블 방송사는 적어도 채널 용량의 3분의 1을 재송신에 할애해야 한다. 그러나 가입자가 300 이하인 케이블 방송사는 의무재송신에서 면제된다. 또한 지역방송사의 재송신 수요가 의무채널의 공급을 넘을 경우 모든 케이블 방송사는 그 재량 아래 지역방송사를 선정할 수 있다(Whitmore, 2001: 188).

케이블 방송법으로 편입된 이 의무재송신제는 후술하는 바와 같이 위헌제소를 받았지만 1994년 미국 대법원은 이 법에 의한 규제가 언론에 대한 '내용중립적 제한'이라는 이유로 위헌이 아니라고 판시했다. 이 '터너 I' 판결과 후속으로 이어지는 1997년 '터너 II' 판결로 케이블 방송법이 부과한 의무재송신은 결국 합헌적 제도로서 위치를 굳혔던 것이다. 이제 터너 I 및 터너 II 판결의 논지를 살펴보자.

4) 의무재송신과 터너 I 및 터너 II 판결[5)]

터너 I 판결(1994)은 터너 방송사(Turner Broadcasting System)의 의무재송신에 대한 위헌상고를 미국 대법원이 판단한 논지를 담고 있다. 부연하면 1994년 대법원은 '터너 I' 판결에서 '케이블프로그램 공급업자'(채널 사용사업자, 즉 PP를 말함)와 '케이블 방송사업자'(SO)가 모두 언론매체이며 따라서 그들이 수정헌법 제1조의 보호를 받을 권리가 있음을 인정하지만 모든 언론매체에 대한 제한을 구별없이 '엄격 심사'(strict scrutiny)를 요구한다는 데 동의하지 않았다. 그 대신 대법원은 케이블 방송에 부과한 의무재송신은 '내용중립적 제한'(content-neutral restriction)이며 이 경우 위헌여부는 '오브라이언 시험'[6)]이 적절한 기준임을 지적하면서 만일 의무재송신

---

5) 터너 I 및 II 판결에 관해서는 "Turner Broadcasting System, Inc. v. FCC", 129L. Fd. 2d. 497. 514(1994) 및 "Turner Broadcasting System, Inc. v. United States", 420 U.S. 180(1997) 참조.

6) 1968년의 '미국 정부 대 오브라이언' 판결(1968) 결과 적용되기 시작한 이 기

이 오브라이언 요건을 만족시킬 수 있다면 합헌이라고 판시했다.

대법원이 이 '터너 I' 판결에서 케이블 방송에 부과한 의무재송신이 내용중립적 제한이라고 판시한 논지는 무엇인가? 이 경우 내용중립성을 판별하는 데는 대법원에 의하면 정부가 케이블 방송이 전하는 메시지에 동의하거나 또는 동의하지 않기 때문에 언론규제를 부과했느냐 여부가 핵심적 기준이라고 한다. 이 기준에 의해 의무재송신 규제의 성격을 규명하자면 두 단계의 심사가 필요한데 첫번째 이 규칙은 규제가 언론내용에 근거해 이득을 주는가 또는 부담을 과하는가? 만일 양쪽이 모두 아니라면 두 번째 단계의 심사로 이 규칙의 명백한 목적이 과연 전달하는 메시지 때문에 언론을 규제하는가?

대법원은 첫 단계 심사의 결과 의무재송신은 내용중립적 근거에서 이득을 준다고 지적했다. 왜냐하면 이 규칙이 재송신을 요청하는 모든 방송에, 곧 그것이 상업방송 또는 비 상업방송이든, 독립사방송 또는 가맹사방송이든, 영어방송 또는 스페인어방송이든, 종교방송 또는 세속방송이든 차별없이 이득을 주기 때문이다.

둘째 단계의 심사에 관해 대법원은 의무재송신제가 주로 독립방송사에 이득을 준다는 것을 인정하면서도 언론제한이 내용에 근거한 목적을 가졌다고 볼 수 없다는 것이다. 대법원의 판단은 의무재송신 입법의 우선적 목적은 '특정한 주제, 견해 또는 형태의 프로그램을 편애'(to favor programming of a particular subject matter, viewpoint or format)하는 것이 아니라 케이블 방송을 시청 못하는 미국인 시청자 40%의 시청권을 보전하려는 것이다.

위의 심사의 결과를 근거로 대법원은 의무재송신이 내용중립적 규제라고 판시했다. 그러나 대법원의 결론은 이 사안의 경우 의무재송신 법제가

준에 의하면, 정부가 다음의 요건을 충족시킬 경우, 설사 표현행위를 규제하는 조치라 하더라도 합헌으로 간주되었다. 첫째, 정부규제가 헌법적 관할권한 안에 있어야 하며, 둘째, 그 규제가 중요하고 실질적인 정부의 정책목표를 수행하는 것이어야 하고, 셋째, 정부의 정책목표가 표현의 자유 억압과 무관해야 하며, 넷째, 만약 부차적으로 언론 자유를 제약했다면 정부의 정책목표를 수행하는 데 필수적인 범위를 넘지 말아야 한다(Whitmore, 2001: 181).

없다면 케이블 방송에 접속을 거부당한 지역방송국의 상당수가 재정이 '상당한 정도로 악화되거나 아예 시장실패로 막다르게 될 것'인지는 증거가 불충분하다면서 연방지법의 재심의로 되돌려보냈다.

재심의에 들어간 연방지법은 의무재송신이 필요하다는 정부의 입장을 지지했는데 구체적으로 세 가지 이유를 제시했다. 이는 케이블 방송법을 제정함에 있어 의회가 3년간에 걸쳐 여러 차례 청문회를 열고 거기서 수렴한 18,000쪽에 걸친 기록에 의존한 의견이었다.

첫째, ① 케이블 사업자들은 수입원으로서 가입자의 수신료보다는 광고에 의존함으로 재송신의 의무를 부과하지 않으면 경쟁지역 방송사들을 퇴출시키거나 인기 없는 채널 번호로 재배정하는 경향이 있다. 둘째, ② 케이블 방송사업자(SO)는 케이블 프로그램 공급업체(PP)와 수직 통합함으로써 주식을 소유한 PP를 옹호하고 지역방송을 퇴출시킬 가지가지 이유가 있다. 셋째, ③ 케이블 방송사업자가 서비스를 제공하는 지역사회에서 실질적인 시장독점력을 장악하게 되며 이 시장 독점력은 거의 모든 텔레비전 프로그램에 대한 '수문장 통제'(gatekeeper control)를 구사한다.

이러한 이유를 근거로 연방지법은 지역방송의 재송신의무를 부과하지 않고는 케이블 방송이 시장지배력을 남용하지 않을 수 없게 될 것이라고 예상했다. 따라서 연방지법은 케이블 업자들의 시장지배력의 남용으로부터 지역방송을 보호하기 위해 의무재송신은 반드시 필요하다고 보았던 것이다.

1997년 대법원은 같은 사건의 항고심에서 의무재송신 법제를 5 대 4로 합헌결정을 내렸다. 이것이 '터너 II' 판결(1997)인데, 대법원은 이 의무재송신 법제가 '오브라이언 요건'을 충족시켰다고 결론지으면서 정부의 규제목표, 곧 지역방송의 보호, 다양한 정보원으로부터 정보의 광범위한 확산 촉진, 그리고 텔레비전프로그램 시장에서 공정경쟁 촉진이 의무재송신 법제에 의해 '진정으로 향상된다'(genuinely advanced)고 판시했다.

아울러 대법원은 의무재송신 법제가 이러한 정부의 정책목표를 달성하기 위해 '협소하게 맞춰진 수단'(narrowly tailored means)임도 인정했다. 결과적으로 미국의 케이블 방송사업자들은 의무재송신 법제에 묶이는 반면 법정저작권의 혜택을 보게 된 것이다.

여기서 저자는 질문을 던져본다. 미국법원이 80년대 케이블 방송에 부과한 의무재송신규칙이 위헌이라고 일관해 판시한 입장을 90년대에 들어와 번복한 이유는 무엇인가? 저자는 그 해답을 방송시장에서 경쟁하는 방송사업자간의 역학관계에서 찾을 수 있다고 본다. 곧 1980년대 아직 케이블 방송보다는 지역지상파방송이 시장우위를 점하고 있던 상황에서 법원은 상대적으로 열세에 있는 케이블 방송의 입장에 손을 들어주었지만(장호순, 2002: 6) 1990년대 들어와 케이블 방송이 급신장하자 지역방송을 보호해야 할 필요성을 인정했던 것이다.

미국 케이블 방송 가입자는 2001년 12월 말 기준으로 전체 TV 시청가구의 69.2%인 7,295만 8,180가구이다. 이는 70년대 및 80년대 평균가입자가 각각 390만(6.7%), 1,520만(19.9%)에 머물렀던 것과 비교하면 케이블 방송시장의 급신장을 보여주는 수치이다. 또한 지역사회 단위로 케이블 방송국 숫자도 1970년 2,490개, 1980년 4,225개로 늘어났으나 2000년 말 현재는 1만 400여 개에 달하고 있다(장호순, 2002: 2).

케이블 방송의 급신장이라는 환경변화에 대해 법원은 다른 눈으로 의무재송신의 법제를 보게 된 것이다. 다시 말하면 법원은 이제 케이블 방송의 시장지배력이 상당한 위력을 발휘하는 상황에서 '시장역기능'(market dysfunction)을 규제하는 정부의 정책목표에 무게중심을 두게 된 것이다. 말을 바꾸면 연방지방법원은 의회가 1992년 케이블 방송법이 '산업별 반독점 및 공정거래관행을 규제하는 입법'으로 비디오 산업 전체로서 경쟁적 균형을 달성하기 위해 그리고 케이블 사업자의 반경쟁 관행이 끼치는 폐해를 보정(補正)하기 위한 수단으로서 의무재송신제를 채택했다는 점을 인정한 것이다.

5) 캐리 원 캐리 올 규칙

다음으로 위성방송에 부과된 '캐리 원 캐리 올 규칙'(carry one, carry all rule)이란 무엇인가? 그것은 케이블 방송에 부과된 지역방송의 의무재송신

규칙을 위성방송에 수정해 부과한 일종의 의무재송신이다. 이 제도가 생겨난 경위부터 보자. 미국의 위성방송은 기술적으로 지역방송이 아닌 광역방송이며 채널 용량의 한계 때문에 케이블 방송에 부과되는 지역방송의 의무재송신 등 FCC규제로부터 자유로웠다. 그러나 1990년대 말 위성방송이 기술개발로 몇몇 대도시 방송시장에서 지역방송을 재송신할 수 있는 채널 용량을 발전시키자 의무재송신 부과의 문제가 관심사로 떠올랐다.

1975년 방송통신용 위성을 대기권에 진입시킨 이래 초기 위성방송사업자들은 벽지 난시청 주민을 주요 시청대상자로 해 출발했다. 그 뒤 위성방송은 1980년대 시장진출이 미미했지만 1988년 의회가 '위성방송 수신자법'을 통해 제한된 법정저작권 부여하면서 위성방송은 이에 힘입어 급속히 성장하기 시작했다. 현재 위성방송 가입자는 미국 전체 텔레비전 시청가구의 약 13%를 점하고 있으며 그 서비스는 미국 전역의 텔레비전 방송시장 210개에 걸치고 있다. 에코스타(EchoStar)와 디렉TV(DirecTV)는 각각 FCC로부터 50주파수 및 46주파수를 할당받아 총 450에서 500채널까지 운영하고 있다.

위성방송이 급속히 성장하게 되자 케이블 방송의 경우가 그랬듯이 의무재송신과 같은 규제문제가 제기되었다. 이 문제를 해결하기 위해 1997년 및 1998년 의회는 광범위한 청문회를 개최해 위성방송, 지상파방송, 케이블 방송업자들의 의견을 수렴했다. 그 결과를 근거로 의회는 1999년 11월 29일 '위성방송수신자개선법'(이하 '위성방송법'으로 칭함)을 제정했는데 그 골자는 위성방송에 법정저작권을 부여하면서 또한 '캐리 원 캐리 올'(carry one, carry all)이라는 일종의 의무재송신규칙을 부과하는 것이었다. 그러면 위성방송법이 위성방송에 부과한 캐리 원 캐리 올 규칙이란 무엇인가라는 질문에 되돌아가보자.

캐리 원 캐리 올 규칙은 위성방송사업자가 법정저작권을 이용해 한 지역방송을 재송신할 경우 그 지역시장에서 재송신을 바라는 모든 지역방송을 재송신해야 하는 의무를 촉발케 하는 제도이다. 이 캐리 원 캐리 올 규칙도 케이블 방송에 부과된 의무재송신과 마찬가지로 유료 텔레비전을 볼 수 없는 빈곤층 시청자를 위해 '방송창구'(broadcast outlets)의 풍요한 구성을 보전하기 위한 법제다. 실제로 캐리 원 캐리 올 규칙은 케이블 방송에 부과된 의무재송신의 틀을 거의 채택하고 있다는 데서 그 의미를 읽을 수 있다.

예컨대 지역방송국은 위성방송법 제338조에 의해 의무재송신을 요구하거나 같은 법에 의한 '재송신승인'(retransmission consent) 규정에 의해 재송신 허용을 받게 할 수 있는 선택권이 주어져 있다. 지역방송국으로 하여금 의무재송신과 재송신승인 중 어느 것을 선택하느냐의 문제는 텔레비전 시장에서 그 지역방송국이 처해 있는 시장현실에 달려있다. 지역방송국이 주요 네트워크 방송사의 가맹국인 경우 그 방송국은 재송신승인제를 선택해 위성방송으로부터 인기있는 프로그램을 재송신한 데 대한 보상을 얻는 선택을 할 것이며 프로그램 경쟁력이 약한 독립방송국인 경우 의무재송신을 선택해 지역시청자에 방송신호의 도달을 보장받을 수 있기 때문이다.

위성방송에 부과된 캐리 원 캐리 올 규칙과 케이블 방송에 부과된 의무재송신은 어떻게 다른가? 캐리 원 캐리 올 규칙은 위성방송사업자가 특정 시장에서 법정저작권을 이용하겠다고 스스로 결정하느냐는 조건에 달려 있지만 케이블 방송사업자에 부과된 의무재송신은 모든 시장에서 강제적으로 적용된다는 점이 다르다.

이 차이는 케이블 방송과 위성방송의 기술적 차이에서 연유한다고 말할 수 있다. 이미 살펴본 대로 케이블 방송은 지역단위 방송이라는 사실에서 지역시장에서 모든 지역방송을 재송신할 수 있는 채널 용량을 갖추고 있으며 전국방송 및 다양한 PP 공급프로그램으로 구성된 '매력적인 혼성믹스'를 제공할 수 있다. 이와 대조적으로 위성방송은 450에서 500개까지 똑같은 채널을 미국 전역에 걸쳐 내 보내기 때문에 1,600여 개의 지역방송 하나 하나를 재송신해야 하는 의무를 부과한다 해도 이를 지킬 수 없다. 이런 상황에서 의회는 법정저작권을 무슨 대가로 부여할 것인가, 그 해법으로 찾아낸 것이 캐리 원 캐리 올 규칙이었다.

이 경우 미국의회는 기본적으로 두 가지 방법을 선택할 수 있는데 하나는 위성방송사업자에게 '방송국별 면허'(a station-by-station license)를 주는 방법이고 다른 하나는 '시장별 면허'(a market-by-market license)를 주는 방법이 그것이다. 방송국별 면허를 부여하는 경우 위성방송사업자는 그가 원하는 지역방송사, 곧 네트워크 가맹사만을 '간택'(揀擇, cherry-pick)할 수 있게 된다는 점이다. 실제 미국 의회는 위성방송이 채널 용량의 확대에 힘입어 가장 큰 시장으로부터 시작해 점차 더 작은 시장순으로 되도록 많은 시장에서 네트워크 가맹사만을 재송신하게 될 것이라고 예상했다.

그러나 시장별 면허를 부여하는 경우 사정은 달라진다. 이 방법이 바로 캐리 원 캐리 올 규칙을 부과한 결과이다. 이는 위성방송사업자로 하여금 지역방송 재송신을 한 번에 한 시장씩 확대해 몇 개의 가장 큰 시장에서 모든 지역방송들을 재송신해야 함을 의미한다. 요컨대 문제는 미국 의회가 위성방송에 법정저작권을 부여함에 있어 다수의 시장에서 몇 개의 소수 지역방송사(네트워크 가맹사)를 '간택'해 재송신을 허용할 수 있는 방법과 소수의 시장에서 모든 지역방송사의 재송신을 허용할 수 있는 방법 가운데 어느 것을 선택하느냐로 귀착된다. 물론 이 경우 위성사업자는 전자의 방법을 바랬지만 의회는 후자 곧 캐리 원 캐리 올 규칙을 택한 것이다.

미국 의회가 전자를 선택할 경우 위성방송은 지역시장에서 네트워크 가맹사를 '간택'해 재송신하게 될 때 재송신에서 탈락한 독립방송사들[7]이 자사 방송신호를 시청자층에 도달케 하기가 더욱 어려워질 것이라고 보았기 때문이다. 다시 말하면 의회는 재송신에서 탈락한 독립방송사들이 케이블 방송의 재송신에서 탈락한 경우처럼 시청자층을 상실하게 될 것으로 보았기 때문에 이들 방송사를 보호하기 위해 캐리 원 캐리 올 규칙을 채택하기에 이른 것이다.

지금까지 우리는 미국의 재송신법제가 지역방송이 한 편으로 케이블 방송과의 다툼에서, 그리고 다른 한 편으로 위성방송과의 다툼에서 어떻게 전개되었는지 살펴보았다. 이 전개과정에서 재송신법제는 항상 텔레비

7) 재송신에서 탈락되기 쉬운 독립방송사들이란 4개 네트워크 방송(ABC, CBS, NBC 및 Fox) 가맹사가 아닌 방송사들로서 독립 상업방송사, 독립 비상업방송사, 공영방송사(PBS) 그리고 신생 네트워크 방송(UPN, WB 및 PAX)의 가맹사 등이다(Satelite Broadcasting and Commucation association v. FCC, 2001, Judge Michael's opinion 3쪽 참조).

전 프로그램의 저작권 문제가 깊게 연관되어 있음을 알았다.

이 과정에서 재송신법제는 처음 케이블 업자에 유리한 강제면허에 의한 재송신으로 기울어졌으나 다시 지역방송에 유리한 재송신승인제로 반전되었다. 한편 법원은 처음 케이블 방송업자에 부과된 의무재송신을 위헌이라고 판결했으나 케이블 사업자의 시장지배력이 커지자 지역방송의 보호라는 정부의 목표가 중요함을 인정해 합헌 결정을 내렸다. 이 의무재송신이 위성방송에 적용될 때 기술적 특성으로 변형된 것이 캐리 원 캐리 올 규칙이다. 이 캐리 원 캐리 올 규칙을 둘러싼 위성방송과 지상파방송과의 법정투쟁은 아직 진행중이나 항소심에서는 합헌 결정이 내려진 상태다.

이렇게 전개된 미국의 재송신 법제에 관한 지식을 배경으로 삼아 이제 한국의 방송위원회가 시행키로 했던 위성방송의 지상파방송 재송신 정책을 논의해보자.

2. 한국 위성방송의 지상파방송 재송신

새 방송위원회가 위성방송에 허용한 MBC와 SBS의 재송신은 의무재송신이 아니다. 방송법 제78조 1항이 말하는 의무재송신은 이제 KBS 1TV 및 EBS에만 적용된다. 따라서 위성방송은 MBC와 SBS의 재송신을 수도권 지역에 한해 허용하되 자발적 선택에 의한 당사자간의 재송신계약에 맡긴 것이다. 곧 위성방송은 KBS 1TV 및 EBS와는 달리 MBC와 SBS의 방송신호를 재송신할 경우 법정저작권의 혜택을 누릴 수 없기 때문에 협상에 의해 저작권 문제를 스스로 해결해야 한다.

이는 미국의 재송신승인제와 유사한 방침 아래 내린 결정이지만 MBC와 SBS가 일부러 협상을 게을리할 경우라도 위성방송사업자는 의무재송신제 아래 법정저작권을 누릴 수 없다. 다시 말하면 MBC와 SBS가 원하지 않을 경우 위성방송은 재송신을 할 수 없게 된다. 또한 2002년 4월 8일 개정된 방송법 아래 위성방송은 동시의무재송신 대상인 KBS 1TV와 EBS 이외 지상파 방송의 경우 방송위의 승인받지 않고는 재송신할 수 없게 되었다.

문제는 위성방송이 지상파방송의 동시의무재송신이 아닌 단순재송신이나 시차재송신을 방송위가 법 제78조 4항을 근거로 불허할 수 있느냐이다. 이는 우리 헌법이 언론의 자유를 보장한 것과 관련해 중요한 위헌문제로 발전할 소지가 크다.

위성방송의 지상파방송 재송신은 ① KBS 1TV와 EBS의 동시의무재송신과 ② 방송위가 승인할 수 있는 MBC와 SBS의 단순재송신으로 나뉜다. 이 가운데 ①에 관해서는 앞장에서 다루었으므로 ②에 관해서 논의해보자.

1) 위성방송의 지상파방송 단순재송신

새 방송위원회는 앞서 말한 대로 2001년 11월 19일 위성방송의 MBC와 SBS 네트워크 방송의 재송신은 승인하면서 지상파방송의 당해 방송구역(수도권)을 벗어나는 재송신은 2년간 허용하지 아니한다고 밝혔다. 이는 위성방송의 방송구역이 전국임에도 MBC 중심국과 SBS 방송신호 재송신을 수도권으로 2년간 묶어두자는 데 무게중심을 둔 취지이다.

이 위성방송의 지상파방송 재송신방침은 지역방송 및 방송노조로부터 거센 반발에 부딪혔다. 지역방송측이 제기한 반대의 논리는 상식적으로 납득이 되지 않는 주장과 방송위원장 개인에 대한 명예훼손성의 비방을 제외하면 세 가지로 정리할 수 있다. 곧 그것은 ① 위성방송이 MBC와 SBS 방송신호를 재전송하게 되면 '지역방송은 존립근거를 잃게 되어' 결국 시장퇴출을 당하고야 말게 될 것 ② 그 근거로 수신제한장치의 기술적 미흡으로 MBC와 SBS의 재송신은 그 도달 범위로 제한된 수도권을 넘어 사실상 전국적으로 송신된다는 것 ③ SBS 전국 네트워크 방송이 위성방송을 통해 실질적으로 실현될 것이고 그밖의 지역방송의 위성방송을 통한 재송신도 이루어져 MBC 네트방송 체제가 붕괴될 것이라는 것이다.

이러한 지역방송측의 반대논리는 정당한 것인가? 이 문제는 뒤에 방송채널 정책을 평가할 때 다룰 것이다. 그러나 어떻든 지역방송측이 벌인 제도 밖의 '거리정치' 투쟁은 결실을 맺어 그들이 요구하는 위성방송의 지상파방송 재송신은 방송법이 명시한 KBS 1TV와 EBS의 의무재송신 말고는 방송위원회의 승인을 받도록 방송법이 개정된 것이다. 이 방송법 개정도 그 잘잘못을 방송채널 정책에 대한 평가에서 다룰 것이다.

먼저 위성방송의 지상파방송 재송신은 우리나라 방송구도에 어떤 영향을 줄까? 이 이 문제를 개괄적으로 살펴보자.

2000년 12월 방송위원회가 허가한 디지털 위성방송은 우리나라 방송구도에 적지 않은 영향을 줄 잠재적 힘을 가진 뉴미디어다. 위성방송사업자로 선정된 KDB는 2002년 3월 초 무궁화위성 3호 중계기를 이용해 86개 채널 운영을 시작으로 본 방송을 개시했다. 그런데 이 위성방송은 가입자 확보에 그 성공여부가 달려 있는 유료방송이다. 이 점에서 가입자의 시청료에 의존하고 있는 케이블 방송과 유료방송시장에서 경쟁하지 않을 수 없다. 또한 위성방송이 지상파 네트워크 방송을 재송신하게 될 때 같은 네트워크 방송에 절대적으로 의존하고 있는 지역방송과 이해가 상충한다.

위성방송의 재송신이 지역방송과 이해가 상충하는 점을 부연해서 설명해보자. 이 점은 미국의 1960년대 중반부터 케이블 방송사가 단파기술을 이용해 원거리 역외지상파방송을 재송신하게 되면서 지역방송의 이해와 첨예하게 대립된 사정과 유사하다. 미국의 지상파방송은 그때까지 시장에서 누려왔던 방송프로그램 판매의 배타적 권리가 케이블 방송에 의한 같은 프로그램의 중복전송으로 깨지게 되자 크게 반발했던 것이다.

특히 '케이블 자체편성프로그램'(cable-originated programs)에 대해서 지역방송사들은 민감한 반응을 보였다. 그들은 미식축구나 야구경기와 같은 인기 스포츠프로그램의 전송권을 케이블 업자들이 차지할 수 있다고 우려한 나머지, 그럴 경우 시청자들은 그때까지 무료시청에서 유료시청으로 바꿔야 한다고 '괴담'(scare stories)을 퍼뜨렸다(Head et al., 1998: 59). 또한 케이블 방송이 지역방송의 광고시장에 침투할 경우 네트워크 뉴스 및 지역 공공프로그램이 피해를 볼 것이라고 경고하는 등 케이블 방송 반대 캠페인에 열을 올렸다.

그러나 지역방송의 주장은 사실이 아닌 엄살이었다. 당시 케이블 방송은 전혀 위험한 존재가 아니었다. 1970년대에 미국의 케이블 방송 가입자는 평균 390만, 곧 전체 시청가구의 6.7%에 머물고 있었기 때문이다. 이는 방송위원회가 위성방송의 지상파방송 재송신을 승인한 뒤 지역방송 노조원들이 벌인 반대캠페인을 연상하게 한다. 이들은 위성방송이 지상파방송을 재송신하게 되면 지역방송은 존립근거를 잃게 되어 결국 고사(枯死)하게 될 것이라고 주장했다. 그러나 이 주장은 사실에 의해 뒷받침을 받지 못한 일방적 주장에 불과하다.

앞서 언급한 바와 같이 위성방송은 가입자에 의존하는 유료방송이다. 위성방송이 시장 진입조차 이루어지지 않은 단계에서, 또 위성방송사업자로 선정된 KDB의 가입자 확보 계획에 따르더라도 1차년도(2002년) 41만 2,000, 2차년도(2003년) 81만 5,000에 머물고 있기 때문이다. 이는 TV시청 가구 약 1,400만 중 3%~6% 대에 불과한 수치이다.

어떻든 미국의 경우 지역방송의 케이블 방송 반대캠페인 작전은 일단 성공을 거둬 FCC가 케이블 방송에 지역방송 재송신을 강제하는 의무재송신규칙, 프로그램의 중복전송을 금하는 중복전송 금지규칙, 더구나 1972년 케이블 방송을 지역방송의 '보조적'(ancillary) 존재로 못박는 '정의적'(definitive) 규칙을 부과하기에 이르렀다. 그러나 케이블 방송은 법정투쟁을 벌여 이들 규칙은 폐기되고 말았다. 당시 미국법원은 앞에서 본 대로 케이블 방송이 시장에서 약자인 데도 FCC가 지역방송의 편에서 케이블 방송을 규제하는 규칙을 위헌으로 판결한 것이다.

한국의 경우 지역방송 노조는 법정투쟁 대신 '거리투쟁'을 벌인 것이 특징이다. 더구나 이 거리투쟁은 성과를 거두어 통합방송법의 관계조항이 개정되기에 이르렀다. 그러나 저자는 방송법 개정조항은 위헌 문제로 발전할 개연성이 높다고 생각한다.

이 문제와는 별도로 지역방송 또는 지역방송노조는 위성방송의 지상파방송 재송신에 대해 도대체 왜 사활을 건 거리투쟁을 벌여야 했을까? 그 형태적인 부당성을 잠시 접어두고 현실적인 해답을 찾아보자. 그것은 우리나라의 여의도 중심의 파행적인 방송구도에서 지역방송은 지역방송들끼리의 경쟁은 물론 점차 지역밀착방송을 확대하고 있는 지역 케이블 방송, 나아가 기존의 지역간 방송권역을 무너뜨릴 수 있는 위성방송 등 새로운 방송시장 진입자들과 복합적으로 경쟁해야 하는 상황이 거부할 수 없는 현실로 다가온 사정에 연유한 듯하다.

이런 상황에서 그동안 기업경영상 매우 기능적으로 작용했던 지역방송사들의 네트워크 의존적인 존재양식이 더 이상 버팀목으로서 기능할 수 없게 만드는 조건들이 생겨나고 있는데(김동규, 2000: 127), 이것이 바로 지역방송에 닥친 위기의 본질이라는 주장이 설득력 있게 들린다.

더구나 SBS가 경인방송과 함께 통신위성을 통해 전국 케이블 방송에 역외재송신을 하고 있는 현실에서 위성방송을 통한 재송신은 지역방송이 의존해온 네트워크 체제에 위협적인 존재로 부각되었을 것이다. 그러나 지역방송이 느끼는 위기는 잠재적 위기는 될지언정 현실적인 위기는 아니다. 방송전문가 김대호는 위성방송 재송신이 지역방송의 얼마나 충격을 줄 것인가에 대해 다음과 같은 말로 답한다.

> "그런데 위성방송은 출범하게 되면 일시에 전국에 도달되는 방송이 아니다. 유료 가입자에 기반한 소수대상 방송이다. 따라서 위성방송이 어느 정도 가입자 기반을 가질 때까지는 지역방송에 대한 충격이 나타나지 않을 것이며 오히려 위성방송의 생존문제가 제기될 것이다."(김대호, 문화관광위원회 법안심사 소위원회, 2001년 12월 13일, '지상파방송 재송신 관련 방송법 개정 공청회' 진술, 2)

다음으로 새 방송위원회가 승인한 MBC와 SBS 방송신호의 단순재송신 정책을 어떻게 평가할까? 이 질문에 해답을 얻기 위해서 먼저 평가하는 기준이 문제다. 그런데 우리는 이 시점에서 다행히 미국 위성방송의 재송신규칙에 대해 법원이 판결한 논지를 갖게 되었다. 이 판결논지는 미국 위성방송에 부과한 의무재송신규칙, 곧 '캐리 원 캐리 올 규칙'에 대한 것이기에 방송위원회가 위성방송사업자에 승인한 지상파방송의 단순재송신 승인과는 구별할 필요가 있다. 그러나 이 판결논지는 방송위원회가 공표한 재송신정책, 특히 그 정책목표를 평가하는 데 중요한 준거틀이 된다는 점을 놓칠 수 없다. 왜냐하면 미국법원은 위성방송의 재송신정책을 판단함에 이 정책목표에 비중을 두었다는 점에서 방송위가 결정한 위성방송의 재송신정책이 갖는 목표를 평가함에 원용할 수 있기 때문이다.

우리는 미국 위성방송의 재송신규칙인 캐리 원 캐리 올 규칙의 내용과 성격을 살펴본 바 있다. 그런데 미국의 항소법원은 위성방송사업자가 제기한 위헌제소를 물리치고 캐리 원 캐리 올 규칙을 합헌이라고 판결했다. 그 논지는 무엇인가?

2) 캐리 원 캐리 올 규칙의 합헌판결[8)]

방송위원회가 2001년 11월 19일 위성방송의 지상파방송 재송신방침을 결정한 뒤 얼마 후 12월 9일 미국 제4순회 항소법원은 위성방송협회(Satellite Broadcasting and Communications Association)가 제기한 위헌소송에서 캐리 원 캐리 올 규칙의 합헌판결을 내렸다. 이는 방송위원회의 방송채널 재송신정책을 공표하면서 제시한 정책목표를 평가함에 중요한 준거틀이 된다는 점에서 우리의 관심사가 아닐 수 없다.

국내 모든 주요 신문의 외신면이 침묵을 지키는 가운데 《뉴욕타임스》는 12월 11일자 보도에서 이 판결이 디렉TV와 에코스타의 통폐합 계획에 영향을 줄 것으로 전망했다. 로이터 통신도 12월 12일자 보도에서 위성방송협회가 이 판결로 중소규모의 방송시장에서 위성방송사업자의 가입자 유치경쟁이 엄청난 타격을 입을 것이라 비판한 대목과 아울러 전국방송협회(National Association of Broadcasters)가 이 판결로 무료 지상파방송의 독특한 가치를 인정했다고 지지한 발언을 함께 보도했다.

현재 이 캐리 원 캐리 올 규칙에 대해 미국 위성방송사업자들은 연방지방법원과 항소법원에서 패소했으나 다시 대법원에 상고중에 있다.

여기에서는 지난 2001년 12월 9일 제4순회항소법원이 내린 판결의 논지를 근거로 왜 캐리 원 캐리 올 규칙이 합헌으로 받아들여졌는지 살펴보고자 한다.

---

8) Satellite Broadcasting and Communications Association v. FCC 사건에 대한 미국 제4순회항소법원이 2001년 12월 9일 내린 판결(http://laws.findlaw.com/4th/011151p.html).

항소법원은 캐리 원 캐리 올 규칙이 '터너 I' 판결에서와 같이 내용중립적 제한이며 정부의 정책목표를 실현하기 위해 '협소하게 맞춰진'(narrowly tailored) 규제이기 때문에 합헌이라고 판시했다.

항소법원은 먼저 위성방송이 케이블 방송과 마찬가지로 다양한 정보원, 곧 전국 및 지역 비방송채널, 슈퍼스테이션, 지역방송 등으로부터 프로그램을 '지속적이며 편집을 가하지 않은 채'(on a continuous and unedited basis) 가입자에 전송한다는 점에서 수정헌법 제1조가 보호하는 언론행위를 한다는 점을 인정한다. 따라서 위성방송법이 설정한 캐리 원 캐리 올 규칙이 언론자유를 제한한다는 점에서 위헌인가 여부를 판단해야 할 문제라고 본다.

그러나 항소법원은 '터너 I' 판결 논지에 따라 캐리 원 캐리 올 규칙이 내용근거적 제한이 아니라 내용중립적 제한이라고 판시한다. 여기에는 두 가지 판단을 내려야 하는데 그 하나는 캐리 원 캐리 올 규칙에 의한 언론 제한의 실체가 내용중립적인가, 그리고 다른 하나는 이 규칙의 목적이 내용중립적인가에 대한 판단이다. 첫째, 캐리 원 캐리 올 규칙이 부과하는 재송신의무는 주어진 한 시장에서 한 지역방송을 송신하겠다는 결정에 의해 촉발되는 것이 아니라 법정저작권을 이용해 그 지역방송을 재송신하는 결정에 의해 촉발된다. 다시 말하면 위성방송사업자가 법정저작권의 혜택을 받지 않고 협상을 통해 지역방송을 재송신하는 경우 재송신의무는 발생하지 않는다. 따라서 캐리 원 캐리 올 규칙이 부과하는 재송신의무는 위성방송사업자의 내용선택에 따라 발생하는 것이 아니라 일정한 경제적 협상에 따라 생기는 것이다. 따라서 항소법원은 이 규칙이 내용중립적이라고 판시했다.

둘째, 이 규칙의 목적에 있어 내용중립적인가? 위성방송사업자들은 이 규칙의 목적이 내용근거적 제한이라고 주장하면서 의회가 위성방송법을 입법할 당시 위성방송사업자들이 주요 네트워크 가맹사들만 재송신할 것이며 그렇게 되면 재송신에서 탈락한 지역방송은 시청자층을 상실하게 될 것이라는 점을 고려했다는 점을 들었다. 이에 대해 항소법원은 역시 '터너 I' 판결을 인용하면서 의회가 의무재송신을 법제화할 때 고려한 우선적 목표는 '어느 특정한 주제, 의견 또는 형식의 프로그램을 편애한 것'이 아니라 케이블 방송을 수신 못하는 미국 시청자 40%를 위해 무료 텔레비전 방송의 접근을 보전하자는 것이라고 되풀이했다. 같은 맥락에서 항소법원은 위성방송법에 의한 캐리 원 캐리 올 규칙이 목적에서 볼 때 '내용근거적'(content-based)이라고 볼 수 없다고 판시했다.

위와 같은 이유에서 항소법원은 케이블 사업자들이 제기한 의무재송신에 대한 위헌제소의 경우와 같이 캐리 원 캐리 올 규칙이 내용중립적 제한이므로 '터너 I' 사건에서와 같이 오브라이언 기준이 적용된다는 논지를 폈다. 법원은 캐리 원 캐리 올 규칙이 오브라이언 기준에 부합하는가 여부를 판단하기 위해 두 가지 문제를 검토했는데 하나는 '이 규칙이 중요하고 실질적인 정부의 목표를 실제적으로 촉진하고 있는가', 그리고 다른 하나는 '이 규칙이 그 목표달성에 공헌하기 위해 협소하게 맞춰졌는가'이다.

요컨대 캐리 원 캐리 올 규칙이 협소하게 맞춰진 방식으로 적어도 한 가지 정부의 실질적인 목표를 실제적으로 추진한다면 오브라이언 기준에 부합한다고 보았다. '협소하게 맞춰진 요건'(narrowly tailoring requirement)이란 통상적으로 언론자유 침해여부를 가리는 데 요구되는 '엄격 심사'(strict scrutiny)를 완화하는 것으로 문제의 언론에 대한 제한이 정부의 정당한 목표를 촉진하는 데 필요한 정도를 넘어서는 안된다는 요건이다. 여기서는 전자, 곧 이 규칙이 정당한 정부의 목표를 실제적으로 추진하기 위해 필요한 제도인가에 대해 항소법원의 판단과 그 논지를 살펴보자.

정부가 캐리 원 캐리 올 규칙을 통해 실제적으로 추진하는 정책목표는 무엇인가? 그것은 항소법원에 의하면 두 가지 목표로 요약할 수 있는데 그 하나는 위성방송이나 케이블 방송을 시청하지 못하는 무료 지상파방송 시청자계층을 위해 여러 가지 지역방송 창구를 보전(保全)하는 것이고, 다른 하나는 법정저작권을 위성방송사업자에 부여함으로써 지역방송 광고시장에서 공정한 경쟁을 촉진하자는 것이다.

그러면 캐리 원 캐리 올 규칙이 두 가지 목표를 실제적으로 추진하는 데 적어도 필요한 제도인가? 첫번째 목표부터 차례로 다루어보자. 먼저 항소법원은 의회가 위성방송법을 입법하면서 내린 '예상적 판단'(predictive judgements)을 존중한다고 밝혔다. 이 의회가 내린 예상적 판단은 3가지로서 ① 위성방송사업자는 조만간 텔레비전 프로그램 배급시장에서 중요한 지배력을 차지할 것임 ② 위성방송사업자는 지역방송 재송신을 선택하는 시장에서 상당수의 독립방송사의 재송신을 계속 거부할 것임 ③ 재송신을 거부당한 방송사들은 상당한 계층의 시청자 접근을 상실당함으로써 폐해를 볼 것임이 그것이다.

의회의 이 예상은 빗나갈 것인가? 결코 그렇지 않다고 항소법원은 추론한다. 첫째, 위성방송이 텔레비전 방송프로그램 배급시장에서 상당한 위력을 발휘할 것이라는 예상은 실질적 증거로 추론할 수 있다는 것이다. 위성방송 서비스는 위성방송법 제정 이래 급속한 신장을 보여 1999년 6월에서 2000년 6월 사이 가입자가 28% 성장을 보인 반면 케이블 방송 가입자는 연간신장률 1.5% 이하에 머물렀다는 것이다. 덧붙여 위성방송협회(SBAC)가 FCC의 제7차 연례보고서를 논평한 한 대목에서 2000년 말까지 미국 위성방송 가입자는 1,600만 명(미국 텔레비전 시청 총 가구 수 15% 이상)까지 증가할 것으로 전망한다. 요컨대 의회가 내린 첫번째 예상적 판단은 아주 합리적이라고 항소법원은 지적했다.

둘째, 캐리 원 캐리 올 규칙이 없다면 위성방송사업자들이 독립방송사의 재송신을 계속 거부할 것이라는 의회의 예상적 판단도 실질적 증거로 추론할 수 있다고 항소법원은 밝힌다. 부연하면 2001년 11월 5일 현재 디렉TV는 41개 시장에서 네트워크 방송 가맹사 164개를 재송신함에 반해 같은 시장에서 독립방송사의 경우 겨우 13개를 재송신하고 있으며 에코스타는 31개 시장에서 네트워크 가맹사 140개를 재송신함에 반해 독립방송사의 경우 겨우 13개를 재송신하고 있다는 것이다.

이는 위성방송이 전국 내지 광역방송이라는 특성에서 제한된 채널 용량에서 볼 때 위성방송은 지역 방송프로그램보다는 전국 비방송프로그램을 선호하는 '경제적 유인'(經濟的 誘因, economic incentives)을 가졌다는 점에서 앞으로 상당수의 독립방송 재송신을 계속 거부할 것이라고 무리없이 추론할 수 있다는 것이다.

의회가 내린 마지막 예상적 판단, 곧 재송신에서 탈락한 독립방송사에 경제적 타격을 주게 될 것이라는 점은 재송신 거부가 초래하는 다음과 같은 일련의 결과에 따라 추론할 수 있다. 첫째, 재송신을 거부당한 방송사는 위성방송 가입자의 접근을 상실하게 된다. 둘째, 그 가입자층의 상실은 시청률의 저하를 초래하며 그것은 광고수입의 감소로 이어진다. 셋째, 광고수입의 감소는 프로그램의 질적 저하로 이어지며 이는 또한 시청률 저하 및 광고수입 감소로 이어지는 악순환을 되풀이한다.

항소법원은 의회가 내린 예상적 판단을 존중해 캐리 원 캐리 올 규칙이 정부의 첫번째 정책목표, 곧 위성방송이나 케이블 방송을 시청하지 못하는 무료 지상방송시청자를 위해 다양한 지역방송창구를 보전한다는 목표를 실제적으로 추진하는 데도 필요한 제도라고 판시했다.

다음으로 정부의 두번째 목표, 곧 위성방송법이 캐리 원 캐리 올 방식의 법정저작권을 위성방송사업자에 부여함으로써 지역 텔레비전 방송광고시장의 왜곡을 막으려는 목표를 살펴보자.

앞에서 다룬 첫번째 정부목표는 무료 지상파방송 시청자를 보호하기 위한 것이라면 두번째 목표는 지역시장에서 방송사업자간의 활발한 경쟁으로 이익을 보는 광고주들은 물론 방송사업자를 보호하자는 취지라는 점에서 서로 구별된다. 항소법원은 캐리 원 캐리 올 규칙이 이 목표도 실제적으로 추진하는 데 필요한 제도라고 판시했다.

앞서 설명한 바와 같이 위성방송이 기술적 특성 때문에 미국 전역에 걸쳐있는 1,600여 개 지역방송 모두를 재송신할 수 없는 상황에서 위성방송에 법정저작권을 부여하는 방법은 두 가지다. 그 하나는 방송사별로 저작권을 부여하는 방법이며 다른 하나는 시장별로 부여하는 방법이다. 전자를 택할 경우 위성방송사업자는 되도록 많은 시장에서 네트워크 방송 가맹사를 '간택'(cherry pick)할 것이기에 독립방송사들이 재송신에서 탈락하게 되어 방송사업자간의 공정한 시장경쟁을 훼손시킨다. 위성방송의 선택적 재송신이 지역방송시장에서 불공정한 경쟁으로 이어지는 이유는 재송신에서 탈락한 독립방송사의 경우 '간택'받은 네트워크 가맹사에 비해 시청률이 떨어지기 때문에 광고시장에서 경쟁적으로 열위에 서게 되기 때문이다. 따라서 의회는 위성방송에 시장별로 법정저작권을 부여하는 방법을 선택함으로써, 곧 캐리 원 캐리 올 규칙을 부과함으로써 법적 간섭이 끼칠 수 있는 시장왜곡을 최소화한 것이다.

이상 살펴본 바와 같이 미국 항소법원은 결론적으로 정부의 두 가지 정책 목표가 오브라이언 기준에 부합한다고 결정하고 따라서 캐리 원 캐리 올 규칙은 합헌이라고 판시했다.

• 시장별 법정저작권 부여의 효과

마지막으로 2002년 1월 1일부터 발효한 캐리 원 캐리 올 규칙은 의회가 예상한 대로 효과를 거두고 있는가? 다시 말하면 이 규칙은 독립방송사의 재송신 탈락을 막아 무료 지상파방송 시청자를 위한 다양한 방송창구를 보전하고 있으며 방송시장에서 공정한 경쟁을 촉진하는 데 약효를 발휘하고 있는가?

위성방송사업자에 법정저작권을 주는 방법으로, 방송사별로 주는 방법과 시장별로 주는 방법 중 의회는 후자를 선택했으며 이 방법을 구현한 것이 캐리 원 캐리 올 규칙이라고 앞서 지적했다. 의회가 예상한 것은 이 방법으로 법정저작권을 부여한다면 위성방송사업자는 많은 시장에서 네트워크 가맹사만을 '간택'하지 못하고 몇몇 시장에서 모든 지역방송을 재송신할 것으로 내다봤다. 의회가 예상한 입법취지는 적중했는가?

저자는 이 질문에 해답을 얻기 위해 작은 현장 조사를 했다. 부연하면 미국 방송시장 전체의 분포를 살펴보고 이 규칙의 전후 재송신의 실태를 비교해보는 방법으로 해답을 얻고자 했다.

미국의 텔레비전 방송시장(DMA)은 전국적으로 210개로 나누어져 있다. 이 중 가장 큰 시장으로 뉴욕시는 시청가구 수 730만, 로스앤젤레스 530만, 시카고 330만, 그밖에 200만 대 5개, 100만 대 17개 등 상위 25개 대도시가 총 1억 544만 4,000가구의 약 50%를 차지하고 있다. 한편 가장 규모가 작은 시장으로는 글렌다이브 3,900, 노스 플랫 1만 5,260, 알페나 1만 7,290가구 등 10만 이하 시장도 43개나 된다. 그밖에 중위권 시장으로 100만 이하 50만 이상이 34개, 50만 이하 10만 이상이 108개로 분포되어 있다.

<표 4-14-2> 미국 위성방송의 지역방송 재송신채널 분포 추이

(캐리 원 캐리 올 규칙 적용 전후)

지역방송사	디렉TV, 41개 시장		에코스타, 31개 시장	
규칙 적용 전후 일자	2001. 11. 5.(전)	2002. 1. 29.(후)	2001. 11. 5.(전)	2002. 1. 29.(후)
가맹사	151	164	127	142
독립사	13	227	13	179
총 채널	164	391	140	341

출처: Local TV Channels by Satellite에 의해 다시 작성. http://www.skyreport.com/skyreport/local.htm

다음으로 캐리 원 캐리 올 규칙 시행 전후 재송신채널의 실태 변화를 파악하기 위해 <표 4-14-2>를 보면 캐리 원 캐리 올 규칙이 시행되기 전과 후 뚜렷하게 달라진 지역방송 재송신채널 분포의 변화를 볼 수 있다. 곧 이 규칙이 시행되기 전 2001년 11월 5일 현재 디렉TV나 에코스타의 지역방송 재송신은 거의 네트워크 가맹사의 재송신채널로 채워지고 있었던 반면 두 방송사 모두 독립방송사 재송신채널 수치는 13개에 불과했다.

이와 대조적으로 캐리 원 캐리 올 규칙이 2002년 1월 1일 시행된 뒤 1월 29일 현재 지역방송 재송신 채널은 독립방송사가 네트워크 가맹사를 오히려 훨씬 앞지르고 있음을 보여준다. 부연하면 네트워크 가맹사의 재송신 수치는 이 규칙의 시행 전과 후 근소한 증가를 보였으나(디렉TV 154→164, 에코스타 127→147), 독립방송사의 재송신은 두 위성방송사 모두 13개 채널에서 227개 채널(디렉TV), 179개 채널(에코스타)로 대폭 늘었음을 보여준다. 또한 위성방송의 시장침투도 시행전후에 수적으로 거의 달라지지 않았다. 곧 디렉TV의 경우 시행전이나 후나 같이 41개 시장에 머물렀으나 에코스타는 31개 시장에서 35개로 늘었다.

또한 <표 4-14-3>은 시청가구 100만 이상의 25개 대도시 시장에서 두 위성방송사의 지역방송 재송신을 네트워크 가맹사와 독립방송사 별로 보여준다. 캐리 원 캐리 올 규칙이 시행된 2002년 1월 29일 현재 두 위성방송사 디렉TV와 에코스타의 지역방송 재송신채널 현황을 보면 가맹사는

<표 4-14-3> 미국 방송시장 분포

(2001년 11월 현재)

TV 시청가구 수	지역 시장(DMA)
100만 이상	25
100만 이하 50만 이상	34
50만 이하 10만 이상	108
10만 이하	43
총 105,444,330	210

출처: 닐슨 미디어 리서치사(Nielson Media Research)에 의해 다시 작성. http://www.tvb.org/tvfacts/index.htm

각각 99개 채널 및 98개 채널에 머무르고 있으나 독립방송사는 각각 167개 채널, 145개 채널로 대폭 증가했다. 또한 규모가 큰 시장일수록 독립방송사의 수치가 크게 올라가고 있음을 보여준다(최고 로스앤젤레스 17개 채널).

이는 위성방송이 한 시장에서 하나의 지역방송을 재송신하면 같은 시장의 원하는 모든 지역방송을 재송신해야 하는 캐리 원 캐리 올 규칙의 힘으로 독립방송사가 재송신을 요구했기 때문이라고 풀이할 수 있겠다. 이러한 수치를 근거로 볼 때 잠정적 결론으로 캐리 원 캐리 올 규칙, 곧 시장별로 법정 저작권을 부여하는 방법을 채택한 의회는 그 입법취지에 담은 정책목표를 달성하고 있다고 말할 수 있겠다.

우리는 이제까지 위성방송의 지상파방송 의무재송신제가 담고 있는 함의를 파악하기 위해 우리 방송법이 규정한 의무재송신제와 법정저작권제를 고찰했고 이 법제도의 취지를 재해석하는 데 중요한 준거틀이 될 수 있는 미국의 의무재송신, 재송신승인, 법정 저작권, 캐리 원 캐리 올 규칙에 관해 그 입법취지와 법원의 판결을 중심으로 살펴보았다.

이제 이러한 지식의 배경을 거울삼아 우리의 자화상을 들여다보고 생김새를 평가해보자. 곧 방송위원회가 지난 해 11월 19일 발표한 위성방송의 지상파방송 재송신방침은 과연 정당한 것이었나?

<표 4-14-4> 시청가구 100만 이상 시장별 지역방송 재송신채널 분포

(2001년 11월 현재)

순위	시장	시청가구수	%	디렉TV			에코스타		
				가맹사	독립사	채널 총수	가맹사	독립사	채널 총수
1	뉴욕	7,301,060	6.924	4	11	15	5	8	13
2	로스앤젤레스	5,303,490	5.030	4	17	21	5	5	10
3	시카고	3,360,770	3.187	4	9	13	4	8	12
4	필라델피아	2,801,010	2.656	4	7	11	4	8	12
5	샌프란시스코	2,426,010	2.301	4	12	16	4	11	15
6	보스턴	2,315,700	2.196	4	6	10	4	6	10
7	댈러스	2,201,170	2.088	4	9	13	4	10	14
8	워싱턴 D.C.	2,128,430	2.019	4	7	11	4	7	11
9	애틀랜타	1,990,650	1.888	4	6	10	4	4	8
10	디트로이트	1,878,670	1.782	4	4	8	4	4	8
11	휴스턴	1,831,680	1.737	4	7	11	4	8	12
12	시애틀	1,647,230	1.562	4	5	9	4	7	11
13	미니애폴리스	1,573,640	1.492	4	5	9	4	4	8
14	템파	1,568,180	1.487	4	8	12	4	3	7
15	마이애미	1,549,680	1.470	4	7	11	4	7	11
16	피닉스	1,536,950	1.458	4	7	11	4	6	10
17	클리브랜드	1,513,130	1.435	4	5	9	4	3	7
18	덴버	1,381,620	1.310	4	8	12	4	10	14
19	새크라멘토	1,226,670	1.163	4	4	8	4	4	8
20	올랜도	1,182,420	1.121	4	5	9	4	7	11
21	피츠버그	1,148,340	1.089	4	4	8	4	4	8
22	세인트루이스	1,143,690	1.085	4	4	8	4	4	8
23	포틀랜드	1,069,260	1.014	3	3	6	4	3	7
24	볼티모어	1,023,530	0.971	4	2	6	0	0	0
25	인디애나폴리스	1,013,290	0.961	4	5	9	4	4	8
누계		52,116,270	49.426	99	167	266	98	145	243

출처: Local TV Channels by Satellite에 의해 다시 작성. http://www.skyreport.com/skyreport/local.htm

3) MBC와 SBS의 단순재송신

다음으로 미국 항소법원이 위성방송 재송신규칙, 곧 캐리 원 캐리 올 규칙에 내린 합헌판결 논지를 염두에 두고 방송위원회가 위성방송에 승인한 MBC와 SBS의 재송신을 평가해보자. MBC와 SBS의 재송신은 정당한가?

이 질문에 대한 해답을 얻기 위해 방송위원회가 ① 이 재송신정책으로 달성하고자 하는 목표는 무엇인가 ② 이 정책목표는 실질적으로 중요한가 ③ 이 정책목표를 달성하기 위한 수단으로서 MBC와 SBS에 재송신을 승인한 방침은 적절한가의 문제를 논의해보자.

앞서 살펴본 바와 같이 통합방송법이 위성방송이나 케이블 방송에 부과한 의무재송신 법제는 입법취지가 모호한 것이 특징이다. 또한 재송신 승인제와 같은 단순재송신의 근거도 아예 형식적 법규정으로 존재하지 않는다. 이런 상황에서 방송위원회는 재송신승인제를 큰 틀로 해 위성방송의 지상파방송 단순재송신을 수도권으로 제한해 승인한 것이다.

먼저 당시 방송법이 MBC와 SBS(현재는 KBS 2TV 포함) 방송신호의 재송신 문제에 관해 침묵하고 있었음에도 불구하고 방송위원회가 위성방송에 지상파 방송의 재송신을 승인하면서 재송신 도달 범위를 2년간 수도권으로 제한한 것이 법적으로 가능한가? 다시 말해서 위성방송의 지상파방송 재송신승인이나 재송신 도달범위의 제한은 방송위원회의 적법한 관할권에 속하는가?

방송위원회는 방송법 제27조 규정에 의해 ① 방송의 기본계획에 관한 사항 ② 방송프로그램 및 방송광고의 운용·편성에 관한 사항 ③ 방송사업자의 인허가·승인·등록에 관한 사항을 심의의결하는 방송행정의 중추기관이다. 더욱 구체적으로 제70조에 의해 방송위는 방송사업자의 채널 구성과 운용을 감독하는 직무를 갖는다. 부연하면 방송사업자가 특정 방송 분야에 편중되지 아니하고 다양성이 구현되도록 방송채널을 구성하고 운용하고 있는지 감독할 뿐만 아니라 직접사용채널, 공공채널, 종교채널, 지역채널, 공지채널, 외국채널 등을 법 규정에 따라 운용하고 있는지 감시할 권한이 있다.

좀 더 부연해서 설명하면 방송위가 위성방송사업자의 채널 구성과 관련한 정책적 규제는 방송법의 두 축에 의해 중요한 직무로 되어 있다. 하나는 앞에서 든 방송법 제70조 1항이 명시한 바와 같이 채널 구성에 대한 구체적인 법규정이고 다른 하나는 제9조 5항과 제11조가 규정한 채널의 다양성을 추구하기 위한 방송위원회의 승인 및 방송분야에 관련된 규정이다. 이러한 법규정을 근거로 볼 때 채널 구성에 관한 정책적 규제는 방송위원회의 적법한 관할권에 속할 뿐만 아니라 위성방송의 "독점적 폐해를 예방하고 정책목표를 추구하기 위해서는 정책적 규제는 현실적으로 필요하기도 하다"(황근, 2000나: 79).

이러한 방송사업자의 채널 구성 및 운용에 대한 감독권에서 방송위원회는 위성방송의 지상파방송 재송신방침을 공표하기 앞서 2001년 6월 4일 '위성방송사업자 채널 운용기준'(가이드라인)을 시달해 특히 지상파방송사업자(특수 관계자 포함) 전체의 채널 운용을 위성방송 채널 전체의 20%를 넘지 않도록 시달한 바 있다.

따라서 이러한 방송사업자의 채널 구성과 운용에 대해 방송위원회가 갖고 있는 폭넓은 감독권한에서 볼 때 위성방송의 지상파방송 재송신의 방법이나 도달범위 등에 관해 일정한 규제를 할 수 있다고 할 것이다. 다만 규제의 정도가 방송사업자의 표현의 자유나 편성의 독립 또는 영업의 자유를 본질적으로 침해할 정도가 되어서는 안될 것이다. 따라서 위성방송의 지상파방송 재송신 자체를 원천적으로 거부한다거나 초기 시장진입에 과도한 장벽을 쌓는 규제는 적법하지 않을 뿐만 아니라 위헌이라는 부담을 떠안게 될 것이다.[9)]

---

9) 방송위원회가 고문변호사(임동진·배금자)에게 자문한 바에 의하면(2001년 3월 22일) 위성방송의 MBC 및 SBS 동시재송신은 방송사업자간의 자율계약에 의해 가능하다는 의견을 보내왔다. 그 이유로 ① 방송법이 명시하지 않았음에도 지역 SO와 RO가 각 지역민방과의 자율계약에 의해 그 지역민방의 재송신을 하고 있다는 점 ② 위성방송사업자는 같은 맥락에서 방송법상 명문규정을 두고 있지는 않지만 지상파방송사업자와 자율계약에 의해 동시재전송할 수 있음 ③ 위성방송은 방송구역을 전국으로 하고 있기 때문에 MBC와 SBS 재송신 하고자 할 때 제78조 3항(현4항)이 규정하는 역외지상파방송 재송신이 아니므로 방

(1) 재송신정책의 목표

다음으로 방송위원회가 MBC와 SBS 재송신을 수도권지역으로 도달범위를 제한해 승인한 방송채널정책은 어떤 목표를 달성코자 했으며 그것은 실질적으로 중요한가? 2001년 11월 19일 방송위원회는 '방송채널정책 운용방안'을 의결하면서 ① 방송매체간 위상정립 및 상호 균형발전을 위한 공정경쟁구도 확립 ② 방송·통신 융합에 따른 새로운 서비스 활성화를 통한 산업경쟁력 제고 ③ 방송의 공익성확보를 정책목표로 설정했다.[10]

방송의 MBC와 SBS의 재송신과 직접적으로 관련된 정책목표 ①과 ②를 중심으로 논의를 전개하기로 하자.

먼저 정책목표 ① 곧 방송매체간의 균형발전을 위한 공정경쟁 구도를 확립한다 함은 위성방송의 시장진입과 경쟁이 방송시장에서 지역방송 또는 케이블 방송과 균형을 유지케 함으로써 공정한 경쟁을 확립하겠다는 점에 무게중심을 둔 정책이다. 따라서 이 정책목표는 위성방송의 시장진입과 경쟁력의 육성보다는 지역방송과 케이블 방송의 보호 쪽으로 기울어진 것으로 풀이할 수 있겠다. 왜냐하면 위성방송이 전국을 방송구역으로 함에도 불구하고 재송신의 도달범위를 수도권지역으로 제한함으로써 재송신이 지역방송의 시청자접근이나 광고에 끼칠 수 있는 폐해를 적어도 2년간은 차단하고 있기 때문이다.

그러나 정책목표 ② 곧 방송·통신 융합에 따른 새로운 서비스를 통한 산업경쟁력 제고는 위성방송의 시장진입을 촉진하고 경쟁력을 육성하기 위한 것이다. 그것은 MBC와 SBS와 같은 네트워크 방송의 재송신을 적어도 수도권지역이나마 허용치 않는다면 위성방송은 시장진입에서 차질을 빚고, 그 결과 방송시장에서 경쟁적 열위에 서게 될 것이기 때문이다. 따라서 정책목표 ①이 지역방송과 지역 케이블 방송의 보호를 지향하고 있다면 정책목표 ②는 위성방송의 산업경쟁력을 제고하기 위한 것이다. 그러나 두 정책목표는 별개로 갈라진 것이 아니라 서로 밀접하게 관련되어 있다. 그러면 이 정책목표는 얼마나 중요한가. 먼저 후자부터 살펴보자.

송위원회의 승인이 불필요하다는 것이다.

10) 제43차 방송원회의(임시) 순서(2001년 11월 19일), 안건 가. 「방송채널정책 운영방안에 관한 건」(2001-43-148) 중 '정책 목표'.

(2) 재송신정책 목표의 중요성

방송위원회는 국책사업으로 정해진 위성방송사업을 출범시키기 위해 2000년 5월 8일 위성방송사업 허가정책의 기본방향을 정하고 기본 정책 목표로서 국내 영상산업기반 조기구축 및 국제경쟁력 확보, 시청자의 채널 선택권 확대 및 양질의 서비스 제공, 매체간 공정경쟁 촉진 및 균형발전을 설정했다. 특히 매체간 공정경쟁 촉진 및 균형발전 추구를 위해서는 '뉴미디어 시장에 대한 진입규제 완화 및 과당경쟁 방지'가 필요하다고 보았다.[11] 또한 이 정책의 기본방향으로 '위성방송의 시장실패 방지와 사업 조기정착'에 중점을 둔다고 밝혔다.

방송위원회가 정한 위성방송 허가정책의 기본방향을 볼 때, 위성방송의 재송신정책의 목표가 여기에서 연원(淵源)함을 알 수 있다. 부연하면 지상파방송 재송신정책 목표로 설정한 위성방송의 산업경쟁력 제고는 국내 영상산업기반의 조기구축과 국제경쟁력 확보와 밀접한 상관관계가 있다는 점이다. 왜냐하면 위성방송의 실시는 '차별화된 방송·영상 프로그램을 제공하는 미디어 창구의 대폭 확대'를 의미하기 때문이다. 또한 디지털 위성방송을 통해 축적된 노하우를 기반으로 미래형 뉴미디어 서비스 및 다양한 디지털 방송기술 개발 그리고 방송·통신기기산업 발전에 대한 파급 효과도 클 것으로 전망했음은 앞서 살펴본 바와 같다.

결론적으로 우리는 위성방송의 지상파방송재송신 정책이 목표로 설정한 위성방송의 산업경쟁력 제고는 실질적으로 중요하다고 무리 없이 판단할 수 있겠다.

다음으로 재송신정책의 목표로 설정한 매체간의 상호 균형발전을 위한 공정경쟁 구도확립을 살펴보자. 이는 앞서 언급했듯이 위성방송의 MBC와 SBS 재송신의 도달범위를 수도권지역으로 제한한 것은 지역방송의 보호에 중점을 둔 정책목표이다. 위성방송은 방송구역이 전국임에도 수도권지역으로 재송신을 제한한 것은 시장진입에 대한 장벽으로 볼 수도 있겠지만 그보다는 MBC와 SBS와 같은 네트워크 방송의 재송신이 지역방송에

---

11) 제13차 방송위원회 회의(정기) 순서(2000년 5월 8일), 안건 가. 「위성방송사업허가 기본방향에 관한 건」(2000-13-42).

끼칠 수 있는 폐해를 차단하는 것이 보다 중요하다고 판단했기 때문이다.

방송위원회가 위성방송의 지상파방송 재송신 문제에 대한 방침을 결정함에 임해 기본적으로 4가지 정책대안을 생각할 수 있다.

그것은 ① 지상파방송의 재송신채널 구성을 허용하지 않는 안 ② 지상파방송의 재송신채널 구성을 일정기간(2년 또는 3년) 유예한 뒤 허용하는 안 ③ 지상파 방송구역(수도권)으로 재송신의 도달범위를 제한해 허용하는 안, 그리고 마지막으로 ④ 지상파방송의 재송신채널 구성을 아무런 조건 없이 허용하는 안이다. 방송위원회는 이 4가지 대안 가운데 법률자문 결과 적법한 대안이나에 대해 위헌소송 부담을 지우는 정책대안이란 지적을 받은 ①과 ②를 제외하면 남은 2가지 대안, 곧 재송신의 도달범위를 수도권으로 제한해 허용하는 안과 재송신채널 구성을 아무런 제한없이 허용하는 안 가운데 하나를 선택하는 문제로 귀결된다. 방송위원회는 이 중 전자를 택한 것이다. 그것은 위성방송의 지상파재송신을 전국화하는 데서 끼칠 수 있는 지역방송에 대한 폐해를 일정기간 차단하기 위한 것이었다.

이렇게 볼 때 방송위원회의 선택은 위성방송의 시장진입의 길을 열어주면서 지역방송에 끼칠 수 있는 폐해를 일정기간(2년간) 유예하겠다는 의지를 반영한 것이다.

마지막으로 방송위원회가 위의 정책목표를 달성하기 위해 지상파방송 재송신방침은 반드시 필요한 것인가? 다시 말하면 위성방송의 산업경쟁력 제고와 지역방송의 보호라는 정책목표는 지상파방송의 수도권지역 재송신을 허용치 않고는 달성할 수 없는 것인가? 또한 이 지상파방송 재송신 허용 말고는 다른 대안은 없는가? 이 질문에 대해 하나하나 해답을 모색해보자.

위성방송사업자인 KDB가 방송위원회에 제출한 자료에 의하면 지상파 재송신 여부에 따라 가입자 수요가 크게 변동하며 가입의향률을 측정한 바에 의하면 당초 수요 예측 추정치 대비 약 24% 수준으로 급감한다고 주장한다. 먼저 위성방송의 산업경쟁력 제고는 성공적인 시장진입을 전제하지 않고는 달성할 수 없는 정책목표라고 볼 때 지상파방송의 재송신이 위성방송의 조기 시장진입에 끼칠 영향을 살펴볼 필요가 있다. 만일 위성

<표 4-14-5> 위성방송 가입자 연도별 예측 추정치
(지상파 재송신채널을 구성한 경우)

(단위: 명)

구분	2002	2003	2004	2005	2006
서울	113,115	110,644	163,083	216,072	241,056
부산	29,379	28,738	42,358	56,120	62,610
대구	13,636	15,295	22,543	29,868	33,322
광주	8,543	8,356	12,316	16,318	18,205
인천	24,247	23,718	34,958	46,317	51,672
울산	7,289	7,139	10,522	13,941	15,553
대전	10,147	9,925	14,629	19,383	21,624
기타 지역	203,634	199,186	293,589	388,981	433,958
순증	412,000	403,000	594,000	787,000	878,000
누적	412,000	815,000	1,409,000	2,196,000	3,074,000

출처: 2001년 7월 TNS 시장조사 및 Accenture 분석.

<표 4-14-6> 위성방송 가입자 연도별 예측 추정치
(지상파 재송신채널이 없는 경우)

(단위: 명)

구 분	2002	2003	2004	2005	2006
서 울	2,5400	25,100	36,800	48,900	54,500
부 산	8,900	8,800	13,200	17,500	19,400
대 구	5,100	5,000	7,600	9,900	11,100
광 주	2,200	2,200	3,300	4,400	4,900
인 천	5,200	5,200	7,500	10,000	11,200
울 산	2,300	2,200	3,300	4,300	4,800
대 전	1,900	1,700	2,600	3,400	3,900
기타지역	47,300	46,300	68,100	90,700	101,100
순 증	98,300	96,500	142,400	189,100	210,973
누 적	98,300	194,800	337,200	526,300	737,200

출처: 2001년 7월 TNS 시장조사 자료 및 2001년 9월 한국갤럽 시장조사 자료, skylife 재분석.

<표 4-14-7> 지상파 비전송시 가입자 가입의향률

(당초 수요 예측치에 지상파 비전송시의 지역별 가입의향률 반영)

구 분	서 울	인천/경기	강 원	대전/충청	광주/전라	대구/경북	부산/경남	제 주
가입률(%)	22.60	21.40	18.10	17.90	26.60	33.40	31.10	0.00

출처: 2001년 9월 한국갤럽 시장조사.

방송이 의무재송신해야 하는 KBS 1TV와 EBS 이외 지상파방송 재송신채널을 구성하지 못한다면 그것은 시장진입에 어느 정도 타격을 줄 것인가? KDB가 지상파방송의 재송신채널 구성을 전제로 당초 예측한 시장수요를 보면 1차년도 2002년 측정치 40만 2,000명으로부터 시작해 3차년도 140만 9,000명, 5차년도 307만 4,000명으로 잡고 있다. <표 4-14-5>는 다소 낙관적인 시장수요 예측 추정치를 보여준다.

그러나 지상파방송 재송신채널을 구성하지 못한다면 위의 수요의 예측 추정치는 급격히 줄어든다. <표 4-14-6>에 의하면 1차년도 9만 8,300명으로 3차년도 33만 7,200명으로 5차년도 73만 7,200명으로 감소된다는 것이다.

이런 위성방송의 수요예측 수치는 위성방송사업자측의 이해를 반영하고 있다는 점에서 과대포장된 면이 있을 것이다. 이를 감안하더라도 우리나라 시청자의 서울지향성으로 보아 서울중심의 네트워크 방송의 재송신이 없을 경우 위성방송의 시장진입은 상당한 타격을 입을 것으로 추론할 수 있을 것이다.

(3) 지역방송에 미치는 영향

다음으로 지역방송이나 케이블 방송의 보호를 위해 MBC와 SBS 재송신의 도달범위를 수도권으로 제한해 승인한 것은 매체간의 균형발전을 위해 적어도 충분한 정책적 처방인가? 이 질문에 대한 해답은 적어도 두 가지 측면에서 찾아야 한다. 하나는 지역민방과 지역 케이블 방송이 처한 경제적 내지 경영적 어려움이 어느 정도인가? 다른 하나는 지상파방송의 도달범위를 수도권지역으로 제한한 것이 지역방송의 보호를 위해 충분한 정책처방인가?

먼저 우리나라 지역민방과 케이블 방송이 그동안 겪어온 역경은 잘 알려져 있다. 전체적인 지역방송은 서울 여의도 중심의 중앙방송사들의 지배적 체제에 편입되어 독자성을 상실한 채 생존을 영위해왔다. 케이블 방송이 정부정책의 실패에 이어 IMF사태를 맞아 최악의 곤경을 겪었음은 앞서 살펴본 바와 같다. 여기서는 케이블 방송의 경우를 제쳐두고 지역방송, 특히 지역민방에 초점을 두어 그 경제적 여건을 살펴보자.

한국의 방송산업은 여의도에 거점을 둔 KBS, MBC, SBS 3대 네트워크 방송이 방송의 중추적 산맥을 이루며 지역방송은 그 안에 수직적으로 통합된 형태 혹은 독립사로서 일종의 제휴국의 형태(김동규, 2000: 33)를 띠고 있는 것이 특징이다.

부연하면 직할국 형태인 KBS가 25개 지역국을 운영하고 있으며 계열사 형태인 MBC도 전국에 걸쳐 19개 지역사를 지배주주로서 소유·운영하고 있다. SBS는 1991년 수도권 대부분과 충북권 일부를 방송구역으로 한 지역방송으로 출발했지만 1999년과 1998년 두 차례에 걸쳐 7개 민방[광주, 대구, 대전, 부산(이상 1차 민방), 청주, 진주, 울산(이상 2차 민방)]과 프로그램 공급협정을 체결해 실질적인 네트워크 체제를 구축했다. 이런 상황에서 한국방송산업은 KBS, MBC, SBS 3대 네트워크 방송사가 방송시장에서 독과점적 지위를 누리고 있으며 지역방송은 그 안에 수직적으로 편입된 형태를 띠고 있는 것이다.

물론 KBS는 직할국 체제로, MBC는 계열사 체제로, 그리고 SBS는 협력사 체제로 운영하고 있어 편입된 형태가 구조상 차이를 보이고 있지만 그것은 상대적인 차이일 뿐 지역방송사는 재정적 기반인 광고영업이나 프로그램 공급에 있어 거의 절대적으로 중앙사에 의존하고 있다는 점에서 유사하다.

여기서 잠시 우리나라 방송네트워크 체제의 특성을 가늠하기 위해 일찍이 텔레비전 네트워크 체제를 발전시켜온 미국의 경우를 눈여겨보자. 미국의 3대 방송사 ABC, CBS, NBC는 지역 가맹사들과 네트워크 체제를 구축해 프로그램의 '전임 서비스'(full service)를 제공하고 있다. 이들 3대 방송사는 오락방송의 전임 서비스를 제공할 뿐만 아니라 뉴스, 특별 행사,

스포츠 프로그램 등을 제공한다. 1986년 10월 머독(Rupert Murdoch)이 설립한 Fox가 4번째 네트워크 체제를 구축하는 데 성공해 이제는 4대 텔레비전 네트워크 체제가 미국 방송을 지배하고 있다.

방송네트워크란 무엇인가? FCC의 규칙은 전국적으로 10개 주에 걸쳐 적어도 25개 방송사에 매주 적어도 15시간 방송프로그램을 제공하는 모든 방송 서비스라고 정의한다(Willis et al., 1992: 83). FCC는 이 기준에 맞는 방송 서비스를 가려냄으로써 그 방송사에 이른바 핀 신 규칙(Fin-Syn Rule: Financial Interest and Syndication Rule)을 적용하자는 취지이다.[12)]

이렇게 볼 때 미국 방송계에서도 네트워크 방송사가 갖는 지배력은 막강하다. 그러나 미국의 경우 네트워크 방송사가 갖는 시장지배력은 신디케이션사가 프로그램 배급시장에서 갖는 지배력에 의해 상당한 정도 균형을 유지하고 있다는 데 주의할 필요가 있다. 그밖에 앞서 소개한 핀 신 규칙과 주시청시간 접근규칙 등이 네트워크 방송이 갖는 시장지배력을 완화하고 있다. 그러나 한국의 경우 네트워크 방송사가 방송시장에서 거의 절대적인 독과점적 지위를 누리고 있을 뿐만 아니라 시장에서 아무런 제어장치가 없는 것이 특징이다. 서울 여의도에 거점을 둔 3대 중앙방송사가 구축한 네트워크 체제에 지역방송사가 수직적으로 통합된 한국의 방송산업 구조는 어떤 경제적 의미를 갖는가? 지역방송 연구에 관심을 기울여온 김동규(2000)는 다음과 같이 설명한다.

> "기본적으로 수직적 통합의 네트워크 체제는 방송산업의 시장실패를 어느 정도 만회시켜주고 규모의 경제를 실현시켜주는 경제적인 생산 메커니즘이다. 프로그램 생산이라는 측면에서 네트워크 체제는 생산 요소의 시장 거래를 기업 내의 내부거래로 전환시킴으로써 요소들을 시장에서 거래함으로써 발생하는 기회비용과 정보비용 등과 같은 거래비용(transaction cost)을 감소시키고, 더 나아가 시장 거래의 위험과 불확실성을 감소시키며, 생산에 동원된 가변 요소

12) 핀 신 규칙이라 함은 네트워크 방송사가 프로그램 제작과 분배시장에서 갖는 막강한 지배력을 완화하기 위해 네트워크 방송사가 자체 제작 프로그램밖에는 주시청시간대에 방영하는 프로그램에 대한 소유와 배급을 금지함으로써 독립 제작사를 키우기 위한 것이었다. 이 '핀 신'규칙은 1998년 약간 수정되어 적용되다가 1993년 완전히 폐지되었다.

<표 4-14-8> 지역민방 및 SBS 연도별 손익계산서

연도	구분	SBS	부산방송	대구방송	광주방송	대전방송	울산방송	전주방송	청주방송	경인방송	합계
1997	매출액	377,648	34,610	28,700	17,015	15,365	3,301	2,606	1,699	4,826	485,872
	영업이익	342,071	33,424	28,080	19,994	16,570	6,662	5,879	3,269	15,385	471,616
	당기순이익	12,795	△2,986	△1,089	△1,226	567	△2,397	△2,372	△185	△9,144	△6,178
1998	매출액	245,718	18,727	15,204	11,255	10,129	7,679	7,359	5,743	10,524	333,542
	영업이익	255,817	20,190	17,991	14,675	13,126	9,888	11,176	7,804	40,434	393,508
	당기순이익	△27,004	△5,659	△5,230	△2,186	△482	△2,225	△3,602	△3,435	△29,215	△80,287
1999	매출액	371,829	29,606	21,676	19,703	15,994	13,243	11,521	10,115	19,781	516,136
	영업이익	301,477	23,927	19,983	15,727	12,318	12,676	13,250	10,600	45,419	458,374
	당기순이익	49,317	2,782	1,321	4,504	3,515	2,023	△1,128	△1,146	△25,052	35,664
2000	매출액	507,213	45,540	34,727	29,920	23,003	19,600	17,865	17,002	39,021	738,852
	영업이익	397,656	31,767	30,314	22,069	16,500	14,321	14,765	16,361	54,467	602,213
	당기순이익	70,621	17,105	4,687	6,281	5,584	2,007	3,276	3,023	△15,906	97,460

출처: 방송위원회, 2001차: 301-302에서 재작성.

들과 불변 요소들의 사용계획에 따라 관리적으로 조정함으로써 결과적으로 생산성의 증가와 생산비 감소의 효과를 얻는다. 또한 유통 부문에서도 수직적 통합은 프로그램 상품의 공공재적 특성을 효율적으로 실현하는 규모의 경제를 발생시킨다. 프로그램 유통에서의 규모의 경제는 첫째, 생산의 규모의 경제를 발생시키며 둘째, 프로그램 거래비용과 외주프로그램 구입가격 통제를 가능하게 하며 셋째, 광고비의 자연스러운 상승효과를 가져온다."(김동규, 2000: 35).

위에서 설명한 바와 같이 경제적 의미에서 규모의 경제의 큰 수혜자는 누구인가? 물론 모든 지역방송사가 수혜자가 된다. 그러나 KBS의 직할체제를 구성하는 29개 지역국과 상대적으로 안정경영의 실적을 쌓아온

MBC 계열사 19개 지방사를 접어두면 최대 수혜자는 SBS와의 협력체제를 구성하는 지역민방들이다.

<표 4-14-8>은 9개 지역민방이 모두 가동된 1997년부터 2000년까지 손익계산 수치를 보여준다. 이 가운데 경인방송을 제외한 7개 민방은 프로그램 공급과 광고영업에서 SBS와의 협력사 체제를 이루고 있다. IMF 관리체제 아래 민영방송사들은 1997년 근소한 이익을 낸 대전방송을 제외하면 모든 민방들이 적자를 기록하고 있으며 1998년에 들어서 SBS를 포함한 모든 민방으로 그 적자가 확산되고 있음을 보여준다. 그러나 1999년에는 SBS와 협력체제를 구성하는 7개 민영방송사 가운데 전주방송과 청주방송을 제외한 모든 민방이 당기순이익을 냈으며 2000년에는 모든 민방이 흑자로 돌아섰음을 보여준다.

지역민방 7개 사가 기록한 이들 수치를 볼 때 방송위원회가 위성방송사업자에 MBC와 SBS 방송신호 재송신을 조건부로 승인한 2001년 말 시점에서 지역민방사들은 경제적 곤경에서 탈출했다고 말할 수 있다. 이렇게 볼 때 지역민방들이 주장한 위기는 잠재적 위기라면 몰라도 현재적 위기는 될 수 없다. 더구나 위성방송의 재송신의 도달범위를 수도권으로 2년간 제한한다는 조치 아래서 지역민방은 도대체 무슨 영향을 어디에서 받겠는가?

(4) 지역방송신호의 의무재송신

다음으로 방송위원회가 위성방송의 MBC와 SBS 방송신호 재송신의 도달범위를 2년간 수도권으로 제한한 조치는 지역방송의 보호를 위해 충분한 정책적 처방인가? 다시 말해 재송신은 도달범위를 수도권으로 2년간 제한조치와 함께 다른 조치를 취할 필요는 없었는가? 결론부터 말하면 저자는 이 점에 관해 방송위원회가 공표한 지상파방송 재송신정책은 정교하지도 못했으며 철저하지도 못했다고 생각한다. 돌이켜 생각할 때 이 점에 대해 위원장을 비롯해 방송위원회 전체는 책임으로부터 자유롭지 못하다.

방송위원회가 이 점을 전혀 고민하지 않았던 것은 아니다. 지역방송의 지원을 위한 후속대책으로 방송산업 진흥대책의 일환인 지역방송의 프로그램의 제작의 재정지원을 위한 융자(5억원)라든가 디지털 전환사업 지원 등을 발표했다. 그러나 이는 재송신정책과는 거리가 먼 일반적인 지역방송 지원대책이라는 점에서 재송신은 관련된 지역방송 보호대책으로서 어떠한 유인책이 되기는 어려웠다.

그렇다면 복합경쟁 상황에서 중대한 도전에 직면한 지역방송에 대해 설득력을 가진 유인책은 없었을까? 여기서 재송신법제가 원래 지역방송을 보호하기 위한 취지에서 발전했다는 미국의 사례에 면밀한 주의를 기울일 필요가 있다. 다시 말하면 미국의 경우 케이블 방송이 방송시장에서 지역방송을 위협하게 되자 FCC는 지역방송의 의무재송신규칙을 케이블 방송에 부과했으며 다시 위성방송이 무시하지 못할 만큼 시장지배력을 갖게 되자 일종의 지역방송 의무재송신인 캐리 원 캐리 올 규칙을 위성방송에 부과했다는 점에 주목할 필요가 있다는 말이다. 부연하면 방송위원회는 이 점에 주목해 구체적인 정책적 대안을 개발했을 수도 있지 않았을까 말이다.

물론 방송위원회는 위성방송의 지상파방송 재송신방침을 발표하면서 '중장기 과제'로서 유료방송(위성방송 및 종합유선방송)의 '의무재송신 규정 검토'를 내놓고는 있다. 그러나 나는 '의무재송신 규정 검토'로만 끝낼 일이 아니라 구체적인 의무재송신 정책처방을 제시했어야 한다고 생각한다. 예컨대 위성방송의 시장지배력의 확장에 비례해 전국을 광역별로 나눠 몇몇의 지역방송사들을 슈퍼스테이션 개념[13]으로 묶어 위성방송사에 지역방송 의무재송신을 단계적으로 부과하는 정책대안을 제시할 수는 없었을까? 현재 위성방송의 '스팟 빔'(spot beam)기술의 발전속도로 보아 광역별 지역방송 의무재송신은 정책적 대안으로서 긍정적으로 평가할 가치가 있다고 생각한다.[14]

---

13) 원래 슈퍼스테이션이라 함은 한 지역방송사가 자사 방송신호를 위성에 띄워 전국의 케이블 방송들에 전송하면서 시작된 개념이다. 1976년 테드 터너(Ted Turner)는 그의 애틀란타 지역방송 WTBS의 방송신호를 통신위성을 이용해 전국의 케이블 방송들에 전송함으로써 조그만 지역방송을 '슈퍼스테이션'으로 만드는 데 성공했다. 그런데 한국의 경우 위성방송은 전국방송이므로 방송구역의 문제를 일으키지 않고 전국의 지역방송들을 슈퍼스테이션으로 묶어 재송신할 수 있다고 본다.

3. 방송법 재송신 조항 개정

마지막으로 방송위원회가 위성방송의 MBC와 SBS 방송신호 재송신을 조건부로 승인한 조치에 대해 지역방송 노조가 중심이 되어 벌인 거리투쟁은 결국 방송법 관계 조항의 개정을 낳았다. 부연하면 2002 4월 8일 국회를 통과한 개정 방송법은 제78조 4항(종전 3항)을 수정해 종합유선방송사업자 및 중계유선방송사업자가 당해 방송구역 이외에서 허가받은 지상파방송사업자가 행하는 지상파방송을 동시재송신하고자 하거나 위성방송사업자가 제1항 및 제2항에 의해 동시재송신하는 지상파방송 이외의 지상파방송을 동시재송신하고자 하는 때에는 방송위원회의 승인을 얻어야 한다고 고쳤다.

이 개정 방송법 조항은 종전에 대통령령이 정하는 지상파방송사업자를 더 제한해 한국방송공사 및 한국교육방송공사법에 의한 한국교육방송공사로 한정하고 있다. 이는 종전 방송법이 대통령령이 정하는 지상파방송사업자로 규정해 의무재송신의 방송대상을 이 시행령에 위임하고 있는 데 반해 개정 방송법은 모법에서 KBS와 EBS로 한정하고 있다. 이는 의무재송신은 대상방송을 종전과 같이 시행령개정을 통해 정할 수 있는 문을 닫았다는 점에서 방송정책의 재량범위 폭을 크게 제한한 것이다.

방송위원회가 위성방송사업자에 승인했던 지상파방송 재송신, 곧 MBC와 SBS의 재송신은 방송법 제78조 1항이 규정하는 의무재송신이 아니다. 그것은 단순재송신이다. 방송법 아래 KDB는 KBS 1TV 및 EBS를 재송신해야 하는 의무(must-carry)를 지는데 이것은 법정의무이기 때문에 방송위원회의 정책재량 안에 있는 선택의 문제가 아니다.

그럴진대 개정 방송법 제78조 4항의 KBS와 EBS의 의무재송신과 그 외의 지상파방송의 단순재송신을 한 묶음으로 규정한 것은 법 체제 기술상

14) 엄주웅 KDB 채널 사업 1팀장은 2001년 10월 9일 방송위원회가 주최한 전문가 토론회에서 "우리나라 지역방송이 권역화되어 한 8개 정도의 광역으로 나눌 수 있다면 한번 (지역방송의 재송신은) 생각해볼 요소가 있습니다"라고 발언한 바 있다(방송위 주최 2001년, '방송채널정책 방안마련을 위한 전문가 토론회', 188).

잘못되었을 뿐만 아니라 실질적으로 양자를 혼동케 하고 있다.

그러나 실제적으로 더욱 중요한 문제는 방송위원회가 우리 헌법 아래 위성방송의 지상파방송 단순재송신을 적법하게 거부할 수 있느냐의 문제이다. 행정기관이 특정 사안에 대해 승인권을 갖는 전제는 승인을 거부할 수 있어야 한다. 신 방송위원회는 위성방송사업자가 지상파방송의 단순재송신을 신청할 때 과연 이를 거부할 수 있을까?

물론 개정 방송법 제78조 4항은 종전의 법조항이 침묵하고 있는 것과는 달리 KBS와 EBS 이외의 지상파방송이라고 규정해 MBC와 SBS를 포함시켜 재송신의 승인을 요구하고 있음을 명시적으로 규정하고 있다. 그러나 적법하게 허가받은 위성방송사업자가 지상파방송사업자와의 계약에 의해 자사의 방송구역(전국)안에서 재송신을 하고자 할 때 이를 방송위원회가 거부할 수 있는가? 나는 이러한 거부가 비록 개정 방송법규정에 의했더라도 언론자유와 기업의 영업활동의 자유를 보장한 헌법과의 충돌을 면하기 어렵다고 본다.

한 연구자는 "민간사업자간의 사적계약 영역을 위원회의 승인사항으로 규제한다는 것은 전문성을 무시한 채 선거를 고려한 정치적 계산이라고 할 수밖에 없다"고 주장하면서 "청와대와 국회가 방송정책의 실질적인 권한을 가지고, 공공기구가 정책과정의 들러리로 전락할 때 방송정책의 난맥상은 불을 보듯 뻔하다고 할 수 있다"(정용준, 2002: 20)고 비판했다. 이는 방송위원회를 비롯한 김대중 정부의 방송정책 결정자들이 경청했어야 할 뼈있는 충고가 아닐까?

4. 요약과 결론

방송위원회가 2001년 11월 19일 '방송채널 운용방안'의 핵심은 위성방송의 지상파방송 재송신의 허용·이용이다. 이 재송신 허용방침은 위성방송의 지상파방송 재송신 방침은 MBC와 SBS 방송신호의 재송신을 허용하되 그 도달범위를 수도권지역으로 제한해 승인하고 전국권 재송신은 2년간 유예한다는 것이다.

방송위원회가 결정한 위성방송의 재송신방침을 어떻게 평가할까? 우리는 이를 위해 미국 재송신법제의 전개를 되돌아보았다. 미국 재송신법제는 방송사업자간의 저작권 문제를 둘러싼 이해충돌을 조정하는 해법으로 전개되었다. FCC는 1960년대 처음 케이블 방송이 서비스를 확대해 지역방송의 경쟁자로 부상하자 지역방송을 보호한다는 취지로 원거리 역외방송 재송신을 제한하고 오히려 지역방송의 의무재송신을 케이블 방송에 부과했다. 그 이래 FCC는 지역방송의 보호라는 명분으로 케이블 방송의 규제를 강화했으며 1972년 FCC 규제는 절정에 이르렀다. 그러나 그 이후 FCC는 케이블 방송규제는 케이블 업자들의 제소에 대한 법원의 판결로 번복되지 않을 수 없었다.

먼저 케이블 방송에 부과된 지역방송 의무재송신은 1985년 미국 항소법원이 위헌이라고 판결해 폐기되지 않을 수 없었으며 약간 수정된 의무재송신규칙도 위헌판결을 받아 폐기되고 말았다. 의무재송신제가 다시 부활한 것은 1992년 의회가 통과시킨 케이블 방송법에 의해서였는데 이 역시 케이블 업자들이 위헌제소를 했으나 이 시점에서 법원은 의무재송신제의 합헌을 인정했다.

미국법원이 1980년대 케이블 방송에 부과된 지역방송의 의무재송신규칙을 일관해 위헌판결을 내린 입장을 1990년대 들어와 번복한 이유는 무엇인가? 그것은 한마디로 케이블 방송의 급격한 시장지배력의 신장에서 찾을 수 있겠다. 다시 말하면 1990년대 케이블 방송 가입자가 미국 TV 시청자가구 중 60%에 이르게 되자 법원은 이제 정부가 케이블 방송의 '시장역기능'을 규제함으로써 지역방송의 보호를 실현하려는 정책목표를 인정한 것으로 볼 수 있다.

그밖에도 FCC는 케이블 방송에 유리한 강제면허제, 그리고 지역방송에 유리한 재송신승인제를 시행해 저작권 문제에 대한 해법을 찾고자 했다.

위성방송의 방송신호 전송 문제로 돌아와 미국 FCC는 70년대 중반부터 위성전송에 의한 역외재송신에 대해 규제를 푸는 입장을 취했다. 그것은 위성전송기술의 발달에 의해 1975~76년 일어난 일련의 사태발전으로 대표된다. FCC는 먼저 1975년 텔레비전 수신전용 안테나(Television Receive-Only Antennas: TVRO) 설치를 케이블 방송에 허가했다. 이는 한 케이블 방송사가 위성전송에 의해 자사의 방송신호를 전국의 다수 케이블 방송사에 전송할 수 있음을 의미한다. 이에 따라 타임워너 사장 제럴드 레빈이 개발한 전국적 전송채널이 프리미엄채널이다. 레빈은 종전의 값비싼 마이크로 전송을 비용이 경제적인 위성전송으로 대체하는 데 주도적인 역할을 담당함으로써 '프리미엄채널의 혁명'을 일으킨 것이다.

다음으로 FCC는 1976년 '개구리뜀 규칙'(leapfrogging rule)을 폐기함으로써 케이블 방송사가 어디에서든 독립지역사의 방송신호를 수신할 수 있게 했다. 이 FCC의 규제완화는 이른바 '슈퍼스테이션'을 가능케 했다. 이를 주도한 사람이 케이블 방송 업계의 '혁신적 기업인'으로 불리는 테드 터너였다. 그는 이 슈퍼스테이션 개념을 개발해 그의 애틀랜타 UHF 독립사 WTBS의 방송신호를 전국의 케이블 방송사에 역외재송신할 수 있었다.

프리미엄채널의 혁명이나 슈퍼스테이션의 성공은 FCC의 탈규제정책으로 역외재송신이 가능해진 결과이다. 곧 FCC는 1976년 TVRO 안테나 접시 크기를 종전의 9m에서 4.5m로 완화한 데 이어 1979년에는 TVRO 설치를 완전 자유화했다. 그 결과 위성전송을 이용한 방송신호의 역외전송이 가속화되고 확대되는 효과를 낳았다.

방송위원회의 MBS와 SBS 재송신허용 조치로 돌아와보자. 이 재송신방침은 지역민방을 중심으로 지역방송의 강력한 반발에 부딪쳤다. 지역방송 노조들은 '지역방송협의회'를 구성해 거리투쟁을 벌였다. 이들의 반대논리는 위성방송이 MBC와 SBS 방송신호를 재송신할 경우 지역방송에 '치명적' 경제적 타격을 주어 결국 지역방송은 고사하고 말 것이라는 것이다. 그러나 이 반대논리는 사실에 의해 뒷받침되지 않는 일방적 주장에 불과하다. 위성방송은 가입자에 의존하는 유료방송이기 때문에 위성방송이 지역방송에 미치는 영향은 얼마나 많은 가입자를 유치할 수 있느냐에 달려 있다.

그러나 위성방송이 정착할 때까지 KDB가 제시한 가입자유치 예측추정치가 3% 내지 6%에 머물고 있다는 점을 감안할 때 위성방송이 지역방송에 주는 위협은 잠재적인 것은 될지언정 현재적인 위협은 아닌 것이다. 더구나 MBC와 SBS 재송신은 서울 수도권지역으로만 제한한 마당에 지역방송에 준다는 위협은 현재적인 위협은 될 수 없다[15]. 또한 방송위원회가 2001년 11월 MBC와 SBS 재송신정책을 결정한 시점에서는 지역민방은 이미 IMF 사태에서 온 경제적 곤경에서 탈출해 흑자운영으로 돌아선 뒤였다.

그러나 위성방송의 재송신이 지역방송에 미치는 영향이 미미하다고 할지라도 지역방송측이 다채널TV 시대에 부딪힌 복합적 경쟁구도는 위협적인 도전임에 틀림없다. 이 점을 감안할 때 방송위가 마련한 MBC와 SBS의 수도권지역 재송신허용은 정당했다고 하더라도 지역방송의 보호를 위해 보상적 정책처방을 마련하는 데에는 미흡했다고 보인다. 예컨대 위성방송의 시장확대에 따라 연차별 지역방송의 의무재송신을 위성방송에 부과하는 방안을 개발할 수 있는데도 방송위원회는 이 점에 주목하지 못한 것은 정책적 대안 마련에 철저하지 못했다는 비판을 면하기 어렵다고 본다.

어떻든 지역방송 노조가 중심이 된 '지역방송협의회'는 방송위원회를 상대로 거리투쟁 캠페인을 벌여 소기의 목적을 달성했다. 다시 말하면 방송법 재송신 관련조항이 국회를 통과해 MBC 및 SBS의 단순재송신도 방송위원회의 승인을 얻도록 한 것이다. 그러나 이 방송법개정이 선거를 의식한 '정치적 계산'이라는 비판을 받고 있다는 점 말고도 과연 위성방송의 지상파방송 단순재송신을 방송위원회가 거부할 수 있는가의 문제는 위헌 문제로 발전할 공산이 크다.

---

15) 지역방송협의회가 발간하는 ≪비대위특보≫(34호, 2001. 12. 28.)는 위성방송 '수신제한장치'(CAS)의 기술적 미비로 수도권 지역 재송신은 사실상 전국권 재송신이라는 주장을 폈다.

15

케이블 방송의 채널 운용정책

역외방송신호 전송정책을 중심으로

새 방송위원회가 2001년 11월 19일 공표한 방송채널정책 운용방안은 앞에서 논의한 위성방송의 지상파방송 재송신방침 외에도 종합·중계 유선방송의 역외지상파방송 재송신방침이 논란을 불러일으켰다. 종합·중계유선방송의 역외지상파방송 재송신방침은 경인방송에 대한 비대칭적 규제로서 경기 북부지역에 한해 승인한다고 했을 뿐 그밖에 모든 케이블 방송의 역외지상파방송 재송신을 금지했다.

방송위원회가 케이블 방송의 역외지상파방송 재송신을 사실상 금지한 정책배경을 이해하기 위해서는 역외지상파방송뿐만 아니라 역외방송신호 전체의 전송 문제가 담고 있는 경제적 및 기술적 의미를 파악할 필요가 있다. 케이블 방송은 애초 단파기술을 이용해 역외지상파방송을 재송신할 수 있었으나 이제 위성전송기술을 이용해 ① PP의 일종인 프리미엄채널을 전송할 수 있을 뿐만 아니라 ② 이른바 슈퍼스테이션의 개념으로 탄생한 지역독립방송사의 방송신호를 재송신할 수 있게 되었다.

프리미엄채널 전송은 통신위성(CS) 중계기를 이용하는 전송기술이 다를 뿐 PP의 프로그램 전송이라는 본질은 마찬가지이기 때문에 방송구역 문제를 일으키지 않지만 미국의 FCC는 1972년 규칙 아래 프리미엄채널 전송에 대한 엄격한 규제를 가했다. 그러나 뒤에서 살펴보겠지만 불과 몇 년 뒤 프리미엄채널 규제는 대부분 풀렸다.

한편 케이블 방송이 슈퍼스테이션 방송신호를 재송신할 경우 기술적으로 방송구역문제를 일으킬 수 있지만 1970년대 중반 이래 케이블 방송에 대한 규제완화조치 아래 슈퍼스테이션이 실현되었다. 한편 프리미엄채널 전송이나 슈퍼스테이션 방송신호의 재송신은 지역방송의 경제적 이해에 영향을 끼친다는 논란을 불러일으켰다.

프리미엄채널 개념은 타임 워너(Time Warner) 사장 제럴드 레빈(Gerald Levin)이 도입한 것으로 그가 1975년 타임 라이프의 자회사로 있던 HBO(Home Box Office)를 인수하면서 시작되었다. 당시 HBO는 영화 및 권투 챔피언쉽 경기를 전국의 케이블 방송사에 제공해 추가요금을 '페이 퍼 뷰' 형식으로 받고 있었다.

그러나 레빈이 HBO를 인수한 뒤 통신위성을 통해 주로 영화를 전송하면서 '기본 티어'(basic tier) 요금에 월정 추가요금(pay-per-month)을 받는 ' 프리미엄채널'(premium channel)로 바꾼 것이다.

한편 슈퍼스테이션 방송국은 케이블 방송업계의 '혁신적 기업인'(innovative entrepreneur) 테드 터너(Ted Turner)가 도입한 개념으로 HBO의 경우와 같은 위성전송 방식으로 그의 애틀란타 UHF 지역방송국 WTBS 방송신호를 전국의 케이블 방송사에 전송해 재송신하게 했다. 그 결과 터너는 1976년 무명의 지역방송국 WTBS를 슈퍼스테이션으로 만드는 데 성공했다. 곧 터너가 설득한 결과 전국의 케이블 방송은 앞다투어 이 지역방송신호, 곧 옛 영화, 시트콤, 프로스포츠 경기의 방송신호를 재송신해 WTBS는 하루아침에 전국적으로 엄청나게 불어난 시청자를 끌어들였다. 한국에서 문제가 된 케이블 방송의 역외지상파방송 재송신 문제는 미국의 슈퍼스테이션 방송신호의 재송신의 경우에 해당된다. 먼저 미국 FCC가 케이블 방송의 역외방송신호 전송문제를 어떻게 대처했는지 되돌아보자.

1. 미국 FCC와 케이블 방송의 역외방송신호 전송

미국의 경우 원래 케이블 방송은 그 서비스 지역 안의 지역방송의 난시청 문제를 해소하기 위한 서비스로 시작했다. 역외지상파방송의 재송신은 케이블 방송이 1950년대 단파기술을 이용해 지역방송이 아닌 원거리 역외지상파방송을 재송신하기 시작하자 불거진 문제이다. 케이블 방송의 역외방송신호 전송은 ① 케이블 방송이 단파기술을 이용한 원거리 역외지상파방송 재송신 문제 ② 지역독립국이 통신위성 중계기를 이용해 자사 방송신호를 전국의 다수 케이블 방송사에 전송함으로써 생긴 이른바 '슈퍼스테이션'의 역외재송신 문제 ③ 영화 전문채널과 같은 PP가 프리미엄채널 개념을 도입해 통신위성을 이용해 전국의 다수 케이블 방송사에 전송함으로써 생긴 문제가 복합적으로 얽혀진 문제다. 그 역사적 연원과 전개를 FCC의 정책에 초점을 맞추어 되돌아보자.

케이블 방송은 원래 '마을 공청안테나 텔레비전'(community antenna television: CATV)으로부터 시작되었는데 그것은 지상파 텔레비전 방송국이 없는 지역이나 난시청지역에서 지상파텔레비전을 무선이 아닌 유선으로 시청자에게 접속시켜주기 위한 것이었다. 1948년 필라델피아에서 약 140km 떨어진 인구 10만의 매하노이(Mahanoy) 시에 생긴 최초의 공청안테나 텔레비전 시설이 전형적인 예이다. 펜실바니아 전광회사(Pennsylvania Power and Light Company)의 배선공으로 일하던 존 월슨(John Walson)은 매하노이 시 인근산에 안테나를 세워 필라델피아의 3개 텔레비전 방송국 신호를 접속해 주민들에 전송 서비스를 시작했다(Willis et al., 1992: 113-114). 초창기 케이블 방송이 이렇게 근거리 지역방송 신호를 가입자에 연결시켜주는 전송 서비스를 하는 한, 지역방송국은 케이블 방송을 걱정할 필요가 없었다. 오히려 케이블 방송은 지역방송의 확장을 의미했다.

1) 원거리 역외방송 재송신

그러나 1950년대 케이블 방송이 새로운 서비스를 제공하기 시작하자 사정은 달라졌다. 케이블 방송이 단파기술을 이용해 원거리 역외지상파방송 신호를 가입자에게 재송신하면서 케이블 방송은 지역방송의 경쟁자로 부상하기 시작한 것이다. 지역방송은 벌써 1950년대부터 FCC에 케이블 방송 규제를 요청했으나 유선방송에 대한 관할권이 없다는 이유로 이를 받아들이지 않았다. FCC가 최초로 케이블 방송의 역외재송신을 규제한 것은 1959년 록키산맥에서 단파중계소를 운영하던 카터 마운틴 전송사(Carter Mountain Transmission Corporation)의 경우였다. 이 전송사는 덴버와 같은 대도시권의 텔레비전 방송국 신호를 단파중계시설을 이용해 원거리 케이블 방송국에 전송하고 있었다.

FCC가 이 전송사를 규제하게 된 것은 기존의 전송 서비스에 더해 오하이오주 리버턴(Riverton)에 소재하는 케이블 방송국에 원거리 역외방송의 재송신을 위해 단파중계시설의 확장을 허가해달라고 FCC에 요청한 것이 계기가 되었다. FCC가 이를 허가하자 리버턴의 지역방송국 KWRB는 그런 예기치 않은 경쟁이 결국 지역방송국을 고사시킬 것이며 지역 케이블 방송사에 가입하지 않은 리버턴 시민들은 그들의 유일한 지상파방송 시청권을 박탈당할 것이라고 주장했다. 1962년 FCC는 카터 마운틴 전송사에 부여한 중계탑 건설의 허가를 번복하고 재신청을 명했다. 이 전송사는 워싱턴 D.C. 항소법원에 제소했으나 법원은 FCC의 케이블 방송규제에 대한 관할권을 지지했다. 그 이래 FCC는 케이블 방송의 역외지상파방송 재송신 문제에 대해 케이블 방송보다는 지역방송의 보호에 무게중심을 둔 정책을 폈다(Ibid. 114).

1965년 FCC는 케이블 방송에 대한 규제정책을 본격적으로 펼쳤는데 그것은 케이블 방송은 모든 지역방송을 재송신해야 하며 원거리 역외재송신방송에 대해 지역방송과의 중복편성을 금지했다. 그 이후 이 두 규칙, 곧 의무재송신과 프로그램 배타성 규칙이 FCC의 케이블 방송 규제정책의 핵심이 되었다. 이 규제정책은 법정다툼의 대상이 되었지만 1972년 더욱 강화되어 FCC 규칙으로 편입되었다. 그 과정과 내용을 살펴보자.

먼저 이 FCC의 역외지상파방송 재송신규제는 1968년 사우스웨스턴 사건에서 법정 싸움으로 이어졌다. 이 사건은 샌디아고 소재 사우스웨스턴 케이블 사(Southwestern Cable Company)가 로스앤젤레스의 텔레비전 방송신호를 정기적으로 재송신을 하던 차에 샌디에이고 지역 텔레비전 방송국인 미드웨스트텔레비전(Midwest Television)이 재송신을 문제삼아 일어난 법정다툼이었다. FCC가 미드웨스트텔레비전의 요청에 따라 케이블 방송의 역외재송신 금지를 명하자 사우스웨스턴 사는 워싱턴 D.C. 항소법원에 제소했다.

이 재판에서 항소법원은 FCC가 내린 재송신 금지명령은 월권이라고 판시해 사우스웨스턴 사의 손을 들어주었다. 그러나 1968년 미국 대법원은 주간(州間) 커뮤니케이션 신호에 대한 규제는 FCC 관할권 아래 있다고 판결함으로써 FCC의 역외지상파방송 재송신규제정책은 다시 힘을 얻게 되었다(Ibid. 115).

FCC의 역외방송신호 재송신규제는 1966년부터 본격화되었는데 모든 케이블 방송은 100대 시장에서 역외지상파방송 재송신을 사실상 금지했다. 왜냐하면 재송신승인의 조건으로 UHF 지상파방송의 성장을 포함한 공익기준에 부합해야 한다는 의무를 부과했기 때문이다. 당시 FCC는 다채널 케이블 방송이 UHF 방송에 타격을 줄 것이라는 비관적 전망을 갖고 있었기 때문에 케이블 방송이 역외지상파방송 재송신승인을 받는다는 것은 사실상 불가능했다. 이 UHF 방송을 위한 FCC 정책은 1972년 이른바 '개구리뜀 규칙'(leapfrogging rule)으로 발전했다.

FCC의 케이블 방송 규제는 1972년 '케이블텔레비전 보고와 명령'(Cable Television Report and Order)으로 절정에 이르렀다.[1)] 이 규제는 케이블 방송의 역외방송신호 재송신규제에 무게중심을 둔 것으로 그밖에도 지역방송의 의무재송신, EPG 채널(educational, public and governmental channels)의 의무구성을 포함하고 있었다.

FCC가 1972년 부과한 케이블 방송의 역외방송신호 재송신규제는 복잡하고 엄격한 제한을 가하는 것이었다. 곧 지역시장 규모에 따라 케이블 방송에 네트워크 방송의 경우 3개 이상, 그리고 독립방송사의 경우 3개 이상 재송신을 금지했다. 이것이 역외 방송신호 재송신에 대한 쿼터제이다. 그밖에 역외방송신호 전송규제는 UHF 독립사를 위한 '개구리뜀 규칙', 신디케이트프로그램(syndicated programs: 배급받은 프로그램)에 대한 지역방송의 배타적 권리부여, 프리미엄채널 방송신호전송의 사실상 금지로

1) 이 케이블 방송에 대한 규제는 1972년 2월 3일 FCC가 공표한 '케이블 방송 보고와 명령 및 재고'(Cable Television Report and Order and Reconsideration, 36 FCC, 143, 1972)에 자세히 나와있다.

나누어진다.

'개구리뜀 규칙'이란 지역 케이블 방송이 인접한 지상파방송 구역을 뛰어넘어 원거리 역외지상파방송 신호를 재송신할 수 없다는 규칙이다. 당시 FCC는 역외지상파방송 신호를 케이블 방송이 재송신할 경우 이는 지역 지상파방송, 특히 독립 UHF 방송에 심각한 경제적 타격을 줄 것이라고 생각했다. 왜냐하면 FCC는 재송신이 지역방송의 시청자층을 쪼개는 결과 지역방송의 광고에 타격을 줄 것이라는 점, 재송신은 지역방송이 갖는 신디케이션프로그램의 배타성을 깨뜨릴 것이라고 생각했기 때문이다 (Crandall et al., 1999: 5).

다음으로 지역방송이 갖는 신디케이트프로그램 배타성이란 무엇인가? 지역방송이 신디케이트프로그램을 구입할 경우 그 지역방송국은 방송시장에서 일정한 기간 배타적 권리를 갖는다. 그러나 케이블 방송이 원거리 역외방송신호를 재송신할 경우 같은 신디케이트프로그램에 대한 중복방송의 문제가 발생한다. 이 중복방송은 지역방송의 시청자 층을 쪼갤 뿐만 아니라 프로그램의 가치를 반감시키는 결과를 초래한다. 따라서 FCC는 지역방송국이 배타적 권리를 갖는 신디케이트프로그램의 경우 지역방송이 '삭제'(blackout)를 요청할 권리를 부여했다. 이것이 '중복금지규칙'(non-duplication rule)이다. 이 중복금지규칙은 지역방송의 쪽에서 보면 신디케이트프로그램의 배타성을 인정한 '신덱스 규칙'(syndex rule: syndicated exclusivity rule)이 된다.

케이블 방송에 부과한 1972년 FCC 규칙은 프리미엄채널의 경우 가장 가혹한 것이었다. 부연하면 프리미엄채널이 전송하는 프로그램은 매달 한 주간에 한하여 2년 이상 10년 이하 기간이 지난 영화를 주당 한 편으로 제한했는가 하면 모든 스포츠 행사의 생중계를 금했다. 이에 더해 프리미엄채널에 광고편성을 금지했으며 케이블 방송은 영화와 스포츠에 전체 방송편성 시간의 90% 이상을 할당하지 못하도록 했다. 케이블 방송 연구자 크랜달 등은 이 프리미엄채널 전송규제를 '괴이한 규칙'(a bizzare ruling)이라고 불렀다(Ibid. 3).

그러나 역외방송신호 재송신에 대한 FCC의 엄격한 규제는 법원의 위헌판결로 폐기되지 않을 수 없었다. 컬럼비아 순회항소법원은 1977년 프리미엄채널 HBO가 제소한 사건을 심의하면서 FCC의 프리미엄채널 제한규칙은 위헌이라고 판시했다(Home Box Office v. FCC, 1977).

법원이 내린 위헌판결의 논지는 텔레비전 방송과 케이블 방송은 수정헌법 제1조가 적용되는 기준이 구별된다고 지적한다. 곧 텔레비전 방송에 적용되는 기준이 케이블 방송에 직접 적용될 수 없다는 것이다. 왜냐하면 텔레비전 방송에 대한 규제를 정당화하는 전파의 간섭 및 희소성의 이유가 케이블 방송의 경우에는 존재하지 않기 때문이다. 곧 케이블 방송 기술은 그 당시 80개 채널을 제공할 수 있으며 장차 채널 용량은 거의 '무한대'(unlimited)로 확대될 수 있다는 것이다.

따라서 법원은 전파희소성의 이유가 결여된 상황에서 케이블 방송에 대한 FCC의 제한규칙은 수정헌법 제1조가 제한하는 '내용규제'(a content regulation)에 해당된다고 판시했다. 법원은 이 내용규제가 정당화할 수 있는 기준으로 '오브라이언 시험'(O'Brien test)을 들었다(United States v. O'Brien, 1968.). 이 오브라이언 시험기준을 적용한다는 의미는 수정헌법 제1조가 보장하는 언론의 자유를 침해하는지 여부를 판단함에 있어 '엄격한 심사'(strict scrutiny)를 중간단계 심사로 완화한다는 뜻이다(이 문제에 관해서는 앞서 살펴본 제14장의 '의무재송신과 터너 I 및 II 판결'을 참조).

FCC는 이에 대해 케이블 방송에 대한 규제가 언론의 자유를 억압하기 위한 것이 아니라 케이블 서비스가 없는 지역의 주민과 케이블 방송 가입료를 낼 수 없는 빈곤층 주민의 시청권을 보호하자는 취지라고 반론을 폈으나 법원은 이를 받아들이지 않았다. 곧 FCC는 케이블 방송규제 규칙이 무료의 지역밀착 텔레비전을 보전하기 위해 필요하다고 역설했으나 법원은 케이블 방송의 역외전송이 지역방송에 대한 경제적 위협이 된다는 것을 보여주지 못했다고 지적했다. 케이블 방송의 역외전송이 지역방송에 가한다는 위협이 '진정한 위협인지 혹은 단순히 상상적 위협'(a real or merely a fanciful threat)인지 분명히 하지 못했다면서 결과적으로 이 규칙은 실질적인 정부의 정책목표를 촉진하기 위해 필요하다는 것을 증명하기에 부족하다고 결론지었다.

이 판결로 FCC는 1972년 케이블 방송에 대한 과도한 규제를 풀지 않을 수 없었다. 또한 위성전송 기술의 발전으로 케이블 방송에 대한 규제가 현실성이 없어졌다. 예컨대 텔레비전 수신전용 안테나(Television-Receive Only Antennas: TVRO) 접시 크기가 계속 작아지고 값이 싸지자 FCC의 설치허가는 실효성이 떨어지게 된 것이다. FCC는 1976년 TVRO 접시 안테나의 직경을 종전의 9m에서 4.5m로 완화한 뒤 다시 1979년 TVRO의 설치를 자유화했다. TVRO는 프리미엄채널이나 슈퍼스테이션이 이용하는 위성전송을 받는 데 필수적인 지구국 안테나이다. 그 결과 전국의 케이블 방송국이 앞다퉈 TVRO를 설치하는 효과를 가져왔다. 그러나 케이블 방송에 대한 규제가 탈규제정책으로 결정적으로 바뀐 이면에는 전반적으로 탈규제정책을 표방한 1980년 레이건 행정부가 들어섰음을 놓칠 수 없다. 어떻든 FCC는 1977년 항소법원의 위헌판결 뒤 케이블 방송에 대해 더 이상 규제를 하려 들지 않았다. 이제 그 전후사정을 되돌아보자.

1972년 케이블 방송에 대한 FCC의 엄격한 규제는 1974년부터 풀리기 시작했다. 곧 그 해 FCC는 케이블 방송 규제정책을 '재고'하기 시작하면서 먼저 원거리 역외 방송신호 재송신쿼터제를 폐지하고 뒤이어 이른바 '개구리뜀 규칙'도 폐지했다. 이어 슈퍼스테이션도 사실상 허용했다.

2) 프리미엄채널과 슈퍼스테이션의 등장

케이블 방송에 대한 FCC의 규제완화 또는 탈규제는 위에서 본 대로 FCC 규칙에 대한 위헌판결이 결정적 요인이 되었지만 위성전송기술의 발전에 따라 FCC가 이에 적응하지 않으면 안되었던 측면이 있다. 그것이 위성전송 기술의 발전에 따라 생긴 새로운 서비스로서 프리미엄채널과 슈퍼스테이션의 개념에 대한 FCC의 현실적인 대응이다. 왜냐하면 프리미엄채널과 슈퍼스테이션은 종래 값비싼 단파전송 기술을 경제적인 위성전송 기술로 대체함으로써 새로운 전송 서비스로서 가능성을 보여주었기 때문이다.

먼저 프리미엄채널(또는 페이케이블채널)부터 보자. 프리미엄채널은 타임

워너의 사장 제럴드 레빈이 개발한 개념으로 1972년 영화전문 PP인 HBO가 프리미엄채널 개념을 도입해 영화전송 서비스를 시작함으로써 출발했다. 이 프리미엄채널은 '기본 티어'(basic tier) 요금에 추가요금을 부과하는 채널이다.

그러나 프리미엄채널은 케이블 방송사들과 접속시키는 단파전송망 설치가 비싼 비용을 치러야 하기 때문에 성공적인 시장진입이 어려웠다 그러나 HBO가 비싼 마이크로 전송을 비용이 경제적인 위성전송으로 대체하면서 이른바 '프리미엄채널의 혁명'(premium-channel revolution, Ibid. 6)이 일어난 것이다.

그 이전 1975년 FCC는 위성전송기술의 발전에 따라 TVRO 설치허가를 케이블 방송에 부여했다. 이는 프리미엄채널이 위성을 통해 다수 케이블 방송에 전송될 수 있게 했다. 곧 케이블 방송을 대상으로 한 프리미엄채널 HBO의 위성 서비스가 기술적으로 실현 가능하다는 의미다. 다만 FCC는 방송신호의 질적 수준을 유지하기 위해 안테나 접시 크기를 직경 9m 이상으로 하라는 명령을 내려 시장 진입을 어렵게 했다. 그러나 FCC는 방송의 질적 수준을 위해 TVRO 접시 안테나의 직경을 9m로 할 것인지 여부는 업계가 자율적으로 결정할 사항이라고 시인할 수밖에 없었다. 이어 FCC는 1976년 TVRO 접시안테나의 직경을 4.5m로 완화한 뒤[2)]1979년 그 설치를 자유화했다. 이는 프리미엄채널의 시장 진입을 가속화했을 뿐만 아니라 슈퍼스테이션 전송이 성공적으로 실현될 수 있는 여건을 만들었다.

다음으로 슈퍼스테이션에 의한 서비스는 케이블 방송 업계의 '혁신적 기업가'로 불리는 테드 터너가 도입한 것으로, 지역 독립방송사가 위성을 타고 케이블 방송의 역외방송신호의 새로운 창구로서 화려하게 출발할 수 있는 가능성을 보여주었다. 다시 말해 그는 HBO가 위성을 타고 전국의

---

2) 이는 접시 안테나의 직경이 9m 이상 되어야 한다고 했을 때 설치비용이 8만 5,000달러에서 12만 5,000달러까지 들었으나 4.5m짜리 안테나의 경우 4만 5,000달러에서 6만 달러로 설치할 수 있었다. 그후 안테나 설치비용이 8,000달러까지 내려갔다. 1979년 말까지 2,000개 케이블 방송사가 TVRO를 설치했다(Pike, 1981: 245~246).

<그림 4-15-1> 위성전송에 의한 WTBS의 슈퍼스테이션화

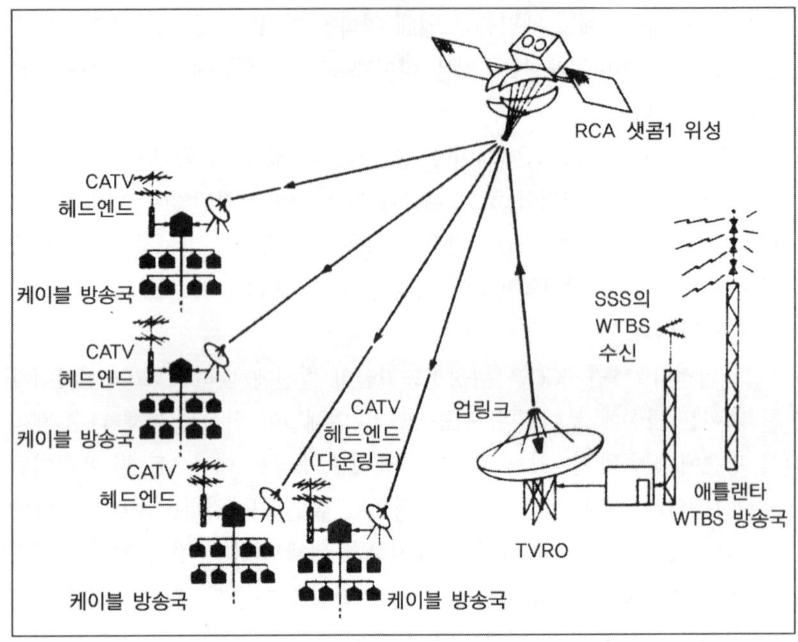

출처: Eastman et al., 1981: 247에 근거해 다시 그림.

케이블 방송사에 도달한 것처럼 같은 방식으로 무명의 지역방송 애틀랜타 UHF채널 17(WTBS)을 슈퍼스테이션으로 만드는 데 성공한 것이다. 이 방송국은 전국의 케이블 방송사가 재송신하는 데 따라 엄청나게 늘어난 시청자를 계상한 고율의 광고료를 부과함으로써 수익을 올렸다. 1995년까지 거의 모든 미국 케이블 방송사는 TBS(Turner Broadcasting System: WTBS를 TBS로 다시 명명)를 재송신하게 되어 잠재 시청자는 약 6,000만 명을 자랑하게 되었다(Head et al., 1999: 60).

FCC가 이 슈퍼스테이션을 새로운 전송 서비스로서 받아들인 과정을 보자. 국내위성과 TVRO가 기술적 합작으로 PP의 프리미엄채널이 생겨났다면, 같은 기술적 합작으로 독립 지역방송사가 슈퍼스테이션으로 다시 태어난 것이다. 이를 주도한 사람이 테드 터너로서 그는 케이블 방송의 장래에 무한한 잠재력을 내다본 사람이다. 그는 1970년 애틀랜타의 지역 UHF

방송국 WTBS를 인수해 슈퍼스테이션 개념을 성공적으로 실행에 옮겼다. 그가 프리미엄채널의 전송방식에 따라 위성통신을 이용해 자사 방송신호를 전국의 다수 케이블 방송에 재송신하려 했을 때 FCC는 이미 케이블 규제정책을 풀고 있던 터였다.

곧 1976년 1월 FCC는 원거리 역외방송재송신에 대해 주요 장애였던 '개구리뜀 규칙'을 폐지했다. 이로써 기본적으로 케이블 방송은 모든 원거리 역외독립사의 방송신호를 재송신할 수 있도록 허용한 것이다. 이에 따라 생겨난 것이 커먼 캐리어 전송사인 서던새틀라이트시스템(Southern Satellite Systems: SSS)이다. 이 SSS는 케이블 방송 대상으로 한 위성 전송 서비스를 전담하는 독자적인 전송사였다. SSS사가 재송신하기로 한 방송국은 바로 테드 터너의 애틀랜타의 지역독립사 WTBS의 방송신호였다. 그 해 12월 FCC는 SSS에 WTBS 방송의 재송신을 허가함과 함께 텔레비전 수신전용(TVRO) 지구국 안테나 접시의 직경 크기를 4.5m로 완화했다. 이것이 슈퍼스테이션 방송국의 역외 방송재송신을 가속화시킨 것이다. 이어 1979년 FCC는 TVRO의 설치 허가제를 풀고 자유화했다. 이는 케이블 방송국의 TVRO 설치를 가속화해 슈퍼스테이션 방송신호 재송신의 새로운 물꼬를 튼 효과를 가져왔다. 부연하면 1977년 TVRO를 설치한 케이블 방송국은 200여 개에 불과했으나 1980년대 중반까지 8,000개로 늘어났고 지역방송국 WTBS는 6,000만 명의 잠재 시청자를 끌어들일 수 있었다. 이 슈퍼스테이션은 1989년까지 시카고 WGN을 비롯 10개로 늘어났다. 그러나 1990년 중반부터 슈퍼스테이션 방송은 다시 경제적 여건이 불리하게 반전되어 케이블 네트워크로 되돌아가던가 지역방송으로 돌아갔다. 현재 가장 유명한 인기 슈퍼스테이션으로 WGN이 남아 있다.

2. 한국 케이블 방송의 역외지상파방송 재송신

새 방송위원회가 2000년 11월 19일에 공표한 방송채널 운용 정책은 또 다른 중요 사안으로서 '종합·중계유선방송의 역외지상파방송 재송신방침'

을 담고 있었다. 이 방침은 <표 4-15-1>이 표현한 대로 SO의 경우 ① 자체 편성비율이 50% 이상인 지역민방 ② 경기지역(서울 제외) SO에 대해 승인 한정(경인방송의 경우)이라는 조건에 부합하는 경우 역외지상파방송의 재송신을 승인한다는 것이다. 이는 경기 북부지역 소재 SO에 한해 극히 제한적으로 승인한다는 것으로 실질적으로 케이블 방송의 역외지상파방송 재송신을 불허한 것이다. 중계유선방송의 경우에도 난시청 해소 및 기본 역무에 한정해 재송신을 허용하지 않는다고 밝혔다. 이는 중계유선방송은 SO로의 전환 승인이 예정되어 있기 때문에 정책의 일관성 유지를 위해 승인하지 않기로 한 것이다.

그러나 방송위원회가 역외재송신 승인기준으로 적시한 문구양식이 오해를 불러일으킬 수 있는 여지가 있었다. 부연하면 역외재송신 승인기준으로 ① 자체 편성비율이 50% 이상인 지역민방 대상 ② 경기지역(서울 제외) SO에만 승인 한정(경인방송의 경우)이라고 제시했지만 ①과 ②를 각각 읽으면 ①은 경인방송과 SBS가 똑같이 승인 대상으로 된다는 것을 의미하고 ②는 경기지역 SO만 승인한다고 돼 있다. 이는 SBS의 경우 전국 모든 지역으로 역외재송신할 수 있는 데 반해 경인방송의 경우는 경기지역 SO만 승인한다는 식으로 들릴 수 있다.

경인방송측은 이 점을 놓치지 않고 반박 보도자료와 자사 방송보도를 이용해 방송위원회가 제시한 승인조건만으로 본다면 SBS는 '전국 어디에나' 역외재송신을 할 수 있도록 허용하면서 '유독 iTV 경인방송의 경우만 경기지역으로 제한을 시켜놓은 것은 명백한 차별정책'이라고 우겼다. 이는 방송위원회 사무국의 즉각적인 해명에도 불구하고 경인방송이 한동안 지속적으로 이같은 주장을 편 것으로 보아 의도적인 왜곡 캠페인으로 보인다.

방송위원회가 공표한 케이블 방송의 역외재송신 방침은 경인방송에만 해당된다. 왜냐하면 '자체 편성비율이 50% 이상인 지역민방'이어야 하며 동시에 '경기지역(서울 제외) SO'에만 한정한다고 밝히고 있기 때문이다. 이 두 조건을 만족시키는 지역민방은 경인방송밖에 없다. 또한 서울을 제외한 경기지역이란 경기 북부지역을 말한다. 경인방송은 이미 경기 남부지역을

<표 4-15-1> 종합·중계유선방송의 역외지상파방송 재송신

종합유선방송	• 구역 외 지상파방송 동시재송신을 다음 조건에 부합하는 경우 승인한다. - 승인기준(조건): 1) 자체 편성비율이 50% 이상인 지역민방 대상 2) 경기지역(서울 제외) SO에 대해 승인 한정(경인방송의 경우)
중계유선방송	• 구역 외 지상파방송 재송신은 허용하지 아니한다. (난시청 해소 및 기본 역할에 한정)

출처: 제43차 방송위원회 회의(임시) 순서(2001. 11. 19.), 안건 가.「방송채널정책 운영방안에 관한 건」(2001-43-148).

자사의 방송구역으로 적법하게 확대했기 때문이다. 따라서 방송위원회의 정책은 경기 북부지역의 SO에 한해 경인방송의 역외재송신을 승인하겠다는 뜻이다. 경인방송(전 '인천방송')은 새 방송위가 출범하기 직전인 2000년 3월 11일 당시 방송행정의 주무부서인 문화관광부가 방송구역의 확대를 승인함에 따라 경기 남부지역을 방송구역으로 추가했다.

방송위원회가 최종적으로 결정한 역외재송신 방침은 경인방송의 경우에만 적용되는 조치이지만 케이블 방송의 역외방송신호 재송신 문제가 담고 있는 몇 가지 문제를 놓칠 수 없다. 곧 ① 역외 방송신호 재송신은 지역방송의 방송구역에 어떤 영향을 주는가? ② 경인방송이 슈퍼스테이션 개념으로 자사 방송신호를 전국의 케이블 방송을 통해 재송신할 때 이를 적법하게 제한할 수 있는가? 현행법 아래 제한할 수 있다고 할 때 그 기준은 무엇인가? 마지막으로 ③ 방송위원회가 경인방송에 대해 내린 이른바 '비대칭규제'가 수도권 지역방송인 SBS와의 형평성 문제를 일으키지 않는가? 이런 문제들에 대한 해답을 찾음으로써 방송위원회가 공표한 케이블 방송의 역외지상파방송 재송신정책을 음미해보자.

1) 방송구역 문제

먼저 방송구역의 문제를 보자. 방송매체는 신문·잡지와 같은 인쇄매체와는 달리 서비스 권역으로서 방송구역을 배당 받는다. 방송은 주파수의 '희소성'(scarcity) 때문에 특정한 주파수를 할당받아서 그 주파수가 미치는 구역에서만 서비스를 하게 되어 있다. 다시 말하면 같은 주파수 구역에서 복수의 방송매체는 전파의 간섭과 혼신을 일으키지 않고는 방송신호를 송출할 수 없다. 이 주파수의 희소성은 전통적으로 방송에 대한 정부규제를 정당화하는 논리를 제공해왔다.

그러나 케이블 방송이나 위성방송과 같은 뉴미디어의 등장은 희소성의 논리를 모호하게 만든 측면이 있다. 텔레커뮤니케이션 전송기술의 발달로 '수적인 희소성'(numerical scarcity)은 정부규제를 정당화시키는 충분한 논리적 근거를 제공하지 못하고 있기 때문이다. 이제 방송채널 또는 창구는 수없이 증가해 인쇄매체의 수를 훨씬 능가하고 있기 때문이다.

그렇다면 방송은 정부의 허가 또는 규제로부터 자유롭게 되었는가? 또한 그 연장선에서 주파수 희소성에 근거한 방송구역제는 불필요한 규제인가? 그렇지 않다. 방송주파수의 수적인 희소성 문제는 상당부분 극복되었을지 모르지만 '할당의 희소성'(allocational scarcity)은 여전히 중요한 논거이기 때문이다(Carter et al., 2000: 415). 다시 말하면 같은 지역사회에서 두 개의 신문은 정부의 간섭 없이도 운영될 수 있으며 누가 살아남느냐의 문제는 시장경쟁력에 달려 있다. 그러나 방송의 경우 같은 지역에서 한 주파수만이 가용일 때 두 방송매체가 물리적으로 동시에 운영될 수 없다. 우리나라 통합방송법은 방송행정의 이원화라는 특수한 사정 때문에 허가요건으로서 가용 주파수를 근거로 한 방송구역을 명시하고 있지 않다. 다만 재송신 관련 조항이나 케이블 방송의 지역 사업권 관련조항에서 부수적으로 규정하고 있을 뿐이다. 그러나 방송위원회가 방송허가 추천절차를 밟는 전제로서 가용 주파수 문제를 정보통신부와 사전협의하고 있다. 한편 전파법 시행령 제36조는 '방송구역'을 명시적으로 규정하면서 '그 구역 내의 총 가구수와 방송청취 예상세대수'를 기재하도록 요구하고 있다.

2) 경인방송의 권역확대 시도와 실패

<표 4-15-2>는 우리나라의 지역민방의 방송구역을 보여준다. 경인방송(당시 인천방송)은 원래 '인천시 일부, 서울 강서구의 일부, 부천 등 경기

<표 4-15-2> 현행 지역방송사의 방송구역

구분	방송사	현행 허가권역
수도권(서울·경기·인천)	SBS	서울·인천·수원·부천 등 일원, 파주 등 경기도 일부, 충남 당진 일부
	경인방송	인천시 일부, 서울 강서구 일부, 부천 등 경기도 일부, 경기 남부지역 *
강원권	강원방송**	춘천시 및 영서 일원, 원주시 일원, 화성, 평창, 강릉시 일원, 양양, 동해, 삼척 일부
대전·충남	대전방송	대전시·공주 등 충남 일부, 청원 등 충남 일부
충북	청주방송	청주시 일원, 음성 등 충북 일부, 천안 등 충남 일부
전북	전주방송	전주·김제 일원, 익산 등 전북 일부, 논산 등 충남 일부
광주·전남	광주방송	광주·나주 일원, 함평·영광 등 전남 일부
대구·경북	대구방송	대구·경산·구미·영천·칠곡·군위 일원, 고령 등 경북 일부
부산·울산·경남권	부산방송	부산·김해 일원, 울산시·창원 등 경남 일부
	울산방송	울산시·울주군 일부, 양산·경주시 일부
제주권	제주방송***	제주권

출처: 방개위, 1999: 107 및 방송위원회 자료에서 재작성.
* 2000년 3월 15일 방송구역 추가.
** 2001년 5월 28일 허가추천.
*** 2002년 1월 12일 허가추천.

일부'를 방송구역으로 배당받아 '인천방송'으로 출발했다. 인천방송은 꾸준히 방송구역의 확대에 힘을 기울여 수도권 진입을 시도했으나 여의치 않았다. 인천방송의 수도권 진입 노력은 새 방송위원회가 출범하기 얼마 전 2000년 1월 가장 가시적으로 나타나 주무부서인 문화관광부가 서울 관악산에 송신소 설치를 허가하기로 방침을 정했으나 'MBC와 SBS의 강력한 반발'로 무산되었다고 한다(≪대한매일≫, 2000년 3월 11일자 14면).

그 대신 인천방송은 방송위원회가 출범하기 불과 이틀 전인 2000년 3월 11일 문화관광부와 정보통신부와 극적인 타결을 보아 출력 1kw VHF 채널용 송신소를 용인 광교산에 설치하기로 했다. 이로써 인천방송은 경기 남부지역을 추가해 방송구역을 확대했다.[3] 방송사의 이름도 경인방송

3) 경인방송은 이 경기 남부지역의 방송구역 추가로 가시청권은 수원, 성남, 안산, 의왕, 오산, 군포, 하남, 용인, 안성, 시흥, 과천, 광명, 화성, 평택, 광주 등으로

으로 고쳤다.

정부가 애초 인천방송의 서울 관악산 UHF 송신소 설치 계획을 승인하려다 용인 광교산 송신소 설치로 바꾸어 승인한 이유는 무엇인가? 그 이면에는 SBS와 인천방송과의 역학관계가 작용했다고 언론매체들은 전하고 있다. 사실일지도 모른다. 그러나 이들 방송사간에 방송구역을 둘러싼 '샅바 싸움'에서 명분으로 등장한 논리가 주파수 할당의 희소성에 근거한 방송구역을 서로 침해해서는 안된다는 점이다. 텔레비전의 경우 가용 주파수가 상대적으로 제한돼 있다는 점에서 '할당의 희소성' 논리는 여전히 방송구역제의 필요성을 정당화해주고 있다.

결론적으로 방송구역은 지상파방송이 지상파에 의해 방송신호를 전송하는 경우 현행법 아래서나 실질적으로 전파간섭 또는 혼신을 방지하기 위해 필수적인 제도로서 아직도 흔들리지 않는 제도로 건재하고 있다고 말할 수 있다.

그러나 지상파방송이 위성전송을 통해 역외재송신을 하는 경우 방송구역제는 어떻게 되는가? 이 경우가 미국의 독립 지역방송국이 슈퍼스테이션 개념으로 전국의 케이블 방송사에 재송신하는 것에 해당한다. 얼른 보아 방송구역제는 무의미한 것처럼 보인다. 왜냐하면 위성전송에 의한 지상파방송의 역외재송신은 전파간섭이나 혼신의 문제를 야기하지 않기 때문이다.

그러나 우리나라 방송구역제의 배경에는 또 하나의 버팀목이 받치고 있음을 주의해야 한다. 그것은 지역방송이 지역문화나 지역경제의 발전을 위해 상당한 몫을 해야 한다는 점이다. 이 점은 지역방송이 존재하는 이유와도 결부되어 있다. 통합방송법 제10조는 한 지역방송이 허가받아야 하는 심사기준으로 '지역적·사회적·문화적 필요성과 타당성'을 제시하고 있으며, 같은 법 시행령 제5조는 이에 의해 사업계획서를 제출해 심사받게 되어 있다. 이러한 기준을 심사를 통과한 방송사업자만이 방송위원회의 허가추천을 받아 방송사업을 할 수 있게 된다. 이어 방송법 제65조 5

확대되고 가시청 가구가 170만 가구에서 320만 가구로 늘어났다(≪한국일보≫, 2000년 3월 15일자 45면).

항 및 시행령 제50조 5항은 한 지역방송사가 '다른 방송사의 제작물을 편성할 수 있는 비율은 매월 전체 방송시간을 100분의 50 내지 100분의 85의 범위'로 정해 간접적으로 지역문화 및 지역경제의 발달을 고려한 몫을 상정하고 있다. 또한 허가기간이 만료된 지역방송사가 재허가를 받고자 하는 때 방송위원회는 법 제17조 3항에 의해 '지역사회 발전에 이바지한 정도'를 심사해 재허가추천 여부를 결정하게 되어 있다.

이렇게 볼 때 방송구역제는 지역방송사가 허가심사를 받을 때부터 방송사업의 시행, 재허가 심사의 이르기까지 가장 중요한 제도로서 전제되어 있음을 알 수 있다.

문제는 경인방송의 경우처럼 자체 제작물을 100% 편성할 때(SBS의 경우도 마찬가지), 다시 말하면 방송구역으로 지정된 '지역사회'의 발전에 이바지하는 형식적인 법적 요건을 충족시키면서 역외재송신을 하고자 하는 경우 이를 어떻게 다루어야 하는가? 이 문제가 미국의 경우 지역방송사가 슈퍼스테이션 개념으로 전국 케이블 방송사에 자사 방송신호를 전송하는 경우에 해당한다. 앞에서 살펴보았듯이 미국의 FCC는 위성전송에 의해 슈퍼스테이션의 역외재송신을 허용한 바 있다. 한국의 경우는 어떤가?

경인방송은 자사 방송구역의 수도권 확대를 시도했지만 여의치 않자 이른바 슈퍼스테이션 개념으로 방송구역제가 지정한 지역적 구획을 뚫고자 했다. 부연하면 경인방송 2000년 7월 7일 그리고 그 해 11월 19일 자사 방송신호의 역외재송신 승인신청을 방송위원회에 제출해왔다. 방송위원회는 이 두 차례에 걸친 승인신청에 대해 모두 부정적인 결정을 내렸다. 이제 그 전말을 되돌아보자.

경인방송은 2000년 7월 7일 전국의 케이블 방송사 280개(SO 22개 사 및 중계유선 258개 사)와 재송신계약을 체결하고 역외재송신을 방송위원회에 신청해왔다. 이는 방송법 제78조 3항이 케이블 방송사업자가 '당해 방송구역 이외에서 허가받은 지상파방송사업자가 행하는 지상파방송을 동시재송신하고자 할 때는 방송위원회의 승인을 얻어야 한다'는 규정에 따른 것이다.

이에 대해 방송위원회는 같은 해 7월 19일 역외재송신승인 신청을 면밀히 검토한 뒤 이를 승인하지 않기로 했다. 부연하면 문제의 역외지상파 방송 재송신은 '방송매체간의 균형발전 및 방송권역 유지'를 고려해 승인하지 않되 시청자의 혼란을 방지하기 위해 그 해 10월 말까지 단속을 유예한다고 했다. 다시 말하면 방송위원회의 결정은 케이블 방송이 역외지상파방송인 경인방송을 재송신함으로써 지역방송사들에 끼치는 경제적 영향을 우선적으로, 방송구역제를 부차적으로 고려한 조치였다.

그러나 이 조치는 결과적으로 유효한 행정행위가 되지 못했다. 왜냐하면 경인방송이 강력한 반대 캠페인을 벌이는 가운데 거듭된 재고요청과 재승인신청을 내는 등 시간 끌기를 시도했으며 이에 대해 방송위원회도 2001년 11월 19일 최종 결정을 내리기까지 실질적인 조치를 취하지 않았기 때문이다.[4] 어쨌든 방송위원회의 역외재송신 제한승인에 대한 경인방송의 반발은 컸다. 또한 경인방송을 통해 박찬호 야구경기를 시청하는 전국의 시청자들의 항의도 만만치 않았다. 경인방송측은 방송위원회의 역외재송신 방침 철회를 위한 '백만인 서명운동'을 펼치는가 하면 재심의 요청, 이어 재신청 등으로 역외재송신 허가를 끈질기게 요구했다. 방송위원회도 이 문제가 담고 있는 민감성 때문에 쉽게 결정을 내리기가 어려웠다.

방송위원회가 경인방송의 역외재송신 승인신청을 심의할 때 그 역외재송신이 지역방송사에 끼치는 경제적 영향을 우선적으로, 방송구역제를 부차적으로 고려했다는 의미는 무엇인가? 정부가 현행법 아래 지상파방송의 역외재송신을 규제함으로써 달성하려는 정책목표는 기술적, 경제적, 문화적 이해와 결부돼 있다. 기술적 이해란 주파수를 둘러싼 방송사간의 이해상충을 조정해야 함을 말하며 문화적 및 경제적 이해란 지역밀착성 프로그램 편성을 통해 지역사회 발전에 이바지하도록 하는 취지이다. 경인방

4) 방송위원회가 2001년 11월 19일 최종적인 결정을 내리기까지 경과를 보면 다음과 같다. 먼저 경인방송은 2000년 9월 4일 역외재송신 방침의 재심의를 방송위원회에 신청해온 뒤, 다시 그 해 11월 19일 총 407개 사(SO 28 및 중계유선 379)의 이름으로 재송신승인을 신청했다. 방송위원회는 행정절차법에 따라 60일 안에, 곧 2001년 1월 16일까지 처리하게 돼 있으나 다시 한 번 연기를 통보해 같은 해 3월 31일까지 처리하기로 했다. 그러나 재송신 전체 문제를 종합적으로 다룰 필요가 있기 때문에 행정절차법의 민원처리 기간 요건을 어겨가면서 2001년 11월 19일까지 미루어진 것이다.

송의 경우 위성전송에 의한 역외재송신은 기술적 문제를 야기하지 않을 뿐만 아니라 자체 제작물 편성비율 100%로 채우기 때문에 정부가 방송구역제를 통해 달성하려는 정책목표는 중요하지 않게 되었다.

그러나 경인방송의 역외재송신의 경우는 여전히 다른 지역방송사에 끼치는 경제적 영향이 우선적으로 고려해야할 중요한 사안이었다. 당시 경인방송은 위성전송에 의한 역외재송신을 통해 박찬호의 야구경기를 중계함으로써 전국 시청자의 인기를 모으고 있었다. 이는 지역방송사, 특히 지역민방에 경제적 타격을 줄 수 있는 개연성을 낳는다. 부연하면 지역민방 시청자의 상당부문을 지역 케이블 방송에 빼앗기게 되며 이는 지역민방의 시청률 감소로 이어지고, 시청률 감소는 결국 지역방송에 경제적 타격을 줄 수 있기 때문이다. 결과적으로 방송위원회는 경인방송의 역외재송신이 지역방송에 끼칠 수 있는 경제적 영향을 고려해 역외재송신 승인신청을 허용하지 않은 것이다.

다음으로 방송위원회가 2001년 11월 19일 공표한 종합·중계유선방송의 역외지상파방송 재송신방침에서 실질적으로 역외재송신을 불허한 조치는 형식적으로 경인방송이 그 전 해 역외재송신 승인을 다시 신청한 데 대해 뒤늦게 내린 결정이다. 경인방송은 2000년 11월 19일 총 407개 사에 이르는 케이블 방송사(SO 28개 사 및 중계유선 379개 사)의 이름으로 역외재송신 승인을 다시 신청했었다.

3) 경인방송의 수도권지역 슈퍼스테이션화?

당시 방송위원회는 뉴미디어를 중심으로 하는 채널 운용정책을 마련하면서 수도권지역과 전국지역을 구별하는 접근으로 문제의 해법을 찾고자 했다. 부연하면 위성방송의 경우 전국권 대신 수도권을 대상으로 해 재송신을 허용하기로 하고 전국권은 2년간 재송신 허용을 유예했다.

그러나 케이블 방송의 경우 수도권지역과 전국지역을 구별하는 대안을 마련했으나 결국 대안으로만 검토되었을 뿐이었다. 이 점을 부연해 설명하면 당시 방송위원회는 케이블 방송의 역외재송신 문제를 다룰 때 세 가지 대안을 검토했다. 이는 경인방송이 경기지역 방송인 점을 고려해 역외재송신 지역으로 ① 경기 북부지역을 승인하는 안 ② 서울을 포함한 수도권지역을 승인하는 안 ③ 전국권역을 승인하는 안이었다. 이 세 가지 대안 가운데 방송위원회는 ①안을 선택한 것이다.

그러나 저자는 방송위원회가 선택한 대안이 적절한 것인지 의문을 갖고 있다. 곧 방송위가 경기 북부지역 SO에 한정해 역외재송신을 허용하는 반면 그밖의 전국의 모든 SO에 역외재송신을 불허한 것은 '비대칭적 규제'가 갖는 논리적 적절성 문제를 일으킬 뿐만 아니라 방송정책이 전송기술의 발달에 대응하지 못한다는 비판을 면하기 어렵다고 생각한다.

미국 FCC도 애초 케이블 방송이 지역방송사의 방송구역을 넘어 원거리 방송신호를 전송하지 못하도록 엄격한 규칙을 부과했었다. 1972년 '케이블텔레비전 보고와 명령'은 이른바 '개구리뜀 규칙'을 부과해 케이블 방송이 인근 방송사의 방송구역을 '뛰어넘어'(leapfrog) 원거리 역외방송신호를 수입할 수 없도록 했는데 이는 독립사를 보호한다는 명분에서였다.

그러나 1972년 케이블 방송 규제규칙이 법원에 의해 잇따라 위헌판결을 받으면서 FCC는 규제완화 쪽으로 선회한 것이다. 그런데 FCC가 케이블 방송에 규제를 풀지 않을 수 없었던 것은 법원의 위헌판결과 함께 위성의 전송기술 발달에 대처한 정책적 대응이라는 측면이 있음을 놓쳐서는 안된다. 예컨대 FCC는 애초 위성이 보내는 방송신호를 수신하는 TVRO(텔레비전 수신전용 접시안테나)의 설치에 대해 허가제를 유지하고 있었으나 접시안테나의 크기가 계속 작아지고 값이 싸지자 허가제 유지가 실효성을 상실하게 되었다. 이에 FCC는 1976년 TVRO의 직경을 9m에서 4.5m로 완화한 뒤 다시 1979년 TVRO 설치를 완전 자유화했다. 또한 1976년 유명한 '개구리뜀 규칙'을 폐기함으로써 이른바 슈퍼스테이션이 등장하게 된 것이다.

이런 맥락에서 볼 때 한국의 방송위원회가 FCC가 70년대 폐기한 '개구리뜀 규칙'과 유사한 방송구역 논리로 케이블 방송의 역외방송신호 전송을 막는 것은 적절하지 않을 뿐만 아니라 70년대 이래 축적된 위성전송기술의 발달에 대처하지 못했다는 비판을 면하기 어렵다고 보인다.

그렇다면 전국의 모든 케이블 방송사에 역외지상파방송의 전송을 허용해야 하나? 그렇지 않다. 그것은 지역방송에 끼치는 경제적 영향을 고려해서 결정할 문제이다. 따라서 경인방송이 2000년 9월 박찬호 야구경기를 포함한 자사 방송신호를 전국에 전송하겠다고 신청한 사안에 대해 방송위원회는 지역방송, 특히 지역민방에 끼칠 수 있는 경제적 타격을 고려해 허용하지 않았다.

그러나 수도권 지역은 다르다. 왜냐하면 경인방송의 방송신호가 수도권 지역에 재송신되더라도 수도권 지역민방인 SBS에 미치는 영향이 그다지 크지 않을 것이기 때문이다. 오히려 방송위원회가 정책목표로 정한 '방송매체간의 균형발전'을 위해서 수도권지역을 역외재송신지역으로 포함시키는 편이 보다 적절한 정책대안이 아니었을까 생각한다. 다시 말하면 경인방송이 수도권의 케이블 방송을 통해 자사 방송신호의 전송을 허용함으로써 수도권지역 슈퍼스테이션이 될 수 있는 길을 터주는 것이 현실적인 정책 대안이라는 말이다.

당시 SBS는 실제적으로 네트워크를 형성한 '키국'으로서 만성적 적자에 허덕이는 경인방송을 시장경쟁력에서 압도하고 있었기 때문이다.[5] 이 점을 감안할 때 방송위원회가 방송매체간의 균형발전을 위해 경인방송의 수도권지역 역외재송신 승인안이 보다 적절한 정책대안이 될 수 있다는 말이다.

마지막으로 방송위원회가 경인방송에 대해 내린 역외재송신 불허방침은 경인방송이 주장하듯 SBS와의 형평성 문제를 야기하는가? 그렇지는 않다. 경인방송은 방송위원회가 역외재송신을 실질적으로 불허하자 즉시 보도자료를 내어 SBS가 지역민방을 통해 실질적으로 역외재송신하고 있는데도 경인방송의 경우 역외재송신을 불허한 것은 형평성에 맞지 않는다고 주장했다.

SBS는 사실상 전국의 7개 민방과의 실질적인 네트워크 체제를 구축하고 있다. SBS는 1994년 제1차 지역민방 4개 사(부산, 대구, 광주, 대전)가 허

5) SBS는 2000년 매출액은 5,002억 원, 단기순이익 706억 원을 올리고 있는 데 비해 경인방송은 같은 해 매출액 392억 원, 적자 159억 원(누적적자 1,000억 원)을 기록하고 있다(방송위원회, 2001차: 302).

가되고 1997년 제2차 지역민방으로 허가받은 3개 사(울산, 전주, 청주)와 프로그램 공급에 관한 기본협정 및 세부협정을 체결함으로써 네트워크 방송사로 군림하게 되었다(『SBS 10년사 통사편』, 2001: 64~65).

이 SBS의 네트워크 체제는 무엇이 문제인가? 방송개혁위원회는 한 자료에서 SBS가 지역민방과 구축한 네트워크 체제에 관해 네트워크 계약상의 '불공정거래'를 지적하고 있다. 이 자료는 더욱 구체적으로 SBS와의 배타적 계약으로 수급관계 선택 및 다양한 프로그램 확보에 애로, 계약서에 '네트워크'라는 용어를 사용함으로써 중앙 키국과 가맹국 관계로 설정, 2차 민방의 경우 배타적 수급관계는 더욱 구체적으로 규정돼 있음을 밝히고 있다(방개위, 별첨자료 III-3-2, 1999: 200).

방개위가 분석한 자료는 SBS가 지역민방과의 프로그램 공급계약에 '네트워크'라는 용어를 사용함으로써 '중앙 키와 가맹국 관계를 설정했다'고 말해 마치 이 '중앙 키국과 가맹국 관계'가 과연 현행 방송법 아래 허용될 수 없는 관계인 것처럼 표현했다. 그러나 키국과 지역국 간에 프로그램 수급관계는 방송법상의 편성비율(50% 내지 85%의 범위에서 방송위원회가 고시한 비율)을 지키는 한 '네트워크 관계'를 불법적 관계라고 단정하기 어렵다.

문제는 SBS가 지역민방과 프로그램 공급계약을 맺으면서 배타적 공급을 명시했다면 이는 경인방송과의 형평성 문제에 앞서 '불공정거래'이다. 방개위가 지적한 '불공정거래'는 공정거래위원회의 조사에 의해 확인될 경우 방송위원회가 이를 규제할 수 있음을 방송법은 명시적으로 규정하고 있다. 곧 방송법 제27조 방송위원회가 '방송프로그램 유통상 공정거래 질서확립에 관한 사항을 심의·의결할 경우 공정거래위원회 위원장의 의견을 들어야 한다'고 되어 있다.

미국의 FCC도 '네트워크 규칙'(network rules)을 제정해 네트워크 방송사와 가맹사의 계약이 '공익에 반하는'(offensive to the public interest) 조항을 넣을 수 없다고 규정하고 있다. 이 금지 조항은 구체적으로 배타적 수급관계를 금하고 있는데 가맹국이 다른 네트워크 방송사의 프로그램을 방송하지 못하게 하는 조항, 가맹사가 네트워크 프로그램을 방송하지 않을 경우 같은 방송구역에서 다른 지역방송국이 그 프로그램을 방송하지 못하게 하는 조항을 포함한다. 그밖에 네트워크 규칙은 가맹사가 네트워크사 프로그램이 만족하지 않을 경우 이를 거부할 수 있는 권리를 가져야 한다고 규정한다.

방송위원회는 SBS와 지역민방 간의 프로그램 수급상의 '불공정거래' 여부를 판단하기 위해 2001년 여름 공정거래위원회의 의견을 구했지만 공정거래위원회는 불공정거래를 발견할 수 없었다고 회신해왔다.[6]

요컨대 SBS와 지역민방 간의 프로그램 공급에 관한 협력체제는 SBS가 1990년 발족한 민방으로서 방송시장에서 갖는 선점효과이지 후발 민방인 경인방송과의 형평성문제로 다룰 사안은 아닌 것이다. 부연해서 2001년 11월 19일 케이블 방송의 역외재송신 불허는 경인방송이나 SBS에 똑같이 적용되는 조치이다. 다만 SBS가 위성전송에 의해 재송신하는 자사 방송신호는 지역민방과의 계약 관계에서 프로그램 중복편성의 문제를 낳을 수 있다. 방송위원회는 지역민방의 계약상 권리를 보호하기 위해 중복편성을 금지하는 조치를 취해야 할지 이후 과제로 남아 있다.

3. 요약과 결론

우리는 이상에서 방송위원회가 2001년 11월 19일 공표한 '방송채널정책 운용방안' 중 케이블 방송의 역외지상파방송 전송문제에 초점을 맞추어 논의를 전개했다. 방송위가 결정한 케이블 방송의 역외지상파방송 재송신 문제에 대해 방송위원회는 경기 북부지역 SO의 경우 경인방송신호의 재송신만을 허용함으로써 사실상 케이블 방송의 역외재송신을 불허했다. 그러나 케이블 방송의 역외재송신을 사실상 불허한 정책은 방송위원회가 위성방송의 전송기술발전을 수용하는 데 인색한 측면이 있다. 미국

6) 당시 방송위원회가 비공식으로 조사한 바에 의하면 SBS가 제2차 민방과 체결한 프로그램 공급계약에 배타적 수급관계를 규정한 조항이 있었다. 그 뒤 SBS는 방송위원회의 경고에 따라 이 배타적 공급조항을 시정했다고 알려왔다(저자의 개인자료).

FCC는 지역독립사가 슈퍼스테이션 개념을 개발해 자사방송신호를 전국 케이블 방송에 전송하는 역외재송신 서비스를 벌써 70년대에 허용했다.

방송위원회는 애초 경인방송이 박찬호 야구중계를 포함한 자사방송신호의 전국에 걸친 케이블 방송을 통한 역외재송신을 불허했다. 이러한 전국적 재송신이 방송구역제를 정당화시키는 주파수의 할당의 희소성 논리를 훼손시키지는 않지만 그것이 지역방송에 미치는 영향을 고려한 결정이었다. 그후 방송위는 수도권과 전국권을 나누어 재송신 문제를 다루는 방법으로 문제의 해법을 검토한 결과 위성방송의 경우 수도권지역 재송신을 허용했으나 케이블 방송의 경우는 불허했다. 나는 후자의 경우 수도권 재송신 불허정책이 과연 현명했는지 의문을 갖는다. 왜냐하면 경인방송의 슈퍼스테이션화가 수도권 지역방송인 SBS에 끼치는 영향은 미미할 것이기 때문이다. 오히려 방송위가 정책목표로 내세운 매체간의 균형발전이라는 취지에서 볼 때 경인방송의 수도권지역 재송신 허용이 보다 적절한 정책대안이 되지 않을까 생각한다.

16

공공채널 운용방안

통합방송법 제70조는 케이블 방송과 위성방송으로 하여금 '국가가 공공의 목적으로 이용할 수 있는 채널' 곧 공공채널을 종교채널과 함께 두어야 한다고 명하고 있으며, 법 시행령 제54조는 공공채널과 종교채널의 의무전송을 명하고 있다. 따라서 공공채널을 지정받은 사업자는 KBS나 EBS처럼 케이블 방송이나 위성방송을 통해 의무전송을 보장받고 있어 그에 상응하는 공공성 내지 공익성을 확보하지 않으면 안된다. 따라서 다른 나라의 경우 공공채널은 공공접근채널, 시민참여채널, 공공정보채널(public affairs channels, 송종길, 2001: 3-6)의 유형이 있지만 주로 비영리단체, 시민 또는 케이블 방송사업자 자신이 운영하며 일정한 공익성을 담보한다.

그러나 법 제70조가 공공채널의 운영주체를 '국가'에 한정하고 시민의 참여를 배제하고 있어 통합방송법이 시청자권익 보호를 중시하는 기본적 태도와 상충하고 있다. 또한 이 공공채널 조항은 국가가 공익을 실현하는 독점적 지위를 갖고 있는 듯 표현하고 있어 전근대적인 국가주의를 옹호하는 구태의연한 법규정이라는 비판을 면하기 어려울 것이다.

우리나라 방송법제에 가부장적 국가주의가 편입된 것은 우연한 사건이 아니다. 제2장 '통합방송법의 특성'에서 보듯 제5공화국 신군부 정권이 자행한 언론통폐합의 일환으로 이루어진 방송통합의 연장선에서 국가의 방송통제가 제도화된 데서 유래하고 있다. 구 방송법이 규정하는 과도한 내용규제가 이를 웅변으로 말해준다. 같은 맥락에서 1991년 종합유선방송법이 처음 제정되었을 때 정부는 공익을 실현하는 가부장적 지위를 '국가가 공공의 목적으로 이용할 수 있는 채널을 두어야 한다'는 조항(제 22조 2항)으로 제도화시켰다고 보인다. 이는 이보다 20여 년 전 1972년 미국의 FCC가 케이블 방송에 EPG 채널의 구성을 명한 것과 너무나 대조적이다.

문제는 '국민의 정부'의 개혁법이라는 통합방송법이 이러한 가부장적 국가주의를 반영하는 구 종합유선방송법의 '공공채널' 조항을 그대로 승계하고 있다는 데 있다. 이 '공공채널' 조항이 살아 있는 한 새 방송위원회가 공공채널정책을 시행할 입지는 거의 없다. 따라서 방송위는 2001년 11월 19일 공표한 '공공채널 운영방안'은 먼저 법개정을 통해 공공채널의 운영에서 국가독점주의를 청산하는 데 중점을 두었다.

여기에서는 구 종합유선방송법 아래 그동안 공공채널이 지정되고 운영되어온 경과, 통합방송법으로 승계된 배경, 현행 공공채널 운영의 문제점을 살펴보고 마지막으로 새 방송위원회가 공표한 공공채널 운용방안을 통해 대안을 논의하고자 한다.

1. 구 종합유선방송법상의 공공채널 운용

구 종합유선방송법 아래 공공채널은 '국가가 공공의 목적으로 이용할 수 있는 채널'이라고 규정하고 있을 뿐 '공공의 목적'이 무엇인지 기준을 정하지 않았고 공공채널의 지정절차도 규정하지 않았다. 다만 공보처 장관이 공공채널을 통해 송신되는 방송프로그램을 제작하는 기관 또는 단체를 지정할 수 있고(법 시행령 제22조 3항) 송신되는 방송프로그램 범위는 '국가의 시책홍보를 위한 방송프로그램 기타 공공복리를 위해 공보처 장관이 특히 필요하다고 인정하는 방송프로그램으로 한다'(법 시행령 제22조 5항)는 규정으로 보아 공보처 장관이 재량 아래 지정할 수 있음을 전제하고 있다. 실제 공보처 장관은 <표 4-16-1>이 보여주듯 3개의 공공채널 운영기관을 지정했는데 이들 기관이 비록 공적 성격을 갖고 있다고는 하지만 시민이 자유롭게 의견을 나눌 수 있는 공론장의 몫을 충분히 할 수 있는지 전문가들은 의문을 제기한다.

<표 4-16-1> 정부지정 공공채널

운영기관	지정일	주요직무
국립 영상 간행물 제작소: K-TV	1993. 3. 15	정부의 영상물 제작기관으로 주요정책관련 각종 영상물의 제작·송출·배포
한국방송통신대학교: OUN	1995. 8. 7	국민 일반에 고등교육기관
국제방송교류재단: 아리랑TV	1996. 11. 8	외국인 및 방한 외국인에게 한국에 관한 정보제공

과거 공보처가 지정한 3개의 공공채널은 재심사 또는 재지정의 절차 없이 통합방송법 아래서도 공공채널로 인정되어 운영되고 있다. 곧 방송법 부칙 제7조 1항의 "이 법시행 당시 종전의 법에 의한 행위는 이 법에 의한 행위로 본다"는 경과규정에 따라 법 시행령 제54조 1항 '방송위원회가 인정하는 공공채널'로서 지위를 부여받고 있는 것이다.

이렇게 '공공채널'이 시민접근채널과는 상관없이 유지된 배경을 되돌아보고 그 운영의 문제점을 살펴보자.

방개위가 1998년 말 발족할 당시 공공기관이 운영하는 채널로 K-TV(국립영상제작소), 아리랑TV(국제방송교류재단), 스포츠TV(국민체육진흥공단), 리빙TV(교통안전공단)가 공공부문 구조조정의 차원에서 논의의 대상이 되었다. 부연하면 방개위는 '국책방송과 공공기관 운영채널의 조정'이라는 관점에서 K-TV는 현행대로 유지시키되, 당시 기획예산위원회가 제안한 대로 스포츠TV와 리빙TV를 민간에 매각키로 하고, 아리랑TV는 KBS의 사회교육방송과 국제방송(라디오 방송)과 통합해 '국책방송'으로 설립키로 제안했던 것이다.

다시 말하면 이들 공공채널의 운영을 경제적 효율성의 관점에서 접근하고자 했을 뿐 시청자권익 보호의 관점에서 공공채널 문제를 접근하지 않은 것이다. 물론 방개위는 '시청자참여 구현방안'에서 '시청자접근채널'(지역채널 및 공공채널 포함)을 두라는 권고를 하고 있지만(방개위, 1999: 84) 공공채널의 운용개선을 공공기관 운영채널의 구조조정차원에서 제안하고 있어 시청자권익 보호를 위한 종합적인 채널 운용정책이라고는 볼 수 없다.

다시 말하면 방개위는 시청자접근채널과 기존의 공공채널을 시청자권익 보호라는 차원에서 통일적인 방안을 내놓지 못하고 각각 분리시켜 별도의 방안을 권고함으로써 스포츠TV와 리빙TV가 민간에 매각된 것 말고는 아무것도 이루지 못하는 결과를 빚고 말았다.

통합방송법은 시청자권익 보호와는 동떨어진 구 종합유선방송법의 '공공채널' 조항을 그대로 승계하고 있는가 하면 정작 필요한 시청자접근채널에 관한 규정을 두지 않고 있는 데서 허점을 드러내고 있는 것이다.

2. 공공채널 운영의 문제점

통합방송법은 구 종합유선방송법의 공공채널조항을 그대로 승계하고 있을 뿐만 아니라 '국가가 공공목적을 위해 이용할 수 있는 채널'을 3개 이상 둘 것을 명하고 있다. 또한 앞서 본 바와 같이 정부가 과거 공공채널로 제정한 K-TV, OUN, 아리랑TV가 이 방송법 부칙에 따라 그 공용채널의 지위를 부여받고 있다.

먼저 K-TV는 공익적 성격의 프로그램과 시민참여프로그램을 편성하고 있지만 전체 편성내용을 볼 때 정부홍보채널의 성격을 지녔다고 볼 수 있다. 이는 K-TV가 국정홍보처 산하기관으로서 국정홍보채널의 몫을 수행할 수밖에 없는 태생적 한계(송종길, 2001: 9) 때문일 것이다.

OUN의 경우 방송통신 대학생을 대상으로 통신교육을 하고 있다는 점에서 특이한 '교육접근채널'이라고 말할 수 있다. 이 통신교육프로그램이 공익적인 성격을 지녔다 하더라도 시청자의 보편적 접근을 제한하고 있다는 점이 문제다.

가장 심각한 비판이 제기되는 곳이 아리랑TV이다. 아리랑TV가 공공채널로 지정된 취지가 국가시책의 홍보를 통해 세계화를 추진한다는 것이다. 그것이 공공채널의 운용취지에 부합하는지 의문이 제기된다. 또한 시청자를 국내거주 외국인 및 방한외국인에게 한국에 관한 정보를 제공한다는 점은 세계화시대에 부응하는 공공적 필요를 인정하더라도 전국의 모든 지역 케이블 방송국과 전국을 커버하는 위성방송이 의무전송을 해야할 정

<표 4-16-2> 공공채널 운용방안

• 운용주체: 국가를 포함한 공익재단, 특별법인이 운영하는 채널 - 현행 공공채널의 개념(국가가 운영하는 채널)을 '방송위원회가 인정하는 공공복리에 적합한 채널'로 규정할 예정(방송법 개정) • 인정기준 및 인정절차: 공공채널 추가인정 결정시 검토 - 예시 1 인정기준(공공채널 지정기준안) 1) 동일 운영주체가 다수의 공공채널 운영금지 2) 국가를 포함한 공익재단, 비영리 법인으로 공공복리에 적합한 단체 3) 방송내용이 국가 및 국민의 공공복리와 밀접한 관련이 있을 것 4) 공공 서비스, 가치재에 해당하는 방송 서비스지만, 일정 수준의 시장 수요가 존재하므로 정부가 아닌 민간 기업도 제공할 가능성이 큰 방송은 제외 5) 수신료와 관련하여 시청자들에게 직접 부담을 주지 않을 것 6) 상업광고를 하지 않을 것 다채널 환경의 시청자에게 꼭 필요한 방송 서비스로서 유익하고 필요하지만 시장에서 자발적으로 제공되지 않는 방송 서비스를 고려한 기준안 - 예시 2 지정 절차 1) 공공채널 운영 희망기관이 위원회에 신청서 제출(RFP 방식) 2) 공공채널 지정 검토 - 공공채널로서의 필요성과 적정성 및 적합성 여부 검토 - 필요시 관계기관 의견서 첨부 - 해당사안에 특별한 판단이 요구될 경우, 해당전문가(법률, 경영·회계, 기술분야 등) 자문의견서 첨부 • 운용채널수: 공공채널 추가지정의 필요성이 있을 경우 추가로 지정하되, 향후 채널수 증가에 따른 공공채널의 탄력적 운영을 위해 공공채널 의무구성채널수를 비율로 규제(방송법시행령개정) • 시청자참여프로그램 송출방안(위성방송): 방송법 개정을 통해 공공채널로 지정하되, 개정 전까지 직접사용채널을 통해 수용토록 행정지도

출처: 제43차 방송위원회 회의(임시) 순서(2001. 11. 19). 안건 가. 「방송채널정책 운용방안에 관한 건」(2001-43-148).

도로 필요한지도 의문이다.

이러한 문제점을 가진 현행 공공채널은 지정에서 운용에 이르기까지 근본적으로 재검토되어야 마땅할 것이다. 이런 맥락에서 방송위원회는 2001년 11월 19일 공공채널 운용방안을 공표하고 통합방송법 개정을 전제로 공공채널의 새로운 인정기준과 지정절차를 예시했다.

3. 새 방송위원회의 공공채널의 운용방안

새 방송위원회가 발표한 공공채널 운용방안은 공공채널의 인정기준으로 운영주체를 국가를 포함한 공익재단 및 비영리법인으로 하되 공공복리에 적합한 단체일 것, 방송내용이 국가 및 국민의 공공복리와 밀접한 관련이 있을 것 및 시장이 제공하지 못하는 공공가치재일 것을 정했으며 아울러 상업적 운영을 금하고 있다.

지정절차로서는 공공채널 지정희망자를 대상으로 비교심사(RFP) 방식으로 공공채널 운영자를 선정하겠다는 방침이 핵심사항이다. 이는 방송위원회가 승인대상으로 삼는 채널(종합편성, 보도전문, 홈쇼핑채널)과 지정대상으로 삼는 공공채널을 같은 심사절차를 통해 선정하겠다는 것이다. 공공채널의 경우 지정과 함께 의무전송된다는 점에서 지정과정을 승인과정과 똑같이 엄격한 심사절차에 따라 진행시킬 필요가 있기 때문이다.

마지막으로 공공채널 운용방안은 위성방송으로 하여금 시청자참여프로그램의 전송을 전담하는 채널을 구성하도록 하고 이를 공공채널로 지정하겠다는 방침을 밝혔다. 이는 방송법 제70조가 케이블 방송과 위성방송방송으로 하여금 지역채널과 공공채널을 통해 시청자제작프로그램을 편성할 의무를 부과한 것과 별도로 위성방송사업자로 하여금 시청자접근채널을 구성할 의무를 부과하겠다는 것이다. 이른바 '시청자주권' 시대에 통합방송법이 시청자권익 보호를 중시하는 맥락에서 보면 시청자접근채널은 그 의미를 과소평가할 수 없을 것이다.

여기에 사견을 덧붙인다면 지정유효기간을 방송사업자나 채널승인의 경우와 같이 3년으로 하고 지정기간 만료 뒤 재지정 심사를 받도록 할 필요가 있을 것이다. 지정기간을 둠으로써 문제점이 드러난 현행 운영채널의 재지정 여부를 결정할 수 있고 공공채널의 운영부실을 막을 수 있을 것이다.

왜냐하면 일반 채널 사용 사업자들은 시장에서 경쟁을 통해 진입과 퇴출이 일어날 수 있지만 공공채널은 시장경쟁력과 상관없이 운영이 가능하다는 점에서 정책당국의 특별한 감독이 필요하기 때문이다.

새 방송위가 공표한 공공채널 운용방안은 통합방송법이 시청자권익 보호를 중시하는 태도를 보이면서도 시청자접근채널을 강제하지 않은 공백을 공론장의 창설로 채우려한 것으로 볼 수 있다. 결과적으로 이 정책은 결실을 보아 재단법인 시민방송(이사장 백낙청)이 생겨나 2002년 9월 16일

'RTV'란 브랜드네임의 시민접근채널을 창설하게 된 것이다. RTV는 시사, 다큐멘터리, NGO, 교육, 청소년, 소비자 등을 주제로 한 시민참여프로그램과 자체제작프로그램을 매일 12시간 방송함으로써 위성방송과 케이블방송을 통해 시청가구를 늘여갈 전망이다.

결론적으로 새 방송위원회가 펼친 시청자권익 보호정책은 통합방송법 제6장이 규정하는 시청자권익 보호를 위한 여러 제도적 장치를 마련하는데 힘을 쏟으면서 법이 미처 대처하지 못한 분야에도 손을 썼다. 여기에는 법이 정한 시청자위원회 구성이 적절한지 여부의 감독, 시청자불만처리위원회의 구성, 운영 및 규칙 제정, 시청자참여프로그램의 운영과 지원에 관한 지침, 시청자평가원 및 평가프로그램 운영방침이 포함된다.

통합방송법은 공공채널의 지정과 운용에 대해 구 종합유선방송법의 제도를 그대로 승계한 나머지 시청자 접근의 길을 터놓지 않고 있으나, 새 방송위원회는 2001년 11월 19일 공공채널 운용방안에서 법개정을 전제로 시민접근채널의 창설을 적극적으로 유도하고 있다. 그 결과 '시민방송'이 RTV를 창설해 운영하게 되었다.

제4부를 마치며

저자는 방송공익을 실현하는 데 국가냐 또는 시장이냐는 식의 이분법적 구도보다는 국가의 몫과 시장의 몫의 접점을 넓혀 나가는 길이 지혜롭다고 생각한다. 그런 점에서 미국 클린턴 대통령의 경제자문위원장을 지냈던 조지프 스티글리츠(1995)는 '국가와 시장의 제도적 결합'을 해법으로 제시하면서 시장과 국가의 결합이 훌륭한 성과를 낳은 예로 한국 등을 들었다 한다(≪한겨레≫, 2003년 3월 8일자 「책과 사람」).

국가와 시장의 제도적 결합을 방송정책에서 찾을 수는 없을까? 저자는 찾을 수 있다고 본다. 부연하면 1999년 미국의 위성방송방송법이 부과한 '캐리 원 캐리 올' 규칙에서, 저자가 제시한 경인방송의 수도권지역 슈퍼스테이션화에서, 또는 시민접근채널의 의무편성에서 국가와 시장의 제도적 결합의 근사치를 찾을 수 있다고 생각한다.

캐리 원 캐리 올 규칙은 위성방송의 시장지배력이 일정수준(미국 텔레비전 시청가구의 약 13%)에 이른 시점에서 국가는 위성방송을 전적으로 시장에만 맡기기보다는 일종의 의무재송신규칙인 '캐리 원 캐리 올' 규칙을 부과한 것이다. 부연하면 미국 위성방송법 제338조는 지역방송사의 경우 자사가 처해 있는 시장여건에 따라 의무재송신을 요구하거나 재송신승인 규정에 의해 재송신을 승인하거나 둘 중의 하나를 선택할 수 있다. 지역방송사가 주요네트워크 방송사의 가맹국의 경우 시장경쟁력 있는 프로그램에 대해 보상협상을 선택할 것이며 프로그램의 시장경쟁력이 약한 독립방송사의 경우, 저작권을 포기하는 대신 의무재송신을 요구할 것이기 때문이다.

새 방송위원회가 숙고 끝에 MBC와 SBS의 재송신을 수도권지역에 한해 허용한 것이나 저자가 앞서 제시한 경인방송의 수도권지역 슈퍼스테이션화라는 정책대안도 시장과 국가의 제도적 결합에 미치지는 않더라도 양자의 절충으로서 성격을 갖는다.

방송위원회는 애초 경인방송의 수도권지역 슈퍼스테이션화라는 정책대안을 고려하지 않았었다. 그것은 경인방송국이 박찬호 야구경기프로그램이 끌어들이는 전국적 시청자의 인기에 편승해 전국 케이블 방송의 역외전송을 신청한 데 따라 방송위원회가 그 사안의 승인여부를 결정해야 했었기 때문이다. 그때 방송위원회는 지역민방에 끼치는 경제적 및 문화적 영향과 아울러 방송구역제 논리에 의존했었다. 그러나 다시 생각컨대 주파수 희소성에 근거한 방송구역제 논리는 위성전송기술의 발달이 주파수의 수적인 희소성은 물론 할당의 희소성 문제도 해소했기 때문에 설득력이 떨어진다고 말할 수밖에 없다.

이 점에 관해 방송위원회는 공정거래위원회가 제기한 공식적인 질문(공정거래위원회 공문, 2001년 12월 12일 및 2002년 1월 16일)에 대한 회신에서 '케이블TV 디지털화 완료, 각 지역민방의 자체제작비율 확대 등이 이루어져 방송구역의 제한이 필요없게 되는 예상 시점에서 이러한 승인기준의 변화를 재검토할 예정'이라고 밝히고 있다(방송위원회 공문, 2002년 1월 18일). 그렇다면 지역민방에 끼치는 경제적·문화적 영향이 거의 없는 수도권지역의 경우 정책당국이 케이블 방송의 경인방송 전송을 막아야 할 실익은 거의 없다 할 것이다.

따라서 그후 방송위원회는 경인방송의 문제를 수도권지역과 전국지역을 구별하는 접근을 통해 해법을 찾고자 했다. 그러나 합의제 행정기관인 방송위원회는 결과적으로 수도권지역의 역외전송을 승인하지 않게 되었다. 안타까운 일이 아닐 수 없다.

저자는 방송정책과 관련해 국가와 시장의 중요한 접점의 하나가 시민접근채널의 활성화라고 생각한다. 나는 2000년 1월 23일 '베를린 개방채널'의 위르겐 링케(Jürgen Linke) 국장의 방문을 받고 환담을 나눈 끝에 그것을 확인할 수 있었다. 수십 개 아니 수백 개의 다채널 매체인 위성방송이나 케이블 방송이 절대다수 채널을 시장에서 운용하도록 하면서 소수의 채널을 시청자접근채널, 또는 EPG 채널에 배당하게 하는 의무를 지우는 것은 시장과 국가의 대립이 아닌 접점이기 때문이다.

1980년대 독일에서 등장한 퍼블릭 액세스(public access) 운동은 텔레비전을 공론장으로 이끈 성공적 사례로 꼽힌다. 퍼블릭 액세스 운동은 시민이 국가와 시장에서 독립해 제3의 길, 곧 공론장을 넓혀나가는 길로서 의미를 갖는다. 1984년 창설된 베를린 개방채널은 베를린시 방송법에 따라 시청자라면 누구든지 자신이 직접 만든 프로그램을 내보낼 수 있는 접근을 보장한다. 외국인을 포함해 누구든지 한 달에 120분까지, 한 번에 60분까지 프로그램을 방송할 수 있다. 다만 베를린 개방채널측은 법규에 위배되는지 여부를 심사할 뿐 선정된 작품은 내용을 변경하는 편집을 할 수 없다.

따라서 개방채널이 보장하는 시민의 접근이란 국가의 목소리뿐만 아니라 시장의 목소리, 극우뿐만 아니라 극좌의 목소리도 일정한 선정성과 폭력성의 정도를 넘지 않는 한 전송의 길이 열려 있음을 의미한다. 그런 의미에서 개방채널은 전통적인 부르주아 공론장뿐만 아니라 '복수공중'(multiple publics) 또는 '반공중'(counterpublics) 등 '이질적 공중'(Engelman, 1996: 7)에게도 열린 채널을 지향한다고 말할 수 있다. 앞으로 우리나라의 민주주의가 성숙해가는 과정에서 이러한 개방채널의 몫을 기대해본다.

에필로그

새 방송위원회는 나의 위원장 재임 시절 통합방송법이 규율하는 방송 질서의 큰 틀을 다지는 데 중요한 몫을 했다고 말할 수 있다. 앞서 살펴보았듯이 방송위는 출범과 함께 순발력 있게 여러 규칙을 제정해 방송법 체제의 마지막 단계 구성을 완료했다. 또한 KBS, EBS 그리고 방송문화진흥원의 인사도 마무리지었고 위성방송의 도입, 케이블 방송산업의 정상화를 위한 몇 가지 뉴미디어 정책도 무리 없이 시행해왔다고 생각한다. 특히 새 방송위 사무처는 행정경험이 일천하고, 신생 조직으로서 여러 가지 제약 여건이 도사리고 있음에도 불구하고 문제투성이의 방송법을 기반으로 방송위가 광범위한 직무를 수행할 수 있도록 전문적으로, 순발력 있게 실무적 뒷받침을 감당해냈다. 이는 직원들이 시도 때도 없이 자주 밤늦게까지 땀흘려 일한 노고가 없으면 불가능했을 일이다.

여기서 저자는 문득 통일 전 서독의 동방정책이 1990년 통일의 위업을 이루기 오래 전부터 '작은 발걸음'(kleine Schritte)을 내디딘 것이 출발점이 되었다는 것이 생각난다. 곧 1966년 기독교민주당(CDU) 키징거 수상과 사회민주당(SDP)의 브란트 외상이 합작한 '대연립' 정권이 사실상 동독정부를 인정한 '작은 발걸음'이었고, 이것이야말로 90년 독일 통일의 밀알의 몫을 한 것이다(김정기, 1995: 55). 이런 점에서 새 방송위는 저자의 재임기간에 멀고 먼 제도화의 길로 향하는 작은 발걸음을 내디뎠다고 생각한다.

그러나 저자가 이 책의 여러 곳에서 누차 설명했듯이 새 방송위원회의 제도화에는 크고 작은 걸림돌이 놓여 있다. 이 걸림돌을 극복하기 위해서는 통합방송법이 설계한 방송위원회의 밑그림을 다시 그리지 않으면 안된다. 이는 '참여정부'로 출발한 노무현 정권이 방송에 대해 어떤 비전과 철학을 갖고 해법을 찾느냐에 달려 있다. 이 부분에 관해서는 마지막에 다시 생각해보기로 하자.

이 책을 마감하면서 나는 방송위원장 재임 동안 제몫을 다했는가 자성할 점과 아울러 몇 가지 문제에 관해 개인적 소회를 적어두고 싶다.

먼저 언급하고자 하는 것은 구 공익자금의 방송발전기금으로의 전환범위 문제이다. 특히 KOBACO가 관리하는 부동산, 곧 방송회관, 언론회관, 남한강 수련원 가운데 방송회관이 새 방송위에 갖는 의미는 중요하다. 독립된 청사 없이 출범한 새 방송위가 방송회관의 운용 주체가 된다는 것은 새 방송위의 독립적 위상에도 관련되는 문제이기도 하다.

이 문제에 관해 법 시행령 부칙은 방송위가 주체가 되어 KOBACO와 '협의해 정한다'고 원론적인 해법을 제시하고 있다. 앞서 서술한 바와 같이 저자는 구 방송위 위원장을 마무리할 무렵 공익자금의 전환범위에 관해 시행령 부칙 제정과정에 관여한 바 있다. 이 시행령 부칙 제6조에 관한 문화관광부 원안은 방송발전기금으로 전환되는 '공익자금의 구체적 범위는 방송위원회와 한국방송광고공사가 협의해 정한다'고 되어 있었던 것을 저자가 심각하게 이의를 제기해, '방송위원회와 한국방송광고공사가 협의하여'를 '방송위원회가 한국방송광고공사와 협의하여'로 고쳐야 한다는 주장을 폈다. 결국 저자의 주장이 관철되어 시행령에 반영되었지만 실제 명분 이상 큰 몫을 하지 못했다.

따라서 결국 새 방송위 위원장으로서 나는 KOBACO가 공익자금 회계로 관리하는 부동산에 관해 그 전환 범위를 KOBACO와 협의해 정하는 데 제몫을 다하지 못한 셈이 되었다. 이 문제는 결국 KOBACO가 속해 있는 문화관광부 장관과의 협의로 해법을 찾아야 했다. 돌이켜보면 저자는 박지원 장관 재임 시절 이 문제를 풀어야 했으나 새 방송위가 출범한 지 반 년만인 2000년 9월 20일 박 장관이 장관직을 떠나는 바람에 기회를 놓쳤다. 그러나 다행히 후임 김한길 장관과는 원칙적으로 합의를 보는 단계에 이르렀다. 부연하면 김한길 장관이 취임한 얼마 뒤 2000년 10월 5일 저자는 김 장관과 실무만찬을 하면서 KOBACO가 관리하는 부동산 가운데 방송회관은 방송위로 운영·관리를 넘기며, 언론회관과 남한강 수련원은 현행대로 KOBACO가 관리한다고 합의했다. 아울러 김 장관이 요청한 대로 방송발전기금은 문화관광부의 역점 사업으로 영상산업 진흥을 지원하는 데 사용한다고 합의했다.

나는 영상산업 진흥사업은 방송위도 힘을 쏟는 방송영상산업 진흥과 공동관심사이기에 큰 걸림돌이 아니라고 생각했지만 두 기관의 실무협의에서 이 문제는 쉽게 타결되지 않았다. 곧 문화관광부 실무자들이 '터무니없는' 지원액(300억 원)을 요구한 데 대해 방송위 실무자들은 방송발전기금의 운영규모를 감안해 매년 50억 원씩 3년간 150억 원을 지원하자고 맞제안을 해 좀처럼 의견접근이 되지 않는다는 것이었다. 이런 협상과정에서 다시 김한길 장관이 장관직을 떠나 문제가 원점으로 되돌아오고 말았다. 결국 저자는 이 문제를 풀지 못하고 위원장직을 물러나게 되어 무거운 마음의 짐을 벗어날 길이 없다.

다음으로 대(對) 국회관계의 문제이다. 새 방송위는 정부조직으로부터 독립되어 있지만 국민의 대표기관인 국회의 감시를 받고 국회에 책임을 진다. 이와 관련해 방송법 제22조는 '위원장은 국회에 출석해 위원회 소관업무에 관해 의견을 진술할 수 있으며, 국회의 요구가 있을 때에는 출석해 보고하거나 답변하여야 한다'고 명시하고 있다. 저자가 재임기간 국회 문화관광위원회에 출석해 업무현황을 보고하거나 국정감사를 받기 위해 출석한 것은 20여 회에 이른다. 출석 때마다 저자는 문화관광위 소속 여야 국회의원 19명으로부터 혹독한 질문공세의 표적이 되곤 했다.

방송위원장이 국회에 출석하여 보고하고 답변을 하는 일은 새 방송위원회로서는 커다란 짐이었다. 특히 실무준비를 해야 하는 위원회 사무처로서는 고난에 가까운 일대 시련이었다. 여야 국회의원들이 요구하는 엄청난 자료를 마련해야 할 뿐만 아니라, 의원들의 예상질문에 대한 답변준비, 회의장에서 위원들의 실제 질문에 대한 답변준비, 서면질의에 대한 답변준비로 의원장의 국회출석을 전후한 몇 주간 사무처 직원들은 흔히 밤을 새는 작업을 해야 했다.

이런 상황에서 위원장의 답변은 극히 중요하다. 곧 위원장이 답변을 어떻게 하느냐에 따라 방송위가 한 일에 대한 평가는 물론 직원들의 사기가 크게 영향을 미친다. 이러한 사실을 잘 아는 저자로서는 국회의원 질문에 대한 답변에 한껏 긴장하고 노력을 기울였지만 결과는 만족스럽지 못했다고 생각한다. 저자는 20년 이상을 학교 강단에서 보냈지만 순발력 있는 답변은 내 언어능력의 범주[1] 밖에 있었다. 더구나 많은 의원들의 질문이 정책질문과는 거리가 먼 말싸움 식이거나 비전문적일 때에는 저자의 답변이 궁색해진다.

예컨대 한 야당의원은 현 방송위원 구성이 여권 중심으로 편중되었다며 특히 상임위원 1인은 국회의석을 가장 많이 차지한 한나라당이 추천한 인사가 되어야 한다는 주장을 폈다. 이것은 제1야당의 시각에서 볼 때 무리없는 주장일 것이다. 그러나 현행 방송법이 상임위원의 선임은 방송위원들이 호선하게 되어 있는 이상 반드시 야당 추천인사를 선임해야 한다는 주장은 호선제와 양립할 수가 없다. 따라서 저자는 "현행 방송법이 정한 호선제 아래서는 미리 야당 추천인사로 상임위원으로 배정하는 방식은 무의미합니다"또는 "현 호선제도를 떠나서 그 말씀은 일리가 있습니다"라고 거듭해서 답변할 수밖에 없다. 그런데도 이 의원은 자기 발언에 대해 동조하라는 요구성 질의를 집요하게 밀고나간다.

의원들의 질의가 전문분야에 대한 것인데도 비전문성을 띨 때 저자의 설득력 있는 답변은 벽에 부딪치고 만다. 예컨대 방송위는 2000년 10월 16일 '위성방송사업자 선정방안'을 발표하면서 지상파방송사업자, 외국방송사업자, SO의 경우 총량 지분을 20%로, 대기업, 지상파방송, 신문·통신사, 외국자본의 경우 각각 개별지분을 15%로 제한한다는 기준을 발표한 바 있다. 이에 대해 많은 의원들이 국내지상파방송은 총량지분 20%로 제한하면서 재벌이나 외국자본은 개별 지분을 15%로 제한하는 것은 형평성의 문제가 있지 않느냐, 곧 재벌이나 외국자본에는 관대하고 국내지상파방송에는 엄격한 이중잣대로 재단하는 것이 아니냐는 질의를 했다. 심지

1) 언어능력의 양대 범주인 말 수행능력(linguistic performance)과 글 구사능력(linguistic competence)의 관점에서 볼 때 저자는 평소 전자보다는 후자를 편애하는 편이다. 글 구사능력도 범부의 필력 수준으로 몇 번씩 추고(推敲)해야 한다.

어 한 의원은 방송위원회가 '대기업의 앞잡이'라는 표현도 썼다.[2)]

이들 질의는 그 얼마전 언노련 등 방송노조가 발표한 성명에 근거한 것이었다. 곧 언노련은 10월 17일 성명을 내 대기업의 총량지분을 그대로 둔 채 개별지분을 15%로 제한한 것은 '대기업 7개만 모이면 위성방송의 지분을 100% 차지'할 수 있으므로 위성방송을 재벌 손에 넘겨주는 것이나 다름없다는 식이었다. 어쩌자고 국회의원들이 전문분야에 대한 정책질의를 하면서 방송노조의 아마추어식 비방을 따르는지 어리둥절할 뿐이다.

이에 대한 답변은 앞에서 설명한 뉴미디어 정책에서 다루었지만 지상파방송 지분총량 기준은 매체 시장독점을 방지하기 위한 것이고 대기업 등의 개별지분 기준은 자본력 집중을 방지하기 위한 것이라는 점, 곧 전혀 다른 목적의 기준이란 점을 설득하기는 어려운 일이었다.

그러나 국회의원들의 질의가 저자를 당황하게 만든 경우도 없지 않았다. 예컨대 2000년 11월 1일 국정감사장에 박지원 전 문화관광부 장관을 증인으로 출석시킨 가운데 저자와 박 전 장관에 대해 일종의 대질신문 중에 나온 것으로 2000년 2월 19일 저자가 대통령의 방송위원장 임명장을 문화관광부에 가서 받았다는 대목이다. 그것은 방송위원회가 문화관광부와 동등한 독립기관인데도 '실세 장관'이 방송위를 문화관광부 산하기관처럼 다루어온 관행에서 나온 행태가 아닌가, 또는 방송위원장도 그런 행태를 받아들인 데서 문화관광부에 간 것이 아닌가?

야당의원들의 질의에 대해 저자는 그렇지 않다고 주장했다. 사실 저자는 그 며칠 전 2월 14일 방송위원 임명장을 대통령으로부터 받았기 때문에, 방송위원장 임명장은 형식적인 절차에 불과한 것으로 큰 의미를 두지 않았다. 그것은 방송위원들의 호선으로 선임된 방송위원장의 대통령 임명은 형식적일 수밖에 없기 때문이다. 그러나 돌이켜볼 때 결과적으로 대통령 임명장을 받으러 문광부에 간 것은 신중한 처신이 아니었다. 야당의원들의 질문공세의 빌미를 주었으니 더욱 그렇다는 생각이 들었다. 저자는 국감이 끝나자 사무처 직원들의 곱지 않은 눈길을 등뒤로 느끼며 총총히

2) 국회 국정감사 문화관광위원회의록(2000. 11. 1.), 0120 박종웅 의원 질의 참조, 피감기관: 방송위원회.

국감장을 빠져나간 기억을 지울 수 없다. 그 전 해 10월 7일 구 방송위원회의 국정감사장에서 저자가 한 야당의원의 반말투 질문에 당당히 맞섰을 때 직원들의 사기는 얼마나 올랐던가?

문득 KBS 박권상 사장의 말씀이 생각났다. 박 사장은 1998년 4월 20일 문광부측에서 당시 신낙균 장관으로부터 대통령 임명장을 받으러 오라는 전갈을 정중하게 거절해 결국 임명장이 KBS에 그대로 전해졌다 하지 않았던가. 나는 왜 박 선생의 말을 좀더 신중하게 듣지 못했던가?

다음으로 대 언론관계의 문제이다. 저자는 위원장 재임기간 수많은 비방성 오보에 시달려야 했다. 예컨대 2001년 3월 21일 방송위원회는 엄격한 심사를 거쳐 홈쇼핑 사업자 3개를 추가 선정했다. 이를 두고 한 신문은 '이번 홈쇼핑 사업자 선정과정에서 탈락업체들이 주장하는 '정치권 로비성'을 확인할 방도는 현재로서는 없을 것이다'라고 운을 뗀 뒤 '하지만 3위와 4위의 점수 차가 무려 46점이나 되고 또 예상대로 백화점과 농수산관련 중소기업 각각 1개 업체로 안배됐다'는 식으로 비난했다. 당시 홈쇼핑 사업자 추가 선정은 위성방송사업자 선정과 함께 신생 방송위원회가 공정하고 전문적인 심사에 온 힘을 쏟아온 역점사업인데 이런 식의 근거 없는 비방성 오보에 시달려야 했다.

2000년 10월 18일 느닷없이 불거진 '방송위원장 연봉, 총리보다 많다'는 식의 오보는 차라리 웃고 말일이지만 고약한 의도성 오보는 끊임이 없었다. 예컨대 ≪조선일보≫ 2001년 2월 20일자 1면 기사는 '방송의 신문비평 활성화, 金방송위원장 발언 논란'이라는 제목 아래 '김정기 방송위원장은 19일 (방송위가 주관하는) 방송사 비공식 사장단 회의 등을 통해 방송의 신문비평을 활성화시킬 수 있을 것이라고 말했다'고 보도했다. 이 보도에 이어 한나라당은 성명을 내어 '방송과 신문을 이간질하려는 정부의 언론분리 공작에 편승한 발언'이라고 규탄하는가 하면 ≪한국일보≫는 '방송위원장의 책무와 망발'(2001년 2월 22일자)이라는 제목으로 사설까지 썼다.

이 보도는 저자가 국회 문광위에서 민주당 이미경 의원의 질문에 대한 답변에서 방송과 신문 간의 상호비판이 바람직하다고 발언한 것을 취지와 문맥을 떠나 기자가 자의적으로 쓴 오보이다. 저자는 평소 지론대로 이종

'언론매체 상호비판'의 오해

寄稿

金政起
방송위원회 위원장

최근 필자는 국회 문화관광위원회에 출석하여 언론매체간의 상호비판은 한국언론의 건전한 발전을 위해 바람직하다는 발언을 한 바 있다. 이를 두고 일부 신문은 '방송의 신문비평을 활성화'하겠다는 것은 '방송과 신문을 이간질하려는 정부의 언론분리공작에 편승한 발언'이라고 한 정당의 성명을 인용하여 규탄했다.

이는 필자 발언의 취지와 문맥과는 전혀 동떨어진 자의적인 해석이다. 필자는 그날 답변에서 1947년 미국 허친스 위원회가 발표한 보고서 '자유롭고 책임있는 언론'이 제안한 대목을 원어로 들면서까지 매체간의 '활발한 상호비판(vigorous mutual criticism)'을 인용한 바 있다.

이는 지난해 관훈클럽이 발표한 보고서 '한국언론의 좌표'가 제안한 내용과도 부합한다. 관훈클럽이 위촉한 '한국언론 2000년 위원회'가 낸 보고서는 언론비평이 '신문과 신문사이, 방송과 방송사이는 물론 신문과 방송사이에서 거의 이루어지지 않고 있다'면서 '동종 매체간은 물론 이종 매체간 교차비평'이야말로 언론의 잘못된 관행들을 개선하는 효율적인 방안임을 역설했다.

우리 언론매체가 당면한 공통적인 문제의 그 하나로 필자는 타인비판에 강하지만 자기비판에는 유난히 인색하다는 점을 들고 싶다. 필자는 이 문제를 접근하는 통로로서 평소 언론사 내적 장치의 하나로 옴부즈맨제도에 상당한 기대를 걸고 있다. 이러한 생각에서 필자는 문화관광위 발언에서도 방송 옴부즈맨 프로그램의 활성화가 자사비판 활성화뿐만 아니라 매체간의 상호비판 활성화로 이어질 수 있음을 기대했을 뿐이다.

옴부즈맨 프로그램은 새 방송법체제가 들어선 이후에도 자사 비판보다는 자사 PR적 내용이 주류를 이루고 있다는 비판이 제기돼왔다. 그런 점에서 방송위원회가 방송편성의 자율권을 침해하지 않는 범위에서 옴부즈맨 프로그램 개선을 권고할 수 있음은 물론이다.

새 방송법에서는 방송위가 관할하고 있는 방송발전기금으로 하여금 방송심의원(일종의 옴부즈맨)의 지원을 의무화하고 있다는 점은 이를 뒷받침하고 있다. 저널리스트들이 공인의 발언을 자신의 관점과 세계관에서 해석할 수 있는 자유는 보장되어야 한다. 그러나 그 해석이 개인의 아집, 이해, 또는 자사 이기주의라는 안경에서 벗어나 공기의 틀에서 이루어져야 하지 않을까.

필자는 1996년 신문의 날을 계기로 전면 개정된 우리 신문윤리 강령과 실천요강 제정에 참여한 바 있다. 실천 요강 제3조 보도준칙에서 보도기사는 사실의 '전모'를 충실히 전달함을 원칙으로 한다고 규정했다. 나는 문화관광위의 발언을 다룬 신문기사가 의도적으로 사실을 왜곡했다고 보지 않는다. 그러나 그것은 사실의 '부분'을 전했을지는 몰라도 사실의 '전모'를 알리는데 실패한 전형이 아닌가 한다.

마지막으로 필자는 우리 기자들에게 마크 트웨인이 한 잡지 편집자에게 쓴 편지의 한 구절을 음미해볼 것을 권한다. "당신의 회견기사는 확실히 정확했소. 당신은 내가 말한 대로 문장을 구사했소. 그러나 당신은 한마디도 설명을 하지 않았소…. 그것은 독자에게 많은 의미를 전달할 수 있을지 몰라도, 올바른 의미는 전달할 수 없소. 올바른 의미를 전달하도록 설명하는 일은 아주 깊고 섬세하고 어려운 기술을 필요로 합니다."

※사외 원고는 본지의 편집 방향과 다를 수 있습니다.

문화일보 2001. 3. 6.

매체간의 교차비평이야 말로 건전한 언론발전을 위해 좋은 방안이라면서 1947년 미국 허친스 위원회가 발표한 보고서 『자유롭고 책임 있는 언론』이 제안한 대목을 원어로 들면서 '매체간의 활발한 상호비평'(vigorous mutual criticism)이 바람직하다고 말했던 것이다. 저자는 우리 언론의 오보가 큰 문제라고 인식은 하고 있었지만 이런 오보의 피해 당사자가 되니 오보가 그렇게 심각한 문제인 줄 새삼 깨닫게 되었다.

그러나 보도가 사실에 근거한 것이어서, 개인적으로는 억울하지만 공인이기 때문에 참고 자제하며 또한 반성의 계기로 삼아야 할 경우도 없지 않았다. 대표적인 사례가 2001년 1월에 불거진 '김정기 방송委長 후원금 사무국서 서류조작 마련'(≪조선일보≫, 2001년 1월 19일자 1면)이라는 신문 기사다. 이 사건은 그 며칠 전 방송위 노조가 통보해와 저자는 깜짝 놀라 즉시 진상을 조사한 결과 총무부가 주도해 438만 원을 간부들의 시간외 근무수당 명목으로 마련했다는 것이다. 저자는 총무부장 등 관계직원을 엄중 질책하고 이 금액을 전액 반납시키고 위원장 업무추진비 초과사용분 65만 원을 사비로 지변했다.

이 사건은 기본적으로 국회소관 상임위원회소속 국회위원들이 후원회 초청장을 보내오는 경우 이를 신생 방송위가 어떻게 처리해야 하느냐의 문제를 놓고 고민 끝에 고육지책에서 나온 해프닝이었다. 곧 이 경우 위원회가 여야 국회의원을 불문하고 20만 원 정도의 인사치레로 화답한다는 것인데 꼼꼼히 짚어볼 때 그 생각은 잘못된 것이고, 위원장이 이를 묵인한다는 것도 잘못이었다. 더욱이 사무처 직원들이 경비를 조달한 방법은 어처구니없는 발상으로 우스꽝스럽기까지 했다.

그런데 신문이 이를 두고 위원장 개인의 '정치후원금'이라든지 '공금유용'이라고 표현한 것은 오도로 들리지만 그것은 오히려 공인의 자세가 사인의 그것과 달라야 한다는 사실을 일깨워주는 교훈으로 삼아야 했다.

마지막으로 저자는 방송위원회의 기본설계에 관한 제언을 첨부하고자 한다. 제2장의 '통합방송법의 특성'에서 지적했지만 김대중 정부는 방송위원회를 정부로부터 독립한 합의제 행정기구로 출범시켰다. 이는 정권에 의한 방송통제라는 방송의 나쁜 유산을 청산하는 개혁적 과업으로서 역사적 가치를 인정할 수 있다. 그러나 이를 위해 방송위원회를 정부조직으로부터 떼어내 합의제 행정기구를 설계한 것은 치명적인 결함이 아닐 수 없다. 방송의 정치적 독립을 위한다는 명분으로 방송위원회를 정부조직 밖에 둔 결과, 방송위는 공공기관으로서의 정통성이 흔들리고 있으며 방송정책과 행정기능을 독자적으로 그리고 유효하게 수행할 수 있는지 심각한 헌법적 의문이 제기된다. 곧 우리 헌법은 3권분립 원칙 아래 행정권을 대통령을 수반으로 하는 행정부에 수임하고 있는데 방송위원회가 행정부 조직 밖에 있는 기구로서 국가행정의 일부인 방송행정의 기능을 적법하게 수행할 수 있는가 하는 의문이 제기된다.

통합방송법이 이 문제를 보완적으로 해결하기 위해 세 가지 장치를 마련하고 있는 것은 역설적이다. 그것은 ① 방송위원회가 방송정책 및 행정기능의 수행을 행정부처의 장(문화관광부 장관, 정보통신부 장관, 공정거래위원회 위원장)과 합의케 하거나 의견 경청을 의무화해 행정부와 연결시키는 장치 ② 방송위원장이 국무회의에 출석해 의견을 진술하고 의안제출을 건의할 수 있는 권한을 명시해 국가행정의 최고결정기관과 연결시키는 장치 ③ 방송위원회 위원장, 부위원장, 그리고 상임위원을 정무직 공무원으로 규정한 장치이다.

그러나 통합방송법이 마련한 세 가지 장치 중 어느 하나도 만족할 만한 해법을 제시하지 못하고 있다. 방송법 제27조가 규정하는 문광부 장관과의 '합의' 조항은 앞서 살펴보았지만 그것이 오히려 방송위의 독자적인 정책 및 행정수행 기능에 걸림돌이 되고 있다. 그런 점에서 정보통신부 장관이나 공정거래위원회 위원장의 의견을 들어야 한다는 대목도 행정부와 연결시키는 불안한 장치로서 방송위원회를 종속화시키고 있다.

방송법 제22조가 규정하는 방송위원회 위원장의 국무회의 출석발언권 및 의안제출건의권은 실질적인 의미는 거의 없다. 저자가 새 방송위원장 재임기간 국무회의에 참석한 것은 단 2회에 불과한데 그것도 방송발전기금의 운영계획의 형식적인 의결절차를 밟기 위한 것이었다.

그렇다면 방송위원회에 대한 기본설계의 잘못에 대한 해법을 어디에서 찾을 것인가? 저자는 헌법개정을 통해 방송위원회를 헌법기관으로 격상시키는 것이 가장 바람직한 길이지만 그것이 현실적으로 어렵다는 점에서 방송위원회를 대통령직에 속하게 하되 직무상 대통령으로부터 독립적인 기구로 설치하고, 방송위원회가 규칙(시행령) 제정을 주도할 수 있도록 하고 대통령이 이를 존중하는 제도적 장치를 마련함으로써 문제를 해결할 수 있다고 본다. 저자는 이 해법을 벌써 여러 차례 제언한 바 있다.

방송위원회를 대통령직에 속하게 할 때 현실적인 문제로 방송위원회는 행정부 속의 '독립한 행정기관'으로 어떻게 정착시키느냐의 문제가 제기된다. 그러나 지금처럼 행정조직에서 소외된 방송위원회가 정책·행정기능을 유효하게 수행할 수 없다는 점을 상기할 때 방송위원회를 행정조직 안에서 기능적으로 독립할 수 있도록 제도화시키는 일이 보다 현실적인 대안이 된다는 점을 인식할 필요가 있다. 무엇보다도 이러한 구도가 방송위원회의 공공기구로서의 법적 위상에 대한 헌법적 의문을 해소시켜준다. 또한 사무처가 민간인들로 구성되고 있는 것도 방송위원회가 국가기관이라는 위상에 걸맞지 않는다. 이는 방송위원장이 일정한 절차를 밟아 현재 직원들을 별정직 공무원으로 임용하는 방식으로 해결될 수 있을 것이다.

마지막으로 저자는 이 책이 세상에 나와 방송정책 입안자와 방송연구자들에 읽힘으로써 하루가 멀다하고 급변하는 방송환경에서 방송의 난개발을 막고 방송의 푸른 환경을 지키는 데 조그만 몫이나마 감당할 수 있게 되기를 기대해본다.

참고문헌

1. 국내 학계 및 전문가

강남준. 2001, 「현행 방송프로그램등급제의 문제점 : 실행과정 상의 문제점을 중심으로」, '방송위원회 주최 방송프로그램등급제 확대실시에 관한 종합토론회'(2001. 5. 30.) 발제 논문.

강대인. 1997, 「한국방송 70년의 정치·경제적 특성」, 한국방송학회 편, 『한국방송 70년의 평가와 전망』, 커뮤니케이션북스.

곽진희. 2000, 「인터넷을 통한 유사방송 서비스의 법제적 이슈와 정책 프레임워크」, 방송위원회(2000) 편, 『방송·통신 융합과 경계영역 서비스 등장에 따른 규제 방안 연구』(정책연구 2000-1).

권영성. 1996, 『憲法學原論』 신판, 法文社.

_____. 1997, 「바람직한 언론법제의 구조와 체계」, ≪판례월보≫ 1997년 5월 제320호.

권호영. 1998, 「방송사 제작부문의 수직적 분리를 위한 논의」, ≪방송연구≫ 1998년 겨울호.

김진웅. 2001. 「외주정책 논리의 비판적 관점」, 문화방송 편, 『방송과 커뮤니케이션』.

김광호. 2001, 「외주제작 프로그램 편성비율에 관한 연구」, 방송위원회(2001), 『다매체·다채널 시대의 편성정책연구』(정책연구 2001-6).

김동규. 2000, 「지역방송 산업의 경제적 특성」, 방송위원회(2001) 편, 『지역방송 발전정책연구』(정책연구2000-6).

김동균.2001, 「경쟁의 미학이 요구되는 홈쇼핑 방송산업」, ≪방송21≫, 2001년 2월 통권 제9호.

김명희. 2000, 「심의업무 전반의 체계·인력미흡」, ≪방송21≫, 2000년 10월 제5호.

김우룡. 1993, 「방송정책의 과제」, 한국방송학회 편, 『한국방송정책론』, 나남출판.

김무곤. 2000, 『일본방송개방에 따른 국내 방송시장 영향분석』, 방송위원회 편, '방송산업연구'.
김유정. 2002,「케이블 TV 채널구성 및 운영에 관한 쟁점」, 한국방송협회(2002) 편, ≪방송문화≫, 2002년 8월.
김재영·이재호. 2002,「외주정책과 방송산업」, 문화방송(2002) 편,『외주정책 10년의 평가와 선진외국의 외주실태 연구보고서』(2002년 6월).
김정기. 1989,「言論編輯陳의 內的自由와 言論經營陳의 內的統制」, 逸村韓炳九敎授 華甲 紀念論文集 간행위원회 편,『言論의 法的統制』, 나남.
_____. 1990,「정치방송의 공정성연구」, ≪신문연구≫ 1990년 여름 통권 제49호.
_____. 1994,「일본의 행정개혁과 언론의 역할: 제2臨調를 중심으로」, 서울대학교 행정대학원 기념논문간행위원회 편,『國際社會의 變化와 葛藤』(崔鍾起 교수 정년퇴임 기념논문집).
_____. 1994,「바른 언론을 세우기 위해」, ≪부산일보≫, 1994년 2월 5일 釜日칼럼.
_____. 1995,「전후 분단국가의 정치커뮤니케이션 하부구조의 특징」, 언론연구원(1995) 편,『전후 분단국가의 언론정책: 독일의 동방정책과 한국의 북방정책 비교연구』.
_____. 1996,「방송의 상업화와 공익화의 길목: 방송구조 개편안의 의도와 배경, 포커스 인터뷰/崔秉烈 장관」, 한국언론학회 편, ≪저널리즘 비평≫ 1990년 2/4호.
_____. 1997,「시청자주권과 방송: 시청자주권 제고를 위한 법·제도적 방안」, 한국기독교교회협의회 언론위원회(KNCC) 언론정책 토론회(1997. 6. 13.) 발제논문.
_____. 1998,「일본을 좋은 이웃으로」, ≪문화일보≫ 1998년 5월 1일, 오피니언.
_____. 1998,「언론 바로 세우기, 개혁의 출발」, ≪한겨레≫, 1997년 12월 29일.
_____. 1999,「우리 언론의 숨겨진 신화 깨기: 김정기 옴부즈맨 칼럼」, ≪한겨레≫.
_____. 1999,「체질 바꾸는 '큰 틀 짜기'엔 실패」, ≪한겨레≫, 1999년 2월 27일.
남궁협. 2000,「지역민방 자체편성 추이 및 편성쿼터정책」, 방송위원회

(2000) 편, 『2000년 방송편성쿼터정책 연구』(정책연구 2000-3)
민주언론운동협의회(1998) 편, 『보도지침』, 두레.
박동숙. 2002, 「방송환경 변화에 따른 시청자불만처리 체계의 개선방안 연구」, 방송위원회(2002) 편, 『시청자 불만처리 효율화 방안연구』(정책연구 2000-3).
박명진. 2002가, 「페이퍼컴퍼니 많다 - 시청자가 볼 수 없어도 방송?」, ≪방송21≫ 2002년. 6월. 통권 제25호.
_____. 2002나, 「방송주무관청 정책판단 최대한 존중해야」, ≪방송21≫ 2002년. 7월. 통권 제26호.
朴宣映. 1999, 「방송개혁위원회의 방송법안에 대한 헌법학적 고찰」, ≪헌법학연구≫ 1999년 제5권 제2호.
_____. 2002, 『言論情報法研究 II: 방송의 자유와 법적 제한』, 法文社.
박소라. 2001, 「방송시장 개방에 따른 국내 방송시장의 변화 연구」, 방송위원회(2001) 편, 『방송시장개방과 문화정체성 확보방안 연구』(정책연구 2001-7).
박승관. 1994, 『드러난 얼굴과 보이지 않는 손』, 전예원.
朴容相. 1988, 『放送法制論』, 교보문고.
_____. 1990, 『放送委員會의 法制論的 考察』, (구)방송위원회(12월).
배춘환. 2000, 「방송평가제 개항」, ≪방송21≫ 2000년 10월 통권 제5호.
_____. 2001, 「방송평가에 관한 규칙제정(안)에 대한 해설」, ≪방송21≫, 2001년 8월 통권 제15호.
성통열. 1991, 「방송광고와 '완장'」, ≪월간애드저널≫ 4월호.
손승혜. 2000, 「위성방송의 국제적 관계 및 개방정책」, 방송위원회(2000) 편, 『위성방송규제 정책연구』(정책연구 2002-2).
송경희. 1999, 『외주정책 의무편성 정책의 효과 및 개선방안 연구』, 한국방송진흥원 연구보고 99-1.
_____. 2002, 「방송서비스시장 및 규제 현황」, 대외경제정책연구원 편, '도하개발 아젠다 협상' 세부 의제별 간담회(2002년 11월 20일) 토의 자료.
송종길. 2001, 「다매체·다채널 방송을 위한 공공채널 운영개선(안)」, 방송위원회(2001) 주최 '공공(공익)채널 정책방안 마련을 위한 전문가 토론회'(2001년 10월 30일) 발제 논문.
심미선. 2000, 「방송편성」, 홍기선 외 저, 『현대방송의 이해』, 나남.

안정임. 2000, 「외주제작물 수급실태 및 방송쿼터제 연구」, 방송위원회 (2000) 편, 『2000년 방송편성쿼터제 연구』(정책연구 2000-3)
유시화. 2002, 「지역별로 되어 차이나지만 상품 다양해지고 품질 향상될 듯」, ≪방송21≫ 2002년 4월 통권 제23호.
유의선·이영주. 2001, 「의무전송규정에 대한 법적 해석과 그 타당성 분석」, ≪韓國言論學報≫ 가을 제45-4호.
윤석민. 1999, 『다채널 TV론』, 커뮤니케이션북스.
李基珍. 1990, 「방송구조개편작업 왜 벌이나」, ≪저널리즘≫ 2000년 봄·여름.
이상식. 2001, 「방송의 역사: 라디오에서 인터넷 방송까지」, 박홍수 편, 『디지털 시대 방송의 이해』, 나남.
이연. 2001, 「일본방송 개방과 문화적 파급효과에 대한 분석」, 『방송시장 개방과 문화적 정체성 확보방안 연구』(정책연구 2001-7).
이영음. 2000, 『방송·통신 융합에 적합한 유사방송 서비스의 정책수립연구』, 방송위원회(2000).
李孝成. 1990, 「민주적 방송구조의 필요조건과 충분조건」, ≪저널리즘≫ 1990년 봄·여름.
임혁백. 1997, 『시장·국가·민주주의』, 나남.
장하용. 2002, 「아직 열리지 않은 열린 채널」, ≪방송21≫ 2002년 7월 통권 제26호.
장호순. 2002, 「미국의 지상파방송 재전송정책에 관한 연구」, 한국언론학회 '쟁점과 토론'(2002년 1월)
전환성. 1997, 「케이블TV 프로그램 공급업(PP)의 문제점과 개선방안」, ≪방송학보≫ 제8호.
정용준. 2000, 『디지털 위성방송과 영상 소프트웨어』, 나남.
_____. 2002, 「위성방송, 어떻게 해야 하나; 위성방송정책의 새로운 모색」, 한국외대 정책과학대학원·언론정보연구회가 주최한 '위성방송정책 진단', '제4회 미디어와 정책포럼'(2002년 5월 20일) 발표논문.
정인숙. 1995, 「방송정책 결정과정에 관한 연구: 케이블TV 정책 사례를 중심으로」, 한국외국어대학교 신문방송학과 박사논문.
_____. 1997, 「한국언론의 자유와 통제」, 한국언론 2000년 위원회 편, 『한국언론 2000년 위원회 전문위원 최종보고서』.

정진석. 2001, 「방송구조개혁 연구 3개 프로젝트」, 방송위원회(2001) 편, 『방송위원회 20년사』.
조은기. 1997, 「케이블 TV의 경제적 특성과 규제에 관한 연구」, 종합유선방송위원회 제5차 정책세미나(1997년 10월 15일).
_____. 2001, 「한국방송산업 경쟁력 비교」, 『방송시장 개방과 문화적 정체성 확보방안 연구』(정책연구 2001-7)
조정하. 2001, 「방송사내의 자율규제시스템 완성에 초점」, ≪방송21≫ 2001년 5월 통권 제12호.
조항제. 1998, 「방송 콘텐츠 산업의 현재와 미래: 지상파방송산업의 수직적 통합구조의 변화 전망을 중심으로」, 『21세기 미디어산업전망』, 한울.
_____. 2000, 「방송의 영화쿼터의 의미와 방향」, 방송위원회(2000) 편, 『2000년 방송 쿼터 정책연구』(정책연구 2000-3).
최양수. 2001, 「다채널TV 시대 케이블TV와 위성방송의 위상」, 박홍수 편, 『디지털시대 방송의 이해』, 나남.
최영묵. 1997, 『방송공익성에 관한 연구: 방송공익성과 심의제도』, 커뮤니케이션북스.
하종원. 2000, 「한국 애니메이션 산업과 방송쿼터제」, 방송위원회(2000) 편, 『2000년 방송편성 쿼터정책연구』(정책연구 2000-3).
한진만, 마동훈, 박천일, 강형철. 1999, 『21世紀에 對備한 放送通信政策』, 집문당.
한진만. 2002, 「편성과학화와 영상진흥책 마련 등 제도적 뒷받침 선결돼야」, ≪방송21≫ 2002년 5월 통권 제24호.
허미선. 2002, 「방송3사 옴부즈맨 프로그램 꼼꼼히 짚어보기: 서로 귀기울이는, 애정어린 시각을…」, ≪방송21≫ 2002년 3월 통권 제22호.
헌법재판소 판결문. 1996, 판결번호 92헌 마200.
현경보. 2000, 「방송내용 규제방식의 분류모델에 관한 연구」, ≪방송연구≫, 2000년 여름 통권 제50호.
홍석경. 1997, 「방송프로그램등급제 연구 시안」, 구 방송위원회(1997) 편, 『방송프로그램등급제에 관한 종합연구』.
황근. 2000가, 「위성방송허가에 따른 매체간 위상정립 방안」, 방송위원회(2000) 편, 『위성방송사업자 선정백서』.

____. 2000나, 「위성방송채널규제정책방향」, 방송위원회(2000) 편, 『위성방송규제정책연구』(정책연구2000-2).
황상재. 2001, 「새로운 변화를 강요받는 FCC」, ≪방송21≫ 2001년 9월 통권 제6호.

2. 방송위원회 및 유관기관

고려대학교 신문방송연구소. 1998, 「국내 위성방송 활성화를 위한 경제제도적 연구」.
방송위원회. 2000가, 「위성방송사업 허가관련 공식의견 청취록」.
_____. 2000나, 「방송·통신 융합과 경계영역 서비스 등장에 따른 규제방안 연구」(정책연구-1).
_____. 2000다, 「위성방송사업자선정 백서」.
_____. 2000라, 「위성방송 규제정책 연구」(정책연구-2).
_____. 2000마, 「2000년 방송편성쿼터제 연구」(정책연구-3).
_____. 2000바, 「지역방송 발전정책 연구」(정책연구-6).
_____. 2000사, 「방송운영현황 및 서비스 실태조사」.
_____. 2000아, 「일본방송개방에 따른 국내 방송시장 영향 분석」.
_____. 2000자, 「방송사업자 소유규제에 대한 새로운 '방송산업연구 1'」
_____. 2000차, 「방송의 공정성에 관한 연구: 정책패러다임, '방송산업연구2'」
방송위원회. 2001가, 「2000년 방송심의 사례집」.
_____. 2001나, 「신규홈쇼핑 방송채널사용사업자 선정 백서」.
_____. 2001다, 「방송발전기금 운용실적 보고서」.
_____. 2001라, 「2000년 시청자 불만처리 보고서」.
_____. 2001마, 「방송환경변화에 따른 방송통신법규제 연구」(정책연구 2001-1).
_____. 2001바, 「방송산업육성 지원정책 연구」(정책연구 2001-2).
_____. 2001사, 「방송사업자의 소유규제 및 시장점유에 관한 연구」(정책연구 2001-3).
_____. 2001아, 「방송채널정책방안 마련을 위한 전문가토론회」(토론회 보고서).

_____. 2001자, 「방송정책 기획위원회 종합보고서」.
_____. 2001차, 「2001년 방송산업실태조사 보고서」.
_____. 2001카, 「다매채·다채널시대 편성정책연구」(정책연구2001-6).
_____. 2001타, 「방송시장개방과 문화정체성 확보방안 연구」(정책연구 2001-7).
_____. 2001파, 「방송위원회 20년사」.
방송위원회. 2002가, 「방송심의 사례집」.
_____. 2002나, 「시청자 불만처리 효율화 방안연구」(정책연구 2002-3).
_____. 2002다, 「방송프로그램등급제 수용실태 조사」.
_____. 2002라, 「방송산업실태조사 보고서」.
방송위원회. 2003, 「제1기 방송위원회 백서」.
서울방송. 2001, 『SBS 10년사 통사편』.
전국 언론노동조합지역 방송협의회. 2001, ≪비대위특보≫ 34호.
2001년 7월 TNS 시장조사 및 Accenture 분석.
2001년 7월 TNS 시장조사 자료 및 2001년 9월 한국갤럽 시장조사 자료, skylife 재분석.

3. 방송위원회 회의 및 기타자료

1) 방송위원회 전체회의 및 상임위원회 회의.

제6차(3월 9일). 안건 마. 기타(1) 「방송프로그램등급제 시행 유보에 관한 건」(2000-6-14) 및 보고사항 가. 「방송법 시행령(안)과 관련한 방송위원회 입장 통보에 관한 사항」.

제9차(2000년 4월 3일). 안건 가. 「방송위원회 규칙 제정 절차 등에 관한 규칙(안)」(2000-9-24).

제10차(2000년 4월 17일). 안건 바. 「편성비율에 관한 건」(2000-10-30).

제12차(2000년 5월 2일). 안건 나. 「신규 방송채널사용사업자(PP) 승인에 관한 건」(2000-12-39).

제13차(2000년5월 8일). 안건 가. 「위성방송 사업허가 기본방향에 관한 건」(2000-13-42).

제16차(2000년 5월 29일). 6. 보고사항 마. 「2000년 상반기 편성비율고시에 관한 건」.

제18차(2000년 6월 12일). 안건 자.「방송부문의 대외개방에 관한 건」(2000-18-76).

제35차(2000년 10월 30일). 6. 보고사항 가.「방송법시행령 중 개정안 입법예고에 관한 건」(2000-35-143).

제43차(2000년 12월 26일). 안건 마.「중계유선사업자의 종합유선 사업자 승인관련 가입자비율 고시」(2000-43-176).

제20차(2001년 5월 7일). 안건 라.「위성방송사업자 허가 추천에 관한 건」(2001-34-110).

제24차(2001년 6월 4일) 안건 바.「위성방송사업자 채널운용기준에 관한 건」(2001-24-81).

제32차(2001년 8월 13일) 안건 라.「방송평가에 관한 규칙 입법예고기간 중 접수된 각계 의견」(2001-32-106).

제34차(2001년 8월 27일) 5. 안건 나.「지상파방송 사업자 재허가 추천 계획에 관한 건」(2001-20-66).

제35차(2001년 9월 10일). 6. 안건 다.「종합유선방송 이용약관 표준화에 관한 건」(2001-35-114) 및 전체회의 속기록.

제38차(2001년 10월 8일) 6. 안건 아. (1) CBS 방송평가 (2) 지상파방송 사업자 재허가 추천(2001-38-125).

제42차(2001년 11월 12일) 보고사항 가.「편성비율고시에 관한 첨부자료」.

제43차(2001년 11월 19일), 안건 가.「방송채널정책 운영방안에 관한 건」(2001-43-148).

제2001-29차 상임위원회 회의순서(2001년 4월 5일). 5. 보고사항 라.「정보공개 결과에 따른 언론개혁 시민연대의 시정건의서 내용 및 조치계획 보고」.

제2001-44차 상임위원회 회의순서(2001년 5월 18일). 5. 보고사항 마.「KBS 시청자참여프로그램의 제작 활성화를 위한 시책(안)」.

2) 방송위원회 공문 및 내부자료

방송위원회 공청회(2000년 8월 10일) 자료집,「위성방송도입에 따른 정책방안」', 방송위원회주최 '방송채널정책방안 마련을 위한 전문가 토론회'(2001년 10월 9일).

방송위원회 공문(2001년 6월 12일), 「보도전문채널추가승인계획 함의요청에 대한 회신」, 문서번호 제1048호,(2001년 6월 12일).
_____(2001년 7월 9일), 「보도전문채널추가승인계획」 합의에 따른 입장 통보」, 문서번호 제1236호
_____(2001년 8월 2일), 「보도전문채널추가승인계획」 합의 요청에 대한 입장 통보」, 문서번호 제1400호.
_____(2001년 12월 27일), 「방송채널 운용방안 관련질의 회신」, 문서번호 제2203호.
_____(2002년 2월 1일), 「방송채널 운용방안 관련의견에 대한 회신」, 문서번호 제2002-5035.
방송위원회 내부자료. 「방송법시행령에 관한 쟁점별 주요 논의 사항」, 방송위원회 워크숍(2000년 2월 26일).
_____. 「2002년도 방송발전기금 운용정책」(2001년 10월).
_____. 「방송산업 진흥대책」(2001년 10월).
_____. 「방송채널정책 운용방안」(2001년 11월).
2001. 7. 10. 공청회자료집, 「종합유선방송 이용약관 표준화방안 공천회」.

3) 유관기관 출판물 및 자료

방송제도 연구위원회. 1990, 『방송제도 연구보고서: 2000년대를 향한 한국 방송의 좌표』, 〔(구)방송위원회, 1990년 4월〕.
공영방송발전연구위원회. 1994, 구 방송위 위촉, 『공영방송 발전방안 연구보고서』.
2000년 방송정책연구위원회. 1994, 방송개발원 위촉, 『2000년 방송환경의 변화와 한국방송정책』.
선진방송정책 기획위원회. 1994, 공보처 위촉, 『선진방송발전정책 연구보고서(안)』.
방송개혁위원회. 1999, 『방송개혁위원회 활동백서』.
구 방송위원회. 1997가, 『방송프로그램등급제에 관한 종합연구』.
_____. 1997나, 『청소년 TV시청형태 조사연구 종합보고서』.
_____. 1997다, 『96 방송문화지표 종합보고서』.
_____. 1998, 「프로그램등급제에 관한 2차 연구」.
_____. 1999, 『방송평가방안 종합보고서』.
구 종합유선방송위원회. 2000, 「방송평가제 시행방안 연구보고서」.

국회 국정감사 문화관광위원회의록. 2000년 11월 1일, 피감기관: 방송위원회.

국회 문화관광위원회 법안심사 소위원회 지상파방송재송신관련 방송법 개정 공청회(2001년 12월 13일) 자료.

문화관광부 내부자료. 1998, 「방송영상산업 진흥대책」.

_____. 1999, 「지상파 텔레비전 4개 채널 만화편성 현황」.

_____. 2001, 「디지털 시대 방송영상산업 추진 전략」.

문화관광부 공문(2000년 10월 4일). 「방송법 시행령 중 개정안에 대한 의견 제출', 문서번호: 법무 58460-763

_____(2001년 5월 29일). 「보도전문채널 추가승인 계획에 대한 합의 요청」, 문서번호 방송 84500-235

_____(2001년 6월 12일). 「보도전문채널 추가승인계획」 등에 대한 입장통보」, 문서번호: 방송84500-280

_____(2001년 7월 20일). 「보도전문채널 추가승인계획」 등에 대한 우리부 입장통보」, 문서번호: 방송84500-314

_____(2001년 8월 20일). 「방송법 해석에 대한 우리부 입장 통보」, 문서번호: 방송84500-377

_____(2001년 12월 29일). 「방송채널정책 운용방안에 대한 합의요청」, 문서번호: 방송84500-620

_____(2001년 1월 16일). 「방송채널 운용방안에 대한 의견제시」, 문서번호: 제도 42009-9

공정거래위원회공문(2001년 12월 12일). 「방송채널 운용방안에 관한 의견송부 의뢰」, 문서번호: 제도42002-114

정보통신부. 1997, 「중계유성방송 실태분석」, 정보통신부조사자료 (1997. 12).

한국방송진흥원. 2000, 『1999년도 TV프로그램 편성백서』.

4. 신문 및 기타저널

방송21. 「심의업무 전반의 체계·인력미흡」 2000년 10월, 통권 제5호

_____. 「방송평가제 개항」 2000년 10월 통권 제5호.

_____. 「경쟁의 미학이 요구되는 홈쇼핑 방송산업」 2001년 2월 통권 제9호.
_____. 「방송평가에 관한 규칙제정(안)에 대한 해설」 2001년 8월 통권 제15호.
_____. 「방송3사 옴부즈맨 프로그램 꼼꼼히 짚어보기: 서로 귀울이는, 애정어린 시각을 …」 2002년 3월 통권 제22호.
_____. 「지역별로 되어 차이나지만 상품 다양해지고 품질 향상될 듯」 2002년 4월 통권 제23호.
_____. 「페이퍼 컴퍼니 많다 - 시청자가 볼 수 없어도 방송?」 2002년 6월 통권 제 25호.
_____. 「아직 열리지 않은 열린 채널」 2002년 7월 통권 제26호.
_____. 「새로운 변화를 강요받는 FCC」 2001년 9월 통권 제6호.
대한매일. 「방송위, 대통령 직속기구로」 2000년 8월 18일자.
세계일보. 「과도기 방송위 역할 충실할 터」 1999년 9월 8일자.
______. 「방송위 대통령 직속기구로」 2000년 8월 19일자.
중앙일보. 「방송위, 제자리 찾기에 나섰다」 2000년 8월 18일자.
______. 「방송개혁 첫 삽 EBS사장 공채」 2001년 10월 9일자.
조선일보. 「방송의 신문비평 활성화」, 2001년 2월 20일자.
한국일보, 「방송위 대통령 직속에 둬야」 2000년 8월 18일자.
한겨레, 「갈수록 꼬이는 방송법/정치권 언론문건 매달려 관심 멀어져」(조준상 기자).
_____. 「방송정책 결정조항 합의서 협의로 바꿔야」 2000년 8월 18일자.
_____. 「방송위 홀로 설 것인가」 2000년 8월 21일자.

5. 외국 문헌

Arendt, H. 1958, *The Human Condition*, Chicago: University of Chicago Press.
Aufderheide, Patricia. 1999, *Communications Policy and the Public Interest: the Telecommunications Act of 1996*, New York: The Guilford Press.
Blumler, J. G. and Nossiter, T. 1991, *Financing of Television: A Handbook*,

Oxford University Press.

Carr. E. H. 1961, *What is History?*, The George MaCaulay Revelyan Lectures Delivered in the University of Cambridge, January-March 1961. London: Collier Macmillian Publishers.

Carter, Barton T., Dee, Juliet L. & Zuckman, Harvey L. 2000, *Mass Communication Law* 5th ed. ST. Paul, Minn. West Group.

Crandall, W. R. & Furchgott-Roth, H. 1996, *Cable TV: Regulation on Competition*, Washington, D.C.: The Brookings Institution.

Curran J. 1991, "Rethinking the Media as a Public Sphere," In Dahlgren, P. and Sparks, C.(eds.), *Communication and Citizenship: journalism and the public sphere*, London: Routledge.

Dahlgren, Peter. 1995, *Television and the Public Sphere: Citizenship, Democracy and the Media*, London: Sage Publication.

Dewey, J. 1954/1923, *The Public and its Problems*, Chicago: Swallow Press.

Engelman, R. 1996, *Public Radio and Television in America,* Thousand Oaks, cal: Sage Publication.

Federal Communications Commission. 1960, July 29), *Report and Statement of Policy Re Communication En Banc Programming Inquiry*, 44 FCC 2303.

_____. 1972, February 3, *Cable Television Report and Order and Reconsideration*, 36 FCC 143.

_____. 1981, June 1, *Notice of Proposed Policy Statement and Rulemaking*, Inquiry into the development of regulatory policy in regard to Direct Broadcast Satellite for the period following the 1983 Regional Administrative Radio Conference, 86 FCC 2d 719.

_____. 1982, July 14, *Report and Order*, Inquiry into the development of regulatory policy in regard to Direct Broadcast Satellite for the period following the 1983 Regional Administrative Radio Conference, 90 FCC 2d 676.

_____. 1999, "A New FCC for the 21st Century", http://www.fcc.gov/21stcentury/draftstrategicplan.pdf

Firestone. C. 1995, "The Search for the holy paradigm: Regulating the information infrastructure in the 21st century", in G. Turin(eds.), *The Changing Nature of Telecommunication/Information Infrastructure*, Washington. D.C.: National Academy Press.

Franklin, Bob(ed.). 2001, *British Television Policy: A Reader*, London & New York: Routledge.

Graham, Andrew. 1998, "Broadcasting Policy in the Digital Age," *Communication and Society Program*, Aspen Institute.

Head, W. Sydney. 1981a, "Programming Principles," in Eastman, T.S., Head, W. S. & Klein, L.(ed.), *Broadcast Programming.*

_____. 1981b, "Regulatory Constraints"

Head, W. Sydney Sterling, Christopher H., Scofield, Lemuel. B, Spann, Thomas, McGregor & Michael A. 1998, *Broadcasting in America: A Survey of Electronic Media* 8th ed., New York: Houghton Mifflin Company.

Heatherly, C. L(ed.). 1981, *Mandate for Leadership*, Washington, D.C.: Heritage Foundation.

Henderson, Gregory. 1968, *Korea: The Politics of the Vortex*, Cambridge, Mass: Harvard University Press.

Hundt, R. 1997, Yale Law School 1997 Dean's Lecture Series(September 23,1997).

Huntington, Samuel P. 1968, *Political Order in Changing Societies*, New Haven: Yale University Press.

Lippmann, Walter. 1922, *Public Opinion*, New York: The Macmillan Company Inc.

Mallman, Walter. 1959, "Pressefreiheit and Journalistenrecht," *Publizistik*, 1959, Nr 6 s. 324ff.

Minow, Newton. 1991, "How Vast the Wasteland Now?", New York: Gannet Foundation Media Center, Columbia University.

Morgan, William. 1994, "To Err is Human, Refusal to Admit Error is Journalism," 한국외대 국제커뮤니케이션연구소 창립 10주년 기념 학술대회(1994. 6. 20~21) 제출논문.

Nielson Direct Market Areas: http://www.skyreport.com/skyreport/local.htm

Nisbet, Robert. 1982, "Public Opinion", *Prejudices: A Philosophical*

Dictionary, Havard University Press.

Pike, Sidney. 1981, "Superstation Strategy," Head et al. *op cit*.

Price, M. and Dully, J. 1997, "Technological Change and Doctrinal Persistence: Telecommunication Reform in Congress and the court," *Columbia Law Review*, 97(4).

Report of the Committee on Financing the BBC, 1986, (Chair Alan Peacock), London: HMSO, Cmnd 9824, July.

Schlesinger, P., Murdock G. and Elliot, P. 1983, *Televising Terrorism*, London: Pluto Press.

Sohn, Gigi. 1997, "Why Government is the Solution, and not the Problem: In the pursuit of a Free Market Telecommunications Services." Aufderheide, *op. cit*. Appendix G.

Sterling, Christopher H. 2000, "US Communication Industry Ownership and the 1996 Telecommunications Act: watershed or unintended consequences?" in Tumber, H.(ed.), *Media Power, Professionals and Policies*, London: Routledge.

The Commission on Freedom of the Press. 1947, Chair Robert Hutchins, *A Free and Responsible Press: A General Report on Mass Communication: Newspapers, Radio, Motion Pictures, Magazines, and Books*, Chicago: University of Chicago Press.

Tunstall, J. 1986, *Communication Deregulation*, Oxford: Basil Blackwell

U.S. Local TV Channels by Satellite: http://www.tvb.org/tvfacts/index.ht

Whitmore. 2001, "Congress, The U.S. Supreme Court and Must-Carry Policy: A Flawed Economic Analysis," *Communication Law and Policy*, vol.6.

Wright, R. Charles. 1986, *Mass Communication: A Sociological Approach* 3rd ed., New York: Random House.

Zelezny, John D. 1997, *Communications Law* 2nd ed., Belmont.

Fortnightly v. United Artists Television, 392 U.S. 390(1968).

Home Box Office v. FCC, 567 F. 2d 9(D.C. Cir 1997).

National Association Broadcasters v. FCC, 740 F. 2d 1190, (D.C. Cir., 1984).

Quincy Cable TV, Inc. v. FCC, 786 F. 2d 1434(D.C. Cir., 1985).

Satellite Broadcasting and Communication Association v. FCC, argued: September 25, 2001. decided: December 7. 2001. Judge Michael's opinion: http://laws.findlaw.com/4th/011151p.html.

Teleprompter Corp. v. CBS, 415 U.S. 394(1974).

Turner Broadcasting System, Inc. v. FCC, Turner Ⅰ, 129 L. ed. 2d 497, 514(1994).

Turner Broadcasting System, Inc. v. United States, Turner Ⅱ, 520 U.S. 180(1997)

United States v. O'Brien, 391 U.S. 367(1968).

神原 勝. 1986,『轉換期の政治過程: 臨調の軌跡とその機能』, 東京: 總合勞動研究所.

菅谷 實. 1989,『アメリカの電氣通信政策: 放送規制と通信規制の境界領域に關する研究』, 東京: 日本評論社.

菅谷 實·淸原慶子 編, 1997, 『通信と放送の融合: その理念と制度變容』, 東京: 日本評論社.

菅谷 實, 中村 淸. 2000, 編著,『放送メディアの經濟學』, 東京: 中央經濟社.

東京大學社會情報硏究所. 1994,『放送制度論のパラダイム』

濱田純一. 1994.『情報法』, 東京: 有斐閣.

美ノ谷 和成. 2001,『放送メディアの送り手硏究』(增補版), 東京: 學文社.

인명 찾아보기

사항 찾아보기

(ㄱ)

(ㅅ)

(ㅇ)

(ㅈ)

(ㅊ)

(ㅋ)

(ㅌ)

(ㅍ)

(ㅎ)

■지은이

김정기(金政起)

서울 출생(1940)
서울대학교 법과대학 행정학과 졸업(1963)
서울대학교 행정대학원 졸업(행정학 석사, 1966)
미국 콜럼비아 대학 저널리즘대학원(저널리즘프로그램이수/UN펠로우, 1973~1974)
국제저널리즘연구소(베를린 소재) 언론교육자 프로그램 이수(1987)
미국 콜럼비아 대학 정치학과 대학원 졸업(1992)
(비교정치학 박사/ 일본정치언론 전공)
한국외국어대학교 사회과학대학 신문방송학과 교수(1978~현재)
한국외국어대학교 정책과학대학 학장(1994~1996)
한국외국어대 서울캠퍼스 부총장(1998. 9~1999. 9)
한국언론학회 회장(1996~1997)
관훈클럽, 한국언론 2000년 위원회 위원(1996~2000)
구 방송위원회 광고심의위원회 위원장(1991. 1~1991. 12. 31)
구 방송위원회 보도교양심의위원회 위원장(1997. 3~1998. 2)
구 방송위원회 위원장(1999. 9~2000. 2)
새 방송위원회 위원장(2000. 2~2002. 1)
민주화운동 관련자 명예회복 및 보상 심의위원회 위원(2000. 8~2002. 8)
주요저서: 『분단국가의 언론정책』, 『우리 언론의 숨겨진 신화 깨기』, 『한국언론의 병리』

아카데미번호 538

전환기의 방송정책

미국 FCC 정책과의 비교 분석

지은이 | 김정기

펴낸이 | 김종수

펴낸곳 | 도서출판 한울

편집책임 | 곽종구

편집 | 박우석

초판 1쇄 인쇄 | 2003년 5월 20일
초판 1쇄 발행 | 2003년 5월 22일

주소 | 121-801 서울시 마포구 공덕1동 105-90 서울빌딩 3층
전화 | 영업 326-0095(대표) 편집 336-6183(대표)
팩스 | 333-7543
전자우편 | newhanul@nuri.net
등록 | 1980년 3월 13일, 제14-19호

Printed in Korea.
ISBN 89-460-3098-4 93070

* 책값은 겉표지에 표시되어 있습니다.